Geschichte
plus

Redaktion: Karl-Heinz Holstein, Dr. Christine Keitz
Kartografische Beratung: Prof. Dr. Wolfgang Plapper
Bildassistenz: Dagmar Schmidt

Illustrationen: Hans Wunderlich
Karten: Peter Kast, Ingenieurbüro für Kartografie, Schwerin
Layout und technische Umsetzung: Bernd Schirok

www.vwv.de

Die Links zu externen Webseiten Dritter, die in diesem Lehrwerk angegeben sind, wurden vor Drucklegung sorgfältig auf ihre Aktualität geprüft. Der Verlag übernimmt keine Gewähr für die Aktualität und den Inhalt dieser Seiten oder solcher, die mit ihnen verlinkt sind.

1. Auflage, 3. Druck 2014

Alle Drucke dieser Auflage sind inhaltlich unverändert und können im Unterricht nebeneinander verwendet werden.

Druck: Firmengruppe APPL, aprinta Druck,Wemding

ISBN 978-3-06-064768-2

PEFC zertifiziert

Dieses Produkt stammt aus nachhaltig bewirtschafteten Wäldern und kontrollierten Quellen

www.pefc.de

PEFC/04-32-0928

Geschichte plus

Brandenburg – Neubearbeitung

Geschichte Klassen 9/10

Herausgegeben von
Walter Funken
Bernd Koltrowitz

Autoren
Walter Funken
Harald Goeke
Volker Habermaier
Karl-Heinz Holstein
Bernd Koltrowitz
Dr. Michael Krenzer
Thomas Thieme
Prof. Mathias Tullner
Dr. Helmut Willert
unter Mitarbeit der Verlagsredaktion

VOLK UND WISSEN

Inhaltsverzeichnis

Die Folgen des Ersten Weltkriegs

Im August 1914 zogen in vielen Ländern Europas junge Männer voller Begeisterung in den Krieg. Millionen von ihnen kamen nicht mehr zurück, andere nur als Krüppel. Die anfängliche Kriegsbegeisterung mündete für die Menschen in einer Katastrophe. Auch der Staat und die Gesellschaft Deutschlands sowie die territoriale Landkarte Europas und das internationale Kräfteverhältnis der Staaten erfuhren als Folge des Krieges einen tiefen Wandel.

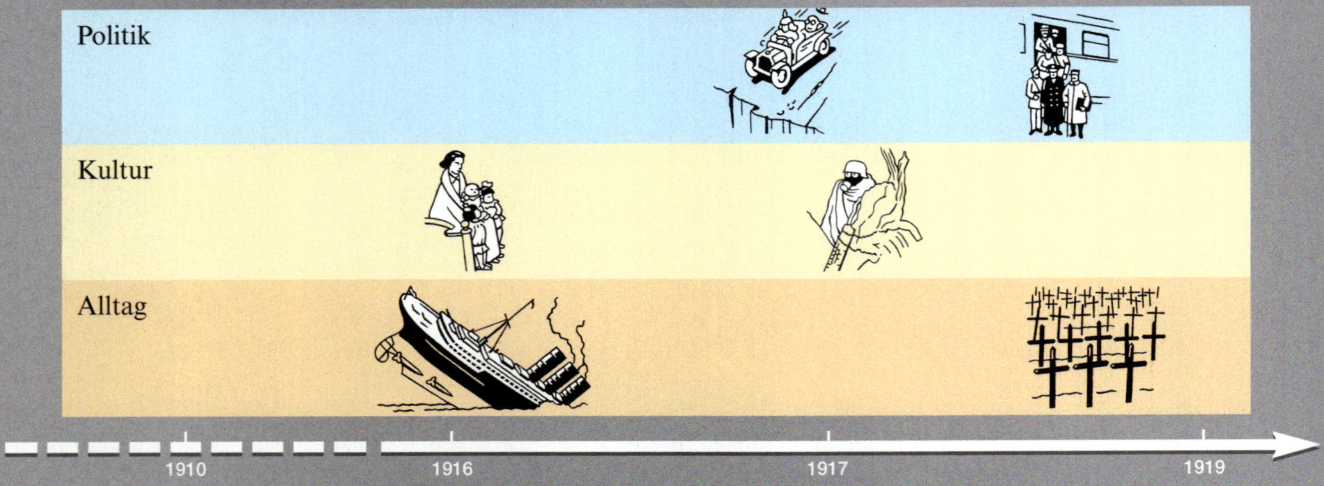

Mittel- und Osteuropa um 1914

Mittel- und Osteuropa um 1920

ARBEITSAUFTRAG

Analysiere mithilfe der Karten die territorialen Veränderungen in Europa zwischen 1914 und 1920. Welche Länder haben Gebiete verloren, welche Länder sind neu hinzu gekommen?

1. Der Frieden von Versailles

Am 18. Januar 1919 wurde im Spiegelsaal von Versailles die **Friedenskonferenz** eröffnet. Ziel der an der Konferenz beteiligten Siegermächte war es, für Europa eine **dauerhafte Nachkriegsordnung** festzulegen. Welche Regelungen wurden für Deutschland und Europa getroffen? ℮/2

Die Friedensverhandlungen in Versailles – An den Verhandlungen nahmen Delegationen aus 32 Staaten teil. Alle wichtigen Entscheidungen wurden jedoch von den USA, Großbritannien und Frankreich getroffen. An den Beratungen durften die Delegationen der Verliererstaaten nicht teilnehmen. Die Sowjetunion war gar nicht eingeladen worden.

Am 7. Mai 1919 wurden der deutschen Delegation die Friedensbedingungen mitgeteilt. Die Bestimmungen des **440 Artikel umfassenden Vertragstextes** gingen über die Forderungen des Waffenstillstandsabkommens vom 11. November 1918 hinaus und riefen in der deutschen Bevölkerung große Empörung hervor. Auch die Parteien, die seit November 1918 regierten und 1914 keine Kriegsbefürworter gewesen waren, empfanden die Bestimmungen des Vertragstextes als ungerecht. Doch angesichts der aussichtslosen militärischen Lage, der wirtschaftlichen Not sowie der Gefahr eines Einmarsches alliierter Truppen hatte die deutsche Regierung keine Wahl: Am 28. Juni 1919 unterzeichnete sie den von vielen Deutschen als „Diktat“ empfundenen **Friedensvertrag von Versailles**.

Als besondere „Schmach“ wurde der Artikel 231 des Vertrages empfunden. Darin

T2 Aus den Bestimmungen des Friedensvertrags von Versailles für Deutschland

- Umfangreiche Gebietsabtretungen
- Verlust aller Kolonien
- Die Unabhängigkeit Österreichs von Deutschland wird auf Dauer anerkannt
- Reduzierung der deutschen Armee (max. 115 000 Soldaten); Verbot schwerer Waffen
- Wiedergutmachung durch Geld- und Sachleistungen in noch festzulegender Höhe
- Stationierung alliierter Truppen links des Rheins für mindestens 15 Jahre als „Faustpfand“ für die Einhaltung des Vertrages

PERSONENLEXIKON

WOODROW WILSON, 1856–1924. Präsident der USA von 1913 bis 1921. Auf Wilsons Initiative nahm 1920 die internationale Staatenorganisation des Völkerbunds ihre Arbeit auf.

GEORGES CLEMENCEAU, 1841–1929. Französischer Ministerpräsident von 1906 bis 1909 und von 1917 bis 1920. Sein Anliegen war es, die französische Position gegenüber Deutschland in den Friedensverhandlungen von Versailles dauerhaft zu stärken.

K1 Gebietsverluste Deutschlands im Frieden von Versailles

B3 Unterzeichnung des Friedensvertrages durch die deutsche Delegation (vorne, mit dem Rücken zum Betrachter) am 28. Juni 1919 im Spiegelsaal von Versailles. Gemälde von William Orpen, 1921

wurde Deutschland und seinen Verbündeten die Alleinschuld am Krieg zugesprochen. Die große Mehrheit der deutschen Bevölkerung war auch nach Kriegsende noch davon überzeugt, einen Verteidigungskrieg geführt zu haben oder zumindest nicht die Alleinschuld am Ausbruch des Krieges zu tragen.

Die Erbitterung über den **Kriegsschuldparagrafen** war auch deshalb groß, weil die Alliierten daraus ihren Anspruch auf **Reparationszahlungen** (dt.: Wiedergutmachung) für die ihnen entstandenen Kriegsschäden ableiteten. Die Kritiker der Friedensbedingungen hatten allerdings vergessen, mit welchen aggressiven Zielen gegenüber Frankreich und Belgien die deutsche Regierung 1914 in den Krieg hineingegangen war. Neben umfangreichen Gebietsabtretungen hatte die deutsche Regierung geplant, Frankreich mit hohen Kriegsentschädigungen zu belasten. Ebenfalls vergessen waren die sehr harten Bedingungen, die Deutschland im März 1918 der Sowjetunion im Frieden von Brest-Litowsk diktiert hatte. /3

Q4 Aus den Artikeln 231 und 233 des Versailler Friedensvertrages:

§ 231: Die alliierten Regierungen erklären, und Deutschland erkennt an, dass Deutschland und seine Verbündeten als Urheber [des Krieges] für alle Verluste und Schäden verantwortlich sind [...].
§ 233: Der Betrag, den Deutschland als Wiedergutmachung schuldet, wird [später] durch einen alliierten Ausschuss festgesetzt.

(In: Michaelis-Schraepler, Ursachen und Folgen, Bd. 3, Berlin 1959, S. 388 ff. Gekürzt)

ARBEITSAUFTRÄGE

1. Stelle mithilfe von K 1 und T 2 zusammen, welche Folgen der Krieg für Deutschland hatte. Berücksichtige auch T 1 von Seite 15.
2. Der Versailler Friedensvertrag wurde von vielen Menschen in Deutschland als ungerechter „Diktatfrieden" empfunden. Wie lautet dein eigenes Urteil?
3. Beschreibe B 3. Achte auf die Sitzposition der Personen und Delegationen. Welchen Eindruck vermittelt das Bild?
4. Die Unterzeichnung des Friedensvertrags durch die deutsche Delegation fand im Spiegelsaal von Versailles statt. Kannst du einen Grund nennen, warum die Siegermächte diesen Ort wählten?

2. Der Völkerbund

„Die Gründung eines Völkerbundes zur Regelung von internationalen Konflikten" – so lautete der letzte Punkt im Friedensprogramm von US Präsident Wilson. Eine überstaatliche Organisation, die dauerhaft als Hüter der Friedensordnung fungierte, das hatte es bis dahin noch nie gegeben! Formell beschlossen wurde die Gründung des Völkerbundes während der Pariser Friedenskonferenz 1919, die erste Vollversammlung seiner Mitglieder fand im November 1920 in Genf, dem Sitz des Völkerbundes, statt. Welche Aufgaben hatte dieser Bund und wie ist er ihnen nachgekomment?

Sicherung der kollektiven Friedensordnung – Der Völkerbund sollte die in den Pariser Verträgen vereinbarte Friedensordnung auf Dauer garantieren. Dazu enthielt seine Satzung eine Verpflichtung seiner Mitglieder zur Begrenzung der Rüstung, zur gegenseitigen Respektierung der Souveränität und zur Bereitschaft, sich im Falle von Konflikten einem Schiedsgerichtsverfahren zu unterwerfen.

Darüber hinaus waren alle Bundesmitglieder zur gegenseitigen Verteidigung verpflichtet. Nach der Völkerbundsatzung sollten Konflikte schon im frühen Stadium geschlichtet und ein potenzieller Aggressor durch die kollektive Beistandsgarantie wirksam abgeschreckt werden. Allerdings wurde das Prinzip der Selbstbestimmung der Völker in einem wichtigen Bereich vom Völkerbund selbst aufgehoben. Territorien, die „noch nicht in der Lage sind, sich selbst zu regieren", wie es in Artikel 22 hieß, sollten danach von „entwickelteren Staaten" im Auftrag des Völkerbundes (so genanntes Mandat) regiert werden.
Statt das System des Kolonialismus zu beenden – wie es noch in Wilsons „14 Punkten" zu lesen war – wurde auf diesem Weg das Kolonialsystem unter anderen Namen fortgeführt. Insbesondere die Araber, die nach dem Ende des Osmanischen Reiches ihre staatliche Unabhängigkeit erwartet hatten, sahen sich einer neuen – britischen bzw. französischen – Oberherrschaft unterworfen und setzten sich erbittert zur Wehr.

K1 Der Völkerbund 1920–1939

Wilson selbst konnte seine Vorstellungen innerhalb des Völkerbundes auch nicht mehr geltend machen. Der US-Senat lehnte die Teilnahme am Völkerbund ab, weil er nicht bereit war, sich dauerhaft weltpolitisch zu engagieren. Damit dominierten aber Großbritannien und Frankreich die Politik des Völkerbundes, Deutschland und Russland wurden erst später Mitglieder.

Trotz seiner weit gespannten und in die Zukunft weisenden Zielsetzungen blieb der Völkerbund weitgehend wirkungslos. Lediglich Konflikte kleinerer Staaten konnten erfolgreich gelöst werden. Der Artikel 16 (siehe Q 2) wurde nur einmal (1935) gegen Italien angewandt, nach dessen Angriff auf Abessinien (heute Äthiopien), doch nicht konsequent und deshalb wirkungslos. /4

Q 2 Aus der Satzung des Völkerbunds, formuliert im April 1919:

[…] nehmen die vertragsschließenden Staaten die folgende Satzung an, die den Völkerbund stiftet.

Artikel 8: Begrenzung der nationalen Rüstungen auf das Mindestmaß, das mit der nationalen Sicherheit und der Durchführung der auferlegten internationalen Verpflichtungen vereinbar ist. […]

Artikel 10: Die Bundesmitglieder verpflichten sich, die territoriale Unversehrtheit und die politische Unabhängigkeit aller Bundesmitglieder zu achten und gegen jeden Angriff von außen zu wahren […].

Artikel 11: Jeder Krieg und jede Kriegsgefahr für Mitglieder gehen den Bund als Ganzes an.

Artikel 12: Alle Mitglieder werden die zwischen ihnen entstehenden Streitfälle, die zum Bruch führen könnten, dem Schiedsgerichtsverfahren des Bundes unterbreiten.

Artikel 13: Die Mitglieder haben die vom Schiedsgericht getroffene Entscheidung anzuerkennen und zu verwirklichen. […]

Artikel 16: Wenn ein Bundesmitglied unter Verletzung der […] übernommenen Verpflichtungen zum Kriege schreitet, so befindet es sich automatisch im Krieg mit allen Mitgliedern des Völkerbunds. […] Der Rat ist verpflichtet, den verschiedenen Regierungen vorzuschlagen, mit welchen Streitkräften jedes Mitglied zu der bewaffneten Macht beizutragen hat, um die Bundesverpflichtungen durchzusetzen.

(In: Amtliche Urkunden zur Vorgeschichte des Waffenstillstands 1918, hrsg. vom Auswärtigen Amt. Berlin 1924, S. 74 ff., 85 ff, Bearbeitet)

B 3 „Interrupting the Ceremony“, Karikatur von John T. McCutcheon in THE TRIBUNE (Chicago) 1918

ARBEITSAUFTRÄGE

1. Erläutere anhand von Q2, wie der Völkerbund für die Aufrechterhaltung des Weltfriedens sorgen sollte.
2. Zeige anhand der Karte, inwieweit der Völkerbund am Fortbestand des Kolonialismus beteiligt war.
3. Beschreibe und interpretiere B3. Beurteile mithilfe des Textes, ob die Bedenken des amerikanischen Senats berechtigt waren.

3. Die Folgen des Krieges für die Länder Europas

Veränderung der europäischen Landkarte – Der Erste Weltkrieg brachte unsägliches Leid für Millionen Menschen. Er führte auch zu tiefgreifenden territorialen Änderungen und zu einer dauerhaften Verschiebung des internationalen Kräfteverhältnisses.

Österreich, viele Jahrhunderte lang eine der führenden Großmächte Europas und Beherrscher großer Teile Mitteleuropas und des Balkans, wurde aufgeteilt. Bereits im Oktober 1918 war ein unabhängiger Staat Tschechoslowakei ausgerufen worden; auch Ungarn hatte sich im Oktober 1918 von Österreich losgelöst. Die Schaffung des neuen Staates Jugoslawien, in dem die früher zu Ungarn gehörenden Südslawen mit den Königreichen Serbien und Montenegro vereinigt wurden, reduzierte das frühere Territorium Österreichs weiter. Darüber hinaus musste es auch Südtirol an Italien abtreten.
Eine Vereinigung Österreichs mit Deutschland, wie von der neuen provisorischen Regierung in Wien im November 1918 beschlossen, wurde von den Siegermächten verboten.

Das Osmanische Reich, das wie Bulgarien an der Seite der Mittelmächte den Krieg verloren hatte, büßte den größten Teil seines früheren europäischen Territoriums ein. Bulgarien verlor seinen Zugang zum Mittelmeer wieder.

T1 Die militärischen Opfer des Weltkriegs		
Land	mobilisierte Soldaten	gefallene Soldaten
Russland	12 Mio.	1,7 Mio.
Deutschland	11 Mio.	1,7 Mio.
Frankreich	8,4 Mio.	1,3 Mio.
Großbritannien	8,9 Mio.	1,3 Mio.
Österreich-Ungarn	7,8 Mio.	1,2 Mio.
Italien	5,6 Mio.	0,6 Mio.
USA	4,3 Mio.	0,1 Mio.
andere Staaten	7 Mio.	0,6 Mio.
Insgesamt	65 Mio.	8,5 Mio.

(Nach: Ploetz, Illustrierte Weltgeschichte, 1973, S. 424)

B2 „Dolchstoß gegen das deutsche Heer“. Wahlplakat der Deutsch-Nationalen, 1924

Die USA stiegen zur politischen sowie wirtschaftlichen Weltmacht auf und verdrängten Großbritannien von diesem Platz. Russland, das sich während des Krieges zur sozialistischen Sowjetrepublik gewandelt hatte, bildete von nun an einen Gegenpol zur westlichen Welt.

In Deutschland wurden der Friedensvertrag von Versailles und seine Bestimmungen nach 1919 zu einer bösen Hetzkampagne (Dolchstoßlegende) gegen demokratische Politiker der neuen Republik missbraucht.

K3 Staaten und Grenzen Europas 1919

ARBEITSAUFTRÄGE

1. Finde mithilfe der Karten, S. 10, der Darstellung und K 3 heraus, wie sich die machtpolitischen Verhältnisse in Europa nach dem Ersten Weltkrieg verändert haben.
2. Informiere dich in der Bibliothek oder im Internet über den Inhalt der „Dolchstoßlegende“ (B 2) und berichte darüber.

4. Von der „Erbfeindschaft“ zur deutsch-französischen Partnerschaft

Am 22. Januar 1963 reichten sich Frankreichs Präsident DE GAULLE und Bundeskanzler ADENAUER symbolträchtig die Hände. Mit der Unterzeichnung eines deutsch-französischen Freundschaftsvertrages wollten sie die mehr als 150-jährige „Erbfeindschaft“ beider Nationen beenden und eine neue Phase der Zusammenarbeit einleiten. Wie war es überhaupt zu einer Feindschaft gekommen?

Mythos „Erbfeind“ – Die Vorstellung einer deutsch-französischen „Erbfeindschaft“ ist Anfang des 19. Jahrhunderts entstanden. Deutschland bestand damals noch aus zahlreichen Einzel- und Kleinstaaten. Im Zuge der Befreiungskriege gegen das napoleonische Frankreich keimte in der deutschen Bevölkerung ein gegen Frankreich gerichtetes Nationalgefühl auf. Erfüllung fand es erst 1871 mit der Gründung des Deutschen Reichs. Die Nationalstaatsgründung erfolgte nach einem siegreichen Krieg gegen Frankreich (1870/71). Frankreich empfand daher die Proklamation des preußischen Königs zum Kaiser des Deutschen Reichs im Spiegelsaal von Versailles als zusätzliche Demütigung.

B1 „Adieu“ – „Nein, auf Wiedersehen! Besuche pflegt man zu erwidern“. Karikatur in der französischen Zeitschrift „Le Charivari“, 1871

Konfrontationen im 20. Jahrhundert – Franzosen und Deutsche waren zu Beginn des 20. Jahrhunderts von der Unausweichlichkeit eines Krieges zwischen ihren Nationen überzeugt. Frankreich wollte das 1870/71 verlorene Elsass-Lothringen zurückgewinnen. Das Deutsche Reich sah in Frankreich eine ständige Bedrohung seines eigenen Dominanzstrebens in Europa. Wohin führte das unversöhnliche „Erbfeind“-Denken?

Im **Ersten Weltkrieg** marschierten deutsche Truppen in Frankreich ein. Die Schlachtfelder in Nordfrankreich wurden zu verwüsteten Ruinenlandschaften. Frankreich bestand daher nach der deut-

Q2 Der deutsche Dichter Ernst Moritz Arndt, 1813

Es ist eine unumstößliche Wahrheit, […] dass, wie jedes Volk sein eigenes innigstes Lebenselement hat, es ebenso eine feste Liebe und einen festen Hass haben muss, wenn es nicht in gleichgültiger Nichtigkeit und Erbärmlichkeit vergehen und zuletzt mit Unterjochung endigen will. […]

So muss bei den Deutschen jetzt der Hass brennen gegen die Franzosen, denn sie haben sich der Kühnheit erfrecht, ein Volk zu unterjochen, das stärker und mächtiger wäre als sie, wenn ihre Hinterlist nicht schon lange verstanden hätte, es zu entzweien […]. Die Franzosen […] können nie aufhören, unruhig, eitel, herrschsüchtig und treulos zu sein. […]

Ich will den Hass gegen die Franzosen, nicht bloß für diesen Krieg, ich will ihn für lange Zeit, ich will ihn für immer. Dann werden Deutschlands Grenzen auch ohne künstliche Wehren sicher sein. […] Dieser Hass glühe als die Religion des deutschen Volkes, als heiliger Wahn in allen Herzen […].

(Ernst Moritz Arndt, Über Volkshass und Über den Gebrauch einer fremden Sprache, Leipzig 1813, S. 14 ff. Gekürzt) schen Kapitulation unerbittlich auf Wiedergutmachung. Die Deutschen sahen im Versailler Vertrag von 1919 dagegen eine Fessel des „Erbfeindes“, die es abzuschütteln galt. In dieser nationalistisch aufgeheizten Stimmung war dem von den Außenministern beider Staaten, Stresemann und Briand, vollzogene Versuch einer deutsch-französischen Annäherung (Locarno-Verträge, 1925) kein dauerhafter Erfolg beschieden. In dem vom NS-Regime ausgelösten **Zweiten Weltkrieg** wurde Frankreich 1940 erneut Opfer deutscher Aggression.

Aussöhnung – Angesichts der Teilung Deutschlands und Europas setzte Bundeskanzler Adenauer nach 1945 auf eine Integration der Bundesrepublik in die westliche Welt. Ihm war klar, dass dies nur bei einer dauerhaften Versöhnung mit Frankreich gelingen konnte. Erste Versuche, neues Vertrauen aufzubauen, machten beide Staaten auf wirtschaftlichem Gebiet (Europäische Gemeinschaft für Kohle und Stahl, sog. Montanunion, 1953). Jedoch wurden die Beziehungen bis 1956 durch den Konflikt um das Saarland und die deutsche Wiederbewaffnung belastet.

B3 Antifranzösisches Propagandaplakat, Berlin, 1923

Erst der **deutsch-französische Freundschaftsvertrag** von 1963 wurde zur Grundlage einer engen Partnerschaft zwischen den Regierungen und Völkern beider Staaten. Der Vertrag sah auch die Gründung eines **Deutsch-Französischen Jugendwerks** (DFJW) vor. Seit 1963 hat das DFJW mehr als 7,4 Millionen jungen Franzosen und Deutschen die Teilnahme an Austauschprogrammen ermöglicht: Vor allem diese persönlichen Kontakte haben viele Vorurteile der Vergangenheit abgebaut. Darüber hinaus wurden bis heute Tausende Partnerschaften zwischen Städten, Schulen, Hochschulen und Vereinen eingerichtet.

B4 Frankreichs Präsident Mitterrand (l.) und Bundeskanzler Kohl reichen sich über den Gräbern von Verdun die Hand, Foto 22.09.1984

ARBEITSAUFTRÄGE

1. Lies und analysiere Q2. Auf welche historischen Ereignisse bezieht sich E. M. Arndt? Erläutere, wie/womit er seine „Hass-Forderung“ begründet. Nimm Stellung zu dem Text.
2. Bescheibe und interpretiere B1 und B3. Erläutere, auf welche historischen Ereignisse sich die Bilder jeweils beziehen. Nutze zur Interpretation von B3 auch die Bestimmungen des Vertrags von Versailles über das Rheingebiet.
3. Betrachte B4 und erläutere den Symbolgehalt des Aktes.

	Politik	Kultur	Alltag/Wirtschaft
1919	Juni 1919: Vertrag von Versailles April 1919: Gründung des Völkerbundes	1919 ff.: Hetzkampagnen (Dolchstoßlegende) in Deutschland gegen die neue Republik	Frühjahr 1919: Demonstrationen gegen die Bedingungen des Versailler Friedensvertrages
1918	1918/19: Entstehung neuer Staaten in Osteuropa 11. 11. 1918: Deutsche Kapitulation/Waffenstillstand 9. 11. 1918: Abdankung des deutschen Kaisers März 1918: Frieden von Brest-Litowsk 1918: Wilsons „14 Punkte“	1918: Zusammenbruch des alten monarchischen Gesellschaftssystems	November 1918: Streiks und revolutionäre Erhebungen in ganz Deutschland (Arbeiter- und Soldatenräte)
1917	1917: Bolschewistische Oktoberrevolution in Russland April 1917: Kriegseintritt der USA		
1916		1916 f.: Künstler stellen den Schrecken des Krieges dar.	1916 ff.: Brennstoff- und Lebensmittelrationierung; bis Ende 1918 in Deutschland 800 000 Hungertote
1915			
1914	1914–1918: Erster Weltkrieg	1914: Gesellschaftlicher Konsens über die Kriegführung („Burgfrieden“); Kriegspropaganda und Kriegsbegeisterung	1914–1918: Die Menschen erleben die Schrecken eines Krieges mit neuen Dimensionen

Zusammenfassung – Die Folgen des Ersten Weltkriegs

Der **Erste Weltkrieg** endete 1918 für Deutschland in einer Niederlage und für die Völker Europas in einer Katastrophe. Der Eintritt der militärisch und wirtschaftlich überlegenen USA 1917 entschied den Krieg.

Deutschland musste im November 1918 kapitulieren. Infolge des Krieges wurde der Kaiser zur Abdankung gezwungen. Damit war das **Ende der Monarchie** in Deutschland besiegelt. Noch im November 1919 wurde die **Republik** ausgerufen. Den **Versailler Friedensvertrag,** den Deutschland 1919 unterzeichnen musste, empfanden viele Deutsche als ungerecht. Als „Schanddiktat" benutzten ihn die Gegner der Republik, um gegen die neue demokratische Staatsordnung vorzugehen.

Insgesamt führte der Weltkrieg in **Europa** das Ende der alten Monarchien herbei, nicht nur in Deutschland, sondern auch in Russland und Österreich-Ungarn. Ihr Zerfall und das gleichzeitige Ende des Osmanischen Reiches brachten viele neue Staaten hervor, insbesondere in Osteuropa.

Bei den Friedensverhandlungen in Paris 1919/20 wurde auch die Gründung eines **Völkerbundes** beschlossen. Als überstaatlicher Hüter sollte er weltweit für Frieden sorgen. Der Bund blieb jedoch weitgehend wirkungslos, da die Weltmacht und Initiatorin USA nicht beitrat und weil das versprochene Selbstbestimmungsrecht der Völker zugunsten der alten Kolonialmächte aufgeweicht wurde.

Mit dem Kriegseintritt der USA und der Russischen Oktoberrevolution traten 1917 zwei **neue Weltmächte** auf den Plan. Mit ihren unterschiedlichen gesellschaftspolitischen Systemen prägten die USA und die Sowjetunion im sog. Ost-West-Konflikt die Geschichte des 20. Jahrhunderts.

B1 Soldatenfriedhof „La Maison Blanche" in Neuville Saint Vaast, Ostfrankreich

ARBEITSAUFTRAG

Welches waren deiner Meinung nach die wichtigsten Folgen des Ersten Weltkriegs? Begründe deine Auffassung. Unterscheide zwischen Folgen für Deutschland, für Europa, für die Weltpolitik.

ZUM WEITERLESEN

- @/1 http://www.dhm.de/lemo/html/wk1/index.html
- @/2 http://www.dhm.de/lemo/html/weimar/versailles/index.html
- @/3 http://www.dhm.de/lemo/html/wk1/aussenpolitik/vertrag/index.html
- @/4 http://www.dhm.de/lemo/html/weimar/aussenpolitik/voelkerbund/index.html
- @/5 http://www.documentarchiv.de/
- @/6 http://www.bbc.co.uk/history/worldwars/wwone/

Standard-Check: Das solltest du können!

1. Wichtige Arbeitsbegriffe
Hier sind wichtige Arbeitsbegriffe des Kapitels aufgelistet. Übertrage sie in dein Heft und formuliere zu jedem Begriff eine kurze Erläuterung.

Versailler Vertrag	Wilsons „14 Punkte"
Reparationen	Selbstbestimmungsrecht
Dochstoßlegende	Völkerbund

1. ☺ 😐 ☹

2. Interpretation eines historischen Fotos
2.1 Untersuche die auf dem Foto abgebildete Szene und ordne sie historisch ein.
2.2 Erläutere die Reaktionen in Deutschland auf den Versailler Vertrag und stelle die langfristigen Folgen dar.

B1 Protestversammlung der SPD gegen den Versailler Vertrag am 13. Mai 1919 in Berlin, Fotografie. Im Hintergrund: die Siegessäule und der „Eiserne Hindenburg".

2.1 ☺ 😐 ☹

2.2 ☺ 😐 ☹

3. Interpretation einer Statistik
3.1 Beschreibe die Entwicklung der Erwerbstätigkeit vor und nach dem Ersten Weltkrieg anhand von T2.
3.2 Prüfe anhand von T2 die folgende Behauptung: Der Erste Weltkrieg hatte langfristig keine Auswirkungen auf die Entwicklung der Frauenerwerbstätigkeit in Deutschland.

T2 Erwerbstätigkeit in Deutschland 1907–1939
(in % der weiblichen bzw. männlichen Bevölkerung)

Jahr	Frauen	Männer
1907	30,4	61,1
1925	35,6	68,0
1933	34,2	65,7
1939	36,2	67,7

3.1 ☺ 😐 ☹

3.2 ☺ 😐 ☹

Die Lösungen zu diesen Standard-Checkaufgaben findest du auf Seite 302. Aber: Erst selbst lösen, dann überprüfen. Dein Können kannst du bewerten (☺ 😐 ☹). Deine Leistungsbewertung zeigt dir, was du noch einmal wiederholen solltest.

Das konnte ich
☺ = gut
😐 = mittel
☹ = noch nicht

Die Weimarer Republik

Nach dem verlorenen Weltkrieg wurde in Deutschland das alte, obrigkeitsstaatliche System der Monarchie durch eine parlamentarische Republik ersetzt. Demokratisch gewählte Politiker und Parteien bestimmten jetzt die Richtlinien der Politik. Auch in der Gesellschaft vollzog sich ein Wandel: Kunst und Kultur wurden freier, Frauen emanzipierten sich von ihren traditionellen Rollenschranken. Doch die junge Republik war weiterhin von tief gehenden Konflikten geprägt.

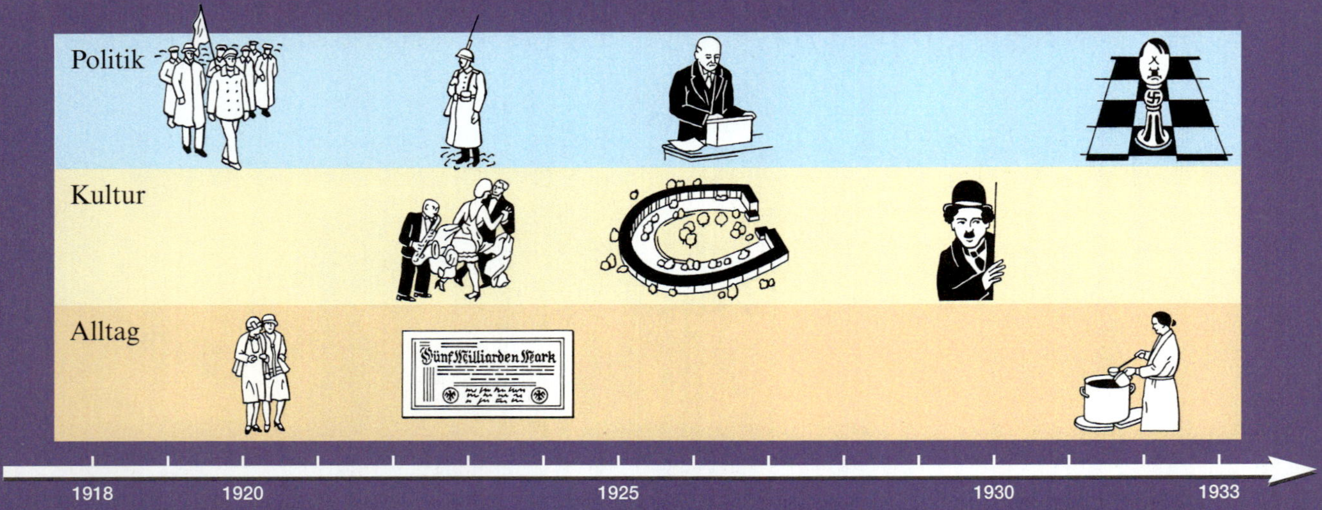

Deutschland nach dem Vertrag von Versailles

ARBEITSAUFTRAG

Beschreibe mit der Karte die Veränderungen für das Gebiet Deutschlands nach dem Ersten Weltkrieg. Überlege, welche Probleme daraus entstehen konnten.

1. Revolution in Deutschland

Seit Juli 1917 war Deutschland eine Art Militärdiktatur. Sie wurde von der Obersten Heeresleitung (OHL) unter den Generälen Hindenburg und Ludendorff regiert. Während die Linksliberalen und Sozialdemokraten seit 1917 vergeblich die Aufnahme von **Friedensverhandlungen** forderten, strebte die OHL weiterhin einen militärischen „Siegfrieden“ an. Erst als sie im Herbst 1918 erkannte, dass der Krieg nicht mehr zu gewinnen war, trat sie die Flucht nach vorn an: Um die Verantwortung für die nun einzuleitenden Waffenstillstandsverhandlungen nicht selber tragen zu müssen, forderten Hindenburg und Ludendorff im September 1918 die **Bildung einer neuen Regierung.** Diese sollte unverzüglich einen Waffenstillstand anbieten. Konnte dadurch die Monarchie gesichert werden?

Reformen „von oben“ – Am 3. Oktober 1918 ernannte Kaiser Wilhelm II. den liberalen Prinz Max von Baden zum neuen Reichskanzler. Dieser bildete noch am gleichen Tag die erste parlamentarische Regierung Deutschlands, in der auch Vertreter der SPD, der Zentrumspartei und der Fortschrittlichen Volkspartei Regierungsämter innehatten.
Das am 3. Oktober 1918 an US-Präsident Wilson gerichtete **„Ersuchen um Waffenstillstand und Frieden“** der neuen Regierung beantwortete Wilson mit der Forderung, dass in Deutschland zuerst weitere Schritte zur Parlamentarisierung eingeleitet werden müssten. Daraufhin wurde am 24. Oktober 1918 in Preußen das alte Dreiklassenwahlrecht von 1849 abgeschafft und durch das gleiche Wahlrecht ersetzt. Am 28. Oktober 1918 änderte die neue Regierung die bisherige monarchisch-konstitutionelle Reichsverfassung per Gesetz in ein **parlamentarisches Regierungssystem**, in dem der Kaiser nur noch repräsentative Funktionen haben sollte.

Q1 Aufruf des SPD-Vorstands, 17. 10. 1918:

Deutschland ist auf dem Weg vom Obrigkeitsstaat zum Volksstaat [...]. Die Parlamentarisierung und Demokratisierung unseres Landes ist tatkräftig in Angriff genommen. Die Sozialdemokratische Partei setzt sich mit ganzer Kraft dafür ein, dass die [...] innerpolitische Umwälzung sich schnell und restlos vollzieht [...]. Nicht durch Herbeiführung eines bolschewistischen Chaos, durch Entfesselung des Bürgerkrieges kann die innere Erneuerung erfolgen, [... sondern nur] im Wege friedlicher Umwälzung.

(In: Geschichte in Quellen, Bd. 5, München 1989, S. 165. Gekürzt)

Q2 Gesetz zur Änderung der Reichsverfassung vom 28. 10. 1918:

Zur Erklärung des Krieges im Namen des Reiches ist die Zustimmung des Bundesrats und des Reichtags erforderlich. Friedensverträge sowie [...] Verträge mit fremden Staaten [...] bedürfen der Zustimmung des Bundesrats und des Reichstags. [...] Der Reichskanzler bedarf zu seiner Amtsführung des Vertrauens des Reichstags. Der Reichskanzler trägt die Verantwortung für alle Handlungen von politischer Bedeutung, die der Kaiser [...] vornimmt.

(In: Geschichte in Quellen, Bd. 5, München 1989, S. 98. Gekürzt)

B3 Deutschland 1918: Anstehen nach Brot

November 1918: Revolution „von unten" – Die Mehrheitsparteien des Reichstages hofften nun auf eine ruhige demokratische Entwicklung. Dennoch kam es im November 1918 zu revolutionären Erhebungen. In ganz Deutschland bildeten sich revolutionäre Arbeiter- und Soldatenräte. Was waren die Ursachen und welche Ziele hatten die Revolutionäre?

Bereits 1917 und 1918 war es in vielen Gebieten Deutschlands, darunter in Berliner und Leipziger Rüstungsbetrieben, zu Hungerstreiks gekommen. Als im Oktober 1918 Waffenstillstandsverhandlungen eingeleitet wurden, sehnte die kriegsmüde und Not leidende Bevölkerung das baldige Ende des Krieges herbei.
Der Kaiser und die OHL waren jedoch nicht bereit, das neue parlamentarische System zu respektieren und sich Regierung und Reichstag unterzuordnen. Am 29. Oktober befahl die Admiralität ohne Wissen der Reichsregierung einen Angriff der deutschen Hochseeflotte auf die britische Flotte im Ärmelkanal. Doch die Besatzungen der in Wilhelmshaven und Kiel liegenden Schlachtschiffe waren nicht mehr bereit, sich auf dieser sinnlosen Todesfahrt opfern zu lassen, und verweigerten den Befehl zum Auslaufen.

Arbeiter- und Soldatenräte entstehen – Am 4. November wählten die aufständischen Matrosen in Kiel nach russischem Vorbild einen Soldatenrat und verbündeten sich mit den in Streik getretenen Werftarbeitern. Aus Angst vor Verhaftungen und Erschießungen durch die heranrückenden Militär- und Polizeitruppen reisten Matrosendelegationen durch Deutschland und lösten innerhalb weniger Tage breite Solidaritätsbekundungen und eine Welle revolutionärer Erhebungen aus. Überall übernahmen **Arbeiter- und Soldatenräte** ohne nennenswerten Widerstand die Macht. Als die Bewegung am 7. November München erreichte, wurde in Bayern die Republik ausgerufen und die bayerische Monarchie gestürzt.
Auf Massenkundgebungen forderten die Menschen den sofortigen Frieden und die Abdankung des Kaisers.

Charakter der Rätebewegung – Die revolutionäre Bewegung folgte keinem Plan, es gab weder eine Zentrale noch ein Programm. Die Räte traten als spontan gebildete Organe der Volkserhebung an die Stelle der auseinanderbrechenden Staatsmacht. Ihre Ziele waren die schnelle Be-

Die Ausbreitung der Rätebewegung

K 4

Q 5 Forderungen des Kieler Soldatenrats, 5. 11. 1918:

1. Freilassung sämtlicher Inhaftierten und politischen Gefangenen. 2. Vollständige Rede- und Pressefreiheit. 3. Aufhebung der Briefzensur. 4. Sachgemäße Behandlung der Mannschaften durch Vorgesetzte. 5. Straffreie Rückkehr sämtlicher Kameraden an Bord und in die Kasernen. 6. Die Ausfahrt der Flotte hat unter allen Umständen zu unterbleiben. [...] 8. Zurückziehung sämtlicher nicht zur Garnison gehörigen Truppen. 9. Alle Maßnahmen zum Schutze des Privateigentums werden sofort vom Soldatenrat festgesetzt. 10. Es gibt außer Dienst keine Vorgesetzten mehr. 11. Unbeschränkte persönliche Freiheit jedes Mannes von Beendigung des Dienstes bis zu Beginn des nächsten Dienstes. 12. Offiziere, die sich mit den Maßnahmen des jetzt bestehenden Soldatenrats einverstanden erklären, begrüßen wir in unserer Mitte. Alles Übrige hat ohne Anspruch auf Versorgung den Dienst zu quittieren. 13. Jeder Angehörige des Soldatenrats ist von jeglichem Dienste zu befreien. 14. Sämtliche in Zukunft zu treffenden Maßnahmen sind nur mit Zustimmung des Soldatenrats zu treffen. Diese Forderungen sind für jede Militärperson Befehle des Soldatenrats.

(In: Geschichte in Quellen, Bd. 5, München 1989, S. 111 f. Gekürzt) endigung des Krieges, die Sicherung der Versorgung sowie die Beseitigung des alten Obrigkeitsstaates. Zwar nannten sich die Räte nach den Revolutionsorganen der russischen Bolschewisten, doch in der Mehrzahl verfolgten sie nicht die Ziele der russischen Oktoberrevolution. Meist wurden die Räte von der SPD dominiert; in vielen kleineren Orten waren auch bürgerliche Vertreter zugelassen. Nur der radikale Flügel der Sozialdemokraten **(USPD)** und der **Spartakusbund** wollten die Räte benutzen, um den Sozialismus nach sowjetischem Vorbild durchzusetzen.

Revolution in Berlin – Anfang November erreichte die revolutionäre Bewegung der Arbeiter- und Soldatenräte Berlin. Am 9. November überschlugen sich innerhalb weniger Stunden die Ereignisse: Demonstrierende Menschenmengen forderten die Abdankung des Kaisers und die Übergabe der Regierung an die Räte. Reichskanzler Max von Baden gab gegen Mittag ohne Zustimmung Wilhelms II. die **Abdankung des Kaisers** bekannt. Danach übertrug er das Kanzleramt auf den Vorsitzenden der SPD, FRIEDRICH EBERT. Die SPD versuchte sogleich, sich an die Spitze der revolutionären Bewegung zu stellen, um sie in ruhigere Bahnen zu lenken. Zur gleichen Zeit waren linkssozialistische Kräfte der USPD und des Spartakusbundes bemüht, die politische Initiative zu ergreifen und die demonstrierenden und streikenden Menschenmassen in den deutschen Städten für eine Revolution nach bolschewistischem Vorbild zu mobilisieren.

Q6 Kundgebung des Reichskanzlers Friedrich Ebert, 9. 11. 1918:

Mitbürger! Der bisherige Reichskanzler hat mir die Wahrnehmung der Geschäfte des Reichskanzlers übertragen. Ich bin dabei, die neue Regierung im Einvernehmen mit den Parteien zu bilden. Es wird eine Volksregierung sein. Ihr Bestreben wird sein, dem deutschen Volke den Frieden schnellstens zu bringen und die Freiheit, die es errungen hat, zu befestigen. Mitbürger! Ich bitte Euch alle um Eure Unterstützung bei der schweren Arbeit, die unser harrt. Ihr wisst, wie schwer der Krieg die Ernährung des Volkes bedroht. Die politische Umwälzung darf die Ernährung der Bevölkerung nicht stören. Mitbürger! Ich bitte Euch alle dringend: […] Sorgt für Ruhe und Ordnung.

(In: Geschichte in Quellen, Bd. 5, München 1989, S. 115. Bearbeitet und gekürzt)

B7 Aufständische vor dem Brandenburger Tor in Berlin, 9. 11. 1918

ARBEITSAUFTRÄGE

1. Beschreibe mit Q 1 die politischen Ziele der SPD Ende 1918.
2. Stelle mit Q 2 die Veränderungen dar, die aus der neuen Verfassung resultierten. Beachte dabei die Stellung und die Befugnisse des Reichstags, des Reichskanzlers und des Kaisers.
3. Beschreibe mit K 4 die Ausbreitung der Rätebewegung. Überlege, warum sich überall in Deutschland Arbeiter und Soldaten anschlossen; berücksichtige auch B 3.
4. Stelle mit Q 5 die Forderungen des Kieler Soldatenrats in einer dreiteiligen Tabelle zusammen: Welche Forderungen waren innerhalb der neuen parlamentarischen Ordnung realisierbar, welche waren revolutionär und richteten sich gegen die neue Regierung oder das alte Staatssystem, welche Forderungen betrafen nur die Verhältnisse in der Marine? Beurteile die einzelnen Forderungen.
5. Spielt eine Sitzung des Arbeiter- und Soldatenrats eurer Stadt. Besetzt die verschiedenen Rollen/Positionen. Berücksichtigt Q 6, B 7 und die Forderungen der Spartakusgruppe.

2. Sozialistische Räterepublik oder parlamentarische Republik?

Die Übergabe des Reichskanzleramtes an Friedrich Ebert stellte eine gewisse Kontinuität zwischen alter und neuer Ordnung her. Die revolutionäre Stimmung in Berlin am 9. November 1918 verlangte jedoch einen klaren Neuanfang. Wohin steuerte die Revolution?

Zwischen Kontinuität und Revolution – Unmittelbar nach Eberts Ernennung zum Reichskanzler rief der SPD-Politiker PHILIPP SCHEIDEMANN um etwa 14 Uhr von einem Fenster des Reichstagsgebäudes die **parlamentarische Republik** aus. Nur zwei Stunden später proklamierte der Führer des Spartakusbundes, KARL LIEBKNECHT, vor den versammelten Menschenmassen auf dem Berliner Schlossplatz die **sozialistische Republik Deutschland** und versprach: „Alle Macht den Arbeiter- und Soldatenräten!“ ⓘ/3

In dieser angespannten Situation, in der die Machtübergabe „von oben“ und die revolutionäre Machtbildung „von unten“ aufeinanderprallten, kam Friedrich Ebert eine zentrale Doppelstellung zu. Als quasi legal ernannter neuer Reichskanzler war er die vom alten System autorisierte Bezugsperson für Beamte und Offiziere. Zugleich konnte sich Ebert als Vorsitzender der größten Arbeiterpartei an die Spitze der revolutionären Bewegung setzen und ihr eine parlamentarisch-demokratische Richtung geben.

Um eine Radikalisierung der Revolution zu verhindern, bemühte sich Ebert nun um ein Bündnis zwischen SPD und gemäßigten Kräften der USPD. Beide Parteien wollten verhindern, dass auf der für den 10. November anberaumten Versammlung der Berliner Arbeiter- und Soldatenräte eine revolutionäre Regierung gebildet würde. Sie einigten sich daher auf einen von SPD und USPD gemeinsam getragenen sechsköpfigen **Rat der Volksbeauftragten**. Die USPD setzte durch, dass politische Grundsatzentscheidungen einer Vollversammlung aller Arbeiter- und Soldatenräte vorbehalten bleiben sollten. Die sechs Volksbeauftragten wurden von den Berliner Arbeiter- und Soldatenräten am 10. November durch Mehrheitsentscheidung als provisorische Revolutionsregierung bestätigt.

Q1 Aus den Memoiren Philipp Scheidemanns:

Am 9. November 1918 stürmte[n] Arbeiter und Soldaten in den Saal [des Reichstags]: „Liebknecht will die Sowjetrepublik ausrufen!“ Kein Zweifel: Wer jetzt die Massen vom Schloss her „bolschewistisch“ oder vom Reichstag zum Schloss hin „sozialdemokratisch“ in Bewegung bringt, der hat gesiegt! Ich sah den russischen Wahnsinn vor mir, die Ablösung der zaristischen Schreckensherrschaft durch die bolschewistische. „Nein, nein! Nur nicht auch das noch in Deutschland nach all dem anderen Elend!“ Schon stand ich im Fenster. Ich sprach nur wenige Sätze: „Arbeiter und Soldaten! Der unglückselige Krieg ist zu Ende. Das Morden ist vorbei. Die Folgen des Kriegs, Not und Elend, werden noch viele Jahre lang auf uns lasten. Die Feinde des werktätigen Volkes, die Deutschlands Zusammenbruch verschuldet haben, sind still und unsichtbar geworden. Der Kaiser hat abgedankt. Er und seine Freunde sind verschwunden. Über sie alle hat das Volk auf der ganzen Linie gesiegt! Die neue Regierung darf nicht gestört werden in ihrer Arbeit für den Frieden und der Sorge um Brot und Arbeit. Seid einig, treu und pflichtbewusst! Das Alte und Morsche ist zusammengebrochen. Es lebe das Neue! Es lebe die Deutsche Republik!“

(In: H. Krieger, Handbuch des Geschichtsunterrichts Bd. 5, Frankfurt/M. 1980, S. 174 f. Bearbeitet)

Q2 Karl Liebknechts Proklamation, 9. 11. 1918, ca. 16 Uhr:

Der Tag der Revolution ist gekommen […]. Das Alte ist nicht mehr […]. Ich proklamiere die freie sozialistische Republik Deutschland […]. Die Herrschaft des Kapitalismus, der Europa in ein Leichenfeld verwandelt hat, ist gebrochen […]. Wir müssen alle Kräfte anspannen, um die Regierung der Arbeiter und Soldaten […] und eine neue staatliche Ordnung des Proletariats zu schaffen, eine Ordnung des Friedens […] und der Freiheit […] unserer Brüder in der ganzen Welt. Wir reichen ihnen die Hände und rufen sie zur Vollendung der Weltrevolution auf.

(In: Geschichte in Quellen, Bd. 6, München 1989, S. 115. Gekürzt)

Rätesystem oder Parlamentarismus – Noch war die Entscheidung über die zukünftige Regierungsform Deutschlands nicht endgültig gefallen.

Da der „Rat der Volksbeauftragten“ nicht über genügend qualifizierte Fachleute verfügte, ließ er den alten Eliten weiterhin ihre Führungspositionen. Eine wirkliche Demokratisierung der Verwaltung, des Militärs und der Wirtschaft fand daher nicht statt. Als Folge verlagerte sich das Zentrum der Macht in den kommenden Wochen wieder von den revolutionären Massen zurück zu den gemäßigten und konservativen Kräften. Vorrangiges Ziel der SPD war es, möglichst schnell eine verfassunggebende Nationalversammlung einzuberufen. Demgegenüber wollte die USPD zunächst das Rätesystem beibehalten, um die errungene Machtposition zu sichern. Die radikale Linke um den Spartakusbund forderte weiterhin, alle Macht den Räten zu übergeben. Auf dem **1. Reichskongress der Arbeiter- und Soldatenräte**, der vom 16. bis 20. Dezember in Berlin tagte, wurde schließlich nach erbitterten Diskussionen beschlossen, eine **Nationalversammlung** wählen zu lassen. Damit war die Entscheidung gegen die Räte und zugunsten des parlamentarischen Systems gefallen.

Q3 Angebot der OHL an Reichskanzler Ebert am 10.11.1918:

Am Abend rief ich [Generalquartiermeister Groener] die Reichskanzlei an und teilte Ebert mit, dass das Heer sich seiner Regierung zur Verfügung stelle, dass dafür der Feldmarschall [Hindenburg] und das Offizierskorps [...] Unterstützung erwarten bei der Aufrechterhaltung der Ordnung [... und] der Bekämpfung des Bolschewismus [...]. Ebert ging auf meinen Bündnisvorschlag ein. Von da an besprachen wir uns täglich auf einer geheimen Leitung.

(In: W. Groener, Lebenserinnerungen, Göttingen 1957, S. 167 f. Gekürzt)

B4 Die Mitglieder des Rats der Volksbeauftragten, Postkarte 1918

Von links unten nach rechts unten: Dittmann, Landsberg, Haase (jeweils USPD), Ebert, Barth, Scheidemann (jeweils SPD)

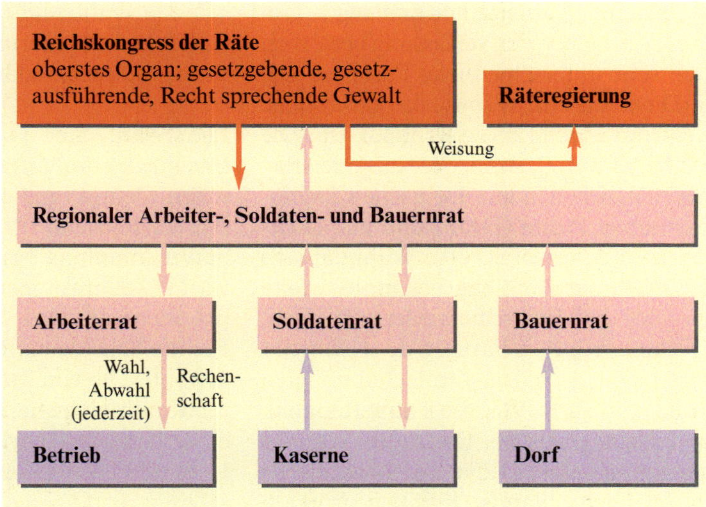

D5 Modell einer Räterepublik

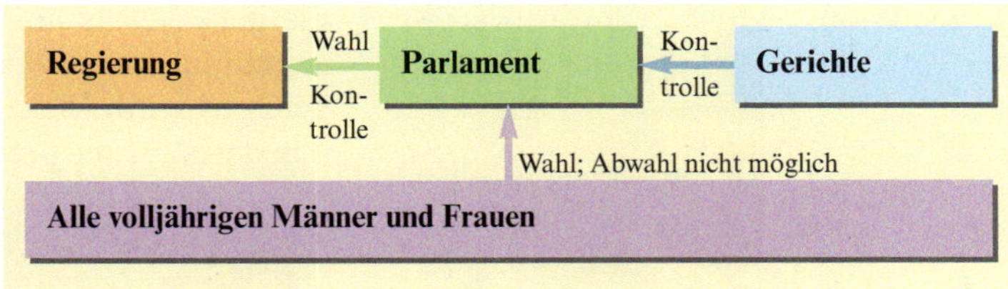

D6 Modell einer parlamentarischen Republik

ARBEITSAUFTRÄGE

1. Analysiere Q 1 und Q 2. Arbeite die Kernaussagen beider Proklamationen heraus. Wo gibt es Gemeinsamkeiten, worin unterscheiden sie sich?
2. Erkläre die Rolle, die Reichskanzler Ebert in der Phase des Übergangs von der alten Monarchie zur parlamentarischen Demokratie ausübte; lies dazu auch Q 3. Wie beurteilst du die Rolle von Ebert?
3. Beschreibt den Aufbau einer Räterepublik (D 5) und einer parlamentarischen Republik (D 6). Vergleicht und diskutiert Vor- und Nachteile beider Regierungssysteme.

3. Nationalversammlung und Weimarer Verfassung

Die am 19. Januar gewählte Nationalversammlung tagte vom 6. Februar bis zum 31. Juli 1919 in Weimar. Sie sollte der jungen Republik eine solide demokratische Verfassung geben. Doch die verfassungsrechtlichen Auffassungen der versammelten Parteien gingen weit auseinander. War ein Kompromiss möglich?

Wahlen zur Nationalversammlung – Um die Mitarbeit an der Verfassung bewarben sich sehr unterschiedliche Parteien. Die SPD und die USPD sowie das katholische Zentrum traten für die Republik ein. Die alten liberalen Parteien der Kaiserzeit formierten sich neu zur Deutschen Demokratischen Partei (DDP) und zur Deutschen Volkspartei (DVP). Während sich die DDP zur Republik bekannte, wollte die DVP die Monarchie wieder aufrichten. Die konservativen Parteien der Kaiserzeit vereinigten sich zur Deutschnationalen Volkspartei (DNVP). Sie lehnte Republik und Demokratie ab. Die radikale Linke hatte Anfang 1919 die Kommunistische Partei Deutschlands (KPD) gegründet. Sie strebte weiterhin die Revolution und die Räterepublik an und boykottierte daher die Wahl.

Die Wahlen wurden erstmals nach dem **Verhältniswahlrecht** durchgeführt. Jede Partei erhielt so viele Abgeordnete, wie es ihrem Stimmanteil entsprach. Dieses Wahlrecht galt zwar als sehr demokratisch, förderte aber später, während der Weimarer Republik, die Zersplitterung des Reichstags. Denn **eine Sperrklausel** für Parteien mit nur wenig Wählerstimmen sah das Wahlrecht noch nicht vor. Eine bedeutende Neuerung war die Einführung des **Frauenwahlrechts.**

Die Wahl zur Nationalversammlung brachte den Anhängern der parlamentarischen Demokratie eine klare Mehrheit. Am 11. Februar 1919 wählte die Nationalversammlung Friedrich Ebert mit etwa 73 % der Stimmen zum ersten Reichspräsidenten; zwei Tage später wurde Philipp Scheidemann zum Reichskanzler gewählt. Die von ihm gebildete „Weimarer Koalitionsregierung“ setzte sich aus einer breiten Mehrheit von SPD, Zentrum und DDP zusammen.

Weimarer Verfassung – Am 31. Juli 1919 verabschiedete die Nationalversammlung die neue Verfassung, die nach dem Versammlungsort „Weimarer Verfassung“ genannt wird. Welche Grundlagen wurden darin für die junge Republik gelegt?

PERSONENLEXIKON

FRIEDRICH EBERT, 1871–1925. Sozialdemokratischer Politiker, Reichskanzler (1918–1919) und erster Reichspräsident (1919–1925) der Weimarer Republik.

B 3 Wahlplakat der SPD, 1919

B 1 Plakat der DNVP, 1919

B 2 Plakat der KPD, 1919

Ein zentrales Prinzip der Weimarer Verfassung war die Volkssouveränität. Staatsoberhaupt und Parlament wurden vom Volk gewählt. Durch ein System gegenseitiger Kontrollen sollte das Machtgleichgewicht zwischen den Institutionen gehalten werden. Allerdings wurden dem Reichspräsidenten weitreichende Kompetenzen eingeräumt, z. B. mit dem Art. 48 der Verfassung. Er sollte in Notfällen die Sicherheit und Ordnung des Staates garantieren können. Der spätere Reichspräsident Hindenburg nutzte dies intensiv. Er veranlasste zahlreiche Gesetze über Notverordnungen, löste viermal den Reichstag auf und ernannte oder entließ eigenmächtig Regierungen. ⓔ/4

Q 4 Aus der Weimarer Reichsverfassung von 1919:

Art. 1: Das Deutsche Reich ist eine Republik. Die Staatsgewalt geht vom Volke aus.

Art. 22: Die Abgeordneten werden in allgemeiner, gleicher, unmittelbarer und geheimer Wahl von den über zwanzig Jahre alten Männern und Frauen [...] gewählt.

Art. 25: Der Reichspräsident kann den Reichstag auflösen, jedoch nur einmal aus dem gleichen Anlass.

Art. 48: Der Reichspräsident kann, wenn im Deutschen Reich die öffentliche Sicherheit und Ordnung erheblich [...] gefährdet wird, die zur Wiederherstellung derselben nötigen Maßnahmen treffen, erforderlichenfalls mithilfe der bewaffneten Macht einschreiten. Diese Maßnahmen sind auf Verlangen des Reichstags außer Kraft zu setzen.

Art. 50: Alle Anordnungen und Verfügungen des Reichspräsidenten bedürfen zu ihrer Gültigkeit der Gegenzeichnung durch den Reichskanzler.

Art. 53: Der Reichskanzler und auf seinen Vorschlag die Reichsminister werden vom Reichspräsidenten ernannt und entlassen.

Art. 54: Der Reichskanzler und die Reichsminister bedürfen zu ihrer Amtsführung das Vertrauen des Reichstags. Jeder von ihnen muss zurücktreten, wenn ihm der Reichstag [...] das Vertrauen entzieht.

Art. 73: Ein vom Reichstag beschlossenes Gesetz ist vor seiner Verkündung zum Volksentscheid zu bringen, wenn der Reichspräsident binnen eines Monats es bestimmt.

(In: Reichsgesetzblatt 152, Berlin 1919, S. 1383–1418. Gekürzt)

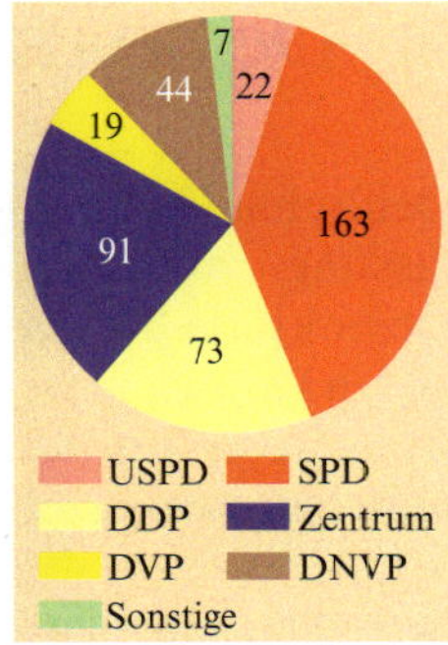

D 6 Sitze in der Nationalversammlung 1919

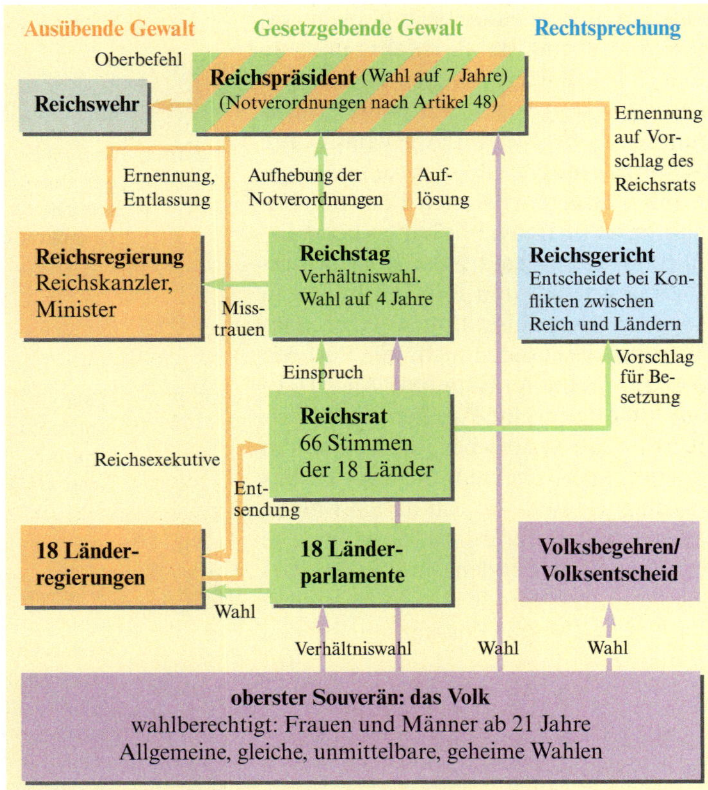

D 5 Weimarer Reichsverfassung, verabschiedet am 31. Juli 1919

ARBEITSAUFTRÄGE

1. Vergleiche die Plakate B1, B2 und B3. Formuliere die Kernaussagen, nenne die Adressaten und beurteile die Wirkungen.
2. Analysiere mithilfe von Q4 und D5 den Aufbau der Weimarer Verfassung. Wie beurteilst du die Position der Reichsregierung gegenüber dem Reichspräsidenten sowie gegenüber dem Reichstag? War der Reichspräsident ein „Ersatzkaiser"?
3. Das Schema der Weimarer Verfassung (D5) weist 18 Länderparlamente und -regierungen sowie einen Reichsrat aus. Nenne vergleichbare Einrichtungen in der Bundesrepublik.

4. Demokratie ohne Demokraten?

Deutschland war mit der Weimarer Verfassung zu einer parlamentarischen Demokratie geworden. Aber wie stark waren Parlamentarismus und demokratisches Gedankengut in der deutschen Gesellschaft verwurzelt?

Selbstblockade der Parteien – Das Verhältniswahlrecht ohne Sperrklausel führte dazu, dass alle Parteien im Parlament vertreten waren. Doch in dem stark zersplitterten Reichstag gelang es nicht, dauerhafte und stabile Mehrheiten zu bilden. Die Parteien gingen bei der Regierungsbildung nur kurzfristige Zweckbündnisse ein. Sie waren gewohnt, ihre Positionen möglichst kompromisslos gegenüber anderen Parteien oder der Regierung zu vertreten. Sie hatten keine Erfahrung, parlamentarische Kompromisse zu erarbeiten und ihre Positionen in Regierungsbündnissen umzusetzen. Darüber hinaus standen nicht alle Parteien loyal zur Weimarer Republik. Auch radikale linke und rechte Parteien, die das demokratische System bekämpften, waren im Reichstag vertreten. Sie nutzten das Parlament, in das sie sich hatten wählen lassen, als Forum für ihre Agitation. Die Selbstblockade der demokratischen Parteien brachte gerade diesen radikalen Parteien wachsende Zustimmung bei den Wählern. /5

Q 1 Walther Rathenau, deutscher Außenminister, 1922:

Wenn ich mich jetzt Unter den Linden aufstelle und rufe: Hoch die große alte Zeit! Hoch Bismarck, hoch Kaiser und Reich […]!, dann werde ich vielleicht verhaftet, die Männer aber blicken mit Rührung auf mich, und die Frauen werfen mir Kusshändchen zu. Schreie ich jedoch: Hoch die Republik!, so lacht alles.

(In: W. Hug, Unsere Geschichte, Bd. 3, Frankfurt/M. 1991, S. 109)

T 2 Politische und wirtschaftliche Positionen der Weimarer Parteien

	Staatsform	Innenpolitik	Wirtschaft	Außenpolitik
KPD	Räterepublik nach sowjetischem Vorbild	Diktatur der Räte, notfalls bewaffneter Kampf um die Macht	Enteignung der Großbetriebe, Zerschlagung des Kapitalismus	Ende der Reparationsleistungen, Bündnis mit der Sowjetunion
SPD	Republik, parlamentarische Demokratie	Demokratisierung der Verwaltung und der Justiz	starke Kontrolle der Großbetriebe, Enteignung von Großgrundbesitz	friedliche Lösung internationaler Konflikte, Abrüstung, Senkung der Reparationslasten
Zentrum	Republik, parlamentarische Demokratie	Unparteilichkeit der Justiz, Bekenntnisschule	Privatwirtschaft, teilweise Enteignung gegen Entschädigung	internationale Prüfung der Kriegsschuldfrage, Befreiung der besetzten Gebiete mit rechtmäßigen Mitteln
DDP	Republik, parlamentarische Demokratie	politische Gleichberechtigung aller, staatsbürgerliche Gesinnung aller	Privatwirtschaft, Schutz des Mittelstandes	Revision des Versailler Vertrages, Gleichberechtigung Deutschlands
DVP	parlamentarische Monarchie, starke Autorität des Staates	Verwaltungsreformen, Stärkung der Familie, Einheitsschule	Privatwirtschaft, leitende Stellung des Unternehmers	Revision des aufgezwungenen Friedensvertrages, Wiederherstellung der deutschen Ehre
DNVP	starke Monarchie und Autorität des Staates	Recht und Ordnung, Antisemitismus	Freiheit des Privateigentums	Befreiung von fremder Zwangsherrschaft, starke Außenpolitik
NSDAP	autoritärer Führerstaat	Volksgemeinschaft, Antisemitismus	propagandistischer „Volkssozialismus“; faktisch Unterstützung durch die Industrie	Aufhebung des Versailler Vertrages, aggressive Außenpolitik, Kolonien zur Ansiedlung Deutscher

Reichswehr und Freikorps – Während der Revolution war es der Reichswehr gelungen, ihre Unabhängigkeit zu wahren. Das Oberkommando führte zwar nun der Reichspräsident. Dennoch verstand es die Heeresleitung, die Reichswehr zu einem **„Staat im Staate“** zu machen und gegen jede Form der Demokratisierung abzuschotten. Besonders die Offiziere verharrten in alten kaiserlichen Traditionen und lehnten die Republik ab.
Unberechenbar waren vor allem die etwa 120 **Freikorps**. Im Zuge der Demobilisierung der Fronttruppen bildeten unzufriedene Offiziere Freiwilligenverbände. Sie wurden zum Sammelbecken vieler Abenteurer oder Entwurzelter und waren nationalistisch und antidemokratisch gesinnt. Sie schlugen zwar im Auftrag der Regierung linksradikale Aufstände nieder, aber dabei kämpften sie nicht für die verachtete Republik, sondern gegen die Revolution. Bei zahlreichen **politischen Morden** gegen linke und bürgerliche Politiker der Weimarer Zeit – Rosa Luxemburg, Karl Liebknecht, Matthias Erzberger, Walther Rathenau – waren die Täter Angehörige der Freikorps.

Verwaltung und Justiz – Auch in der Verwaltung und der Justiz hatten die alten Eliten des Kaiserreichs die Revolution weitgehend unbeschadet überdauert. Die konservativen Beamten und Richter betonten zwar ihre Loyalität gegenüber dem Staat. Aber sie unterschieden zwischen dem Staat an sich, dem ihre Treue galt, und der meist ungeliebten demokratischen Verfassung von Weimar.

Q3 Der General der Obersten Heeresleitung von Seeckt, 2.11.1923

[Ich habe] es von Anfang an für meine Aufgabe gehalten, die Reichswehr zu einer Stütze der Autorität des Reiches zu machen, nicht zu der einer bestimmten Regierung. Sie [die Weimarer Verfassung] widerspricht in den grundlegenden Prinzipien meinem politischen Denken. Ich glaubte, die Änderung der Verfassung auf einem Weg, der nicht unnötig durch einen Bürgerkrieg führen musste, herbeiführen zu helfen.

(In: Geschichte in Quellen, Bd. 5, München 1989, S. 195. Bearbeitet)

T4 Zahl der politischen Morde 1918–1922 und Form der gerichtlichen Verfolgung:

begangen von	links	rechts
Gesamtzahl	22	354
ungesühnt	4	326
Verurteilte	38	24
Freispruch für Geständige	–	23
Haft je Mord	15 Jahre	4 Monate
Hinrichtungen	10	–

(In: H. Pross, Die Zerstörung der deutschen Politik, Frankfurt/M. 1959, S. 139)

B5 Karikatur von Th. Heine, 1927: „Sie tragen die Buchstaben der Firma – aber wer trägt den Geist?“

PERSONENLEXIKON

WALTHER RATHENAU, 1867–1922.
Von 1915 bis 1920 Präsident der AEG, 1921 Wiederaufbauminister, 1922 Außenminister; von den Nationalisten als „Erfüllungspolitiker“ und „Judensau“ beschimpft; 1922 von Nationalisten ermordet.

MATTHIAS ERZBERGER, 1875–1921.
Finanzminister 1919–1920; unterzeichnete 1918 das Waffenstillstandsabkommen und trat für die Annahme des Versailler Vertrages ein; 1921 von Nationalisten ermordet.

ARBEITSAUFTRÄGE

1. Welche Stimmung der Bevölkerung bringt Rathenau in Q1 zum Ausdruck? Überlege die Ursachen dafür.
2. Charakterisiere mithilfe von T2 die Haltung der Parteien zur Weimarer Republik.
3. Erläutere und beurteile mit Q3 die Einstellung des Reichswehrgenerals von Seeckt zur Verfassung. Nenne seine Ziele.
4. Analysiere mit T4 die in der Justiz mehrheitlich vertretene politische Einstellung. Beurteile ihre Rechtsprechung.
5. Interpretiere B5. Was wollte der Zeichner ausdrücken?

5. Belastungen und Krisen der Republik

Am 11. November 1918 hatte die Regierung Ebert die Waffenstillstandsurkunde unterschrieben. Der Friedensvertrag wurde von den Siegermächten ohne Beteiligung Deutschlands aufgesetzt und der deutschen Regierung am 7. Mai 1919 übermittelt. Er blieb weit hinter den Hoffnungen zurück, die das 14-Punkte-Programm von US-Präsident Wilson bei den Deutschen geweckt hatte. Für die innenpolitischen Auseinandersetzungen wurde dieser Vertrag zu einer schweren Belastung. Was waren die Ursachen?

Der Versailler Vertrag – Die Siegermächte verlangten in den Friedensbedingungen unter anderem Gebietsabtretungen und eine zeitweise militärische Besetzung des Rheinlands. Der **„Kriegsschuld-Artikel“** (Art. 231) bezeichnete Deutschland als alleinigen Kriegsverursacher. Das Reich sollte daher zur Wiedergutmachung der Kriegsschäden der Alliierten **Reparationen** in noch unbekannter Höhe leisten. Die als sehr hart empfundenen Friedensbedingungen lösten in Deutschland quer über alle Parteien hinweg einen Sturm der Empörung aus. Doch da die Siegermächte Verhandlungen über den Vertragsinhalt ablehnten, musste ihn die Deutsche Regierung akzeptieren und am 28. Juni 1919 in Versailles unterzeichnen.

Aus heutiger Sicht wird der Vertrag weniger kritisch beurteilt. Immerhin wurde Deutschland nicht besetzt. Die Reichseinheit und die Chance einer erneuten Großmachtstellung blieben erhalten. Die tatsächlich gezahlten deutschen Reparationen waren angesichts der enormen Kriegsschäden der Alliierten vergleichsweise gering. Dennoch benutzten nationalistische und konservative Politiker und Journalisten die öffentliche Stimmung gegen das so genannte „Schanddiktat“ für eine böse Hetzkampagne: Sie beschimpften demokratische Parteien und Politiker als „Novemberverbrecher“ und „Erfüllungspolitiker“.

B1 „Dolchstoß gegen das deutsche Heer“. Wahlplakat der DNVP von 1924

B2 Demonstration in Berlin gegen den Versailler Vertrag, 1919

T4 Deutsche Reparationszahlungen (in Milliarden Mark)

1923–24	1,750
1924–25	0,893
1925–26	1,176
1926–27	1,382
1927–28	1,739
1928–29	2,453
1929–30	1,275
1930–31	1,385
1931–32	0,961
1923–32	**13,014**

Zwischen 1923 und 1932 zahlte Deutschland im Jahresdurchschnitt etwa 2,6 % seines Volkseinkommens für Reparationen. Auf der internationalen Konferenz von Lausanne wurde 1932 das Ende der Reparationszahlungen vereinbart.

(Nach: D. Petzina u. a., Sozialgeschichtliches Arbeitsbuch III, München 1978, S. 150)

Q3 Der Historiker H. Heiber schrieb 1971 über den Versailler Vertrag und seine Auswirkungen auf Deutschland:

Deutschland hat aller […] Schwarzmalerei zum Trotz die Folgen des verlorenen Krieges einschließlich der Amputation […] wertvoller Agrarüberschussgebiete wie auch Industriereviere nach den ersten Wirren *wirtschaftlich* überraschend gut überstanden. *Psychologisch* freilich war dies weniger der Fall. Vergessen war die Selbstverständlichkeit der Kriegsjahre, dass dereinst die besiegten Feinde Deutschlands Kriegskosten würden zahlen müssen. Nun aber sollte Deutschland die Kriegskosten der Welt zahlen. So jedenfalls schien es dem Manne auf der Straße […]. Die „Versklavung von Generationen“ [bot] der Rechten einen wirksamen Hebel gegen den Staat, obgleich Deutschland im Endeffekt […] nicht allzu viel Reparationen gezahlt hat.

(In: H. Heiber, Die Republik von Weimar, München 1971, S. 59 f. Gekürzt)

Angriffe von links und rechts – Die ersten Nachkriegsjahre waren für die Weimarer Republik auch durch eine Reihe von Umsturzversuchen geprägt. Wie reagierte die Republik auf solche Angriffe?

Bereits vor der Wahl zur Nationalversammlung eskalierte am 5. Januar 1919 in Berlin eine Demonstration zu einem kommunistischen Aufstand. Die Regierung Ebert forderte Hilfe von der OHL an und ließ die Unruhen niederschlagen. Dabei wurden die KPD-Führer Rosa Luxemburg und Karl Liebknecht von Freikorpsangehörigen brutal ermordet. Im Frühjahr 1919 kam es zu einer Welle linksgerichteter Aufstände. So wurden in Bayern, Braunschweig, Bremen und dem sächsischen Vogtland Räterepubliken ausgerufen. Auch im Ruhrgebiet und im mitteldeutschen Bergbau gab es Unruhen. Überall ging das Militär mit großer Härte gegen die Aufständischen vor.

Ihre erste große Existenzkrise erlebte die Republik im März 1920. Als zahlreiche Freikorps gemäß den Bestimmungen von Versailles aufgelöst werden sollten, marschierten diese unter Führung des rechtsextremen Generals LÜTTWITZ und des DNVP-Politikers KAPP nach Berlin, besetzten das Regierungsviertel und riefen zum Sturz der Regierung auf. Da die Reichswehr nicht eingriff, musste die Regierung aus Berlin fliehen. Der Putsch brach nach wenigen Tagen zusammen, da der von Regierung und Gewerkschaften ausgerufene Generalstreik überall befolgt wurde. ⓔ/6

Q5 General v. Seeckt gegenüber SPD-Minister Noske, 13. 3. 1920:

Es kann doch keine Rede davon sein, dass man Reichswehr gegen Reichswehr kämpfen lässt. Truppe schießt nicht auf Truppe. Haben Sie […] etwa die Absicht, eine Schlacht vor dem Brandenburger Tor zu dulden zwischen Truppen, die eben erst Schulter an Schulter gegen den Feind gefochten haben? Wenn Reichswehr Reichswehr niederschlägt, dann ist alle Kameradschaft […] dahin.

(In: R. Wohlfeil, Die deutsche Reichswehr. Frankfurt/M. 1972, S. 193. Gekürzt)

B6 Brigade Ehrhardt auf dem Wilhelmplatz in Berlin, März 1920

Q7 SPD-Aufruf gegen den Kapp-Putsch, 13. 3. 1920:

Arbeiter, Parteigenossen! Der Militärputsch ist da […]. Wir haben die Revolution nicht gemacht, um uns einem blutigen Landsknechtsregiment zu unterwerfen […]. Es geht um alles. Darum sind die schwersten Abwehrmittel geboten. Kein Betrieb darf laufen, solange die Militärdiktatur der Ludendorffe herrscht. Deshalb legt die Arbeit nieder. Streikt. Keine Hand darf sich rühren. Kein Proletarier darf der Militärdiktatur helfen […]. Nieder mit der Gegenrevolution!

(In: Geschichte in Quellen, Bd. 5, München 1989, S. 170. Gekürzt)

ARBEITSAUFTRÄGE

1. Interpretiere das Wahlplakat der DNVP (B 1). Vgl. mit dem Darstellungstext von S. 23. Formuliere dein eigenes Urteil.
2. Erkläre, warum die Menschen von B 2 gegen die Bestimmungen des Versailler Vertrages demonstrierten. Wie beurteilst du selber den Vertrag? Ziehe für deine Beurteilung auch die Materialien der Seite 11 und Q 3 heran.
3. Beurteile die Haltung der Reichswehr in Q 5 zum Kapp-Putsch. Vergleiche mit Q 3, Seite 31, und mit Q 3 auf Seite 27.
4. Nenne und beurteile die Argumente und Maßnahmen, mit denen die SPD auf den Kapp-Putsch reagiert (Q 7). Vgl. B 6.
5. Erläutere die Haltung der SPD-geführten Regierung gegenüber der Reichswehr in der Zeit von Nov. 1918 bis März 1920.

6. Das Krisenjahr 1923

Das Jahr 1923 brachte der Weimarer Republik eine ganze Serie schwerer politischer und wirtschaftlicher Krisen, die sie in ihrer Existenz mehr denn je bedrohten. Welche Ursachen hatten diese Krisen und wie wirkten sie zusammen?

Der Ruhrkampf – Zu Beginn des Jahres eskalierte der Streit mit den Siegermächten. Die Alliierten hatten die Reparationen 1921 auf insgesamt 132 Mrd. Goldmark zuzüglich 26 % der deutschen Ausfuhrwerte festgelegt. Frankreich sah in diesen Forderungen ein Instrument, das Wiedererstarken Deutschlands zu verhindern. Als das Reich Ende 1922 mit Kohlelieferungen in Verzug geriet, marschierten am 11. Januar 1923 französische und belgische Truppen in das Ruhrgebiet ein. Dieses „produktive Pfand" sollte die Lieferung der Reparationen sicherstellen. Die deutsche Bevölkerung war empört; die Reichsregierung stellte die Zahlungen ganz ein und rief zum Widerstand im **„Ruhrkampf"** auf. Darauf reagierten die Franzosen hart: Sie übernahmen selbst die Eisenbahn und wichtige Betriebe, tausende Menschen wurden ausgewiesen oder inhaftiert. Vielerorts kam es zu schweren Zusammenstößen mit der Bevölkerung.

B1 Antifranzösische Schießscheibe, 1923

Doch im Sommer konnte die Reichsregierung die Kosten des Ruhrkampfes, insbesondere die Verluste aus dem Produktionsausfall, nicht mehr verkraften. Hinzu kamen eine **Inflation** (dt.: Geldentwertung) und eine stark steigende **Arbeitslosigkeit,** die weite Teile der Bevölkerung in schwere Not stürzten: Im Herbst 1923 kostete ein einziges Brötchen 20 Milliarden Mark. Eine große Koalition aus DVP, DDP, Zentrum und SPD beschloss daher im September 1923, den Ruhrkampf aufzugeben.

Innenpolitische Konflikte – Der Ruhrkampf zog gezielt herbeigeführte Begleitkrisen nach sich, die von außen wie auch von innen geschürt worden waren. Frankreich unterstützte im Rheinland und in der Pfalz separatistische Bewegungen mit dem Ziel der Abspaltung. Im Oktober 1923 wurden die „Rheinische Republik" und die „Autonome Pfalz" ausgerufen. Während die Separatisten im Rheinland bereits im November am Widerstand der Bevölkerung scheiterten, konnte sich die pfälzische Republik bis 1924 halten.

Französischer Soldat bewacht einen Kohlewaggon im Ruhrgebiet, 1923

Q2 Aufruf der Regierung Stresemann, 26. 9. 1923

Am 11. Januar haben französische Truppen wider Recht und Vertrag das deutsche Ruhrgebiet besetzt [...]. Die Bevölkerung weigerte sich, unter fremden Bajonetten zu arbeiten. Für diese, dem Deutschen Reich in schwerster Zeit bewiesene Treue und Standhaftigkeit dankt das ganze deutsche Volk. Die Reichsregierung hat es übernommen, nach ihren Kräften für die leidenden Volksgenossen zu sorgen. In immer steigendem Maße sind die Mittel des Reiches dadurch in Anspruch genommen worden. Die einstige Produktion des Rheinlandes und des Ruhrgebiets hat aufgehört. Das Wirtschaftsleben ist zerrüttet. Mit furchtbarem Ernst droht die Gefahr, dass bei Festhalten an dem bisherigen Verfahren die Sicherung der nackten Existenz für unser Volk unmöglich wird. Um das Leben von Volk und Staat zu erhalten, stehen wir heute vor der bitteren Notwendigkeit, den Kampf abzubrechen.

(In: H. Krieger, Handbuch des Geschichtsunterrichts, Bd. 5, Frankfurt /M. 1980, S. 201. Gekürzt)

Große Teile der Bevölkerung empfanden dies als neue „Kapitulation gegenüber Frankreich". Sie konnten die Hintergründe von Inflation und Wirtschaftskrise nicht nachvollziehen. Ihre Unzufriedenheit und Notlage versuchten rechte und linke Gegner der Republik für Umsturzversuche zu nutzen.

Der Hitler-Putsch – Bayern war nach der Niederschlagung der Räterepublik im Jahr 1919 zu einer Hochburg der Nationalisten und des Rechtsradikalismus geworden. Selbst die konservative Landesregierung unter Ministerpräsident VON KAHR steuerte einen offenen Konfrontationskurs gegen die Reichsregierung. Mit Billigung von Kahrs verweigerten die in Bayern stationierten Reichswehrtruppen alle Befehle aus Berlin.

Der Weltkriegsgeneral Ludendorff und ADOLF HITLER, Führer der 1920 in München gegründeten „Nationalsozialistischen Deutschen Arbeiterpartei" (NSDAP), wollten im November 1923 von Kahr für einen Sturz der Reichsregierung gewinnen. Als von Kahr zögerte, entschied Hitler am 9. November, dem „Tag der nationalen Schmach", selbst den Putsch zu wagen. Nach dem Vorbild der italienischen Faschisten beschloss er einen **„Marsch auf Berlin"**. Aber schon am gleichen Tag brach die **„nationale Revolution"** unter den Schüssen der Landespolizei vor der Münchner Feldherrenhalle zusammen. Die NSDAP wurde verboten; Hitler zu fünf Jahren Haft verurteilt, von denen er nur ein Jahr verbüßte. e/7

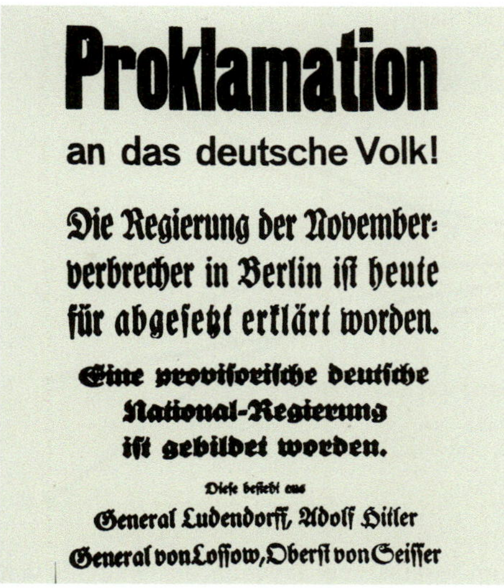

B3 Plakat der Hitler-Putschisten, 9.11.1923

Roter Oktober in Sachsen und Thüringen? – In Sachsen und Thüringen bildeten SPD und KPD die Regierung. Die KPD wollte die Krise des Jahres 1923 nutzen und bereitete einen „deutschen Oktober" nach dem Vorbild der russischen Oktoberrevolution vor. Heimlich waren **„proletarische Hundertschaften"** bewaffnet worden. Als die Regierungen Sachsens und Thüringens deren Auflösung verweigerten, wurden sie auf Anordnung des Reichskanzlers von der Reichswehr ihres Amtes enthoben. Der „deutsche Oktober" war gescheitert, bevor er begonnen hatte.

Q4 Reichskanzler Stresemann an den sächsischen SPD-Ministerpräsidenten Zeigner, 27.10.1923

Die Propaganda der Kommunistischen Partei hat unter Führung der Ihrem Kabinett angehörenden kommunistischen Mitglieder Formen angenommen, die den gewaltsamen Sturz der Reichsverfassung […] zum Ziel haben. Der Geist der Widersetzlichkeit und Gewalttätigkeit der Kommunistischen Partei zeigt sich in den Ausführungen des Leiters Ihrer Staatskanzlei, der in Chemnitz öffentlich zum Kampf gegen die Reichswehr aufgefordert hat. Die Beseitigung dieses Zustands ist unerlässlich. Im Auftrag der Reichsregierung fordere ich Sie auf, den Rücktritt der sächsischen Landesregierung zu vollziehen, weil die Teilnahme kommunistischer Mitglieder an dieser Landesregierung angesichts dieser Vorgänge mit verfassungsmäßigen Zuständen unvereinbar ist.

(In: Geschichte in Quellen, Bd. 5, München 1989, S. 192 f. Gekürzt)

ARBEITSAUFTRÄGE

1. Beschreibe B1 und erläutere die Stimmung der Bevölkerung gegenüber Frankreich und der Ruhrbesetzung. Nenne die Folgen des Widerstands, die die Regierung in Q2 beschreibt. Diskutiere das „Für und Wider" des Ruhrkampfs.
2. Erkläre, was die Putschisten in B3 mit dem Begriff „Novemberverbrecher" meinen; berücksichtige dabei auch das Datum des Putsches. Beurteile die Absichten der Putschisten.
3. Erläutere die Vorwürfe, die Stresemann in Q4 gegen die sächsische Landesregierung erhebt. Diskutiere seine Position.

7. Inflation – ihre Ursachen und Folgen für die Menschen

Die Geldentwertung, die 1923 ihren Höhepunkt erreichte, hatte bereits mit dem Beginn des Ersten Weltkrieges eingesetzt. Was waren die Ursachen für diese Geldentwertung und warum verschärfte sich die Krise 1923?

Ursachen der Inflation – Durch die hohen Rüstungskosten waren die Ausgaben des Reichs während des Krieges von etwa 4 Mrd. Mark auf 5 Mrd. Mark monatlich gestiegen. Um höhere Steuern zu vermeiden, wurde ein Teil des benötigten Geldes einfach zusätzlich zur bereits vorhandenen Geldmenge gedruckt. Der größere Teil wurde durch **Anleihen** des Staates bei der Bevölkerung aufgebracht. Die Rückzahlung sollte nach dem Krieg erfolgen – durch Reparationszahlungen der besiegten Feinde. So erbte die junge Republik bei Kriegsende einen riesigen Schuldenberg und eine Mark, die nur noch halb so viel wert war wie 1914. ϴ/6

Auch nach 1918 verursachten die Folgen des Krieges weitere hohe Kosten. Zu den Zinsen für die Kriegsanleihen kamen die Reparationszahlungen an die Siegermächte, die Versorgung der Kriegsopfer und Hinterbliebenen, die Unterstützung der Arbeitslosen sowie Entschädigungen für die verlorenen Industriebetriebe in den abgetrennten Gebieten. In der angespannten innenpolitischen Situation der Nachkriegsjahre wollte auch die neue Regierung Steuererhöhungen vermeiden. Auch sie griff für die Rückzahlung der Schulden und zur Finanzierung der laufenden Ausgaben zu dem Mittel, immer mehr Geld zu drucken und in Umlauf zu geben. Da es aber kaum Waren zu kaufen gab, stiegen die Preise stark an und das Geld verlor an Wert.

Durch die Belastungen des Ruhrkampfs entwickelte sich die **Inflation** 1923 zur Hyperinflation: Die Kaufkraft der Mark sank ins Bodenlose. Banken, Betriebe und Gemeinden gaben Notgeld oder Warengutscheine aus.

Gewinner und Verlierer der Inflation – In den ersten Nachkriegsjahren wurde wenig gegen die Inflation unternommen, da sich der Staat Vorteile davon versprach. Welche Auswirkungen hatte die Inflation auf Staat, Wirtschaft und Bevölkerung?

Besitzer großer Sachwerte sowie Industrieunternehmen profitierten von der Inflation. Die Löhne in den Betrieben wurden in Papiergeld ausgezahlt. Viele Güter wurden aber nur noch gegen **Sachwerte** getauscht oder im Ausland gegen wertbeständige Dollarwährung verkauft. Banken und Versicherungen hatten die Einlagen ihrer Sparer oft in Grundstücke, Häuser und Produktionsbetriebe investiert. Solche Sachanlagen behielten ihren Wert.

Zu den Verlierern der Inflation zählten dagegen die einfachen Leute und der Mittelstand: Arbeiter und Angestellte, kleine Handwerksbetriebe, Ärzte, Beamte und Rechtsanwälte. Deren **Ersparnisse** und Rücklagen, oft ein Leben lang hart erarbeitet, waren binnen weniger Monate nahezu wertlos.

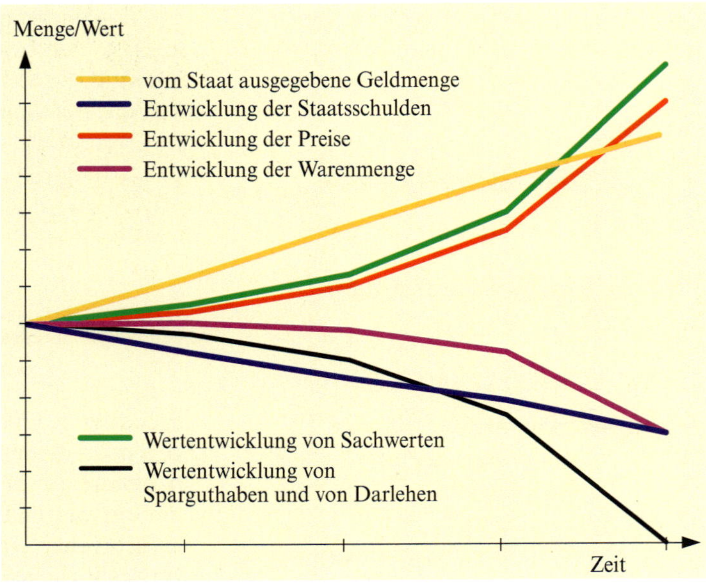

D1 Schema-Zeichnung zum Verlauf einer Inflation, erstellt durch den Autor

Zu den Gewinnern der Inflation gehörte scheinbar auch der Staat. Die Kriegsanleihen, für die viele einfache Leute aus patriotischer Überzeugung ihre Spargroschen hergegeben hatten, waren jetzt nahezu wertlos. Auch andere Schulden konnte der Staat nun leicht zurückzahlen. Doch diese Inflationsgewinne musste der Staat politisch teuer erkaufen. Die Inflation war für die Bevölkerung ein traumatisches Erlebnis, das lange nachwirkte und das Vertrauen in die demokratischen Parteien sowie in die Weimarer Republik insgesamt untergrub.

T4 Entwicklung des Preises für 1 kg Brot

Dez. 1919	0,80 Mark
Dez. 1920	2,37 Mark
Dez. 1921	3,90 Mark
Dez. 1922	163,15 Mark
Jan. 1923	250,- Mark
Apr. 1923	474,- Mark
Aug. 1923	69 000,- Mark
Sept. 1923	1 512 000,- Mark
Okt. 1923	1 743 000 000,- Mark
Dez. 1923	399 000 000 000,- Mark
Jan. 1924	0,30 Mark

(In: G. Stolper u. a., Deutsche Wirtschaft seit 1870, Tübingen 1966, S. 98)

Q2 Wilhelm Bieg erlebte als Kind die Inflation:

Inflation? Wer vermag zu erklären, warum ein Brot heute 3000, morgen 5000 und wenige Tage später schon 100 000 Mark kostet […]? Wilhelm weiß nur, dass er pünktlich bei Schichtschluss vor dem Fabrikgebäude stehen muss. Mutter lässt ihre Tasche mit dem Lohn an einem Strick aus dem Fenster; und er läuft mit den vielen Scheinen so schnell er kann zum Kaufmann, um Brot und Margarine einzukaufen. Bis die Mutter dort wäre, könnten die Preise schon wieder gestiegen sein […].

(In: Potsdamer Forschungen, Reihe C, Heft 38, Potsdam 1979, S. 141. Gekürzt)

Q5 Bericht von Bertha S.:

Schlimm war es mit meinem Vater. Er hatte als Handwerksmeister sein Leben lang gespart. Bei Kriegsausbruch hatte er über 40 000 Goldmark auf der Bank. Im Alter wollte er von den Zinsen leben. Im Sommer 1923 konnte er sich von dem Geld gerade noch ein Brot kaufen.

(Berta S. im Interview mit K.-H. Müller, in: Entdecken und Verstehen, Bd.3, Frankfurt/M.1989, S. 64. Bearbeitet)

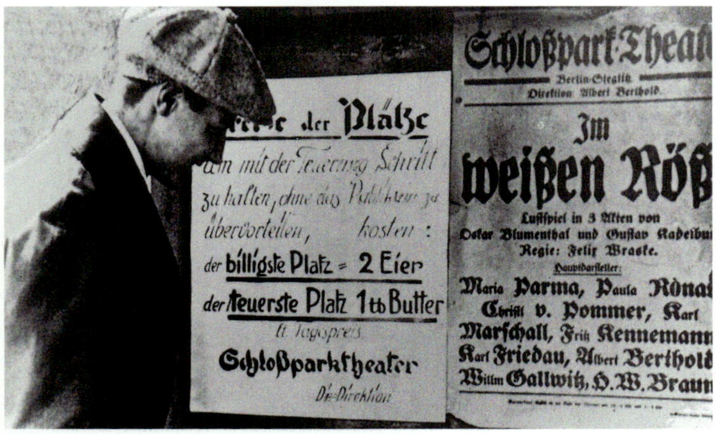

B6 Eier und Butter als Eintrittspreise ins Theater, Berlin 1923

Q3 Spekulation mit der Inflation:

Mithilfe der nahezu kostenlosen Kredite der Reichsbank kaufte der Großindustrielle Hugo Stinnes wahllos alle Firmen auf, die er bekommen konnte […]. Auf dem Höhepunkt seiner Macht […] im Jahr 1924 umfasste sein Imperium 1664 rechtlich selbstständige Unternehmungen mit 4554 Betrieben, die sich auf fast alle Wirtschaftszweige erstreckten.

(In: F. Blaich, Der schwarze Freitag, München 1985, S. 54 f. Gekürzt)

ARBEITSAUFTRÄGE

1. Erläutere mit der Schemazeichnung D 1 die Entwicklung der dargestellten volkswirtschaftlichen Größen bei einer Inflation.
2. Beschreibe anhand von Q2, Q 3, T 4, Q5 und B6 die Folgen der Inflation für einzelne Personengruppen. Spielt das Zusammentreffen folgender Personen: Geschäftsinhaber–Hausfrau; Fabrikbesitzer–Arbeiter; Bankinhaber–Kleinsparer.
3. Erkläre den in Q3 beschriebenen Erfolg von Hugo Stinnes. Wie haben wohl die Inflationsgeschädigten darüber gedacht?

8. Ära Stresemann – Wirtschaftsaufschwung oder Scheinblüte?

Gustav Stresemann (DVP) war nach seiner kurzen Kanzlerschaft 1923 bis zu seinem Tod 1929 Außenminister. Diese „Ära“ Stresemann empfanden die Zeitgenossen als eine Zeit wirtschaftlicher Stabilisierung und politischer Beruhigung. Wie wurde der wirtschaftliche Aufschwung erreicht?

Rentenmark und Dawes-Plan – Um das Vertrauen der Menschen in den Staat und in die Wirtschaft wiederherzustellen, musste zuerst die Inflation gestoppt werden. Am 15.11.1923 leitete die Regierung Stresemann daher mit der Gründung der „Deutschen Rentenbank“ eine Währungsreform ein. Als Sicherheit zur Deckung der neuen **„Rentenmark“** diente landwirtschaftlicher und industrieller Grundbesitz. Um die Stabilität der neuen Währung zu sichern, wurde die Finanzierung der Reichsausgaben über die inflationsanheizende Notenpresse beendet. Obwohl die Rentenmark nur eine Übergangslösung war, wurde sie schnell akzeptiert. Am 30. August 1924 ersetzte sie die **Reichsmark**, die nun wieder durch Goldreserven gedeckt war.

Da das Reich seit Oktober 1923 wegen Zahlungsunfähigkeit keine Reparationen hatte zahlen können, legte die Währungsstabilisierung auch die Grundlage für neue Verhandlungen in dieser Frage. Eine Expertenkommission unter Leitung des US-Bankiers CHARLES DAWES erarbeitete ein Konzept, das im August 1924 akzeptiert wurde. Dieser **„Dawes-Plan“** legte vorerst keine Gesamtforderung für die Reparationszahlungen fest, sondern nur steigende Jahresraten zwischen 1,0 und 2,5 Mrd. RM. Vor allem sollte die Höhe der Reparationszahlungen nun an der tatsächlichen Leistungsfähigkeit der deutschen Wirtschaft orientiert werden.

Entwicklung der Wirtschaft – Als Folge der Währungsstabilisierung und der Reparationsregelung konnte Deutschland wieder Kredite aufnehmen. In kurzer Zeit floss viel ausländisches, vor allem amerikanisches Kapital ins Reich. Bedeutete dies neuen Wohlstand?

Nach 1924 erholte sich die deutsche Wirtschaft. Besonders die Elektro- und chemische Industrie sowie die neue Automobilindustrie erzielten hohe Wachstumsraten. Die Schwerindustrie (Bergbau, Stahl) konnte mit diesen Wachstumsraten jedoch nicht Schritt halten. Insgesamt erreichte die Produktion daher erst 1928 wieder den Vorkriegsstand. Deutschland lag damit trotz einer spürbaren Verbesserung der Lage hinter den meisten Industriestaaten zurück. Die Gemeinden profitierten von dem wirtschaftlichen Aufschwung dieser Jahre. In vielen Städten entstanden Prestigebauten. Ausstellungen wie die Leipziger Messe und „Jahres-

PERSONENLEXIKON

GUSTAV STRESEMANN, 1878–1929. Ursprünglich Monarchist, später überzeugter Republikaner, Vorsitzender der DVP, von Aug. 1923 bis Nov. 1923 Reichskanzler und Außenminister, danach bis zu seinem Tod Außenminister; erhielt 1926 zusammen mit Aristide Briand den Friedensnobelpreis für seine europäische Aussöhnungspolitik. ⓬/8

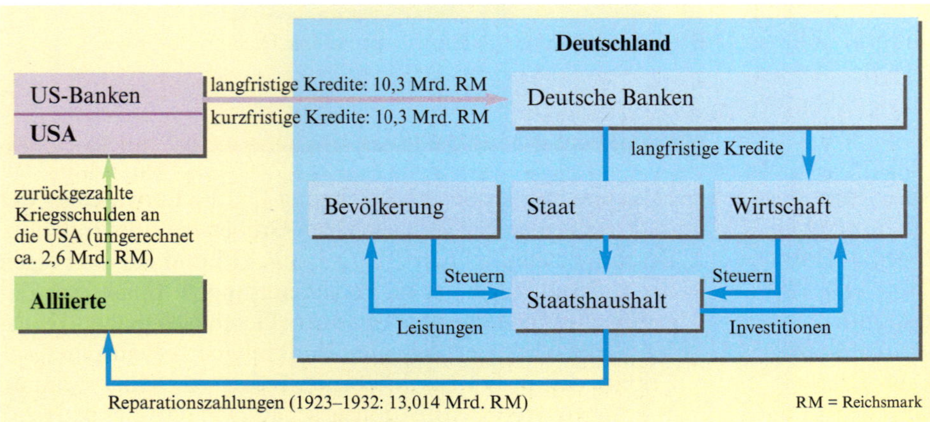

D 1 Internationaler Finanzkreislauf, 1923–1932. Aufgrund des Dawes-Plans konnte Deutschland wieder internationale Kredite aufnehmen, vor allem aus den USA, und seinen Verpflichtungen zur Zahlung der Reparationen nachkommen.

schauen der Arbeit“ in Dresden präsentierten den Aufschwung. Um der Wohnungsnot zu begegnen, wurden öffentlich geförderte Wohnungsbaugenossenschaften gegründet. Statt finsterer Mietskasernen baute man offene Siedlungen mit kleinen Häusern und Gärten; dazu kamen Krankenhäuser, Schulen, Sportanlagen.

Die **Landwirtschaft** konnte von dem wirtschaftlichen Aufschwung dagegen nicht profitieren. Preiswerte Nahrungsimporte aus dem Ausland sowie die oft unrentablen Anbau- und Produktionsmethoden der deutschen Landwirtschaft führten dazu, dass viele Landwirte aufgeben und ihre Höfe versteigern lassen mussten.
Auch für die **Arbeiter** in den Industriebetrieben brachte die Belebung der Wirtschaft nur zum Teil Fortschritte. Zwar wurde 1927 erstmals die gesetzliche **Arbeitslosenversicherung** sowie ein Mindestjahresurlaub von bis zu einer Woche eingeführt. Doch die Löhne stiegen nur langsam und erreichten erst wieder 1928 Vorkriegsniveau. Durch neue Produktionsmethoden und Rationalisierungsmaßnahmen in den Betrieben stieg zudem die Zahl der Arbeitslosen auf eine bis dahin unbekannte Höhe. Die Unternehmer konnten sogar eine Erhöhung der Wochenarbeitszeit von 48 auf 56 Stunden und mehr durchsetzen.

Q2 Der britische Botschafter in Berlin, d'Abernon, am 25. 12. 1923:

Die Lebensmittel in den großen Städten sind plötzlich in Hülle und Fülle vorhanden – Kartoffeln und Getreide werden in großen Mengen auf den Markt gebracht […]. Die Polonäsen vor den Schlachter- und Lebensmittelgeschäften sind verschwunden. Die wirtschaftliche Entspannung hat eine politische Beruhigung mit sich gebracht. Von Diktatur und Putschen wird nicht mehr geredet […].

(In: V. d'Abernon, Ein Botschafter der Zeitwende, Bd. II, Leipzig o.J., S. 329. Gekürzt)

B3 Specks Hof, Messepalast Leipzig

B4 Hufeisensiedlung Berlin-Britz

T5 Arbeitslosigkeit, Arbeitskämpfe

	1922	1924	1926	1928
Arbeitslose (%)	1,1	4,9	10,0	6,3
Anzahl Streiks	4348	1581	316	687
Streikende (1000)	1638	666	57	327

(Nach: Petzina, W., u. a, Sozialgeschichtliches Arbeitsbuch III, München 1978, S. 114 ff.)

ARBEITSAUFTRÄGE

1. Erkläre mit D 1, welche Interessen Deutschland und die USA an der Umsetzung des Dawes-Plans hatten. Analysiere die Finanzquellen des deutschen Staatshaushalts. Was passiert, wenn die US-Banken ihre kurzfristigen Kredite abziehen?
2. Beschreibe anhand von Q 2 die schnelle Wirkung der Währungsreform. Versuche, eine Erklärung dafür zu geben.
3. Beschreibe die in B 3 und B 4 abgebildeten Bauwerke. Welche Auswirkungen hatten solche Projekte für die Bauindustrie?
4. Analysiere mit T 5 die Entwicklung der Arbeitslosen- und der Streikzahlen 1922–1928. Sind Zusammenhänge erkennbar?

9. Ära Stresemann – außenpolitische Erfolge

Das vordringliche Ziel der deutschen Außenpolitik musste nach Ansicht aller deutschen Parteien die Revision des Versailler Vertrages und die internationale Gleichberechtigung sein. Doch Deutschland war als Verlierer des Krieges außenpolitisch isoliert. Wie gelang es, diese Ausgrenzung zu überwinden?

Schritte aus der Isolation – Zunächst schloss Deutschland am 6.4.1922 im italienischen Rapallo einen Vertrag mit der international ebenfalls isolierten Sowjetunion. Beide Staaten verzichteten gegenseitig auf Reparationen. Die Reichswehr sollte zudem in Russland heimlich an schweren Waffen ausgebildet werden, die ihr nach dem Versailler Vertrag verboten waren. Die Westmächte misstrauten dem **Vertrag von Rapallo:** Sie fürchteten, er richte sich gegen Westeuropa und Polen.

Außenminister Stresemann bemühte sich nun um einen Ausgleich mit dem Westen. Vor allem wollte er die Besetzung des Rheinlands beenden und künftige französische Übergriffe wie im Ruhrgebiet verhindern. Schon 1924 erreichte er, dass das Reich an den Beratungen des Dawes-Plans gleichberechtigt teilnehmen durfte.

Die **Verständigungspolitik** des Außenministers führte 1925 zur Unterzeichnung eines Vertrages im schweizerischen Locarno. Deutschland, Frankreich und Belgien bestätigten sich gegenseitig die Unverletzlichkeit ihrer Grenzen und sicherten zu, Konflikte nur durch ein internationales Schiedsverfahren zu lösen. Deutschland akzeptierte die Entmilitarisierung des Rheinlands. England und Italien verpflichteten sich, die Einhaltung des Vertrags zu garantieren. Mit dem **Vertrag von Locarno** war die deutsche Isolierung überwunden. Die wiedergewonnene Rolle als gleichberechtigter Staat wurde augenfällig, als Deutschland im September 1926 in den **Völkerbund** aufgenommen wurde und einen ständigen Sitz im Völkerbundsrat erhielt.

Um Misstrauen zu begegnen, das die Annäherung an den Westen bei der UdSSR ausgelöst hatte, vereinbarte das Deutsche Reich im April 1926 einen Freundschafts- und Neutralitätsvertrag mit der UdSSR. Dies bannte die Gefahr eines sowjetischen Bündnisses mit England oder Frankreich gegen Deutschland.

Q1 Brief Stresemanns an Kronprinz Wilhelm, 7.9.1925:

Die deutsche Außenpolitik hat […] drei große Aufgaben: einmal die Lösung der Reparationsfrage in einem […] erträglichen Sinne und die Sicherung des Friedens, die Voraussetzung für eine Wiedererstarkung Deutschlands ist. Zweitens rechne ich dazu den Schutz der Auslandsdeutschen, jener 10–12 Millionen Stammesgenossen, die jetzt unter fremdem Joch […] leben. Die dritte große Aufgabe ist die Korrektur der Ostgrenzen: die Wiedergewinnung von Danzig, vom polnischen Korridor und eine Korrektur der Grenzen in Oberschlesien. Im Hintergrunde steht der Anschluss von Deutsch-Österreich […]. Daher der Sicherheitspakt, der uns einmal den Frieden garantieren und [die] Westgrenze festlegen soll. Der Sicherheitspakt birgt andererseits den Verzicht auf […] Elsass-Lothringen, [was] aber insoweit nur theoretischen Charakter hat, als keine Möglichkeit eines Krieges gegen Frankreich besteht.

(In: Geschichte in Quellen, Bd. 5, München 1989, S. 216)

B2 Plakat der DNVP zur Reichstagswahl 1928

Friedenswille oder Taktik? – Der Vertrag von Locarno war nur durch die vertrauensvolle Zusammenarbeit des Franzosen ARISTIDE BRIAND mit dem Deutschen Stresemann zustande gekommen. Beide erhielten 1926 dafür den Friedensnobelpreis. Wie wird die Verständigungspolitik Stresemanns aus heutiger Sicht beurteilt?

Die Meinungen der Historiker gehen in dieser Frage auseinander. Während des Weltkriegs hatte Stresemann die Kriegs- und Annexionspolitik des Kaiserreichs und 1919 die Dolchstoßlegende unterstützt. Wenn der Nationalist Stresemann die Verständigung mit den Westmächten suchte, so muss man neben dem zweifellos vorhandenen Friedenswillen wohl auch kühl kalkulierende Realpolitik als Motiv annehmen. So hatte er zwar auch mit Polen und der Tschechoslowakei Schiedsverträge abgeschlossen, aber eine Garantie ihrer Westgrenzen lehnte er ab.

Q4 Aus der Reichstagsdebatte über die Annahme des Vertrages von Locarno, 24. November 1925:

Graf von Westarp, DNVP: Die Grundgedanken unseres Widerspruchs gegen [...] Locarno: Jeder Verzicht auf deutsches Land, jede neue und freiwillige Anerkenntnis des Versailler Diktats sollte [...] ausgeschlossen sein.

Thälmann, KPD: Locarno ist nicht der Versuch [...], durch Abschluss von Verträgen Krieg zu verhindern, sondern der Versuch der Einbeziehung Deutschlands in eine Konzentration [...] gegen Sowjetrussland.

(In: Verhandlungen des Reichstags, Stenograf. Berichte, Bd. 338, S. 4485 f. Bearb.)

Q3 Deutschlands Aufnahme in den Völkerbund, 10. 9. 1926

Bericht Paul Schmidts [Dolmetscher]: Bei [Stresemanns] Erscheinen setzte im ganzen Saal ein wahrer Beifallssturm ein [...]. Von allen Seiten wurde geklatscht und Bravo gerufen [...]. Das Publikum [tobte] auf den Tribünen [...]. Eine Szene, wie sie sich im Völkerbund noch nie abgespielt hatte.

Aus der Rede Stresemanns: Das sicherste Fundament für den Frieden ist eine Politik, die getragen wird von gegenseitigem Verstehen und gegenseitiger Achtung der Völker [...]. Daran freudig mitzuarbeiten, ist Deutschlands fester Wille.

Aus der Rede Briands: Das Zeichen des heutigen Tages ist der Friede für Deutschland und für Frankreich [...]. Zu Ende ist die Reihe der blutigen Zusammenstöße [...]. Fort mit den Gewehren! [...] Fort mit den Kanonen! Platz für die Versöhnung, für das Schiedsgericht und für den Frieden!

(In: H. Krieger, Handbuch des Geschichtsunterrichts, Bd. 5, Frankf./M. 1980, S 206 ff. Bearb.)

B5 Stresemann vor dem Völkerbund, 10.9.1926

ARBEITSAUFTRÄGE

1. Erläutere mit Q 1 die langfristigen außenpolitischen Ziele Stresemanns. Überlege, ob diese Ziele hätten erreicht werden können. Beurteile Stresemanns Einstellung zum Krieg.
2. Beschreibe B 2 und erläutere, wie die rechten Parteien die Verständigungspolitik betrachteten; ziehe auch Q 4 heran.
3. Wie begründet der KPD-Führer Thälmann in Q 4 die Ablehnung des Locarno-Vertrags? Beurteile seine Argumente.
4. Schildere mithilfe von Q 3 und B 5 die Stimmung im Völkerbund. Beschreibe die Vision Stresemanns und Briands; vergleiche sie aber auch mit Q 1.

10. Innenpolitische Konflikte und Rechtsruck der Politik

Trotz außenpolitischer Erfolge war die innenpolitische Situation der Republik weiterhin von tiefen Konflikten geprägt. Warum gelang es nicht, stabile politische Verhältnisse zu schaffen?

Wechselnde Mehrheiten – Als Folge der Inflation war es bei den Reichstagswahlen im Mai 1924 zu einem Rechtsruck gekommen. Erstmals seit Kriegsende war die SPD nicht mehr in der Regierung vertreten. Stattdessen regierte ein „Bürgerblock“ aus Zentrum, DDP und DVP; ab 1925 war auch die nationalistische DNVP mit in der Regierung. Doch diese konservativen Regierungen verfügten über kein einheitliches Regierungsprogramm und besaßen keine stabile Stimmenmehrheit. So verhalf beispielsweise die oppositionelle SPD der Außenpolitik Stresemanns (DVP) gegen die Stimmen der mitregierenden DNVP zur Mehrheit. Ein stabiles parlamentarisches System mit erfolgreich arbeitenden Regierungen konnte so nicht entstehen.

Wechsel des Reichspräsidenten – Mit dem Tod von Reichspräsident Ebert verlor die Republik im Februar 1925 ihre republikanische Integrationsfigur. Zum neuen Reichspräsidenten wurde der 78-jährige ehemalige Chef der OHL, Hindenburg, gewählt. Als überzeugter Monarchist hatte er sich vor seiner Kandidatur das Einverständnis „seines Kaisers“ eingeholt. An der Spitze der Republik stand nun ein erklärter Antirepublikaner.

D1 Ergebnis der Reichspräsidentenwahlen am 26.4.1925, 2. Wahlgang

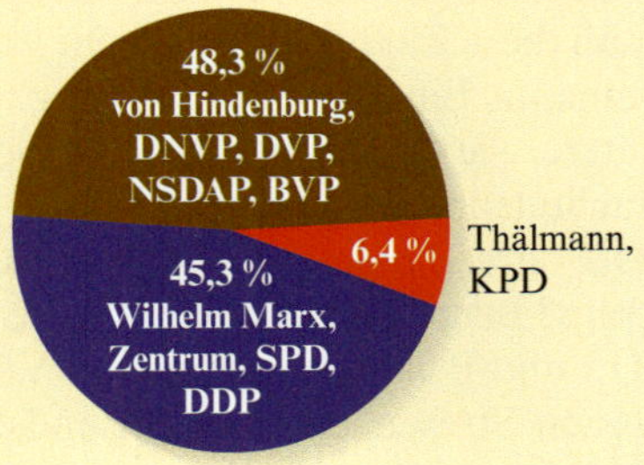

Fürstenenteignung oder Abfindung? – Die Ländereien und der Besitz des Kaisers und der deutschen Fürsten waren in der Novemberrevolution von 1918 zwar beschlagnahmt, die Fürsten aber nicht enteignet worden. Im Frühjahr 1926 wollte die konservative Regierung diese Ländereien und Besitzungen entweder an die Fürsten zurückgeben oder zum Ausgleich Entschädigungen zahlen. Dagegen formierte sich eine breite Protestbewegung aus SPD, KPD, Gewerkschaften sowie zahlreichen prominenten Persönlichkeiten, die schließlich einen **Volksentscheid** über die Frage **„Enteignung oder Entschädigung“** herbeiführen konnte. Doch da nur 39,3 % aller Wahlberechtigten an dem Volksentscheid teilnahmen, war der Stimmenanteil der Entschädigungsgegner zu gering, um das Vorhaben der Regierung stoppen zu können. Die deutschen Fürsten erhielten die ersehnten Entschädigungen in Millionenhöhe.

Karikatur zur Fürstenentschädigung: „Gebt dem Kaiser, was des Kaisers ist – bis zum letzten Hauch von Weib und Kind“; Zeichnung von George Grosz, 1925

Q2 Aus dem Gesetzentwurf der Entschädigungsgegner:

Art. 1: Das gesamte Vermögen der Fürsten, die bis zur Staatsumwälzung 1918 in einem der deutschen Länder regierten, sowie das gesamte Vermögen der Fürstenhäuser, ihrer Familien [...] werden zum Wohle der Allgemeinheit ohne Entschädigung enteignet. Das enteignete Vermögen wird Eigentum des Landes [...].

Art. 2: Das enteignete Vermögen wird verwendet zugunsten a) der Erwerbslosen, b) der Kriegsbeschädigten und Kriegshinterbliebenen, c) der Sozial- und Kleinrentner, d) der bedürftigen Opfer der Inflation und e) der Landarbeiter, Kleinpächter und Kleinbauern zur Schaffung von Siedlungsland auf dem enteigneten Landsitz [...].

(Zitiert nach: H. Pleyer, Politische Werbung in der Weimarer Republik, Münster 1959, S. 12 f. Gekürzt)

ARBEITSAUFTRÄGE

1. Begründe mit D1, warum die Wahl Hindenburgs zum Reichspräsidenten einen innenpolitischen Kurswechsel widerspiegelt.
2. Erkläre mit Q2 die Absicht derer, die gegen eine Entschädigung der Fürsten eintraten. Wie beurteilst du den Gesetzentwurf?

11. Die „Goldenen Zwanziger“

Noch 1914 hatte der Schriftsteller Heinrich Mann das Wilhelminische Zeitalter in der literarischen Figur des „Untertans“ als obrigkeitshörig und autoritätsgläubig dargestellt. Die frühen zwanziger Jahre galten dagegen als Inbegriff freier persönlicher Entfaltung und eines neuen, sich politisch ausdrückenden Kultur- und Kunstverständnisses. Die **„Goldenen Zwanziger“** – wie sahen sie aus?

Frauen verlassen Heim und Herd – Was vor dem Ersten Weltkrieg noch undenkbar war, jetzt wurde es möglich: Frauen rauchten und tranken Alkohol in der Öffentlichkeit, besuchten Cafés. Männliche Begleitung wurde entbehrlich, Selbstständigkeit und selbstbewusstes Auftreten waren angesagt. Die Zwänge der Kriegswirtschaft hatten die Frauen an die Werkbänke geholt, und diese Erfahrung, Beruf und Familie notfalls allein bewältigen zu können, hatte das neue Selbstbewusstsein gefördert. Auch das Frauenwahlrecht, das 1919 in Deutschland eingeführt worden war, ermöglichte politischen Einfluss und Mitbestimmung.

B1 Großbürgerliche junge Frau, Foto 1912

Konservative Versuche, die Frauen im Rahmen von Verordnungen zur Demobilmachung (1918/19) oder zum Personalabbau im öffentlichen Dienst (1923) wieder an „Heim und Herd“ zurückzudrängen, blieben vorerst erfolglos.

Auch in der Mode drückte sich das veränderte Selbstverständnis der Frauen aus: Die Zeit der kurzen Röcke hatte begonnen, der Bubikopf trat an die Stelle des Zopfes. Es war die Mode der berufstätigen Frau, die in den Zeitschriften und auf den Boulevards das Bild prägte.

Die wilden Berliner Jahre – Das kulturelle Leben der Hauptstadt Berlin wurde von Frauen entscheidend mit geprägt:

B2 Berlin Kurfürstendamm, Foto 1926

T3 Prozentualer Anteil der arbeitenden Frauen und Männer an der Gesamtzahl aller Frauen bzw. der Gesamtzahl aller Männer

	1907	1925	1933	1939	1998
Frauen	30,4	35,6	34,2	36,2	55,6
Männer	61,1	68,0	65,7	67,7	k. A.

(Nach: D. Petzina u. a., Sozialgeschichtliches Arbeitsbuch III, München 1978, S. 54, u. Statistisches Jahrbuch für die Bundesregierung 1999, Stuttgart 1999, S. 108)

PERSONENLEXIKON

ELSE LASKER-SCHÜLER, 1869–1945. Bedeutende expressionistische Lyrikerin, floh 1933 vor den Nationalsozialisten nach Israel.

THOMAS MANN, 1875–1955. Romane wie „Die Buddenbrooks“ oder „Der Zauberberg“ machten den ersten deutschen Nobelpreisträger für Literatur weltberühmt. 1933 floh er vor den Nazis aus Deutschland.

Zum Mittelpunkt des Romanischen Cafés wurde die Schriftstellerin ELSE LASKER-SCHÜLER. VICKI BAUM entwickelte sich zur Erfolgsschriftstellerin der zwanziger Jahre. Die junge LENI RIEFENSTAHL war eine gefeierte Filmavantgardistin, später allerdings auch im Dienste der Nationalsozialisten.

Zahlreiche bedeutende Autoren und Dramatiker, darunter BERTOLT BRECHT, ALFRED DÖBLIN, ERICH MARIA REMARQUE, lebten in Berlin. Die Avantgarde der **Expressionisten** (= Stilform der modernen Malerei) arbeitete in Berlin. ERWIN PISCATOR und MAX REINHARDT brachten als Intendanten neue und politische Themen in die Theater Berlins.

Auf der Bühne, in der Kunst und in zahllosen Varietés war Tabubruch angesagt: z. B. durch MARLENE DIETRICH als Tingeltänzerin Lola. Die Tiller Girls – auf den Plakaten als „Wesen mit 36 Beinen" angekündigt – wurden zur bekanntesten Revuetruppe der Republik. Die „Goldenen Zwanziger" waren ein experimentierfreudiges Parkett, das sich mit dem Modetanz Charleston, mit Jazz und provozierenden Künstlern in Szene setzte.

Die Anfänge der Mediengesellschaft – Nie wieder gab es so viele **Tageszeitungen** in Deutschland wie in den zwanziger Jahren: Neue Rotationsdruckmaschinen machten Massenauflagen und täglich mehrmaliges Erscheinen möglich; allein in Berlin existierten rund 150 politische Tageszeitungen. Der Siegeszug der **Schallplatte** hatte begonnen. Aus der ersten Funkstunde des Jahres 1923 entstand der **Rundfunk;** 1924 hatte die erste Berliner „Funkausstellung" Premiere. Das **Kino** – noch schwarz-weiß, aber schon mit Ton – wurde Massenkultur: 1929 gab es 3200 Kinos in Deutschland, davon über 350 allein in Berlin.

Zum ersten Weltstar der Filmgeschichte wurde CHARLIE CHAPLIN, ein Harlekin des Industriezeitalters: stets auf Kriegsfuß mit der modernen Technik, obrigkeitsfeindlich und immer wieder auf der Flucht vor der Polizei. Selber ein typischer „Loser" und dabei stets auf der Seite der Schwachen. Mit dieser Filmfigur verkörperte Chaplin wie kein Zweiter die Ängste und Hoffnungen eines Publikums, das Krieg, Inflation und Arbeitslosigkeit erlebt hatte und nun ein neues Lebensgefühl verwirklichen wollte.

PERSONENLEXIKON

CHARLES S. CHAPLIN, 1889 – 1977. Chaplin war ein Meister der sozialkritischen Komik und der Bildregie; zu seinen bekanntesten Filmen zählen: Der Tramp (1915), The Kid (1921, vgl. Abb. oben), Goldrausch (1925), Lichter der Großstadt (1931), Moderne Zeiten (1936), Der große Diktator (1940).

B4 Plakat zum Film „Der blaue Engel"

B5 „Großstadt" von Otto Dix, 1927/28. Mittelteil eines Triptychons

Kultur wird politisch – Den verschleiernden Wehrmachtsberichten der Obersten Heeresleitung hatten der Maler Otto Dix und der Schriftsteller Erich Maria Remarque das persönliche Erlebnis des technisierten Massentötens und eine pazifistische Überzeugung entgegengestellt. Remarques Antikriegsbuch „Im Westen nichts Neues“ wurde zum meistgelesenen Roman der ersten Hälfte des 20. Jahrhunderts. In der **Berliner Volksbühne** machte Erwin Piscator aus Klassik zeitkritisches Gegenwartstheater. Die politisch inspirierten Bildmontagen von George Grosz sowie die Arbeiten der Künstlergruppen „Die Brücke“ und „Blauer Reiter“ verfolgten mit verschiedenen Stilmitteln die gleiche Intention: „Kunst gibt nichts Sichtbares wieder, sie macht sichtbar.“ Selbst in der Architektur und im Design von Gebrauchsgegenständen kamen neue Vorstellungen von den Wohn- und Lebensidealen der Menschen zur Geltung: Für die Architekten und Gestalter des **„Bauhauses“**, das 1919 von Walter Gropius in Weimar gegründet wurde und 1925 nach Dessau umsiedelte, waren Häuser mehr als nur Fassaden. Sie entwarfen und bauten Mustersiedlungen, in denen viele Menschen, nicht nur die reichen, bedürfnisgerecht wohnen sollten. Wohnungen mit eigener Toilette, eigenem Bad und Grünflächen vor dem Haus waren für Tausende ein großer sozialer Fortschritt. /10

„In Deutschland nichts Neues?“ – Gegen Ende der 1920er-Jahre änderte sich auch das kulturelle Klima in Deutschland. 1930 wurde die Verfilmung des Antikriegsromans „Im Westen nichts Neues“ verboten – ein Agitationserfolg des Berliner NSDAP-Gauleiters Joseph Goebbels; 1933 wurde das Bauhaus auf Druck der Nazis geschlossen. Der Physiker Albert Einstein, die Schriftsteller Heinrich und Thomas Mann sowie viele andere mussten oder wollten 1933 Deutschland verlassen. Die Austreibung des Geistes durch den Ungeist des Nationalsozialismus hatte begonnen.

PERSONENLEXIKON

Walter Gropius, 1883–1969. Architekt, gründete 1919 in Weimar das „Bauhaus“ mit Werkstätten für Architektur, Kunsthandwerk und Design. 1925 wurde das Bauhaus nach Dessau verlegt, 1932 nach Berlin, dort 1933 von den Nazis geschlossen.

T6 Zahl der Radios in Deutschland (jeweils im Monat Dezember)

1923:	1 580
1926:	1 376 564
1928:	2 635 567
1930:	3 509 509
1934:	6 142 921
1939:	13 711 325

(In: Zahlenspiegel der Deutschen Reichspost [1871–1945], Bonn 1957, S. 124)

T7 Zahl der Pkw in Deutschland (Haushalte insgesamt: ca. 20 300 000)

1914:	60 800
1922:	80 900
1926:	201 400
1930:	489 300
1932:	488 000
1934:	561 800
1939:	814 200

(In: Statistische Mitteilungen des Kraftfahrt-Bundesamtes, Flensburg, 1967)

B8 Arbeitersiedlung in Berlin, erbaut von Bauhaus-Architekten

ARBEITSAUFTRÄGE

1. Analysiere mithilfe von B 1, B 2 und T 3 die Veränderung im Selbstverständnis der Frauen.
2. Betrachte B 4 und erläutere, warum durch die Darstellung der Tänzerin und durch den Film ein Tabubruch erfolgte.
3. Interpretiere das Bild von Otto Dix (B 5). Welchen Eindruck vermittelt das Bild von den „wilden zwanziger Jahren“?
4. Analysiere T 6 und T 7. Welche Veränderungen der deutschen Gesellschaft kommen mit den Zahlen zum Ausdruck?
5. Erläutere mit B 8, warum mit dem Baustil der Bauhausgruppe ein gesellschaftspolitischer Anspruch verbunden war.

12. Weltwirtschaftskrise und Massenarbeitslosigkeit

Für die deutsche Wirtschaft hatte 1924 eine Zeit des Aufschwungs begonnen. Chemie, Textil, Elektrotechnik, Maschinenbau und Optik: Von diesen Industriezweigen ging das Wachstum aus. Vollbeschäftigung und bescheidener Wohlstand waren die Folgen. Doch schon 1929 kam der Einbruch: Innerhalb weniger Monate stieg die Zahl der Arbeitslosen um das Vierfache auf über 3 Millionen. Die Weltwirtschaftskrise hatte auch Deutschland erfasst. Wo lagen ihre Ursachen?

Der große Börsenkrach – Der 25. Oktober 1929 ging als **„Schwarzer Freitag“** in die Geschichte der New Yorker Börse ein. Die **Aktienkurse** sanken ins Bodenlose. Eine der Ursachen: Auf dem Markt war die Nachfrage nach Konsum- und Industrieprodukten eingebrochen. Schon seit 1928 stagnierte der Absatz von Autos, Radios und elektronischen Haushaltsgeräten. Die Firmen reagierten auf die Sättigung der Märkte mit einer Einschränkung der Produktion. Viele Arbeiter und Angestellte wurden entlassen. Durch den resultierenden Kaufkraftverlust sank die Nachfrage noch stärker ab. Weitere Entlassungen folgten. Die Wirtschaftsspirale nach unten und der Einstieg in die **Massenarbeitslosigkeit** hatten eingesetzt. Diese Wirtschaftskrise erfasste alle Teile der amerikanischen Gesellschaft. Wie erreichte sie Deutschland?

Der geliehene Aufschwung – Die Reparationszahlungen an die Siegermächte, die Investitionen der deutschen Unternehmen in neue Produktionsstandorte, die Haushalte der Gemeinden: Das alles wurde in den 1920er-Jahren meist durch Kredite finanziert. Hauptfinanzquelle waren amerikanische Banken. Als die infolge eigener Finanzprobleme ihre Gelder zurückriefen, verursachte das in Deutschland eine schwere Wirtschaftskrise. Banken brachen zusammen, Unternehmen mussten **Konkurs** anmelden, dem Staat fehlte das Geld für öffentliche Aufgaben. Die Finanzierungskrise war zu einer alle Bereiche erfassenden tiefen **Wirtschaftskrise** geworden. /11

B1 Arbeitslosenschlange im Hof des Arbeitsamtes Hannover, 1930

Folgen für Industrie, Handwerk und Einzelhandel – Während des Aufschwungs hatten viele Industriebetriebe neue Maschinen angeschafft und die Belegschaften erweitert. Doch in der Wirtschaftskrise fiel die Auslastung der Kapazitäten teilweise unter 50 Prozent. 1932 rollten nur noch ein Viertel der Autos des Jahres 1928 vom Band, die Baubranche erreichte nur noch 37 Prozent des Produktionsvolumens von 1928 und im Schiffsbau gab es praktisch keine Aufträge mehr.
Der Mittelstand war von der Krise gleichermaßen betroffen. Den kleinen Zulieferfirmen fehlte die Industrieproduktion als Absatzmarkt. Handwerker und Kaufhäuser spürten die Auswirkungen der Massenarbeitslosigkeit, weil die Menschen nur noch das Allernötigste kauften. Viele Geschäfte mussten schließen.

Die Landwirtschaft – Kleine Höfe und der Einsatz rückständiger Technik hatten die Landwirtschaft schon lange belastet: Gegenüber ausländischen Getreide- und Fleischimporten waren deutsche Landwirte kaum noch konkurrenzfähig. Die Wirtschaftskrise führte daher zum Massensterben überschuldeter Höfe.

Q2 Außenminister Gustav Stresemann am 14.11.1928 auf einer Pressekonferenz:

Ich möchte Sie bitten, bei Ihren Beurteilungen der wirtschaftlichen Lage Deutschlands den Gedanken zugrunde zu legen, dass wir in den letzten Jahren von gepumptem Geld gelebt haben. Wenn einmal eine Krise bei uns kommt und die Amerikaner ihre kurzfristigen Kredite abrufen, dann ist der Bankrott da. Was wir an Steuern erheben, geht bis an die Grenze dessen, was ein Staat überhaupt tun kann. Wir sind nicht nur militärisch entwaffnet, wir sind auch finanziell entwaffnet. Wir haben keinerlei eigene Mittel mehr.

(In: Geschichte in Quellen, Bd. 5, München 1989, S. 229 f. Gekürzt)

D3 Konkurse in Deutschland 1927–1936 (in %)

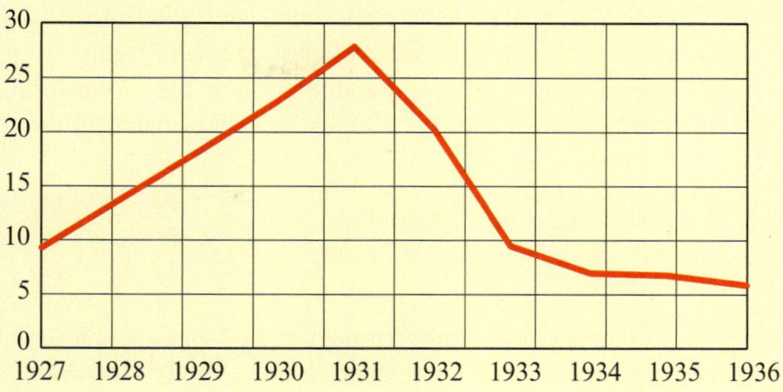

D4 Arbeitslosenquote 1927–1936 (in % der Erwerbsfähigen, 14–65 J.)

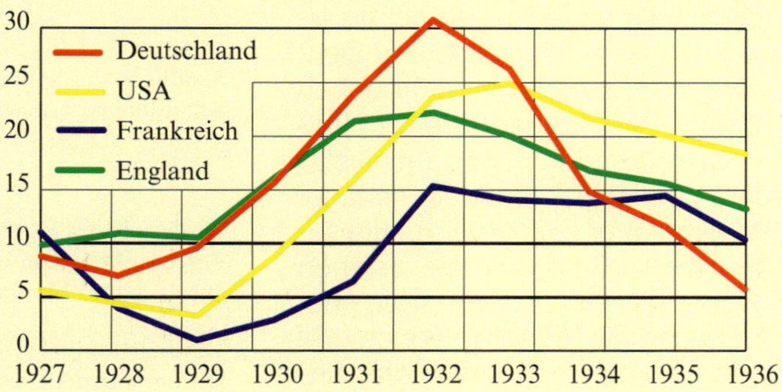

D5 Industrieproduktion in Europa und den USA (1913 = 100 %)

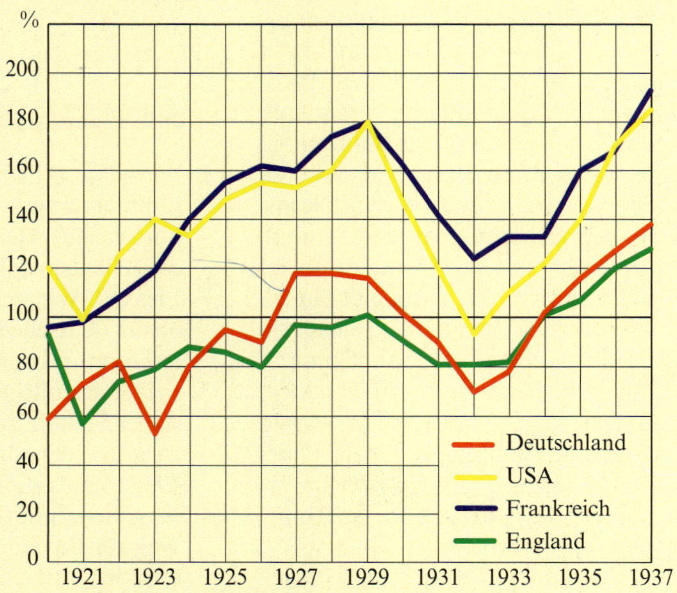

D3–D5: Vom Autor nach verschiedenen Quellen erstellt

Sparpolitik als Lösung? – 1930 setzte die Sparpolitik der Regierung Brüning ein. Gehaltskürzungen und Kürzungen der staatlichen Ausgaben sollten die Defizite der öffentlichen Haushalte ausgleichen. Kölns Bürgermeister KONRAD ADENAUER forderte dagegen eine gezielte staatliche Ausgabenpolitik zur Ankurbelung der Wirtschaft und Arbeitsbeschaffungsmaßnahmen. In ganz Deutschland führte die Wirtschaftskrise zu Massendemonstrationen und Straßenkämpfen.

Q6 Aus dem 1932 erschienenen Roman von Hans Fallada: „Kleiner Mann – was nun?"

Da ist eine große Delikatessenhandlung, strahlend erleuchtet. Pinneberg drückt sich die Nase platt an der Scheibe [...]. Eine Stimme sagt halblaut neben ihm: „Gehen Sie weiter!" Pinneberg fährt zusammen, er hat richtig einen Schreck bekommen, er sieht sich um. Ein Schupo steht neben ihm [...]. Alle Leute starren auf Pinneberg. Es sind schon mehr stehen geblieben, es ist ein richtiger beginnender Auflauf. Die Leute sehen abwartend aus, sie nehmen weder für noch wider Partei, gestern sind hier in der Friedrich und in der Leipziger Schaufenster eingeworfen worden [...]. Und plötzlich begreift Pinneberg alles, angesichts dieses Schupos, dieser ordentlichen Leute, dieser blanken Scheibe begreift er, dass er draußen ist, dass er hier nicht mehr hergehört, dass man ihn zu Recht wegjagt: ausgerutscht, versunken, erledigt. Ordnung und Sauberkeit; es war einmal. Arbeit und sicheres Brot; es war einmal. Vorwärtskommen und Hoffen; es war einmal. Armut ist nicht nur Elend, Armut ist auch strafwürdig, Armut ist Makel, Armut heißt Verdacht. „Soll ich dir Beine machen?" sagt der Schupo. [...] Und Pinneberg setzt sich in Bewegung, er trabt an der Kante des Bürgersteiges auf dem Fahrdamm entlang, er denkt an furchtbar viel, an Anzünden, an Bomben, an Totschießen [...].

(In: H. Fallada, Kleiner Mann – was nun?, Reinbek bei Hamburg 1950, S. 238 f. Gekürzt)

T7 Politische Maßnahmen in den USA und Deutschland zur Bekämpfung der Wirtschaftskrise

USA	Deutschland
Hohe öffentliche Investitionstätigkeit beim Bau von Straßen, Staudämmen, Elektrizitätswerken, Finanzhilfe für die Landwirtschaft	Kürzung von Arbeitslosenunterstützung und Sozialhilfe, um die Staatsausgaben zu senken
Gezielte Exportförderung über Handelsverträge	Gehaltskürzungen im öffentlichen Dienst, um die Staatsausgaben zu senken
Staatliche Förderprogramme zur Schaffung von Arbeitsplätzen	Unterstützung der Lohnkürzungspolitik in der freien Wirtschaft, damit die Unternehmen mehr investieren können
Förderung des Wettbewerbs durch Beschränkung von Wirtschaftskartellen und Monopolen	Die Verlängerung der Arbeitszeiten wird ermöglicht
Verschärfte Börsenkontrolle, Einschränkung der Börsenspekulation	Zum Teil Erhöhung der Preise für öffentliche Dienstleistungen (öffentlicher Nahverkehr, Gas, Wasser, Elektrizität)
Wirtschaftsförderung durch preiswerte Kredite	Hochzinspolitik macht die Kreditaufnahmen durch die Wirtschaft teuer

ARBEITSAUFTRÄGE

1. Betrachte B 1 und analysiere D 3 bis D 5. Erläutere den Zusammenhang zwischen Produktionsrückgang, Firmenkonkursen und Massenarbeitslosigkeit. Welchen Einfluss hatte die Arbeitslosigkeit auf Nachfrage und Produktion?
2. Lies Q 2. Wie sieht Gustav Stresemann Ende 1928 die Situation der deutschen Wirtschaft? Beurteile seine Analyse vor dem Hintergrund der Entwicklung im Herbst 1929.
3. Erläutere mit Q 6, in welchem Zusammenhang der Schriftsteller Fallada Arbeitslosigkeit und Gewaltbereitschaft sieht; ziehe auch D 4 hinzu. Wie ist deine Meinung zur Situation von 1932? Siehst du heute eine vergleichbare Situation?
4. Vergleiche mit T 7 den deutschen und den amerikanischen Weg zur Bekämpfung der Wirtschaftskrise. Nutze die Begriffe Sparpolitik und Investitionspolitik und ordne sie dem deutschen bzw. amerikanischen Weg zu. Beurteile die Wirkungen durch Hinzuziehung der Diagramme D 4 und D 5.

13. Aufstieg der NSDAP

Die Weimarer Republik schien das Obrigkeitsdenken des Wilhelminischen Zeitalters überwunden zu haben: Meinungsfreiheit, Toleranz und die beginnende Emanzipation der Frau gehörten zur ersten deutschen Demokratie. Zu den erklärten Feinden der jungen Demokratie zählte die Nationalsozialistische Deutsche Arbeiterpartei (NSDAP). Bis 1928 war sie nur eine politische Splittergruppe. Doch schon im September 1930 wurde sie von mehr als 6,5 Mio. Menschen gewählt. Wie erklärt sich dieser Aufstieg?

Strategie und Taktik – Am 9. November 1923 wurde der Marsch republikfeindlicher Gruppen auf die Münchner Feldherrenhalle von der Polizei auseinandergejagt. Der geplante Staatsstreich, den der Weltkriegsgeneral Ludendorff und der Führer der NSDAP, Adolf Hitler, angeführt hatten, war kläglich gescheitert. Hitler wurde wegen Hochverrats zu Festungshaft verurteilt. Jetzt wechselte er die Strategie. Nicht mehr der gewaltsame Umsturz sollte zur „Machtergreifung“ führen, sondern ein formal-legaler Weg: die Teilnahme an Wahlen.

Ideologie und Programm – Die NSDAP wandte sich an alle, die sich durch den Strukturwandel der Gesellschaft bedroht fühlten. Einzelhändlern und Handwerkern wurde Schutz vor der Konkurrenz durch Großindustrie und Warenhäuser versprochen; landwirtschaftlichen Klein- und Mittelbetrieben sollten die

Q2 Adolf Hitler: Strategie der Machtergreifung:

Wenn ich meine Tätigkeit wieder aufnehme, werde ich eine neue Politik befolgen müssen. Statt die Macht mit Waffengewalt zu erobern, werden wir zum Verdruss der katholischen und marxistischen Abgeordneten unsere Nasen in den Reichstag stecken. Zwar mag es länger dauern, sie zu überstimmen als sie zu erschießen, am Ende aber wird uns ihre eigene Verfassung den Erfolg zuschieben. Jeder legale Vorgang ist langsam.

(Nach: J. Fest, Hitler, Frankfurt/M. 1973, S. 523)

PERSONENLEXIKON

ADOLF HITLER, 1889–1945, Selbstmord. Geboren in Braunau, Österreich, seit 1907 in Wien als Postkartenmaler und Gelegenheitsarbeiter tätig. Anhänger rassistischen Gedankenguts, 1914 Kriegsfreiwilliger, seit 1921 Vorsitzender der NSDAP. 1924 Festungshaft in Landsberg. Dort entsteht das Buch „Mein Kampf“. 1933 Reichskanzler, 1939 Auslösung des Zweiten Weltkriegs.

D1 Entwicklung der Mitgliederzahlen der NSDAP, 1925–1933

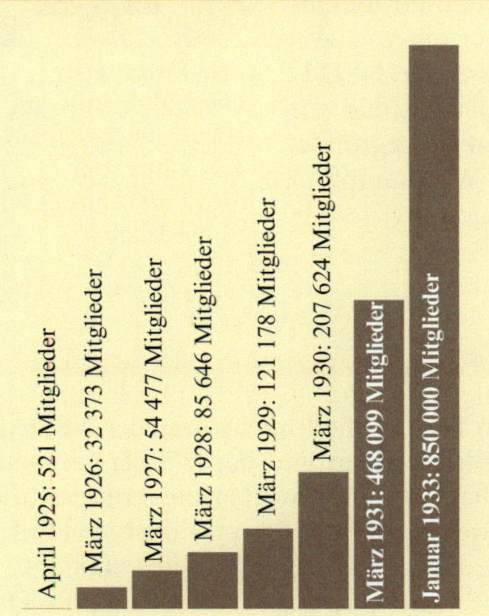

D3 Entwicklung der NSDAP-Wählerschaft und deren Zusammensetzung nach verschiedenen Berufsgruppen, 1930–1933

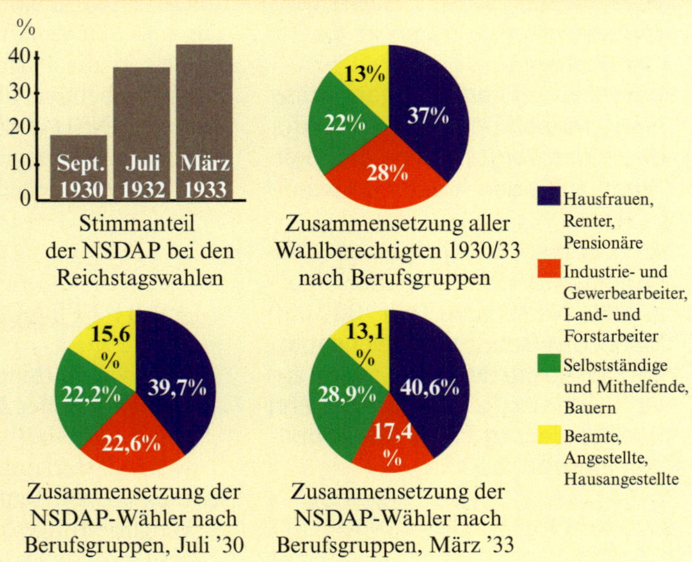

Schulden erlassen werden; die Macht der Banken sollte beschnitten werden. Allen, die den Verlust persönlicher Lebenschancen auf die Kapitulation im Jahr 1918 und auf den Versailler Vertrag zurückführten, bot die NSDAP eine politische Heimat an. Die Gedanken der nationalsozialistischen „Weltanschauung“ hatte Hitler in seinem Buch „Mein Kampf“ niedergelegt: Die Weltgeschichte sei durch Auslese der menschlichen „Rassen“ und das Streben der „höherwertigen Rassen“ nach Weltherrschaft und Lebensraum bestimmt. Hitler kündigte hier die Vernichtung der „minderwertigen Rassen“ und der Juden an, die Zerschlagung der Demokratie und die Errichtung eines autoritären Führerstaates. e/12

Gefährliches Bündnis – 1929 erreichte die Reichsregierung mit dem Young-Plan die Begrenzung und langfristige Tilgung der Reparationszahlungen. Dennoch opponierten die rechtsgerichteten Parteien erbittert gegen die Annahme des Plans. Die Kampagne gegen den Plan führte Hitler und den Zeitungszar ALFRED HUGENBERG zusammen. Hugenberg, der auch Vorsitzender der nationalkonservativen DNVP war, unterstützte Hitler von nun an propagandistisch.
Bei den Septemberwahlen des Jahres 1930 wurde die NSDAP zweitstärkste Reichstagsfraktion und damit zum gewichtigen Machtfaktor. 1931 schlossen sich die NSDAP, die DNVP und der Bund ehemaliger Frontsoldaten „Stahlhelm“ zu einer **„Nationalen Opposition“** (Harzburger Front) zusammen. Am 11.10.1931 nahmen an einer Propagandaveranstaltung der „Nationalen Opposition“ der Reichsbankpräsident, der Chef der Reichswehr, mehrere Generäle sowie zahlreiche Vertreter von Großbanken und Großindustrie teil. Seit dem Wahlerfolg von 1930 flossen in die Parteikasse der NSDAP Millionenbeträge; überall im Lande wurden neue **NSDAP-Zeitungen** gegründet. Hitler absolvierte seine Wahlkampfauftritte nun im eigenen Flugzeug.

Q4 Der Kölner Bankier Freiherr Kurt von Schroeder arrangierte am 4.1.1933 ein Treffen Hitlers mit führenden Vertretern der Wirtschaft:

Bevor ich diesen Schritt unternahm, besprach ich mich mit einer Anzahl von Herren der Wirtschaft [...]. Die allgemeinen Bestrebungen der Männer der Wirtschaft gingen dahin, einen starken Führer in Deutschland an die Macht kommen zu sehen, der eine Regierung bilden würde, die lange an der Macht bleiben würde [...].
Ein gemeinsames Interesse der Wirtschaft bestand in der Angst vor dem Bolschewismus und der Hoffnung, dass die Nationalsozialisten [...] eine beständige politische und wirtschaftliche Grundlage in Deutschland herstellen würden.
Ein weiteres gemeinsames Interesse war der Wunsch, Hitlers wirtschaftliches Programm in die Tat umzusetzen [...].
Weiterhin erwartete man, dass eine wirtschaftliche Konjunktur durch das Vergeben von größeren Staatsaufträgen entstehen würde [...].
Zu erwähnen [sind] eine von Hitler projektierte Erhöhung der deutschen Wehrmacht auf 300000 Mann, das Bauen von Reichsautobahnen sowie die [...] Aufträge zur Verbesserung [...] der Reichsbahn und Förderung [von] Automobil- und Flugzeugbau [...].

(In: Geschichte der deutschen Arbeiterbewegung, Bd. 4, Berlin 1966, S. 606. Gekürzt)

PERSONENLEXIKON

JOSEPH GOEBBELS, 1897–1945, Selbstmord. Seit 1924 Mitglied der NSDAP. Als Reichspropagandaleiter der NSDAP und Herausgeber des Kampfblattes „Der Angriff“ organisierte er wirkungsvoll die Propaganda der NSDAP. Ab März 1933 Reichsminister für Volksaufklärung und Propaganda und Präsident der Reichskulturkammer.

„Na Prosit, Herr Generaldirektor, auf ein glückliches Spiel!“ Karikatur vom 31.12.1932 aus: „Der wahre Jacob“

ARBEITSAUFTRÄGE

1. Erläutere mithilfe von D1/D3 die Entwicklung der NSDAP hinsichtlich der Mitgliederzahlen und der Wählerstimmen. Analysiere, bei welchen Berufs-/Bevölkerungsgruppen die NSDAP starken, bei welchen sie geringeren Zuspruch fand.
2. Lies Q2 und beurteile das „Legalitätsverständnis“ Hitlers.
3. Welche Motive für die Unterstützung Hitlers werden in Q4 deutlich? Stelle die Motive in einer Liste zusammen.

Arbeit mit Statistiken und Diagrammen

Wahlergebnisse, die Entwicklung der Arbeitslosigkeit, Wirtschaftsdaten …: Solche und andere Daten sind für die Geschichtsschreibung unverzichtbar.

Am anschaulichsten sind solche Zahlen in der grafischen Darstellung fassbar. So wird die Zusammensetzung von Parlamenten oft in Form von **Kreisdiagrammen** (vgl. D 1) dargestellt. Doch zeigen sie nur ein stationäres Bild. **Stab- oder Säulendiagramme** (vgl. D 2) sind besser dazu geeignet, zeitliche Veränderungen darzustellen. Ihr Nachteil ist, dass nur eine oder wenige Komponenten dargestellt werden können. Die zeitliche und mengenmäßige Entwicklung mehrerer Komponenten kann oft besser durch ein **Kurvendiagramm** (vgl. D 3) veranschaulicht werden. **Komponentendiagramme** (vgl. D 4) haben den Vorteil, dass sie sowohl die Verhältnisse mehrerer Teilmengen darstellen (z. B. Anteil der Wählerstimmen) als auch die zeitliche Entwicklung wiedergeben. Dafür sind sie weniger leicht zu erfassen. Die Vor- und Nachteile der verschiedenen Diagramme gilt es bei der Wahl der Darstellung zu bedenken.
Diagramme und Statistiken können manipulativ sein. Allein durch die Veränderung der Mengenachse (meist die Y-Achse) eines Säulen- oder Kurvendiagramms werden sehr unterschiedliche Eindrücke erweckt. Tabellen, Diagramme und Statistiken besitzen auch nur eingeschränkte Erklärungskraft: Über die gesellschaftlichen oder wirtschaftlichen Hintergründe sowie über die Motive der Menschen, z. B. bei Wahlentscheidungen, sagen sie nur wenig aus.

D 1 Ergebnis der Reichspräsidentenwahlen am 26.4.1925, 2. Wahlgang, Kreisdiagramm

D 2 Entwicklung der Arbeitslosigkeit in Deutschland, 1928 bis 1933, in Mio.; als Stabdiagramm

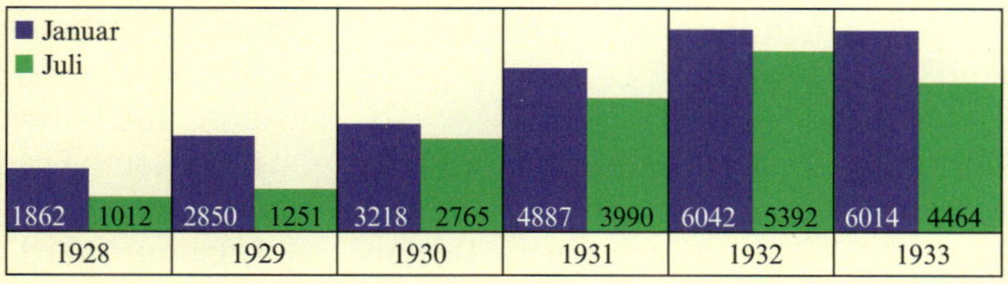

D 3 Entwicklung der Arbeitslosigkeit in Deutschland, 1995 bis 2005; Kurvendiagramme (unterschiedliche Darstellungsformen)

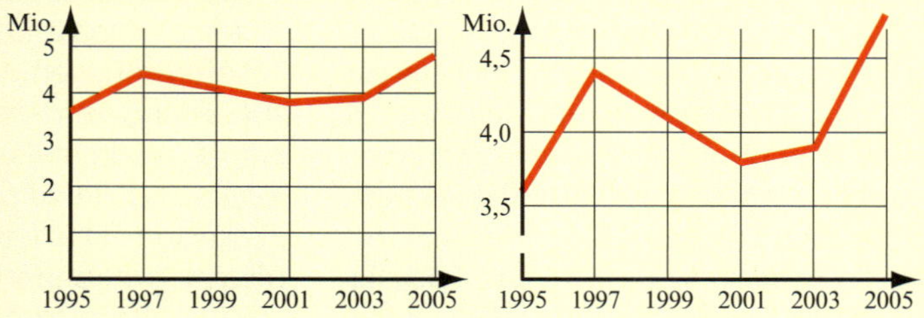

D 4 Komponenten-Stabdiagramm: Entwicklung der Wählerstimmen für SPD, USPD und KPD, 1919 bis 1933

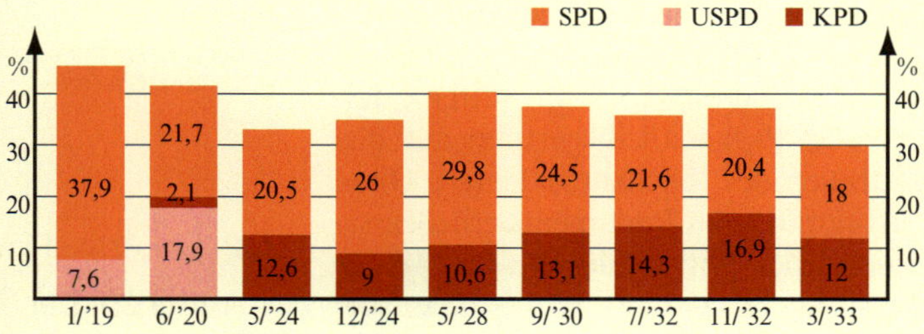

WORAUF DU ACHTEN MUSST

1. Die Entwicklung der Arbeitslosigkeit wird in D 3 verschieden dargestellt. Erkläre den Unterschied und erläutere die Wirkung der beiden Darstellungsformen auf den Betrachter.
2. Erläutere an D 4, welche weiteren Informationen du zur Interpretation der Statistik brauchst, z. B. über Parteien, gesellschaftliche Hintergründe, die Wirtschaftsentwicklung.

14. Niedergang der Weimarer Republik

Im Jahr 1932 trat der Reichstag nur noch 13-mal zusammen. Lediglich fünf Gesetze beschloss das Parlament selbst, alle weiteren wurden von den Regierungen als „Notverordnungen" erlassen. Der Reichstag war praktisch entmachtet, die Weimarer Republik war keine parlamentarische Demokratie mehr. Leisteten die demokratischen Parteien keinen Widerstand?

Selbstpreisgabe der Demokratie – Als Folge der wachsenden Arbeitslosigkeit war die Arbeitslosenversicherung zu Beginn des Jahres 1930 hoch verschuldet. Die von SPD-Reichskanzler Hermann Müller geführte Koalitionsregierung aus SPD, Zentrum, DDP und DVP wollte daher die Beiträge für die Arbeitslosenversicherung um 0,5 Prozent erhöhen. Doch auf Druck der Gewerkschaften, die den Rückzug der SPD aus der Regierung für den Fall der Beitragserhöhung forderten, stimmten Teile der SPD-Fraktion gegen das Gesetz. Das führte im März 1930 zum Rücktritt der Koalitionsregierung Müller. Die parlamentarisch orientierten Kräfte der Republik hatten sich damit aus der Verantwortung für die Regierungspolitik verabschiedet.

Die Zeit der Präsidialkabinette – Von März 1930 bis Januar 1933 regierten die Reichskanzler Brüning, Schleicher und von Papen allein gestützt auf das Vertrauen des Reichspräsidenten. Ohne Zustimmung des Parlaments erließen sie Gesetze per **Notverordnung** (Art. 48 der Weimarer Verfassung). Wurden die Notverordnungen vom Parlament zurückgewiesen, so machten die Kanzler vom Art. 25 der Verfassung Gebrauch: Mit Vollmacht des Reichspräsidenten lösten sie das Parlament auf. Von 1930 bis 1933 wurde der Reichstag viermal neu gewählt. Die Kanzler der Präsidialkabinette machten aus ihren politischen Zielen keinen Hehl: Sie strebten die Reform der Verfassung an, die in einer „monarchischen Restauration" enden sollte.

Q1 Der Sozialdemokrat Julius Leber zum Rücktritt der Regierung Müller am 27. März 1930:

Die politischen Ereignisse der letzten vier Wochen bedeuten einen ausgesprochenen Rückschritt für die Demokratie und eine Gefahr für die Arbeiterklasse. Daraus ist die Schlussfolgerung zu ziehen, dass die Mitwirkung in der Regierung keine Frage zum Ausknobeln ist, sondern vom Gang der Dinge bestimmt wird. Der letzte Wahlsieg legte uns die Pflicht zur Regierungsteilnahme im Interesse unserer Wähler auf. Wer regiert, haben die Wähler zu entscheiden. Herrmann Müller hätte vor Räumung seines Platzes an das Volk appellieren müssen. Lernen wir daraus [...] und fordern wir nicht jedesmal, wenn etwas scheinbar in Gefahr ist, den Austritt unserer Genossen. Die Rechnung wird uns jetzt präsentiert. Wir müssen in Zukunft viel konsequenter wissen, was die Macht im Reich [...] bedeutet, und mehr Rücksicht nehmen auf die Festigkeit der Demokratie.

(Zitiert nach: F. Stampfer, Die ersten 14 Jahre der Deutschen Republik, Offenbach 1947, S. 561 f. Gekürzt)

PERSONENLEXIKON

Heinrich Brüning, 1885 – 1970. Zentrumspolitiker, erster Kanzler, der 1930 – 1932 mit Notverordnungen regierte. Brüning wollte die Wirtschaftskrise mit einem strengen Sparkurs bekämpfen. Politisch neigte er zu konservativ-monarchistischen Ideen.

Wahlplakat der DNVP von 1932

Q2 Die Artikel 25 und 48 der Weimarer Verfassung:

Artikel 25: Der Reichspräsident kann den Reichstag auflösen, jedoch nur einmal aus dem gleichen Anlass.
Artikel 48: Der Reichspräsident kann, wenn die öffentliche Sicherheit und Ordnung erheblich gestört oder gefährdet wird, die zur Wiederherstellung [...] erforderlichen Maßnahmen treffen, erforderlichenfalls mithilfe der bewaffneten Macht einschreiten. [... Davon] hat der Reichspräsident unverzüglich dem Reichstag Kenntnis zu geben. Die Maßnahmen sind auf Verlangen des Reichstages außer Kraft zu setzen.

(In: Reichsgesetzblatt Nr. 152, Berlin 1919, S. 1383 – 1418. Gekürzt)

Wie kam Hitler an die Macht? – Für eine monarchische Restauration gab es keine Mehrheit im Reichstag. Die Sozialdemokraten und große Teile des Zentrums waren parlamentarisch-demokratisch orientiert. Die KPD strebte ein System nach sowjetischem Vorbild an.
Im November 1932 forderten Industrielle, Bankiers und Großgrundbesitzer in einem Schreiben an Hindenburg die Ernennung Hitlers zum Reichskanzler. Der greise Reichspräsident willigte zögernd in eine Kanzlerschaft Hitlers ein, nachdem ihn von Papen von seinem **„Einrahmungskonzept“** überzeugt hatte: Im Kabinett Hitler sollten nur drei Nationalsozialisten vertreten sein, ansonsten ausschließlich Vertreter der konservativen Kreise. Am 30. Januar 1933 verließ Hitler als neuer Reichskanzler den Amtssitz des Reichspräsidenten. Hindenburg hatte den erklärten Verfassungsfeind auf die Weimarer Verfassung schwören lassen und Hitler die Regierungsgeschäfte mit dem Satz anvertraut: „Und nun, meine Herren, vorwärts mit Gott!“

PERSONENLEXIKON

FRANZ VON PAPEN, 1879–1969. Juni 1932 bis November 1932 Reichskanzler.

D3 Ergebnisse der Reichstagswahlen 1919–1933

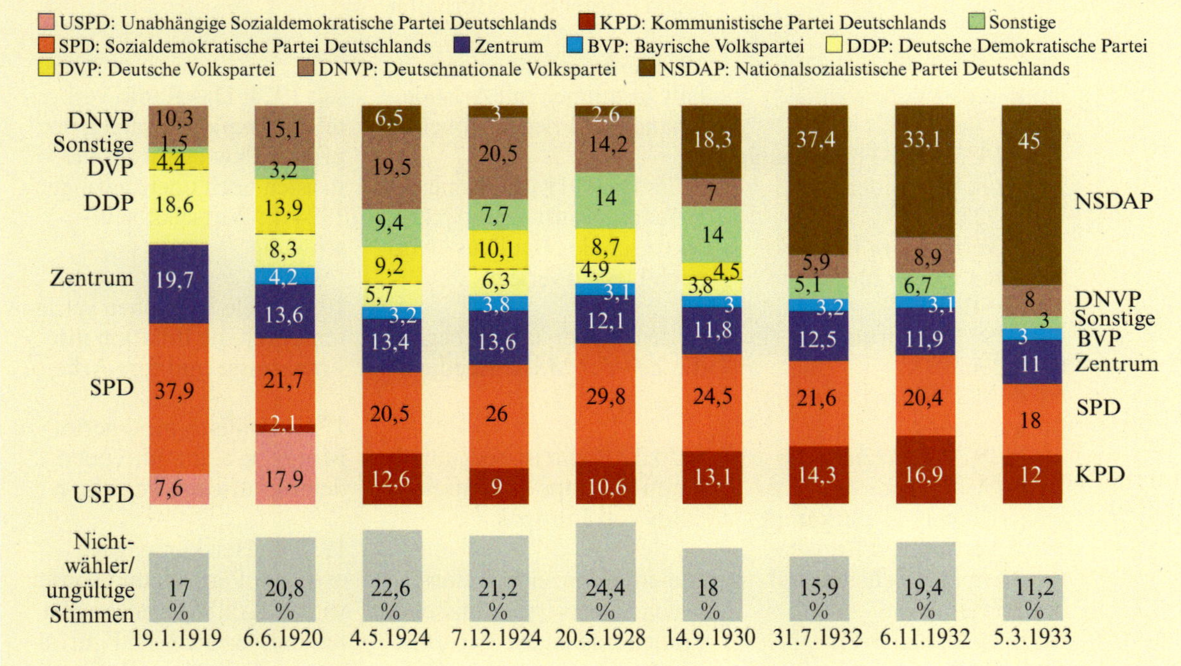

Q4 Der Historiker H.-U. Thamer über Reichskanzler von Papen:

Die konservativen Eliten meinten, mit der nationalsozialistischen Massenbewegung fertig werden zu können, [da sie] Heer, Verwaltungsapparat und Justiz [kontrollierten]. Papen [äußerte]: „In zwei Monaten haben wir Hitler in die Ecke gedrückt, dass er quietscht.“

(In: Informationen zur politischen Bildung, H. 251, 1996, S. 29. Bearbeitet)

ARBEITSAUFTRÄGE

1. Erläutere mit Q 1 und dem Darstellungstext, warum der Rücktritt der Regierung Müller im März 1930 nach Auffassung des SPD-Politikers Leber ein Fehler war.
2. Erkläre mit Q 2, wie die so genannten Präsidialkabinette der Weimarer Zeit ohne Zustimmung des Parlaments Gesetze verabschieden konnten. Beurteile die Notverordnungs-Paragrafen der Weimarer Verfassung: Welche Möglichkeiten und welche Risiken bargen sie?
3. Beurteile die politischen Ziele des Präsidialkanzlers Franz v. Papen. Welche Strategie hat er zur Erreichung dieser Ziele verfolgt (Q 4)? Welche Rolle hatte er Hitler dabei zugedacht?

	Politik	Kultur	Alltag/Wirtschaft
1930	30. 1. 1933: Hindenburg ernennt Hitler zum Reichskanzler 1931: Bündnis von NSDAP, DNVP und des Soldatenbundes „Stahlhelm" zur „Nationalen Opposition" 1930–1933: Regierung der „Präsidialkabinette"; Missbrauch des Art. 48 (Notverordnung) der Weimarer Verfassung	1933: Die Unterdrückung der freien, kritischen Kulturszene durch die Nationalsozialisten beginnt. Zahlreiche Künstler, Wissenschaftler und Politiker emigrieren ins Ausland 1929: Thomas Mann erhält den Nobelpreis für Literatur Große Teile der Verwaltungsbürokratie, der Justiz und des Militärs bleiben alten monarchistischen und antidemokratischen Einstellungen verhaftet	nach 1929: Große Teile der Bevölkerung verlieren das Vertrauen in die Politik der demokratischen Parteien und in die Zukunft der Republik. Sie werden anfällig für die Parolen extremer Parteien 1929: Wirtschaftskrise, gefolgt von Firmenzusammenbrüchen, hoher Arbeitslosigkeit, Verelendung breiter Bevölkerungsteile
1925	Sept. 1926: Aufnahme Deutschlands in den Völkerbund April 1925: Wahl Hindenburgs zum Reichspräsidenten Feb. 1925: Tod F. Eberts 1925: Vertrag von Locarno zwischen Deutschland und den westlichen Siegermächten Nov. 1923: Währungsreform („Rentenmark") Nov. 1923: Hitler-Ludendorff-Putsch März 1923: Besetzung des Ruhrgebiets durch französische Truppen. „Ruhrkampf" 1922: Vertrag von Rapallo zwischen Deutschland und der Sowjetunion	1926: Gustav Stresemann erhält zusammen mit Aristide Briand den Friedensnobelpreis 1925: Die 1919 in Weimar gegründete Kunst- und Architekturschule „Bauhaus" wird nach Dessau verlegt In den 1920er-Jahren beginnt die Zeit der Massenmedien 1920 ff.: Berlin ist bedeutende Kulturmetropole Deutschlands und Europas	seit 1924: Das Radio verbreitet sich explosionsartig, der private Pkw bleibt für die meisten noch unerschwinglich 1924 ff.: Wirtschaftsaufschwung 1923: Viele Menschen verlieren durch die Inflation ihre Ersparnisse und ihre Arbeit 1922: Politisch motivierte Morde, u. a. an führenden demokratischen Politikern
1920	März 1920: Kapp-Putsch Juni 1919: Unterzeichnung des Versailler Vertrags Feb. – Sept. 1919: Nationalversammlung in Weimar; Wahl Eberts zum Reichspräsidenten	Äußere Kennzeichen eines neuen Selbstverständnisses der Frauen sind eigene Berufstätigkeit und eine lebensfrohe Mode Fortschritte der Frauen bei der politischen und gesellschaftlichen Emanzipation	1919 ff.: Hetzkampagnen extremer Parteien und konservativer Kräfte gegen die „Vaterlandsverräter" und „Erfüllungspolitiker" der Regierung 1919: Ablehnende Haltung gegen den Versailler Vertrag 1919: Frauen erhalten erstmals das Wahlrecht. Emanzipationsbewegung der Frauen
1918	9. 11. 1918: erzwungene Abdankung des Kaisers November 1918: Revolution in Deutschland. Arbeiter- und Soldatenräte Oktober 1918: Erste parlamentarische Regierung in Deutschland		Nov. 1918: Revolutionäre Unruhen in weiten Teilen Deutschlands 1918: Hunger- und Proteststreiks in Deutschland. Ausgeprägter Friedenswille der notleidenden Bevölkerung

Zusammenfassung – Die Weimarer Republik

Im Oktober 1918 entstand in Deutschland die **parlamentarische Republik.** Doch als sich die Befehlsverweigerung kriegsmüder Matrosen im November 1918 zu einer Revolution gegen den alten Obrigkeitsstaat ausweitete, versuchten USPD und Spartakusbund, die demonstrierenden Menschen für eine Revolution nach sowjetischem Vorbild zu gewinnen. Unter Führung der Mehrheits-SPD wurde dieser Machtkampf um das zukünftige politische System zugunsten einer parlamentarischen Demokratie entschieden. Die in Weimar tagende **Nationalversammlung** wählte 1919 den SPD-Politiker Friedrich Ebert zum Präsidenten der Republik und beschloss eine **demokratische Verfassung.**

Trotz vieler Belastungen war die politische und wirtschaftliche Grundstimmung der Bevölkerung in den 1920er-Jahren von Optimismus geprägt. Auch in Kunst und Kultur herrschte eine **experimentierfreudige Aufbruchstimmung.** Während der „Ära Stresemann" konnte Deutschland die außenpolitische Isolation der Nachkriegsjahre überwinden; 1926 wurde es gleichberechtigtes **Mitglied im Völkerbund**.

Doch die **Feinde der Republik** – die rechtsextremen Parteien DNVP und NSDAP sowie die linksextreme KPD – fanden weiterhin zahlreiche Sympathisanten und Wähler. Dabei nutzten und schürten sie die in der Bevölkerung weitverbreitete **Ablehnung des Versailler Vertrags.** Die Inflation von 1923 und vor allem die **Weltwirtschaftskrise von 1929** gaben den Feinden der Republik zusätzlichen Auftrieb, da nun viele Menschen das Vertrauen in den Staat verloren. Davon profitierte vor allem die rechtsextreme NSDAP. Anfang der 1930er-Jahre wurde das Parlament durch konservative „Präsidialkabinette" und eine Politik der „Notverordnungen" zunehmend ausgeschaltet. Möglich wurde dies durch den **Art. 48 der Weimarer Verfassung** und durch den Präsidenten Hindenburg, dessen politische Grundüberzeugung stets monarchistisch blieb. e/6

ARBEITSAUFTRAG

Warum war die Weimarer Republik bereits 1932 keine parlamentarische Demokratie mehr? Diskutiert, welche Ursachen ihr für besonders schwerwiegend haltet.

ZUM WEITERLESEN

P. Berger: Im roten Hinterhaus. Geschichte einer Familie in verworrener Zeit. Arena, Würzburg 1996

W. Fährmann: Zeit zu lieben, Zeit zu hassen. Arena, Würzburg, 1994

K. Kordon: Mit dem Rücken zur Wand. Beltz & Gelberg, Weinheim 1999

K. Kordon: Die roten Matrosen oder ein vergessener Winter. Beltz & Gelberg, Weinheim 1998

e/1 http://www.dhm.de/lemo/html/dokumente/versailles/index.html

e/2 http://www.dhm.de/lemo/html/dokumente/brest/index.html

e/3 http://www.dhm.de/lemo/objekte/sound/scheide/index.ram

e/4 www.de.wikipedia.org/wiki/Weimarer_Republik

e/5 http://www.teachsam.de/geschichte/ges_deu_weimar_18-33/wei_parteien/wei_par0.htm

e/6 www.de.wikipedia.org/wiki/Weimarer_Republik
http://www.dhm.de/lemo/html/weimar/gewalt/kapp/index.html

e/7 http://www.dhm.de/lemo/html/weimar/gewalt/hitler/index.html

e/8 www.dhm.de/lemo/html/dokumente/stresemann/index.html

e/9 http://www.teachsam.de/geschichte/ges_deu_weimar_18-33/wei_parteien/wei_par0.htm

e/10 http://www.bauhaus.de/

e/11 www.de.wikipedia.org/wiki/Weltwirtschaftskrise

e/12 http://www.brg-schoren.ac.at/nationalsozialismus/ideologie.html

Standard-Check: Das solltest du können!

1. Wichtige Arbeitsbegriffe
Hier sind wichtige Arbeitsbegriffe des Kapitels aufgelistet. Übertrage sie in dein Heft und formuliere zu jedem Begriff eine kurze Erläuterung.

Bauhaus	„Schwarzer Freitag"
Inflation	Räterepublik
Reparationen	Weimarer Verfassung
Friedensvertrag von Versailles	

1. ☺ 😐 ☹

2. Analyse und Interpretation der Fehler in der Weimarer Verfassung

2.1 Analysiere D 1 und erläutere in deinem Heft die Beziehungen zwischen den Organen Reichsregierung, Reichstag und Reichspräsident, wie sie durch die Kombination von Art. 48 und Art. 25 zwischen 1930 – 1933 entstanden.

2.2 Beurteile, ob der Machtmechanismus der Präsidialregierungen mit der Verfassung der Weimarer Republik im Einklang stand. Beachte dabei auch Art. 1 der Verfassung (vgl. S. 29).

2.3 Überlege, warum die Konflikte nicht während der Präsidentschaft Eberts auftraten.

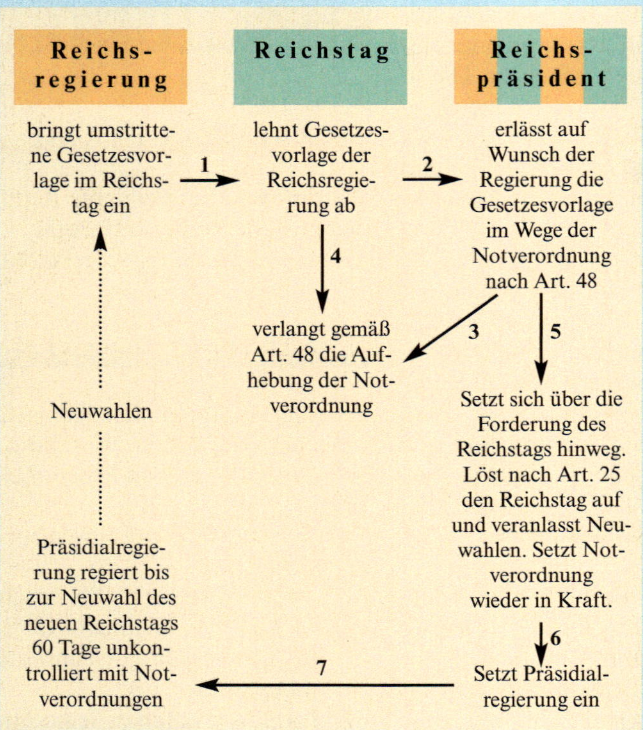

D 1 Der Machtmechanismus der Präsidialregierungen infolge der Kombination von Art. 48 mit Art. 25 Weimarer Verfassung

2.1 ☺ 😐 ☹
2.2 ☺ 😐 ☹
2.3 ☺ 😐 ☹

3. Interpretation einer historischen Karikatur

3.1 Erläutere den Inhalt der Karikatur und die Zeitumstände, unter denen sie gezeichnet wurde.

3.2 Diskutiere, welche Sichtweise der Karikaturist zum Ausdruck bringen will. Analysiere seine Stilmittel.

B 2 „Sie tragen die Buchstaben der Firma – aber wer trägt den Geist?" Karikatur von Th. Heine aus der satirischen Zeitschrift Simplicissimus, 1927

3.1 ☺ 😐 ☹
3.2 ☺ 😐 ☹

Die Lösungen zu diesen Standard-Checkaufgaben findest du auf Seite 303. Aber: Erst selbst lösen, dann überprüfen. Dein Können kannst du bewerten (☺ 😐 ☹). Deine Leistungsbewertung zeigt dir, was du noch einmal wiederholen solltest.

Das konnte ich
☺ = gut
😐 = mittel
☹ = noch nicht

Der Nationalsozialismus

Im Januar 1933 erfolgte die so genannte Machtergreifung durch die Nationalsozialisten. Trotz Reglementierungen, tiefer Eingriffe in das Privatleben der Menschen und der Gleichschaltung des gesamten Kultur- und Medienbereichs wuchs die Zahl der Anhänger des NS-Regimes in den Folgejahren weiter an. Millionen Deutsche folgten dem Regime widerstandslos oder sogar begeistert in einen Krieg, der weltweit nahezu 55 Millionen Menschen das Leben kostete.

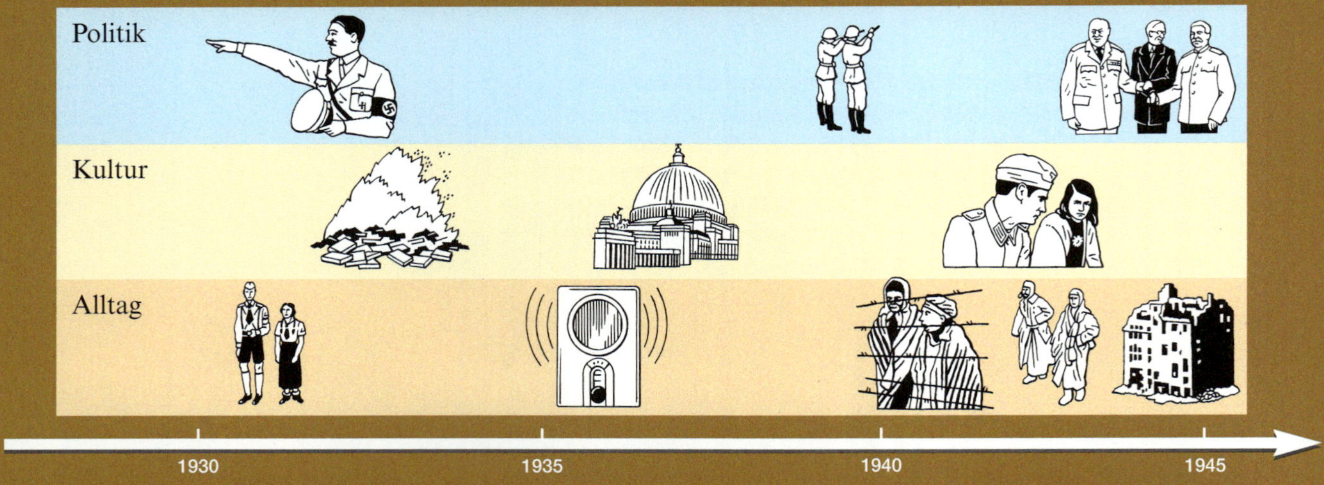

Deutsches Reich zur Zeit der Weimarer Republik

Deutsches Reich 1933–1939

Bundesrepublik Deutschland und DDR 1949–1989

Bundesrepublik Deutschland seit 3.10.1990

ARBEITSAUFTRAG

Vergleiche die Karten und beschreibe die territorialen Veränderungen seit der Weimarer Republik. Beachte dabei auch die Länder Deutschlands.

Teil I: Die nationalsozialistische Herrschaft bis 1939

1. Der Weg in die Diktatur

Am 30. Januar 1933 ernannte Hindenburg den „Führer“ der NSDAP, ADOLF HITLER, zum Reichskanzler. Nur wenige Monate später war Hitler ein scheinbar allmächtiger Diktator. Wie gelang es den Nationalsozialisten, die Republik zu zerschlagen und einen diktatorischen Führerstaat zu errichten?

Gefährlicher Irrtum – Die traditionellen Führungsschichten aus Finanzwelt und Großindustrie wollten den Staat mithilfe der Nationalsozialisten und unter Ausschaltung der KPD, SPD und der bürgerlich-republikanischen Parteien in ihrem Sinne verändern. Da sie den Machtapparat des Heeres, die Bürokratie, die Justiz und die Wirtschaft kontrollierten, glaubten sie, Hitler und die NSDAP „zähmen“ zu können. Dem **„Kabinett der nationalen Konzentration“** aus NSDAP und DNVP gehörten neben Hitler zunächst nur zwei weitere Nationalsozialisten an. Die Führer der DNVP glaubten, Hitler so „eingerahmt“ beherrschen zu können.

Q1 Rudolf Breitscheid, SPD-Fraktionsvorsitzender, 31. 1. 1933:

Seit gestern ist Adolf Hitler Reichskanzler! Und zwar ist er Reichskanzler auf legalem Wege geworden. Es ist begreiflich, dass man jetzt [...] Massenstreiks, Demonstrationen [erwägt]. Ich will meine Meinung dazu sagen. Wenn Hitler sich zunächst auf dem Boden der Verfassung hält, und mag das hundertmal Heuchelei sein, wäre es falsch, wenn wir ihm den Anlass geben, die Verfassung zu brechen, abgesehen von dem Grund, dass wir [dadurch] die widerstrebenden Kräfte innerhalb des Kabinetts zusammenschweißen.

(In: H. Schulze [Hg.], Anpassung oder Widerstand? 1932/33, Bonn 1975, S. 145 f. Bearbeitet)

Strategien der Machteroberung – Schon wenige Tage nach Hitlers Ernennung zum Reichskanzler, von den Nationalsozialisten als Tag der **„Machtergreifung“** gefeiert, wurden Entscheidungen getroffen, die kaum noch legal waren. Hitler erreichte, dass Hindenburg den Reichstag auflöste und Neuwahlen für den 5. März 1933 ansetzte. Als die Kommunisten einen Generalstreik ausriefen, lieferte dies den Vorwand für eine **„Notverordnung zum Schutze des deutschen Volkes“.** Mit ihr wurde die Presse- und Versammlungsfreiheit drastisch eingeschränkt.

Q2 Absprachen zwischen Hitler und von Papen, 31. 1. 1933, 16 Uhr:

Der Stellvertreter des Reichskanzlers [von Papen] führte aus, es sei am besten, schon jetzt festzulegen, dass die kommende Wahl zum Reichstag die letzte sein solle und eine Rückkehr zum parlamentarischen System für immer zu vermeiden sei. Der Reichskanzler [Hitler] erklärte, er wolle folgende bindende Versprechungen abgeben:
a) Der Ausgang einer Neuwahl zum Reichstag solle keinen Einfluss auf die Zusammensetzung der jetzigen Reichsregierung haben. b) Die nun bevorstehende Wahl zum Reichstag solle die letzte Neuwahl sein. [...]

(In: Auszüge aus den amtlichen Niederschriften, Akten der Reichskanzlei, Bundesarchiv Koblenz: R 43 II/291 und 289. Bearbeitet)

B3 Mitglieder der nationalsozialistischen Kampftruppe SA (Sturm-Abteilung), August 1933

Preußens Innenminister Hermann Göring machte 40 000 SA-Männer zu Hilfspolizisten. Sie konnten dadurch scheinbar legal politische Gegner der NSDAP terrorisieren. Die Gewalt steigerte sich noch, als am 27. Februar der Reichstag brannte. Die Nationalsozialisten behaupteten, die Kommunisten hätten das Feuer gelegt. Bereits am nächsten Tag erging die „Verordnung zum Schutz von Volk und Staat“, die so genannte **Reichstagsbrandverordnung.** Sie setzte die verfassungsmäßigen Grundrechte außer Kraft. Tausende Kommunisten und Sozialdemokraten wurden auf dieser Grundlage verhaftet und in improvisierte Konzentrationslager oder Folterkeller verschleppt.

Da die Reichstagswahl vom 5. März der NSDAP nicht die erhoffte absolute Mehrheit brachte, legte Hitler ein „Gesetz zur Behebung der Not von Volk und Reich“ vor. Dieses **Ermächtigungsgesetz** sollte es der Regierung ermöglichen, Gesetze ohne Beteiligung des Parlaments oder des Reichspräsidenten zu erlassen, selbst wenn sie von der Verfassung abwichen. Nur die SPD lehnte das Gesetz ab; die Abgeordneten der KPD sowie 26 Abgeordnete der SPD waren vor der Abstimmung verhaftet worden oder mussten fliehen.

B5 Propagandapostkarte, um 1933

B4 „Wie Adolf Hitler das Wort ‚legal‘ in den Mund nimmt.“ Karikatur aus „Der wahre Jacob“, Berlin 1932

Q6 Reden zum Ermächtigungsgesetz, 23. 3. 1933:

Adolf Hitler: Es würde dem Sinn der nationalen Erhebung widersprechen […], wollte die Regierung sich für ihre Maßnahmen von Fall zu Fall die Genehmigung des Reichstags erhandeln und erbitten. […] Die Autorität und damit die Erfüllung der Aufgaben der Regierung würden […] leiden, wenn im Volke Zweifel an der Stabilität des neuen Regiments entstehen könnten. […] Die Regierung beabsichtigt […] von diesem Gesetz nur insoweit Gebrauch zu machen, als es zur Durchführung der lebensnotwendigen Maßnahmen erforderlich ist. Weder die Existenz des Reichstags noch des Reichsrats soll dadurch bedroht sein. Stellung und […] Rechte des Herrn Reichspräsidenten bleiben unberührt. […]

Otto Wels, SPD: Freiheit und Leben kann man uns nehmen, die Ehre nicht. Nach den Verfolgungen […] wird niemand von ihr [der SPD] verlangen oder erwarten können, dass sie für das hier eingebrachte Ermächtigungsgesetz stimmt. Die Wahlen vom 5. März haben den Regierungsparteien die Mehrheit gebracht und damit die Möglichkeit gegeben, streng nach Wortlaut und Sinn der Verfassung zu regieren. Wo diese Möglichkeit besteht, besteht auch die Pflicht. […] Aber dennoch wollen Sie vorerst den Reichstag ausschalten, um Ihre Revolution fortzusetzen. Zerstörung von Bestehendem ist aber noch keine Revolution.

(In: Geschichte in Quellen, Bd. 5, München 1989, S. 282 f. Bearbeitet)

Mit dem Ermächtigungsgesetz wurde nicht nur das Parlament entmachtet, sondern praktisch auch der Reichspräsident. Doch gerade dessen bisher starke Position und seine Verfügungsgewalt über den Art. 48 der Verfassung, das Notverordnungsrecht des Präsidenten, waren die Hauptstützen des „Zähmungskonzepts" gewesen, mit dem die national-konservativen Koalitionspartner Hitler kontrollieren wollten! Hitler hatte mit dem Ermächtigungsgesetz die Kontrollmechanismen der Verfassung abgeschüttelt. Wie gelang es den Nationalsozialisten, die letzten Überreste der Demokratie zu beseitigen?

Ausbau und Stabilisierung des Regimes – Nach der Reichstagswahl begann eine umfassende **Gleichschaltung.** Mit der bereits bewährten Kombinationstaktik von Straßenterror durch die nationalsozialistische Kampftruppe SA (= **S**turm-**A**bteilung) und scheinbar legalen Maßnahmen der Regierung drängten die Nationalsozialisten in Ländern und Kommunen an die Macht. Überall erschienen SA-Männer und „Kommissare", die die Organisationen und Institutionen personell „säuberten": Politische Gegner und jüdische Bürger wurden entlassen, an ihre Stelle wurden Nationalsozialisten in die Führungspositionen eingesetzt.

Am 2. Mai beseitigten die Nationalsozialisten die Gewerkschaften. Die Arbeiter mussten in eine Zwangsorganisation eintreten, die **Deutsche Arbeitsfront (DAF).** Nach der KPD wurde im Juni auch die SPD verboten; die anderen Parteien lösten sich unter Druck selbst auf. Die Neugründung von Parteien wurde verboten und die NSDAP zur Staatspartei erhoben.

Ein wichtiger Machtfaktor, den Hitler noch für sich gewinnen wollte, war die **Reichswehr.** Deren militärischen Sachverstand brauchte er für seine Aufrüstungspläne. Doch die Reichswehr sah in der zahlenmäßig stärkeren SA eine Rivalin. Am 30. Juni 1934 entmachtete Hitler daher die SA, indem er den SA-Führer Ernst Röhm und andere innerparteiliche Rivalen ermorden ließ. Die Reichswehrführung revanchierte sich, als sie nach Hindenburgs Tod 1934 die Armee auf Hitler vereidigte. Das Amt des Reichspräsidenten wurde aufgelöst und mit dem des Reichskanzlers vereinigt. Hitler erhielt den Titel **Führer und Reichskanzler.**

B 7 SA-Mitglieder verschleppen politische Gegner in einen Folterkeller

Q 8 Der NSDAP-Politiker Hermann Göring am 30. 6. 1934:

Wir sehen das Recht nicht als etwas Primäres an, sondern das Primäre ist und bleibt das Volk. [...] Dieses Recht ist ja von uns geschaffen und dort, wo wir es vorfanden, es unserer Weltanschauung aber nicht entspricht, wird es umgeändert. Das Recht und der Wille des Führers sind eins. [...] Das Handeln der Staatsführung in diesen Tagen war die höchste Verwirklichung des Rechtsbewusstseins des Volkes.

(In: Geschichte in Quellen, Bd. 5, München 1989, S. 309. Bearbeitet)

ARBEITSAUFTRÄGE

1. Beurteilt mit Q 1 Breitscheids Reaktion auf Hitlers Ernennung zum Reichskanzler. Diskutiert, ob sich die SPD dem damaligen KPD-Aufruf zum Generalstreik hätte anschließen sollen.
2. Beschreibe, welche Einstellung zur Demokratie in Q 2 deutlich wird. Überlege, warum Neuwahlen abgehalten wurden.
3. Vergleiche, wie Hitler in B 4 und B 5 dargestellt wird. Beurteile die Absichten, die hinter den beiden Abbildungen stehen.
4. Nennt die Argumente, die Hitler und der SPD-Abgeordnete Wels in Q 6 für und gegen das Ermächtigungsgesetz aufführen. Diskutiert ihre Stichhaltigkeit.
5. Beschreibe mit B 3, B 7 und Q 8, wie die Nationalsozialisten gegen Gegner vorgingen. Beurteile die Rechtsauffassung Görings.
6. Ist der Satz: „Die Freiheit verliert man stückweise." auf Deutschland nach 1933 anwendbar? Begründe deine Antwort.

2. Faschismus in Europa

In fast allen europäischen Staaten bildeten sich nach dem Ersten Weltkrieg nationalistische Bewegungen. Auch die Machtübernahme durch eine rechtsradikale Partei war kein rein deutsches Phänomen. Hatten diese Bewegungen gemeinsame weltanschauliche Grundlagen und Ziele?

Faschismus in Italien – Wie Deutschland litt Italien nach dem Weltkrieg unter hoher Arbeitslosigkeit und Armut. In dieser Situation fanden radikale Bewegungen wie die der **Fasci,** nach der rechtsradikale Bewegungen als **„faschistisch"** bezeichnet werden, viele Anhänger. Faschistische Kampfbünde in schwarzen Uniformen terrorisierten politische Gegner, Gewerkschaften und Gemeindeverwaltungen. **Duce** (ital.: Führer) der Fasci wurde BENITO MUSSOLINI, ein ehemaliger Sozialist. Er versprach den Menschen einen starken Staat, wirtschaftliche Stabilität und ein italienisches Großreich.

Unter dem Vorwand, die Monarchie vor einer sozialistischen Revolution zu retten, ließ Mussolini seine Miliz im Oktober 1922 zu einem bewaffneten **Marsch auf Rom** antreten. Daraufhin ernannte der König Mussolini zum Ministerpräsidenten einer Koalitionsregierung. Konservative Kreise in Wirtschaft, Militär und Verwaltung unterstützten diese Regierung, da sie in ihr eine Rettung vor dem Sozialismus sahen. In der Folgezeit nutzte Mussolini seine Macht, um die demokratischen Freiheiten abzuschaffen und eine Einparteiendiktatur zu errichten.

B1 Mussolini (1883–1945) in faschistischer Grußpose vor der Statue des Augustus

Faschismus in anderen Ländern – Im republikanischen Spanien löste eine Militärrevolte im Juli 1936 einen Bürgerkrieg aus. Die Putschisten unter General FRANCISCO FRANCO konnten sich auf die konservativen Monarchisten, die katholische Kirche und die faschistische Bewegung **Falange** (Phalanx) stützen. Massive militärische Unterstützung aus Deutschland und Italien führte 1939 zum Sieg der Faschisten in Spanien. Franco errichtete eine Diktatur, die erst mit seinem Tod 1975 endete.
Weitere autoritäre Regimes mit faschistischen Zügen waren der portugiesische

PERSONENLEXIKON

„CAUDILLO" (Führer) FRANCISCO FRANCO, 1892–1975. Diktator in Spanien

Q2 Mussolini über den Faschismus, 1922:

Der Faschismus fordert den tätigen, mit allen Willenskräften sich einsetzenden Menschen, der bereit ist, allen Schwierigkeiten männlich entgegenzutreten und sich ihnen zu stellen. Ihm ist das Leben ein Kampf. [...] Für den Faschismus [liegt] alles im Staate beschlossen [...] Außerhalb des Staates darf es keine Individuen noch Gruppen geben. [...] [Der Faschismus] glaubt weder an die Möglichkeit noch an die Nützlichkeit des ewigen Friedens. Er lehnt daher den Pazifismus ab, der einen Verzicht auf den Kampf und eine Feigheit gegenüber dem Opfer in sich birgt. Der Krieg allein bringt alle menschlichen Energien zur höchsten Anspannung. [...] Der Faschismus behauptet die unabänderliche, fruchtbare und heilsame Ungleichheit der Menschen, die nicht auf dem mechanischen und äußerlichen Wege wie bei dem allgemeinen Stimmrecht auf das gleiche Niveau gebracht werden können. [...] Der Faschismus lehnt in der Demokratie die absurde konventionelle Lüge von der politischen Gleichheit [...] ab. [...] Der faschistische Staat ist Wille zur Macht und Herrschaft. [...] Für den Faschismus ist das Streben [...] zur Expansion der Nation ein Ausdruck der Vitalität.

(In: Geschichte in Quellen, Bd. 5, München 1989, S. 151 ff. Bearbeitet)

Estado Novo (dt.: Neuer Staat) unter OLIVEIRA SALAZAR, die so genannten **Königsdiktaturen** auf dem Balkan, die seit 1926 bestehende polnische Militärdikatur unter JOSEF PILSUDSKI sowie die antikommunistischen Militärregimes, die in den baltischen Staaten seit Mitte der 1930er-Jahre herrschten. Außerhalb Europas gewannen faschistische Ideen auch in Argentinien unter JUAN PERON Einfluss.

Unter Historikern ist umstritten, ob die verschiedenen radikal-nationalistischen Bewegungen alle unter dem gemeinsamen Begriff „Faschismus“ zusammengefasst werden können. Deshalb ist es hilfreich, typische Merkmale faschistischer Staaten zu analysieren. Welche Merkmale sind das?

Faschistische Ideologie – Gemeinsame Grundzüge faschistischer Bewegungen sind ihr **terroristischer Kampfstil** und ihre Feindbilder. Sie bekämpfen den Kommunismus und lehnen auch Demokratie und Parlamentarismus zugunsten eines autoritär geführten Staates ab. Faschistische Bewegungen besitzen kein differenziertes eigenes Programm. Sie betonen das **Führerprinzip** und übersteigern den **Nationalismus** in aggressiv-militaristischer Weise. Ihr **völkisches Elitedenken** führt zur Ausgrenzung von Minderheiten.

Der Nationalsozialismus – Der deutsche Nationalsozialismus hatte alle diese Elemente der faschistischen Ideologie. Doch in einem Aspekt war er noch radikaler als andere faschistische Staaten: bei der pseudowissenschaftlichen **Rassenlehre.** Diese Irrlehre gipfelte in der Behauptung, dass es verschiedenwertige Rassen gäbe: eine **„arische Herrenrasse“** sowie andere, **„minderwertige Rassen“**, zu denen Juden und die slawischen Völker gehören sollten. Diese Rassenlehre führte in Verbindung mit der Forderung, die Deutschen benötigten mehr „Lebensraum“, zur erbarmunglosen Vertreibung und Vernichtung von Millionen Menschen, besonders in Osteuropa. Eine derart radikale rassistische Ideologie wie in Deutschland gab es in keinem anderen faschistischen Land.

B3 Adolf Hitler 1930

Q4 Aus Adolf Hitlers Buch „Mein Kampf“, 1925:

[Die völkische Weltanschauung] glaubt [...] keineswegs an eine Gleichheit der Rassen, sondern erkennt mit ihrer Verschiedenheit auch ihren höheren oder minderen Wert und fühlt sich durch diese Erkenntnis verpflichtet, gemäß dem ewigen Wollen, das dieses Universum beherrscht, den Sieg des Besseren, Stärkeren zu fördern, die Unterordnung des Schlechteren und Schwächeren zu verlangen. Sie [...] glaubt an die Geltung dieses Gesetzes bis herab zum letzten Einzelwesen. [...] Menschliche Kultur und Zivilisation sind auf diesem Erdteil unzertrennlich gebunden an das Vorhandensein des Ariers. [...] Den gewaltigsten Gegensatz zum Arier bildet der Jude. [...] Er ist und bleibt der ewige Parasit [...]: wo er auftritt, stirbt das Wirtsvolk nach kürzerer oder längerer Zeit ab. [...] Wir Nationalsozialisten [müssen] unverrückbar an unserem außenpolitischen Ziele festhalten, nämlich dem deutschen Volk den ihm gebührenden Grund und Boden auf dieser Erde zu sichern. [...] So wie unsere Vorfahren den Boden, auf dem wir heute leben, nicht vom Himmel geschenkt erhielten, sondern durch Lebenseinsatz erkämpfen mussten, so wird auch uns in Zukunft den Boden und damit das Leben für unser Volk keine göttliche Gnade zuweisen, sondern nur die Gewalt eines siegreichen Schwertes. [...] Wenn wir aber heute [...] von neuem Grund und Boden reden, können wir in erster Linie nur an Russland [...] denken.

(In: Geschichte in Quellen, Bd. 5, München 1989, S. 286 ff. Bearbeitet)

ARBEITSAUFTRÄGE

1. Beschreibe die Darstellungen Mussolinis in B1, Francos im Personenlexikon und Hitlers in B3. Beurteile die Absicht, die die Bilder verfolgen.
2. Erkläre mit Q2 Merkmale und Ziele des italienischen Faschismus. Stelle ihnen Aspekte der Demokratie gegenüber.
3. Beschreibe mit Q4 Elemente der nationalsozialistischen Ideologie. Vergleiche mit dem italienischen Faschismus.

3. Zustimmung und Verführung

Der Aufstieg des Nationalsozialismus war mit der Eroberung der Macht nicht abgeschlossen. Das Regime gewann in der Folgezeit die überwiegende Mehrheit der Deutschen für sich. In dieser Diktatur spielten Zustimmung, Selbstentmündigung und Verführung des Volkes gleichermaßen eine Rolle. Was hat Zustimmung ausgelöst? Wie funktionierte die Verführung?

Sehnsüchte und Ängste – Die instabile politische Lage und die wirtschaftliche Depression am Ende der Weimarer Republik hatten eine tiefe Verunsicherung der Bevölkerung bewirkt. In diesem Klima fielen NS-Parolen von einem starken Staat, der Ordnung und Wohlstand wiederherstellen würde, auf fruchtbaren Boden. Die NSDAP war die erste Partei, der es gelang, als „Volkspartei" aufzutreten. Wie keine andere Partei kannte sie die in der Bevölkerung herrschende Stimmung. Sie verstand es, den Menschen das Gefühl zu vermitteln, dass ihre Sorgen ernst genommen und die Probleme der Zeit gelöst würden. Besonders die sinkende Arbeitslosigkeit schien der Politik der neuen Regierung recht zu geben. Große Anziehungskraft übte auch die vom Regime beschworene **Volksgemeinschaft** aus, die dem „Parteiengezänk" der Weimarer Republik entgegengesetzt wurde. Die aggressive Außenpolitik Hitlers sprach bei vielen Deutschen darüber hinaus einen Nationalismus an, der durch den verlorenen Krieg gedemütigt war. Verletzungen des Versailler Friedensvertrags wurden von der Bevölkerung daher als imponierende Beweise der „neuen Größe" gefeiert.

Führermythos – Die populäre Politik galt als das „Aufbauwerk des Führers". So gelang es Hitler, von breiten Bevölkerungsschichten als Verkörperung einer besseren Zukunft angenommen zu werden. Die religiösen Züge, die der Führermythos trug, halfen trotz mancherlei Unzufriedenheit im Alltag, ein hohes Maß an Zustimmung zum System aufrechtzuerhalten.

Feindbilder – Erfolgreich reduzierten die Nationalsozialisten die Probleme einer komplizierten Welt auf ein simples Freund-Feind-Schema und schürten dabei tief sitzende Vorurteile der Bevölkerung: Bis zum Zusammenbruch des Regimes fanden Antisemitismus und Antibolschewismus große Zustimmung.

Q1 Rudolf Heß, Hitlers Stellvertreter, 1934:

Mit Stolz sehen wir: Einer bleibt von aller Kritik ausgeschlossen: das ist der Führer. Das kommt daher, dass jeder fühlt und weiß: Er hatte immer recht, und er wird immer recht haben. In der kritiklosen Treue, in der Hingabe an den Führer, die nach dem Warum im Einzelfall nicht fragt, in der stillschweigenden Ausführung seiner Befehle liegt all unser Nationalsozialismus verankert. Wir glauben daran, dass der Führer einer höheren Berufung zur Gestaltung des deutschen Schicksals folgt. An diesem Glauben gibt es keine Kritik.

(In: Dokumente zur deutschen Politik, Bd. 2, Berlin 1936, S. 10)

PERSONENLEXIKON

RUDOLF HESS, 1894–1987. Seit 1920 Mitglied der NSDAP. Stellvertreter Hitlers. Flog 1941 nach Schottland, angeblich zur Vermittlung zwischen den Kriegsgegnern; wurde dort verhaftet. 1946 in Nürnberg zu lebenslanger Haft verurteilt. 1987 Selbstmord im Kriegsverbrechergefängnis Berlin-Spandau.

B2 Totenehrung auf dem Reichsparteitag in Nürnberg, 1934

Das NS-Regime kannte die Bedürfnisse der Bevölkerung nicht nur, sondern benutzte sie auch auf eine bis dahin nicht gekannte Weise für ihre eigene Macht. Welche Mittel wurden dabei eingesetzt?

Medien und Propaganda – Die Nationalsozialisten verstanden früh, welche Bedeutung moderne Massenmedien wie Rundfunk und Film hatten, um die öffentliche Meinung zu kontrollieren. Sie richteten daher ein eigenes **Ministerium für Volksaufklärung und Propaganda** ein. Unter dessen Leiter JOSEPH GOEBBELS wurde zielstrebig die Gleichschaltung der Presse und des Kulturbetriebs in Angriff genommen: Verbindliche Sprachregelungen gaben Inhalte und Form der Berichterstattung vor. Eine noch intensivere Verbreitung der staatlichen Propaganda wurde ab 1936 durch den massenhaften Vertrieb eines billigen Radios, des **Volksempfängers,** möglich. Das gemeinsame Anhören von „Führerreden" zu Hause, in Schulen, Betrieben und Parteigliederungen sollte die Volksgemeinschaft fördern. Begleitet wurde dies durch Massenveranstaltungen wie Aufmärsche und Fackelzüge, die als beeindruckende und einschüchternde Inszenierungen der „Bewegung" dienten.

Q3 Joseph Goebbels, März 1933:

Wir machen gar keinen Hehl daraus: Der Rundfunk gehört uns, niemandem sonst! Und den Rundfunk werden wir in den Dienst unserer Idee stellen, und keine andere Idee soll hier zu Worte kommen. […] Ich halte den Rundfunk für das allermodernste und für das allerwichtigste Massenbeeinflussungsinstrument. […] Das ist das Geheimnis der Propaganda: Denjenigen, den die Propaganda fassen will, ganz mit den Ideen der Propaganda zu durchtränken, ohne dass er […] merkt, dass er durchtränkt wird.

(In: Goebbels-Reden, Bd. 1, 1932–1939, zit. nach M. Broszat, Die Machtergreifung, München 1993, S. 90 f. Bearbeitet)

B4 Nationalsozialistisches Plakat von 1936

Q5 Victor Klemperer, Tagebucheintrag 10.5.1936:

Ich glaube […] nicht […], dass [die Regierung] innerdeutsche Feinde hat. Die Mehrzahl des Volkes ist zufrieden. […] Alle sehen in [Hitler] den außenpolitischen Befreier, fürchten russische Zustände, wie ein Kind den schwarzen Mann fürchtet, halten es, soweit sie nicht ehrlich berauscht sind, für […] inopportun, sich um solcher Kleinigkeiten willen wie der Unterdrückung bürgerlicher Freiheiten, der Judenverfolgung, […] der systematischen Zerstörung aller Sittlichkeit zu empören. Und alle haben Angst um ihr Brot, ihr Leben, alle sind so entsetzlich feige.

(In: Victor Klemperer, Tagebücher 1935–1936, Berlin 1995, S. 94. Bearbeitet)

ARBEITSAUFTRÄGE

1. Beschreibe, wie Hitler in Q 1 dargestellt wird. Untersuche mithilfe von B 5 auf S. 60 und B 3 auf S. 63, wie der Führermythos aufgebaut und zur Schau gestellt wurde.
2. Versetze dich in die Lage eines Teilnehmers der in B 2 dargestellten Totenehrung und schreibe einen Tagebucheintrag für den gleichen Abend. Beurteile die Wirkung, die solche Veranstaltungen erzielen sollten.
3. Zeige anhand von Q 3 und B 4, wie die Medien im „Dritten Reich" zu Propagandazwecken eingesetzt wurden.
4. Nennt die Ursachen, die nach Meinung des Tagebuchautors in Q 5 Zustimmung bewirkten. Diskutiert, inwieweit Verführung oder Angst daran beteiligt waren.

4. „Arbeitsschlacht" und Aufrüstung – NS-Wirtschaftspolitik

Bei Hitlers Machtantritt gab es in Deutschland über sechs Millionen Arbeitslose. Die Bewältigung dieses Problems wurde als Prüfstein für die neue Regierung angesehen. Wie würde sie die von ihr ausgerufene „Arbeitsschlacht" führen?

Abbau der Arbeitslosigkeit – Die Wende bei der Entwicklung der Arbeitslosigkeit hatte sich bereits 1932 angedeutet. Das Ausklingen der Weltwirtschaftskrise und **Arbeitsbeschaffungsprogramme** der vorigen Regierung führten Anfang 1933 zu einem leichten Aufschwung. Ohne eigenes wirtschaftspolitisches Konzept setzte die NS-Regierung den Kurs ihrer Vorgänger fort. Sie versuchte, durch umfangreiche staatliche Bauaufträge, beispielsweise für Autobahnen, Flugplätze und öffentliche Gebäude, neue Arbeitsplätze zu schaffen. Eine weitere Entlastung des Arbeitsmarktes wurde durch die Einführung eines halbjährigen **„Arbeitsdienstes"** für Jugendliche und die Wiedereinführung der allgemeinen **Wehrpflicht** 1935 erreicht.

Zahlreiche Arbeitsplätze wurden für zuvor arbeitslose Männer frei, weil Frauen in den ersten Jahren durch das Regime per Gesetz aus dem Arbeitsleben gedrängt wurden. Frauen sollten sich auf Familie, Haushalt und Kinder konzentrieren. So wurden die meisten Richterinnen, Anwältinnen, Schulleiterinnen und Lehrerinnen aus dem Staatsdienst entlassen. Der Staat inszenierte eine Kampagne gegen „Doppelverdiener". Demnach sollten verheiratete Frauen, deren Männer arbeiteten, selber nicht erwerbstätig sein dürfen. Doch dieser von den Nationalsozialisten propagierte **Mutter- und Hausfrauenkult** ließ sich nicht dauerhaft durchsetzen. Nicht nur die Rüstungsindustrie, die schon bald nach der Machtübernahme forciert wurde, war auf die billigeren weiblichen Arbeitskräfte angewiesen.

Kriegsvorbereitung – Entscheidend für die Verbesserung der Arbeitsmarktsituation war jedoch die massive **Aufrüstung.** Sie führte dazu, dass die Arbeitslosigkeit 1939 fast völlig beseitigt war und in einigen Bereichen sogar ein Arbeitskräftemangel entstand. In Sachsen, der „Werkstatt Deutschlands", stieg die Anzahl der Großbetriebe kontinuierlich. Aufträge der Wehrmacht für die Textilindustrie, die chemische, feinmechanische und die optische Industrie sowie für den Fahrzeugbau steigerten die Produktion und vergrößerten den Bedarf an Arbeitskräften. Zahlreiche Frauen wurden nun wieder in den Rüstungsbetrieben eingesetzt.

Mutterkreuz, für Mütter von vier und mehr Kindern

Q1 Hitlers Denkschrift zum Vierjahresplan, 1936:

Die Wirtschaft [hat] ausschließlich [dem] Selbstbehauptungskampf unseres Volkes zu dienen. [...] Es ist notwendig, die Friedensernährung und vor allem der Kriegsführung die Mittel zu sichern. [...] Ich stelle damit folgende Aufgabe: 1. Die deutsche Armee muss in vier Jahren einsatzfähig sein. 2. Die deutsche Wirtschaft muss in vier Jahren kriegsfähig sein.

(In: Geschichte in Quellen, Bd. 5, München 1989, S. 320ff. Bearbeitet)

T2 Finanzwirtschaft des Reiches in Mrd. Reichsmark

	1933	1935	1937	1939
Einnahmen	6,8	9,3	13,4	23,1
Ausgaben	8,1	13,1	18,9	42,2
Schulden	11,7	14,6	25,4	42,6
Geldumlauf	3,6	4,3	5,3	11,0

(Nach: E. Aleff, Das 3. Reich, Hannover, S. 124; Charles Bettelheim, Die deutsche Wirtschaft unter dem Nationalsozialismus, München 1974, S. 292)

T3 Öffentliche Investitionen in Mrd. Reichsmark

	1928	1933	1935	1938
Wehrmacht	0,8	0,7	5,2	15,5
Verkehr	2,2	1,2	1,8	3,4
Verwaltung	1,8	0,8	1,4	1,2
Wohnungsbau	1,3	0,2	0,2	0,3

(Nach: R. Erbe, Die nationalsozialistische Wirtschaftspolitik im Lichte der modernen Theorie, Zürich 1958, S. 25)

Der Mythos Autobahn – Der Bau der Autobahnen wird auch heute noch häufig als Leistung der Nationalsozialisten bewundert. Obwohl schon in der Weimarer Zeit geplant, wurde die Autobahn nach 1933 als persönliche Idee Hitlers ausgegeben. Die NS-Propaganda erhob die „Straßen des Führers“, die eigentlich nur eine Arbeitsbeschaffungsmaßnahme waren, zum Sinnbild der Modernität des Nationalsozialismus. Der Beschäftigungseffekt war mit etwa 100 000 Arbeitskräften jedoch nicht sehr hoch. Trotz ihres damals zweifelhaften Nutzens – nicht zuletzt auch angesichts der noch geringen Motorisierung der Bevölkerung – hat die nationalsozialistische Propaganda eine Legende geschaffen, die bis in die Gegenwart Bestand hat.

Sinkende Arbeitslosenzahlen und außenpolitische Erfolge wie beispielsweise die Angliederung des Saarlands 1935 vermittelten den Menschen in den ersten Jahren der nationalsozialistischen Herrschaft den Eindruck einer gesundenden Wirtschaft. Um welchen Preis wurde sie erkauft?

B4 Propagandaplakat der Nationalsozialisten zum Autobahnbau, 1933

Kriegswirtschaft im Frieden – Die Rüstungsprojekte verschlangen riesige Summen. Um von Auslandsimporten unabhängig zu werden, betrieb das Regime ohne Rücksicht auf Wirtschaftlichkeit die Produktion spezieller synthetischer Stoffe, wenn sie militärtechnisch von Bedeutung waren. Beispielsweise entwickelte die Firma Buna in Sachsen Kunstgummi. Auch deutsche Erzlager wurden erschlossen. Zur Finanzierung musste der Staat immer mehr **Schulden** machen. Schon bald schien es nur noch eine Alternative zu geben: Staatsbankrott oder Krieg.

Da die riesigen Defizite sorgsam verschleiert wurden, blieben der Bevölkerung die Kosten des Aufschwungs und die Folgen für den Staatshaushalt verborgen. Sie erwartete nach den Jahren der Armut eine Verbesserung ihrer Lage. Die Nationalsozialisten fixierten jedoch die Löhne auf dem niedrigen Stand der Wirtschaftskrise und führten wegen des Mangels an Konsumgütern eine Preiskontrolle ein. 1938 wurde der Bezug von Fett rationiert, eine Maßnahme, die mit der Parole **„Kanonen statt Butter“** begründet wurde. Die deutsche Wirtschaft nahm immer mehr die Form einer **Kriegswirtschaft** an.

Q5 „Reichstreuhänder der Arbeit“, 1938:

Das Missverhältnis zwischen Arbeitskräften und Aufträgen hat [...] zu erheblichen Verlängerungen der Arbeitszeit geführt. [...] Wöchentliche Arbeitszeiten von 58–65 Stunden sind kaum noch Ausnahmeerscheinungen. [...] Die Krankheitsziffer ist erheblich gestiegen. [...]

(In: T. Mason, Arbeiterklasse und Volksgemeinschaft, Dokumente und Materialien zur deutschen Arbeiterpolitik 1936–1939, Opladen 1975, Dok. Nr. 147. Bearbeitet)

ARBEITSAUFTRÄGE

1. Nenne die Aufgabe, die Hitler in Q1 der Wirtschaft zuweist. Welcher Rückschluss auf seine Politik lässt sich daraus ziehen?
2. Analysiere die Angaben in T2, T3 und Q5. Erläutere, wo Investitionen erfolgten und welche Auswirkungen sie für das Leben der Menschen und für die Finanzen des Staates hatten.
3. Beschreibe das Plakat B4 und beurteile seine propagandistische Wirkung.

5. Leben unterm Hakenkreuz

Die Nationalsozialisten organisierten und kontrollierten auch das tägliche Leben der Menschen. Sie wussten, dass sie dadurch ihre politische Macht festigen und Widerstand bereits im Keim ersticken konnten. Wie konnte ein ganzes Volk beeinflusst und überwacht werden?

Erfassung der „Volksgemeinschaft" – Die neuen Machthaber drangen bis in das Alltagsleben der Bevölkerung ein. Eine wichtige Maßnahme zur Kontrolle war die **„Erfassung"** möglichst jedes „Volksgenossen" in einer nationalsozialistischen Organisation. Die Mitarbeit in den Gliederungen der NSDAP band die Menschen an das Regime, vermittelte ihnen aber auch ein Zugehörigkeitsgefühl. Vielen ermöglichte diese Mitgliedschaft sogar einen sozialen Aufstieg, beispielsweise dem „Blockwart", der in SA-Uniform die Bewohner eines Häuserblocks überwachen sollte und so Macht und Einfluss erhielt.

Das gesamte öffentliche Leben wurde durch zahlreiche **Umzüge, Sammlungen und Feiern** geprägt. Der Druck, sich daran zu beteiligen, zielte wie die Einführung des **Hitlergrußes** darauf ab, jedem Einzelnen immer wieder ein öffentliches Bekenntnis zum NS-Staat abzuverlangen. Auch die Freizeit wurde kontrolliert. Vereine wurden entweder unter den Einfluss der Nationalsozialisten gebracht oder aufgelöst. Die populäre Organisation **„Kraft durch Freude" (KdF)** sorgte für billige Urlaubsfahrten der „Volksgenossen". ⓔ/3

Q2 Hitler zur Rolle der Frau, 1934:

Wenn man sagt, die Welt des Mannes ist der Staat, die Welt des Mannes ist sein Ringen, die Einsatzbereitschaft für die Gemeinschaft, so könnte man vielleicht sagen, dass die Welt der Frau eine kleinere sei. Denn ihre Welt ist der Mann, ihre Familie, ihre Kinder und ihr Haus. [...] Was der Mann einsetzt an Heldentum auf dem Schlachtfeld, setzt die Frau ein in ewig geduldiger Hingabe, in ewig geduldetem Leid und Ertragen.

(In: M. Domarus, Hitler, Reden und Proklamationen, Bd. 1, Würzburg 1962, S. 450. Bearbeitet)

Werbeplakat für eine KdF-Reise

NS-Juristenbund
NS-Lehrerbund

Abzeichen von berufsständischen NS-Organisationen

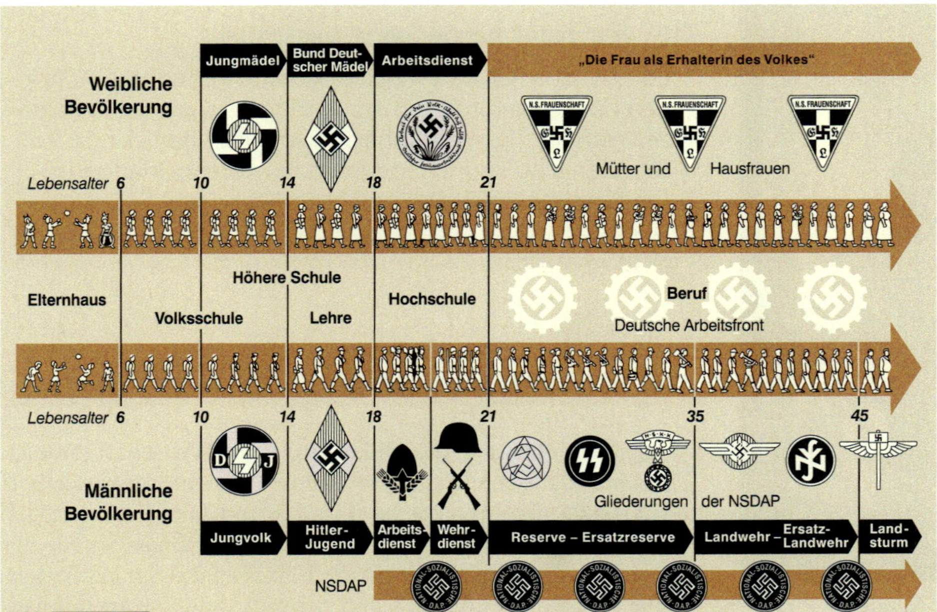

B1 Lebenslauf des idealen „Volksgenossen"

Nicht alle Menschen waren bereit, sich den Anforderungen der „Volksgemeinschaft“ unterzuordnen. Andere wurden bewusst ausgegrenzt. Mit welchen Folgen musste man bei Verweigerung oder staatlicher Ausgrenzung rechnen?

Ausgrenzung von „Volksschädlingen“ – Menschen, die sich dem Anpassungsdruck widersetzten oder nicht zur Volksgemeinschaft gehören durften, wurden als **„gemeinschaftsfremd“** ausgegrenzt. Dies hatte meist den Verlust des Arbeitsplatzes, Berufsverbot und Verweigerung von staatlichen Sozialleistungen wie Arbeitslosengeld zur Folge. Wer als Gegner der Nationalsozialisten verdächtigt wurde, konnte willkürlich in **„Schutzhaft“** genommen und in ein **„Konzentrationslager“ (KZ)** eingewiesen werden. Dies betraf neben den politischen Gegnern vor allem rassisch verfolgte Juden, die Sinti und Roma, so genannte Asoziale, kritische Geistliche, Zeugen Jehovas sowie Homosexuelle. Im KZ waren diese Menschen den Misshandlungen durch spezielle SS-Totenkopfverbände schutzlos ausgeliefert. /4

Q3 Eintopfsonntag, Göttinger Tageblatt vom 4./5. 11. 1933:

Der Sonntag ist der zweite Sonntag des Eintopfgerichtes. Es gibt keinen Zweifel darüber, dass das Volk seinen Führer verstanden hat. Das Geheimnis der nationalsozialistischen Weltanschauung beruht in der Forderung, dass Gemeinnutz vor Eigennutz geht. Die Erfüllung dieser Forderung ist auch die vom Führer geforderte Gefolgschaftstreue. SS-Männer werden die durch das Eintopfgericht ersparten Beträge in allen Haushaltungen einkassieren. Bei der Straßensammlung werden Ansteckblumen – Narzissen – als Ausweis abgegeben. Am Sonntag darf kein Göttinger ohne diese Ansteckblume angetroffen werden!

(In: Göttinger Tageblatt, 4./5.11. 1933. Bearbeitet)

Mit der **„Geheimen Staatspolizei“ (Gestapo)** schuf das Regime ein Überwachungsorgan, das sich mit dem Mythos der Allgegenwart und Allwissenheit umgab. Tatsächlich beruhten die „Erfolge“ der Gestapo oft auf Denunziation. So entstand ein alle Bereiche des Lebens durchdringendes Klima der Einschüchterung, der Verunsicherung und des Misstrauens.

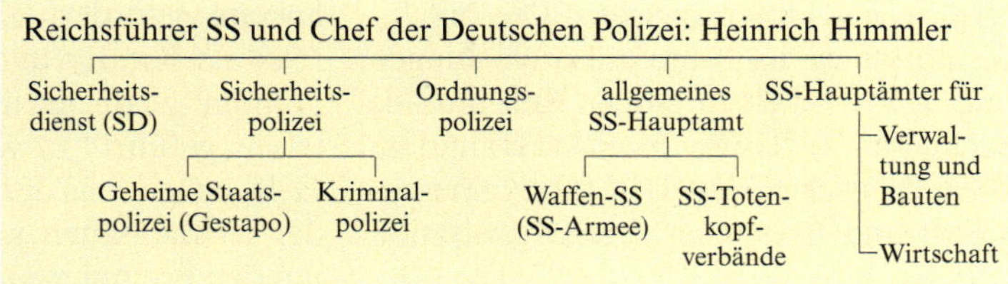

D4 Organisation der SS (ursprünglich: persönliche Schutz-Staffel Hitlers)

Q5 Ein Vorfall in Sachsen, 1935

[Ein Arbeiter] ist Vater von 6 Kindern und gehörte früher den Bibelforschern [Zeugen Jehovas] an. Obgleich diese Sekte verboten ist, hält der Arbeiter im Geheimen noch immer zu seinem Glauben. Er trat keiner Naziorganisation bei, auch wurde er nicht Mitglied der Arbeitsfront. [...] Bei einer Betriebsfeier, bei der das Horst-Wessel-Lied [nationalsozialistisches Kampflied] gesungen wurde, hob dieser Arbeiter nicht den rechten Arm zum Deutschen Gruß. Er wurde darauf denunziert und aus dem Betrieb geworfen. Jetzt ist er wegen Verweigerung des Deutschen Grußes zu vier Wochen Gefängnis verurteilt worden. Unter den Arbeitern [...] wird der Vorfall sehr viel besprochen.

(In: Th. Berger, Lebenssituationen unter der Herrschaft des Nationalsozialismus, Landeszentrale für politische Bildung [Hg.], Hannover 1981, S. 106 f. Bearbeitet)

ARBEITSAUFTRÄGE

1. Beschreibe mit B 1 den Lebenslauf des idealen „Volksgenossen“. Erläutere das Ziel der „Erfassung“.
2. Erläutere mit B 1 und Q 2 die Rolle der Frau im NS-Staat.
3. Untersuche anhand des Plakats der Freizeitorganisation KdF und mit Q 3 die Absichten, die mit solchen Einrichtungen und Sonntagsveranstaltungen verbunden waren.
4. Bereite ein Referat vor über die einzelnen SS-Unterorganisationen von D 4. Lies dazu in einem Buch aus der Bibliothek nach.
5. Nennt das „Vergehen“ und die Bestrafung des Arbeiters in Q 5. Spielt ein Streitgespräch seiner Arbeitskollegen über den Vorfall mit unterschiedlichen Positionen. Benennt aktuelle Situationen, die einen festen Stand gegen Gruppenzwang, politischen Druck oder gesellschaftliche Vorurteile erfordern.

6. Jugend im Gleichschritt

Wie alle totalitären Regimes unternahm auch der NS-Staat große Anstrengungen, schon die Jugend in seinem Sinne zu erziehen. Mit welchen Mitteln versuchten die Nationalsozialisten, die Jugend für sich zu gewinnen?

Drill in der Hitler-Jugend – Die NS-Jugendorganisation übte auf viele Jungen und Mädchen einen großen Reiz aus. Sie suchten in der **Hitler-Jugend** (HJ) und im **Bund Deutscher Mädel** (BDM) Kameradschaft und Abenteuer. Die Organisation gab ihnen in den Anfangsjahren das Gefühl, beim „Aufbruch in eine neue Zeit" mithelfen zu können und nutzte so die Begeisterungsfähigkeit und den Idealismus der jungen Menschen aus. Doch statt eigenständigen individuellen Denkens wurden **Gefolgschaftstreue** und blinder **Gehorsam** gefördert. Die Möglichkeit, bereits als Kinder und Jugendliche selbst „führen" zu dürfen und von nur wenig Älteren „geführt" zu werden, bedeutete die Gelegenheit, aus der Welt der Eltern und der Erwachsenen auszubrechen. Allein mit den Freunden auf „Fahrt" ins Zeltlager zu gehen, sich bei Geländespielen auszutoben und am Lagerfeuer gemeinsam zu singen, vermittelte ein Gefühl von Freiheit und Gemeinschaft. Nicht nur die Ämter, auch die Uniformen von HJ und BDM zogen viele Jugendliche an.

Typische Uniformen von HJ und BDM

B1 Gymnastik im BDM

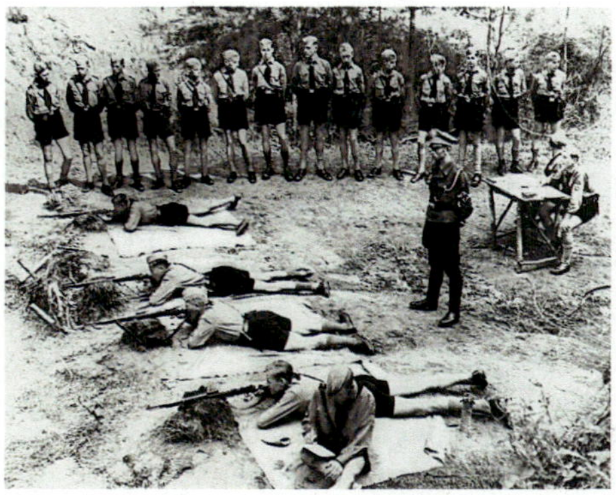

B2 Schießübungen in der HJ

Q3 Fahnenlied der HJ:

Unsre Fahne flattert uns voran,
in die Zukunft ziehn wir Mann für Mann.
Wir marschieren für Hitler durch Nacht und Not,
mit der Fahne der Jugend für Freiheit und Brot.
Unsre Fahne flattert uns voran,
Unsre Fahne ist die neue Zeit.
Und die Fahne führt uns in die Ewigkeit.
Ja, die Fahne ist mehr als der Tod!

(In: H. Boberach, Jugend unter Hitler, Düsseldorf 1982, S. 26)

Q4 Karl-Heinz Janßen (Jahrgang 1930) erinnert sich:

Wir waren Hitlerjungen, Kindersoldaten, längst ehe wir mit zehn Jahren für wert befunden wurden, das Braunhemd [der HJ-Organisation] zu tragen. […] In unserem Fähnlein bestanden die Jungvolk-Stunden fast nur aus […] sturem militärischem Drill. Auch wenn Sport oder Schießen oder Singen auf dem Plan standen, gab es erst immer […] endloses Exerzieren mit „Stillgestanden!", „Rührt euch!". […] Mit dreizehn hatte ich es geschafft, ich war „Jungzugführer" in einem Dörflein. […] Wenn ich zum Dienstschluss mein dreifaches „Sieg Heil!" auf unseren geliebten Führer Adolf Hitler ausrief, strahlten die Augen.

(In: H. Glaser, A. Silenius [Hg.], Jugend im Dritten Reich, Frankfurt/M. 1975, S. 88 f. Bearbeitet)

Nach der Auflösung anderer Jugendorganisationen wurde die HJ 1936 **Staatsjugend.** Seit 1939 war die Mitgliedschaft Pflicht. Der HJ-„Dienst“ wurde nun immer stärker reglementiert. Nicht mehr Lagerfeuerromantik, sondern **Wehrertüchtigung,** Marschkolonnen und endlose Appelle bestimmten den Alltag. Jede Woche wurde zur ideologischen Schulung ein „Heimabend“ veranstaltet. So sollte eine unkritische, dienende Jugend herangebildet werden. Der zunehmende militärische Drill führte jedoch bei manchen Jugendlichen auch dazu, die HJ abzulehnen. Sie empfanden den „Dienst“ als lästige Pflicht oder als Fremdbestimmung, der sie sich zu entziehen suchten. Doch nach Auffassung des NS-Staates sollte die Hitler-Jugend die Erziehung nahezu vollständig übernehmen. Welche Auswirkungen hatte dies auf das Verhältnis zwischen Eltern und Kindern, Lehrern und Schülern?

Elternhaus und Schule – Nicht alle Eltern waren bereit, die Erziehung der Partei zu überlassen. Während es manchen nicht gefiel, dass das Wort des „Fähnleinführers“ mehr galt als ihr eigenes, fürchteten andere, der HJ-„Dienst“ wirke sich negativ auf die Schulleistungen aus. Andere wollten ihre Kinder vor den aggressiven Parolen und der brutalisierenden Wehrerziehung schützen. Doch wenn das Jugendamt eine „staatsfeindliche Erziehung“ feststellte, konnte den Eltern das Sorgerecht entzogen und die Kinder konnten in Heimen oder bei politisch „zuverlässigen“ Familien untergebracht werden.

Q5 Ulrich von Hassel, 1939:

Sperr erzählte, dass kürzlich bei einem Besuch einige Leute versammelt gewesen seien und sich kritisch unterhalten hätten. Plötzlich Anruf der Gestapo: Man warne vor der Fortsetzung dieses Gesprächs. Ursprung dieses Anrufs: Die eigene Tochter hatte an der Tür gelauscht und die Gestapo unterrichtet.

(In: H. Boberach, Jugend unter Hitler, Düsseldorf 1982, S. 68. Bearbeitet)

Auch die **Schulen** sollten gleichgeschaltet werden. Oppositionelle Lehrer wurden entfernt. Hitlergruß und Flaggenappelle gehörten bald zum Schulalltag. Neue Unterrichtsinhalte sollten den Schülern vor allem die **Rassenlehre der Nationalsozialisten** einschärfen. Samstags, am Staatsjugendtag, bekamen HJ-Mitglieder für ihren „Dienst“ schulfrei, während die übrigen politischen Nachhilfeunterricht erdulden mussten.

SS-Werbepostkarte

Q6 Erich Dressler, geb. 1924, erinnert sich an das Jahr 1934:

Gab uns unser Lateinlehrer einen endlosen Abschnitt aus Cäsar auf, so übersetzten wir einfach nicht und entschuldigten uns damit, dass wir am Nachmittag Dienst in der HJ gehabt hätten. Einmal nahm einer von den alten Knackern allen Mut zusammen und protestierte dagegen. Das wurde sofort dem Gruppenführer gemeldet, der zum Rektor ging und dafür sorgte, dass dieser Lehrer entlassen wurde. Der Gruppenführer war erst sechzehn, aber als Hitler-Jugendführer konnte er nicht dulden, dass wir an der Ausübung unseres Dienstes, der wichtiger als unsere Schulaufgaben war, gehindert wurden.

(In: L. Hagen, Geschäft ist Geschäft, Hamburg 1969, S. 77. Bearbeitet)

Q7 Aus einem Mathematik-Handbuch für Lehrer, 1935:

Aufgabe 97: Ein Geisteskranker kostet täglich etwa 4 RM. [...] In vielen Fällen hat ein [...] Angestellter kaum 3,50 RM pro Kopf der Familie. [...] Nach vorsichtigen Schätzungen sind in Deutschland 300 000 Geisteskranke [...] in Anstaltspflege. Was kosten diese jährlich insgesamt bei einem Satz von 4 RM?

(In: H. Focke, U. Reimer, Alltag unterm Hakenkreuz 1, Reinbek 1979, S. 89 f. Bearb.)

ARBEITSAUFTRÄGE

1. Beschreibe mithilfe von B 1 auf S. 68 den Werdegang von Jungen und Mädchen im NS-Staat. Analysiert mit B 1, B 2 und Q 3, wie sie in HJ und BDM auf ihre Rolle vorbereitet wurden.
2. Schildert mithilfe von Q 4 den HJ-Alltag und überlegt, warum so viele eingetreten sind. Befragt ältere Menschen über ihre Erfahrungen. Was begeisterte sie, was stieß sie ab? Überlegt, ob ihr selber (gern, ungern, gar nicht) mitgemacht hättet.
3. Diskutiert anhand von Q 5 und Q 6 die Motive, die Kinder dazu brachten zu denunzieren, und beurteilt die Folgen für die Menschen sowie für das gemeinsame Leben in der Familie.
4. Zeige mit Q 7 den Einfluss der NS-Ideologie auf den Unterricht.

7. „Entartete“ und „deutsche“ Kunst

Die Nationalsozialisten hatten verstanden, dass Literatur, Malerei, Theater, Musik und Film einen großen Einfluss auf die Menschen ausüben. Sie brachten daher auch alle Bereiche des kulturellen Lebens unter ihre Kontrolle. Welchem Zweck sollte die neue nationalsozialistische „deutsche Kunst“ dienen?

„Säuberung“ des Geisteslebens – Kunst, die dem Verständnis des NS-Regimes zuwiderlief, wurde „ausgemerzt“. Schon im April 1933 tauchten schwarze Listen über diejenigen Schriftsteller auf, deren Literatur „zersetzend“ sei und aus Bibliotheken zu entfernen war. Das betraf bedeutende Autoren, Dichter und Wissenschaftler wie Albert Einstein, Thomas und Heinrich Mann, Anna Seghers, Kurt Tucholsky, Stefan Zweig. Ihre Bücher wurden am 10. 5. 1933 überall in Deutschland in einer „Aktion wider den undeutschen Geist“ verbrannt. Die Autoren wurden verfolgt, viele verloren die deutsche Staatsangehörigkeit. /5

Q1 „Flammensprüche“ bei der Bücherverbrennung, Berlin 10. 5. 1933:

Gegen Dekadenz und moralischen Verfall! Für Zucht und Sitte in Familie und Staat! Ich übergebe der Flamme die Schriften von Heinrich Mann, Ernst Gläser und Erich Kästner.
Gegen literarischen Verrat am Soldaten des Weltkrieges! Für Erziehung des Volkes im Geist der Wehrhaftigkeit! Ich übergebe der Flamme die Schriften von Erich Maria Remarque.
Gegen Frechheit und Anmaßung! Für Achtung und Ehrfurcht vor dem unsterblichen deutschen Volksgeist! Verschlinge, Flamme, auch die Schriften der Tucholsky und Ossietzky.

(In: H. Huber [Hg.], Das Dritte Reich, Bd.1, München 1964, S. 187 f.)

„Entartete“ Kunst – Der NS-Staat lehnte die moderne Kunst des 20. Jahrhunderts als „entartet“ ab, weil diese Werke „das deutsche Gefühl beleidigen oder die natürliche Form zerstören“. Sie wurden mit Zeichnungen geistig Behinderter und Fotos verkrüppelter Menschen kombiniert, um sie als „krank“ und „undeutsch“ abzustempeln. 1937 wurden in deutschen Museen über 16 000 Werke moderner Kunst beschlagnahmt, Hunderte ins Ausland verkauft, viele andere verbrannt. Über 650 dieser Gemälde, Grafiken und Skulpturen stellte die in vielen deutschen Städten gezeigte Ausstellung „Entartete Kunst“ von 1937 zur Schau.

„Deutsche“ Kunst – Die Ästhetik der Nationalsozialisten ging Hand in Hand mit ihrer Ideologie. Die Kunst sollte leicht verständlich sein und sich auf die Wurzeln des „Volkes“, „Blut und Boden“, beziehen. Dem Bauerntum galt dabei besondere Aufmerksamkeit. Die Künstler hatten sich am „gesunden Volksempfinden“ und am Idealbild des nordischen, wehrhaften Volkshelden zu orientieren. Wie alle totalitären Systeme wurde auch das NS-Regime von einer **Sucht nach Selbstdarstellung** beherrscht. Besondere Bedeutung maß man daher der **Architek-**

Für das Titelblatt des Ausstellungsführers „Entartete Kunst“ von 1937 nutzten die Nazis eine Skulptur von Otto Freundlich

B3 „Kameradschaft“ von Josef Thorak, vor 1937 entstanden, Gips

B2 Paul Gauguin, „Piroga, tahitianische Familie“, Gemälde 1896

tur bei. Gigantische Bauprojekte sollten die Größe der „neuen Zeit“ repräsentieren. So war geplant, Berlin mit Monumentalbauten zur „Welthauptstadt Germania“ umzugestalten.

B4 R. H. Eisenmeyer, „Heimkehr der Ostmark“, Wandgemälde, ca. 1938

Q5 Adolf Hitler über Kunst, 1937:

Das nationalsozialistische Deutschland aber will wieder eine „deutsche Kunst“ und diese soll und wird wie alle schöpferischen Werte eines Volkes eine ewige sein. [...] [Der] Menschentyp, den wir erst im vergangenen Jahr in den Olympischen Spielen in seiner strahlenden stolzen, körperlichen Kraft und Gesundheit vor der ganzen Welt in Erscheinung treten sahen, dieser Menschentyp, meine Herren [...], ist der Typ der neuen Zeit, und was fabrizieren Sie? [...] Krüppel und Kretins, Frauen, die nur Abscheu erregend wirken können, Männer, die Tieren näher sind als Menschen, Kinder, die [...] geradezu als Fluch Gottes empfunden werden müssten!

(In: Völkischer Beobachter, 19.7.1937. Bearbeitet)

B6 Otto Dix, Kriegskrüppel, 1920. Das ursprüngliche Gemälde wurde von den Nationalsozialisten 1939 zerstört.

B7 A. Speers Entwurf der „Großen Halle“ in Berlin: Höhe 290 m, für 180 000 Personen. Zum Vergleich: Reichstag und Brandenburger Tor

ARBEITSAUFTRÄGE

1. Nenne anhand von Q1 die Motive der Nationalsozialisten für die Bücherverbrennung und beurteile sie. Unter den Beobachtern war E. Kästner. Überlege, was er empfunden haben muss.
2. Erklärt mit Q5, was Hitler unter Kunst verstand. Beschreibt, wie er Kunst darstellt, die seinem Ideal nicht entspricht. Diskutiert, ob es „deutsche“ Kunst gibt.
3. Vergleiche B2 und B6 mit B3, B4 und B7. Erläutere daran die Merkmale „entarteter“ und „deutscher“ Kunst.
4. Vergleiche die geplante „Große Halle“ in B7 mit den anderen Bauwerken. Beurteile den Zweck, dem sie dienen sollte.

8. Früher Widerstand und Emigration

Trotz seines großen Rückhalts in der Bevölkerung hatte das NS-Regime auch Gegner. Nicht jeder, der Hitler und die Nationalsozialisten ablehnte, war deshalb schon ein aktiver Widerstandskämpfer. Und auch Widerstand konnte unterschiedliche, große und kleine Formen annehmen. Welche Möglichkeiten gab es im Dritten Reich, Widerstand zu leisten?

Formen des Widerstands – Im weitesten Sinn umfasste „Widerstand" jede Haltung, die sich gegen die NS-Ideologie richtete. Dazu zählte auch, wer sich vom Gleichschaltungsdruck nicht überwältigen ließ und seine politische oder weltanschauliche Überzeugung bewahrte. Dies konnte sich in **unangepasstem Verhalten** wie der Vermeidung des Hitlergrußes ausdrücken oder in einer freundlichen Geste gegenüber Verfolgten. Eine solche Verweigerung und Selbstbehauptung bedeutete meist keinen gefährlichen persönlichen Einsatz, war aber Zeichen der gegenseitigen Ermutigung. Als **aktiver Widerstand** im engeren Sinne gilt dagegen der Versuch, dem NS-Regime entgegenzutreten, um es zu stürzen.

Organisierter Widerstand – In der Zeit des Nationalsozialismus gab es keine einheitliche Widerstandsbewegung, sondern ein Nebeneinander vieler kleiner Gruppen mit sehr unterschiedlichen Widerstandsmotiven. Innerhalb der **Arbeiterbewegung** kam es von Anfang an zum aktiven Widerstand. Kommunisten, Sozialdemokraten und Gewerkschafter führten einen lebensgefährlichen Kampf mit **Flugblättern, Plakaten** sowie **Agitation** und **Sabotage** in den Betrieben. Zu einer Zusammenarbeit sozialdemokratischer und kommunistischer Gruppen kam es jedoch kaum. Die meisten dieser Widerstandsgruppen konnte die Gestapo bis 1938 zerschlagen.

Die **Kirchen** standen dem NS-Staat nicht grundsätzlich ablehnend gegenüber; bereits im Juli 1933 schloss der Vatikan einen Staatsvertrag **(Konkordat)** mit der NS-Regierung. Auch viele gläubige Katholiken und Protestanten hatten die NSDAP gewählt oder arrangierten sich allmählich mit dem Regime. Zum Widerspruch kam es nur da, wo der Staat die kirchliche Unabhängigkeit antasten wollte. Als beispielsweise die „Deutschen

Q1 Barmer Erklärung der „Bekennenden Kirche", 31.5.1934:

Wir verwerfen die falsche Lehre, als solle und könne der Staat die einzige und totale Ordnung menschlichen Lebens werden und also auch die Bestimmung der Kirche erfüllen, als könne die Kirche das Wort und Werk des Herrn in den Dienst irgendwelcher eigenmächtig gewählter Wünsche, Zwecke und Pläne stellen.

(In: Geschichte in Quellen, Bd. 5, München 1989, S. 328. Bearbeitet)

Eine Predigt des Bischofs von Münster und sein Briefwechsel mit einem Reichsminister

Anklage gegen Gestapo

CLEMENS AUGUST GRAF VON GALEN, Bischof von Münster, wurde am 16. März 1878 in Dinklage in Oldenburg geboren. Seine Familie ist seit Jahrhunderten in Westfalen ansässig.

Er wurde 1904 zum Priester geweiht und am 5. September 1933 zum Bischof von Münster ernannt. Am 15. Oktober 1934 veröffentlichte er eine wissenschaftliche Widerlegung der Unwahrheiten des Rosenbergschen „Mythos des 20. Jahrhunderts".

Am 9. Februar 1936 protestierte der Bischof in einer Rede in Xanten gegen die wiederholten Verletzungen des Reichskonkordats. Diesen Protest erneuerte er im Sommer des Jahres 1937 und 1938. Am 29. November und am 21. Dezember 1936 griff er die nationalsozialistischen Erziehungsmethoden scharf an. Am 31. Juli 1938 wandte er sich in einem Hirtenbrief gegen die Ausweisung seines Vertreters im Lande Oldenburg aus Vechta.

Am Montag, den 8. Juli 1936, bereitete ihm die Bevölkerung Münsters bei der alljährlichen grossen Prozession eine begeisterte Ovation. Trotz polizeilicher Absperrmassnahmen wiederholten sich diese Kundgebungen an verschiedenen Orten der Diözese. Besonders eindrucksvoll war die Demonstration in Sterkrade am 8. November 1938.

Am 13. Juli dieses Jahres, nach der Beschlagnahme der Ordenshäuser in Münster, hielt der Bischof in der Kirche von St. Lambert eine Predigt, in der er gegen die Willkür und die Schreckensherrschaft der Gestapo Anklage erhob. Einen Auszug aus dieser Predigt geben wir umstehend, den sich daran anschliessenden Briefwechsel des Bischofs mit dem Reichsminister Dr. Lammers auf Seite 4.

PERSONENLEXIKON

MARTIN NIEMÖLLER, 1892–1984. Ev. Theologe, 1933 Mitbegründer des „Pfarrernotbundes" (später „Bekennende Kirche"), protestierte gegen die Ausgrenzung von Juden; forderte die Auflösung von KZs und Gestapo; 1937–1945 im KZ inhaftiert.

CLEMENS AUGUST GRAF VON GALEN, 1878–1946. Seit 1933 Bischof von Münster; trat nachdrücklich gegen die Rassenpolitik der Nationalsozialisten auf, insbesondere seit 1939 gegen die Ermordung Behinderter und Geisteskranker.

B2 Die Predigten des Bischofs von Münster, August von Galen, wurden durch anonyme Flugblätter verbreitet, Sommer 1938

Christen" versuchten, eine nationalsozialistische evangelische Reichskirche zu schaffen, bildete sich als Gegenbewegung die **„Bekennende Kirche".** Sie protestierte 1934 mit der „Barmer Erklärung" gegen die staatliche Vereinnahmung. Aber nur einzelne Geistliche beider Kirchen predigten aus christlicher Überzeugung öffentlich gegen das von Nationalsozialisten begangene Unrecht. Widerstand leisteten auch die Mitglieder der Glaubensgemeinschaft Zeugen Jehovas. Ihre Anhänger verweigerten jede Anpassung und lehnten auch den Wehrdienst ab. Die Nationalsozialisten verfolgten sie grausam, viele wurden ermordet.

Obwohl **Militär und Bürokratie** in hohem Maße mit der Politik des NS-Regimes übereinstimmten, formierte sich gegen Ende der dreißiger Jahre ein kleiner Kreis hochrangiger ziviler und militärischer Fachleute um den Generalstabschef des Heeres LUDWIG BECK, die gegen den drohenden Krieg Widerstand leisten wollten. Pläne für einen Militärputsch wurden angesichts der außenpolitischen Erfolge Hitlers 1936–1938 jedoch aufgegeben.
Auch **Jugendliche** bildeten oppositionelle Gruppen, deren Organisationsweise von der Freundesclique über die lockere Wandergruppe bis hin zu einem über viele Städte gespannten illegalen Netz reichte. In Berlin formierte sich um HERBERT BAUM eine Widerstandsgruppe junger Juden, die mit Schriften und Flugblättern gegen die Unterdrückung der Juden kämpfte. Sie wurde 1942 von der Gestapo zerschlagen, viele ihrer Mitglieder ermordet, die anderen in KZs inhaftiert. Andere geheime Jugendgruppen, meist aus der Arbeiterschaft, suchten die Auseinandersetzung mit der HJ, zerstörten Nazi-Plakate, überfielen NSDAP-Mitglieder oder hörten verbotene Auslandssender, um die Informationen weitergeben zu können. Im Rheinland nannten sich diese Gruppen **„Edelweißpiraten"**, in Leipzig und Dresden **„Meuten"**, in Erfurt **„Mobs"**, in Halle **„Proletengefolgschaften".** /6

Q4 G. König (geb. 1915) erinnert sich an seine Jugend in Berlin:

Ich gehörte bis zum Verbot zu den „Roten Pfadfindern". Wenn man bei unseren Aktivitäten von Widerstand sprechen kann, bestand er darin, keiner NS-Organisation anzugehören und möglichst viele Jugendliche dem NS-Einfluss zu entziehen. Diese Ziele bemühten wir uns durch Fahrten und Treffen zu verwirklichen. Am 9.1.1937 nahm man mich fest. Von der Aktion waren im Raum Berlin-Brandenburg etwa 200 Menschen betroffen. […]

(In: Gedenkstätte Deutscher Widerstand, Widerstand in Kreuzberg, Berlin 1996, S.166. Bearbeitet)

Q3 Georg Elser zu seinem Attentatsversuch auf Hitler am 8.11.1939:

Ich stellte allein die Betrachtungen an, wie man die Verhältnisse der Arbeiterschaft bessern und einen Krieg vermeiden könnte. […] Wenn ich gefragt werde, ob ich die von mir begangene Tat als Sünde im Sinne der protestantischen Lehre betrachte, so möchte ich sagen: im tieferen Sinne nein! […] Ich wollte ja durch meine Tat ein noch größeres Blutvergießen verhindern.

(In: Informationen zur politischen Bildung 243, Bonn 1994, S. 24. Bearbeitet)

B5 Gewerkschaftlich orientierte Jugendliche im Taunus, Winter 1934

Widerstand in der Emigration – Eine halbe Million Menschen flüchtete bis 1939 aus dem „Dritten Reich“. Etwa 260 000 davon waren deutsche Juden. Unter den Flüchtlingen waren viele politische Gegner des NS-Regimes sowie Künstler, Wissenschaftler, Schriftsteller und andere Intellektuelle. Die **Emigranten** flohen zunächst in europäische Länder, später auch nach Palästina und in die USA. Viele von ihnen leisteten aus dem Ausland Widerstand gegen die NS-Diktatur.
Die politischen Emigranten versuchten, illegale Widerstandsgruppen in Deutschland vom Ausland her zu unterstützen und zu steuern. Die geflohenen Künstler und Schriftsteller nahmen vor allem den **publizistischen Kampf** gegen die NS-Diktatur auf. Sie gaben z. B. über 400 Zeitschriften heraus und hielten Vorträge im Rundfunk. Da sich unter ihnen sehr bedeutende Persönlichkeiten befanden, entfalteten ihre Aktivitäten sowohl im Ausland als auch in Deutschland selbst Wirkung.

PERSONENLEXIKON

WILLY BRANDT, 1913 – 1992; SPD-Politiker, Bundeskanzler von 1969 – 1974; Brandt war 1933 vor den Nazis nach Norwegen geflohen und leistete von dort politischen Widerstand.

Q 6 Victor Klemperer schrieb im Tagebuch am 27. 11. 1938 nach einer entwürdigenden Hausdurchsuchung:

Seitdem peinigt uns beide unablässig die Frage: Gehen oder bleiben? Zu früh gehen, zu lange bleiben? Ins Nichts gehen, im Verderben bleiben? Wir bemühen uns immerfort, alle subjektiven Gefühle des Ekels, des verletzten Stolzes, alles Stimmungshafte auszuscheiden und nur die Konkreta der Situation abzuwägen.

(In: V. Klemperer, Tagebücher 1937 – 1939, Berlin 1995, S. 112)

Q 7 Aus dem Tagebuch von Thomas Mann, emigriert in die USA:

23. 2. 1940: Keine Aussicht auf eine Erhebung in Deutschland in der gegenwärtigen Phase des Krieges.
25. 5. 1940: Gestern sehr schwerer Tag, tiefer Gram über die Hoffnungslosigkeit der Kriegslage.
10. 7. 1940: Eindruck, dass der Krieg sich zu einem lang dauernden Prozess entwickelt, der weltweiten Umfang annehmen wird. Italien wird ihn nicht bestehen. Und Deutschland?
21. 4. 1941: Briefe bestätigen, dass meine Sendungen nach Deutschland sehr bekannt sind [und] dass Hitler mich in seinen Reden dafür beschimpft haben soll.

(In: P. de Mendelssohn [Hg.], Thomas Mann, Tagebücher 1940 – 1943, Frankfurt/M. 1982, S. 81,115, 256, 275. Bearbeitet)

B 8 Das Gemälde „Die geistige Emigration“ von Arthur Kaufmann wurde 1938 begonnen und 1965 vollendet. Es zeigt jüdische und nichtjüdische Emigranten. Auf dem hier abgebildeten mittleren Teil des Bildes u.a.: Albert Einstein, Erika Mann, Thomas Mann, Arnold Zweig, Klaus Mann, Heinrich Mann, Ludwig Renn.

ARBEITSAUFTRÄGE

1. Nenne anhand von Q 1, B 2, Q 3, Q 4 und B 5 Motive, die Menschen zum Widerstand gegen den Nationalsozialismus bewegten. Erläutere am Beispiel von Bischof Galen, Georg Elser und Gerhard König Gemeinsamkeiten und Unterschiede ihres Widerstands.
2. Bereitet in Form einer arbeitsteiligen Projektarbeit das Thema „Widerstand und Exil“ im Nationalsozialismus vor. Erkundigt euch dafür nach den in B 8 dargestellten sowie nach anderen Emigranten: nach ihren Leistungen, ihren Fluchtgründen, ihrer Arbeit im Exil. Dokumentiert die Ergebnisse eurer Projektarbeit auf Wandbildern und stellt diese in eurer Schule aus.
3. Erläutert mithilfe von Q 6 die Zweifel Klemperers. Nennt Argumente für und gegen das Bleiben und diskutiert sie.

Arbeit mit historischen Tagebüchern

Tagebücher spielen im Leben vieler Menschen eine wichtige Rolle – auch wenn sich die Form der Aufzeichnung im Laufe der Zeit verändert hat. Die Gründe, warum jemand Tagebuch führt, sind geblieben. Der vielleicht wichtigste ist, dass man einem Tagebuch die geheimsten Gedanken anvertrauen kann.

In einem alten Volkslied heißt es: „Die Gedanken sind frei […].“ Diesem Bedürfnis nach freiem Ausdruck der persönlichen Gedanken verdanken wir Tagebücher, die in großer Not und Unfreiheit geschrieben wurden. Ein bekanntes Beispiel ist das Tagebuch des jüdischen Mädchens ANNE FRANK. Die Familie der Anne Frank war 1933 vor den Nationalsozialisten aus Deutschland nach Holland geflohen. Dort musste sie sich 1942, nach der Besetzung Hollands durch deutsche Truppen, in einer Geheimwohnung verstecken. Zwei Jahre lebte die damals 13-jährige Anne mit ihrer und einer weiteren Familie auf engstem Raum, bis sie verraten und deportiert wurden. Im Versteck schrieb sie regelmäßig in ihr Tagebuch, um mit der unglaublichen Situation besser fertig zu werden. Für uns heute ist dieses Tagebuch eine einmalige historische Quelle, die uns erahnen lässt, was viele Menschen in ähnlichen Situationen erlitten.

Andere Tagebücher – wie das von VICTOR KLEMPERER – wurden mit der Absicht verfasst, Zeugnis abzulegen für „die Zeit danach“. Neben vielen erschütternden Details aus dem Alltagsleben eines verfolgten Juden im Nazideutschland enthalten die Aufzeichnungen Gedanken über politische und persönliche Fragen. Der Schriftsteller THOMAS MANN emigrierte 1933, weil ihm und seiner Familie in Deutschland Verfolgung drohte. Die Tagebuchauszüge der nebenstehenden Seite machen seine oppositionelle Haltung gegen das NS-Regime deutlich.

Tagebücher sind ein Teil der historischen Quellen, aus denen wir unser Wissen über die Vergangenheit beziehen. Das gilt für die Tagebücher bekannter Persönlichkeiten ebenso wie für die einfacher Leute. Um ihren Inhalt richtig bewerten zu können, muss man sich mit der Person des Schreibers, seiner Weltanschauung, den Lebensumständen und den Motiven für die Tagebuchaufzeichnung beschäftigen.

Q1 Aus dem Tagebuch der Anne Frank:

11.7.1942: Es beengt mich, dass wir hier gar nicht mehr heraus können, und ich habe Angst, dass wir entdeckt und erschossen werden. Tagsüber müssen wir auch sehr leise sein, dürfen nicht laut auftreten und müssen beinahe im Flüsterton sprechen, denn unten […] darf man uns nicht hören.
19.11.1942: Wo sie [die Militärpolizei] einen Juden findet, nehmen sie die ganze Familie fest. Sie schellen an jeder Tür, und ist es vergeblich, gehen sie ein Haus weiter. Manchmal sind sie auch mit namentlichen Listen unterwegs und holen dann systematisch die „Gezeichneten“. […] Es ist wie eine Sklavenjagd in früherer Zeit. Ich sehe es oft im Geiste vor mir: Reihen unschuldiger Menschen mit weinenden Kindern […] geschlagen und gepeinigt und vorwärts getrieben.“ […]

(In: Das Tagebuch der Anne Frank, Frankfurt/M. 1970, S. 23 und S. 46 f. Bearbeitet)

PERSONENLEXIKON

ANNE FRANK. 1929–1945. 1933 Flucht aus Deutschland nach Holland; 1944 Deportation ins KZ Bergen-Belsen; starb dort im März 1945 an Typhus. 2/7

VICTOR KLEMPERER. 1881–1960. Professor für Romanistik, überlebte den Nationalsozialismus dank seiner Ehe mit einer Nichtjüdin.

WORAUF DU ACHTEN MUSST

1. Wer ist der Autor/die Autorin des Tagebuchs? In welcher Zeit, unter welchen Umständen und mit welchen Gründen wurde das Tagebuch verfasst?
2. Auf welche Ereignisse bezieht sich der Tagebucheintrag?
3. Welche persönliche Meinung vertritt der Autor/die Autorin? Was hat dich an der Darstellung besonders beeindruckt?
4. Ordne die gewonnenen Informationen historisch ein und beurteile die Gedanken des Autors/der Autorin.

9. Der Weg in den Krieg – Hitlers Außenpolitik

Wer Hitlers Buch „Mein Kampf" gelesen hatte, konnte bereits vor 1933 ahnen, dass die Umsetzung seiner **Lebensraumideologie** in einen neuen Krieg führen musste. Dennoch wurden Hitlers Welteroberungspläne von seinen europäischen Nachbarn erst spät durchschaut. Seine außenpolitischen Ziele schienen zunächst nur auf eine Revision des „Versailler Diktats" hinauszulaufen. Dem Ausland gegenüber betonte Hitler zwischen 1933 und 1938 immer wieder seinen Willen zum Frieden. Warum ließen sich die Staaten über die Absichten des NS-Regimes täuschen?

Bruch des Versailler Vertrags – Eine erste Kampfansage an die Nachkriegsordnung war der **Austritt Deutschlands aus dem Völkerbund** im Oktober 1933. Parallel dazu bemühte sich das Regime, seinen Friedenswillen zu beweisen, schloss 1933 Verträge mit der Sowjetunion und dem Vatikan ab und 1934 einen Nichtangriffspakt mit Polen. Als sich 1935 die Bevölkerung des Saargebiets nach 15-jähriger Völkerbundverwaltung mit großer Mehrheit für die „Rückkehr ins Reich" entschied, feierte der NS-Staat dies als großen außenpolitischen Erfolg. Im März 1935 führte er die **allgemeine Wehrpflicht** wieder ein. Dies und die nachfolgende mi-

B1 John Heartfield, Fotomontage zu Hitlers „Friedenspolitik", 1933

Q2 Hitler, Rede im Reichstag, 17.5.1933:

[Ich] möchte namens der nationalen Regierung bekunden, dass gerade uns das tiefste Verständnis beseelt für die begründeten Lebensansprüche der anderen Völker. Die Generation dieses jungen Deutschlands, die bisher nur die Not, das Elend und den Jammer des eigenen Volkes kennen lernte, hat zu sehr unter dem Wahnsinn gelitten, als dass sie beabsichtigen könnte, das Gleiche anderen zuzufügen. [Wir] respektieren die nationalen Rechte der anderen Völker und möchten aus tief innerstem Herzen mit ihnen in Frieden und Freundschaft leben. [Wir haben] keinen sehnlicheren Wunsch, als dass die Wunden des Krieges und des Versailler Vertrages geheilt werden. Deutschland will dabei keinen anderen Weg gehen als den, der durch die Verträge selbst als berechtigt anerkannt wird.

(In: Geschichte in Quellen, Bd. 5, München 1989, S. 348 f. Bearbeitet)

Q3 Aufzeichnungen über eine geheime Rede Hitlers vor Generälen der deutschen Wehrmacht, 3.2.1933:

Nach außen Kampf gegen Versailles. Aber zwecklos, wenn Volk nicht auf Wehrwillen eingestellt. Wie soll pol. Macht gebraucht werden? Jetzt noch nicht zu sagen. Vielleicht Erkämpfung neuer Exportmögl., vielleicht – und wohl besser – Eroberung neuen Lebensraumes im Osten u. dessen rücksichtslose Germanisierung.

(In: Geschichte in Quellen, Bd. 5, München 1989, S. 348. Bearbeitet)

Q4 Hitler vor der deutschen Presse am 10.11.1938:

Nur unter der fortgesetzten Betonung des deutschen Friedenswillens war es mir möglich, dem deutschen Volk Stück für Stück die Freiheit zu erringen und ihm die Rüstung zu geben, die immer wieder für den nächsten Schritt als Voraussetzung notwendig war. Es war notwendig, das deutsche Volk psychologisch allmählich umzustellen und ihm langsam klarzumachen, dass es Dinge gibt, die, wenn sie nicht mit friedlichen Mitteln durchzusetzen sind, mit Mitteln der Gewalt durchgesetzt werden müssen.

(In: Geschichte in Quellen, Bd. 5, München 1989, S. 407 f. Bearbeitet) litärische Aufrüstung bedeuteten klare Verstöße gegen den Versailler Vertrag. Auch der Einmarsch von 30000 Wehrmachtssoldaten in das entmilitarisierte Rheinland am 7. März 1936 war ein massiver Vertragsbruch. England und Frankreich protestierten entschieden, wollten aber keinen neuen Krieg riskieren. England setzte nun auf eine Politik des **Appeasement** (dt.: Beschwichtigung). Dabei wollte man zwar einigen deutschen Forderungen entgegenkommen, andererseits aber den NS-Staat durch Verträge in die internationale Staatengemeinschaft einbinden, um so den Frieden dauerhaft zu sichern. In Deutschland fand Hitlers „mutiges Vorgehen“ gegen das „Schanddiktat von Versailles“ große Zustimmung – auch bei vielen, die dem NS-Regime bisher ablehnend gegenübergestanden hatten.

Unterdessen fand Hitler neue Bündnispartner: Deutschland und Italien bildeten seit 1936 die **„Achse Berlin–Rom“** und griffen auf der Seite Francos in den spanischen Bürgerkrieg ein. Mit Japan schloss Hitler 1937 den **„Antikominternpakt“** zur Bekämpfung des Kommunismus.
Es war jetzt nur eine Frage der Zeit, bis Hitler zur offenen militärischen Aggression gegenüber anderen Staaten überging. Was waren seine nächsten Schritte?

Von der Revisionspolitik zur militärischen Aggression – Mit der Begründung, alle deutschen Bevölkerungsgruppen „heim ins Reich“ zu holen, wandte Hitler sich zuerst gegen Österreich. Im Februar 1938 forderte er den österreichischen Bundeskanzler auf, die dortigen Nationalsozialisten an der Regierung zu beteiligen. Als dies abgelehnt wurde, verlangte Hitler die Übergabe der Macht an die Nationalsozialisten und ließ am 12. März die Wehrmacht in Österreich einrücken. Die deutschen Soldaten wurden von der

K5

B6 Deutsche Bomben zerstörten am 26. April 1937 die baskische Stadt Guernica. Der spanische Künstler Pablo Picasso schuf mit dem Gemälde „Guernica“ ein Mahnmal gegen den Bombenterror.

dortigen Bevölkerung mit großem Jubel empfangen – und die europäischen Mächte reagierten nicht auf den **„Anschluss Österreichs“** an das Deutsche Reich.

„Zerschlagung“ der Tschechoslowakei – Im März 1938 wies Hitler die Führer der Sudetendeutschen an, durch unerfüllbare Forderungen an die tschechoslowakische Regierung einen Vorwand für den Einmarsch deutscher Truppen zu schaffen. Als die Tschechoslowakei die Mobilmachung anordnete, schien ein Krieg unvermeidbar. Die britische Regierung unter CHAMBERLAIN bemühte sich jedoch noch einmal um eine friedliche Lösung. Ohne tschechoslowakische Beteiligung wurde im **Münchener Abkommen** vom 29. 9. 1938 zwischen England, Frankreich, Italien und Deutschland festgelegt, dass Deutschland das **Sudetenland** erhalten sollte. England und Frankreich garantierten die Existenz der Rest-Tschechoslowakei. Hitler beteuerte zwar, nun keine weiteren Gebietsansprüche mehr zu stellen, aber bereits am 15. März 1939 marschierte die Wehrmacht in die Rest-Tschechoslowakei ein und errichtete das **„Reichsprotektorat Böhmen und Mähren“**. Dieser Bruch des Münchener Abkommens bedeutete das Ende der Appeasement-Politik. Als Hitler nun den „Anschluss“ Danzigs und einen Zugang nach Ostpreußen forderte, gaben England und Frankreich **Beistandsgarantien für Polen** ab, in dem sie das nächste Opfer Hitlers sahen.

Q7 Der belgische Ministerpräsident Broqueville, 6. 3. 1934:

Nach meiner Auffassung gibt es zwei Mittel, Deutschland zu zwingen, [den] Versailler Vertrag einzuhalten. Das erste ist das durch den Vertrag vorgesehene Rechtsmittel. Das zweite Mittel ist der Präventivkrieg. Schlägt man es wirklich vor? Ich zu meinem Teil bin der Meinung, dass das ein Heilmittel ist, das schlimmer ist als das Übel selbst. Solange noch Hoffnung auf gütliche Regelung besteht, weigere [ich] mich, mein Land in ein solches Abenteuer zu stürzen.

(In: Geschichte in Quellen, Bd. 5, München 1989, S. 351. Bearbeitet)

B8 Empfang der Nationalsozialisten in Österreich, März 1938

B9 Einmarsch der Wehrmacht in Prag, März 1939

ARBEITSAUFTRÄGE

1. Beurteile anhand von Q2, Q3 und Q4 die vorgeblichen und die tatsächlichen Ziele der NS-Außenpolitik. Wie beurteilt der Karikaturist von B1 Hitlers Friedensbeteuerungen?
2. Beschreibt mit K5 die Ziele und die einzelnen Schritte der NS-Außenpolitik. Beurteilt die von Hitler eingesetzten Mittel.
3. Was hat Picasso in seinem Bild „Guernica“ (B6) ausgedrückt?
4. Der Autor von Q7 nennt zwei mögliche Wege, wie man Hitler hätte entgegentreten können. Nennt Argumente für und gegen beide Wege. Beurteilt die Ansicht, erst die Politik des „Appeasement“ habe Hitler ermutigt, immer aggressiver vorzugehen.
5. Beschreibt anhand von B8 und B9 die Reaktion der Bevölkerung in Wien und Prag. Erklärt die Unterschiede.

Teil II: Der Zweite Weltkrieg

1. Der Beginn des Zweiten Weltkriegs

Bereits in den 1920er-Jahren hatte Hitler in dem Buch „Mein Kampf" die Ermordung der europäischen Juden und die Eroberung von „Lebensraum im Osten" als seine Hauptziele genannt. Der Einmarsch in die Rest-Tschechoslowakei im März 1939 war der Auftakt für diese **„Lebensraum-Politik".** Zunächst hatte die Besetzung des „Protektorats Böhmen und Mähren" große wirtschaftliche Bedeutung: Nach der Annexion Österreichs und des Sudetenlands lag Deutschland nun in der industriellen Produktion weltweit auf Platz 2 hinter den USA. Entscheidender waren aber die militärstrategischen Möglichkeiten, die eine Annexion bot: Von der Tschechoslowakei aus konnten deutsche Truppen weit in den Osten vordringen, um den „neuen Lebensraum" zu erobern. Was waren die nächsten Schritte Hitlers?

Die Entfesselung des Krieges – Bis zum März 1939 hatte Hitler die **„Eroberung neuen Lebensraums"** an einen direkten Krieg gegen die Sowjetunion geknüpft und versucht, Polen für ein Bündnis gegen Stalin zu gewinnen. Polen hatte sich aber nicht offen gegen den mächtigen Nachbarn Sowjetunion stellen wollen. Obwohl Hitler versuchte, das Land durch ultimative Forderungen – **Abtretung Danzigs** und **freien Zugang nach Ostpreußen** – unter Druck zu setzen, blieb Polen bei seiner Haltung und wurde darin von den Westmächten bestärkt. In einem Kurswechsel beschloss Hitler nun, zunächst Polen durch einen Überraschungsangriff auszuschalten. Allerdings sollte vermieden werden, dass Deutschland dabei an zwei Fronten in einen Krieg verwickelt würde – gegen England und Frankreich und zugleich gegen die Sowjetunion. Hitler vollzog daher eine taktische Annäherung an die UdSSR. Beide Länder schlossen am 23. August 1939 einen **Nichtangriffspakt.** In einem geheimen Zusatzprotokoll war eine Aufteilung Polens in „Interessensphären" vorgesehen. Damit war der Weg frei für Hitler: Am **1. September 1939** begann der Zweite Weltkrieg mit dem Überfall deutscher Truppen auf Polen.

Gegner im Westen – Hitler hatte vor dem Angriff auf Polen versucht, Großbritannien und Frankreich zur Neutralität zu bewegen, da Deutschland für einen europäischen Krieg noch nicht ausreichend gerüstet war. Doch beide Länder hatten Polen ihren Beistand zugesagt. Am 3. September 1939 erfolgte die **Kriegserklärung Großbritanniens und Frank-**

Deutsche Soldaten zerstören die polnische Grenzbefestigung

B1 Karikatur von David Low, November 1939

Q2 Aus einer Rede Stalins vor dem Kongress der KPdSU am 10.3.1939:

Worauf ist also zurückzuführen, dass diese Staaten [England, Frankreich und die USA] systematisch Konzessionen gegenüber dem Angreifer machen? [...] Die Politik der Nicht-Intervention offenbart die Begierde, die Aggressoren nicht an ihrem verhängnisvollen Werk zu hindern, nicht Japan daran zu hindern, [...] sich in einen Krieg mit China zu stürzen oder besser in einen Krieg mit der Sowjetunion. Deutschland nicht daran zu hindern, sagen wir, sich in die osteuropäischen Angelegenheiten einzumischen und sich in einen Krieg mit der Sowjetunion zu stürzen. [...] Man stachelte dadurch die Deutschen an, weiter gegen Osten zu marschieren, man versprach ihnen bequeme und leichte Beute und forderte sie auf: Beginnt nur einen Krieg gegen die Bolschewiken, und alles wird gut sein!

(In: Geschichte in Quellen, Bd. 5, München 1989, S. 415. Bearbeitet)

reichs an Deutschland. Dass sie zunächst militärisch kaum aktiv wurden, vielmehr ihre Streitkräfte ausbauten, ermöglichte der deutschen Wehrmacht einen schnellen Sieg in Polen. Bereits am 27. September war Warschau erobert. Am selben Tag besetzten Stalins Truppen Ostpolen, das der Sowjetunion im **Hitler-Stalin-Pakt** zugesprochene Gebiet.

Blitzkriegsstrategie – Nach dem Sieg über Polen setzte Hitler die Taktik der Überraschungsangriffe fort. Um den Zugang zu den schwedischen Erzlagern und eine strategisch günstige Stellung gegen England zu sichern, überfiel die deutsche Wehrmacht im April 1940 die neutralen Länder Dänemark und Norwegen.
Am 10. Mai 1940 begann die deutsche **Offensive gegen Frankreich** mit dem Einmarsch in die neutralen Länder Niederlande, Belgien und Luxemburg. Innerhalb weniger Wochen führte der riskante, aber taktisch ungewöhnliche Angriffsplan Hitlers zur Niederlage Frankreichs. Britische Truppen, die in Nordfrankreich operiert hatten, mussten sich durch einen raschen Rückzug über den Ärmelkanal in Sicherheit bringen und dabei ihre schweren Waffen zurücklassen. Am 21. Juni 1940 diktierte Hitler Frankreich die Waffenstillstandsbedingungen: Das Land wurde geteilt in eine von den Deutschen besetzte nördliche Zone und in ein von Deutschland abhängiges Südfrankreich unter der autoritären Regierung des französischen Marschalls PÉTAIN. Als Symbol der „Wiedergutmachung der Schmach von Versailles“ hatte Hitler den Eisenbahnwaggon, in dem die Deutschen 1918 die Bedingungen des Waffenstillstands akzeptieren mussten, aus dem Museum holen lassen! Der Diktator schien auf dem Höhepunkt seiner Macht.

Hitlers Reaktion, als er vom Sieg über Frankreich erfuhr

Q3 Niederschrift einer Ansprache Hitlers vor den Oberbefehlshabern der Wehrmacht am 23. 11. 1939:

Man wird mir vorwerfen: Kampf und wieder Kampf. Ich sehe im Kampf das Schicksal aller Wesen. Die steigende Volkszahl erforderte größeren Lebensraum.
[...] Hier muss der Kampf einsetzen. Um die Lösung dieser Aufgabe kommt kein Volk herum oder es muss verzichten und allmählich untergehen. Das lehrt die Geschichte.
[...] Russland ist zur Zeit geschwächt durch viele innere Vorgänge. Außerdem haben wir den Vertrag mit Russland. Verträge werden aber nur so lange gehalten, wie sie zweckmäßig sind. Als letzten Faktor möchte ich in aller Bescheidenheit meine Person nennen: unersetzbar. Die Attentatsversuche könnten sich wiederholen. Das Schicksal des Reiches hängt nur von mir ab. Mein Entschluss ist unabänderlich. Ich werde Frankreich und England angreifen zum günstigsten und schnellsten Zeitpunkt.

(In: Geschichte in Quellen, Bd. 5, München 1989, S. 458 ff. Bearbeitet)

Q4 Aus dem geheimen Zusatzprotokoll zum Hitler-Stalin-Pakt vom 23. August 1939:

Für den Fall einer [...] Umgestaltung der zum polnischen Staate gehörenden Gebiete werden die Interessensphären Deutschlands und der UdSSR ungefähr durch die Linie der Flüsse Narew, Weichsel und San abgegrenzt. Die Frage, ob die beiderseitigen Interessen die Erhaltung eines unabhängigen polnischen Staates erwünscht erscheinen lassen und wie dieser Staat abzugrenzen wäre, kann endgültig erst im Laufe der weiteren politischen Entwicklung geklärt werden. [...]

(In: Geschichte in Quellen, Bd. 5, München 1989, S. 438. Bearbeitet)

ARBEITSAUFTRÄGE

1. Fasse die Argumentation Stalins in Q2 gegenüber Deutschland sowie den Westmächten zusammen und beurteile sie.
2. Erarbeite mit Q3 die Argumentation Hitlers für eine rasche Offensive gegen die Westmächte. Entwickle eine mögliche Gegenargumentation zu Hitlers Ausführungen.
3. Benenne mit Q4 die Folgen des Zusatzprotokolls zum Hitler-Stalin-Pakt für den polnischen Staat. Überlege, warum das Protokoll von der UdSSR bis vor einigen Jahren geheim gehalten wurde. Erläutere auch die Sicht auf den Hitler-Stalin-Pakt, die in der Karikatur B1 zum Ausdruck kommt.

2. Der Verlauf des Krieges

Hitlers Ansehen stieg durch die schnellen Siege enorm. Von der deutschen Propaganda ließ er sich als „größter Feldherr aller Zeiten“ feiern. Rückhalt hatte er jetzt nicht nur in der Bevölkerung, sondern erstmals auch bei den Generälen der Wehrmacht und bei den diplomatischen Führungskräften. Wie wirkte sich Hitlers Kriegstaktik im weiteren Verlauf aus?

England als Gegner – Hitlers Ziel war nach wie vor die Eroberung von „Lebensraum im Osten“. Nach dem Sieg über Frankreich wollte er jedoch zunächst England ausschalten, um dann einen „freien Rücken“ für den Krieg im Osten zu haben. Vor einer geplanten Landung deutscher Truppen in England sollten **Bombenangriffe** auf englische Rüstungsbetriebe und Wohngebiete die britische Regierung friedensbereit machen. Doch Ende 1940 wurden die deutschen Luftangriffe ergebnislos abgebrochen. Es war weder gelungen, die englische Luftabwehr entscheidend zu schwächen noch den Widerstandswillen der Bevölkerung zu brechen.

Angriff gegen die Sowjetunion – Nach dem Scheitern der geplanten Invasion in England konzentrierte Hitler nun seine Anstrengungen auf den Russlandfeldzug. Trotz des Nichtangriffspaktes vom August 1939 war Russland das eigentliche Ziel der nationalsozialistischen „Lebensraum-Ideologie“; und der Kommunismus galt – neben dem Judentum – als der Hauptfeind. Doch mitten in die Kriegsvorbereitungen kam ein Hilferuf Mussolinis. Italien war am 10. Juni 1940 auf der Seite Deutschlands in den Krieg eingetreten. Um die Adria zu beherrschen, hatte Mussolini seine Armee auf dem **Balkan** und in **Nordafrika** einmarschieren lassen. Dort waren die italienischen Truppen durch die Briten in Bedrängnis geraten. Da Hitler den Südosten Europas für die Achsenmächte halten wollte, ließ er den Balkan durch deutsche Truppen erobern. In Serbien und Griechenland installierte er deutsche Militärverwaltungen, in Kroatien und Rumänien faschistische Regierungen. Auch die britischen Truppen in Nordafrika wurden angegriffen.

Der deutsche **Angriff gegen die Sowjetunion** begann daher später als geplant: Am 22. Juni 1941 überfiel die deutsche Wehr-

Q1 Der britische Premierminister Winston Churchill am 13. Mai 1940:

Ich habe nichts zu bieten als Blut, Mühsal, Tränen und Schweiß. Uns steht eine Prüfung von allerschwerster Art bevor. Wir haben viele, viele Monate des Kämpfens und des Leidens vor uns. Sie werden fragen: Was ist unsere Politik? Ich erwidere: Unsere Politik ist Krieg zu führen […] gegen eine ungeheuerliche Tyrannei, die in dem finsteren, trübseligen Katalog der menschlichen Verbrechen unübertroffen bleibt. Sie fragen: Was ist unser Ziel? Ich kann es mit einem Wort nennen: Sieg – Sieg um jeden Preis […], denn ohne Sieg gibt es kein Weiterleben.

(In: W. S. Churchill, Reden 1938–1940, Zürich 1946, S. 321. Bearbeitet)

B2 Am 14./15. November 1940 wurde die englische Stadt Coventry durch deutsche Bombenangriffe weitgehend zerstört

PERSONENLEXIKON

WINSTON CHURCHILL, 1874–1965. Britischer Premierminister der Konservativen Partei 1940–1945 und 1951–1955. Er warnte seit 1933 vor Deutschland und der Appeasement-Politik, führte einen entschlossenen Kampf gegen NS-Deutschland, gestützt auf die USA. Er blieb Stalin gegenüber auch nach dem gemeinsamen Sieg über Deutschland misstrauisch.

macht ohne Vorwarnung die Sowjetunion. Damit war der **Zweifrontenkrieg,** vor dem die deutsche Generalität entschieden gewarnt hatte, von Hitler ausgelöst worden.

Kriegswende – Obwohl die Westallierten vor einem bevorstehenden deutschen Angriff auf Russland gewarnt hatten, waren Stalin und die sowjetische Militärführung von dem deutschen Angriff überrascht. Die deutsche Wehrmacht konnte anfangs mit der bewährten Blitzkriegtaktik große Landgewinne erzielen: Ende 1941 standen die deutschen Truppen kurz vor Moskau. Doch der einbrechende Winter, militärische Fehler, mangelnder Nachschub und der erbitterte Widerstand der sowjetischen Truppen brachten die deutsche Offensive vor Moskau zum Stehen. Im Sommer 1942 wurde der deutsche Angriff auf die Erdölfelder des Kaukasus und das Rüstungszentrum Stalingrad verlagert. Die **Schlacht um Stalingrad** im Winter 1942/43 beendete endgültig den Siegeszug der Wehrmacht und wurde zum Symbol der deutschen Niederlage. Der eingeschlossenen 6. Armee befahl Hitler Standhalten um jeden Preis. Tausende deutsche Soldaten verhungerten, 140 000 fielen und 110 000 gerieten in Gefangenschaft.

Kriegseintritt der USA – Die USA hatten Großbritannien und die Sowjetunion seit dem Herbst 1941 mit Material- und Waffenlieferungen unterstützt. Eine direkte Kriegsbeteiligung war in der amerikanischen Bevölkerung dagegen unpopulär. Enttäuscht von den Friedensbemühungen

K 4

K 5

Q3 Aus dem Tagebuch des Generalstabschefs Halder über eine Rede Hitlers vor Militärs, 31.7.1940:

Englands Hoffnung ist Russland und Amerika. Wenn Hoffnung auf Russland wegfällt, fällt auch Amerika weg, weil Wegfall Russlands eine Aufwertung Japans in Ostasien folgt. Ist Russland geschlagen, dann ist Englands letzte Hoffnung getilgt. Der Herr Europas und des Balkans ist dann Deutschland. Entschluss: Im Zuge dieser Auseinandersetzung muss Russland erledigt werden. Frühjahr 1941. Je schneller wir Russland zerschlagen, umso besser. Ziel: Vernichtung der Lebenskraft Russlands.

(In: Geschichte in Quellen, Bd. 5, München 1989, S. 486. Bearbeitet)

nach dem Ersten Weltkrieg wollten sich viele Amerikaner aus den Konflikten im fernen Europa heraushalten. Doch als am 7. Dezember 1941 japanische Flugzeuge ohne Vorwarnung die in **Pearl Harbor** auf Hawaii stationierte amerikanische Pazifikflotte bombardierten und zahlreiche Schiffe zerstörten, schlug die Stimmung in den USA um. Am 8. Dezember 1941 erklärten die USA Japan den Krieg. Auf diese Kriegserklärung der USA an Japan reagierten Deutschland und Italien am 11. Dezember 1941 mit einer Kriegserklärung an die Weltmacht USA.

Im Januar 1942 hatte sich die Anzahl der alliierten Kriegsgegner auf 29 Staaten erhöht. Auch in Deutschland war vielen realistisch denkenden Menschen nun klar, dass der Krieg von den Achsenmächten Deutschland-Italien-Japan unmöglich gewonnen werden konnte. Im Mai 1943 kapitulierten die deutsch-italienischen Truppen vor den Briten und Amerikanern in Nordafrika; wenig später landeten diese in Sizilien. Die starken deutschen U-Boot-Verbände im Atlantik wurden zerstört. Die Westalliierten landeten am 6. Juni 1944 in der Normandie und befreiten in Kürze Frankreich. Die Sowjets erreichten im Frühjahr 1945 die deutschen Grenzen. Gleichzeitig brach auch die deutsche Westfront zusammen und ganz Deutschland wurde von den Alliierten besetzt. Am 7./9. Mai 1945 endete der Krieg in Europa mit der **„bedingungslosen Kapitulation“** der deutschen Wehrmacht. e/8

D 6 Rüstungsproduktion der Großmächte

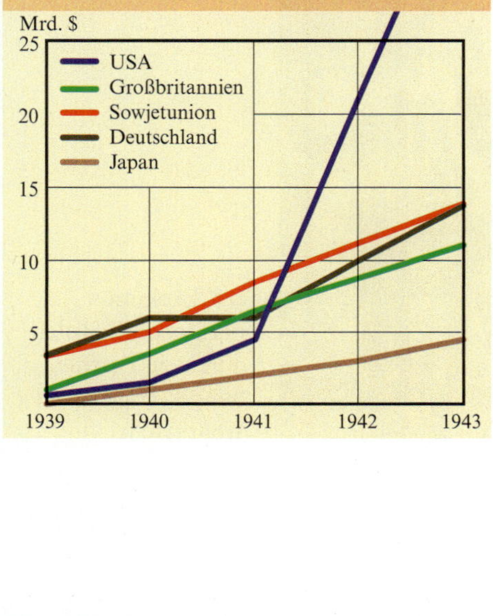

B 7 Nationalsozialistisches Propagandaplakat aus dem Jahr 1943

B 8 Deutsche Soldaten in Gefangenschaft, Russland 1942/43

ARBEITSAUFTRÄGE

1. Erläutere, welche Wirkung die Rede Churchills in Q 1 auf die englische Bevölkerung haben sollte. Ziehe auch B 2 heran.
2. Fasse die Argumente Hitlers in Q 3 für den Krieg gegen die Sowjetunion zusammen. Vergleiche mit Q 3 auf Seite 82.
3. Beschreibe mit K 4, K 5 die Phasen des Zweiten Weltkriegs.
4. Erkläre anhand von D 6 den Zusammenhang zwischen Rüstungsproduktion und dem militärischen Kriegsverlauf.
5. Vergleiche die propagandistische Darstellung der Soldaten aus dem Jahr 1943 in B 7 mit der Fotografie B 8.

3. Deutsche Besatzungspolitik

Der Zweite Weltkrieg wurde von Anfang an ideologisch als „Rassenkrieg“ begründet. Nach der Wende des Krieges Ende 1942 überlagerten die ideologischen Ziele Hitlers und der NS-Führung mehr und mehr alle militärischen Überlegungen. Welche Folgen hatte diese Fixierung für die Art der Kriegsführung?

Wehrmacht und SS im Osten – Um die Versorgung der Wehrmacht zu sichern, wurden Polen und die Sowjetunion radikal ausgebeutet. Dass dies auf Kosten der einheimischen Bevölkerung ging, war Teil der nationalsozialistischen **Vernichtungsstrategie.** Um die Länder besser beherrschen zu können, wurde ihre politische und geistige Führungsschicht verhaftet und ermordet, die Bevölkerung wurde als **Arbeitssklaven** behandelt.

Q1 Der Chef des Oberkommandos der Wehrmacht Keitel, 16.9.1941:

Als Sühne für ein deutsches Soldatenleben muss [...] im Allgemeinen die Todesstrafe für 50 bis 100 Kommunisten als angemessen gelten. Die Art der Vollstreckung muss die abschreckende Wirkung noch erhöhen.

(In: Bundesarchiv-Militärarchiv Freiburg, RH 26-104/14. Bearbeitet)

Die Führung der Wehrmacht hielt sich zunächst an das Völkerrecht, das auch im Krieg Maßnahmen gegen die Zivilbevölkerung verbietet. Doch bald setzte sich die NSDAP durch. Sie rechtfertigte die Erschießung von polnischen Geiseln in großer Zahl bereits in den ersten Kriegswochen mit angeblichen antideutschen Ausschreitungen. An diesen so genannten Vergeltungsaktionen waren oft auch Angehörige der Wehrmacht beteiligt. Zusätzlich wurden spezielle **Einsatzgruppen aus SS und SD** zur „Vernichtung reichs- und deutschfeindlicher Elemente“ gebildet. Sie unterstanden dem Reichsführer-SS Heinrich Himmler und setzten die

Die SS warb auch in den besetzten Ländern Männer für ihre Divisionen an

Q3 Aus dem Tätigkeitsbericht der 704. Infanteriedivision der Wehrmacht, 1.11.1941:

Das Erschießen der Juden ist einfacher als das der Zigeuner. Die Juden stehen sehr still, während die Zigeuner schreien, heulen und sich dauernd bewegen, wenn sie schon auf dem Erschießungsplatz stehen. Anfangs waren meine Soldaten nicht beeindruckt. Am 2. Tage machte sich schon bemerkbar, dass der eine oder andere nicht die Nerven besitzt, auf längere Zeit eine Erschießung durchzuführen. Mein persönlicher Eindruck ist, dass man während der Erschießung keine seelischen Hemmungen bekommt. Diese stellen sich jedoch ein, wenn man nach Tagen abends in Ruhe darüber nachdenkt.

(In: W. Manoschek [Hg.], Die Wehrmacht im Rassenkrieg, Wien 1996, S. 101. Bearbeitet)

B2 Exekution russischer Zivilisten durch ein Erschießungskommando der Wehrmacht

Ideologie des Vernichtungskrieges durch Massenerschießungen von Zivilisten erbarmungslos um – zunächst in Polen, später vor allem in der UdSSR. Da sie im Bereich der Versorgung und Logistik mit den regulären Truppen zusammenarbeiteten, wurde die Wehrmacht immer stärker in diesen Vernichtungskrieg verwickelt.

Zwangsumsiedlungen in Polen – Im Oktober 1939 wurde die westliche Hälfte des von den Deutschen besetzten Polens als „Warthegau" dem deutschen Reichsgebiet eingegliedert. Aus der östlichen Hälfte wurde das „Generalgouvernement" gebildet. Nun begann eine rücksichtslose Germanisierungspolitik: Hunderttausende Polen aus dem „Warthegau" wurden ins „Generalgouvernement" umgesiedelt, während sich Deutsche in den neuen Ostgebieten ansiedeln sollten. Himmler erhielt von Hitler als **„Reichskommissar für die Festigung des deutschen Volkstums"** umfassende Vollmachten. Sie ermöglichten ihm, die „minderwertige" polnische Bevölkerung nach rassenideologischen Gesichtspunkten in Gruppen mit abgestuften Rechten und Existenzmöglichkeiten einzuteilen.

Vernichtungskrieg in der UdSSR – Beim Krieg gegen die Sowjetunion zeigte sich, wie sehr die militärische Führung die Feindbilder der Nationalsozialisten übernommen hatte. Gegen alle Regeln des Völkerrechts und der Moral setzte sie die nationalsozialistische Forderung nach einem rassenideologischen Vernichtungskrieg um. Auf der Grundlage des so genannten **„Kommissarbefehls"** sollten Parteifunktionäre der KPdSU und „verdächtige Elemente" ohne gerichtliches Verfahren erschossen werden können. Wie in Polen wurde auch die jüdische Bevölkerung in diese Vernichtung einbezogen. Zwar gab es Widerstände bei einzelnen Soldaten der Wehrmacht gegen diese Anordnungen. Doch viele andere wurden Teil der Mordmaschinerie.

Besatzung im Westen – Im Vergleich zur Besatzungspolitik in Polen und in der Sowjetunion verhielt sich die Wehrmacht in den westlichen Ländern weniger barbarisch. Auch in Elsass-Lothringen wurde eine Germanisierungspolitik betrieben. Die besetzten Länder, vor allem Frankreich, wurden wirtschaftlich ausgebeutet, auch hier auf Kosten der einheimischen Bevölkerung. Politische Gegner wurden inhaftiert und die jüdische Bevölkerung wurde in Konzentrationslager deportiert. Nur im besetzten Dänemark konnte sie durch den engagierten Einsatz des Königshauses und der Bevölkerung gerettet werden.

Q4 Generaloberst von Blaskowitz an Hitler, 6.2.1940:

Die Einstellung der Truppe zur SS und Polizei schwankt zwischen Abscheu und Hass. Jeder Soldat fühlt sich angewidert und abgestoßen durch diese Verbrechen, die in Polen von Angehörigen des Reiches und Vertretern der Staatsgewalt begangen werden.

(Zitiert nach: H.-U. Thamer, Verführung und Gewalt, Berlin 1998, S. 636)

Q5 Ein Angehöriger des Reserve-Polizeibataillons 101 erinnert sich an die ersten Mordaktionen in Polen:

Es war [...] keinesfalls so, dass derjenige, der die Erschießung der Menschen durch eigene Hand nicht durchführen wollte oder konnte, sich von dieser Aufgabe nicht auch fernhalten konnte. Es wurde hier keine scharfe Kontrolle durchgeführt. [...] Es ließ sich nicht vermeiden, dass der eine oder andere meiner Kameraden bemerkte, dass ich nicht mit zur Exekution ging, um Schüsse auf die Opfer abzufeuern. Sie bedachten mich daher mit Bemerkungen wie „Scheißkerl", „Blutarmer" u. a., womit sie ihr Missfallen zum Ausdruck brachten. Irgendwelche Folgen sind daraus für mich nicht entstanden.

(In: Ch. Browning, Ganz normale Männer. Das Reserve-Polizeibataillon 101 und die „Endlösung" in Polen. Übers. v. J. P. Krause, Reinbek 1996, S. 99. Bearbeitet)

ARBEITSAUFTRÄGE

1. Erläutere mit Q1, was der Befehl des Chefs des Oberkommandos der Wehrmacht, Keitel, für die Kriegsführung bedeutete.
2. Vergleiche die Äußerung des Generaloberst von Blaskowitz in Q4 mit dem Befehl Keitels. Welche Konflikte in der Wehrmachtsführung kommen hier zum Ausdruck?
3. Lest Q3 und Q5 und versucht die Teilnahme der Wehrmachtssoldaten an Mordaktionen zu erklären. Überlegt, zu welchem Zweck das Foto B2 gemacht worden sein könnte.

4. „Führer, befiehl – wir folgen“. Alltag im Krieg

Anders als beim Ersten Weltkrieg hatte bei Beginn des Zweiten Weltkriegs keine Kriegsbegeisterung in Deutschland geherrscht. Zu nahe waren die Erinnerungen an Leid und Entbehrung im Kriege. Wie wirkte sich der Krieg auf den Alltag der Deutschen aus und wie gelang es den Nationalsozialisten, die Bevölkerung für den Krieg zu gewinnen?

Kriegswirtschaft – Der Regierung war bewusst, dass sie der deutschen Bevölkerung möglichst wenig Opfer zumuten durfte. Nur dann konnte sie auf deren Unterstützung zählen und breiten Widerstand gegen den Krieg, wie er 1917/18 aufgetreten war, verhindern. Das Regime betrieb daher zu Beginn des Krieges eine **„friedensähnliche Kriegswirtschaft“;** nur langsam wurde die Produktion von Verbrauchs- auf Rüstungsgüter umgestellt. Auch wenn die Bevölkerung viele Lebensmittel nur auf Karten erhielt, so war die Ernährung bis 1944 doch fast überall gesichert.

„Wehrgemeinschaft“ – Die Rationierung der Güter im Verlauf des Krieges führte zur **Einebnung sozialer Unterschiede** in der Bevölkerung. Befriedigt stellten viele Menschen fest, „dass die ‚besseren Leute‘ praktisch aufhörten, welche zu sein“. Die Vorstellung der „Volksgemeinschaft“, die einen wichtigen Teil der NS-Ideologie bildete, schien in der „Wehrgemeinschaft“ des Krieges Wirklichkeit zu werden. Aktionen wie das kollektive „Eintopfessen“ am Sonntag und der gemeinsame Radioempfang von Reden des Führers sollten die Opferbereitschaft und das Zusammengehörigkeitsgefühl stärken.

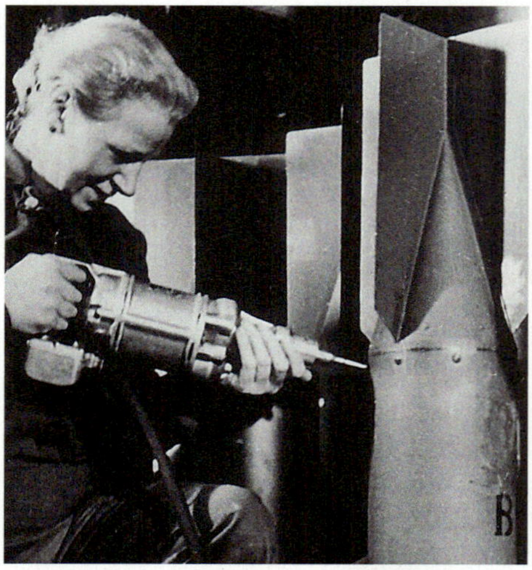

B1 Arbeiterin in der Rüstungsindustrie, 1939

B2 Straßensammlung für das Winterhilfswerk, Februar 1941

T3 Wöchentliche Lebensmittelrationen eines „Normalverbrauchers“

Zeitpunkt	Brot	Fleisch	Fett
Ende September 1939	2400 g	500 g	270 g
Mitte April 1942	2000 g	300 g	206 g
Anfang Juni 1943	2325 g	250 g	218 g
Mitte Oktober 1944	2225 g	250 g	218 g
Mitte März 1945	1778 g	222 g	109 g

(In: H.-U. Thamer, Verführung und Gewalt, Deutschland 1933–1945, Berlin 1998, S. 712)

T4 Industrieproduktion und Wohnungsbau in %, Deutschland 1939–1944

Jahr	Insgesamt	Kriegsgerät	Konsumgüter	Wohnungsbau
1939	100	100	100	100
1940	97	176	95	53
1941	99	176	93	36
1942	100	254	86	23
1943	112	400	91	–
1944	110	500	86	14

(In: H.-U. Thamer, Verführung und Gewalt, Deutschland 1933–1945, Berlin 1998, S. 718)

Ausgrenzung von Minderheiten – Die Betonung der „Volksgemeinschaft“ wurde seit Kriegsbeginn mit einer verschärften Verfolgung derjenigen verbunden, die nicht zur „Wehrgemeinschaft“ gehörten. Außer den jüdischen Bürgern sollten auch geistig oder körperlich behinderte Menschen als „unwertes Leben“ ausgeschlossen und „ausgemerzt“ werden. Aus diesen „rassehygienischen Gründen“ begann das NS-Regime Ende der 1930er-Jahre in der so genannten **Euthanasieaktion** mit der Tötung unheilbar kranker und behinderter Menschen. Etwa 250000 Kinder und Erwachsene wurden in Deutschland erschossen, vergast oder mit Giftspritzen umgebracht. Erst als die öffentlichen Proteste einzelner katholischer und evangelischer Geistlicher zu Unruhe in der Bevölkerung führten, stoppte das NS-Regime die Morde – oder deportierte die betroffenen Menschen in Vernichtungslager, die von den Nazis auf polnischem Gebiet errichtet worden waren.

Appelle an den Durchhaltewillen – Der zunehmend bedrückenden Realität der letzten Kriegsjahre begegneten viele Deutsche nach außen zwar mit fanatischem Durchhaltewillen. Privat jedoch suchten sie Ablenkungen von der Kriegsrealität. Das Regime förderte diese Haltung mit seichten Kulturveranstaltungen. Zugleich schüchterte es Kriegsmüde ein und bestrafte selbst kleinste Vergehen.

T5 Die Kinoerfolge der Nazi-Zeit

Jahr	Filmtitel	eingespielte RM
1935	„Maskerade“	1,4 Mio.
1936	„Schwarze Rosen“	1,6 Mio.
1937	„Verräter“	2,4 Mio.
1938	„Heimat“	4,8 Mio.
1939	„Es war eine berauschende Ballnacht“	4,5 Mio.
1940	„Mutterliebe“	4,9 Mio.
1941	„Wunschkonzert“	7,6 Mio.
1942	„Frauen sind doch bessere Diplomaten“	7,0 Mio.
1943	„Die große Liebe“	8,0 Mio.
1944	„Der weiße Traum“	9,6 Mio.

(In: H.-U. Thamer, Verführung und Gewalt, Deutschland 1933–1945, Berlin 1998, S. 654)

B6 Willy Fritsch und Marika Rökk in „Frauen sind doch bessere Diplomaten“, UFA-Film von 1942

Q7 Ein ehemaliger Hitlerjunge erinnert sich:

Eines Tages beobachteten wir, damals vierzehn Jahre alt und begeisterte Hitlerjungen, den Abschuss eines englischen Flugzeugs in der Nähe unseres Heimatdorfes. Der Pilot konnte sich mithilfe seines Fallschirms retten. [...] Als wir auf der Wiese ankamen, waren die Leute aus dem Nachbardorf mit ihren Hunden schon dort. Drohend standen sie um den Engländer herum. Plötzlich fiel einer der Hunde den Engländer an. Ein Schuss krachte; das Tier brach zusammen. „Mörder!“, ertönte es nun. [...] Wir versuchten zu vermitteln. [...] Doch dann schlugen mit einem Male die Dörfler mit aller Gewalt auf den Soldaten ein, der verzweifelt um Gnade flehte – vergeblich. Der Dorfpolizist, der zufällig des Wegs kam, schien nichts zu hören. Betont langsam kam er auf uns zu – und erst als der englische Soldat tot am Boden lag, sagte er: „Melden muss ich das. Aber keine Sorge: Schließlich war der Mann bewaffnet. Notwehr gegen einen Terrorflieger – da gibt es kein Gericht im ganzen Reich, das gegen euch vorgeht.“

(In: D. Petri und J. Thierfelder [Hg.], Vorlesebuch Drittes Reich. Von den Anfängen bis zum Niedergang, Lahr 1993, S. 198–202. Bearbeitet)

ARBEITSAUFTRÄGE

1. Erklärt mit B2, wie die Menschen an der „Heimatfront“ in die Kriegsführung eingebunden wurden. Diskutiert, ob das Regime finanzielle oder andere Gründe für solche Aktionen hatte.
2. Erarbeite an T3 und T4 den allmählichen Wechsel zur „friedensähnlichen Kriegswirtschaft“. Beziehe auch T2 und T3 von Seite 66 in deine Überlegungen ein.
3. Analysiere die Titel und Themen des Kinoprogramms in T5. Überlege auch mit B6, welche Funktion diese Filme hatten.
4. Nehmt an, einer der Dorfbewohner von Q7 hätte sich später vor Gericht verantworten müssen. Wie hätte er argumentiert?

5. Widerstand im Krieg

Der nationalen Siegesstimmung nach den militärischen Erfolgen Hitlers hatten sich auch die früheren Gegner des Regimes kaum entziehen können. Doch seit Ende 1942 zeichnete sich die deutsche Niederlage erkennbar ab. Änderte sich nun das Verhältnis der Bevölkerung oder einzelner Bevölkerungsgruppen zum Regime?

Verweigerung – Trotz aller Maßnahmen der Gleichschaltung und der Überwachung gab es auch während des Krieges Nischen, die ein unangepasstes Verhalten ermöglichten. Viele nicht inhaftierte ehemalige Mitglieder von SPD und KPD hielten während des Krieges Kontakt untereinander und entwickelten Pläne für die „Zeit danach“. Auch bei anderen Teilen der Bevölkerung wuchsen Unzufriedenheit und Widerwille gegen das Regime, als die Ernährungslage schlechter wurde und der Glaube an den „Endsieg“ schwand.

Nationalkonservativer Widerstand – Bereits Ende der 1930er-Jahre, als die Kriegsabsichten Hitlers unübersehbar geworden waren, hatten sich einzelne Offiziere seinen Plänen widersetzt. Doch nachdem Hitler viele der „Abweichler“ aus der Wehrmacht entlassen hatte und nach den militärischen Anfangserfolgen war die Auflehnung in sich zusammengebrochen. Verbindungen zwischen führenden Militärs und bürgerlich-konservativen Oppositionspolitikern wie dem früheren Leipziger Oberbürgermeister GOERDELER blieben jedoch bestehen. Goerdeler unterhielt auch Kontakte zum **Kreisauer Kreis,** einer Gruppe Widerstandskämpfer um GRAF VON MOLTKE. Viele dieser Oppositionellen hatten dem Nationalsozialismus zunächst positiv gegenübergestanden. Zum Widerstand konnten sie sich erst entschließen, als die Niederlage absehbar und der verbrecherische Charakter des Regimes während des Vernichtungskrieges im Osten unübersehbar wurde.

Attentat auf Hitler – Die Verschwörer beschlossen nach langen Diskussionen, zunächst den Diktator zu ermorden, staatsstreichartig die Macht zu übernehmen, um dann den Westmächten Frieden anbieten zu können. GRAF SCHENK VON STAUFFENBERG, der in Ausübung seines militärischen Dienstes Zugang zum Füh-

Q 1 Aus dem sozialistischen Buchenwalder Manifest, 1945:

Wir haben […] Konzentrationslager ertragen, weil wir glaubten, auch unter der Diktatur für die Gedanken und Ziele des Sozialismus und für die Erhaltung des Friedens arbeiten zu müssen. Im Konzentrationslager setzten wir trotz der Bedrohung mit einem elenden Tode unsere konspirative Tätigkeit fort. […] [Deshalb] halten wir uns […] für berechtigt und verpflichtet, dem deutschen Volke zu sagen, welche Maßnahmen notwendig sind, um Deutschland […] wieder Achtung und Vertrauen […] zu verschaffen. […]

(In: H. Brill, Gegen den Strom, Wege zum Sozialismus, H. 1, Offenbach 1946, S. 97 ff. Bearbeitet)

Q 2 Aus einem Aufruf der Widerstandskämpfer um Graf Schenk von Stauffenberg, der nach dem Attentat auf Hitler verbreitet werden sollte:

Unser Ziel ist die wahre, auf Achtung, Hilfsbereitschaft und soziale Gerechtigkeit gegründete Gemeinschaft des Volkes. Wir wollen Gottesfurcht anstelle von Selbstvergottung, Recht und Freiheit anstelle von Gewalt und Terror, Wahrheit und Sauberkeit anstelle von Lügen und Eigennutz. […] Wir wollen […] dazu beitragen, die Wunden zu heilen, die dieser Krieg allen Völkern geschlagen hat, und das Vertrauen zwischen ihnen wieder neu beleben.

(In: B. Scheurig [Hg.] Deutscher Widerstand 1938-1944, 2. Aufl., München 1984, S. 278 ff.)

PERSONENLEXIKON

CLAUS GRAF SCHENK VON STAUFFENBERG, 1907–1944 (hingerichtet); führte den Attentatsversuch vom 20. Juli 1944 durch.

CARL-F. GOERDELER, 1884–1945 (hingerichtet). Oberbürgermeister Leipzigs, politischer Kopf des bürgerlichen Widerstands.

HELMUTH JAMES GRAF VON MOLTKE, 1907–1945 (hingerichtet). Jurist, Kopf der Widerstandsgruppe des Kreisauer Kreises.

rerhauptquartier hatte, führte das Bombenattentat auf Hitler am 20. Juli 1944 aus. Doch Hitler überlebte die Explosion nur leicht verletzt, sodass der Umsturzversuch bald zusammenbrach. Die meisten Widerstandskämpfer wurden verhaftet und sofort oder bis Kriegsende hingerichtet. ⓔ/9

Widerstand von Jugendlichen – Im Verlauf des Krieges nahm auch der Widerstand von Jugendlichen zu. In Hamburg hörte der 17-jährige HELMUTH HÜBENER englische Radionachrichten ab und verbreitete sie auf Flugblättern. Im Oktober 1942 wurde er von der Gestapo verhaftet und hingerichtet. In München hatte sich eine katholisch geprägte Freundes- und Widerstandsgruppe um die Geschwister SOPHIE und HANS SCHOLL gebildet: die **„Weiße Rose“.** Auch sie versuchte durch Verfassen und Verteilen von Flugblättern die Bevölkerung gegen die Nazis zu mobilisieren. 1943 wurde nach einer Denunziation fast die gesamte Gruppe hingerichtet. ⓔ/10

Q4 Widerstand von Frauen gegen die Deportation ihrer jüdischen Ehemänner, Berlin 1943:

Die jüdischen Partner ‚rassisch gemischter Ehen‘ hat man vergangenen Sonntag in ein Sammellager geschafft. Noch am selben Tag machten sich die Frauen auf, ihre verhafteten Ehegefährten zu suchen. Sechstausend nichtjüdische Frauen drängten sich in der Rosenstraße [und] schrien nach ihren Männern, Stunde um Stunde, Nacht und Tag. [...] Man hielt es nicht für opportun, mit Maschinengewehren zwischen sechstausend Frauen zu schießen. Im Hauptquartier der SS-Führung wurde beraten: „Privilegierte [jüdische Ehemänner] sollen in die Volksgemeinschaft eingegliedert werden.“

(In: R. Andreas-Friedrich, Der Schattenmann, Frankfurt/M. 1986, S. 103 f. Bearbeitet)

PERSONENLEXIKON

SOPHIE SCHOLL, 1921–1943, Studentin der Biologie und der Philosophie, und HANS SCHOLL, 1918–1943, Student der Medizin. Beide Widerstandskämpfer der „Weißen Rose“ wurden wie die meisten ihrer Freunde 1943 verhaftet und hingerichtet.

Q3 Aus dem letzten Flugblatt der „Weißen Rose“, Februar 1943:

In einem Staat rücksichtsloser Knebelung jeder freien Meinungsäußerung sind wir aufgewachsen. HJ, SA, SS haben uns zu uniformieren, zu narkotisieren versucht. Der Tag der Abrechnung ist gekommen, der Abrechnung der deutschen Jugend mit der verabscheuungswürdigsten Tyrannis, die unser Volk je erduldet hat. Im Namen des ganzen deutschen Volkes fordern wir vom Staat Adolf Hitlers die persönliche Freiheit, das kostbarste Gut der Deutschen zurück, um das er uns in der erbärmlichsten Weise betrogen hat. Der deutsche Name bleibt für immer geschändet, wenn nicht die deutsche Jugend endlich aufsteht, rächt und sühnt zugleich und ein neues geistiges Europa aufrichtet.

(In: I. Scholl, Die Weiße Rose, Frankfurt/M. 1952, S. 108 ff. Bearbeitet)

Q5 Der jugendliche „Edelweißpirat“ Karl-Heinz Kapinos (geb. 1929) aus Berlin erinnert sich:

Wir unternahmen verschiedene Aktionen: So warnten wir, verkleidet als HJ-Führer, am Bahnhof Friedrichstraße ankommende Jugendliche vor der HJ. Wir halfen auch Menschen, die in Not waren, zum Beispiel durch Bombenangriffe Geschädigten oder desertierten Soldaten, die wir in unserem Unterstand versteckten. Auch einige mit „OST“ gekennzeichnete osteuropäische Zwangsarbeiter versteckten wir so lange bei uns, bis wir an neue Quartiere kamen.

(In: Gedenkstätte Deutscher Widerstand [Hg.]: Widerstand in Mitte und Tiergarten = Bd. 8 der Schriftenreihe über den Widerstand in Berlin von 1933–1945, S. 174. Bearbeitet)

ARBEITSAUFTRÄGE

1. Erarbeitet die verschiedenen Motive und Ziele der Akteure in Q 1 bis Q 5. Beachtet dabei folgende Aspekte: Handelte es sich um organisierten Widerstand? Wie wurde der Widerstand begründet? Welche Ziele verfolgten die Widerstandskämpfer?
2. Diskutiert die Möglichkeiten und Grenzen von Widerstand in der NS-Zeit. Überlegt, ob es auch heute Situationen geben könnte, in denen Verweigerung oder Widerstand nötig ist.

6. Bombenkrieg gegen deutsche Städte

Mit der Wende des Krieges seit 1942 begann an allen Fronten ein Sturm auf die Stellungen der deutschen Wehrmacht. Darüber hinaus verstärkten alliierte Flugzeuge nun auch ihre Angriffe auf deutsche Städte. Sie antworteten damit auf den deutschen Luftkrieg gegen englische Städte und die völlige Zerstörung Rotterdams, Warschaus und Belgorods durch die deutsche Wehrmacht. Welche Folgen hatte der Luftkrieg für das Leben der deutschen Zivilbevölkerung?

Bombenkrieg – Seit März 1940 hatte die britische Air Force militärische Einrichtungen in Deutschland bombardiert. Doch Angriffe bei Tage erwiesen sich als sehr verlustreich. Die englische Luftwaffe wechselte daher ab 1942 auf nächtliche **Flächenbombardements:** Zunächst wurden Brandbomben abgeworfen, die den nachfolgenden Flugzeugen die Zielfindung für weitere Sprengbomben erleichterten. Den **Feuersturm**, der dabei entfacht wurde, die Zerstörung von Wohngebieten, die Opfer unter der Zivilbevölkerung nahmen die Briten in Kauf. Die USA bombardierten tagsüber in **Präzisionsangriffen** militärische Einrichtungen und Industriebetriebe.

Durch die koordinierten Luftangriffe und die zahlenmäßige Überlegenheit hatten die Alliierten seit 1944 die völlige Lufthoheit über Deutschland erlangt. Der Bombenkrieg aus der Luft prägte nun das Leben der städtischen Bevölkerung. Selbst zu einer Zeit, als der deutsche Zusammenbruch absehbar war, steigerten Amerikaner und Engländer die Luftangriffe noch einmal. Der Bombenkrieg richtete sich mehr und mehr gegen die Zivilbevölkerung, um deren Kampfmoral zu brechen. Etwa 600 000 Menschen kamen in Deutschland durch Luftangriffe ums Leben; ebenso viele wurden verletzt. Unzählige Häuser wurden zerstört. Allein bei dem schweren Bombenangriff auf Dresden im Februar 1945 starben in der von Flüchtlingen überfüllten Stadt etwa 40 000 Menschen.

T1 Durch Bomben verursachte Verluste in Berlin und in einigen Städten Brandenburgs

	Gebäude	Zahl der Toten
Berlin:	38 %	ca. 50 000
Brandenburg:	15 %	1 800
Cottbus:	60 %	1 000
Potsdam:	10 %	1 500

Q2 Hans Leyser, der im Februar 1945 die Zerstörung Dresdens miterlebte, erinnert sich:

Ich weiß nicht, wie lange der Angriff gedauert hat, eine Zeit außer der Zeit. Als uns die Feuerluft die Brust einengte, der Funkenflug Nacken und Haar wie mit sengenden Pfeilen traf, packten wir die notdürftigste Habe auf ein Leiterwägelchen und flohen aus der Stadt. Die zerstörten Straßen mit den hohlen Mauerresten waren wie von blutiger Lava überronnen. Die Häuser schrien aus offenen Mündern. Die Lebenden trugen aus den Kellerlöchern ihre Toten heraus, betteten sie in die Straßenrinnen. Sie waren braun und ledrig [...] zusammengeschrumpft [...], zu Mumien gedörrt.

(In: D. Petri und J. Thierfelder [Hg.], Vorlesebuch Drittes Reich. Von den Anfängen bis zum Niedergang, Lahr 1993, S. 223–227. Bearbeitet)

B3 Zerstörungen in Berlin-Mitte, 1945

ARBEITSAUFTRAG

Beschreibe mithilfe von T1, Q2 und B3 das Ausmaß der Luftangriffe und das Schicksal der betroffenen Bevölkerung.

7. Totaler Krieg und bedingungslose Kapitulation

Seit Sommer 1944 war die drohende Niederlage des Reiches offensichtlich. Doch das NS-Regime weigerte sich, daraus politische Konsequenzen zu ziehen und Waffenstillstandsverhandlungen einzuleiten. Stattdessen ergriff es weitere Maßnahmen, um den aussichtslosen Krieg zu verschärfen und zu verlängern. Welche Maßnahmen waren das?

Ausbeutung und Kontrolle – Die deutsche Wirtschaft wurde immer stärker auf die Produktion von Waffen und Kriegsmaterial umgestellt. Da aber mehr und mehr Männer in der Wehrmacht kämpften, wurden **Zwangsarbeiter** als Ersatz für die fehlenden Arbeitskräfte nach Deutschland verschleppt. Darunter waren viele Jugendliche und Frauen, vor allem aus Polen und der UdSSR. Zusammen mit Kriegsgefangenen und KZ-Häftlingen mussten sie bis zur völligen Erschöpfung arbeiten, meist 12–14 Stunden am Tag. Zwar gab es Einzelne, die sich gegenüber den Zwangsarbeitern human verhielten. Die meisten Zwangsarbeiter waren jedoch in Großprojekten beschäftigt und in menschenunwürdigen Barackenlagern untergebracht.

Auch die Kontrolle über die deutsche Bevölkerung wurde verschärft; Widerstand gegen die Führung wurde hart bestraft. Zugleich mobilisierte das NS-Regime die letzten Reserven und schreckte auch nicht davor zurück, Kinder in den Krieg zu schicken. Seit Herbst 1944 wurden alle „waffenfähigen Männer“ zwischen 16 und 60 Jahren, die nicht in der Wehrmacht waren, zum **„Volkssturm“** und zur „Verteidigung der Heimat“ einberufen. Am 13. April 1945 wurde sogar der **„Frontdienst für alle Deutschen“** ausgerufen, selbst für Kinder, Frauen und Greise.

Führende Nationalsozialisten bedachte Hitler mit neuen Aufgaben. ALBERT SPEER etwa stieg nach 1942 zum mächtigen „Minister für Rüstung und Kriegsproduktion“ auf. Tatsächlich gelang es ihm noch einmal, die Produktion kriegswichtiger Waffen und Güter zu erhöhen. Doch dadurch verlängerte sich der Krieg noch. Propagandaminister Goebbels wurde zusätzlich „Generalbevollmächtigter für den totalen Kriegseinsatz“.

PERSONENLEXIKON

ALBERT SPEER, 1905–1981. Architekt. Er sollte Hitlers gigantische Bauprojekte verwirklichen; ab 1943 auch für die Rüstungsindustrie verantwortlich. Nach dem Krieg wurde er zu 20 Jahren Haft verurteilt.

T1 Arbeitskräfte im Deutschen Reich einschließlich Österreich, Sudeten- und Memelgebiet (in Millionen)

Jahr	Deutsche Männer	Deutsche Frauen	Zwangsarbeiter/ Kriegsgefangene
1939	24,5	14,6	0,3
1940	20,4	14,4	1,2
1941	19,0	14,1	3,0
1942	16,9	14,4	4,2
1943	15,5	14,8	6,3
1944	14,2	14,8	7,1

(Nach: R. Wagenführ, Die deutsche Industrie im Krieg 1939–1945, Berlin 1963, S. 139)

B2 Das Außenlager „Dora Mittelbau“ des KZ Buchenwald diente der unterirdischen Waffenproduktion. Allein hier kamen 20 000 Häftlinge ums Leben.

„Durchhalte"-Propaganda – Der Bombenkrieg führte dazu, dass die Menschen in den Städten in ständiger Angst lebten. Die NS-Propaganda versuchte daher, die „angloamerikanischen Terrorangriffe" zu einer letzten Solidarisierung mit dem Regime zu nutzen. Den Menschen war jedoch bewusst, dass der Krieg nur noch in einer Katastrophe enden konnte. Ein langfristiger Erfolg der „Durchhalte"-Parolen blieb daher aus. Doch auch eine Auflehnung gegen das NS-Regime, wie von den Alliierten erhofft, erfolgte nicht.

Verbrannte Erde – Am 19. März 1945 gab Hitler den so genannten **Nero-Befehl:** In den aufgegebenen Gebieten, auch in den deutschen, sollten die zurückweichenden Truppen alle Industrie- und Versorgungsanlagen sowie das Verkehrsnetz zerstören. Dieser wahnsinnige Befehl Hitlers wurde nur selten ausgeführt. Hitler selber entzog sich am 30. April 1945 der Verantwortung für sein verbrecherisches Handeln durch Selbstmord. Wenige Tage später, am 7. und 9. Mai 1945, erklärte die Führung der Wehrmacht die **bedingungslose Kapitulation** Deutschlands. Der Zweite Weltkrieg war in Europa zu Ende.

Überlebende eines Luftangriffs, 1944

B4 Von US-Soldaten gefangen genommene Hitlerjungen, die im „Volkssturm" eingesetzt waren, Foto 1945

Q3 Aus der Rede von Reichspropagandaminister Joseph Goebbels im Berliner Sportpalast, 18. 2. 1943:

Ich frage euch: Glaubt ihr mit dem Führer und mit uns an den endgültigen totalen Sieg des deutschen Volkes? Ich frage euch: Seid ihr entschlossen, dem Führer durch dick und dünn und durch Aufnahme auch der schwersten persönlichen Belastungen zu folgen? […] Ich frage euch: Seid ihr entschlossen, zehn, zwölf und, wenn nötig, sechzehn Stunden täglich zu arbeiten und das Letzte herzugeben für den Sieg? […] Ich frage euch: Wollt ihr den totalen Krieg? Wollt ihr ihn, wenn nötig, totaler und radikaler, als wir ihn uns heute überhaupt erst vorstellen können? Ich frage euch: Ist euer Vertrauen zum Führer heute größer, gläubiger und unerschütterlicher denn je? (Die Menge erhebt sich wie ein Mann. Sprechchöre: „Führer, befiehl, wir folgen!") Ich habe euch gefragt, ihr habt mir eure Antwort gegeben.

(In: H. Heiber [Hg.], Goebbels-Reden 1932–1945, Bd. 2, Düsseldorf 1972, S. 204 f. Bearbeitet)

Q5 Hitler gegenüber Albert Speer am 18. 3. 1945:

Wenn der Krieg verloren geht, wird auch das Volk verloren sein. Es ist nicht notwendig, auf die Grundlagen, die das deutsche Volk zu seinem primitivsten Überleben braucht, Rücksicht zu nehmen. Im Gegenteil ist es besser, selbst diese Dinge zu zerstören. Denn das Volk hat sich als das schwächere erwiesen [gegenüber] dem stärkeren Ostvolk. […] Was nach diesem Kampf übrig bleibt, sind ohnehin nur die Minderwertigen; denn die Guten sind gefallen!

(In: A. Speer, Erinnerungen, Berlin 1970, S. 446. Bearbeitet)

ARBEITSAUFTRÄGE

1. Erläutere mithilfe von T1 und B2 das Ausmaß der Zwangsarbeit und die Lage der betroffenen Menschen.
2. Analysiere Goebbels' Rede aus Q3. Versuche die Wirkung der Rede auf die Zuhörer zu erklären.
3. Versetze dich in die Lage eines der in B4 abgebildeten Jungen und schreibe auf, was in ihm vorgehen könnte.
4. Erkläre, wie in Q5 Hitlers Rassenideologie zum Ausdruck kommt.

Arbeit mit historischen Tondokumenten

Die Nationalsozialisten stellten die damals noch neue Rundfunktechnik systematisch in den Dienst ihrer Propaganda. Mit dem „Volksempfänger“, einem billigen Radio (vgl. S. 65), existierte ein neues Massenkommunikationsmittel, mit dem die Reden führender NS-Politiker überall hin verbreitet werden konnten. Was unterscheidet den gelesenen Text einer historischen Rede von dem akustisch aufgenommenen Wort?

Beim Hören des Originaltons erleben wir die Rede, die Stimme des Redners und die beabsichtigte Wirkung unmittelbarer. Bei aufgezeichneten öffentlichen Reden sind oft auch noch Reaktionen der Zuhörer mit enthalten, Beifall oder Ablehnung sowie Zwischenrufe. Für die Beurteilung eines Tondokuments müssen neben dem Inhalt und der beabsichtigten Wirkung auch die Zielgruppe sowie die Zeitumstände der Rede analysiert werden.

Die Quelle Q3 der gegenüberliegenden Seite stammt aus der Berliner Sportpalast-Rede von NS-Propagandaminister Goebbels. Sie wurde am 18. Februar 1943 „live“ im Radio übertragen. Zur Analyse der Rede gehört die Frage nach Anlass und Absicht der Rede. Welche Wirkung sollte im In- und Ausland erzielt werden? In seinen Tagebüchern hat Goebbels dazu selber Aufzeichnungen gemacht (Q2).

Goebbels gelang es, die Massen im Sportpalast für den „totalen Krieg“ zu begeistern. Um die teilweise fanatische Reaktion der Zuhörer im Sportpalast besser beurteilen zu können, muss die militärische Situation im Frühjahr 1943 sowie die Einstellung der (ausgewählten?) Zuhörer berücksichtigt werden. Schließlich bleibt Goebbels' „Redetechnik“ zu untersuchen: Worüber spricht er und mit welchen Argumenten? Auch Aussprache, Betonung, Lautstärke und Sprechpausen sind dabei zu berücksichtigen, denn all das war von Goebbels sorgfältig durchdacht worden. /11

B1 Goebbels-Zuhörer im Berliner Sportpalast am 18. 2. 1943

Propagandaminister Joseph Goebbels als Redner, 1941

Q2 Aus dem Tagebuch Joseph Goebbels', Februar 1943:

14. 2.: [Bin] an der Vorbereitung für meine nächste Sportpalastversammlung. Die Rede muss ein Meisterstück werden. In ihr will ich in der Hauptsache den totalen Krieg von der Volksseite aus weitertreiben. Jetzt gerät er in die Gefahr, verbürokratisiert zu werden. Das wäre das Schlimmste, was uns passieren könnte. Ich werde so lange die Peitsche gebrauchen, bis die faulen Schläfer wach geworden sind.
19. 2.: Ich glaube, dass diese Versammlung nicht nur auf das Reich, sondern auch auf das neutrale und das feindliche Ausland einen tiefen Eindruck machen wird. Die Berliner haben sich fantastisch benommen. Der Berliner stellt das politischste Publikum, über das wir augenblicklich im Reich verfügen. Das Volk ist, wie diese Kundgebung zeigt, bereit, alles für den Krieg und den Sieg hinzugeben. Wir brauchen jetzt nur zuzugreifen.

(In: E. Fröhlich [Hg.], Die Tagebücher von Joseph Goebbels, 2, München u.a. 1993, S. 345, 373. Bearbeitet)

WORAUF DU ACHTEN MUSST

1. Erkunde, aus welcher Zeit das Tondokument stammt. Was weißt du über den Redner/die Rednerin und die Begleitumstände der Rede?
2. An wen richtet sich der Redner/die Rednerin? Welche Einstellungen und welche Interessen haben die Zuhörer?
3. Untersuche den in der Rede angesprochenen Sachverhalt: Benenne neben dem Inhalt auch die angeführten Argumente.
4. Welche sprachlichen Mittel werden eingesetzt, um die Zuhörer zu beeindrucken?

8. Vertreibung und Flucht in Europa

Der Zweite Weltkrieg machte Millionen Menschen zu Flüchtlingen. Von „Heimatvertriebenen“ ist meist die Rede, wenn es um die Menschen geht, die 1945 aus den ehemaligen deutschen Ostgebieten verjagt wurden. Doch schon vorher hatten die Nationalsozialisten viele Menschen aus ihrer Heimat vertrieben. Welche Ursachen für Vertreibung und Flucht gab es und welche Ausmaße nahmen sie an?

Germanisierungspolitik – Hitlers Pläne mit dem besiegten Polen beinhalteten neben der Ermordung der polnischen Führungsschicht und der Juden ein gewaltiges **Umsiedlungsprogramm.** Nichtdeutsche wurden aus dem „Warthegau“ ins „Generalgouvernement“ vertrieben. Deutschstämmige aus den polnischen Ostgebieten, aber auch aus alten deutschen Siedlungsgebieten wie Bessarabien, Wolhynien, der Bukowina und dem Baltikum wurden gezwungen, ihre Heimat, in der sie schon seit Jahrhunderten lebten, aufzugeben und die verlassenen Höfe zu übernehmen. Im „Altreich“ wurden Neusiedler angeworben, denen günstige Angebote gemacht und die von SS-Ansiedlerstäben betreut wurden. Zwischen 1939 und 1945 wurden so 1,4 Millionen Deutsche umgesiedelt – und mindestens ebenso viele nichtdeutsche Menschen aus ihrer Heimat vertrieben. Dies sollte jedoch nur der Anfang sein. Für die Zeit nach dem „Endsieg“ war geplant, weitere 10 Millionen Deutsche, „Deutschstämmige“ und „Eindeutschungsfähige“ wie Skandinavier, Südtiroler und Flamen im eroberten Großreich des Ostens anzusiedeln.

Rückzug der Deutschen – Als die Rote Armee nach Westen vorstieß, verboten Hitler und seine Gauleiter zunächst die Flucht der Deutschen. Als die Sowjets deutsches Siedlungsgebiet erreichten und dort – nicht zuletzt als Rache für das, was ihnen angetan worden war – plünderten, vergewaltigten und mordeten, war es für eine geordnete Flucht der Zivilbevölkerung zu spät. In endlosen Zügen wälzte sich ein **Flüchtlingsstrom nach Westen,** immer bedroht von feindlichen Tieffliegern. Vielen war der direkte Weg nach Westen bereits durch sowjetische Truppen verbaut, sodass sie den Weg über die vereiste Ostsee nehmen mussten. Die wenigen

B1 NS-Werbung für die Ansiedlung von Flamen in den besetzten Ostgebieten

Q2 Himmler „über die Behandlung der Fremdvölkischen im Osten“, Mai 1940:

Für die nichtdeutsche Bevölkerung des Ostens darf es keine höhere Schule geben als die vierklassige Volksschule. Das Ziel dieser Volksschule hat lediglich zu sein: einfaches Rechnen bis höchstens 500, Schreiben des Namens, eine Lehre, dass es ein göttliches Gebot ist, den Deutschen gehorsam zu sein und ehrlich, fleißig und brav zu sein. Lesen halte ich nicht für erforderlich. […] Die Eltern der Kinder guten Blutes werden vor die Wahl gestellt, entweder das Kind herzugeben, oder die Eltern verpflichten sich, nach Deutschland zu gehen und dort loyale Staatsbürger zu werden. […] Die Bevölkerung des Generalgouvernements wird als führerloses Arbeitsvolk zur Verfügung stehen und Deutschland jährlich Wanderarbeiter für besondere Arbeitsvorkommen (Straßen, Steinbrüche, Bauten) stellen.

(In: H.-U. Thamer, Verführung und Gewalt, Berlin 1995, S. 637. Bearbeitet)

Schiffe, die zur Verfügung standen, waren völlig überfüllt und Ziel von Luftangriffen. Bei der Versenkung des Flüchtlingsschiffs „Wilhelm Gustloff" ertranken über 9000 Menschen in der eisigen Ostsee.

Alliierte Beschlüsse – Die Potsdamer Konferenz der alliierten Siegermächte vom August 1945 bestimmte die **Ausweisung der verbliebenen deutschen Bevölkerung** aus Polen, der Tschechoslowakei und Ungarn. Was „in ordnungsgemäßer und humaner Weise" durchgeführt werden sollte, bedeutete in Wirklichkeit für 11 Millionen Menschen die Vertreibung von ihren angestammten Wohnsitzen in den Gebieten östlich von Oder und Neiße, im Sudetenland, in Jugoslawien, Rumänien und Ungarn. Über 2 Millionen kamen durch Repressalien und aufgrund der Entbehrungen ums Leben. Die UdSSR siedelte in Schlesien und Ostpreußen Bewohner der nun zur Sowjetunion gehörenden ostpolnischen Gebiete an. Die lange und wechselvolle Geschichte deutscher Siedlung in Osteuropa, die im Mittelalter begonnen hatte, war mit dem Zweiten Weltkrieg gewaltsam beendet.

Q3 Marion Gräfin Dönhoff berichtet von ihrer Flucht aus Ostpreußen vor der Roten Armee, Januar 1945

Das Thermometer war noch weiter gesunken, und dazu hatte sich ein orkanartiger Ostwind aufgemacht. Als wir den Hof verließen, sahen wir in der Ferne den großen Heerwurm auf der Landstraße vor uns. Wie durch einen dicken weißen Schleier sah man die unglücklichen Menschen ganz langsam vorwärtskriechen, die Mäntel vom Winde vorwärtsgepeitscht, viele Dachkonstruktionen der Treckwagen waren zusammengebrochen. Wir reihten uns ein in diesen Gespensterzug und sahen die ersten Toten am Weg liegen. Niemand hatte die Kraft, die Zeit oder die Möglichkeit, sie zu begraben. Und so ging es tagelang – wochenlang. Von rechts und links stießen immer neue Fahrzeuge, immer mehr Menschen hinzu. Noch nie hat der Führer eines Volkes so gründlich das Geschäft des Gegners betrieben. Lange ehe der Krieg ausbrach, gab es in Berlin einen Witz, bei dem Stalin von seinem Gauleiter Hitler sprach.

(In: H. Hürten [Hg.], Deutsche Geschichte in Quellen und Darstellung, Bd. 9, Stuttgart 1995, S. 437 f.)

Q4 Aus dem „Potsdamer Abkommen" der Siegermächte USA, Großbritannien, UdSSR vom 2. August 1945:

Die drei Regierungen erkennen an, dass die Überführung der deutschen Bevölkerung oder Bestandteile derselben, die in Polen, der Tschechoslowakei und Ungarn zurückgeblieben sind, nach Deutschland durchgeführt werden muss. Sie stimmen darin überein, dass jede derartige Überführung, die stattfinden wird, in ordnungsgemäßer und humaner Weise erfolgen soll.

(In: E. Deuerlein [Hg.], Potsdam 1945, München 1963, S. 367)

B5 Flüchtlingstreck in Ostpreußen, Januar/Februar 1945

ARBEITSAUFTRÄGE

1. Beschreibe B1 und erkläre die beabsichtigte Wirkung des Plakats.
2. Fasse die wichtigsten Bestimmungen aus Q2 zusammen. Erkläre, welche Absicht das NS-Regime damit verfolgte, und stelle ihre Folgen für die betroffenen Nichtdeutschen dar.
3. Nenne mögliche Gründe für die in Q4 getroffene Entscheidung der Siegermächte, Deutsche aus den früheren Ostgebieten umzusiedeln. Beurteile, ob alle Bestimmungen des Abkommens eingehalten wurden.
4. Lies Q3 und betrachte B5. Versetze dich in die Lage eines Flüchtlings und schreibe deine Gedanken auf.

9. Der Zweite Weltkrieg in Asien

Am 7. Dezember 1941 überfiel Japan ohne Vorwarnung den amerikanischen Militärstützpunkt PEARL HARBOR auf Hawaii, zerstörte einen großen Teil der dort stationierten US-Flotte und provozierte so die Kriegserklärung an Japan durch die USA und Großbritannien am 8. Dezember. Dieser Kriegserklärung ließen die japanischen Bündnispartner Deutschland und Italien am 11. Dezember 1941 eine Kriegserklärung an die bis dahin neutralen USA folgen. Welche Vorgeschichte hatte der Krieg in Asien?

Japans Expansion – Japan hatte seit dem letzten Drittel des 19. Jahrhunderts einen raschen industriellen Aufschwung vollzogen. Den Mangel an eigenen Rohstoffen versuchte es durch eine **imperialistische Großmachtpolitik** wettzumachen. Das Land übte ein Protektorat über Korea und die Südmandschurei aus. Innenpolitische Wirren nach dem Ersten Weltkrieg hatten den Einfluss demokratischer Kräfte in der japanischen Gesellschaft und im Regierungssystem zurückgedrängt. Stattdessen stieg der **Einfluss des japanischen Militärs** auf KAISER HIROHITO (1926– 1989). Das japanische Militär provozierte bewaffnete Zwischenfälle mit dem Nachbarland China und besetzte auf diese Weise 1931 die gesamte Mandschurei. Im Sommer 1937 nahm Japan neue Grenzkonflikte zwischen japanischen und chinesischen Soldaten zum Anlass für eine Invasion und eroberte weite Teile des südöstlichen Chinas. Der Krieg zwischen beiden Ländern dauerte bis 1945.

Als 1939 in Europa der Krieg begann, nutzte Japan die Gelegenheit und besetzte die **französischen und niederländischen Kolonien** in Indochina, auf den Philippinen und in Burma. Dort unterstützte es die gegen die europäischen Kolonialmächte gerichteten **nationalen Bewegungen** und richtete japanfreundliche Regierungen ein. Ziel dieser expansiven Politik war es, die japanische Vormachtstellung in Asien zu sichern und die USA zurückzudrängen.

Zerstörung eines US-Schlachtschiffes in Pearl Harbor auf Hawaii, 7. 12. 1941

Q1 Der japanische Außenminister Matsuoka über die „ostasiatische Wohlstandssphäre", 1. 8. 1940:

Die Aufgabe Japans ist es, den Kodo, den kaiserlichen Weg, in der ganzen Welt zu verkünden und zu demonstrieren. Dementsprechend ist das Ziel unserer Außenpolitik, eine großasiatische Gruppe gemeinsamen Wohlstands herbeizuführen. So werden wir den Kodo wirkungsvoll zeigen und den Weg zu einem gerechten Weltfrieden ebnen können. Gemeinsam mit denjenigen befreundeten Mächten, die mit uns zusammenarbeiten wollen, sollten wir entschlossen an die Erfüllung der idealen und vom Himmel bestimmten Mission unseres Landes herangehen.

(In: Archiv der Gegenwart 10 [1940], S. 4647. Bearbeitet)

K2

Machtkonflikt im Pazifik – Rückendeckung für die Expansion Japans in Asien boten der **Dreimächtepakt** von 1940 mit Deutschland und Italien sowie ein **Nichtangriffspakt mit der UdSSR** von 1941. Doch die USA hatten auf die expansive Großmachtpolitik Japans 1939 mit der Kündigung des Handelsvertrags von 1911 reagiert. Im Sommer 1941 verhängten sie zudem eine Handelsblockade über Japan, die dessen Versorgung mit Eisenerz und Erdöl beeinträchtigen sollte. Diese beabsichtigte Schwächung der japanischen Industrie beantwortete Japan mit dem Überfall auf Pearl Harbor und weiterer Expansion. 1942 umfasste der japanische Machtbereich den gesamten südostasiatischen Pazifik und große Teile des chinesischen Festlands.

Vormarsch der Alliierten – Die Gegenangriffe der USA seit Juni 1942 verhinderten die weitere Expansion Japans. Eine Großoffensive von Amerikanern und Briten erzwang in verlustreichen Kämpfen das Zurückweichen Japans. Im März 1945 eroberten die Amerikaner mit der Insel Iwo Jima erstmals japanisches Gebiet; im Juni 1945 besetzten sie nach schweren Kämpfen und hohen Verlusten auf beiden Seiten die Insel Okinawa. Doch die Aufforderung der Alliierten zur Kapitulation lehnte die japanische Regierung trotz der hoffnungslosen Lage ab.

Am 8. August erklärte Stalin Japan den Krieg, ließ die Mandschurei, Korea, die Kurileninseln und Südsachalin besetzen. Um den Krieg nun schnell zu beenden und weitere eigene Verluste zu vermeiden, entschieden sich die USA zum Einsatz ihrer neu entwickelten **Atombombe:** Am 6. und am 9. August 1945 wurde über den japanischen Großstädten HIROSHIMA und NAGASAKI je eine Atombome abgeworfen. 150000 Japaner starben sofort, Zehntausende erlagen später den schweren Verletzungen. Daraufhin unterzeichnete Japan am 2. September 1945 die Kapitulation und wurde von den Alliierten besetzt. Der Zweite Weltkrieg war endgültig zu Ende.

HARRY S. TRUMAN, 1884–1972. Von 1945–1953 Präsident der USA (nach dem Tod Roosevelts am 12.4.1945). Er befahl im August 1945 den Abwurf von Atombomben auf die japanischen Städte Hiroshima und Nagasaki.

Q3 US-Präsident Truman über den Abwurf der ersten Atombombe:

1942 erfuhren wir, dass die Deutschen nach Wegen suchten, um die Atomenergie der Kriegführung dienstbar zu machen. Damit begann ein Wettrennen um die Konstruktion der Atombombe. [Wir] mühten uns, ein Kampfmittel von so ungeheurer Vernichtungskraft zu schaffen, dass sich ihm der Feind in kürzester Zeit beugen musste. Mir war natürlich klar, dass eine Atombombenexplosion eine jede Vorstellung übertreffende Zerstörung und gewaltige Verluste an Menschenleben zur Folge haben musste. [Aber] wir [waren] nicht in der Lage, eine Demonstration vorzuschlagen, die den Krieg beenden würde, und sahen daher [nur] den direkten militärischen Einsatz.

(In: Geschichte in Quellen, Bd. 5, München 1989, S. 584 f. Bearbeitet)

B4 Hiroshima vier Wochen nach Abwurf der Atombombe, 1945

ARBEITSAUFTRÄGE

1. Stelle mit K 2 die Etappen der japanischen Expansionspolitik im Zweiten Weltkrieg zusammen.
2. Fasse die zentralen Aussagen des japanischen Außenministers in Q 1 zusammen und vergleiche sie mit der Ideologie der NSDAP. Überlege, welches Ziel die Verbündeten des Dreimächtepaktes, vor allem Deutschland und Japan, anstrebten.
3. Gebt die Argumentation Trumans in Q 3 mit euren eigenen Worten wieder. Diskutiert auch mithilfe von B 4, ob der Zweck des Atombombenabwurfs die Opfer rechtfertigt.

10. Folgen des Zweiten Weltkriegs

Als der Zweite Weltkrieg im Mai 1945 zu Ende ging, hatte er nicht nur Tod und unermessliches Leid für Millionen Menschen gebracht, sondern auch die weltpolitische Situation grundlegend verändert. Welche Folgen hatte der Krieg?

Opfer des Krieges – Die Gesamtzahl der Toten des Krieges wird auf 55 Millionen beziffert; 35 Millionen Verwundete und 3 Millionen Vermisste wurden geschätzt. Millionen ehemalige Zwangsarbeiter und KZ-Häftlinge irrten als **„displaced persons“** durch Europa. Hunderttausende deutsche Soldaten gerieten in **Kriegsgefangenschaft.** Die Zerstörungen und Schäden an Sachwerten, die der Krieg weltweit verursachte, lassen sich nicht beziffern.

Veränderte Mächtekonstellation – Der Versuch Deutschlands, Italiens und Japans, die Erde nach ihren Interessen aufzuteilen, war gescheitert. Die Zerstörung großer Teile Europas und Südostasiens war auch mit einer Zerstörung kultureller Werte und mit einer moralischen Katastrophe verbunden. Ein machtpolitisches Ergebnis des Krieges war der Aufstieg der USA und der UdSSR zu unbestrittenen **Supermächten.** Sie dominierten die Politik in den nächsten Jahrzehnten. Die nach 1945 wachsenden Spannungen zwischen beiden Supermächten führten zur **Teilung Deutschlands und Europas** in der Nachkriegszeit.

T 1 Bevölkerungsverluste im Zweiten Weltkrieg, in Millionen (ausgewählte Länder)

Land	Insgesamt	davon Zivilisten
Deutschland	5,25	0,5
Sowjetunion	27,00	7,0
Polen	4,52	4,2
USA	0,26	–
Großbritannien	0,39	0,06
Frankreich	0,81	0,47
Jugoslawien	1,69	1,28
Japan	1,80	0,6

(Aus: Der große Ploetz, Freiburg 1992, S. 916)

Alliierte Deutschlandpläne – Im Februar 1945 hatten die USA, Großbritannien und die UdSSR auf der **Konferenz von Jalta** beschlossen, Deutschland nach Kriegsende in **vier Besatzungszonen** aufzuteilen. Das polnische Staatsgebiet sollte vergrößert und auf Kosten Deutschlands nach Westen verschoben werden. Während der **Konferenz der Siegermächte in Potsdam,** die vom 17.6. bis zum 2.8.1945 dauerte, wurde als vorläufige neue Ostgrenze Deutschlands der Verlauf der Flüsse Oder und Neiße festgelegt.

Die „Großen Drei“ (von links: Stalin, Truman und Churchill) auf der Potsdamer Konferenz

Q 2 Aus dem Protokoll der Konferenz von Jalta, 4. bis 11. Februar 1945:

Das Vereinigte Königreich, die Vereinigten Staaten von Amerika und die Union der Sowjetrepubliken werden bezüglich Deutschlands höchste Machtvollkommenheit haben. In der Ausübung dieser Macht werden sie solche Maßnahmen treffen, einschließlich der völligen Entwaffnung, Entmilitarisierung und Zerstückelung, wie sie für den künftigen Frieden und die Sicherheit notwendig halten. […] Es wurde beschlossen, dass eine Zone in Deutschland Frankreich zugeteilt wird. Diese Zone soll aus der britischen und amerikanischen Zone gebildet werden.

(In: R. Müller, G. Ueberschär, Kriegsende 1945, Frankfurt/M. 1994, S.190)

Die Aufteilung des Deutschen Reiches nach dem Zweiten Weltkrieg

K 3

ARBEITSAUFTRÄGE

1. Ermittle mithilfe von T 1 die Länder, die im Zweiten Weltkrieg Hauptleidtragende waren.
2. Fasse anhand von Q 2 und K 3 zusammen, welche unmittelbaren Folgen der Zweite Weltkrieg für Deutschland hatte.

Teil III: Verfolgung und Ermordung – der Holocaust

1. Juden in Deutschland – von der Antike bis zur Neuzeit

Seit der Zerstörung Jerusalems im Jahre 70 n. Chr. und der Zerschlagung des jüdischen Staates durch die Römer lebten viele Juden in Europa. Dort wurden sie, lange bevor das nationalsozialistische Morden über sie hereinbrach, immer wieder verfolgt. Doch Jesus von Nazareth, der Gründer der christlichen Religion, war selbst Jude! Warum feindete das „christliche Abendland" die Juden an?

Ausgrenzung und Verfolgung – Die ersten Christen waren wie Jesus Juden. Sie sahen in ihm den Messias und sogar den Gottessohn. Doch schon bald lasteten sie den anderen Juden die Hinrichtung Jesu durch die römischen Besatzer Jerusalems an. Jahrzehnte nach der Kreuzigung trennten sich die christlichen Juden von den anderen Juden und begannen, diese als „Gottesmörder" zu beschimpfen. In der Kreuzzugszeit (11.–13. Jh.) und auch später kam es zu blutigen Verfolgungen von Juden in Europa, die von der Kirche teilweise geduldet wurden. Der Hass hatte nicht nur religiöse Gründe, sondern wurde auch durch **wirtschaftlichen Neid** ausgelöst: Im Mittelalter war den Juden die Ausübung vieler Handwerke und der Erwerb landwirtschaftlichen Grundbesitzes verboten worden. So blieb ihnen oft nur der so genannte Wucher: Geldverleih und Pfandgeschäfte, die den Christen von der Kirche verboten waren. Spezielle Kleidervorschriften – meist mit farbigen Marken – machten die Juden leicht erkennbar und zum Gespött der anderen.

„Judenstern", 20. Jh., aufgenäht auf Stoff

Q2 Martin Luther 1523 und 1543 über die Juden:

[Die Juden sind] Brüder unseres Herrn. Will man ihnen helfen, so muss man das Gesetz der christlichen Nächstenliebe auf sie anwenden, sie freundlich aufnehmen, damit sie einen Grund haben, unsere christliche Lehre zu hören und unser christliches Leben zu sehen. (1523)

Ich habe viele Historien gelesen und gehört von den Juden, wie sie Brunnen vergiften, heimlich gemordet, Kinder gestohlen. Ich weiß wohl, dass sie alles leugnen. Es stimmet aber, dass sie giftige, rachgierige Schlangen und Teufels Kinder sind, die heimlich Schaden tun, weil sie es öffentlich nicht vermögen. (1543)

(In: M. Luther, Weimarer Ausgabe Bd. 11, S. 336, u. Bd. 53, S. 530. Bearbeitet)

B1 Josel von Rosheim, um 1478–1554, Bevollmächtigter aller Juden im Heiligen Römischen Reich deutscher Nation. Zeitgenössisches satirisches Flugblatt

Q3 Preußisches Edikt (Gesetz) vom 11. 3. 1812:

Wir, Friedrich Wilhelm, von Gottes Gnaden König von Preußen, verordnen wie folgt:

§ 1 Die in unseren Staaten wohnhaften, mit Schutzbriefen und Konzessionen versehenen Juden sind für Inländer und preußische Staatsbürger zu achten.

§ 2 Die Fortdauer dieser Eigenschaft wird aber nur unter der Verpflichtung gestattet, dass sie fest bestimmte Familiennamen führen und der deutschen oder einer anderen lebenden Sprache sich bedienen.

§ 8 Sie können akademische Lehr- und Schul-, auch Gemeindeämter verwalten.

§ 9 Inwiefern die Juden zu anderen öffentlichen Bedienungen und Staatsämtern zugelassen werden können, behalten Wir uns vor.

§ 11 Sie können alle erlaubten Gewerbe treiben.

(In: Gesetzessammlung für die Königlichen Preußischen Staaten 5, Berlin 1812. Bearbeitet)

Als im 14. Jahrhundert in vielen Städten und Ländern Europas die Pest wütete und wenn Naturkatastrophen oder Hungersnöte ausbrachen, wurde oft den Juden die Schuld daran zugeschoben. Vor Gericht wurden ihre Rechte beschränkt. Wohnen mussten sie in Sondervierteln, den **Gettos.**

Seit dem 16. Jahrhundert lebten die meisten Juden ärmlich und vom Kleinhandel. Nur wenige erlangten eine angesehene Stellung, wie JOSEPH SÜSS OPPENHEIMER, der in Württemberg fürstlicher Finanzrat wurde. Aber auch er, der „Jud Süß“, blieb rechtlich ein Mensch zweiter Klasse und wurde nach dem Tod des Fürsten von adligen Neidern verurteilt und hingerichtet.

Emanzipation – Eine Wende brachten im 18. Jahrhundert die Ideen der Aufklärung von Gleichheit und Menschenrechten. Sie öffneten den Juden die Gettotore und den Zugang zu vielen Berufen. Die kleine jüdische Gemeinde, etwa 0,8 % der deutschen Bevölkerung, trug von nun an erheblich zum **Aufschwung von Wirtschaft, Wissenschaft und Kultur** bei. Große deutsche Firmen wie die AEG oder Rosenthal verdankten ihren schnellen Aufstieg jüdischen Unternehmern. Zeitungen jüdischer Verleger traten für freiheitliche und demokratische Ideen ein. Viele deutsche Nobelpreisträger vor 1933 wie Albert Einstein waren Juden.

B4 Antisemitisches Wahlplakat, 1924

Neue Judenfeindschaft – Zahlreiche Juden hatten sich im 19. und 20. Jahrhundert vollständig in ihre Umgebung integriert und meist auch ihre Religion und Tradition aufgegeben. Dennoch wurden sie von vielen Deutschen weiterhin als „Fremde“ angesehen. Als 1873 und in den 1920er-Jahren Wirtschaftskrisen ausbrachen, wurden die alten Vorurteile und Neidkomplexe wieder wirksam: Die jüdischen „Kapitalisten“ wurden als Sündenböcke hingestellt. Neu an diesem **Antisemitismus** war, dass die Vorurteile nicht mehr religiös begründet wurden, sondern mit einer falsch interpretierten Evolutionslehre und einer scheinbar wissenschaftlichen Theorie, der **„Rassenlehre“.** In dieser antisemitischen „Rassenlehre“ wurden biologische und charakterliche Unterschiede zwischen nichtjüdischen und jüdischen Deutschen willkürlich konstruiert. i/12

Albert Ballin und Wilhelm II. 1913 während der Kieler Woche

Q5 Albert Ballin – Hamburger Patriot und Unternehmer

Albert Ballin machte die Reederei HAPAG als Generaldirektor zur führenden Schifffahrtsgesellschaft Europas. Kaiser Wilhelm II. sah in ihm einen möglichen Begründer deutscher Weltgeltung zur See und bediente sich seiner als Ratgeber für Außen- und Handelspolitik. Doch vielen Hamburgern blieb Ballin wegen seiner jüdischen Religion und wegen seiner internationalen Kontakte ein Fremder. 1914 scheiterte in London sein Versuch, im Auftrag Wilhelms II. den Frieden mit England zu wahren. Daraufhin wurde er in Deutschland von kriegsbegeisterten Bürgern als „Wasserjude“ beschimpft. Wegen seiner Warnung vor dem U-Boot-Krieg fiel er 1917 beim Kaiser in Ungnade. Nach dem Zusammenbruch des Kaiserreichs 1918 beging er Selbstmord.

(Nach: N. Gidal, Die Juden in Deutschland, Köln 1997, S. 268. Bearbeitet)

ARBEITSAUFTRÄGE

1. Beschreibe, wie Josel von Rosheim in B1 dargestellt ist. Achte dabei auch auf die Kleidung. Welches Vorurteil wird deutlich?
2. Untersucht in Q2, wie sich Luthers Haltung gegenüber den Juden veränderte. Beurteilt seine späteren Anschuldigungen mit den Maßstäben eines heutigen Gerichts.
3. Liste anhand von Q3 die Rechte auf, die die Juden durch das Edikt erhielten. Prüfe, ob eine volle Gleichstellung erfolgte.
4. Analysiere B4 und Q5 auf mögliche Motive, warum Albert Ballin angefeindet wurde. Beurteile diese Motive.

2. Ausgrenzung und Diskriminierung

Besonders nach dem Ersten Weltkrieg war der rassische Antisemitismus stark verbreitet, sodass die Hetzpropaganda der NSDAP auf wenig Widerstand stieß. Wie setzten die Nationalsozialisten nach der Machtübernahme ihre Drohungen um?

Feindbild und Opfer – Die Juden dienten Hitler als Sündenböcke für die Niederlage im Ersten Weltkrieg, für die Arbeitslosigkeit und für die Wirtschaftskrise. Ja, selbst Kommunismus, Kapitalismus und Demokratie wurden als jüdische Erfindungen dargestellt, die die Welt und speziell Deutschland verderben sollten.
Am 1.4.1933 erzwang die SA gewaltsam den **Boykott** jüdischer Geschäfte, Ärzte, Anwälte, Zeitungen. Mit den **„Nürnberger Gesetzen"** von 1935 begannen die Nationalsozialisten, alle Rechte jüdischer Bürger systematisch einzuschränken oder ganz abzuschaffen: Als Beamte wurden sie entlassen, sie durften die meisten Berufe nicht mehr ausüben und nicht mehr wählen. Ihre Kinder durften nur noch auf jüdische Schulen gehen. Der Besuch von Theatern, Kinos, Schwimmbädern und Parkanlagen sowie die Benutzung öffentlicher Verkehrsmittel wurde ihnen zunehmend verboten.

In der **Pogromnacht** am 9.11.1938 kamen bei organisierten Synagogenzerstörungen und Geschäftsplünderungen viele Juden ums Leben. Tausende wurden enteignet und gezwungen, das Land zu verlassen. Seit dem 1.9.1941 mussten sie einen gelben „Judenstern" tragen; in ihren Personalausweis wurde ein „J" für Jude eingestempelt.

Q 1 Gesetz „zum Schutz des deutschen Blutes und der deutschen Ehre", 15.9.1935:

Eheschließungen [...] und außerehelicher Verkehr zwischen Juden und Staatsangehörigen deutschen [...] Blutes [sind] verboten. Juden dürfen weibliche Staatsangehörige deutschen [...] Blutes unter 45 Jahren [...] nicht in ihrem Haushalt beschäftigen.

(In: W. Hofer [Hg.], Der Nationalsozialismus, Dokumente 1933–1945, Frankfurt/M. 1977, S. 285)

B 2 Ortsschild, 1935

Deutscher Reisepass mit Stempel „J"

Q 3 Erinnerung der Wiener Jüdin Ruth Klüger, Ende 1941:

Einmal, als wir schon den Judenstern trugen, aber noch die öffentlichen Verkehrsmittel, wenn auch nicht die Sitzplätze, benutzen durften, tastete jemand in der Stadtbahn im Tunnel nach meiner Hand. Mein erster Gedanke war, ein Mann, der mich belästigen will. [...] Aber nein, dieser Mann drückte mir etwas in die Hand. [...] Juden zu beschenken war aber verboten. [...] Das Geschenk war eine Orange [...] Als der Zug aus dem Tunnel herausfuhr, hatte ich sie schon in die Tasche gesteckt. [...] Meine Gefühle waren aber gemischt. [...] Kleine heimliche Mitleidsgesten [...] halfen ja nicht, standen in keinem Verhältnis zu dem, was geschah.

(In: R. Klüger, weiter leben, München 1994, S. 50. Bearbeitet)

ARBEITSAUFTRÄGE

1. Lies und bewerte Q 1. Überlege die Folgen für die Betroffenen und die Ziele der Regierung, die das Gesetz verfasste.
2. Schließe aus B 2 auf die Haltung nichtjüdischer Bürger.
3. Gib das Geschehen in Q 3 wieder. Versetze dich in den Mann und in die junge Ruth Klüger. Schreibe für beide auf, was sie dem jeweils anderen gern gesagt hätten.

3. Systematischer Massenmord

Während des Zweiten Weltkriegs ermordeten die Nazis 6 Millionen Juden in ganz Europa sowie 500 000 Sinti und Roma und etwa 250 000 körperlich oder geistig behinderte Menschen; die meisten starben in eigens errichteten Vernichtungslagern. Wie wurde dieser in der Menschheitsgeschichte einmalige und unvorstellbar grausame Massenmord durchgeführt?

Der Weg zur „Endlösung“ – Sofort nach der Machtübernahme 1933 inhaftierten die Nazis politische Gegner in **Konzentrationslagern,** die der SS unterstanden. Bald wurden dort auch Juden, Sinti und Roma eingesperrt. Willkür und Terror der SS gehörten ebenso zum mörderischen Häftlingsalltag wie **Schwerstarbeit,** überbelegte, ungeheizte Baracken und Unterernährung. Nach der Pogromnacht gegen jüdische Synagogen und Geschäfte im November 1938 waren 26 000 deutsche Juden verhaftet und vorerst in Konzentrationslager auf deutschem Boden gebracht worden. Hitler hatte Anfang 1939 in aller Öffentlichkeit vor dem Reichstag die Absicht geäußert, im Falle eines Krieges alle Juden vernichten zu wollen. Seit Kriegsbeginn machten spezielle **Einsatzgruppen der SS** regelrecht Menschenjagd auf Juden in ganz Europa. Millionen deutsche und europäische Juden wurden in Gettos oder Konzentrationslager gepfercht.

Nach dem Überfall auf die Sowjetunion im Sommer 1941 wurden von den damals 4,7 Millionen russischen Juden 2,2 Millionen bis Ende 1942 durch systematische Massenerschießungen und Vernichtungsaktionen ermordet. Daran waren neben den SS-Verbänden auch Angehörige der deutschen Reserve-Polizei, der Wehrmacht sowie verbündete Truppen aus Weißrussland und Rumänien beteiligt.

Q1 Aus dem Protokoll der „Wannsee-Konferenz“, 20.1.1942:

SS-Obergruppenführer Heydrich teilte seine Bestallung zum Beauftragten für die Vorbereitung der Endlösung der europäischen Judenfrage mit. Im Zuge dieser Endlösung kommen rund 11 Millionen Juden in Betracht. Unter entsprechender Leitung sollen die Juden [...] im Osten zum Arbeitseinsatz kommen, wobei zweifellos ein Großteil durch natürliche Verminderung ausfallen wird. Der Restbestand wird entsprechend behandelt werden, wobei jedoch eine Beunruhigung der Bevölkerung vermieden werden müsse.

(In: Michaelis/Schraepler [Hg.], Ursachen und Folgen, Bd. 19, Berlin 1973, S. 422 ff. Bearbeitet)

Fabriken des Todes – Seit Sommer 1941 hatte die SS vor allem im besetzten Polen regelrechte Vernichtungslager errichtet. Sie wollte den Völkermord an Juden, Sinti und Roma vor der deutschen Öffentlichkeit geheim halten. Denn die **Euthanasieaktion,** bei der 1939 etwa 250 000 kranke und behinderte Menschen umgebracht wurden, hatte Unruhe und Proteste in der Bevölkerung ausgelöst. Als HIMMLER Ende 1944 die Einstellung der Vergasungen in den Vernichtungslagern Auschwitz, Belzec, Chelmno, Majdanek, Sobibor und Treblinka befahl, waren allein dort über 4 Millionen deutsche und europäische Juden ermordet worden. /13

HEINRICH HIMMLER, 1900 – 1945. Seit 1936 Leiter der SS und des KZ-Systems; führte eine brutale „Germanisierungspolitik“ im Osten durch; maßgeblich verantwortlich für die „Endlösung“; entzog sich 1945 seiner Verurteilung durch Selbstmord.

B2 Selektion an der Rampe von Auschwitz

Der Warschauer Gettoaufstand – Die Chancen, der deutschen Todesmaschinerie zu entkommen, waren gering. Doch im April 1943 leisteten 500 Leichtbewaffnete im **Warschauer Getto** verzweifelten Widerstand, als dort die letzten 56 000 Juden von SS-Männern in die Todeslager deportiert werden sollten. Mit Steinen und Pistolen kämpften sie gegen Panzer, Flammenwerfer und MGs. Niemand hatte Illusionen. Aber alle waren bereit, ein Zeichen zu setzen: Wenn es denn keine Rettung gab, dann wollten sie wenigstens nicht ohne Widerstand sterben.

Q3 Der Kommandant des KZ Auschwitz, Rudolf Höß, 1946:

Es dauerte 3 bis 10 Minuten, um die Menschen in den Todeskammern zu töten. Wir wussten, wann die Menschen tot waren, weil ihr Kreischen aufhörte. Wir warteten gewöhnlich eine halbe Stunde, bevor wir die Türen öffneten und die Leichen entfernten. [Dann] nahmen unsere Sonderkommandos die Ringe ab und zogen das Gold aus den Zähnen. [...] Als er [Himmler] mir im Sommer 1941 den Befehl gab, in Auschwitz Massenvernichtung durchzuführen, stellte [ich] keine Überlegungen an – ich hatte den Befehl bekommen und hatte ihn durchzuführen. Ob die Massenvernichtung der Juden notwendig war, darüber konnte ich mir kein Urteil erlauben. [...]

(In: R. Höß, Kommandant in Auschwitz, hrsg. v. M. Broszat, München 1998, S. 186. Bearbeitet)

B5 Kinder am Zaun von Auschwitz nach der Befreiung 1945

Q4 Selektion „für das Gas“:

Unser Blockältester hat jedem seinen Zettel mit Nummer, Namen, Beruf, Alter und Nationalität ausgehändigt [und] hat die Außentüren des Tagesraums und des Schlafraums geöffnet. Jeder, der nackt in die Oktoberkälte tritt, muss zwischen den Türen laufen [und] muss dem SS-Mann den Zettel überreichen. In dem Sekundenbruchteil zwischen zwei Durchläufen entscheidet der SS-Mann für jeden von uns über Leben oder Tod.

(In: P. Levi, Ist das ein Mensch?, München/Wien 1988, S. 132 f. Bearbeitet)

B6 Brillen ermordeter KZ-Häftlinge, Mahnmal in Auschwitz

ARBEITSAUFTRÄGE

1. Wie sollte die „Endlösung der europäischen Judenfrage“ nach Q 1 vollzogen werden?
2. Beurteile Darstellung und Sprache von Rudolf Höß in Q 3.
3. Selektionen wie in B 2 und Q 4 fanden auch unangekündigt statt. Welche Wirkung hatte das auf die Häftlinge?
4. Versetze dich in eines der Kinder von B 5 und beschreibe seine Erlebnisse.
5. Besprecht die Bedeutung des „Brillenbergs“ in B 6 als Mahnmal für den Mord an den europäischen Juden. Welche anderen Formen des Gedenkens daran kennt ihr?

4. Aufarbeitung und Verdrängung

Der Umgang mit den deutschen Kriegsverbrechen und der millionenfachen Ermordung der Juden steht auch heute immer wieder neu im Blickpunkt der Öffentlichkeit. Es dauerte aber lange, bis in Deutschland eine umfassende Aufarbeitung der Vergangenheit und die öffentliche Auseinandersetzung darüber in Gang kamen. Wie ist dieser Bewusstseinsbildungsprozess abgelaufen?

Die Säuberungspolitik der Alliierten – In der unmittelbaren Nachkriegsphase wurde der Umgang mit der Vergangenheit so gut wie ausschließlich durch die Alliierten bestimmt. Im ersten Nürnberger Kriegsverbrecherprozess gegen 24 führende Vertreter von Partei, Staat und Wehrmacht, der am 20. November 1945 begann, erhielten am 1. Oktober 1946 zwölf Angeklagte die Todesstrafe. Die Urteile wurden noch im gleichen Monat vollstreckt. In den drei westlichen Besatzungszonen fand eine Reihe von Prozessen gegen etwa 5000 Angeklagte statt: Etwa 800 wurden zum Tode verurteilt, zumindest ein Drittel der Urteile wurde vollstreckt.
In der US-amerikanischen Besatzungszone wurde jeder Beamte entlassen, der vor dem 1. Mai 1937 der NSDAP beigetreten war. Die „Entnazifizierung" verlief aber nicht einheitlich. Nicht wenigen, die schuldhaft in die NS-Verbrechen verstrickt waren, gelang es, durch gute Beziehungen einen „Persilschein" zu ergattern und straflos davonzukommen.

„Antifaschismus" in der DDR – Nach ihrem Selbstverständnis war die DDR ein „antifaschistischer Staat". Die Ursache des Faschismus lag im Kapitalismus und der war ja in der „sozialistischen" DDR abgeschafft. Dadurch sah man dem Faschismus für immer den Boden entzogen. Der Massenmord an den Juden wurde im Geschichtsunterricht eher am Rande behandelt. Im Vordergrund standen das Vergehen der Nationalsozialisten gegen die Kommunisten und der Überfall auf die Sowjetunion. Die DDR sah sich deshalb auch nicht in der Verantwortung, die NS-Opfer in irgendeiner Form zu entschädigen. Wie entwickelte sich die Einstellung zum Nationalsozialismus in der Bundesrepublik?

B1 Vergangenheitsbewältigung, Karikatur von Walter Hanel, um 1980

Q2 Die Shoa und wir – Meinungen und Stimmen:

Mareike Ilsemann, Kölner Studentin (23): „Überfordert fühle ich mich, wenn ich aussprechen soll, dass Deutschland ‚wieder wer ist'. Ich denke, dass die junge Generation eine Sensibilität für die Verbrechen der Nationalsozialisten und ein Geschichtsbewusstsein entwickelt hat, die in anderen Ländern nicht ihresgleichen finden. Als in Deutschland Asylbewerberheime brannten, sagte [ein junger Franzose], in Frankreich gebe es ständig rassistisch motivierte Zwischenfälle und der Stimmenanteil der Rechtsradikalen sei viel höher. [...] Aber, sagt mir eine innere Stimme, in Deutschland ist alles viel schlimmer, denn dort ist es schon einmal passiert."

Anna Thürk, Berliner Oberschülerin (16): „Auf ein schlechtes Gewissen bin ich nicht scharf, niemand sollte versuchen, uns das einzureden, denn wir Jugendlichen haben keine Schuld. Aber wir müssen uns bewusst sein, wozu Menschen in der Lage sind, müssen aufmerksam sein."

Eltern aus Lindenberg auf die Ankündigung des Geschichtslehrers Uli Mayer, den Film „Holocaust" im Unterricht zu zeigen: „Muss das denn heute noch sein?"

(In: Die Woche, Nr. 51, 1998, S. 4 und 6. Bearbeitet)

Forderungen nach einem „Schlussstrich" – Vermeintliche oder tatsächliche Fehler bei der Entnazifizierung wurden auf bundesrepublikanischer Seite genutzt, um einen **„Schlussstrich"** unter die Strafmaßnahmen zu fordern. Adenauer machte persönlich seinen Einfluss für die Begnadigung und Freilassung verurteilter Kriegs- und NS-Verbrecher bei den Vertretern der Besatzungsmacht geltend.
In Bezug auf die alliierten Strafmaßnahmen machte das Schlagwort der „Siegerjustiz" die Runde. Der fundamentale Unrechtscharakter des NS-Regimes wurde ausgeblendet und verdrängt. Im September 1952 verpflichtete sich die Bundesrepublik zur Zahlung von drei Milliarden Mark (ca. 1,5 Mrd. Euro) als **„Wiedergutmachung"** an Israel. Eine öffentliche Auseinandersetzung mit den Verbrechen an den Juden unterblieb. Wieso kam es aber dann doch noch zu einem Umschwung im Umgang mit der Vergangenheit?

Wende zur kritischen Auseinandersetzung – Der Frankfurter Auschwitz-Prozess 1963, der auf Initiative des hessischen Generalstaatsanwalts Fritz Bauer zustande kam, führte einer größeren Öffentlichkeit detailliert die scheußlichen Verbrechen im Konzentrationslager vor Augen. Die Wirkung dieses Prozesses trug dazu bei, dass vom Bundestag die Unverjährbarkeit von Mord beschlossen wurde.
Neue Lehrpläne und eine neue Lehrergeneration führten in den 1970er-Jahren zu einer intensiveren Beschäftigung mit dem Thema „Nationalsozialismus" im Geschichtsunterricht. Der millionenfache Mord an den europäischen Juden geriet allerdings erst 1979 über die Schulen hinaus massiv in den Brennpunkt der öffentlichen Wahrnehmung: 20 Millionen Zuschauer verfolgten die vierteilige amerikanische Fernsehserie **„Holocaust"**. Noch nie wurde so vielen Deutschen die Judenvernichtung so eindrücklich vor Augen geführt. Rechtsradikale fühlten sich herausgefordert und sprengten Sendeleitungen bei München und Koblenz. 1983 wurde durch ein Gesetz die Leugnung des Holocaust **(„Auschwitz-Lüge")** zur Straftat.

B3 Geschändeter jüdischer Friedhof in Schwäbisch Hall, 2000

Immer wieder kam es zu heftigen öffentlichen Debatten über unseren Umgang mit der Vergangenheit. Die Aufdeckung der „Verbrechen der Wehrmacht" im „Vernichtungskrieg" – so der Titel der Ausstellung 1995 – stieß auf heftigen Widerstand. Erst im Jahr 2000 wurde der Entschädigungsfonds für Zwangsarbeiter der NS-Zeit eingerichtet, nachdem die meisten von ihnen bereits gestorben waren. Um die Errichtung des **Holocaust-Mahnmals** in Berlin (eingeweiht 2005) gab es ein langes Tauziehen.
Erst in den letzten Jahren wurden verstärkt deutsche Opfer des Zweiten Weltkriegs wie Vertriebene, Flüchtlinge und die Toten alliierter Bombenangriffe in den Mittelpunkt des Gedenkens gerückt.
Die Auseinandersetzungen über Wahrnehmungen und Wertungen der nationalsozialistischen Epoche dauern an.

B4 Treffen der neonazistischen Partei „Deutsche Alternative" in Hoyerswerda

ARBEITSAUFTRÄGE

1. Interpretiere mithilfe des Textes die Karikatur B 1.
2. Beschreibt B 3 und B 4 und diskutiert, ob es Parallelen zwischen der Gegenwart und der Zeit vor 1933 gibt.
3. Diskutiert die Positionen in Q 2. Tragen Jugendliche bei uns heute eine Verantwortung, dass der Mord an den Juden nicht in Vergessenheit gerät?

	Politik	Kultur	Alltag/Wirtschaft
1945	8./9.5.1945: Bedingungslose Kapitulation Deutschlands 30.4.1945: Selbstmord Hitlers Frühjahr 1945: Sowj. Truppen erreichen deutsches Gebiet; Februar 1945: Beschluss der Alliierten zur Aufteilung Deutschlands in vier Zonen 20.7.1944: Attentat Stauffenbergs auf Hitler 6.6.1944: Landung der Westalliierten in der Normandie	Widerstandsgruppe „Kreisauer Kreis“ 1943 ff.: Propagandistische Offensive des NS-Regimes mit Durchhalteparolen	1945: Angst, Apathie und der Kampf ums tägliche Überleben beherrschen die Menschen 1944/45: Flucht von Millionen Deutschen aus den Ostgebieten nach Westen 1944 ff.: Versorgungsmangel bei Grundnahrungsmitteln
1942	Winter 1942/43: Schlacht um Stalingrad/Kriegswende Dezember 1941: Eintritt der USA in den Krieg 22.6.1941: Überfall Deutschlands auf die Sowjetunion 1940: Bombenkrieg Deutschlands gegen englische Städte; 1939/40: „Blitzkriege“ 1939: Kriegsverbrechen von SS und Wehrmacht v.a. in Polen, ab 1941 auch in der UdSSR	Widerstandsgruppen, u.a. die Studentengruppe „Weiße Rose“ 1940 ff.: Verstärkte Produktion von Unterhaltungsfilmen	1942 ff.: Alliierte Bombenangriffe und Zerstörung deutscher Städte 1940 ff.: Zunehmender Einsatz von Zwangsarbeitern in deutschen Betrieben 1940 ff.: Umstellung der Wirtschaft auf eine Kriegswirtschaft/Rationierungen; 1939: Beginn des organisierten Massenmords an Juden, Sinti und Roma sowie geistig und körperlich Behinderten in Konzentrations- und Vernichtungslagern
1939	3.9.1939: Kriegserklärungen Englands und Frankreichs an Deutschland 1.9.1939: Überfall auf Polen/Beginn des Zweiten Weltkriegs 23.8.1939: Hitler-Stalin-Pakt 15.3.1939 Besetzung der Rest-Tschechoslowakei 1938: Besetzung Österreichs und des Sudetenlandes 1937: Bündnis Deutschlands mit Japan	1939 ff.: Planung gigantischer Bauprojekte (z.B. „Volkshalle“ in Berlin) 1937: Ausstellungen „Entartete Kunst“ und „Deutsche Kunst“	1938 ff.: Zunehmender Einsatz von Frauen in der (Rüstungs-)Produktion 9.11.1938: Pogromnacht (Zerstörung jüdischer Gotteshäuser und Geschäfte) 1935 ff.: Ausgrenzung so genannter „Volksschädlinge“
1936	1936: Abkommen Deutschlands mit Italien 1935: Nürnberger Rassengesetze	1935 ff.: Rassismus, Antisemitismus und Antibolschewismus bestimmen Kulturleben 1933 ff.: Propagierung eines Mutter- und Hausfrauenkults 1933 ff.: Gleichschaltung von Kultur, Schule und Unterricht	1934 ff.: Zurückdrängen der Frauen aus dem Arbeitsleben; 1933 ff.: Erfassung der „Volksgemeinschaft“ in NS- Berufs- und NS-Freizeitorganisationen, der Kinder und Jugendlichen in HJ und BDM
1933	Mai/Juni 1933: Verbot der Gewerkschaften und Parteien März 1933: Notverordnungen und Ermächtigungsgesetz zur Ausschaltung der Opposition 30.1.1933: Ernennung Adolf Hitlers zum Reichskanzler	1933 ff.: Aufbau eines Medien- und Propagandaapparats 1933 ff.: Emigration zahlreicher Künstler, Schriftsteller und Wissenschaftler 10.5.1933: Bücherverbrennung	1.4.1933: Boykott jüdischer Geschäfte, Ärzte, Anwälte 1933 ff.: Senkung der Arbeitslosenzahl durch Neubauprojekte und Rüstungsproduktion

Zusammenfassung – Der Nationalsozialismus

Mit der Ernennung Hitlers zum Reichskanzler am 30. 1. 1933 begann eine 12-jährige Diktatur des NS-Regimes, die Europa ab 1939 in Schutt und Asche legte. Den Weg in die Diktatur verfolgte das NS-Regime anfangs mit scheinlegalen Gesetzen und Verordnungen. Doch von Anfang an wurden politische Gegner bedroht, verfolgt und ermordet. Das so genannte **Ermächtigungsgesetz** bildete im März 1933 die Grundlage, das Parlament zu entmachten. Die Gewerkschaften und die anderen Parteien wurden durch ein Verbot ausgeschaltet, oppositionelle Politiker und andere Regimegegner in Gefängnissen oder **Konzentrationslagern** inhaftiert.

Die überwiegende Mehrheit der Deutschen stimmte den Maßnahmen der Nationalsozialisten und ihrer Weltanschauung begeistert zu. Selbst der menschenverachtende **Rassismus und Antisemitismus** der Nationalsozialisten stieß nicht auf breiten Widerstand. Die Zustimmung sicherte sich das Regime auch durch die Kontrolle über alle Lebensbereiche, durch die Berufs- und Freizeitorganisationen, die Hitlerjugend, die Gleichschaltung aller Medien und durch systematische **Propaganda.** Aber es gab auch **Widerstand** gegen die Nationalsozialisten und ihre Verbrechen durch mutige Jugendliche, Frauen und Männer in der Zivilbevölkerung und in der Wehrmacht.

Mit dem Überfall auf Polen am 1. September 1939 entfesselte das NS-Regime den lange vorbereiteten **Zweiten Weltkrieg.** Nach anfänglichen Erfolgen in Polen, Frankreich und Skandinavien wendete sich 1942 der Kriegsverlauf in eine absehbare Niederlage. Ursachen dafür waren der deutsche Überfall auf die Sowjetunion und der Kriegseintritt der USA. Als der Krieg im Mai 1945 mit der **bedingungslosen Kapitulation Deutschlands** endete, hatten 55 Millionen Menschen ihr Leben verloren – darunter 6 Millionen von Deutschen oder in deutschem Namen ermordete Juden.

ARBEITSAUFTRAG

Jugendliche Widerstandskämpfer wie die Mitglieder der „Weißen Rose“ lehnten das Regime ab. Andere Jugendliche unterstützten in HJ und BDM das NS-Regime. Führt ein Streitgespräch: Welche Argumente hatten beide Seiten für ihr Verhalten?

ZUM WEITERLESEN

I. Bayer: Ehe alles Legende wird. Der Nationalsozialismus in Deutschland von Weimar bis heute. Arena, Würzburg 1995

H.-G. Noack: Die Webers – Eine deutsche Familie 1932–1945. Ravensburger Buchverlag, Ravensburg 1999

B. Rogasky: Der Holocaust. Ein Buch für junge Leser. Rowohlt, Berlin 1999

R. Thüminger: Zehn Tage im Winter. Beltz, Weinheim 1994

@/1 http://www.zlb.de/projekte/kulturbox-archiv/brand/ueberschaer.htm

@/2 http://www.dhm.de/lemo/objekte/sound/goebbels2/index.ram

@/3 http://www.dhm.de/lemo/html/nazi/index.html

@/4 http://www.keom.de/denkmal/welcome.html

@/5 http://www.buecherverbrennung.de/index.html

@/6 http://www.obersalzberg.de

@/7 http://www.annefrank.nl/

@/8 http://www.dhm.de/lemo/html/wk2/index.html

@/9 http:// www.preussen-chronik.de/episoden/011000.jsp

@/10 http://www.cc.jyu.fi/~pjmoilan/weisserose.html

@/11 http://www.dhm.de/lemo/forum/kollektives_gedaechtnis/075/index.html

@/12 http://www.preussen-chronik.de/cache/thema_c18414.html

@/13 http://www.shoa.de/

Standard-Check: Das solltest du können!

1. Wichtige Arbeitsbegriffe
Hier sind wichtige Arbeitsbegriffe des Kapitels aufgelistet. Übertrage sie in dein Heft und formuliere zu jedem Begriff eine kurze Erläuterung.

Ermächtigungsgesetz	
Konzentrationslager	
Rassenlehre	*Widerstand*
Lebensraumpolitik	*„Endlösung"*

1. ☺ 😐 ☹

2. Analyse und Kritik einer Propagandapostkarte
2.1 Stelle fest, welche Personen auf der Postkarte abgebildet sind und welche Ämter sie innehatten.
2.2 Interpretiere die Charakterisierung der historischen Bedeutung der einzelnen Personen. Welches Geschichtsbild soll damit beim Betrachter erzeugt werden? Beachte auch das Datum.
2.3 Formuliere Kritikpunkte gegen die Propagandawirkung.

B1 Propagandapostkarte, um 1933

2.1 ☺ 😐 ☹
2.2 ☺ 😐 ☹
2.3 ☺ 😐 ☹

3. Analyse einer Karikatur
3.1 Beschreibe die Karikatur.
3.2 Erkläre den Sinn der Karikatur im Hinblick auf Hitlers Äußerungen dem Ausland gegenüber im Jahr 1933.

B2 Amerikanische Karikatur zu Hitlers Reichstagsrede vom 17. 5. 1933

3.1 ☺ 😐 ☹
3.2 ☺ 😐 ☹

Die Lösungen zu diesen Standard-Checkaufgaben findest du auf Seite 304.	Aber: Erst selbst lösen, dann überprüfen. Dein Können kannst du bewerten (☺ 😐 ☹).	Deine Leistungsbewertung zeigt dir, was du noch einmal wiederholen solltest.

Das konnte ich
☺ = gut
😐 = mittel
☹ = noch nicht

Russland und die Sowjetunion im 20. Jahrhundert

Im Vergleich mit den westeuropäischen Ländern war Russland zu Beginn des 20. Jahrhunderts ein rückständiges Land: Die Industrie war noch wenig entwickelt, die einfache Bevölkerung lebte meist in sehr ärmlichen Verhältnissen. Im Oktober 1917 fand in Russland eine sozialistische Revolution statt. Sie veränderte die russische Gesellschaft tief greifend, führte zum Zusammenschluss der Sowjetunion und hatte großen Einfluss auf die Weltgeschichte des 20. Jahrhunderts. 1991 zerfiel die Sowjetunion in zahlreiche Einzelrepubliken, von denen Russland heute die größte und bedeutendste ist.

ARBEITSAUFTRAG

Beschreibe die territoriale und wirtschaftliche Entwicklung Russlands bzw. der Sowjetunion von der Zeit vor dem Ersten Weltkrieg bis 1990.

1. Die russische Gesellschaft zu Beginn des 20. Jahrhunderts

Tiefe soziale, wirtschaftliche und politische Gegensätze spalteten die russische Gesellschaft zu Beginn des 20. Jahrhunderts. Vor allem die Arbeiter, Bauern und Intellektuellen forderten bessere Arbeits- und Lebensbedingungen sowie politische Mitsprache. Doch Zar NIKOLAUS II. ließ jeden Widerstand gewaltsam niederschlagen. Welche Ursachen hatten die Konflikte?

Die Lage der Bauern und der Arbeiter – Über 90 Prozent der Bevölkerung lebten auf dem Land. Doch zwei Drittel des Bodens befanden sich im Besitz einer kleinen Schicht von **Gutsbesitzern.** Zwar war die Leibeigenschaft seit 1861 aufgehoben. Doch das hatte die Lage der Bauern nicht verbessert, denn die Gutsbesitzer ließen sich das Land teuer abkaufen. Viele Bauern waren daher hoch verschuldet. Zahlreiche verarmte Bauern und Landarbeiter wanderten in die neuen **Industriezentren** ab, um dort als **Lohnarbeiter** ein Auskommen zu finden. Die Industrie war auf wenige Zentren wie Moskau und St. Petersburg begrenzt. Ohne gesetzlichen Schutz litten die Arbeiter unter unmenschlichen Arbeitsbedingungen.

Q 1 Aus der vom Zaren 1906 erlassenen russischen Verfassung:

Art. 4: Dem Kaiser von Allrussland gehört die Oberste Selbstherrschende Gewalt. [...]
Art. 17: [Er] ernennt und entlässt den Vorsitzenden des Ministerrats [und] die Minister. [...]
Art. 86: Kein Gesetz kann ohne Zustimmung der Staatsduma [= Volksvertretung] erfolgen und ohne Bestätigung Seiner Majestät in Kraft treten. [...]
Art. 105: Die Staatsduma kann durch Verordnung des Kaisers aufgelöst werden [...].

(In: H. G. Linke: Die russischen Revolutionen 1905/1917, Stuttgart 1991, S. 44 f. Gekürzt)

Die ökonomische Entwicklung Russlands

T 2 Kohleerzeugung in Mio. Tonnen

	1840	1855	1877	1900
England	42	65	137	200
Frankreich	3	7	20	50
Deutschland*	4	8	33	140
Russland	–	–	6	18

T 3 Roheisenerzeugung in Mio. Tonnen

	1840	1855	1877	1900
England	1,50	3,00	6,50	9,5
Frankreich	0,35	0,60	1,18	2,9
Deutschland*	0,14	0,35	1,51	12,8
Russland	–	0,25	0,30	2,9

T 4 Eisenbahnnetz in Tausend Kilometer

	1840	1855	1877	1900
England	2,4	12	24	35
Frankreich	0,5	3,5	24	40
Deutschland*	0,5	9	30	50
Russland	–	1	20	40

* Deutschland in den Grenzen von 1871
(Zusammengestellt nach verschiedenen Quellen)

PERSONENLEXIKON

ZAR NIKOLAUS II., 1868–1918, russischer Zar von 1894–1917. Er setzte die konservative Politik seiner Vorgänger fort; im Juli 1918 wurden er und seine Familie ermordet. ❷/1

B 3 So genannte Treidler ziehen ein Lastschiff flussaufwärts, Foto 1900

ARBEITSAUFTRÄGE

1. Vergleiche und beurteile mit Q 1 die Rechte, die die Verfassung dem Zaren und der Volksvertretung (Duma) gab.
2. Beurteile mit T 2 – T 4 die wirtschaftliche Entwicklung Russlands im Vergleich mit der anderer Länder Europas. Beachte dabei die unterschiedliche Größe der Länder.
3. Betrachte B 3 und formuliere einen Zeitungsbericht über die Arbeitsbedingungen der Treidler.

2. Sozialistische Ideen von einer gerechteren Gesellschaft

Im 18. und 19. Jahrhundert entstanden in Mittel- und Westeuropa sozialistische Vorstellungen von einer gerechteren Gesellschaft. Wie sollte diese neue Gesellschaftsordnung aussehen? Und wie wurden diese Ideen im zaristischen Russland aufgenommen?

Frühsozialismus – Während der Französischen Revolution forderte FRANÇOIS NOËL BABEUF (1760–1797) die Abschaffung des Privateigentums und die gemeinschaftliche Nutzung aller Güter. Die von ihm zum Sturz der Regierung organisierte Verschwörung scheiterte jedoch. Babeuf wurde hingerichtet. In der ersten Hälfte des 19. Jahrhunderts, seit dem Beginn der Industrialisierung, forderten immer mehr Menschen eine Änderung der als ungerecht empfundenen gesellschaftlichen Zustände. Graf HENRI DE SAINT-SIMON (1760–1825) teilte die Gesellschaft in zwei Gruppen ein: in „Müßiggänger“ und „Arbeitende“. Die „Müßiggänger“ (Adlige, Priester, Offiziere) seien überflüssig. Ihre Macht müsse in die Hände der Arbeitenden (Arbeiter, Bauern, Unternehmer) übergehen. Auf der Grundlage christlicher Nächstenliebe forderte der deutsche Schneidergeselle WILHELM WEITLING (1808–1871) eine **kommunistische Gesellschaft,** in der das Privateigentum abgeschafft ist.

Der „Wissenschaftliche Sozialismus“ – Der Journalist KARL MARX und der Unternehmer FRIEDRICH ENGELS beschrieben Mitte des 19. Jahrhunderts die Geschichte der Menschheit als eine Abfolge von **Klassenkämpfen.** Seit der Frühzeit hätten sich die Klassen der Unterdrücker und der Unterdrückten gegenübergestanden. In der Menschheitsgeschichte sei die Arbeiterklasse, das **Proletariat,** die letzte unterdrückte Klasse. Sie werde die Kapitalistenklasse, die **Bourgeoisie,** durch eine Revolution stürzen und deren Privateigentum an Boden und Gütern in Gemeinschaftsbesitz umwandeln. Industrie

PERSONENLEXIKON

KARL MARX, 1818–1883. Deutscher Philosoph; Begründer des „Wissenschaftlichen Sozialismus“ (Marxismus). Er veröffentlichte 1848 mit Engels das „Kommunistische Manifest“; musste 1848 nach London emigrieren; Hauptwerk: „Das Kapital“ (1867). ❷/2

Q1 Der Dichter Heinrich Heine: Deutschland. Ein Wintermärchen (1844) / Caput I (Auszug)

Ein neues Lied, ein besseres Lied,
O Freunde, will ich Euch dichten!
Wir wollen hier auf Erden schon
Das Himmelreich errichten.

Wir wollen auf Erden glücklich sein,
Und wollen nicht mehr darben;
Verschlemmen soll nicht der
faule Bauch
Was fleißige Hände erwarben.

Es wächst hienieden Brot genug
Für alle Menschenkinder,
Auch Rosen und Myrten,
Schönheit und Lust,
Und Zuckererbsen nicht minder.

(In: H. Heine, Werke, Bd. 2., 2. Teil, Wiesbaden o.J. S. 92)

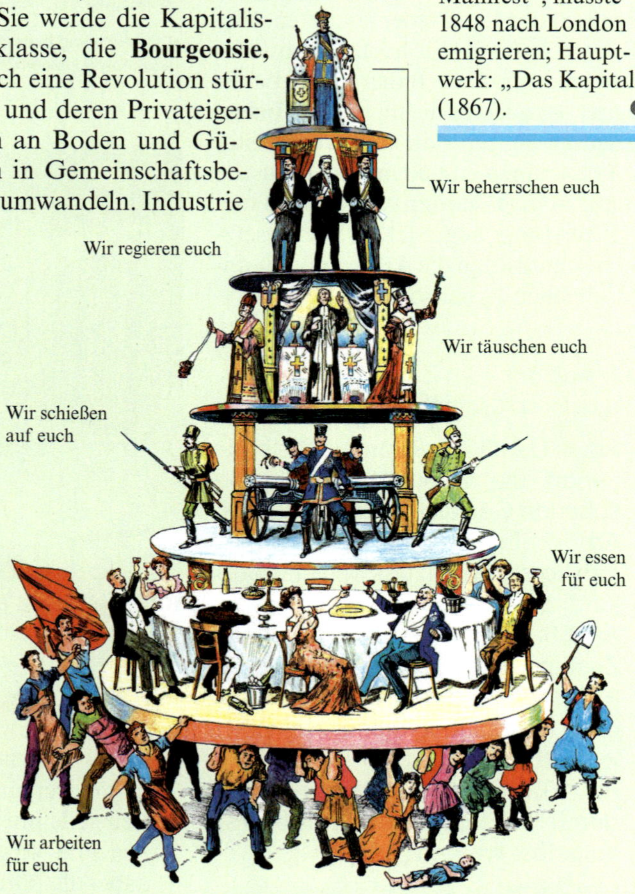

B2 „Die Gesellschaft des Zarenreichs“, Lithografie eines Flugblatts der russischen Sozialdemokraten, 1900

und Landwirtschaft würden danach einen großen Aufschwung erleben, sodass die Bedürfnisse aller Menschen befriedigt werden könnten. Für eine Übergangszeit werde das Proletariat eine **„revolutionäre Diktatur“** ausüben, die den Aufbau einer **sozialistischen Gesellschaft** sicherstelle.

Die sozialistische Bewegung in Russland – Im Laufe des 19. Jahrhunderts fanden auch in Russland die sozialistischen Ideen von Marx und Engels Anhänger, vor allem unter der so genannten **Intelligenzija** (= Bildungsbürger). Sie vertraten jedoch verschiedene Meinungen über den richtigen Weg zu einer erfolgreichen Revolution. So zogen etwa im Sommer 1874 russische Studenten in die Dörfer, um die Bauern für die Revolution zu mobilisieren. Allerdings scheiterte diese Bewegung der **Narodniki** (dt.: Volksfreunde), da die Bauern noch immer auf die Hilfe des Zaren hofften.
Die Anhänger von Marx und Engels setzten dagegen auf die Arbeiterschaft als Träger der Revolution. Doch die Industrialisierung hatte in Russland erst begonnen und das Proletariat machte Ende des 19. Jahrhunderts nur 3 % der Bevölkerung aus. Nach Ansicht des Rechtsanwalts WLADIMIR I. ULJANOW (1870–1924), der sich seit 1901 LENIN nannte, brauchte das Proletariat die Führung von „Berufsrevolutionären“, um sich zu einer revolutionären Klasse zu entwickeln. Diese Aufgabe sollte die 1898 gegründete **Russische Sozialdemokratische Arbeiterpartei** übernehmen.

Q3 Aus den „Statuten des Bundes der Kommunisten“ (1847):

Zweck des Bundes ist der Sturz der Bourgeoisie, die Herrschaft des Proletariats, die Aufhebung der alten, auf Klassengegensätzen beruhenden bürgerlichen Gesellschaft und die Gründung einer neuen Gesellschaft ohne Klassen und ohne Privateigentum.

(In: K. Marx/F. Engels, Das Manifest der Kommunistischen Partei, Stuttgart 1953, S.79)

PERSONENLEXIKON

FRIEDRICH ENGELS, 1820–1895. Sozialistischer Theoretiker; stammte aus einer Unternehmerfamilie. Er beschrieb 1845 die sozialen Verhältnisse in England, veröffentlichte mit Marx das „Kommunistische Manifest“; lebte ab 1870 in England und unterstützte Marx finanziell im englischen Exil.

Q4 Lenin über das Bündnis von Kleinbauern, Landarbeitern und Arbeiterschaft, 1903:

Damit alle Werktätigen vollständig befreit werden, muss die Dorfarmut [= Landbewohner mit sehr wenig oder ohne Landbesitz] im Bündnis mit den städtischen Arbeitern den Kampf gegen die gesamte Bourgeoisie, darunter auch gegen die reichen Bauern führen. [Sonst] wird die Dorfarmut sich nie von jeder Knechtschaft, von Not und Elend befreien. Unser letzter Schritt aber in Stadt und Land wird darin bestehen: Wir werden den Gutsbesitzern und der Bourgeoisie den ganzen Grund und Boden und alle Fabriken wegnehmen und die sozialistische Gesellschaft errichten.

(In: H. G. Linke, Die russischen Revolutionen 1905/1917, Stuttgart 1991, S. 34. Bearbeitet)

Q5 Lenin über die „Diktatur des Proletariats“ (1917):

Die Diktatur des Proletariats kann nicht nur eine Erweiterung der Demokratie ergeben. Zugleich bringt die Diktatur eine Reihe von Freiheitsbeschränkungen für die Unterdrücker, die Ausbeuter, die Kapitalisten. Diese müssen wir niederhalten, um die Menschheit von der Lohnsklaverei zu befreien; ihr Widerstand muss mit Gewalt gebrochen werden, und es ist klar, dass es dort, wo es Gewalt gibt, keine Freiheit, keine Demokratie gibt […]

(In: H. G. Linke, Die russischen Revolutionen 1905/1917, Stuttg. 1991, S.35. Bearb.)

ARBEITSAUFTRÄGE

1. Erläutere die Vorstellungen des Dichters Heinrich Heine von einer besseren Welt, wie sie in Q 1 zum Ausdruck kommen.
2. Beschreibe den Aufbau der russischen Gesellschaft, wie ihn die sozialdemokratische Partei Russlands in B 2 darstellt.
3. Benenne mit Q 3 die Ziele des „Bundes der Kommunisten“.
4. Erläutere mit Q 4 die Bedeutung eines Bündnisses zwischen städtischen Arbeitern und der Dorfarmut aus der Sicht Lenins.
5. Diskutiert mit Q 5 die Rechtfertigung Lenins für eine „Diktatur des Proletariats“ und das damit verbundene Vorgehen.

3. Russland im Ersten Weltkrieg / Beginn der Revolution

„Nieder mit dem Krieg" – Seit August 1914 kämpfte Russland an der Seite Frankreichs und Großbritanniens im Ersten Weltkrieg gegen Deutschland und Österreich-Ungarn. Russland wollte den von Österreich bedrohten Serben helfen und dabei die eigene Großmachtstellung auf dem Balkan weiter ausbauen. Die anfängliche Kriegsbegeisterung der russischen Bevölkerung schlug jedoch angesichts schwerer militärischer Niederlagen, mehr als einer Million getöteter Soldaten und einer katastrophalen Versorgungslage bald in wachsenden Widerstand um. Wie reagierte der Zar auf den Stimmungswandel der Menschen?

Die Februarrevolution – Am 23. Februar 1917 – nach dem damaligen russischen Kalender Internationaler Frauentag – demonstrierten Tausende verzweifelter Mütter in der Hauptstadt Petrograd für mehr Lebensmittel. Schon bald solidarisierten sich rund 400 000 Arbeiter mit ihnen und forderten das Ende des Krieges sowie den Sturz des Zaren. Aus der Demonstration wurde ein **Generalstreik.** Zar Nikolaus II. wollte den Widerstand erneut mit Waffengewalt unterdrücken. Doch die Soldaten, meist selbst Arbeiter- und Bauernsöhne, liefen zu den Streikenden über: Aus dem Generalstreik wurde eine **Revolution.** Die Revolutionäre stürmten die Waffenlager, befreiten die Gefangenen und verhafteten die alte Regierung. Am 2. März 1917 musste der Zar abdanken. Die Abgeordneten der **Duma** (= russ. Parlament) bildeten eine neue **Provisorische Regierung,** in der neben gemäßigten Sozialisten mehrheitlich bürgerliche Politiker vertreten waren. e/3

Q1 Fürst G. L. Lwow in einem Brief an den Präsidenten der Reichsduma, 29. Oktober 1916:

Die gewaltige patriotische Erhebung des Volkes ist von der Staatsmacht nicht ausgenützt worden. In der Provinz erregen die Maßnahmen [der Regierung] Gefühle des Zweifels, der Gereiztheit, ja sogar der Empörung und der Wut. Alle Maßnahmen scheinen darauf abzuzielen, die Lage des Landes weiter zu erschweren. Dazu gehören etwa die Maßnahmen in Fragen der Lebensmittelversorgung, die die Lage mehr und mehr verschärfen. Die Verabsäumung anderer militärischer Maßnahmen [setzt] sogar Menschen und Material des Landes aufs Spiel.

(In: M. Hellmann [Hg.], Die russische Revolution 1917, München 1969, S. 86 f. Bearbeitet)

B2 Revolutionäre Bauern stürmen ein Gut, G. Gorolew, Gemälde 1953

B3 Bewaffnete Arbeiter auf dem Schlossplatz von Petrograd, 1917

Doppelherrschaft – Schon bald hatten sich im ganzen Land Arbeiter-, Bauern- und Soldatenräte (russisch: Sowjets) gebildet. Auch sie verstanden sich als Vertreter der russischen Bevölkerung und bildeten in Petrograd das **Exekutivkomitee der Sowjets.** Noch im Februar 1917 einigten sich die neue Regierung und das Exekutivkomitee der Sowjets auf ein gemeinsames Reformprogramm, wonach Russland in eine parlamentarische Republik umgewandelt werden sollte.

„Alle Macht den Räten“ – Mit dieser Parole und dem Ziel einer sozialistischen Neuordnung Russlands kehrte der Führer der radikalen Sozialisten, WLADIMIR ILJITSCH LENIN, am 3. April 1917 mit deutscher Hilfe aus seinem Schweizer Exil nach Petrograd zurück. Bereits seit 1903 hatten die russischen Sozialdemokraten über den richtigen Weg zu einer sozialistischen Revolution gestritten: Während die gemäßigten Sozialdemokraten, die **Menschewiki,** das rückständige Russland noch nicht reif für eine sozialistische Revolution hielten, wollten die radikaleren **Bolschewiki** die Februarrevolution weiterführen. Im Sommer 1917 konnten die Bolschewiki ihren politischen Einfluss beträchtlich steigern, denn die Provisorische Regierung verlor den Rückhalt in der Bevölkerung, weil sie den verhassten Krieg fortgesetzt und auch die erhoffte Landreform verzögert hatte.

Q4 Erklärung der Provisorischen Regierung vom 3. März 1917:

1. Vollständige Amnestie aller politischen Vergehen. 2. Freiheit der Rede, der Presse, Vereins-, Versammlungs- und Streikfreiheit. 3. Abschaffung aller benachteiligenden Unterschiede [wegen] Zugehörigkeit zu bestimmten Ständen, Religionsgemeinschaften und Nationalitäten. 4. Einberufung einer Konstituierenden Versammlung auf der Grundlage des allgemeinen, gleichen, geheimen und direkten Wahlrechts. 5. Ersetzung der Polizei durch eine Volksmiliz.

(In: M. Hellmann [Hg.], Die russische Revolution 1917, München 1969, S.152 f. Bearbeitet)

Q5 Am 4. April 1917 verkündet Lenin sein Programm („Aprilthesen“):

2. Die Revolution muss die Macht in die Hände des Proletariats und der armen Schichten der Bauernschaft legen.
3. Keine Unterstützung der Provisorischen Regierung. [...]
5. Nicht parlamentarische Republik, sondern eine Republik von Arbeiter-, Landarbeiter- und Bauerndeputiertenräten. Abschaffung der Polizei, der Armee, des Beamtentums.
6. Enteignung des gesamten adligen Grundbesitzes. Nationalisierung des gesamten Bodens [...].

(In: M. Hellmann [Hg.], Die russische Revolution 1917, München 1969, S.189 f., Gekürzt)

PERSONENLEXIKON

WLADIMIR I. LENIN, 1870–1924. Führer der radikalen Sozialisten (Bolschewiki), die im November 1917 die Macht in Russland an sich rissen. Lenin wurde Vorsitzender des Rats der Volkskommissare (= Minister der bolschewistischen Revolutionsregierung). /4

Q6 Lenin und die kaiserliche deutsche Regierung 1917:

Lenin wollte die Weltrevolution, einschließlich der Revolution gegen das deutsche Kaiserreich. Seine deutschen Partner wollten den Sieg und die europäische Vorherrschaft dieses deutschen Kaiserreichs [...]. Beide Seiten wollten eine Revolutionsregierung in Russland und ein Friedensangebot dieser Regierung; und jeder hoffte, sich des anderen für seine Zwecke zu bedienen.

(In: S. Haffner, Der Teufelspakt, Die deutsch-russischen Beziehungen vom Ersten zum Zweiten Weltkrieg, Zürich 1988, S.19 f. Gekürzt)

ARBEITSAUFTRÄGE

1. Erläutere die Einschätzung, die Fürst Lwow in Q1 von der zaristischen Regierung und der Lage in Russland 1916 gibt.
2. Betrachte B2 und B3. Überlege, warum die russischen Arbeiter und Bauern sich nach der Februarrevolution bewaffneten und eigene Milizen (kämpfende Verbände) aufstellten.
3. Erläutere anhand von Q4 die politischen Veränderungen in Russland nach der Februarrevolution.
4. Vergleiche Q4 mit Q5. Worin unterscheiden sich die Forderungen Lenins von denen der neuen Regierung?
5. Beurteile die Motive, die Q6 für die Zusammenarbeit zwischen Lenin und der kaiserlichen deutschen Regierung nennt.

4. Oktoberrevolution und Gründung der UdSSR

Staatsstreich der Bolschewiki – Als die Bolschewiki im September 1917 einen Großteil der Stimmen in den einflussreichen Räten von Moskau und Petrograd erhielten, drängten Lenin und LEO TROTZKI auf den Sturz der Provisorischen Regierung, um selbst die Macht zu übernehmen. Dies gelang ihnen am 25. Oktober 1917 in einem Staatsstreich, der kaum auf Widerstand stieß. Die Bolschewiki setzten eine neue Regierung unter der Führung Lenins ein: den **Rat der Volkskommissare.** Wie reagierte die Bevölkerung auf diesen Staatsstreich?

Sicherung der Herrschaft – Schon im Oktober 1917 erfüllten die Bolschewiki die wichtigsten Forderungen der Bauern und Arbeiter. Gegen heftigen Widerstand innerhalb der eigenen Partei schlossen Lenin und Trotzki im März 1918 in Brest-Litowsk einen für Russland sehr harten Frieden mit Deutschland und Österreich-Ungarn. Russland musste die baltischen Länder abtreten und die Unabhängigkeit der Ukraine und Finnlands anerkennen. Dadurch verlor es ein Viertel seiner Bevölkerung sowie drei Viertel seiner Eisenindustrie und Kohlebergwerke. Doch die Bolschewiki wollten sich die Sympathie der kriegsmüden Arbeiter, Bauern und Soldaten sichern und so die Macht gegen ihre politischen Gegner im eigenen Land stabilisieren.

Q1 Ein Historiker über den Umsturz im Oktober 1917 in Petrograd:

Am 25. Oktober um zwei Uhr morgens besetzten Soldaten den Bahnhof der Strecke nach Moskau, wenig später Elektrizitätswerk, Post- und Telegrafenamt, Staatsbank und die wichtigsten Plätze und Brücken. Als sie um acht Uhr auch im Warschauer Bahnhof patrouillierten, war der Machtwechsel bereits vollzogen – kampflos und ohne Blutvergießen. Gegen Mittag umzingelten bewaffnete Aufständische den Winterpalast und forderten die Kapitulation der Regierung. Die Minister harrten jedoch aus. Erst am nächsten Morgen, als die Verteidiger ihre Posten schon aufgegeben hatten, verschafften sich die Angreifer – entgegen der späteren Legende ohne Sturmangriff – Zutritt und verhafteten das versammelte Kabinett.

(In: M. Hildermeier, Geschichte der Sowjetunion 1917–1991, München 1998, S.112 f.)

Q2 Aus dem Dekret über Grund und Boden, 26. Oktober 1917:

1. Das Eigentumsrecht der Gutsbesitzer an Grund und Boden wird unverzüglich aufgehoben. Eine Entschädigung wird nicht geleistet. [...] 4. Jedes Land wird zum Besitz des ganzen Volkes erklärt und denen, die es bearbeiten, zur Nutznießung überlassen. Alle Bodenschätze: Erze, Erdöl, Kohle, Salz gehen in den [...] Besitz des Staates über [...].

(In: M. Hellmann [Hg.], Die russische Revolution 1917, München 1969, S. 315 ff. Gekürzt)

B3 Erstürmung des Winterpalais [= Sitz der Provisorischen Regierung]; Szenenfoto aus einem sowjetischen Propagandafilm, 1927/28

PERSONENLEXIKON

LEO D. TROTZKI, 1879–1940. Trotzki war neben Lenin die treibende Kraft der Revolution und Organisator der Roten Armee. Stalin, dessen politischer Gegenspieler er in den 1920er-Jahren war, ließ ihn 1940 ermorden.

Kalenderreform
Am 1. Februar 1918 wurde in Russland der im übrigen Europa gültige gregorianische Kalender eingeführt. Der 1. Februar wurde damit zum 14. Februar 1918. Die Zeitangaben im Buch folgen dem jeweils gültigen Kalender.

Mehrparteiensystem oder Alleinherrschaft? – Im Januar 1918 trat die frei gewählte **Verfassunggebende Versammlung** zusammen, um über die künftige politische Ordnung des Landes zu entscheiden. Die Bolschewiki hatten diesen Wahlen widerwillig zustimmen müssen, um in der Bevölkerung nicht ihre Glaubwürdigkeit zu verlieren. Doch sie erlitten eine Wahlschlappe und erhielten nur ein Viertel der Stimmen. Als die mehrheitlich von gemäßigten Sozialdemokraten besetzte Versammlung sich weigerte, der von den Bolschewiki geforderten **Räterepublik** zuzustimmen, ließ Lenin die Verfassunggebende Versammlung auflösen. Oppositionspolitiker wurden verhaftet, nicht-bolschewistische Zeitungen verboten. Die Bolschewiki lehnten die demokratischen Regeln eines frei gewählten Parlaments ab. Sie erließen eine Räteverfassung, nach der nur Arbeiter, Angestellte, Bauern und Soldaten wählen durften und gewählt werden konnten.

Bürgerkrieg und Kriegskommunismus – Mit großer Härte bekämpften sich die von Trotzki organisierte millionenstarke **Rote Armee** und die als „Weiße" bezeichneten Gegner der Bolschewiki. Schließlich siegten die „Roten" über die uneinigen „Weißen". Etwa 10 Millionen Menschen verloren in diesem Bürgerkrieg ihr Leben. Die Maßnahmen des Kriegskommunismus (Verstaatlichung aller Betriebe, Verbot des Privathandels, Lebensmittelzuteilungen) sollten alle Kräfte für den Sieg mobilisieren und gleichzeitig den Aufbau einer sozialistischen Gesellschaft vorantreiben. ⓔ/3

Wirtschaftskrise und Massenelend – Nach vier Jahren Weltkrieg, nach Bürgerkrieg und Kriegskommunismus war Russlands Wirtschaft 1920 vollkommen zerrüttet: Millionen Menschen verhungerten. Landesweite Unruhen der Bauern und Streiks der Arbeiter zwangen die Sowjetregierung 1921 zu einer neuen Wirtschaftspolitik. Diese **Neue Ökonomische Politik** (russ. abgekürzt: NEP) gab der Bevölkerung vorübergehend wieder mehr wirtschaftliche Freiheit: Die Bauern durften ihre Überschüsse frei auf Märkten verkaufen, private Kleinbetriebe konnten Dienstleistungen anbieten.

Gründung der UdSSR – 1922 schlossen sich die russische, ukrainische, transkaukasische und die weißrussische Räterepublik zur **Union der sozialistischen Sowjetrepubliken (UdSSR)** zusammen. Moskau wurde neue Hauptstadt.

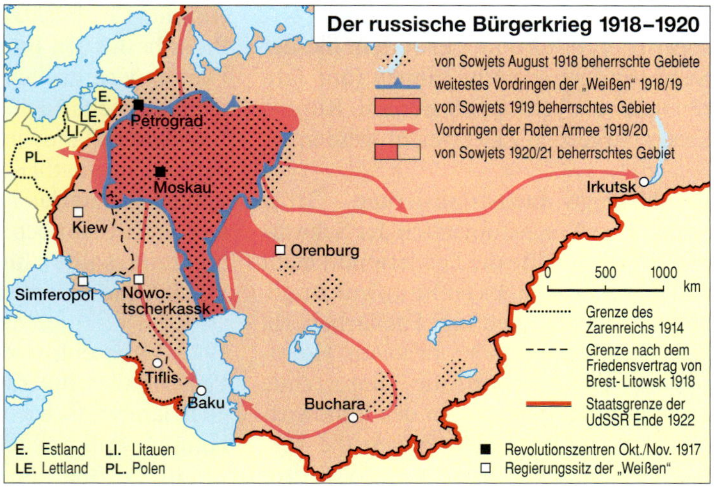

K4

T5 Entwicklung der Agrarproduktion 1917–1940 in %-Werten der Produktion von 1913 (1913 = 100 %)

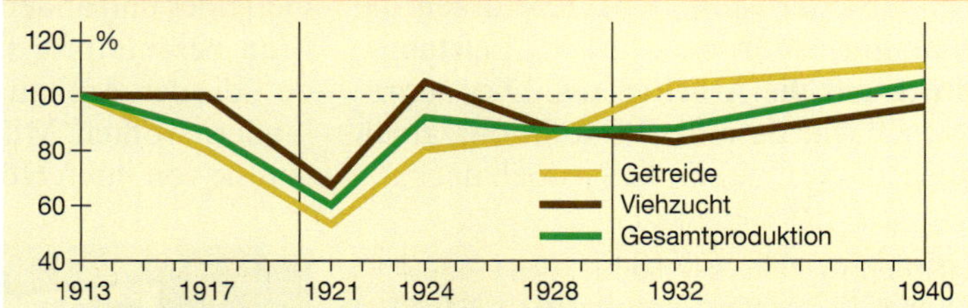

(Nach R. A. Clarke: Soviet Economic Facts 1917–1970, Basingstoke 1972, S. 10; Hildesheimer, M.: Geschichte der Sowjetunion 1917–1991, München 1998, S. 496)

ARBEITSAUFTRÄGE

1. Welche der in Q 1 beschriebenen Aktionen waren für den Erfolg des Umsturzes entscheidend, welche mehr symbolisch?
2. Erläutere und beurteile Q 2. Wie kamen die Bolschewiki den Forderungen der Arbeiter- und Bauernräte nach?
3. Betrachte und analysiere B 3. Welchen Eindruck will der Film mit dieser Darstellung der Erstürmung des Winterpalais vermitteln? Vergleiche B 3 mit der Darstellung in Q 1.
4. Fasse mit K 4 den Verlauf des Bürgerkriegs zusammen.
5. Beschreibe mit T 5 die Entwicklung der Agrarproduktion. Erkläre die Produktionsentwicklung vor 1921 bzw. danach.

5. Industrialisierung und Kollektivierung

Die Bolschewiki (seit 1918 Kommunistische Partei) wollten den Aufbau des Sozialismus und die Unabhängigkeit vom kapitalistischen Ausland durch eine rasche Industrialisierung der Sowjetunion erreichen. Deshalb entschieden sie sich für den Weg einer staatlich gesteuerten **Planwirtschaft.** Die Ziele des ersten Fünfjahresplans von 1928 waren hoch: Die Industrieproduktion, besonders die der Schwerindustrie, sollte binnen fünf Jahren mehr als verdoppelt werden. Konnte dieses ehrgeizige Ziel erreicht werden?

Beschleunigte Industrialisierung – Trotz erheblicher Wachstumsraten der Schwerindustrie erreichte die Sowjetunion nicht alle ihre Planziele. Es fehlte an gut ausgebildeten Ingenieuren und Facharbeitern. Die Zerschlagung der privaten Handwerksbetriebe sowie die einsetzende Zwangskollektivierung in der Landwirtschaft verschlechterten zudem die Versorgungslage, besonders bei Agrarprodukten. Als Folge stiegen die Preise für Güter des täglichen Bedarfs und für Nahrungsmittel, sodass der Lebensstandard der Arbeiter sank. Trotzdem übten die Planungsbehörden starken **Leistungsdruck auf die Arbeiter** aus. Dies führte zwar dazu, dass die Produktionszahlen stiegen, die Qualität ließ jedoch nach.

Zwangskollektivierung – Um 1928 lebten noch etwa drei Viertel der russischen Bevölkerung auf dem Land. Während der Revolution war die Sympathie der Bauern und Landarbeiter für die Bolschewiki sehr wichtig gewesen. Daher hatten sie der Aufteilung der Adels- und Kirchengüter unter den Bauern zunächst zugestimmt. Grundsätzlich lehnten sie den Privatbesitz von Bauernhöfen jedoch ab. Die Bauern sollten sich zu **Kolchosen** (genossenschaftliche Großbetriebe) und **Sowchosen** (landwirtschaftliche Spezialbetriebe in staatlicher Regie) zusammenschließen und das Land **„kollektiv“** (gemeinschaftlich) bebauen. Für die private Nutzung sollte ihnen nur ein kleines Stück Land und etwas Vieh bleiben.

1929/30 beschloss die Kommunistische Partei daher die **Zwangskollektivierung** aller landwirtschaftlichen Betriebe. Der Hauptangriff richtete sich zunächst gegen die Mittel- und Großbauern, die so genannten **Kulaken.** Sie stellten zwar nur etwa fünf Prozent der bäuerlichen Bevölkerung, produzierten aber über 20 % des Getreides und anderer Agrarerzeugnisse. Man beschimpfte sie als „Klassenfeinde“, die den Aufbau des Sozialismus verhindern wollten. Mit ihren Familien wurden sie von ihren Höfen verjagt, nach Si-

„Wir werden für den Aufbau des Sozialismus 1931 8 Millionen Tonnen Roheisen erzeugen.“ Propagandaplakat, 1931

T1 Entwicklung der industriellen Produktion 1917–1940 in % (Basis: 1913 = 100 %)

	Insgesamt	Industriegüter	Konsumgüter
1913	100	100	100
1917	71	81	67
1921	31	29	33
1925	73	80	69
1927	111	128	102
1930	193	276	151
1935	411	713	258
1940	852	1554	497

(Nach: H. Altrichter, Kleine Geschichte der Sowjetunion 1917–1991, München 1993, S. 216)

B2 Elektrizität und elektrisches Licht halten Einzug im Dorf, Foto 1926

birien verschleppt oder ermordet. Als die Zwangskollektivierung auch die Kleinbauern traf, regte sich erbitterter Widerstand. Die Bauern schlachteten ihr Vieh ab und versteckten die Vorräte. Kommunistische Milizen gingen mit großer Härte gegen die Bauern vor. Die **Zerstörung der traditionellen Bauernschaft** führte in den Folgejahren zu einem starken Rückgang der Ernteerträge und schweren **Hungersnöten** mit Millionen von Toten. Dennoch hielt die Partei an ihrer Politik fest: Bis 1936 waren schon 90 % der Bauern gezwungen, in Kolchosen oder Sowchosen zu arbeiten.

Q5 Stalin über die Liquidierung des Kulakentums als Klasse (1929):

Heute haben wir die Möglichkeit, es [das Kulakentum] als Klasse zu liquidieren und seine Produktion durch die Produktion der Kollektiv- und Sowjetwirtschaften zu ersetzen. Natürlich darf man [den Kulaken] nicht in die Kollektivwirtschaft lassen, weil er ein geschworener Feind der kollektivwirtschaftlichen Bewegung ist.

(In: Geschichte in Quellen, Bd. 5, S. 142. Bearb.)

Q3 Der deutsche Journalist Egon Erwin Kisch berichtet über einen Besuch in der Sowjetrepublik Usbekistan (1931):

Noch immer stößt die Durchführung der allgemeinen Schulpflicht für Mädchen auf steile Hindernisse […]. Im Frauenklub werden Tageskurse und Abendkurse zur Liquidierung des Analphabetentums abgehalten. Die Klubmitglieder bilden verschiedene Zirkel: Sport, Theater, Musik und Landesverteidigung […]. Eine Filiale der staatlichen Sparkasse amtiert im Klubgebäude, verschleierte Frauen legen erspartes Geld auf ihren Namen an […].

(In: E. E. Kisch: Asien gründlich verändert, Berlin [Ost]/Weimar 1980, S. 237. Gekürzt)

B6 Hungernde Bauernkinder in der Sowjetunion, Foto 1920er-Jahre

T4 Anteil der Lese- und Schreibkundigen in Russland/in der Sowjetunion (in %)

	1887	1926	1939
Insgesamt	**24,0**	**51,5**	**81,2**
– nur Männer	35,8	66,5	90,8
– nur Frauen	12,4	37,1	72,6
Stadtbewohner	**52,3**	**76,3**	**89,5**
Dorfbewohner			
– insgesamt	**19,6**	**45,2**	**76,8**
– nur Frauen	8,6	30	66,5

ARBEITSAUFTRÄGE

1. Beschreibe mit T 1 die Entwicklung der Industrialisierung in der UdSSR. Erläutere, welche Bedeutung die Industrie-, die Konsumgüter sowie Agrarprodukte für die Menschen hatten.
2. Betrachte B 2. Verfasse einen Zeitungsbericht über die Veränderungen, die die Elektrizität der Landbevölkerung brachte.
3. Erläutere mit Q 3, wie die Emanzipation der Frauen in der Sowjetrepublik Usbekistan vorangetrieben wurde.
4. Analysiere T 4. Welche Fortschritte in der allgemeinen Volksbildung werden deutlich? Welche Unterschiede zwischen den einzelnen Gruppen der Bevölkerung lassen sich erkennen?
5. Vergleiche Q 5 mit T 5 auf S. 119. Diskutiere die Enteignung der Kulaken. Beschreibe mit B 6 eine der Auswirkungen.

6. Das Sowjetsystem – Parteidiktatur, Terror, Personenkult

Die 1922 gegründete Union der Sozialistischen Sowjetrepubliken (UdSSR) war laut Verfassung eine „Räterepublik". Tatsächlich hatte aber die Kommunistische Partei der Sowjetunion (KPdSU) die alleinige Macht inne. Welche Entwicklung nahm die Sowjetunion?

„Diktatur des Proletariats" – Lenin hatte erklärt, dass der Erfolg der Revolution nur gesichert werden könnte, wenn das Proletariat im Bündnis mit den Kleinbauern die uneingeschränkte politische Macht ausübe: die **„Diktatur des Proletariats".** Die besiegten „Ausbeuterklassen" – Unternehmer und Großgrundbesitzer – sollten unterdrückt bzw. beseitigt werden. Formal war der in der Revolution entstandene **„Allrussische Rätekongress"** das oberste Machtorgan der Union; er wurde aus gewählten Vertretern der städtischen und ländlichen Räte gebildet. Doch faktisch lag die Macht in den Händen des **„Rats der Arbeiter- und Bauernverteidigung"**, der im November 1918 von den Bolschewiki geschaffen worden war und nur sechs Personen umfasste.

Aufgaben und Struktur der Partei – Bereits mit der Auflösung der Verfassunggebenden Versammlung im Januar 1918 sowie der Verhaftung von Oppositionspolitikern hatten die Bolschewiki sich auch offen gegen die Prinzipien einer parlamentarischen Demokratie gewandt. Da es außer der KPdSU keine anderen Parteien mehr gab, waren alle Staatsorgane und wichtigen Ämter mit Bolschewiki besetzt. Jede legale (= gesetzmäßige) Opposition war damit ausgeschaltet. Auch später blieb die KPdSU die einzig anerkannte Partei. Ihr gehörten 1933 etwa 3,5 Millionen Menschen an. Die Parteimitglieder hatten die Anweisungen der Führung widerspruchslos auszuführen. Wer von der „richtigen" Linie abwich, wurde zur Rechenschaft gezogen. Alle Parteimitglieder hatten die Aufgabe, der Bevölkerung die Entscheidungen der Parteiführung zu vermitteln und ihre Durchführung zu überwachen. An der Spitze der Partei stand seit 1919 das **„Politische Büro des Zentralkomitees"** (Politbüro), das die Machtbefugnisse des „Rats der Arbeiter- und Bauernverteidigung" übernahm. Dem Politbüro gehörten fünf Vollmitglieder und drei Kandidaten an. Auch die **Volkskommissare,** die „Minister" der Regierung, erhielten vom Politbüro die Direktiven für ihre Politik.

Terror durch die Tscheka – Bereits im Dezember 1917 hatte Felix Dserschinski, ein Mitstreiter Lenins, die Geheimpolizei der Bolschewiki gegründet: die **Tscheka.** Unter verschiedenen Bezeichnungen (Tscheka, GPU, NKWD, KGB) erlangte sie im Laufe der Jahre große Macht. Schon im Bürgerkrieg erschoss die Tscheka mit ausdrücklicher Zustimmung Lenins bzw. auf seine Anweisung hin zahlreiche politische Gegner. Die ersten **Zwangsarbeitslager** wurden eingerichtet. Während der Industrialisierung und Zwangskollektivierung verfolgte die Geheimpolizei angebliche Verschwörer, spürte geheime Vorräte der Bauern auf, vertrieb oder ermordete die Kulaken.

PERSONENLEXIKON

JOSEF W. DSCHUGASCHWILI, genannt STALIN, 1879–1953.
Stalin gehörte seit 1904 zum bolschewistischen Flügel der russischen Arbeiterpartei. Nach der Revolution 1917 wurde er einer der Volkskommissare, 1922 Generalsekretär der Kommunistischen Partei. Nach Lenins Tod erlangte er eine allmächtige Stellung in der Partei und im Staat. /5

Q1 Lenin über die „Diktatur des Proletariats" und die Führung durch die Kommunistische Partei, 1920:

Die Diktatur [des Proletariats] wird durch das in den Sowjets organisierte Proletariat verwirklicht, dessen Führer die Kommunistische Partei der Bolschewiki ist [...]. Die Partei [...] wird vom Zentralkomitee geleitet, das aus 19 Personen besteht und vom Parteitag gewählt wird. Die laufende Arbeit wird von noch engeren Kollegien geleistet, dem so genannten „Orgbüro" (Organisationsbüro) und dem „Politbüro" (Politisches Büro), die je aus fünf Mitgliedern des Zentralkomitees bestehen [...]. Hier haben wir also eine regelrechte „Oligarchie". Keine einzige wichtige politische oder organisatorische Frage wird in unserer Republik von irgendeiner staatlichen Institution ohne Direktiven des Zentralkomitees unserer Partei entschieden.

(W. I. Lenin: Der „linke Radikalismus", die Kinderkrankheit im Kommunismus, in: W. I. Lenin, Ausgewählte Werke, Bd. 5, Frankfurt/M. 1971, S. 496 f., Gekürzt)

Arbeit mit historischen Fotografien

Die Fotografie wurde im 19. Jahrhunderts entwickelt. Fotos können wirklichkeitsgetreue Bilder über einen Gegenstand, eine Person oder eine Situation wiedergeben. Sie sind deshalb wichtige historische Bildquellen und Dokumente.

Ein Foto zeigt jedoch nur einen begrenzten Ausschnitt der Wirklichkeit und es stellt nur eine Momentaufnahme dar. Vor allem ist es stets auch davon geprägt, was aus Sicht des Fotografen oder seines Auftraggebers interessant erscheint.

Eine nachgestellte Aufnahme, zum Beispiel die von der Erstürmung des St. Petersburger Winterpalais (vgl. Seite 118), ist zwar auch ein Zeitdokument, aber kein authentisches. Vielmehr muss man in diesem Fall kritisch fragen, warum und für wen die Szene des Fotos nachgestellt wurde und ob sie wahrheitsgemäß nachgestellt wurde.

So alt wie die Fotografie selbst ist, so alt sind aber auch die Versuche, Fotografien nachträglich zu verändern (zu fälschen), beispielsweise für Propagandazwecke. Die beiden Fotos auf dieser Seite sind ein bekanntes Beispiel für die Fälschung eines Fotos im Bereich der politischen Geschichte. Sie stammen aus dem Jahr 1920 und zeigen Lenin, der Soldaten der Roten Armee verabschiedet. Der Fotograf machte damals zwei nahezu identische Aufnahmen; sie unterschieden sich ursprünglich nur durch eine etwas andere Perspektive. Auf dem ersten Foto sieht man rechts neben der Tribüne in Uniform Leo Trotzki, einen einflussreichen Mitstreiter Lenins und Organisator der Roten Armee. Auf dem zweiten Foto ist Trotzki später „wegretuschiert" worden. In wessen Auftrag, wann und mit welcher Absicht geschah dies?

Als Stalin nach Lenins Tod im Jahr 1924 dessen Nachfolger wurde, ließ er viele seiner Gegenspieler entmachten, um seine eigene Position zu sichern. So war es auch bei dem angesehenen Trotzki, den Stalin 1940 sogar umbringen ließ. Alle Hinweise auf Trotzki mussten auf Anweisung Stalins entfernt werden – auch auf Fotos.

B 1 und B 2 Lenin verabschiedet Soldaten der Roten Armee, 1920

WORAUF DU ACHTEN MUSST

1. Stelle fest, aus welcher Zeit das Foto stammt, wo es gemacht wurde und, falls möglich, von wem es gemacht wurde.
2. Ordne das Foto in den geschichtlichen Zusammenhang ein.
3. Stelle zusammen, welche Informationen du dem Foto direkt entnehmen kannst.
4. Überlege, welche Fragen das Foto nicht beantwortet. Versuche mithilfe anderer Quellen, darauf Antworten zu finden.
5. Wenn du weißt, dass ein Bild (nachträglich) gestellt oder gefälscht wurde, suche nach möglichen Motiven dafür.

Kampf um die Macht – Seit 1922 war JOSEF STALIN Generalsekretär der KPdSU. Geschickt hatte er es verstanden, wichtige Positionen mit seinen Anhängern zu besetzen. Lenin hatte sich kurz vor seinem Tod (1924) gegen Stalin als seinen Nachfolger ausgesprochen. Aber diesem gelang es dennoch, sich im innerparteilichen Machtkampf durchzusetzen. Durch Intrigen, Schauprozesse, deren Urteile schon vorher feststanden, und auch durch Mord schaltete Stalin bis 1928 alle innerparteilichen Gegner aus. So machte er sich zum Alleinherrscher in Partei und Staat. /6

Politischer Kurswechsel – Lenin hatte die kommunistische Revolution in den fortgeschrittenen Industriestaaten vorantreiben wollen. Stalin vertrat dagegen die Auffassung, dass zunächst der Aufbau des Sozialismus in der Sowjetunion Vorrang habe. Seit 1927 setzte er die Abkehr von der Neuen Ökonomischen Politik (NEP) durch. Stattdessen wurden nun die rasche Industrialisierung und die Zwangskollektivierung der Landwirtschaft forciert und mit großer Härte durchgeführt. Stalin ließ 1936 die veränderten Verhältnisse durch eine neue Verfassung festschreiben: Bodenschätze und Industriebetriebe gehörten dem Staat; das Land der Kolchosen war „genossenschaftliches“ Eigentum. Die Räte als gesetzgebende Organe sollten demokratisch gewählt werden und die Richter unabhängig sein. Doch der Anschein einer „sozialistischen Demokratie“ war trügerisch.

„Große Säuberungen“ – Auf Befehl des krankhaft misstrauischen Stalin nahm der Terror der **Geheimpolizei** kaum vorstellbare Ausmaße an. Eine Welle von Verhaftungen überrollte das Land. Bereits eine kritische Bemerkung über Stalin konnte die Todesstrafe zur Folge haben. Höhepunkte dieses Terrors waren die „Moskauer Prozesse“ (1936–1938). Stalin ließ fast die gesamte Parteiführung der 1920er-Jahre sowie hohe Offiziere der Roten Armee und sogar Mitglieder der Geheimpolizei umbringen.

Für die Jahre 1937/38 sind annähernd 700 000 Hinrichtungen durch die Geheimpolizei dokumentiert. /6

Die Geheimpolizei verwaltete auch die Zwangsarbeitslager, die über die gesamte Sowjetunion verteilt waren. 1938 mussten ca. 10 Millionen Menschen unter unmenschlichen Bedingungen im Straßen-, Kanal-, Eisenbahn- und Bergbau, in Fabriken oder in der Landwirtschaft arbeiten. Man schätzt, dass zwi-

Q2 Stalin über das sowjetische Einparteiensystem, 1936:

Es gibt bei uns keine einander entgegengesetzten Parteien, ebenso wie es bei uns keine einander entgegengesetzten Klassen der Kapitalisten gibt oder von Kapitalisten ausgebeutete Arbeiter. Unsere Gesellschaft besteht ausschließlich aus freien Werktätigen – aus Arbeitern, Bauern und der Intelligenz.
Jede dieser Schichten kann ihre speziellen Interessen haben und sie durch die vorhandenen zahlreichen gesellschaftlichen Organisationen zum Ausdruck bringen. Aber sobald es keine Klassen gibt, wenn sich die Grenzen zwischen den Klassen verwischen, kann es keinen Nährboden für die Bildung einander bekämpfender Parteien geben.

(In: K. Farner [Hg.], Verfassung der UdSSR, Zürich 1945, S. 15 f.)

B3 „Die harte Hand Jeschows“. N.I. Jeschow war seit 1937 Chef der Geheimpolizei NKWD. Er zerdrückt eine Schlange mit den Köpfen der Stalingegner Trotzki, Bucharin, Rykow; der Schwanz der Schlange ist als Hakenkreuz dargestellt. Russisches Plakat von 1937

schen einer und ca. fünf Millionen Menschen in den Lagern umkamen.

Personenkult – Lenin hatte die Verehrung seiner Person abgelehnt. Anders Stalin: Er ließ sich 1929 an seinem 50. Geburtstag mit großem Aufwand feiern. Die Verherrlichung Stalins nahm riesige Ausmaße an. Sein Bild und sein Name waren allgegenwärtig. Die Massenmedien und die Künstler priesen ihn in fast religiöser Verehrung als „gütigen" Vater der Sowjetunion, als unfehlbares Genie, das außerhalb jeder Kritik stand. Stalin wurde zum Vorbild stilisiert, dem die Menschen einerseits nacheifern, den sie wegen seiner Allgegenwart aber auch fürchten sollten.
Erst nach Stalins Tod (1953), als nach und nach das Ausmaß seiner Terrorherrschaft bekannt wurde, verurteilte die Partei den Personenkult und die Verbrechen Stalins.

Q4 Eine Augenzeugin berichtet über ihre Erlebnisse im Jahr 1934:

In jenen schrecklichen Dezembertagen [begann] eine Verhaftungswelle. Sie ergriffen fast jeden, der vom NKWD [Geheimpolizei] verdächtigt worden war. Einer der Ersten war unser Wohnungsnachbar [...]. Wir kannten ihn als ruhigen, bescheidenen jungen Mann, der sich für seine invalide Mutter aufopferte. Dann erklang plötzlich um zwei Uhr morgens ein schrilles, unaufhörliches Klingeln in unserer Wohnung. Alle wachten auf und hatten nur den einen Gedanken: „Zu wem sind sie gekommen?" Zwei NKWD-Männer traten ein, in Begleitung unseres verwirrten und erschrockenen Hausmeisters. Er bezeichnete die Tür unseres Nachbarn. Mir wurde leichter ums Herz; zumindest diesmal waren sie dran und nicht wir [...].

(In: E. Skrjabin, Von Petersburg bis Leningrad, Wiesbaden 1986, S.127 f. Gekürzt)

B5 Steine klopfende Zwangsarbeiter in einem Lager, Foto 1930er-Jahre

B6 „Rosen für Stalin", Gemälde von B. E. Wladimirski, 1949

ARBEITSAUFTRÄGE

1. Analysiere Q1 und gib die wesentlichen Aussagen des Textes in eigenen Worten wieder.
2. Erläutere und beurteile mithilfe des Darstellungstextes, mit Q1, S. 122, und Q5, S. 115, den Begriff „Diktatur des Proletariats" sowie die Funktion der Kommunistischen Partei.
3. Wie begründet Stalin in Q2, dass in der Sowjetunion nur eine einzige Partei, die KPdSU, existieren sollte? Nimm Stellung.
4. Interpretiere B3: An wen richtet sich das Plakat? Welche Aussage will es vermitteln? Wie beurteilst du seine Wirkung?
5. Lies Q4. Entwirf einen Brief, mit dem die Autorin ihrem Bruder die Ereignisse jener Nacht mitteilt. Berücksichtige dabei, dass dieser Brief in andere Hände geraten konnte.
6. Beschreibe B5. Stelle die Bildaussage in einen Zusammenhang mit der in Q4 beschriebenen Verhaftungswelle.
7. Interpretiere die Aussage und die Darstellungsmittel von B6.

7. Die Außenpolitik der UdSSR 1922–1939

Nach dem Ersten Weltkrieg war Russland politisch isoliert. Aus Angst vor einer Ausbreitung des Kommunismus unterstützten Frankreich, Großbritannien, Japan und die USA im russischen Bürgerkrieg die Gegner der Bolschewiki, die so genannten „Weißen“. Daher näherte sich Russland dem ebenfalls isolierten früheren Kriegsgegner Deutschland an: 1922 nahmen beide Länder diplomatische Beziehungen auf **(Rapallo-Vertrag);** 1926 vereinbarten sie gegenseitige Neutralität im Fall eines Angriffs durch ein drittes Land **(Berliner Vertrag).** Welche Ziele hatte die Außenpolitik der UdSSR?

Stalin wollte den raschen Aufbau des Sozialismus ohne Störungen durch außenpolitische Konflikte fortsetzen. Daher schloss die UdSSR Nichtangriffspakte mit ihren Nachbarländern. Auch als in Deutschland 1933 die Nationalsozialisten unter HITLER an die Macht kamen, wollte Stalin die guten politischen und wirtschaftlichen Beziehungen zu Deutschland aufrechterhalten. Erst als die Verfolgung der deutschen Kommunisten durch das NS-Regime immer brutalere Formen annahm und der friedensgefährdende Charakter der deutschen Außenpolitik deutlich wurde, änderten die kommunistischen Parteien Europas 1935/36 auf Anweisung Stalins ihre Politik: Mit den bisher bekämpften Sozialdemokraten und anderen fortschrittlichen Kräften sollten sie nun eine **„Volksfront“** gegen den Faschismus bilden.

Hitler-Stalin-Pakt – Nach der Annexion Österreichs im März 1938 und dem deutschen Überfall auf die Tschechoslowakei im März 1939 glaubte Stalin nicht mehr an die Hilfe der Westmächte im Fall eines deutschen Angriffs auf die UdSSR. Er schloss daher im August 1939 mit Hitler einen Nichtangriffspakt. In einem geheimen Zusatzprotokoll beschlossen die Diktatoren, Polen unter beiden Ländern aufzuteilen. Die deutsche Wehrmacht begann daraufhin im September 1939 den lange geplanten Überfall auf Polen; sowjetische Soldaten marschierten in Ostpolen ein. /7

Q1 Aus den Beschlüssen des VII. Weltkongresses der Kommunistischen Internationale vom 20.8.1935:

Angesichts der immer größer werdenden Gefahr des Faschismus für die Arbeiterklasse ist die Aktionseinheit aller Gruppen der Arbeiterklasse [erforderlich]. Deshalb muss die Unterstützung der Sowjetunion die Handlungen jeder revolutionären Organisation des Proletariats, jedes parteilosen Arbeiters, jedes ehrlichen Intellektuellen und Demokraten bestimmen.

(In: H.-W. Ballhausen, Aufstieg und Zerfall der Sowjetunion, Stuttgart 1998, S. 87. Gekürzt)

B2 Ein sowjetischer Kommissar der KPdSU mit deutschen Offizieren der Wehrmacht über eine Landkarte Polens gebeugt, Foto 1939

ARBEITSAUFTRÄGE

1. Erarbeite mit Q1 die Schlussfolgerung, die die kommunistischen Parteien 1935 aus dem Erstarken des Faschismus zogen.
2. Betrachte B2. Vor welchen Problemen hätte ein sowjetischer Kommunist gestanden, der einem in die UdSSR geflüchteten deutschen Kommunisten dieses Bild aus dem Jahr 1939 erklären sollte? Berücksichtige bei deinen Überlegungen Q1.

8. Die Sowjetunion im Zweiten Weltkrieg

Der deutsche Angriff – Trotz des Nichtangriffspakts von 1939 überfiel die deutsche Wehrmacht am 22. Juni 1941 die Sowjetunion. Bis zum Ende des Zweiten Weltkriegs und der deutschen Kapitulation am 8. Mai 1945 verloren etwa 27 Millionen sowjetischer Soldaten und Zivilisten ihr Leben. Wie konnte die Sowjetunion diesen Krieg bestehen und welche Auswirkungen hatte er für die Menschen?

Der „Große Vaterländische Krieg" – Stalin appellierte an die patriotischen Gefühle der Menschen, indem er sie an die erfolgreiche Abwehr früherer Bedrohungen erinnerte, etwa an den Sieg über Napoleon im Jahre 1812. Gleichzeitig wurde den Soldaten unter Androhung der Todesstrafe jeder Rückzug verboten. Die seit langem in Russland lebenden Wolgadeutschen ließ Stalin in die östlichen Steppen verschleppen, da er sie der Zusammenarbeit mit dem deutschen Feind verdächtigte. Obwohl seit 1917 unterdrückt, rief auch die orthodoxe Kirche die Gläubigen zur Verteidigung Russlands auf.

Kriegsalltag – Wegen der Flüchtlingsströme aus den von den Deutschen eroberten und zerstörten Gebieten kam es zu einer großen Wohnungsnot. Auch die streng rationierten Lebensmittel reichten kaum, sodass die Menschen an Hunger litten. Mit allen Mitteln versuchten Staat und Partei die Produktion zu steigern: Die Arbeitszeiten wurden erhöht und die gesetzlichen Feiertage abgeschafft. 1944 arbeitete ein Industriearbeiter durchschnittlich 54–55 Stunden in der Woche. Frauen nahmen die Arbeitsplätze der kämpfenden, gefallenen oder gefangenen Männer ein. 1944 stellten sie 57,4 % der Arbeiter und Angestellten.

„Die Heimat ruft", Sowjetisches Propagandaplakat von 1941

Q1 Der 16-jährige Jura Rjabinkin über die Belagerung Leningrads:

6./7. November 1941: Wir haben keinen Reis für Brei mehr. Demnach werde ich drei Tage hungern müssen. Ich kann den Unterrichtsstoff einfach nicht mehr aufnehmen. Ich denke immer ans Essen.
9./10. November 1941: Jetzt ist Alarm. Er dauert schon an die zwei Stunden. Not und Hunger treiben die Leute zu den Läden, in die Kälte und in die langen Menschenschlangen, wo sie sich stoßen und drängen lassen. Und das wochenlang. Danach hat man keine Wünsche mehr. Es bleibt nur stumpfe, kalte Gleichgültigkeit gegenüber allem, was vor sich geht.

(In: H. Altrichter/H. Naumann [Hg.], Die Sowjetunion, Bd. 2, München 1987, S. 454 f. Gekürzt)

B2 Von deutschen Truppen in Brand gestecktes russisches Bauernhaus, Foto 1941

ARBEITSAUFTRÄGE

1. Erläutere die Informationen, die du Q1 entnehmen kannst. Beschreibe die Stimmung des 16-jährigen Schülers Jura.
2. Beschreibe B2. Nenne mögliche Motive der deutschen Truppen, warum sie russische Dörfer zerstörten und die Bewohner vertrieben oder töteten. Wie ist deine eigene Meinung?

9. Die UdSSR nach Stalin

Als Siegermacht im Zweiten Weltkrieg war die UdSSR 1945 zu einer Weltmacht aufgestiegen. Den ost- und mitteleuropäischen Nachbarstaaten zwang sie ihr politisches System auf. Als Stalin 1953 starb, hofften viele Menschen in der UdSSR und ganz Osteuropa auf mehr Freiheit und ein besseres Leben. Wie entwickelte sich die Sowjetunion nach dem Tod des Diktators?

Entstalinisierung und Reformen – Nach kurzem Machtkampf setzte sich NIKITA S. CHRUSCHTSCHOW, der Parteichef von Moskau, als Nachfolger Stalins durch. Er entmachtete den Chef der Geheimpolizei BERIJA und ließ ihn hinrichten. Im Jahr 1956 wagte Chruschtschow einen aufsehenerregenden Schritt, als er den Terror der stalinistischen Säuberungen und den Personenkult um Stalin verurteilte. Das Lagersystem **(Gulag)** wurde allmählich abgeschafft. Die Menschen hofften auf eine bessere Zukunft, da die neue Parteiführung umfassende wirtschaftliche, gesellschaftliche und politische Reformen ankündigte. e/8

Den Aufbruch in eine bessere und modernere Zukunft symbolisierte das **Weltraumprogramm.** Tatsächlich konnte die UdSSR 1961 kurzzeitig die Führung in der bemannten Weltraumfahrt übernehmen, als der Kosmonaut JURI GAGARIN erstmals im All die Erde umkreiste. Doch trotz vielfältiger Reformen gelang es Chruschtschow nicht, den bescheidenen Lebensstandard der Bevölkerung spürbar zu erhöhen. Seine Reform der Kommunistischen Partei brachte ihm mehr Gegner als Freunde ein. Zwischen 1956 und 1961 wechselte er zwei Drittel der Parteifunktionäre aus. Viele alte Amtsinhaber fürchteten daher um ihre Posten und ehemalige Funktionäre wollten ihre Macht zurückgewinnen. 1964 wurde Chruschtschow von Parteigegnern entmachtet.

Stillstand und Reformstau – Die neue Führung unter LEONID BRESCHNEW machte die meisten Reformen Chruschtschows wieder rückgängig. Außerdem sicherte sie die Vorrechte der **Nomenklatura** (= höhere Parteifunktionäre) wie bes-

PERSONENLEXIKON

NIKITA SERGEJEWITSCH CHRUSCHTSCHOW 1894–1971.
Von 1953–1964 Erster Sekretär der KPdSU; betrieb vorsichtig den Abbau des Kalten Kriegs, schlug aber 1956 einen Aufstand in Ungarn nieder; gab 1956 den Auftakt zur Entstalinisierung; provozierte 1962 eine Raketenkrise um Kuba; wurde 1964 gestürzt und verlor bis 1966 alle Parteiämter.

Q1 Aus Chruschtschows Geheimrede auf dem XX. Parteitag der Kommunistischen Partei (1956):

[Es] ist dem Geist des Marxismus-Leninismus zuwider, eine Person zu einem Übermenschen zu machen. Stalin hielt sich nicht damit auf, die Menschen zu überzeugen, sondern er zwang anderen seine Absichten auf und verlangte absolute Unterwerfung unter seine Meinung. Wer sich […] widersetzte, wurde sowohl moralisch als auch physisch vernichtet. Zahlreiche prominente Parteiführer und auch einfache Mitglieder, die der Sache des Kommunismus mit aufrichtiger Hingebung dienten, [fielen] dem Despotismus Stalins zum Opfer.

(In: W. Süß, Die Sowjetunion. Machtentfaltung und Niedergang, Frankfurt/M. 1997. S.17 f. Gekürzt)

T2 Ein Arbeiter mit Durchschnittseinkommen arbeitete 1982 für:

	in Moskau	in Washington
1 kg Brot	17 Min.	16 Min.
1 kg Kartoffeln	7 Min.	7 Min.
1 kg Rindfleisch	123 Min.	69 Min.
1 kg Butter	222 Min.	56 Min.
100 g Tee	53 Min.	10 Min.
1 kg Äpfel	22 Min.	10 Min.
1 Herrenhemd	615 Min.	137 Min.
Herrenschuhe	25 Stunden	8 Stunden
Fernsehgerät (schwarz-weiß, 61-cm-Bildröhre)	299 Stunden	38 Stunden
Auto (Kleinwagen)	53 Monate	5 Monate
Bus-Fahrschein (2–3 km)	3 Minuten	7 Minuten
Miete (staatl. subventioniert für 4-Personen-Haushalt)	12 Stunden	51 Stunden

(Nach: H. Altrichter, Kleine Geschichte der Sowjetunion, München 1993, S. 220) sere Versorgung mit Lebensmitteln oder die Möglichkeit, ins Ausland zu reisen. Das politische System erstarrte, jüngere Parteimitglieder gelangten kaum noch an die Spitze. Der Staat gab gewaltige Summen für das **Wettrüsten** mit dem Westen aus. Die Versorgung der Bevölkerung mit Lebensmitteln, Konsumgütern und mit gutem Wohnraum wurde dagegen stark vernachlässigt.

Unterdrückung und Verbannung – Gegen das Wettrüsten, den Niedergang der Wirtschaft, die Verarmung der Bevölkerung und die politische Unterdrückung regte sich Widerstand in der Gesellschaft. Bekannte Schriftsteller wie ALEXANDER SOLSCHENIZYN und Wissenschaftler wie ANDREJ SACHAROW forderten die kritische Auseinandersetzung mit der Stalinzeit, umfassende Reformen und die Verwirklichung der Bürgerrechte in der UdSSR. Um die kritischen Stimmen zum Schweigen zu bringen, wies die sowjetische Führung viele **Dissidenten** (= Andersdenkende) in psychiatrische Kliniken ein, schickte sie in die Verbannung oder trieb sie ins Exil.

PERSONENLEXIKON

ANDREJ D. SACHAROW, 1921 – 1989. Sowjetischer Physiker und Regimegegner. ❷/9

B3 „Bezwinger des Kosmos“, Aquarell 1961

Q5 Aus einem Brief Andrej Sacharows und anderer Dissidenten an die Partei- und Staatsführung (1970):

Wir schlagen folgendes Musterprogramm vor, das in vier bis fünf Jahren verwirklicht werden könnte:
1. Offizielle Erklärung der Partei- und Regierungsorgane über die Notwendigkeit einer weiteren Demokratisierung. […]
3. Auf breiter Basis Organisation von komplexen Produktionseinheiten (Firmen) mit einem hohen Grad von Selbstständigkeit in Fragen der Produktionsplanung sowie in Finanz- und Personalfragen.
4. Freier Verkauf ausländischer Bücher und Zeitschriften. Erleichterung des internationalen Fremdenverkehrs in beiden Richtungen. […]
6. Amnestie politischer Gefangener. […]
12. Stufenweise Einführung eines neuen Wahlmodus mit Aufstellung mehrerer Kandidaten bei Wahlen in die Partei- und Sowjetorgane auf allen Ebenen.

(In: Andrej D. Sacharow, Stellungnahme, Wien-München-Zürich 1974, S. 73 ff., Gekürzt)

D4 Wachstum der Industrieproduktion der UdSSR 1951 – 1985, in % zu den Vorjahren

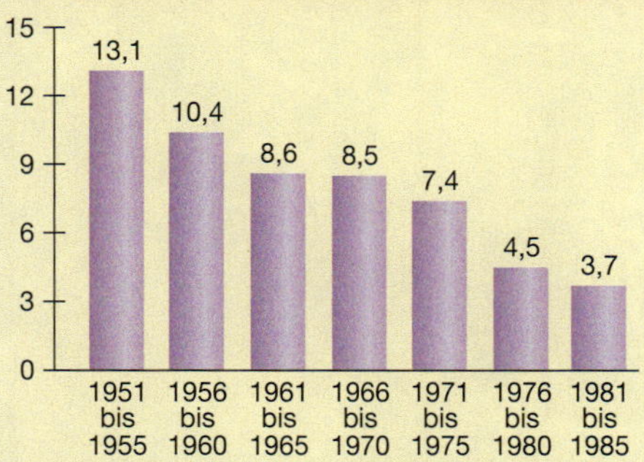

(Nach: M. Hildermeier, Geschichte der Sowjetunion 1917 – 1991, München 1998, S. 1174)

ARBEITSAUFTRÄGE

1. Benenne mit Q 1 Chruschtschows Kritik an Stalin. Überlege, wie die Menschen in der Sowjetunion darauf reagiert haben.
2. Liste mit T 2 die Produkte oder Dienstleistungen auf, für die ein sowjetischer Arbeiter deutlich länger arbeiten musste als ein amerikanischer. Für welche hat er kürzer gearbeitet?
3. Erläutere, welches Bild der Sowjetunion das Aquarell B 3 vermitteln soll. Vergleiche auch mit dem Plakat S. 120.
4. Beschreibe und beurteile mit D 4 die Entwicklung des Wachstums der sowjetischen Industrieproduktion 1951–1985.
5. Stelle die Hauptforderungen Sacharows (Q 5) zusammen und beurteile sie. Wie hat die Führung der Sowjetunion vermutlich auf die Forderungen der Dissidenten reagiert?

10. Die Ära Gorbatschow

Im März 1985 wurde MICHAIL GORBATSCHOW zum neuen Generalsekretär der Kommunistischen Partei gewählt. Gorbatschow – mit 54 Jahren ein Vertreter der jüngeren Generation in der stark überalterten Führungsspitze – nahm sofort ein umfassendes Reformprogramm in Angriff. Was wollte er verändern und waren seine Bemühungen erfolgreich?

Glasnost und Perestroika – Gorbatschow kritisierte die zahlreichen Missstände in der UdSSR: die einseitige Konzentration auf die Schwerindustrie, die Vernachlässigung der Lebensmittel- und Konsumgüterversorgung, die Korruption der Funktionäre und das fehlende Mitspracherecht für die Bevölkerung. Er forderte den **grundlegenden Umbau** (= Perestroika) von Wirtschaft, Gesellschaft und Politik. Um dieses hochgesteckte Ziel zu erreichen, müsse es **Offenheit und Öffentlichkeit** (= Glasnost) geben. Mehr Information und öffentliche Diskussion sollten staatliche Entscheidungen künftig durchschaubarer machen. Trotz seines umfassenden Reformprogramms war Gorbatschow ein überzeugter Anhänger des Sozialismus. Durch die Aufnahme **marktwirtschaftlicher Elemente** und eine **Demokratisierung** wollte er den Sozialismus zur vollen Entfaltung bringen. /10

Erfolge und Rückschläge – Die sowjetische Wirtschaft wurde seit 1987 durch die Gründung von Privatbetrieben belebt. Auch Kooperationsverträge (engl.: **joint-ventures**) mit dem Ausland brachten der UdSSR westliches Know-how und Kapital. Die Medien zeigten auch kritische Berichte, etwa über den Atomkraftunfall von Tschernobyl (1986). Man holte Dissidenten wie Sacharow aus der Verbannung zurück. Demonstrationen wurden erlaubt. In Partei und Regierung nahmen Reformbefürworter wichtige Positionen ein. 1989 wurde eine neue gesetzgebende Versammlung einberufen, der **Kongress der Volksdeputierten.** Ein Drittel seiner Mitglieder wurde vom Volk in geheimen Wahlen – erstmals seit 70 Jahren – aus mehreren Kandidaten

Q1 Der sowjetische Parteichef Gorbatschow über Perestroika und Glasnost, 1985:

Perestroika ist eine unumgängliche Notwendigkeit […]. Diese Gesellschaft ist reif für eine Veränderung. Sie hat sich lange danach gesehnt. Jeder Aufschub hätte in naher Zukunft zu einer Verschlechterung der Situation im Innern führen können und eine ernste soziale, wirtschaftliche und politische Krise heraufbeschworen […]. Wir wollen Offenheit in allen öffentlichen Angelegenheiten und allen Bereichen des Lebens. Das Volk muss wissen, was gut und was schlecht ist, um das Gute zu mehren und das Schlechte zu bekämpfen. So sollten die Dinge im Sozialismus sein.

(In: M. Gorbatschow, Perestroika, Die zweite russische Revolution, München 1997, S.17 und S. 92. Gekürzt)

PERSONENLEXIKON

MICHAIL S. GORBATSCHOW, *1931 Jurist. 1985–1991 Erster Generalsekretär der KPdSU, 1990–1991 Staatspräsident. Er ermöglichte einen Wandel durch Demokratisierung und Offenheit nach innen und außen. Gorbatschow erhielt 1990 den Friedensnobelpreis; seine Politik ermöglichte auch die deutsche Wiedervereinigung.

B2 Der zerstörte Reaktor des Atomkraftwerks Tschernobyl nach der Explosion, Luftaufnahme vom Mai 1986 /11

gewählt. Es entstanden weitere Parteien. Die Alleinherrschaft der Kommunistischen Partei war zu Ende – nicht nur in der UdSSR. In ganz Osteuropa vollzog sich eine politische Umwälzung von historischen Ausmaßen (siehe S. 205)

Doch die alte, um ihre Macht besorgte Funktionärselite versuchte Gorbatschows Reformen zu behindern. Vor allem zeigte sich, dass mit dem alten System der Planwirtschaft die Probleme nicht zu lösen waren. Die weiter sinkende Produktion, Versorgungsengpässe, eine beschleunigte Inflation und die hohe Arbeitslosigkeit verwandelten die anfängliche Begeisterung der Bevölkerung bald in Enttäuschung über die **Verschlechterung des Lebensstandards**. Gleichzeitig lebten überall in der UdSSR **nationale Unabhängigkeitsbewegungen** auf. So erklärten Estland, Lettland und Litauen, die 1940 zum Anschluss an die UdSSR gezwungen worden waren, 1990 ihre Unabhängigkeit. Andere Unionsrepubliken folgten.

Das Ende der UdSSR – Gorbatschow wollte zwar das Auseinanderbrechen der UdSSR verhindern, aber die Einzelrepubliken der Union sollten künftig auch mehr Selbstständigkeit besitzen.
Am 19. August 1991 unternahmen Gegner der Reformpolitik einen Putschversuch. Dieser schlug dank des unerschrockenen Widerstands der Moskauer Bevölkerung fehl. Glasnost war nicht ohne Wirkung auf die Menschen geblieben. Der Zerfall der Union war jedoch nicht aufzuhalten. Am 31. 12. 1991 endete die Geschichte der UdSSR. Gorbatschow trat zurück. ℮/3

B4 Demonstration in Vilnius für die Unabhängigkeit Litauens, 1990

K5

B3 „Lasst uns Demokratie lernen". Karikatur aus dem Wahlkampf in der UdSSR 1989

ARBEITSAUFTRÄGE

1. Benenne mithilfe von Q1 die Ziele, die Gorbatschow mit Glasnost und Perestroika verfolgte.
2. Beschreibe mit B2 das Ausmaß der Zerstörung des Atomreaktors von Tschernobyl. Lies nach, welche Folgen der Reaktorunfall für die Menschen und die Umwelt hatte.
3. Interpretiere die Karikatur B3. Welche Absicht verfolgte der Zeichner damit, welche(s) Stilmittel setzte er ein?
4. Betrachtet und erläutert B4. Stellt Vermutungen über die Forderungen der Demonstranten an. Spielt eine Fernsehdiskussion zur Forderung nach Unabhängigkeit Litauens. Besetzt die Rollen eines Funktionärs der KPdSU, eines litauischen Unabhängigkeitsführers und des Fernsehmoderators.
5. Beschreibe mithilfe von K5 den Zerfall der UdSSR.

11. Russland nach 1991

Nach dem Zerfall der UdSSR 1991 haben zunächst 11 der 15 ehemaligen Sowjetrepubliken die **„Gemeinschaft unabhängiger Staaten“ (GUS)** gegründet. Sie sollte als lockere Verbindung für die politische und wirtschaftliche Zusammenarbeit dienen. 1993 schloss sich auch Georgien an. Russland blieb dominierende Führungsmacht innerhalb der GUS. Wie entwickelte sich Russland nach 1991?

Demokratische Verfassung – Seit 1993 hat Russland eine demokratische Verfassung. Staatsoberhaupt ist ein mit großen Vollmachten ausgestatteter Präsident. Für die Gesetzgebung ist die **Duma** (= Parlament) zuständig. Die Rechtsprechung soll unabhängig sein. Russland bezeichnet sich als Bundesstaat („Russische Föderation“), die Autonomie der einzelnen Regionen ist aber begrenzt.

Im Jahre 2000 trat WLADIMIR PUTIN die Nachfolge BORIS JELZINS, des ersten demokratisch gewählten Präsidenten, an. Putin stärkte die Macht der Zentralregierung in Moskau und setzte sich gegenüber der Duma durch. 2008 spricht sich Putin für Dimitri Medwedew als seinen Amtsnachfolger aus.

Q1 Der Schriftsteller Alexander Solschenizyn über die Privatisierung der russischen Industrie:

Das war der reinste Betrug. Das staatliche Eigentum gelangte [seit 1991] in private Hände von ein paar Halunken und Hochstaplern. Ganze Industrie-Giganten wurden verschleudert. Binnen zwei Jahren sank die Produktion um 50 Prozent. Unsere Reformen waren eine Katastrophe. Über die Hälfte unserer Bevölkerung wurde ins Elend gestürzt und lebt nicht vom Lohn oder Gehalt, sondern von ihren kleinen Privatgrundstücken.

(In: DER SPIEGEL Nr.10/2000, S.192. Bearbeitet)

Wirtschaftlicher Umbruch – Die unter Jelzin eingeleitete radikale Umgestaltung von der Plan- zur Marktwirtschaft blieb für den Großteil der russischen Bevölkerung unbefriedigend. Der Versuch, das industrielle Staatseigentum der ehemaligen UdSSR möglichst breit unter der Bevölkerung zu verteilen, scheiterte. Wenige Manager und Unternehmer, die so genannten **„Oligarchen“**, bereicherten sich

T2 Entwicklung des Bruttoinlandsprodukts* (BIP) 1981–2005 verschiedener Länder, in %-Werten (jeweils 5-Jahresabschnitte)

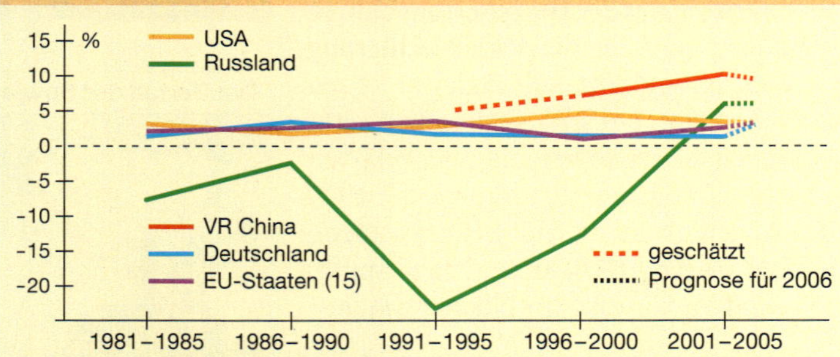

*BIP: Statistisches Maß für die wirtschaftliche Gesamtleistung eines Landes

(Quellen: DER SPIEGEL 28/2006, S. 87; DER SPIEGEL 40/2006, S. 115; Weltbank, Euro-Stat. Zu aktuellen Daten einzelner Länder vgl. auch: www.die-welt-in-zahlen.de)

T3 Wirtschaftsleistung der G8-Staaten sowie Chinas im Jahr 2005

	Bruttoinlandsprodukt* (BIP) in Mrd. $, 2005	**Bevölkerung** in Mio. 2005	**BIP* pro Kopf der Bevölkerung** in $, 2005	**Gold- und Devisenreserven** in Mrd. $, 2005	**Wirtschaftswachstum** (Durchschnitt 2001–05)	**Inflationsrate** (Durchschnitt 2001–05)	**Arbeitslosenrate** (Durchschnitt 2001–05)
USA	12486	298,2	42101	64	3,0 %	2,7 %	5,5 %
Japan	4571	128,1	38787	847	1,7 %	0,1 %	4,9 %
Deutschland	2797	82,7	33922	102	1,1 %	1,3 %	9,1 %
Großbritan.	2202	59,7	36599	79	2,3 %	2,1 %	4,7 %
Frankreich	2106	60,5	33734	74	1,4 %	1,9 %	9,3 %
Italien	1766	58,1	30450	66	1,1 %	2,4 %	7,7 %
Kanada	1130	32,3	35064	33	3,0 %	2,2 %	6,8 %
Russland	766	142,8	5364	182	6,4 %	ca. 22 %	8,3 %
VR China	2300	1300,0	1769	610	9,5 %	ca. 5 %	9,0 %

* BIP: Statistisches Maß für die wirtschaftliche Gesamtleistung eines Landes

(Quellen: DER SPIEGEL 28/2006, S. 87; DER SPIEGEL 40/2006, S. 115; Weltbank, Euro-Stat. Zu aktuellen Daten einzelner Länder vgl. auch: www.die-welt-in-zahlen.de)

und schufen große Privatkonzerne. Sie gewannen auch starken Einfluss auf die Politik. Präsident Putin ging gegen die Oligarchen vor und setzte eine Staatskontrolle über wichtige Industriezweige durch, besonders über die Öl- und Gasindustrie. Aufgrund des Rohstoffreichtums, des Anstiegs der Öl- und Gaspreise auf dem Weltmarkt und der damit verbundenen Exportgewinne konnte Russland seine wirtschaftliche Situation seit 2000 deutlich verbessern. i/12

Russlands heutige Stellung in der Welt – Nach dem Zerfall der UdSSR und einer Phase großer wirtschaftlicher Schwäche in den 1980er- und 1990er-Jahren spielt Russland heute wieder eine wichtige Rolle in Europa und in der Welt. Sein Rohstoffreichtum (Erdöl, Erdgas, Erze und Edelmetalle) machen es zu einem bedeutenden Handelspartner. Auch in aktuelle weltpolitische Konflikte greift Russland zunehmend wieder ein. Als Nachfolger der UdSSR hat es einen ständigen Sitz im Sicherheitsrat der UNO und besitzt dort ein **Vetorecht** (lat.: Einspruchsrecht). Russland wurde 1998 Mitglied der Staatengruppe der „führenden Industrienationen" der Welt (sog. „G8-Gipfel").

Ungelöste Probleme – Trotz eines beachtlichen Wirtschaftswachstums der letzten Jahre ist die Kluft zwischen Arm und Reich stark gewachsen. Etwa 30 Millionen Russen lebten 2005 unter der offiziellen Armutsgrenze von 3000 Rubel (= ca. 89 Euro) pro Monat. Die medizinische Grundversorgung ist nicht mehr gesichert. Viel zu niedrig sind auch die staatlichen Investionen im Wirtschaftssektor sowie im Bildungsbereich.
Zu den ungelösten Problemen gehört ferner das Unabhängigkeitsstreben einiger Völker Russlands, besonders in der Kaukasusregion. Die Regierung in Moskau hat darauf bisher nur mit miltärischer Unterdrückung reagiert.
Mit großer Sorge erfüllt die demokratischen Kräfte in Russland und im Ausland, dass die Regierung die Medien, besonders das Fernsehen, wieder unter staatliche Kontrolle bringen will.

Q4 Russlands Entwicklung aus der Sicht eines westlichen Autors, (2004:)

Ende der 1980er- und zu Beginn der 1990er-Jahre erlebte Russland eine Sternstunde der Demokratie. [... Es] sagte sich von seiner totalitären Vergangenheit los. Demokratie und Marktwirtschaft wurden eingeführt, der alte Geheimdienstapparat aufgelöst. [...] Und heute? Im Vergleich zu den 1990er-Jahren ist Russland [zwar] ein stabilerer Staat mit neu erwirtschafteten Ressourcen, die dem Land die Perspektive eines Wiederaufstiegs zur Großmacht [...] eröffnen. [Doch] dies ging mit einer Entwicklung auf Kosten der Demokratie einher. [...] Im ganzen Land etablierte sich ein System der „gelenkten Demokratie".

(A. Rahr: Putins Russland und der Westen. In: Internationale Politik, Heft 3/2004, S. 2 ff. Gekürzt)

T5 Die wichtigsten Energielieferanten für Deutschland (Stand: 2005)

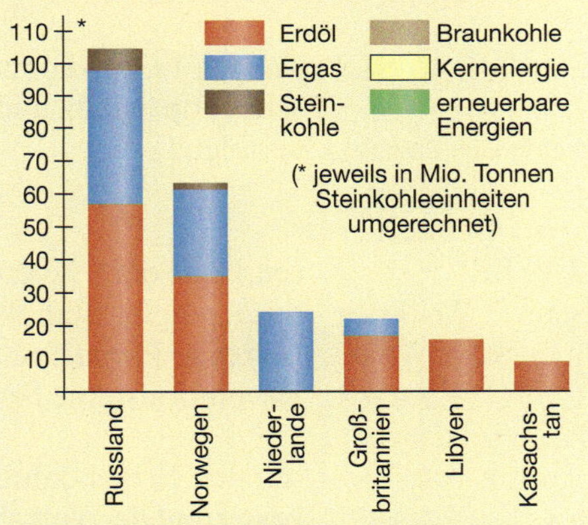

(Quelle: Bundesamt für Wirtschaft und Export)

PERSONENLEXIKON

WLADIMIR PUTIN, geb. 1952 in Leningrad (heute: St. Petersburg). 1999 Ernennung zum Ministerpräsidenten der russischen Regierung durch Boris Jelzin; 2000 bis 2008 Präsident Russlands; seit 2008 Ministerpräsident Russlands. Vor seiner Präsidentschaft war Putin von 1975–1992 Offizier des Geheimdienstes, davon fünf Jahre in Dresden.

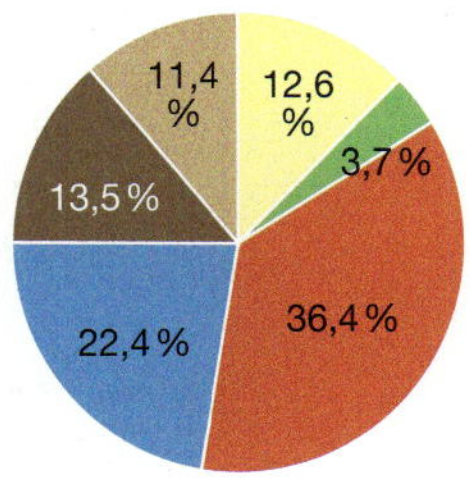

D6 Energieverbrauch in Deutschland 2005

ARBEITSAUFTRÄGE

1. Erläutere mithilfe von Q1, T2 und T3 die Entwicklung der wirtschaftlichen und sozialen Situation in Russland nach 1991. Nenne mögliche Folgen für den Demokratisierungsprozess in Russland.
2. Fasse die Aussagen von Q4 in eigenen Worten zusammen. Wie beurteilst du die Demokratie-Entwicklung in Russland?
3. Analysiere T5. Beurteile die Bedeutung Russlands als Energielieferant für Deutschland. Welche Schlüsse ziehst du daraus?

	Politik	Kultur	Alltag/Wirtschaft
	2008: Wahl Medwedews zum Präsidenten Russlands; Putin wird Ministerpräsident 2000–2008: Putin Präsident 1993: demokrat. Verfassung 1991/1992: Gründung der GUS, Wahl Jelzins zum Präsidenten Russlands 1991: Auflösung der UdSSR	seit 2000: Die russische Regierung kontrolliert die Medien Ende der 1980er-Jahre: zunehmende Enttäuschung der Menschen über Glasnost und Perestroika seit Mitte der 1980er-Jahre: Glasnost und Perestroika sollen zur vollen Entfaltung des Sozialismus führen; kritische Berichterstattung der Medien, z. B. über Tschernobyl	seit 2000: wirtschaftlicher Aufschwung; Kontrolle und z. T. Verstaatlichung zentraler Industriezweige (insb. im Energiesektor) ab 1992: überhastete Einführung der Marktwirtschaft, unkontrollierte Privatisierung von Staatseigentum, wachsende Armut und Unzufriedenheit in der Bevölkerung
1990	März 1985: umfangreiches Reformprogramm des neuen Generalsekretärs der KPdSU Gorbatschow		seit Ende der 1980er-Jahre: Versorgungsengpässe, Inflation, hohe Arbeitslosigkeit
1970	seit 1964: Erstarrung des Systems unter Breschnew 1964: Entmachtung Chruschtschows 1956: Chruschtschows „Geheimrede“ leitet Entstalinisierung und Reformen ein 1953: Tod Stalins	1960er–1980er-Jahre: Dissidenten fordern Demokratie, der Staat reagiert mit Unterdrückung 1961: Weltraumprogramm, erste Erdumkreisung durch den Kosmonauten Juri Gagarin	seit 1987: Gründung von Privatbetrieben 1960er – Mitte der 1980er-Jahre: hohe Rüstungsausgaben, dadurch Vernachlässigung von Investitionen in die Industrie- und Konsumgüterproduktion Mitte der 1950er-Jahre: politische und wirtschaftl. Reformen
1950	seit 1945: Aufstieg der UdSSR zur Weltmacht 8. Mai 1945: Ende des Zweiten Weltkriegs Juni 1941: Angriff Deutschlands auf die UdSSR Sept. 1939: Beginn 2. Weltkrieg Aug. 1939: Hitler-Stalin-Pakt	seit den 1930er-Jahren: atheistische Propaganda und Kirchenverfolgung seit Ende der 1920er-Jahre: ausgeprägter Stalinkult, heroisierende Propaganda- und Revolutionsfilme bzw. -bilder	1941–1945: Hunger und Wohnungsnot; Frauen übernehmen die Arbeitsplätze der kämpfenden Männer; ca. 27 Mio. Kriegstote der UdSSR seit den 1930er-Jahren: Allgegenwart der Geheimpolizei
1930	1924–1928: Stalin setzt sich als führender Politiker der KPdSU durch 1924: Tod Lenins 1922: Gründung der UdSSR März 1918: Frieden von Brest-Litowsk Okt. 1917: Staatsstreich der Bolschewiki (Oktoberrevolution) Feb./März 1917: Revolution, Abdankung des Zaren Aug. 1914: Beginn Erster Weltkrieg; Autokratie des Zaren	seit den 1920er-Jahren: Verbesserung der Volksbildung seit den 1920er-Jahren: Kunst als Mittel der politischen Agitation ab 1916: aus Kriegsbegeisterung wird Kriegsmüdigkeit Russland ist noch stark durch die Feudalgesellschaft des 19. Jahrhunderts geprägt	seit Ende der 1930er-Jahre: durchgehende Zwangskollektivierung und Verstaatlichung 1922–1929: „Neue Ökonomische Politik“ (NEP) mit größerer wirtschaftlicher Freiheit 1917–1922: Bürgerkrieg: Millionen Tote und Hungersnöte Okt. 1917: Enteignung der Gutsbesitzer, Verstaatlichung der Schwerindustrie um 1914: geringe Industrialisierung, über 90 % der Bevölkerung leben auf dem Land
1910			

Zusammenfassung – Russland und die Sowjetunion im 20. Jahrhundert

Russlands Gesellschaft und Wirtschaft waren zu Beginn des 20. Jahrhunderts noch sehr rückständig. Bauern und Arbeiter lebten in ärmlichen Verhältnissen. Im Ersten Weltkrieg führten Millionen Kriegstote und die schlechte Versorgung der Bevölkerung zu Massenstreiks und Aufständen der Soldaten, die im Februar 1917 in einer Revolution mündeten. Der Zar dankte ab. Die **neue Regierung** war zunächst überwiegend bürgerlich besetzt. Sie musste die Macht mit den **Arbeiter- und Soldatenräten** teilen.

Unter der Parole „Alle Macht den Räten!" forderten die radikalen Sozialisten, die **Bolschewiki,** die Umwandlung Russlands in einen **sozialistischen Staat.** Unter Führung Lenins rissen sie am 26. 10. 1917 in einem Staatsstreich die Macht an sich und errichteten eine Alleinherrschaft. Die russische Räterepublik und andere Räterepubliken auf dem Gebiet des früheren Zarenreichs schlossen sich 1922 zur **Union der Sozialistischen Sowjetrepubliken** (UdSSR) zusammen.

Nach Ende des Bürgerkriegs (1917–1920) wollten die Bolschewiki der schweren Wirtschaftskrise mit einer **Neuen Ökonomischen Politik** (NEP) begegnen. Die damit verbundene größere wirtschaftliche Freiheit wurde unter Lenins Nachfolger Stalin wieder aufgehoben. Seit Ende der 1920er-Jahre war die Wirtschaftspolitik durch **Zwangskollektivierung** in der Landwirtschaft und eine forcierte **Industrialisierung unter staatlicher Kontrolle** geprägt. Stalins Herrschaft fielen Millionen Bürgerinnen und Bürger zum Opfer; zugleich war er Mittelpunkt der Propaganda und des **Personenkults.**

Unter Gorbatschow wurde Mitte der 1980er-Jahre mit umfassenden **politischen und wirtschaftlichen Reformen** begonnen. Doch die Mehrheit der Bevölkerung hat davon bisher nicht profitiert. Die UdSSR zerfiel 1991 in zahlreiche Einzelstaaten.

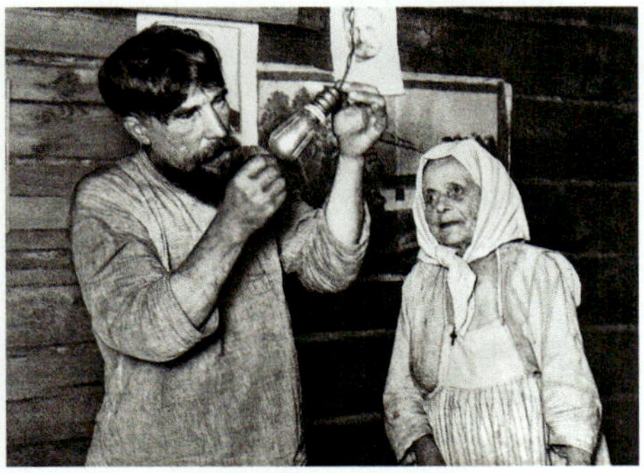

ARBEITSAUFTRAG

Stelle in einer Tabelle zusammen, wodurch sich die Sozialistische Sowjetrepublik der Jahre 1918 bis Mitte der 1980er-Jahre von einer demokratischen Republik nach westlicher Prägung unterschied. Berücksichtige bei deiner Zusammenstellung die Wirtschaftsordnung sowie die Stellung und Macht der Regierung bzw. einzelner Personen.

ZUM WEITERLESEN

A. Rybakow: Die Kinder vom Arbat. dtv, München 1994
A. Rybakow: Stadt der Angst. dtv, München 1994
V. Pelewin: Generation P. Volk und Welt, Berlin 1999
M. Scholochow: Der stille Don. dtv, München 1994
J. ter Haap: Oleg oder die belagerte Stadt. dtv, München 1994

@/1 http://www.hdg.de/lemo/html/biografien/NikolausII/index.html
@/2 http://gutenberg.spiegel.de/autoren/marx.htm
http://de.wikipedia.org/wiki/Karl_Marx
@/3 http://de.wikipedia.org/wiki/Russland
@/4 http://de.wikipedia.org/wiki/Lenin
@/5 http://www.hdg.de/lemo/html/biografien/StalinJosef/index.html
@/6 http://www.mxks.de/files/SU/1989kbUdssrV.html
@/7 http://www.dhm.de/sammlungen/zendok/hitler-stalin-pakt
@/8 http://www.lsg.musin.de/Gesch/Material/Quellen/1956-chruschtschov.htm
@/9 http://de.wikipedia.org/wiki/sacharow
@/10 http://www.kssursee.ch/schuelerweb/kalter-krieg/ende/gorbatschow.htm
@/11 http://www.greenpeace.de
@/12 http://www.zmp.de/shop/inhaltsverzeichnis/bigfexRussland.pdf

Standard-Check: Das solltest du können!

1. Wichtige Arbeitsbegriffe
Hier sind wichtige Arbeitsbegriffe des Kapitels aufgelistet. Übertrage sie in dein Heft und formuliere zu jedem Begriff eine kurze Erläuterung.

Bolschewiki	Glasnost
Diktatur des Proletariats	Kolchose
Hitler-Stalin-Pakt	Reichsduma
Rote Armee	Tscheka

2. Analyse und Interpretation eines Staatsaufbaus

2.1 Analysiere D 1 und erläutere in deinem Heft die Beziehungen zwischen den Organen des Staates in der russischen Sowjetrepublik um 1920 einerseits und den Gremien der Kommunistischen Partei (KPdSU) andererseits.

2.2 Analysiere den Aufbau und die Machtbefugnisse der KPdSU. Beurteile ihren Einfluss auf die Politik der Regierung.

2.3 Beurteile den Einfluss der Bevölkerung auf die Zusammensetzung der Regierung und auf ihre Politik. Berücksichtige, dass nur Kandidaten einer Einheitsliste der KPdSU gewählt werden konnten.

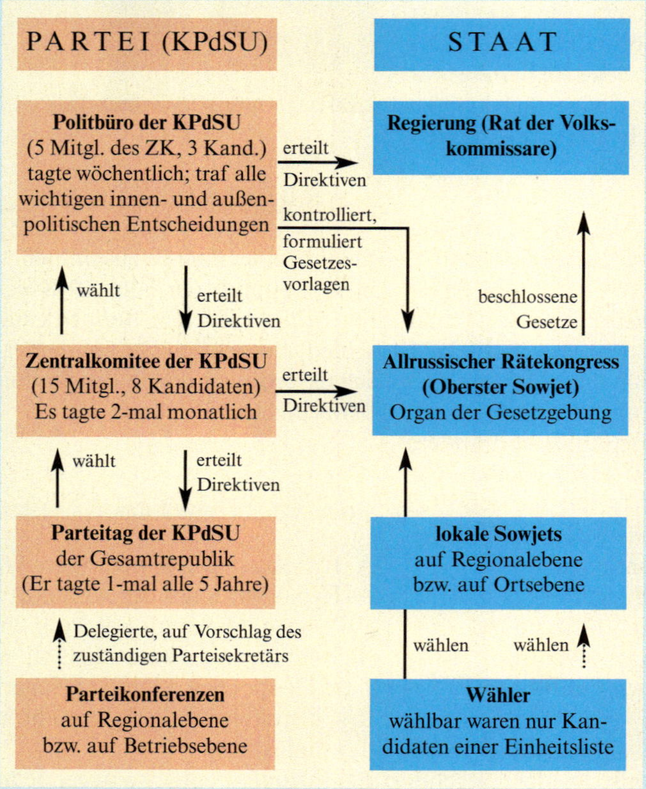

D 1 Aufbau der kommunistischen Partei und des Staates um 1920

3. Interpretation eines historischen Quellentextes

3.1 Ordne den Text quellenkritisch ein: Kannst du etwas über die Autorin und ihre politische Haltung sagen? Wann wurde der Text geschrieben? An wen ist er gerichtet?

3.2 Fasse die Aussagen von Q 2 zusammen. Beurteile sie mithilfe von D 1.

Q 2 Die deutsche Sozialistin Rosa Luxemburg über das kommunistische System Russlands (1918):

Einige Dutzend Parteiführer von unerschöpflicher Energie und grenzenlosem Idealismus dirigieren und regieren, […] und eine Elite der Arbeiterschaft wird von Zeit zu Zeit zu Versammlungen aufgeboten, um den Reden der Führer Beifall zu klatschen, vorgelegten Resolutionen einstimmig zuzustimmen, im Grunde also eine Cliquenwirtschaft – eine Diktatur, aber nicht die Diktatur des Proletariats.

(In: R. Luxemburg, Pol. Schriften Bd. III, Frankf./M. 1968, S. 134 f. Gek.)

Die Lösungen zu diesen Standard-Checkaufgaben findest du auf Seite 305. Aber: Erst selbst lösen, dann überprüfen. Dein Können kannst du bewerten (☺ 😐 ☹). Deine Leistungsbewertung zeigt dir, was du noch einmal wiederholen solltest.

1. ☺ 😐 ☹
2.1 ☺ 😐 ☹
2.2 ☺ 😐 ☹
2.3 ☺ 😐 ☹
3.1 ☺ 😐 ☹
3.2 ☺ 😐 ☹

Das konnte ich
☺ = gut
😐 = mittel
☹ = noch nicht

Deutsch-deutsche Geschichte 1945–1989

Der von Deutschland entfesselte Zweite Weltkrieg endete in Europa am 8. Mai 1945 mit der deutschen Kapitulation. Die alliierten Siegermächte teilten das Land zunächst in Besatzungszonen. Aufbrechende Konflikte zwischen den Alliierten waren der Hauptgrund, der 1949 zur Teilung des Landes und zur Gründung zweier deutscher Staaten führte: der Bundesrepublik Deutschland und der Deutschen Demokratischen Republik. Beide Staaten gingen bis 1990 verschiedene Wege in Politik, Wirtschaft und Gesellschaft.

Die Aufteilung Deutschlands 1945

Bundesrepublik Deutschland 1949–1990

Deutsche Demokratische Republik 1949–1990

Berlin 1945–1989

ARBEITSAUFTRAG

Erläutere die Aufteilung des früheren deutschen Reiches im Jahr 1945 (oben links) und die staatliche Entwicklung Deutschlands zwischen 1949 und 1990 (oben rechts/unten links). Beschreibe die Situation Berlins 1945–1989 (unten rechts).

Teil I: Leben unter Besatzungsrecht: 1945–1949

1. Die Pläne der Alliierten für Deutschland

Am 8. Mai 1945 endete der Zweite Weltkrieg mit der bedingungslosen Kapitulation der deutschen Wehrmacht. Die Souveränität über Deutschland war damit auf die alliierten (= verbündeten) Siegermächte USA, Sowjetunion und Großbritannien übergegangen. Welche Pläne hatten die Alliierten für Deutschland?

Deutschlandpläne der Alliierten – Bereits vor Kriegsende hatten sich die Allierten darauf verständigt, dass Deutschland nach der Kapitulation unter Beteiligung Frankreichs zunächst in **vier Besatzungszonen** geteilt und von einem **alliierten Kontrollrat** regiert werden sollte. Für Berlin war die Verwaltung durch eine Kommandantur der vier Mächte vorgesehen.
Vom 17. Juli bis 2. August 1945 kamen die „Großen Drei" – der britische Premierminister CHURCHILL (ab 28. 7. sein Nachfolger ATTLEE), der neue amerikanische Präsident TRUMAN sowie der sowjetische Staats- und Parteichef STALIN – in Potsdam erneut zur Beratung zusammen. Im **„Potsdamer Abkommen"** einigten sie sich darauf, Deutschland als wirtschaftliche Einheit zu erhalten. Als weitere „politische Grundsätze" der gemeinsamen Besatzungspolitik wurden festgelegt:

- die **Demilitarisierung** (Abrüstung) Deutschlands. Deutschland sollte nie wieder den Frieden bedrohen können,
- die **Entflechtung von Großindustrie und Banken** sowie deren Kontrolle durch die Alliierten,
- die **Entnazifizierung** (Entfernung der Nazis aus allen öffentlichen Ämtern sowie deren Bestrafung),
- die **Demokratisierung** der deutschen Politik, Wirtschaft und Erziehung,
- die **Wiedergutmachung** (Reparationen) der verursachten Kriegsschäden.

In Potsdam traten aber auch erste Konflikte und Interessengegensätze zwischen den Alliierten zutage. Die Westmächte

Die „Großen Drei". während der Konferenz von Potsdam. Von links nach rechts: Churchill, Truman (Nachfolger Roosevelts) und Stalin

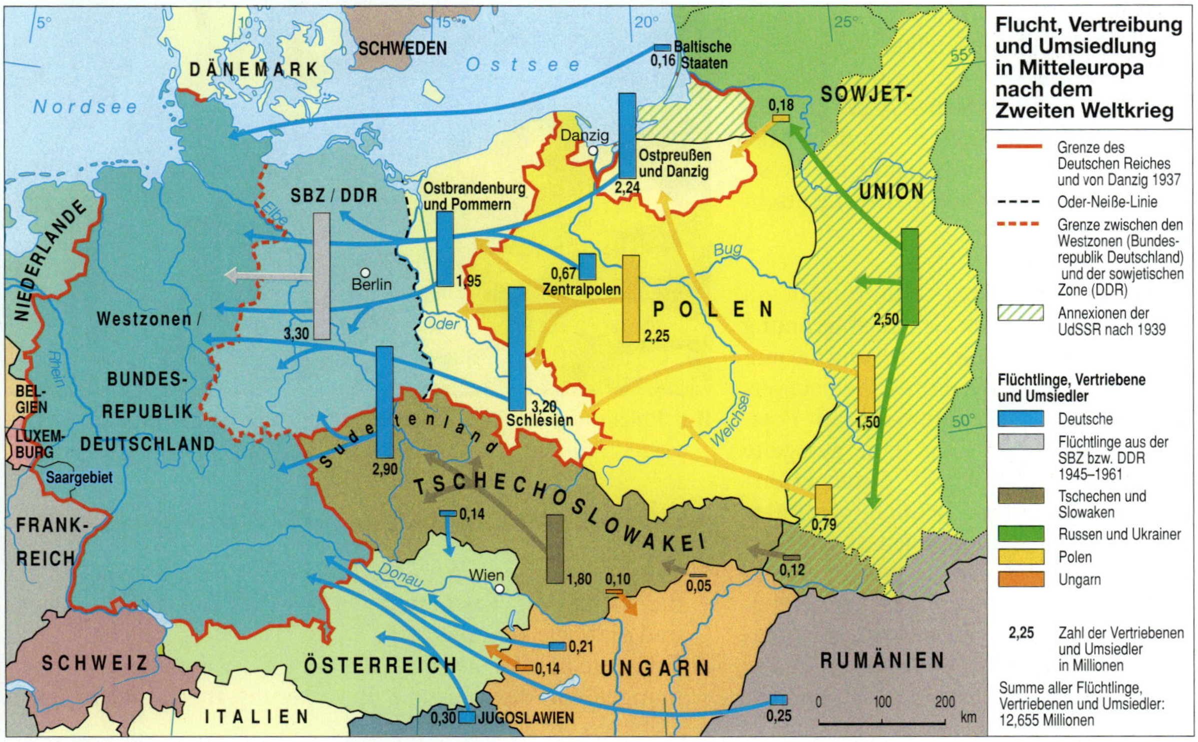

K1

wollten verhindern, dass der Wiederaufbau der deutschen Wirtschaft wie nach dem Ersten Weltkrieg durch zu hohe Reparationsforderungen belastet würde. Die UdSSR, die selber sehr hohe Kriegsschäden zu beklagen hatte, wollte die Höhe der Reparationen davon unabhängig festlegen. Schließlich einigte man sich darauf, dass jede Besatzungsmacht die Reparationen aus ihrer Zone entnehmen solle. Aufgrund ihrer hohen Kriegsverluste wurden der UdSSR zusätzlich 25 Prozent der in den Westzonen demontierten Industrieanlagen zugesprochen.

Die polnisch-deutsche Grenze – Auch über die Frage der zukünftigen Ostgrenze Deutschlands entzündete sich in Potsdam eine Auseinandersetzung zwischen den Siegermächten. Bereits im Februar 1945 hatten die Kriegsalliierten einvernehmlich eine Verkleinerung Deutschlands beschlossen. Die im Hitler-Stalin-Pakt von 1939 der UdSSR zugesprochenen polnischen Gebiete sollten bei der UdSSR verbleiben und Polen dafür durch deutsche Gebiete entschädigt werden. Stalin hatte jedoch von dem durch die Rote Armee besetzten Gebiet ein größeres Territorium an Polen übertragen, als die westlichen Alliierten Polen ursprünglich zugestehen wollten. Schließlich einigte man sich darauf, dass die **Oder-Neiße-Grenze** „bis zur endgültigen Festlegung“ durch einen Friedensvertrag mit Deutschland als Westgrenze Polens bzw. Ostgrenze Deutschlands gelten sollte.

Flucht und Vertreibung – Aufgrund der in Potsdam festgelegten Gebietsabtrennung musste die deutsche Bevölkerung die nun polnischen und sowjetischen Gebiete verlassen. Diese Umsiedlung, die laut Potsdamer Abkommen „auf eine geregelte und menschliche Weise“ durchgeführt werden sollte, fand jedoch oft unter schrecklichen Bedingungen statt. Man schätzt, dass über 2 Millionen Menschen die Massenvertreibung nicht überlebten. Auch die deutsche Bevölkerung in Ungarn und der Tschechoslowakei musste ihre Heimat verlassen. Insgesamt waren über **11 Millionen Deutsche** betroffen.

Q 2 Aus dem Potsdamer Protokoll der Alliierten vom 2. August 1945:

Die Armeen der Alliierten haben ganz Deutschland besetzt. Das deutsche Volk hat begonnen, für die schrecklichen Verbrechen zu sühnen, die unter der Führung von Personen begangen worden sind, denen es auf der Höhe ihres Erfolges offen zugestimmt und blind gehorcht hat […] Militarismus und Nazismus werden in Deutschland ausgerottet werden und die Alliierten werden […] die Maßnahmen treffen, [damit] Deutschland weder seine Nachbarn noch den Weltfrieden jemals wieder bedrohen kann. […] Es ist nicht die Absicht der Alliierten, das deutsche Volk zu vernichten oder zu einem Volk von Sklaven zu machen […] ‚vielmehr […], dem deutschen Volk Gelegenheit zu bieten, sich auf eine spätere Erneuerung seines Lebens auf einer friedlichen, demokratischen Grundlage vorzubereiten […]

(In: Geschichte in Quellen, Bd. 7, München 1980, S. 72 ff. Gekürzt)

B 3 Flüchtlinge aus den Ostgebieten treffen in Berlin ein, Foto 1945

ARBEITSAUFTRÄGE

1. Erarbeite mit der Karte oben links von Seite 138 sowie mit Q 2 die wichtigsten Bestimmungen des Potsdamer Abkommens und die Ziele der Alliierten.
2. Erläutere mit K 1 sowie B 3 die Folgen der Potsdamer Bestimmungen für die deutsche Bevölkerung in den betroffenen Gebieten Ostmitteleuropas.

2. Politischer Neubeginn in den Besatzungszonen

Die gemeinsam formulierten Ziele wurden von den Alliierten in ihren Besatzungszonen unabhängig voneinander umgesetzt. Woran wurde dies deutlich?

Neugründung der Parteien – Bereits am 10. Juni erlaubte die sowjetische Militärverwaltung in ihrer Besatzungszone die „Bildung und Tätigkeit aller antifaschistischen Parteien". Eher zögernd folgten im Spätsommer Amerikaner und Briten, gegen Jahresende die Franzosen. In allen Zonen wurden vier Parteien zugelassen: **KPD, SPD,** die **Liberalen** unter verschiedenen Namen (FDP, LDPD, DVP) und die überkonfessionelle christliche **CDU** (in Bayern **CSU**).

In der sowjetischen Zone (SBZ) verbanden sich diese vier Parteien auf Veranlassung der sowjetischen Militärverwaltung (SMAD) im Juli 1945 zur **„Einheitsfront der antifaschistisch-demokratischen Parteien"** (später „Demokratischer Block"). Trotz massiver Unterstützung der SMAD war es nicht die KPD, sondern die SPD, die sich zur stärksten Partei der SBZ entwickelte. Daher setzten KPD und SMAD im Frühjahr 1946 die Vereinigung von SPD und KPD zur **Sozialistischen Einheitspartei Deutschlands** (SED) durch. Dabei wurde massiver Druck ausgeübt: Widerstrebende SPD-Mitglieder erhielten Redeverbot oder wurden verhaftet; andere wie OTTO GROTEWOHL, der führende SPD-Politiker in der sowjetischen Besatzungszone, ließen sich überreden. Obwohl vereinbart worden war, dass die Leitungsorgane der neuen Partei paritätisch (zu gleichen Teilen) mit Angehörigen beider Parteien besetzt sein sollten, verdrängten die Kommunisten im Laufe der nächsten Jahre fast alle früheren Sozialdemokraten aus der SED-Führung.

Länder und Zonenbehörden – In den vier Besatzungszonen wurden 1945/46 neue Länder mit eigenen Länderparlamenten und Landesverfassungen geschaffen. In der sowjetischen Zone wurden die wichtigen Entscheidungen jedoch durch die Zentralverwaltung in Berlin gefällt **(Zentralismus).** Auch die britische Zone war zunächst zentralistisch organisiert, orientierte sich aber seit 1947 am föderativen Modell der beiden anderen Westzonen.

Wahlplakat der SED von 1946.
Die SED war im Frühjahr 1946 in der sowjetischen Besatzungszone aus der Zwangsvereinigung von SPD und KPD hervorgegangen.

Q 1 Aufruf der Kommunistischen Partei Deutschlands, 11. Juni 1945:

Wir sind der Auffassung, dass der Weg, Deutschland das Sowjetsystem aufzuzwingen, falsch wäre, [er] entspricht nicht den gegenwärtigen Entwicklungsbedingungen in Deutschland. [Wir wollen] eine parlamentarisch-demokratische Republik mit allen demokratischen Rechten und Freiheiten.

(In: W. Ulbricht, Zur Geschichte der neuesten Zeit, Bd. 1, Berlin 1955, S. 370f.)

Q 2 Handlungsrichtlinien des KPD-Politikers Walter Ulbricht für den Aufbau der Verwaltungen in der SBZ, 1945:

Kommunisten als Bürgermeister können wir nicht brauchen. [...] Die Bürgermeister sollen in den Arbeiterbezirken in der Regel Sozialdemokraten sein. In den bürgerlichen Vierteln [...] müssen wir an die Spitze einen bürgerlichen Mann stellen, einen, der früher dem Zentrum, den Demokraten oder der Deutschen Volkspartei angehört hat, [...] er muss aber auch Antifaschist sein. [...] Der erste stellvertretende Bürgermeister, der Dezernent für Personalfragen und der Dezernent für Volksbildung – das müssen unsere Leute sein. Dann müsst ihr noch einen ganz verlässlichen Genossen in jedem Bezirk ausfindig machen, den wir für den Aufbau der Polizei brauchen. [...] Es muss demokratisch aussehen, aber wir müssen alles in der Hand haben.

(In: W. Leonhard, Die Revolution entlässt ihre Kinder, Köln und Berlin 1955, S. 356. Gekürzt)

ARBEITSAUFTRÄGE

1. Vergleiche den Aufruf der KPD vom Juni 1945 (Q 1) mit den Aussagen in Q 2. Interpretiere die Unterschiede.
2. Informiere dich über die Gründung der SED. e/2

3. Alltag in den Besatzungszonen

Durch den Krieg waren viele deutsche Städte, insbesondere in den Industrie- und Ballungsgebieten, stark zerstört. Wie war der Alltag der Menschen in den Besatzungszonen?

Leben und Versorgung der Menschen – Die Aufräumarbeiten, die nach dem Kriegsende sofort begannen, wurden zum großen Teil von **Trümmerfrauen** geleistet. Sie sammelten Ziegelsteine aus dem Schutt der zerstörten Gebäude und säuberten sie von Mörtel, damit sie wiederverwendet werden konnten. Zunächst mussten in großer Zahl **Notunterkünfte** gebaut werden, denn 25 bis 30 Millionen Menschen waren ohne Unterkunft. Dazu zählten 9 Millionen **Evakuierte,** die aus den am meisten zerstörten Städten in ländliche Gebiete gebracht worden waren, vor allem aber die etwa **12 Millionen Flüchtlinge, Vertriebenen und Zwangsaussiedler.** Die Menschen richteten sich ein, wo sie einen Platz fanden. Manchenorts mussten Baracken- und Wellblechlager eingerichtet werden.

Vor allem an Nahrungsmitteln und Brennstoffen herrschte Mangel. Die Militärbehörden behielten die aus den letzten Kriegsjahren stammenden Bezugsscheine und **Lebensmittelkarten** (Rationierung) bei, da das Nahrungsangebot zu gering war. Viele deutsche Familien wurden durch **„Care"-Pakete** amerikanischer Wohlfahrtsverbände vor dem Verhungern bewahrt und viele Kinder durch die Schulspeisungen. Die Bäume öffentlicher Anlagen dienten als Brennholz; die frei gewordenen Flächen wurden oft mit Feldfrüchten bebaut.

Q2 Erich Kästner 1946 über die Zerstörung Dresdens:

Das, was man früher unter Dresden verstand, existiert nicht mehr. […] In dieser Steinwüste hat kein Mensch etwas zu suchen, er muss sie höchstens durchqueren. […] Vom Nürnberger Platz weit hinter dem Hauptbahnhof bis zum Albertsplatz in der Neustadt steht kein Haus mehr. […] Kilometerweit kann er um sich blicken. Er sieht Hügel und Täler aus Schutt und Steinen. Eine verstaubte Ziegellandschaft. […] Die vielen Kasernen sind natürlich stehen geblieben! […] Hätte statt dessen nicht die Frauenkirche leben bleiben können? […] Oder wenigstens einer der frühen Renaissance-Erker in der Schlossstraße? Nein. Es mussten die Kasernen sein! Eine der schönsten Städte der Welt wurde […] dem modernen Materialkrieg ausgeliefert. In einer Nacht wurde die Stadt vom Erdboden vertilgt.

(In: E. Kästner: Gesammelte Schriften für Erwachsene, Zürich 1969, S.34. Gek.)

B1 Wohnungselend. Foto 1945

B3 „Trümmerfrauen" beseitigen den Kriegsschutt. Foto 1945

Tauschwirtschaft und „Schwarzmarkt" – Die Reichsmark hatte nach Kriegsende fast keinen Wert mehr. An die Stelle der Geldwirtschaft war daher mehr und mehr die Tauschwirtschaft getreten. Wer noch Wertgegenstände besaß, tauschte sie bei Bauern gegen Lebensmittel ein. Andere fuhren zum „Hamstern" aufs Land, sammelten einzelne Ähren von den abgeernteten Feldern oder Bucheckern und Eicheln, für die es Margarinemarken gab. Vor allem die Frauen waren dauernd unterwegs, um etwas zu „organisieren". Denn viele Männer waren gefallen oder in Kriegsgefangenschaft, und neben der Aufbauarbeit mussten die Frauen ihre Kinder und andere Familienangehörige versorgen. In den Städten konnte man gegen viel Geld oder im Tauschhandel manches auf dem **Schwarzmarkt** bekommen. Eine große Rolle spielte die **„Zigarettenwährung".** Vor allem amerikanische Zigaretten wurden zur Verrechnungseinheit für andere Waren. Illegale Tierschlachtung und Schnapsbrennerei waren an der Tagesordnung. Die Behörden konnten oder wollten auch nichts dagegen unternehmen.

T4 Offizielle Preise und Schwarzmarktpreise im Vergleich, 1946/47. RM = Reichsmark

Ware	Offizielle Preise 1947	Schwarzmarkt-preise 1946/47
1 kg Fleisch	2,20 RM	60 – 80 RM
1 kg Brot	0,37 RM	20 – 30 RM
1 kg Kartoffeln	0,12 RM	4 – 12 RM
1 kg Zucker	1,07 RM	120 – 180 RM
1 kg Butter	4,00 RM	350 – 550 RM
20 Zigaretten	2,80 RM	70 – 100 RM
1 Stück Seife	0,35 RM	30 – 50 RM

(Nach: K. H. Rothenberger, Die Hungerjahre nach dem Zweiten Weltkrieg, Boppard 1980, S. 140)

B5 Kinder mit Hamstersäcken und Brennholz. Foto 1945

Q6 Über den Schwarzmarkt in Deutschland nach 1945:

1 In den Akten des amerikanischen Kongresses findet sich der Fall eines Bergarbeiters, der in der Woche 60 Reichsmark verdiente. Gleichzeitig besaß er ein Huhn, das in der Woche durchschnittlich fünf Eier legte. Eins davon aß der Bergmann gewöhnlich selbst, die vier übrigen tauschte er gegen 20 Zigaretten ein. Diese stellten auf dem Schwarzen Markt bei einem Tagespreis von 8 RM einen Gegenwert von 160 RM dar. Das Huhn verdiente also mit seiner Leistung nahezu dreimal so viel wie sein Besitzer.

(In: Th. Eschenburg, Jahre der Besatzung, Stuttgart 1983, S. 267)

B7 Die Tagesration eines Erwachsenen im Jahr 1947

ARBEITSAUFTRÄGE

1. Erläutere und bewerte mit Q2 und B3 die Situation in den kriegszerstörten Städten und die Arbeit der „Trümmerfrauen".
2. Schreibe mit B1, B3, B5 und B7 eine kurze Reportage über die Probleme der unmittelbaren Nachkriegszeit.
3. Erkläre mit T4 und Q6 die Entstehung eines Schwarzmarkts in Deutschland nach 1945.

4. Abrechnung mit dem NS-Regime und Entnazifizierung

Zu den gemeinsamen Kriegszielen der Alliierten gehörte die Zerschlagung des deutschen Militarismus, die restlose Beseitigung des Nationalsozialismus und die Bestrafung der Täter. Wie setzten sie diese Ziele nach dem Krieg um?

Der Nürnberger Kriegsverbrecherprozess – Bereits am 8. August 1945 schlossen die Alliierten ein Abkommen über die Verfolgung und Bestrafung der Hauptkriegsverbrecher. In Nürnberg setzten sie einen Gerichtshof ein, der über die Anklage wegen **„Verbrechen gegen den Frieden und die Menschheit"** und wegen Kriegsverbrechen zu urteilen hatte. Der **Nürnberger Prozess** begann am 14. November 1945. Angeklagt waren 22 Personen, darunter Parteiführer der NSDAP, Minister sowie Generäle der Wehrmacht, die gesamte NSDAP als Partei, die Gestapo und andere NS-Organisationen, die an Verbrechen beteiligt waren. Folgende Verbrechen sollten abgeurteilt werden:

- Verbrechen gegen den Frieden (Planung und Durchführung eines Angriffskrieges),
- Kriegsverbrechen gegen die Zivilbevölkerung (Mord, Misshandlung, Deportation, Zwangsarbeit),
- Verbrechen gegen die Menschlichkeit (Mord, Ausrottung, Versklavung, Deportation aus politischen, „rassischen" oder religiösen Motiven).

Nach einem Jahr verkündete das Gericht die Urteile: Zwölf der Hauptangeklagten wurden zum Tode, drei zu lebenslanger Haftstrafe verurteilt, vier erhielten Haftstrafen zwischen 10 und 20 Jahren, drei Angeklagte wurden freigesprochen. Die NSDAP, die Gestapo, die SS-Truppen, der SD (Sicherheitsdienst) wurden zu verbrecherischen Organisationen erklärt. Obwohl der Nürnberger Prozess das ganze schreckliche Ausmaß der NS-Verbrechen allen Deutschen vor Augen führte, wurde der Prozess von Teilen der Bevölkerung als einseitige „Siegerjustiz" gewertet.

In Folgeprozessen wurden weitere 70 000 Personen wegen Kriegsverbrechen verurteilt. Wichtige Verfahren waren der **Auschwitz-Prozess** (1963–1965) und der **Majdanek-Prozess** (1975–1981).

Plakat zum Nürnberger Kriegsverbrecherprozess

B1 „Er hat's mir doch befohlen." Karikatur von 1946

B2 Nürnberger Prozess, 1945–1946. In den ersten Reihen vor der Brüstung die Verteidiger. Hinter der Brüstung in zwei Reihen die Angeklagten: Vorne (von links nach rechts): Hermann Göring, Rudolf Heß, Joachim von Ribbentrop, Wilhelm Keitel, Alfred Rosenberg, Hans Frank, Wilhelm Frick, Walther Funk, Julius Streicher

Entnazifizierung – 8,5 Millionen Deutsche waren Mitglieder der NSDAP gewesen. Die Alliierten stellten zunächst alle Parteifunktionäre und Inhaber öffentlicher Ämter unter Arrest: Ende 1945 saßen über 200 000 Personen in den **Internierungslagern** der Westalliierten. In der SBZ wurden in den ehemaligen KZ über 150 000 Personen interniert, von denen Tausende umkamen. Bis 1950 wurden in diesen KZ nicht nur NS-Funktionäre gefangen gehalten, sondern auch Gegner der Umgestaltung Ostdeutschlands nach sowjetischem Vorbild.

Ab Herbst 1945 musste jeder erwachsene Deutsche in den Westzonen einen **Fragebogen** zu seinem Verhalten während der NS-Zeit ausfüllen. **Spruchkammern** aus deutschen Laienrichtern teilten die Deutschen dann in fünf Gruppen ein: Hauptschuldige, Belastete, Minderbelastete, Mitläufer und Entlastete. Wegen der zahlreichen Freisprüche aufgrund fadenscheiniger Entlastungszeugnisse, so genannter **Persilscheine,** galt das Verfahren als problematisch und ungerecht. In den Westzonen wurden nur etwa 2 % der Beschuldigten verurteilt; selbst schwer Belastete kamen mit leichten Strafen davon. Zumindest wurden viele der als belastet eingestuften Verwaltungsbeamten, Richter, Lehrer, Polizisten etc. entlassen. Auch Industrieunternehmen mussten sich von früheren NS-Funktionären trennen.

B3 Neulehreranwerbung in der SBZ, 1945

In der SBZ wurde konsequenter zwischen bloßen Mitläufern und den aktiven Tätern unterschieden. Die Täter wurden eher bestraft als in den Westzonen; bis 1949 wurden in der SBZ etwa 500 000 Personen aus ihren Stellungen entfernt, darunter 80 % aller Juristen und etwa 50 % aller Lehrer. Die freien Stellen besetzten meist Personen, die im Sinne der sozialistischen Umgestaltung der Gesellschaft handelten. Vermeintliche „Klassenfeinde“ oder politische Gegner des Sozialismus wurden ausgeschaltet.

Q4 Brief des Bürgermeisters von Doberlug an den brandenburgischen Regierungsausschuss, 30. Oktober 1947:

[Am] 16. 10. 1947 wurde dem Lebensmittelgeschäftsinhaber Helmut Linke wegen aktiver Betätigung in der ehemaligen NSDAP das Recht zur Weiterführung seines Geschäftes abgesprochen [...]. Von der Fa. Linke ist bekannt, dass der Ortsgruppenleiter der NSDAP zum öffentlichen Boykott des Geschäftes aufgerufen hatte [...]. Um schwere Schäden nicht nur für das Geschäft, sondern auch für die Familie abzuwenden, trat Linke 1938 als einfaches Mitglied der NSDAP bei [...]. In den darauffolgenden Jahren ist L. alles andere gewesen als ein Aktivist [...]. Wenn L. [als] Aktivist gelten soll, so wurde von allen beteiligten Parteien und Antifaschisten festgestellt, dass es dann überhaupt keine Mitläufer gäbe [...]. Ich muss daher feststellen, dass die Bevölkerung die Aufhebung des ergangenen Urteils erwartet.

(In: M. Judt [Hg.], DDR-Geschichte in Dokumenten, Bonn 1998, S.112 f. Gek.)

ARBEITSAUFTRÄGE

1. Erläutere die historischen Zusammenhänge für B 1 und deute die Absicht des Karikaturisten.
2. Informiere dich über die namentlich genannten Hauptangeklagten des Nürnberger Prozesses (B 2, Legende) und über deren Funktion innerhalb des NS-Systems.
3. Erläutere die Wirkungsabsicht von B 3.
4. Schreibe einen Antwortbrief der Regierungskommission zur Durchführung der Entnazifizierung. Begründe deine Entscheidung über das Gesuch in Q 4.

5. Konflikte in der Wirtschafts- und Währungspolitik

Nach dem Kriegsende traten auch in den Besatzungszonen erkennbare Interessengegensätze zwischen den Westmächten und der UdSSR zutage. Welche Konflikte waren das und welche Folgen hatte dies für die Beziehungen der drei Westzonen und der sowjetische Zone untereinander?

Die Bildung der Bizone – Am 6. September 1946 kündigte der amerikanische Außenminister JAMES F. BYRNES in Stuttgart an, die Amerikaner wollten den Deutschen wieder zu einem „Platz unter den freien und friedliebenden Nationen" verhelfen. Ferner stellte er die Verschmelzung der Wirtschaft der amerikanischen und der britischen Besatzungszone in Aussicht. Die beiden anderen Besatzungsmächte lud er ein, sich der **„Bizone"** anzuschließen. Unter Aufsicht der Amerikaner und Briten nahm in der Bizone ein **Wirtschaftsrat** aus gewählten Mitgliedern der jeweiligen Länderparlamente seine Arbeit auf. Er konnte Gesetze und Vorschriften für den Wiederaufbau der Wirtschaft erlassen. Unter seinem Direktor LUDWIG ERHARD legte der Wirtschaftsrat wichtige Grundsteine für die Einführung der **sozialen Marktwirtschaft** in den Westzonen und den wirtschaftlichen Aufschwung Westdeutschlands. Ab dem Frühjahr 1948 wurden auch die Grenzen zwischen der französischen Zone und der Bizone durchlässiger. Das Ziel der Westalliierten für Deutschland war nun klar erkennbar: ein marktwirtschaftlich orientierter, demokratischer Bundesstaat mit mehreren Bundesländern.

Q 1 Aus einem Memorandum des britischen Außenministers E. Bevin vom 22. 11. 1947:

Ich befürchte, so wie die Dinge im Moment aussehen, können wir nicht ernsthaft hoffen, dass die Russen wirklich mit uns zusammenarbeiten. […] Im Gegenteil […] sie werden alle Anstrengungen darauf konzentrieren, ihr Hauptziel zu erreichen, nämlich die politische und wirtschaftliche Einflussnahme im Ruhrgebiet, während sie weiter dafür sorgen würden, dass ihnen in ihrer eigenen Zone niemand in die Quere kommen könnte. […] Auf jeden Fall ist die wirtschaftliche Spaltung Deutschlands politisch weniger gefährlich als eine deutsche Einheit, die es den Russen erlaubt, nicht nur auf die Wirtschaft, sondern auch auf die Verwaltung und Politik [ganz Deutschlands] Einfluss zu nehmen.

(In: R. Steininger [Hg.], Deutsche Geschichte 1945–1961, Darstellung und Dokumente I, Frankfurt/M. 1983, S. 242 f. Gekürzt)

T 2 Die Entwicklung der industriellen Produktion in Deutschland von Juli 1945 bis August 1949 (Angaben in Prozent; 1936=100 Prozent)

Jahr/Quartal	amerikanische Zone	britische Zone	französische Zone	sowjetische Zone
1945, III + IV	15,5	18,5	k. A.	22
1946	41,0	34,0	36	44
1947 (Bizone)	44,0		45	54
1948, I + II	55,5		52	60 (I–IV)
1948, III + IV	72,0		64	
1949 (Jan.–Aug.)	86,0		78	68

Q 3 Der westdeutsche Nationalökonom A. Müller-Armack über die soziale Marktwirtschaft, Mai 1948:

Die Lage unserer Wirtschaft zwingt uns zu der Erkenntnis, dass wir uns in Zukunft zwischen zwei grundsätzlich voneinander verschiedenen Wirtschaftssystemen zu entscheiden haben, nämlich dem System der antimarktwirtschaftlichen Wirtschaftslenkung und dem System der auf freie Preisbildung, echten Leistungswettbewerb und soziale Gerechtigkeit gegründeten Marktwirtschaft. [Der] soziale Charakter [der Marktwirtschaft] liegt bereits in der Tatsache begründet, dass sie in der Lage ist, eine größere und mannigfaltigere Gütermenge zu Preisen anzubieten, die der Konsument durch seine Nachfrage entscheidend mitbestimmt und die durch niedrige Preise den Realwert des Lohnes erhöht und dadurch eine größere und breitere Befriedigung der menschlichen Bedürfnisse erlaubt.

(In: Ch. Kleßmann, Die doppelte Staatsgründung, Bonn 1991, S. 428)

Widerstände der Sowjets – Die Sowjetunion hatte den Beitritt der SBZ zur geplanten Bizone im Sommer 1946 abgelehnt. Sie fürchtete, dass die Westmächte ihre überlegene Wirtschaftskraft in der SBZ als Instrument der Politik für sich nutzen wollten. Stattdessen setzte die Sowjetunion in der SBZ den Aufbau einer **sozialistischen Planwirtschaft** fort.

Bodenreform und Verstaatlichungen in der SBZ – Seit dem Herbst 1945 waren in der SBZ rund 14000 Großgrundbesitzer und Großbauern enteignet worden. Die damit verbundene **Bodenreform** verhalf vielen Landarbeitern und Flüchtlingen aus den Ostgebieten zu eigenem Land. Darüber hinaus hatte sich die Bevölkerung Sachsens in einem Volksentscheid am 30. Juni 1946 mit großer Mehrheit für die **Enteignung von Betrieben und Unternehmen** ausgesprochen. Anfangs waren nur solche Betriebe betroffen, die Kriegsverbrechern gehörten oder die aktiv dem Kriegsverbrechen gedient hatten. Ohne dass es zu weiteren Volksabstimmungen kam, wurden bis 1948 auch in den anderen Ländern der SBZ etwa 10 000 Konzerne, Industriebetriebe und Banken verstaatlicht.

Q 4 Beschluss des Zentralkomitees der SED zur Währungsreform in den Westzonen, 22. 8. 1948:

Unter der Losung der „Selbstverwaltung“ geht [in den Westzonen] die Lenkung der Wirtschaft an die monopolistischen Unternehmerverbände über, jene Organisationen, die Träger der faschistischen Kriegswirtschaft waren. [...]
In der Sowjetischen Besatzungszone Deutschlands werden die sich als notwendig erweisenden Gegenmaßnahmen unter grundsätzlich anderen Bedingungen erfolgen. Die Konzern- und Bankherren, Kriegsverbrecher und Großgrundbesitzer sind enteignet. Das werktätige Volk hat die Staatsverwaltung in den Händen.

(In: Geschichte in Quellen, Bd. 7, 1980, S. 142)

Die Währungsreform – Wichtigste Voraussetzung für den wirtschaftlichen Aufschwung war die Ersetzung der alten Reichsmark durch eine stabile Währung. Nur so konnte der Kampf gegen die fortschreitende Inflation (= Geldentwertung) und gegen den Schwarzmarkt gewonnen werden. Doch die Verhandlungen der Alliierten über eine gemeinsame Währungsreform für ganz Deutschland scheiterten im Frühjahr 1948. Unter strenger Geheimhaltung bereiteten die Westalliierten nun eine eigene **Währungsreform** für den 20. Juni 1948 vor: Jeder Bürger der Westzonen erhielt eine „Kopfquote“ von 60 DM; Bargeld und Bankguthaben wurden im Verhältnis 100 RM : 6,50 DM umgetauscht. Die **neue D-Mark** wurde schnell akzeptiert, da auch das Angebot an Waren rapide anstieg.
Um nicht von der wertlos gewordenen Reichsmark überschwemmt zu werden, führte die UdSSR am 22. Juni 1948 auch in der SBZ eine **neue Ostmark** ein. Damit war die wirtschaftliche Einheit Deutschlands praktisch zu Ende.

Plakat der KPD, 1945

B 5 Volles Schaufenster im Westen nach der Währungsreform, 1948

ARBEITSAUFTRÄGE

1. Erläutere, wie der britische Außenminister die Politik der UdSSR bewertet und welche Konsequenzen er zieht (Q 1).
2. Erläutere mit Q 3 das Prinzip der sozialen Marktwirtschaft.
3. Erkläre die Haltung der SED zur Währungsreform (Q 4).
4. Beschreibe mit T 2 die Entwicklung der Industrieproduktion 1945–1949 und die Wirkung der Währungsreformen.

6. Die Blockade Berlins

In Berlin führten die beiden Währungsumstellungen zu einer schweren Krise. Was waren die Ursachen?

Blockade und Luftbrücke – Der sowjetische Stadtkommandant hatte am 19. Juni 1948, einen Tag vor der Währungsumstellung in den Westzonen, den Gebrauch der D-Mark in Berlin verboten. Stattdessen sollte in ganz Berlin die für den 23. Juni angekündigte Ostmark der SBZ gelten. Doch dagegen protestierten die Westmächte und führten nun die D-Mark in den drei Westsektoren Berlins ein.
Die Sowjetunion nahm den Konflikt zum Anlass für eine **Blockade:** Am 24. Juni 1948 sperrte sie sämtliche Straßen, Eisenbahnlinien und Wasserwege zwischen West-Berlin und den Westzonen. Gleichzeitig unterband sie die Lieferung von Strom, Kohle, Gas und Lebensmitteln. Als einzige Verbindung der Westzonen nach Berlin blieb der Luftweg. Daraufhin beschlossen die USA und Großbritannien, West-Berlin über eine **Luftbrücke** zu versorgen. Nach einem Plan des US-Generals LUCIUS D. CLAY flogen amerikanische und britische Flugzeuge, von der Berliner Bevölkerung liebevoll **„Rosinenbomber“** genannt, 213 000 Mal Berlin an und versorgten die eingeschlossene Stadt mit Lebensmitteln, Kohle, Maschinen und allen anderen Gütern des täglichen Bedarfs. Erst am 12. Mai 1949 brach die sowjetische Führung die fehlgeschlagene Blockade Berlins ab. ℹ/4

Q 1 Berlins Oberbürgermeister E. Reuter am 9. September 1948:

Ihr Völker der Welt! Schaut auf diese Stadt und erkennt, dass ihr diese Stadt und dieses Volk nicht preisgeben dürft! […] Helft uns in der Zeit, die vor uns steht, […] mit dem standhaften und unzerstörbaren Einstehen für die gemeinsamen Ideale, die allein unsere Zukunft und die allein eure Zukunft sichern können! […] Und Volk von Berlin, sei dessen gewiss, diesen Kampf, den wollen, […] den werden wir gewinnen.

(In: A. M. Birke, Nation ohne Haus, Berlin 1998, S. 198. Gekürzt)

K 2

B 3 Am Flughafen Tempelhof während der Blockade Berlins, 1948

ARBEITSAUFTRÄGE

1. Beschreibe mit den Karten auf S. 138 die besondere Lage Berlins und erläutere mit K 2 die Probleme, die eine gemeinsame Verwaltung Berlins durch die Alliierten mit sich brachte.
2. Verfasse eine Reportage zu Q 1 und B 3, in der du die Atmosphäre in Berlin zur Zeit der Luftbrücke schilderst.

Teil II: Deutschland und die Welt im Zeichen des Kalten Krieges

1. Die „Aufteilung“ Europas

Der Kampf gegen das nationalsozialistische Deutschland hatte die USA, Großbritannien und die Sowjetunion in einer Militärallianz zusammengeführt. Dennoch entstanden nach 1945 in Europa und weltweit Konflikte zwischen den Siegermächten – vor allem zwischen den USA und der UdSSR –, die die Welt an den Rand eines atomaren Weltkriegs führen sollten. Warum wurden aus Alliierten unerbittliche Gegner?

Bestimmung der Positionen – Der Weltkrieg hatte die bisherige Vorherrschaft der „alten“ europäischen Mächte in der Welt beendet; auch die Großbritanniens. Das Ringen um Macht- und Einflusssphären wurde nun von den USA und der Sowjetunion dominiert. Hatten beide bis 1945 noch die Absicht beteuert, zur Erhaltung des Weltfriedens zusammenzuarbeiten, brachen nun die gegensätzlichen machtpolitischen Interessen auf.

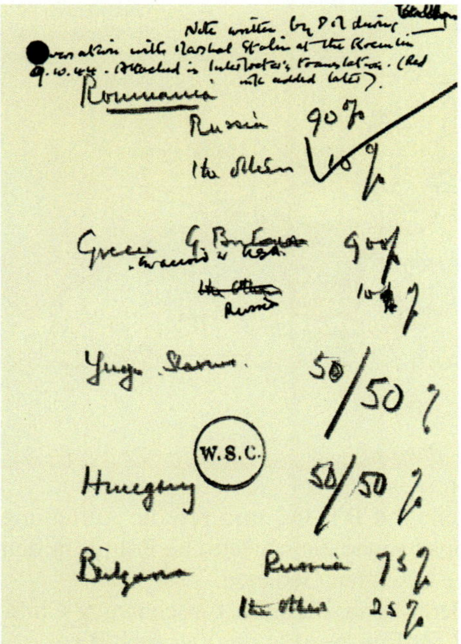

B1 Die „Aufteilung Osteuropas“. Handschriftliche Notiz Churchills, von Stalin mit Haken abgezeichnet, Oktober 1944

Die USA waren bei Kriegsende die stärkste Militär- und Wirtschaftsmacht. Sie allein besaßen seit 1945 mit der **Atombombe** eine verheerende Massenvernichtungswaffe. Diese Stärke wollte der 1945 ins Amt gekommene Präsident HARRY TRUMAN nutzen, um eine **neue Weltordnung** nach den Prinzipien der Demokratie und des freien Welthandels zu schaffen.

Demgegenüber befand sich die Sowjetunion wirtschaftlich in einer schwachen Position. Durch den Krieg hatten mehr als 20 Millionen Menschen in der UdSSR ihr Leben verloren; große Teile des Landes waren verwüstet und die Wirtschaft lag am Boden. Allerdings kontrollierte die Rote Armee weite Teile Mittel- und Osteuropas. Nach der Erfahrung des deutschen Über-

Q2 Stalin, Anfang 1945:

Dieser Krieg ist nicht wie in der Vergangenheit: Wer immer ein Gebiet besetzt, erlegt ihm auch sein eigenes gesellschaftliches System auf. Jeder führt sein eigenes System ein, so weit seine Armee vordringen kann. Es kann gar nicht anders sein.

(In: M. Djilas, Gespräche mit Stalin, Frankfurt/M. 1962, S. 146)

PERSONENLEXIKON

HARRY S. TRUMAN, 1884–1972. 1945–1953 Präsident der USA

JOSEF W. DSCHUGASCHWILI, genannt STALIN 1879–1953. Seit 1922 Generalsekretär der Kommunistischen Partei; erlangte nach Lenins Tod (1924) eine allmächtige Stellung in der Partei und im Staat

Q3 Der ehemalige britische Premierminister Winston Churchill 1946:

Von Lübeck an der Ostsee bis nach Triest an der Adria hat sich ein eiserner Vorhang über den Kontinent gesenkt. Dahinter liegen die Hauptstädte der vormaligen Staaten Zentral- und Osteuropas: Warschau, Berlin, Prag, Wien, Budapest, Belgrad, Bukarest und Sofia. Alle diese berühmten Städte und die umwohnende Bevölkerung befinden sich in der Sowjetsphäre und unterstehen in hohem und in vielen Fällen in steigendem Maße der Kontrolle Moskaus […]

(In: Geschichte für morgen, Frankfurt/M. 1988, S.102. Gekürzt)

falls von 1941 wollte JOSEF STALIN diese militärische Position nutzen: Die UdSSR sollte in Zukunft durch einen **Sicherheitsgürtel prosowjetischer Staaten** gegen Angriffe aus dem Westen gesichert werden. Durch die Einsetzung moskautreuer Regierungen und die Unterdrückung freier Wahlen weitete die Sowjetunion seit 1946/1947 ihren Einfluss in den besetzten Gebieten Ost- und Mitteleuropas systematisch aus.

Entstehung des Kalten Krieges – Die Politik der Sowjetunion in Mittel- und Osteuropa werteten die USA und die westlichen Staaten als Beweis für den aggressiven Expansionswillen der Sowjetunion. Sie reagierten mit Protesten und beendeten die Kooperation mit der UdSSR. Die amerikanische Regierung beschloss 1947 eine Politik des **„Containment“** (dt.: Eindämmung): Durch den Aufbau von Bündnissystemen, die Unterstützung antikommunistischer Regimegegner sowie durch amerikanische Wirtschaftshilfe sollte der sowjetische Einfluss in Europa eingedämmt werden. Ein erster Schritt in diese Richtung war die Unterstützung nichtkommunistischer Kräfte in der Türkei und in Griechenland, wo kommunistische Guerillagruppen einen Bürgerkrieg begonnen hatten.

Q 4 US-Präsident Truman in einer Rede vor dem amerikanischen Kongress (Truman-Doktrin), 12. 3. 1947:

In einer Anzahl von Ländern wurde den Völkern kürzlich gegen ihren Willen ein totalitäres Regime aufgezwungen […] Ich bin der Ansicht, dass es die Politik der Vereinigten Staaten sein muss, die freien Völker zu unterstützen, die sich der Unterwerfung durch bewaffnete Minderheiten oder dem Druck von außen widersetzen […] Die freien Völker der Erde blicken auf uns und erwarten, dass wir sie in der Erhaltung der Freiheit unterstützen […] Ich bin der Ansicht, dass unsere Hilfe in erster Linie in Form wirtschaftlicher und finanzieller Unterstützung gegeben werden sollte, die für eine wirtschaftliche Stabilität und geordnete politische Vorgänge wesentlich ist.

(In: Europa-Archiv, Bonn 1947, S. 819. Gekürzt)

Q 5 Der Sekretär des ZK der KPDSU, Shdanov, über die internationale Lage, 1947:

[Nach dem Krieg] sind zwei Lager entstanden: das imperialistische, antidemokratische Lager, dessen Hauptziel darin besteht, die Weltvormachtstellung des amerikanischen Imperialismus zu erreichen und die Demokratie zu zerstören, und das antiimperialistische, demokratische Lager, dessen Hauptziel es ist, den Imperialismus zu überwinden, die Demokratie zu konsolidieren und die Überreste des Faschismus zu beseitigen […].

(In: Geschichte in Quellen, Bd. 7, München 1980 S. 460. Gekürzt)

K 6

ARBEITSAUFTRÄGE

1. Erläutere und beurteile mit B 1, Q 2 und K 6 die Aufteilung Mittel- und Osteuropas sowie die sowjetische Politik in den von der Roten Armee besetzten Gebieten.
2. Nenne mit Q 3 die Bedrohung, die nach Einschätzung Churchills von der UdSSR für Europa ausging. Vgl. auch B 1.
4. Wie begründete Truman den Führungsanspruch der USA in Q 4? Beurteile die dargestellten Motive und Maßnahmen.
5. Erkläre Inhalt und Funktion der Zwei-Lager-Theorie (Q 5).

2. Marshall-Plan und Blockbildung

US-Präsident Truman hatte im Frühjahr 1947 Wirtschaftshilfen als Maßnahme zur Sicherung und Unterstützung demokratischer Verhältnisse in Europa angekündigt. Wie wurde dies realisiert?

Marshall-Plan – Im Juni 1947 kündigte US-Außenminister MARSHALL ein Wirtschafts- und Wiederaufbauprogramm für ganz Europa an: den **Marshall-Plan.** Dieses Angebot einer Finanzhilfe für den Wiederaufbau war auch an die Sowjetunion und die übrigen osteuropäischen Staaten gerichtet.

Die sowjetische Führung lehnte den Marshall-Plan ab; sie musste befürchten, dass die USA ihre überlegene Wirtschaftskraft zur Stärkung des politischen Einflusses nutzen würden. Auch die Staaten Ost- und Mitteleuropa mussten auf Druck Moskaus den Marshall-Plan ablehnen. Auf die „Containment"-Politik reagierte Moskau mit der beschleunigten Sowjetisierung Ost- und Mitteleuropas: Die Wirtschafts- und Gesellschaftsordnung der besetzten Länder wurde nach dem Vorbild der UdSSR umgestaltet. In den so genannten **Volksdemokratien** besetzten die kommunistischen Parteien alle Führungspositionen; Oppositionsparteien wurden ausgeschaltet.

Blockbildung – Die Blockade Westberlins (1948/49), der Bau der ersten sowjetischen Atombombe (1949) sowie die Gründung der kommunistischen Volksrepublik China (1949) steigerten die Furcht der Westmächte vor einem Krieg. Unter Führung der USA gründeten daher zwölf westliche Staaten 1949 ein Verteidigungsbündnis, die **NATO** (North Atlantic Treaty Organisation). Darin übernahmen die USA eine Sicherheitsgarantie für Westeuropa.
Auf den Marshall-Plan hatte die Sowjetunion 1947 mit der Gründung des **Rats für Gegenseitige Wirtschaftshilfe** (RGW) für die Länder Ost- und Mitteleuropas reagiert. Als 1955 die Bundesrepublik Deutschland in das westliche Bündnis der NATO aufgenommen wurde, gründete die UdSSR einen eigenen Militärblock, den **Warschauer Pakt.** Das Beistandsbündnis sicherte aber auch die Anwesenheit sowjetischer Truppen in den Mitgliedsstaaten.

PERSONENLEXIKON

GEORGE MARSHALL, 1880–1959. US-Außenminister 1947–1949; arbeitete den Marshall-Plan aus

T 3 Wirtschaftshilfe durch den Marshall-Plan (in Mio. US-$)

Großbrit.:	3443
Frankreich:	2806
Italien:	1548
Westdeutschl.:	1413
Benelux:	1079
Griechenland:	694
Türkei:	243
weitere zehn Länder:	2684
Insgesamt:	13910

Q 1 US-Außenminister Marshall über den Plan der Wirtschaftshilfe, 1947:

Unsere Politik richtet sich nicht gegen irgendein Land oder irgendeine Doktrin, sondern gegen Hunger, Armut, Verzweiflung und Chaos. Ihr Zweck ist die Wiederbelebung einer funktionierenden Weltwirtschaft, damit die Entstehung politischer und sozialer Bedingungen ermöglicht wird, unter denen freie Institutionen existieren können […]
Jeder Regierung, die bereit ist, beim Wiederaufbau zu helfen, wird die volle Unterstützung der Regierung der Vereinigten Staaten gewährt werden.

(In: Europa-Archiv, Bonn 1947, S. 821 f. Gekürzt)

B 2 Der Marshall-Plan aus sowjetischer Sicht, Karikatur von 1948

ARBEITSAUFTRÄGE

1. Beurteile Ziele und Motive des Marshall-Plans (Q 1).
2. Erkläre die propagandistische Absicht von B 2. Vgl. T 3.

3. Gründung und Aufgaben der UNO

Am 26. Juni 1945 gründeten 51 Staaten in San Francisco die Vereinten Nationen (engl. Bezeichnung: United Nations Organization, UNO). „Nie wieder Krieg!" – dieser Wunsch vereinte alle vom Leid des Zweiten Weltkriegs betroffenen Völker und bezeichnete das Ziel der neuen Weltorganisation mit Sitz in New York. Wie versuchte die UNO, den Weltfrieden zu sichern?

Das höchste Organ der UNO ist die **Vollversammlung,** in der alle Mitglieder Stimmrecht haben. Die wichtigsten Beschlüsse fallen aber nicht in der Vollversammlung, sondern im Sicherheitsrat. So wollten es die großen Siegermächte des Zweiten Weltkriegs. Sie haben als einzige dort einen ständigen Sitz und verfügen über ein **Vetorecht.** Jedes ständige Mitglied kann damit Beschlüsse gegen seine Interessen verhindern. Diese besondere Machtstellung für die Großmächte war schon bei der Gründung umstritten. Doch anders hätte es keine UNO gegeben.

Nach der UN-Charta hat der Sicherheitsrat vorrangig die Verantwortung für Frieden und Sicherheit. Nur der Sicherheitsrat kann im Fall der Bedrohung des Weltfriedens Zwangsmaßnahmen bis hin zu Militäraktionen beschließen. Doch dazu müssen sich die Vetomächte einig sein.

Der einheitliche Wille der Gründungsmitglieder wich jedoch bald den tiefen Gegensätzen zwischen West und Ost, zwischen den Supermächten USA und Sowjetunion. Die von ihnen geführten Militärblöcke teilten die Welt in zwei Einflusszonen. Das Vetorecht der ständigen Vertreter im Sicherheitsrat schränkte den Handlungsspielraum der UNO ein. Wenn sich Sowjetunion und USA nicht einig waren, konnten sie jeden Beschluss und auch jede Maßnahme des Sicherheitsrats blockieren.

Im Tauziehen zwischen Ost und West blieb der UNO nur eine bescheidene Rolle beim Prozess der Friedenssicherung. Zu den wichtigsten Maßnahmen zählte

Das Symbol der Vereinten Nationen

B1 „Non Violence". Bronzeskulptur des schwedischen Künstlers Carl Fredrik Reutersward vor dem UN-Sitz in New York

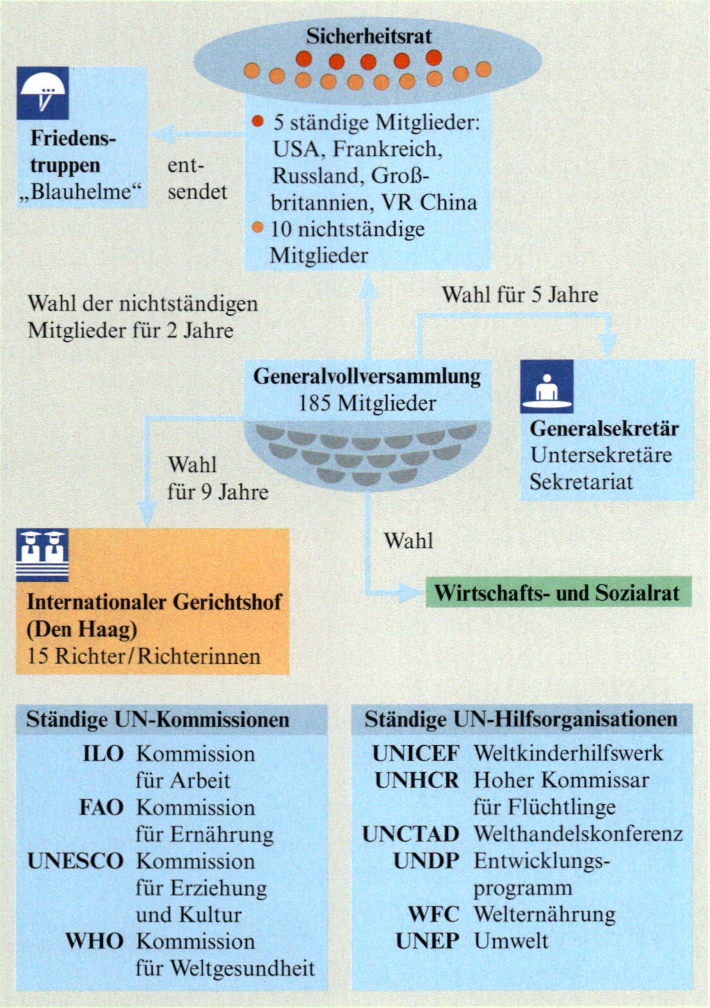

B2 Der Aufbau der UNO

dabei die Entsendung von „Blauhelmen" zur Überwachung von Waffenstillstands- oder Friedensverträgen. Die Bezeichnung „Blauhelme" leitet sich ab von dem blauen Barett oder Helm, den die Soldaten der Friedenstruppen bis heute tragen. Die Blauhelme sollten keine Kampftruppen sein. Zwischen 1948 und1987 gab es insgesamt nur 13 solcher Beobachtungs- und Friedensmissionen. Ihre Zahl nahm sprunghaft zu, als mit dem Ende des Kalten Krieges die UNO neuen Handlungsspielraum gewann. Die neuen Blauhelmeinsätze erwiesen sich als schwierig und verlustreich. Reibereien im Sicherheitsrat beeinträchtigten die Durchführung von Missionen auf dem Balkan. Unter den Augen der UN-Schutztruppe wurden dort 1995 in Srebrenica tausende bosnischer Männer ermordet, in Ruanda sah sich der Sicherheitsrat 1994 außerstande, einen Völkermord zu verhindern.

Als 1990 der Irak Kuwait besetzte, ermächtigte der Sicherheitsrat ein internationales Militärbündnis unter Führung der USA zum militärischen Eingreifen (Golf-Krieg, 1991).

Während für diese Militäraktion ein Mandat, d.h. eine Ermächtigung durch den UN-Sicherheitsrat vorlag, war das im Kosovo (1998/1999) nicht der Fall. Schließlich entschloss sich die NATO, anstelle der UNO zu handeln, und rechtfertigte ihren Schritt mit Verweis auf die Leiden der Bevölkerung.

Der Feldzug gegen den Irak im Frühjahr 2003 fand ohne ein Mandat des UN-Sicherheitsrates statt. Dies stellte einen schweren Verstoß gegen die UN-Charta dar. Danach beansprucht die UNO das **Gewaltmonopol.** Ausgenommen davon ist nur das Selbstverteidigungsrecht der Staaten – aber in Grenzen (Art. 51). Es zeigte sich, dass sich die USA kraft ihrer militärischen Stärke über das Völkerrecht hinwegsetzen können, ohne Sanktionen befürchten zu müssen. Damit wurden die Prinzipien der UN-Charta grundsätzlich infrage gestellt.

Trotz ihrer Schwächen gibt es zur UNO keine Alternative. Die Diskussion um ihre Zukunft wird weiter mit hoher Intensität geführt.

Q3 Aus der UN-Charta:

Art. I: Die Vereinten Nationen setzen sich folgende Ziele: 1. den Weltfrieden und die internationale Sicherheit zu wahren und zu diesem Zweck wirksame Kollektivmaßnahmen zu treffen, um Bedrohungen des Friedens zu verhüten. […]

Art. 36: Der Sicherheitsrat kann in jedem Stadium einer Streitigkeit […] geeignete Verfahren oder Methoden für deren Bereinigung empfehlen.

Art. 42: Ist der Sicherheitsrat der Auffassung, dass […] Maßnahmen (unter Ausschluss der Waffengewalt) unzulänglich sein würden oder sich als unzulänglich erwiesen haben, so kann er mit Luft-, See- und Landstreitkräften die […] erforderlichen Maßnahmen durchführen.

Art. 43: (1) Alle Mitglieder der Vereinten Nationen verpflichten sich, […] dem Sicherheitsrat auf sein Ersuchen Streitkräfte zur Verfügung stellen […].

Art. 51: Diese Charta beeinträchtigt im Falle eines bewaffneten Angriffs gegen ein Mitglied der Vereinten Nationen keineswegs das naturgegebene Recht zur […] Selbstverteidigung, bis der Sicherheitsrat die […] erforderlichen Maßnahmen getroffen hat. […]

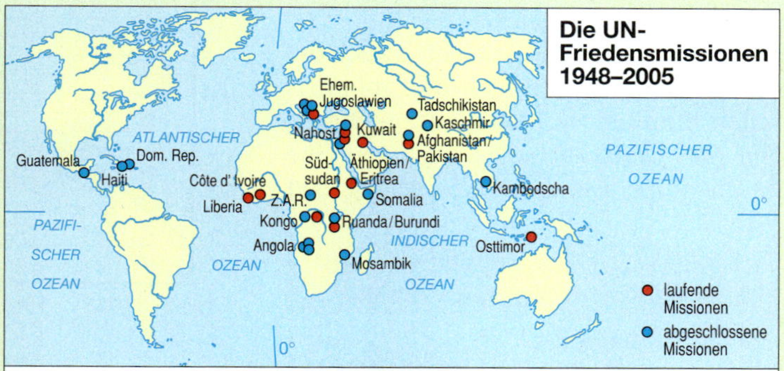

Ausgewählte UN-Friedensmissionen 1948–2005

seit 1948	Nahost (Palästina)	1956-1967	Nahost (Sinai)	1992-1994	Mosambik
seit 1999	Kosovo	1958	Nahost (Libanon)	1993-1994	Ruanda/Uganda
seit 1999	Osttimor	1960-1964	Kongo	1993-1996	Haiti
seit 1999	Kongo	1965-1966	Dominikanische Republik	1994-2000	Tadschikistan
seit 2000	Äthiopien/Eritrea	1965-1966	Kaschmir	1995-1997	Angola
seit 2002	Afghanistan	1988-1990	Afghanistan/Pakistan	1997	Guatemala
seit 2003	Côte d' Ivoire	1990/1991	Angola	1997-1999	Angola
seit 2003	Liberia	1992-1993	Kambodscha	1998-2000	Zentralafrik. Republik
seit 2005	Südsudan	1992-1993	Somalia	1995-2002	Bosnien-Herzegowina

K4

ARBEITSAUFTRÄGE

1. Informiere dich über den Aufbau der UNO (B2) sowie das Vetorecht der fünf ständigen Mitglieder des Sicherheitsrates.
2. Erkläre mit Q3, warum die NATO-Aktion im Kosovo und der Krieg gegen den Irak gegen die UN-Charta verstießen. Erörtere die jeweilige Rechtfertigung seitens der NATO bzw. der USA.
3. Stelle Gründe zusammen, warum die UNO trotz ihrer Schwächen unverzichtbar ist.

4. Der Kalte Krieg wird heiß – der Koreakrieg

Während des Kalten Krieges griffen beide Supermächte wiederholt in regionale Konflikte ein, um dort ihre eigenen Interessen zu sichern. Welche Folgen hatte das für die betroffene Bevölkerung in den Konfliktregionen und für die internationale Lage?

Wettrüsten – Der Bau der Atombombe setzte eine Rüstungsspirale in Gang, die zu immer mehr, schlagkräftigeren und zielgenaueren Waffensystemen führte. Die anfängliche atomare Überlegenheit der USA äußerte sich in einer selbstbewussten Politik, die das „Containment“ (Eindämmen) und später das **„Roll Back“** (Zurückdrängen) des sowjetischen Einflussbereichs zum Ziel hatte. Amerikanische Atomraketen waren zum Beispiel in Italien und in der Türkei stationiert und hätten von dort aus das Territorium der Sowjetunion erreichen können.

Ähnlich wie die USA versuchte auch die UdSSR ihren politischen und militärischen Einfluss weltweit auszudehnen. Seit 1949 besaß auch die Sowjetunion die Atombombe. Als es ihr 1957 gelang, den ersten Satelliten, **Sputnik,** in eine Erdumlaufbahn zu schießen, war das für die amerikanische Öffentlichkeit ein Schock. Mit den neuen, interkontinentalen Trägerraketen konnte die UdSSR nun auch das Gebiet der USA erreichen.
Das „atomare Patt“ wollte jede der beiden Supermächte bis in die 1980er-Jahre durch ein gewaltiges **Wettrüsten** für sich entscheiden. Zwar verschlang das atomare Waffenarsenal auf beiden Seiten immense Summen, doch die sog. Rüstungsspirale mündete immer nur in einem noch bedrohlicheren „Gleichgewicht des Schreckens“.

Aufkleber der Internationalen Katholischen Friedensbewegung „Pax Christi“, ca. 1982

T 1 Krisen und Kriege seit 1950, an denen die Supermächte beteiligt waren (Auswahl)

1950–53	Koreakrieg
1953	Volksaufstand in der DDR
1954–62	Algerienkrieg
1955–67	Zypernkonflikt
1956	Aufstand in Ungarn
1956	Suezkrise
1960–65	Bürgerkrieg im Kongo
1961–74	Guerillakrieg in Angola
1962	Kubakrise
1963–73	Vietnamkrieg
1967	Sinaikrieg
1968	Prager Frühling
1973	Yom-Kippur-Krieg
1973	Militärputsch in Chile
1977, 82	Bürgerkrieg in Nicaragua
1975–80	Bürgerkrieg in Simbabwe
1978	Revolution im Iran
1979–89	Besetzung Afghanistans
1980–88	Krieg Iran–Irak
1983–85	Besetzung Grenadas

D 2 Rüstungsausgaben der USA und der UdSSR von 1950 bis 1990

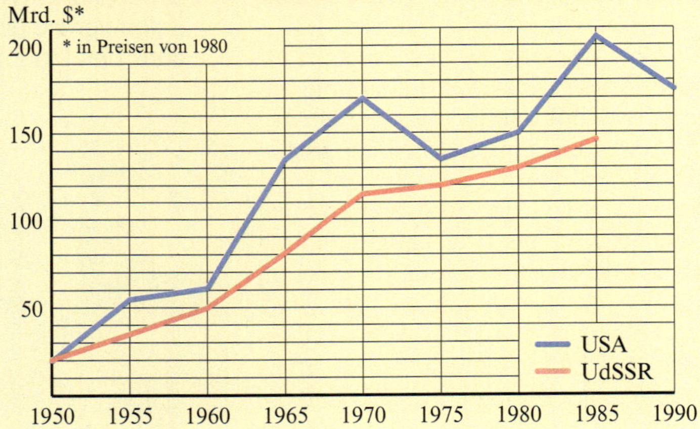

Q 3 Der stellvertretende Außenminister der UdSSR Gromyko zur Ursache des Koreakrieges, 4.7.1950:

Die gegenwärtigen Ereignisse in Korea entstanden am 25. Juni [1950] infolge eines provokatorischen Überfalls von südkoreanischen Truppen auf Grenzbezirke der Koreanischen Volksdemokratischen Republik. Dieser Überfall war das Ergebnis eines vorgefassten Plans. […] Sein Ziel ist, Korea der nationalen Unabhängigkeit zu berauben, die Gründung eines geeinten, demokratischen koreanischen Staates zu verhindern und in Korea gewaltsam ein volksfeindliches Regime zu errichten, das den […] USA erlauben würde, Korea zu ihrer Kolonie zu machen und koreanisches Gebiet als strategisches Aufmarschgebiet im Fernen Osten zu benutzen.

(In: B. Gehlhoff, Chronik 1950, Chronik Verlag, Dortmund 1989, S. 107. Gekürzt)

Der Koreakrieg – Die Supermächte vermieden es, einen „heißen Krieg" direkt gegeneinander zu führen. Stattdessen trugen sie ihre Konflikte in Form so genannter **Stellvertreterkriege** in anderen Regionen der Welt aus; so war es auch beim **Koreakrieg** (1950–1953).

Die ehemalige japanische Kolonie Korea war nach dem Zweiten Weltkrieg auf Höhe des 38. Breitengrades in eine sowjetische Besatzungszone im Norden und eine amerikanische im Süden geteilt worden. Auch nach dem Abzug der Besatzungstruppen 1949 blieb das Land geteilt; Nordkorea wurde von der UdSSR und der Volksrepublik China unterstützt, Südkorea von den USA. Die Regierungen beider koreanischen Staaten forderten den jeweils anderen Landesteil für sich. 1950 griff der kommunistische Norden Südkorea an und eroberte es binnen weniger Monate fast ganz. Die USA und die westlichen Staaten sahen darin einen neuen Beweis für die aggressive Politik Moskaus. Der UN-Sicherheitsrat, dem die UdSSR in dieser Zeit fernblieb, verlangte vergeblich die Einstellung der Kämpfe und beschloss den Einsatz von UN-Truppen.

Mit dem **UNO-Mandat** wurden vor allem US-Truppen beauftragt. Sie warfen die Nordkoreaner weit zurück. Als jedoch 300 000 Soldaten der VR China auf Seiten Nordkoreas in den Krieg eingriffen, wurden die UN-Truppen wieder abgedrängt. Schließlich kam der Krieg an der alten Grenze beim 38. Breitengrad zum Stehen. Mehr als eine Millionen Zivilisten und zwei Millionen Soldaten starben bei den Kämpfen. Korea ist bis heute geteilt.

„Wie einer den anderen sieht". Karikatur von 1947

Q4 US-Präsident Truman zur Ursache des Koreakrieges, 19.7.1950:

Es sollte nicht dem geringsten Zweifel unterliegen, dass wir uns bei unserem Vorgehen [in Korea] von grundlegenden moralischen Prinzipien haben leiten lassen. Die Vereinigten Staaten sind einer Nation zu Hilfe gekommen, die ungerechtfertigterweise von einer Angreifermacht überfallen worden ist [...] Wir sind entschlossen, die Vereinten Nationen bei allen ihren Bemühungen zur Wiederherstellung des Friedens und der Sicherheit in Korea [...] zu unterstützen und dem koreanischen Volk die Möglichkeit zu geben, ohne Zwang seine eigene Regierungsform zu wählen.

(In: B. Gehlhoff, Chronik 1950, Dortmund 1989, S. 107. Gekürzt)

Q5 Bericht der UN-Kommission für Korea, 4.9.1950:

Die Invasion des Gebiets der Republik Korea durch die Streitkräfte der nordkoreanischen Machthaber, die am 25. Juni 1950 begann, war ein Aggressionsakt. [...] Dieser Aggressionsplan war [...] ein wesentlicher Bestandteil der Politik der nordkoreanischen Machthaber, deren Ziel die Kontrolle ganz Koreas war. [...] Der Ursprung des Konflikts liegt in der künstlichen Teilung Koreas und in dem Versagen der Besatzungsmächte, Übereinstimmung über die Methoden zu erzielen, die bei der Verleihung der Unabhängigkeit an Korea genutzt werden könnten.

(In: Geschichte in Quellen, Bd. 7, München 1980, S. 592. Gekürzt)

B6 Amerikanische UN-Soldaten auf dem Vormarsch nach Nordkorea, während Nordkoreaner nach Süden fliehen, August 1950

ARBEITSAUFTRÄGE

1. Bilde dir mithilfe von Q 3, Q 4 und Q 5 eine eigene Meinung zu den Ursachen des Koreakriegs.
2. Beurteile mit B 6 Auswirkungen des „Stellvertreterkriegs" auf die koreanische Bevölkerung.
3. Diskutiert mit T 1 und D 2 die Folgen des Wettrüstens und der „Stellvertreterkriege" für den internationalen Weltfrieden.

5. Krisen um Ungarn und Kuba

Besonders wachsam waren die Supermächte, wenn es um die Wahrung ihrer Interessen im direkten Umfeld ihres eigenen Territoriums ging. Wie reagierten sie, wenn sie sich dort bedroht fühlten?

Volksaufstand in Ungarn – Nach dem Krieg hatte die UdSSR in Ungarn eine „Volksdemokratie“ nach sowjetischem Vorbild installiert. Mit Beginn der Ära Chruschtschow hatte sich das politische Klima jedoch zeitweise entspannt. Nun erhielt auch die Opposition innerhalb der Kommunistischen Partei Ungarns Auftrieb: Studenten, Reformkommunisten und Arbeiter prangerten die Misswirtschaft des Systems und die Besatzungspolitik der UdSSR offen an. Budapester Studenten forderten am 23. 10. 1956 tief greifende Reformen: Den Rückzug aller in Ungarn stationierten Sowjettruppen, die Anerkennung der **Souveränität Ungarns** durch die UdSSR, die Demokratisierung der Gesellschaft und die Auflösung der verhassten Geheimpolizei. Als sich die Demonstrationen zu einem regelrechten Aufstand ausweiteten, dem sich auch Teile der ungarischen Armee anschlossen, reagierte die Führung der UdSSR zunächst mit Zugeständnissen. Der neu ernannte Ministerpräsident IMRE NAGY berief auch Nicht-Kommunisten in die Regierung und verkündete die **Abschaffung des Einparteiensystems.**

Am 30. Oktober 1956 veröffentlichte die UdSSR eine Erklärung, die die staatliche Souveränität aller sozialistischen Staaten garantierte und eine sowjetische Einmischung in die inneren Angelegenheiten anderer Staaten ausschloss. Nagy forderte daraufhin Verhandlungen über den Rückzug der sowjetischen Truppen und kündigte die Mitgliedschaft Ungarns im Verteidigungsbündnis des Warschauer Pakts auf. Doch nun setzten sich in Moskau wieder die Befürworter einer harten Linie durch. Am 4. 11. 1956 besetzten 200 000

PERSONENLEXIKON

IMRE NAGY, 1896 – 1958. 1953 – 1955/1956 ungarischer Ministerpräsident; nach dem Aufstand von 1956 verhaftet und 1958 geheim hingerichtet; 1989 rehabilitiert

Q 1 Telegramm des ungarischen Ministerpräsidenten Nagy an die Regierung der UdSSR, 1. 11. 1956:

Unter Bezugnahme auf die jüngste Erklärung der sowjetischen Regierung, sie sei bereit, mit den Regierungen Ungarns und der anderen Mitgliedsstaaten des Warschauer Pakts über den Abzug der sowjetischen Truppen aus Ungarn zu verhandeln, ersucht die ungarische Regierung die Regierung der Sowjetunion, eine Abordnung zu benennen, damit die Gespräche so bald als möglich beginnen können.

(In: Informationen zur politischen Bildung, H. 225, Bonn 1989, S. 28 f. Gekürzt)

Q 2 Radiosender Petőfi, Ungarn, 4. 11. 1956, 14.34 Uhr:

Völker der Welt! Hört uns – helft uns! Nicht mit Erklärungen, sondern mit Taten, mit Soldaten und Waffen! Vergesst nicht, dass es für die Sowjets bei ihrem brutalen Anstürmen kein Halten gibt. Wenn wir untergegangen sind, werdet ihr das nächste Opfer sein. Rettet unsere Seelen! […] Völker der Welt! Im Namen der Gerechtigkeit, der Freiheit und des verpflichtenden Prinzips der tatkräftigen Solidarität, helft uns!

(In: Informationen zur politischen Bildung, H. 225, Bonn 1989. S. 28 f. Gekürzt)

B 3 Aufständische vor einem verlassenen Sowjetpanzer, Budapest 1956

Soldaten der Roten Armee mit mehr als 1000 Panzern Budapest und schlugen den Aufstand blutig nieder. In den Kämpfen, die bis zum 11. November 1956 dauerten, starben etwa 25 000 Ungarn und 7000 Rotarmisten. Die Hoffnungen der ungarischen Reformer auf ein Eingreifen des Westens erfüllten sich nicht. Die USA und die anderen Westmächte schreckten vor der Gefahr eines Atomkriegs zurück und beschränkten sich auf Proteste.

Vorgeschichte der Kubakrise – Auf der „Zuckerinsel“ Kuba übten die USA auch nach der Phase des Imperialismus bis Ende der 1950er-Jahre großen politischen und wirtschaftlichen Einfluss aus. Doch das von den USA unterstützte Regime des Diktators Batista wurde 1959 durch den Guerillaführer FIDEL CASTRO gestürzt. Castro und die neue Regierung suchten zunächst vergeblich den Ausgleich mit den USA. Als Castro allmählich einen sozialistischen Kurs einschlug und amerikanische Firmen enteignete, verhängten die USA ein bis heute geltendes **Handelsembargo gegen Kuba.** Der Ausfall des wichtigsten Handelspartners führte dazu, dass Kuba sich an die UdSSR anlehnte und ein sozialistisches Wirtschaftssystem einführte. Mit der Unterstützung des US-Geheimdienstes CIA unternahmen Exilkubaner 1961 einen Umsturzversuch. Doch die geplante Invasion in der „Schweinebucht“ scheiterte. Kuba feierte dies als „Sieg über den US-Imperialismus“ und die Sowjetunion intensivierte nun ihre Wirtschafts- und Militärhilfe für Kuba.

Am Rande eines Atomkriegs – Am 15. Oktober 1962 entdeckten amerikanische Aufklärungsflugzeuge, dass die Sowjet-

PERSONENLEXIKON

FIDEL CASTRO, geb. 1927. Kubanischer Regierungschef 1959–2008. Castro vertritt bis heute einen sozialistischen Kurs.

Q4 US-Außenminister J. F. Dulles am 15. 1. 1953 zur Politik der USA gegenüber der UdSSR:

Wir werden niemals einen sicheren Frieden oder eine glückliche Welt haben, solange der sowjetische Kommunismus ein Drittel aller Menschen beherrscht [...] Deswegen müssen wir immer die Befreiung dieser unterjochten Völker im Sinn behalten [...].

[Eine] Politik, die nur darauf zielt, Russland auf den Bereich zu beschränken, in dem es schon ist, [ist] eine unvernünftige Politik, weil eine nur defensive Politik niemals gegen eine aggressive Politik gewinnt [...].

Aber all dies kann und muss getan werden in Formen, die keinen allgemeinen Krieg provozieren und in Formen, die auch keinen Aufstand provozieren, der mit blutiger Gewalt zerschlagen würde [...].

(In: E. Czempiel/ C.Schweitzer, Weltpolitik der USA nach 1945, Bundeszentrale für politische Bildung, Bd. 210, Bonn 1984, S.125. Gekürzt)

Reichweite der sowjetischen Raketen auf Kuba und der amerikanischen Raketen in der Türkei während der Kuba-Krise

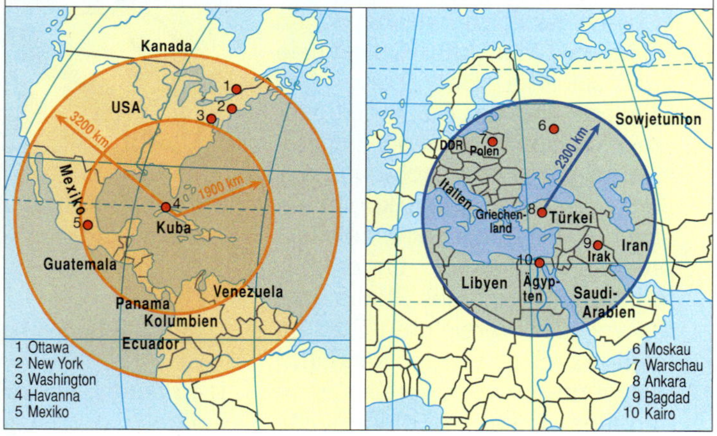

K5

Q6 Begründung des sowjetischen Staatschefs Chruschtschow für die Raketenstationierung auf Kuba:

Wir waren sicher, dass die Amerikaner sich niemals mit der Existenz von Castros Kuba abfinden würden. Sie fürchteten ebenso sehr, wie wir es erhofften, dass ein sozialistisches Kuba möglicherweise den Sozialismus für andere lateinamerikanische Länder anziehend machte [...]. Wir mussten ein greifbares und wirksames Abschreckungsmittel schaffen gegen eine amerikanische Einmischung in der Karibischen See.

(In: N.Chruschtschow, Chruschtschow erinnert sich, Hamburg 1971, S.492 ff.)

union damit begonnen hatte, **atomare Mittelstreckenraketen** auf Kuba zu stationieren. US-Präsident **John F. Kennedy** entschloss sich, den Transport weiterer Raketen durch eine Seeblockade Kubas zu verhindern, und drohte mit einem Angriff auf die Raketenbasen, falls diese nicht demontiert würden.
Da beiden Seiten ein Nachgeben unmöglich schien, führte die Kraftprobe der beiden Supermächte die Welt einige Tage lang gefährlich nahe an den Rand eines atomaren Kriegs. Schließlich wurde über inoffizielle Kanäle eine Lösung gefunden, die beide Seiten das Gesicht wahren ließ. Die Sowjets zogen die kubanischen Raketen wieder ab, und im Gegenzug verpflichteten sich die USA, auf weitere Interventionen in Kuba zu verzichten und ihre Raketen aus der Türkei abzuziehen.

Q 7 Fernsehansprache von US-Präsident Kennedy, 23.10.1962:

[Die] rasche Umwandlung Kubas in einen wichtigen strategischen Stützpunkt [der UdSSR] stellt eine ausdrückliche Bedrohung des Friedens und der Sicherheit aller amerikanischen Staaten dar. […] [Dieser] geheime, rasche und außergewöhnliche Aufbau kommunistischer Raketen ist eine bewusst provokatorische und ungerechtfertigte Änderung des Status quo, die von den Vereinigten Staaten nicht akzeptiert werden kann. […] Wir werden weder voreilig noch unnötigerweise die Folgen eines weltweiten Atomkrieges riskieren, aber wir werden auch niemals […] vor diesem Risiko zurückschrecken […]. Es wird die Politik unseres Landes sein, jeden Abschuss einer Atomrakete von Kuba aus […] als einen Angriff der Sowjetunion auf die Vereinigten Staaten anzusehen, der einen umfassenden Vergeltungsschlag gegen die Sowjetunion erfordert.

(In: H. von Borch, Die großen Krisen der Nachkriegszeit, München 1984, S.97ff. Gekürzt)

Q 8 Brief des sowjetischen Staatschefs Chruschtschow an US-Präsident Kennedy, 27.10.1962:

Ihre Raketen sind in Großbritannien [und] in Italien stationiert und […] gegen uns gerichtet. Ihre Raketen sind in der Türkei stationiert. Sie sind beunruhigt über Kuba […], weil es 90 Seemeilen vor der Küste der USA liegt. Sie halten es […] für berechtigt, für Ihr Land Sicherheit und die Entfernung jener Waffen zu fordern, die Sie als offensiv bezeichnen, erkennen uns aber dies Recht nicht zu. […]

(In: H. Krieger, Handbuch des Geschichtsunterrichts, Bd. 6 [1], S. 407, Frankfurt/M. 1983. Gekürzt)

B 9 „Einverstanden, Herr Präsident, wir wollen verhandeln …“. Englische Karikatur von 1962 über Chruschtschow und Kennedy

ARBEITSAUFTRÄGE

1. Erläutere, welche Gefahren die sowjetische Führung in den Forderungen Nagys (Q 1) möglicherweise gesehen hat.
2. Beschreibe mit B 3 und den Angaben im Text das Ausmaß des Ungarnaufstands 1956 und der sowjetischen Intervention.
3. Vergleiche die Ziele der US-Politik, die in Q 4 dargestellt sind, mit dem Hilferuf im ungarischen Radio (Q 2) und dem Verhalten der USA 1956. Diskutiert, ob die USA oder andere Westmächte in Ungarn hätten eingreifen sollen.
4. Beschreibe mit K 5 die gegenseitige Bedrohung der Supermächte und beurteile die Situation um 1962.
5. Beurteile die Position Kennedys vor dem Hintergrund der Stationierung von US-Atomwaffen in Europa (Q 7, Q 8, K 5).
6. Beurteile die sowjetische Kubapolitik (Q 6, Q 8) aus der Sicht der UdSSR, der USA und Kubas.
7. Beschreibe, wie der Karikaturist in B 9 die Auseinandersetzung zwischen den Supermächten und die Situation sieht.

6. Der Vietnamkrieg

Seit Anfang der 1960er-Jahre waren die USA in den Vietnamkrieg verstrickt, der 1973 für die Supermacht in einem Fiasko endete. Wie war es dazu gekommen?

Ursachen und Verlauf des Vietnamkriegs – Nach dem Rückzug der französischen Kolonialmacht war Vietnam durch Beschluss einer internationalen Konferenz 1954 geteilt worden: in einen kommunistischen Nordteil unter der Regierung Ho Chi Minh und in einen antikommunistischen Südteil unter Ngo Dinh Diem. Der Teilungsbeschluss sollte einen Bürgerkrieg verhindern; er war zudem mit der Maßgabe verbunden, dass 1956 gesamtvietnamesische **Wahlen und die Wiedervereinigung** des Landes stattfinden sollten. Die südvietnamesische Regierung verhinderte jedoch die Wahlen, da sie einen Sieg der Kommunisten fürchtete, und errichtete in den Folgejahren eine Diktatur. Gegen das Regime des Diktators Diem formierte sich 1960 eine südvietnamesische Widerstandsbewegung: der kommunistische **Vietcong.** Der Vietcong wurde von Nordvietnam, der UdSSR und der Volksrepublik China finanziell und militärisch unterstützt. Das bei einem großen Teil der eigenen Bevölkerung verhasste südvietnamesische Regime wurde von den USA unterstützt, weil diese das weitere Vordringen des Kommunismus in Südostasien verhindern wollten.

Ab 1963 griffen die USA direkt in den Krieg ein – mit zeitweise bis zu 500 000 eigenen Soldaten. Trotz der großen Truppenverbände und eines zerstörerischen Flächenbombardements – die USA warfen über Vietnam dreimal so viele Bomben ab wie im Zweiten Weltkrieg über Europa und Asien zusammen – erlitten sie 1973 eine **militärische Niederlage** gegen die Guerrillakämpfer des Vietcong.
Große Teile der Öffentlichkeit in den USA sowie in den europäischen Ländern reagierten schockiert auf die Bilder und Berichte von dem entsetzlichen Leiden der vietnamesischen Zivilbevölkerung. Junge Wehrpflichtige verweigerten den Militärdienst, empörte Studenten, Berufstätige, Hausfrauen, Pfarrer protestierten in Massendemonstrationen. Wegen der brutalen Kriegsführung in Vietnam hatte auch das **moralische Ansehen der USA weltweit schweren Schaden** genommen.

B 1 Ein US-Hubschrauber versprüht das Entlaubungsmittel „Agent Orange" über Waldgebiete, in denen Vietcong-Kämpfer vermutet werden. Das Pflanzengift schädigte nicht nur die gesamte Vegetation, es führte auch zu Missbildungen bei tausenden neugeborenen vietnamesischen Kindern.

B 2 Vietnamesische Kinder als Opfer eines Napalmbomben-Angriffs der US-Luftwaffe, Foto 1972. Napalm ist ein heimtückischer Brandstoff, der mit Wasser nicht gelöscht werden kann. Die 9-jährige Kim Phuc (Bildmitte) erlitt schwerste Verbrennungen.

ARBEITSAUFTRÄGE

1. Diskutiere, ob das militärische Eingreifen der USA in Vietnam prinzipiell gerechtfertigt war.
2. Beurteile mit B 1 und B 2 die Kriegführung der USA.

7. Entspannungspolitik und Ende des Kalten Krieges

Die Erkenntnis, dass der Kalte Krieg nicht durch Wettrüsten und „Stellvertreterkriege“ zu gewinnen war, setzte sich bei den Supermächten allmählich durch. Wodurch kam der Sinneswandel zustande?

Die Ursachen des Umdenkens – Die gigantischen Kosten des Wettrüstens und die Angst vor einem Atomkrieg lasteten seit Jahrzehnten auf den Menschen – nicht nur in den USA und in der UdSSR. Hinzu kam eine weltpolitische Schwächung beider Supermächte in den 1960er- und 1970er-Jahren.
Die UdSSR befand sich seit Ende der 1950er-Jahre in einer ideologischen, teilweise auch militärisch ausgetragenen **Auseinandersetzung mit China.** Der Konflikt spaltete die kommunistische Einheitsfront und schwächte die Vormachtstellung der UdSSR in der sozialistischen Welt.
Die USA waren seit Mitte der 1960er-Jahre in den **Vietnamkrieg** verstrickt. Wegen der militärischen Niederlage, aber mehr noch wegen der brutalen Kriegsführung hatte das Ansehen der Supermacht im eigenen Land sowie weltweit sehr gelitten.

Entspannung und Ende des Kalten Krieges – Verhandlungen zwischen den Supermächten hatten 1972 und 1979 zu ersten **Rüstungskontrollvereinbarungen** geführt. Dabei wurden Obergrenzen für bestimmte Waffensysteme festgelegt, ohne jedoch die vorhandenen Potenziale anzutasten. Doch Ende der 1970er-Jahre veranlasste das Übergewicht sowjetischer Mittelstreckenraketen in Europa die NATO zu einem **Doppelbeschluss:** Die UdSSR sollte die überzähligen Raketen abbauen; andernfalls werde die NATO nachrüsten. Auch durch den Einmarsch sowjetischer Truppen in Afghanistan 1979 hatte sich die weltpolitische Lage wieder verschärft.

Der Tiefstand in den Beziehungen beider Supermächte wurde erst 1985 durch den neuen Kremlführer MICHAIL GORBATSCHOW überwunden. Für seine wirtschaftlichen und politischen Reformpläne brauchte er Entlastung von den Rüstungskosten. Gorbatschow machte daher weitreichende Abrüstungsvorschläge. Im Jahr 1987 vereinbarten die Supermächte den Abbau atomarer Mittelstreckenraketen. Obwohl dies nur etwa 4 % der Atomwaffen betraf, war es doch ein Durchbruch: Zum ersten Mal wurde wirklich abgerüstet. Ende 1989 verkündeten beide Seiten das Ende des Kalten Krieges.

B 1 Kosten des Wettrüstens. Bundesdeutsche Karikatur 1982

B 2 Gorbatschow und Reagan auf der Genfer Gipfelkonferenz, 1985

ARBEITSAUFTRÄGE

1. Erläutere, welche Probleme der Karikaturist in B 1 darstellt. Vergleiche dazu auch D 2 von Seite 154.
2. Interpretiere die Symbolik des Fotos B 2.

Teil III: Das geteilte Deutschland: 1949 – 1989

1. Die Gründung zweier deutscher Staaten

Nach dem Ende des Zweiten Weltkriegs hatte Deutschland seine staatliche Souveränität verloren; alle Entscheidungen über die Politik und Wirtschaft des Landes lagen in den Händen der Siegermächte. Von 1949 bis 1990 bestanden dann zwei deutsche Staaten nebeneinander. Wie kam es zu dieser Teilung Deutschlands?

Die Spaltung Deutschlands – Kurz nach Kriegsende traten weltweit die Interessengegensätze der Alliierten zutage; insbesondere zwischen den Westmächten und der UdSSR. Der von tiefem Misstrauen geprägte Konflikt bestimmte fortan die Deutschlandpolitik der Siegermächte. Deren Uneinigkeit hatte zunächst dazu geführt, dass die vier Besatzungszonen weitgehend unabhängig voneinander verwaltet wurden. Anfang 1947 schlossen die Amerikaner und Briten ihre Zonen wirtschaftlich zusammen; im Juni 1948 folgte die französische Zone. Eine einheitliche Wirtschaftspolitik der vier Zonen war schon 1947 endgültig gescheitert, als die sowjetische Zone auf Druck Moskaus die **Marshall-Plan**-Hilfe zum Wiederaufbau Europas ablehnte.
Seit Mitte 1947 zeichnete sich die Errichtung zweier deutscher Teilstaaten immer deutlicher ab. Im Juni 1948 einigten sich die Westmächte auf der **Londoner Sechs-Mächte-Konferenz** (USA, Großbritannien, Frankreich und die Beneluxländer) auf die Gründung eines deutschen Weststaates. Daraufhin verließ die UdSSR den Alliierten Kontrollrat für Deutschland. Die Blockade Berlins durch die UdSSR im Juni 1948, mit der sie die Einbeziehung Berlins in die westdeutsche Währungsreform verhindern wollte, beschleunigte den politischen Zusammenschluss der Westzonen zusätzlich. Und die Westdeutschen empfanden die Besatzungsmächte nun als Beschützer. Aus Siegern und Besiegten wurden Freunde und Verbündete.

Q 1 Umfrage des Magazins „Der Spiegel" in den Westzonen, 5.3.1949

Sollen die Deutschen
a) einen westdeutschen Staat bilden und die Ostzone erst später einbeziehen (Ja-Stimmen: 54 %)
b) nur dann einen Staat bilden, wenn die Ostzone mitmachen kann (Ja-Stimmen: 13 %)
c) keinen Staat bilden, solange noch eine Besatzungsmacht auf deutschem Boden ist? (Ja-Stimmen: 33 %)

(In: Chronik 1949, Dortmund 1988, S. 49)

Q 2 Aus den Beschlüssen der Koblenzer Ministerpräsidentenkonferenz, 10.7.1948:

Die Ministerpräsidenten [der Westzonen] begrüßen es, dass die Besatzungsmächte entschlossen sind, die [ihnen] unterstehenden Gebietsteile Deutschlands zu einem einheitlichen Gebiet zusammenzufassen. […] [Sie] glauben jedoch, dass alles vermieden werden müsste, was dem zu schaffenden Gebilde den Charakter eines Staates verleihen würde […] [und] was geeignet sein könnte, die Spaltung zwischen Ost und West weiter zu vertiefen. […]

(In: Geschichte in Quellen, Bd. 7, München 1980, S. 149. Gekürzt)

B 3 Parlamentarischer Rat: Schlussabstimmung über das Grundgesetz der BRD, Mai 1949. Die beiden KPD-Abgeordneten bleiben sitzen.

Bundesrepublik Deutschland – Im Juli 1948 wurden die westdeutschen Ministerpräsidenten von den Alliierten aufgefordert, eine verfassunggebende Versammlung einzuberufen. Der **„Parlamentarische Rat“** begann am 1. September 1948 mit der Ausarbeitung eines **„Grundgesetzes“.** Entsprechend den Stimmenverhältnissen in den Landtagen gehörten dem Gremium Vertreter aller Parteien an, darunter zwei Parlamentarier der KPD. Die bürgerlichen Parteien verfügten gegenüber der SPD über die Mehrheit. Doch allen war wichtig, eine möglichst große Übereinstimmung zu erzielen.

Um die Schwächen der Weimarer Verfassung zu vermeiden, wurde die Stellung von Regierung und Parlament gegenüber der des Bundespräsidenten gestärkt. Die Rolle des Präsidenten wurde weitgehend auf Repräsentationsaufgaben beschränkt. Die Regierung kann nur gestürzt werden, wenn die Opposition über eine Mehrheit zur Wahl eines neuen Regierungschefs verfügt (= **konstruktives Misstrauen**). Die Länder sollten eine starke Stellung gegenüber der Zentralregierung erhalten.
Am **8. Mai 1949** wurde das Grundgesetz vom Parlamentarischen Rat verabschiedet. Nach der Genehmigung durch die Alliierten und der Zustimmung der Landtage (außer Bayern) trat es am 23. Mai in Kraft. Am 14. August 1949 fanden die Wahlen zum Bundestag statt. Dieser wählte KONRAD ADENAUER (CDU) am 15. September 1949 mit einer Stimme Mehrheit zum Bundeskanzler.

PERSONENLEXIKON

THEODOR HEUSS, 1884–1963. 1946 Mitbegründer der FDP, Bundespräsident 1949–1959

Q4 Das Besatzungsstatut der Alliierten für die Bundesrepublik von 1949:

Um sicherzustellen, dass die Grundziele der Besetzung erreicht werden, bleiben auf folgenden Gebieten Befugnisse ausdrücklich vorbehalten […]: a) Abrüstung und Entmilitarisierung, […] Verbote und Beschränkungen der Industrie […], zivile Luftfahrt; b) Reparationen, Entflechtung, […] c) auswärtige Angelegenheiten, einschließlich internationaler Abkommen […].
Die Besatzungsbehörden behalten sich das Recht vor, die Ausübung der vollen Gewalt ganz oder teilweise wieder zu übernehmen, wenn sie dies als wesentlich ansehen für die Sicherheit oder die Aufrechterhaltung der demokratischen Regierung in Deutschland. […] Jede Änderung des Grundgesetzes bedarf vor ihrem Inkrafttreten der ausdrücklichen Zustimmung der Besatzungsbehörden.

(In: Geschichte in Quellen, Bd. 7, München 1980, S. 192. Gekürzt)

D5 Sitzverteilung im ersten deutschen Bundestag

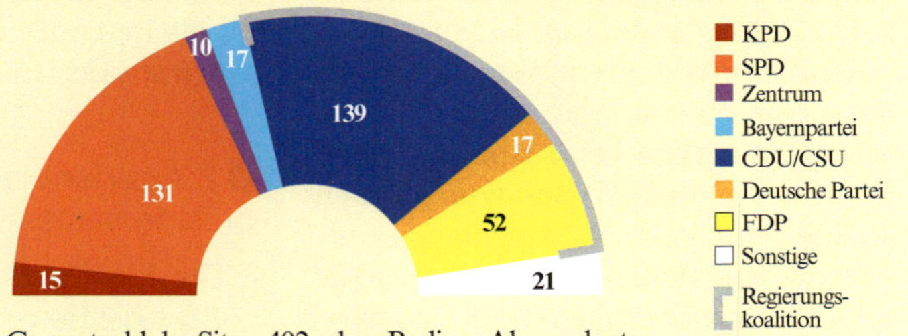

Gesamtzahl der Sitze: 402, ohne Berliner Abgeordnete, davon 28 Frauen; Wahlbeteiligung: 78 %

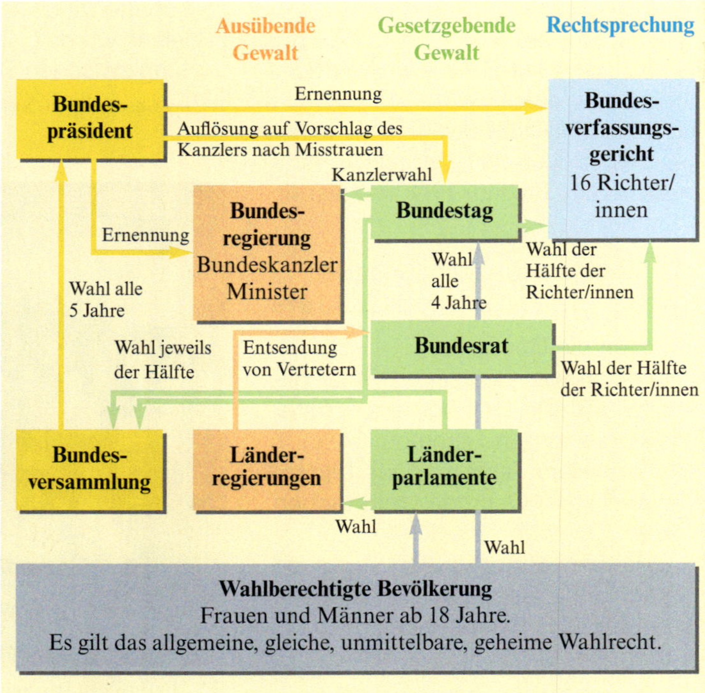

B6 Staatsaufbau der Bundesrepublik Deutschland

Deutsche Demokratische Republik – Die Sowjetunion wollte zunächst in ganz Deutschland eine „Volksdemokratie" nach osteuropäischem Muster errichten. Ende 1947 beauftragte sie die SED, mit der **Volkskongressbewegung** eine „gesamtdeutsche Volksvertretung" zu schaffen. Im März 1948 wählte der Volkskongress den **„Deutschen Volksrat"** (400 Mitglieder), der über eine Verfassung beraten sollte. Das Ergebnis entsprach weitgehend einem Entwurf der SED von 1946.

Mitte Mai 1949 wurde in der SBZ ein neuer Volkskongress gewählt. Zur „Wahl" stand aber nur noch eine **Einheitsliste** mit vorher **festgelegter Mandatsverteilung.** Dieser Volkskongress wählte seinerseits den „Zweiten Deutschen Volksrat", der sich am 7. Oktober 1949 zur „Provisorischen Volkskammer" erklärte und die **Verfassungs der Deutschen Demokratischen Republik** in Kraft setzte. WILHELM PIECK (SED) wurde Staatspräsident, OTTO GROTEWOHL (SED) Ministerpräsident der DDR. Die wirkliche Machtzentrale war jedoch das SED-Politbüro.
Die Verfassung der DDR sah das Prinzip der Gewaltenteilung nicht vor. Die Grundrechte waren zwar festgeschrieben, aber wegen der fehlenden Unabhängigkeit der Justiz stark eingeschränkt.

PERSONENLEXIKON

WILHELM PIECK, 1876–1960. KPD/SED-Politiker, 1949–1960 Präsident der DDR

Q 7 Die Ost-Berliner Zeitung „Neues Deutschland" am 7. 9. 1949:

Der so genannte Bundestag [...] ist ein Spalterparlament, das gegen die Interessen des deutschen Volkes gerichtet ist. [...] Dieser Bundestag und eine kommende Regierung haben keine Rechtsgültigkeit. Sie sind das Resultat der Verletzung der Potsdamer Beschlüsse durch die anglo-amerikanischen Kriegstreiber.

(In: Geschichte in Quellen, Bd. 7, S. 198. Gek.)

Q 8 Der amerikanische Außenminister, 12. 10. 1949:

Die so genannte „Deutsche Demokratische Republik" [beruht] nicht auf legalen Grundlagen und [kann] sich nicht auf den Willen der Bevölkerung berufen. Diese neue Regierung wurde durch ein sowjetisches [...] Machtwort geschaffen. Sie wurde durch einen „Volksrat" geschaffen, der selbst nicht aus freien [...] Wahlen hervorging

(In: H. Krieger [Hg], Die Welt seit 1945, Frankfurt/M. 1983, S. 212. Gekürzt)

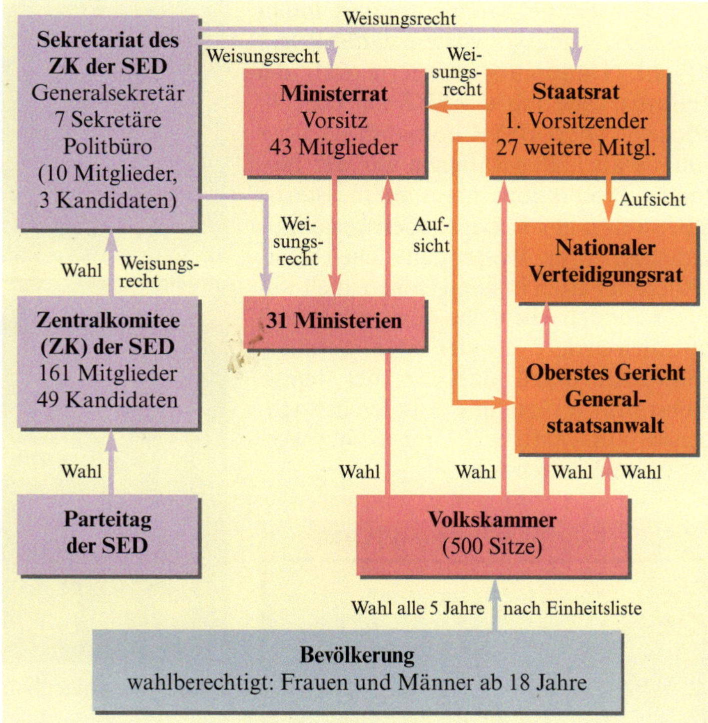

B 9 Staatsaufbau der Deutschen Demokratischen Republik, 1968

ARBEITSAUFTRÄGE

1. Diskutiere mithilfe von Q 1 und Q 2 das Für und Wider der Gründung eines westdeutschen Teilstaates.
2. Beurteile, ob die Bundesrepublik bzw. die DDR 1949 schon souveräne Staaten waren (Q 4/Text).
3. Erkläre mit B 6 und B 9 den Staatsaufbau der Bundesrepublik und den Staatsaufbau der DDR. Stelle die Unterschiede zusammen. Bewerte beide Verfassungen unter den Gesichtspunkten a) demokratisches Wahlrecht, b) demokratische Gesetzgebung, c) Gewaltenteilung.
4. Diskutiert, ob die in Q 7/Q 8 zum Ausdruck gebrachte Kritik des jeweiligen politischen Gegners gerechtfertigt war.

2. Wirtschaftliche Grundentscheidungen in Ost und West

In den ersten Nachkriegsjahren waren die Weichen für die wirtschaftliche Entwicklung der DDR und der Bundesrepublik gestellt worden. Welche Entscheidungen waren das und wie wirkten sie sich aus?

Startbedingungen in Ostdeutschland – Auf der Basis der Beschlüsse der Potsdamer Konferenz hatte die Sowjetunion in den ersten Nachkriegsjahren mehr als 2000 Betriebe der SBZ demontiert und in die stark kriegsverwüstete UdSSR gebracht. Dadurch verringerte sich die Industriekapazität der SBZ um über 40 Prozent. Die UdSSR entnahm darüber hinaus auch **Reparationen** aus der laufenden Produktion. Insgesamt musste die SBZ weit mehr Reparationen leisten als jede der drei Westzonen. Die Westalliierten hatten in ihren Zonen auch weniger Industriebetriebe demontiert und abtransportiert. In der SBZ kam erschwerend hinzu, dass sie über **wenige Rohstoffe** verfügte und von den gewachsenen Wirtschaftsbeziehungen zum Westen abgeschnitten war.

B 1 Plakat zum 1. DDR-Fünfjahrplan 1952

Zentrale Planwirtschaft in der DDR – Der Großgrundbesitz, Banken und wichtige Industriebetriebe wurden schon in der SBZ verstaatlicht. Nach Gründung der DDR plante und überwachte eine staat-

B2/B3 Maschinenhalle vor und nach der Demontage, 1945

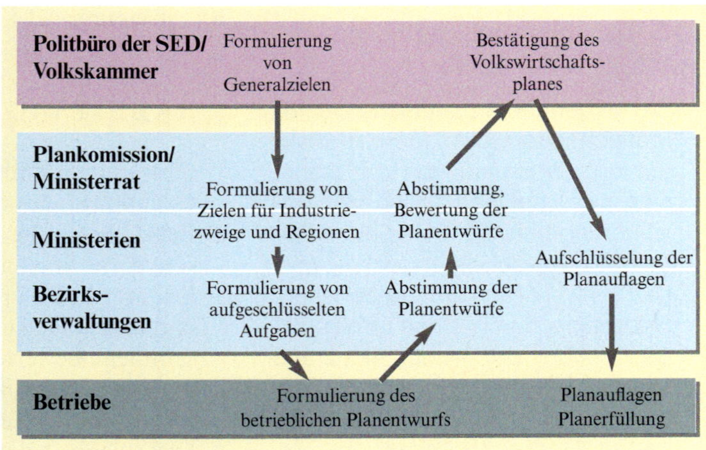

B 4 Modell der sozialistischen Planwirtschaft

liche **Plankommission** alle Wirtschaftsabläufe. Sie sollte Fehlinvestitionen vermeiden helfen und Schwerpunkte der Wirtschaftsentwicklung setzen. Diese Planungsbürokratie erwies sich jedoch auf Dauer als zu unbeweglich, um die komplizierten Wirtschaftsprozesse zu steuern: Produktions- und Versorgungsengpässe waren die Folgen. Der erste **Fünfjahrplan** der DDR von 1951 räumte dem **Aufbau der Schwerindustrie** den unbedingten Vorrang ein; Konsumgüter blieben für die DDR-Bevölkerung lange Mangelware.

Q 5 Rede des SPD-Politikers Nölting auf dem SPD-Parteitag, 1.4.1951:

Wir sind überhaupt nicht prinzipielle Gegner jeder Marktwirtschaft. […] Die Frage nach der wirtschaftspolitischen Methode ist für uns eine [der] Zweckmäßigkeit. […] Es ist ja gerade die kritiklose Idealisierung der freien Marktwirtschaft gewesen, der Wahnglaube, dass man bei Entfesselung der Wirtschaftskräfte die soziale Harmonie automatisch herbeiführen könne wie einen Hobelspan, der in der Werkstatt abfällt, dass die freie Marktwirtschaft von selbst zu einer sozialen werde, die blind gegen die offenbaren Mängel dieser Wirtschaftsordnung gemacht hat. […]

(Geschichte in Quellen, Bd. 7, S. 216. Gekürzt)

D 6 Bruttosozialprodukt* pro Kopf in US-$

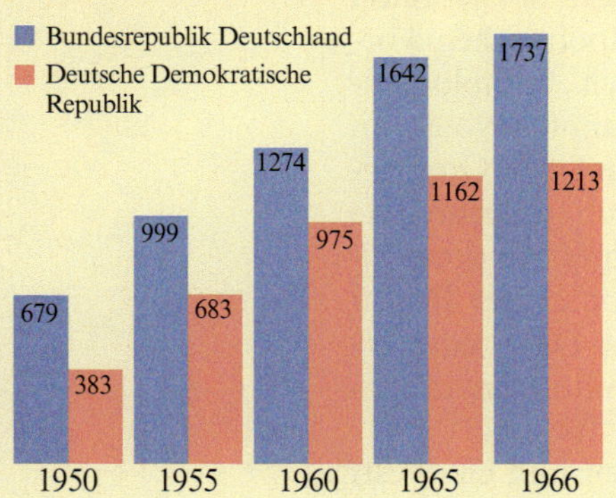

* Bruttosozialprodukt = Summe der in einem Jahr in einer Volkswirtschaft geschaffenen Werte

Voraussetzungen im Westen – LUDWIG ERHARD, Direktor des Wirtschaftsrats der Bizone, setzte 1948 die Neuordnung der Wirtschaft durch. Die Aufhebung zahlreicher Maßnahmen der Zwangswirtschaft durch die Militärregierungen leitete den Übergang zur **Marktwirtschaft** ein.

Soziale Marktwirtschaft – Der Parlamentarische Rat hatte im Grundgesetz festgeschrieben, dass die Bundesrepublik ein **Sozialstaat** sei. In der Auseinandersetzung zwischen Befürwortern einer marktwirtschaftlichen und denen einer sozialistischen Ausrichtung hatten selbst einige CDU-Politiker bis Ende der 1940er-Jahre die Verstaatlichung von Schlüsselindustrien gefordert. Als es Anfang 1951 zu einem Anstieg der **Arbeitslosenzahlen** und der Lebenshaltungskosten kam, geriet Erhards Wirtschaftskurs in die Kritik. Zunächst widerstrebend korrigierte Erhard – seit 1949 Wirtschaftsminister der Bundesrepublik – seinen Kurs im Sinne einer **sozialen Marktwirtschaft:** Es wurden Arbeitsbeschaffungsmaßnahmen und Investitionen zugunsten der Kohle- und Stahlindustrie sowie Importbeschränkungen beschlossen. Ab 1952 erholte sich die westdeutsche Wirtschaft: Die Weichen für das **„Wirtschaftswunder"** waren gestellt.

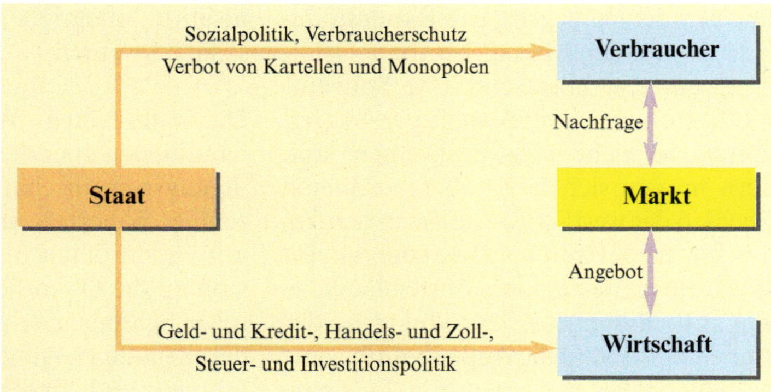

B 7 Modell der sozialen Marktwirtschaft

ARBEITSAUFTRÄGE

1. Erläutere die Wirtschaftskonzepte der DDR und der Bundesrepublik (B 1, B 4, B 7). Beurteile deren Erfolge (D 6).
2. Erkläre mit B 2 /B 3, welche Auswirkungen die Demontagen für die Nachkriegswirtschaft hatten.

PERSONENLEXIKON

LUDWIG ERHARD, 1897–1977. CDU-Politiker. Er bereitete 1948 die Währungsreform in der Bizone vor; 1948/49 Direktor für Wirtschaft in der Dreizonenverwaltung in Frankfurt/M.; 1949–1963 Bundeswirtschaftsminister; 1963–1966 Bundeskanzler. Begründer der sozialen Marktwirtschaft ❻/6

3. Eingliederung in die militärischen Bündnissysteme

Nur zehn Jahre nach Kriegsende wurden in beiden deutschen Staaten wieder Truppen aufgestellt. Eingebunden in verfeindete Militärbündnisse standen sie sich bewaffnet gegenüber. Wie vollzog sich diese Integration in die Bündnissysteme?

B 1 „Hinter Ihnen geht einer, dreh'n Sie sich nicht um.“ Karikatur von David Low, Daily Herald, London, März 1952

Westintegration der Bundesrepublik – Der Regierung Adenauer schienen eine stabile wirtschaftliche Entwicklung und die Sicherheit der Bundesrepublik nur durch eine Einbindung in das westliche Staaten- und Verteidigungssystem möglich. Auch die Wiedervereinigung war für Adenauer nur nach der Westintegration und aus einer Politik militärischer Stärke gegenüber der UdSSR vorstellbar.

Das westliche Militärbündnis NATO war 1949 ohne westdeutsche Beteiligung gegründet worden. Eine **Wiederaufrüstung** der Bundesrepublik Deutschland und Beteiligung an der NATO schien aufgrund der Erfahrungen des Zweiten Weltkriegs zunächst vollkommen ausgeschlossen. Nicht nur bei den Nachbarstaaten fürchtete man einen neuen deutschen Militarismus, auch in der Bundesrepublik selbst gab es eine deutliche Ablehnung.
Die gerade neu gegründete Bundesrepublik Deutschland besaß bei ihrer Gründung nur eine eingeschränkte Souveränität. In einer Reihe wichtiger Fragen konnte sie nicht selbst bestimmen, sondern musste sich nach übergeordneten Rechten der westlichen Alliierten richten, die im so genannten **Besatzungsstatut** festgelegt waren. Dazu gehörten Bereiche wie z. B. die Industrieproduktion, der Außenhandel und die Außenpolitik, ganz besonders aber der gesamte militärische Komplex. Ein erneuter Aufbau von Streitkräften war nur mit Zustimmung der Westmächte möglich.
Der **Ausbruch des Koreakriegs** 1950 stärkte in den USA die Überzeugung, dass die Bundesrepublik einen wichtigen Beitrag zur westeuropäischen Verteidigung leisten sollte. Dies war vor allem für die Franzosen alarmierend, die besondere Befürchtungen hinsichtlich eines deutschen Alleingangs zu neuer wirtschaftlicher und militärisch-machtpolitischer Stärke hegten. Angesichts des Drängens der USA auf eine westdeutsche „Wiederbewaffnung“ entwickelte Frankreich selbst eine Initiative für eine **Europäische Verteidigungsgemeinschaft (EVG).**
Nach dem Modell der **Montanunion,** dem gemeinsamen Markt für Kohle, Eisen und Stahl, sollte nun die noch zu schaffende westdeutsche Militärorganisation in eine übergreifende europäische Organisation integriert und dadurch „entschärft“ werden.

Die Stalin-Noten – Während sich die Verhandlungen über die Europäische Verteidigungsgemeinschaft einen positiven Abschluss näherten, trat die Sowjetunion mit einem deutschlandpolitischen Vorstoß an die Öffentlichkeit. In diplomatischen Schreiben, so genannten Noten, an die ehemaligen Alliierten USA, Großbritannien und Frankreich unterbreitete Stalin den Vorschlag einer Wiedervereinigung Deutschlands unter der Bedingung strikter Neutralität. Das wiedervereinigte Deutschland sollte keinem Militärbündnis angehören dürfen.
Bundeskanzler Adenauer und die Westalliierten sahen jedoch in Stalins Vorschlag ein Störmanöver, um die Westintegration der Bundesrepublik zu verhin-

dern. Da Stalin auf die Forderung nach freien Wahlen ausweichend antwortete, lehnten sie das Angebot ab (siehe dazu auch die folgende Doppelseite).

Beitritt der Bundesrepublik zur NATO – Im Mai 1952 hoben die westlichen Siegermächte im **Deutschlandvertrag** das Besatzungsstatut für die ehemaligen Westzonen auf. Die EVG wurde zwar zunächst beschlossen, scheiterte aber an der Ablehnung des französischen Parlaments. Dafür wurde in den **Pariser Verträgen** von 1954 das Verteidigungsbündnis **Westeuropäische Union (WEU)** ins Leben gerufen. Die WEU sah den Beitritt der Bundesrepublik zur NATO sowie die Stationierung ausländischer Truppen auf Bundesgebiet vor. In der Bundesrepublik wurde nun mit dem **Aufbau der Bundeswehr** begonnen. Sie verpflichtete sich aber, auf die Produktion atomarer, biologischer und chemischer Waffen zu verzichten.

Ostintegration der DDR – Wie die anderen osteuropäischen Staaten wurde die DDR durch einen bilateralen Vertrag an die UdSSR gebunden. 1950 trat die DDR dem **Rat für gegenseitige Wirtschaftshilfe (RGW)** der osteuropäischen Länder bei. Den Aufbau militärischer Organisationen im Westen und die Aufnahme der Bundesrepublik in die NATO beantwortete die Sowjetunion mit einem eigenen Militärbündnis: 1955 gehörte die DDR zu den Gründungsmitgliedern des **Warschauer Pakts.** Aus der bereits 1952 gegründeten „Kasernierten Volkspolizei" wurde nun die **Nationale Volksarmee (NVA).** Aufgrund geheimer Vorbereitungen standen schon im gleichen Jahr 120 000 DDR-Soldaten unter Waffen.
Nach der Westintegration der Bundesrepublik änderte die Sowjetunion ihre gesamtdeutsche Politik. Sie ging nun von der dauerhaften Teilung Deutschlands aus und entließ die DDR im September 1955 in die staatliche Souveränität.

Q2 Aus dem „Deutschen Manifest" (Frankfurter Paulskirche), Bundesrepublik 29. 1. 1955:

Wir [sind davon] überzeugt, dass jetzt die Stunde gekommen ist, Volk und Regierung in feierlicher Form zu entschlossenem Widerstand gegen die sich immer stärker abzeichnenden Tendenzen einer endgültigen Zerreißung unseres Volkes aufzurufen. [...]
Die Aufstellung deutscher Streitkräfte in der Bundesrepublik und in der Sowjetzone muss die Chancen der Wiedervereinigung für unabsehbare Zeit auslöschen und die Spannung zwischen Ost und West verstärken. [...]
Das furchtbare Schicksal, dass sich Geschwister einer Familie in verschiedenen Armeen mit der Waffe in der Hand gegenüberstehen, würde Wirklichkeit werden. [...]

(In: H. Krieger, Handbuch des Geschichtsunterrichts, Bd.6, Frankfurt/M. 1983, S. 269 f. Gekürzt)

B3 Plakat einer Bürgervereinigung, Bundesrepublik 1953

B4 Plakat der SED, DDR 1954

ARBEITSAUFTRÄGE

1. Interpretiere die Karikatur B 1. Erläutere mit ihrer Hilfe die politische Konstellation im Frühjahr 1952. Warum soll Adenauer (der Politiker mit dem Rücken zum Fenster) sich nicht umdrehen?
2. Führt aus der Sicht der Jahre 1954/55 und mithilfe von Q 2, B 3 und B 4 eine Podiumsdiskussion zum Thema: Sollen Deutsche wieder Waffen tragen?

4. Die Stalin-Noten von 1952

Mit seiner deutschlandpolitischen Initiative wollte Stalin die bevorstehende Integration der Bundesrepublik Deutschland in ein europäisches Verteidigungssystem verhindern. Dafür stellte Stalin die Möglichkeit einer baldigen deutschen Wiedervereinigung unter der Bedingung in Aussicht, dass ein wiedervereinigtes Deutschland neutral bleibe.

Im westlichen Lager löste der erste Vorstoß Stalins vom 10. März 1952 beträchtliche politische Erschütterungen aus. Eine Reihe grundlegender Fragen tat sich auf. Wenn das Angebot ernst gemeint war, welchen Stellenwert hatte dann die Chance auf die Wiedervereinigung gegenüber der angestrebten Westintegration? Ein wiedervereinigtes Deutschland hätte die Regelung der deutschen Ostgrenzen durch das Potsdamer Abkommen als endgültig anerkennen müssen. Für viele Flüchtlinge und Vertriebene schien das 1952 ganz undenkbar. Bestand weiterhin nicht die Gefahr, dass ein neutrales Gesamtdeutschland doch auf Dauer ein Opfer der Sowjetunion werden könnte? Andererseits: Würde ein Nichteingehen auf Stalins Vorschläge nicht die Spaltung Deutschlands auf unabsehbare Zeit verlängern?

Die Westmächte formulierten – nachdrücklich unterstützt vom Bundeskanzler Adenauer – Gegenforderungen, die für Stalin unannehmbar waren, und schufen noch während des Notenwechsels die vertraglichen Grundlagen für eine weitergehende Bindung der Bundesrepublik an den Westen. Zu konkreten Ver-

Q1 Aus der Note Stalins an die Westmächte vom 10.3.1952:

1. Deutschland wird als einheitlicher Staat wiederhergestellt. […]
2. Sämtliche Streitkräfte der Besatzungsmächte müssen spätestens ein Jahr nach Inkrafttreten des Friedensvertrages aus Deutschland abgezogen werden. […]
3. Dem deutschen Volke müssen die demokratischen Rechte […], die Menschenrechte und die Grundfreiheiten [gewährt werden] […].
4. In Deutschland muss die freie Betätigung der demokratischen Parteien und Organisationen gewährleistet sein. […]
5. In Deutschland dürfen Organisationen, die der Demokratie und der Sache des Friedens feindlich sind, nicht bestehen. […]
7. Deutschland verpflichtet sich, keinerlei […] Militärbündnisse einzugehen, die sich gegen einen Staat richten, der mit seinen Streitkräften am Kriege gegen Deutschland teilgenommen hat.

(In: Europa-Archiv 7 [1952], 7. Folge, S. 4832 f.)

Q2 Adenauers Reaktion auf die Stalin-Note, 27.4.1952:

Ich bin seit Jahr und Tag bei meiner ganzen Politik davon ausgegangen, dass das Ziel Sowjetrusslands ist, im Weg der Neutralisierung Deutschlands die Integration Europas zunichte zu machen […] und damit die USA aus Europa wegzubekommen und im Wege des Kalten Krieges Deutschland, die Bundesrepublik, und damit auch Europa in seine Machtsphäre zu bringen.

(In: H. A. Winkler, Der lange Weg nach Westen, Bd. 2, München 2000, S. 148)

B3 DDR-Plakat zur Stalin-Note, 1952

B4 Plakat gegen die Stalin-Note, Bundesrepublik 1952

handlungen mit Stalin kam es gar nicht, der Notenwechsel blieb eine Episode – aber der Streit um seine Bewertung fand kein Ende. Das Jahr 1952 brachte wichtige Weichenstellungen für die Verankerung der Bundesrepublik Deutschland im Westen, die staatliche Teilung Deutschlands wurde aber damit zementiert.

Q5 Der Historiker Rolf Steininger (1990):

1952 gab es eine Chance zur Wiedervereinigung – abgesehen von ein paar Neutralisten war aber im Westen niemand daran interessiert. Nach allem, was wir über die sowjetische Politik wissen, war das Angebot Stalins ernst gemeint. Da auch die Westmächte nach anfänglichem Zögern davon überzeugt waren, ist ihre Reaktion besonders interessant. Sie waren nicht bereit, diese „besonders gefährliche" Lösung der deutschen Frage zu akzeptieren. Sie wollten kein neutralisiertes Gesamtdeutschland, da dies zu große Risiken und Nachteile mit sich brachte. Die Westintegration der Bundesrepublik war in jedem Fall die bessere Lösung, die im Frühjahr 1952 mit Nachdruck betrieben wurde, auch um vollendete Tatsachen zu schaffen. Entsprechend lautete ihre Forderung: freie Wahlen und Handlungsfreiheit einer gesamtdeutschen Regierung. Über den ersten Punkt hätte Stalin möglicherweise mit sich reden lassen, der zweite war unannehmbar, denn damit wäre für ganz Deutschland das möglich geworden, was er mit seinem Angebot ja schon für die Bundesrepublik hatte verhindern wollen: die Integration in den Westen. So waren die Positionen von Ost und West von Anfang an unvereinbar.

(In: Rolf Steininger: Deutsche Geschichte 1946–1961. Darstellungen und Dokumente in zwei Bänden. Bd. 2. Frankfurt/M. 1990, S. 427)

B6 Karikatur von David Low, Mai 1952

Q7 Der Historiker Heinrich August Winkler (2000):

Wenn die Deutschen in der Bundesrepublik auf den nationalen Köder anbissen, den Stalin ihnen zuwarf, hätte das für ihn bereits einen großen Erfolg bedeutet. Die Verhandlungen über ein integriertes westeuropäisches Verteidigungssystem wären ins Stocken geraten, vielleicht gescheitert. Adenauer hätte einen solchen Fehlschlag politisch nicht überlebt, und sein Sturz war Stalins Nahziel. Mit einer „national" gesinnten Bonner Regierung hätten die USA es sehr viel schwerer, die Sowjetunion sehr viel leichter gehabt.
Am Ende wäre, wenn sich die Bundesrepublik dem westlichen Militärsystem verweigert hätte, die amerikanische Position in Westeuropa insgesamt in Gefahr geraten, und nichts konnte Stalin so erwünscht sein wie dieser Triumph.

(In: H. A. Winkler: Der lange Weg nach Westen. Bd. 2. München 2000, S. 148)

ARBEITSAUFTRÄGE

1. Fasse kurz die politische Lage zum Zeitpunkt der ersten Stalin-Note zusammen.
2. Nenne mit Q1 die Kernpunkte von Stalins Initiative.
3. Erläutere mit Q7 Stalins Beweggründe.
4. Beurteilt Adenauers Einschätzung der sowjetischen Ziele. Diskutiert mögliche Alternativen im politischen Vorgehen des Westens.
5. Interpretiere die Karikatur B6. Welche Einschätzung des westlichen Vorgehens liegt ihr zugrunde?
6. Prüfe die Einschätzung von Q5, dass die Positionen von Ost und West „von Anfang an unvereinbar" waren.

5. Die Bundesrepublik in der „Ära Adenauer"

Die deutsche Teilung sowie das Bemühen um Wiedergutmachung der Verbrechen des nationalsozialistischen Deutschlands waren für die Bundesrepublik Deutschland die wichtigsten Bezugsgrößen der Politik. Wie wurde diese Politik gestaltet?

Westintegration und Versöhnung – Zentrale Figur der Innen- und Außenpolitik der frühen Bundesrepublik war der erste Bundeskanzler KONRAD ADENAUER. Der frühere Kölner Oberbürgermeister hatte nach dem Krieg zu den Gründungsmitgliedern der CDU gehört.
Bereits früh war Adenauer von einer künftigen Teilung Deutschlands überzeugt. Sein Ziel war es daher, die Bundesrepublik als souveränen (unabhängigen) Staat zu etablieren und in die westliche Staatengemeinschaft zu integrieren. Nur an der Seite der Westmächte und aus einer Position der Stärke heraus konnte nach Adenauers Meinung die Wiedervereinigung eines demokratischen, freiheitlichen Deutschlands gelingen. Die **Westintegration** und die europäische Einigung waren nur gemeinsam mit Frankreich möglich. Adenauer verfolgte daher beharrlich eine **Politik der Versöhnung** mit dem französischen Nachbarn.

Aussöhnung mit Frankreich – Nicht ohne Widerstände waren in Frankreich anfangs die Gründung der Bundesrepublik und die deutsche Wiederbewaffnung aufgenommen worden. Auch die ungeklärte Zukunft des Saargebiets belastete noch das Verhältnis der beiden Nachbarstaaten. Doch nach einer Volksabstimmung im Saarland machte Frankreich 1955 den Weg für den **Beitritt des Saarlandes zur Bundesrepublik** frei. Die Aussöhnung der früheren „Erbfeinde" wurde 1963 im **deutsch-französischen Freundschaftsvertrag** dokumentiert.

CDU-Wahlplakat 1957

B2 Adenauer und Frankreichs Staatspräsident de Gaulle anlässlich der Unterzeichnung des deutsch-französischen Freundschaftsvertrags, 1963

Q1 Adenauer über die Westorientierung der Bundesrepublik:

Wir mussten uns eng mit dem Westen verbinden. Wir mussten ein gleichberechtigter Partner der Westmächte werden, zu dem sie Vertrauen haben, genauso wie wir [...] zu ihnen. [...] Auf uns allein gestellt, würden wir nichts erreichen, mit dem Westen vereinigt, würden wir – das war meine Überzeugung – unsere Freiheit behalten und die Wiedervereinigung Deutschlands in Frieden und Freiheit im Laufe der Zeit verwirklichen.

(In: K. Adenauer, Erinnerungen 1953–1955, Stuttgart 1966, S. 86. Gekürzt)

B3 Heimkehrer aus sowjetischer Kriegsgefangenschaft, 1955

Aussöhnung mit Israel – Neben den freundschaftlichen Beziehungen zu Frankreich war für Adenauer auch die **Aussöhnung mit Israel** und die Wiedergutmachung der NS-Verbrechen von großer Bedeutung. 1952 schloss die Bundesrepublik mit Israel einen Vertrag über die Entschädigung jüdischer NS-Opfer.

Beziehungen zur UdSSR – Im September 1955 erreichte Adenauer in Moskau die Freilassung der letzten 10 000 deutschen Kriegsgefangenen. Im Gegenzug hatte er der Aufnahme **diplomatischer Beziehungen mit der UdSSR** zugestimmt. Das Ergebnis wurde in Deutschland als großer persönlicher Erfolg Adenauers gefeiert.

In der UdSSR gab es nun neben der DDR-Botschaft eine zweite deutsche Botschaft. Doch das sollte nach dem Willen der Bundesregierung eine Ausnahme bleiben. Denn seit 1949 beharrte sie auf einem **„Alleinvertretungsanspruch“** für alle Deutschen. Die Regierung der DDR sei nicht aus freien Wahlen hervorgegangen und daher nicht legitimiert, für die dortige Bevölkerung zu sprechen. Außenpolitisch kam dieser „Alleinvertretungsanspruch“ durch die so genannte **Hallstein-Doktrin** zum Ausdruck: Die Bundesrepublik drohte allen Staaten mit dem Abbruch der diplomatischen Beziehungen, falls sie die DDR als eigenständigen Staat anerkannten. So gelang es zwar, die DDR für einige Jahre international zu isolieren. Andererseits musste die Bundesrepublik auf diplomatische Beziehungen zu ihren östlichen Nachbarn verzichten.

Ende der Ära Adenauer – 1962 erschütterte die **„Spiegel-Affäre“** die Bundesrepublik. Nachdem das Nachrichtenmagazin „Der Spiegel“ Ende 1962 über Mängel bei der Bundeswehr berichtet hatte, wurden der Herausgeber RUDOLF AUGSTEIN und mehrere Redakteure verhaftet, die Verlagsräume wurden von Polizeikräften besetzt, Unterlagen wurden beschlagnahmt. Das Vorgehen der Regierung war gesetzwidrig und wurde in der Öffentlichkeit als Angriff auf die Pressefreiheit gewertet. Als sich Adenauer anfangs weigerte, den für die Affäre verantwortlichen Verteidigungsminister FRANZ-JOSEF STRAUSS (CSU) zu entlassen, zog die FDP ihre Minister aus der Koalitionsregierung mit der CDU/ CSU zurück. 1963 wurde Adenauer durch den populären Wirtschaftsminister Ludwig Erhard als Bundeskanzler abgelöst.

Q4 Regierungserklärung Adenauers zum „Alleinvertretungsanspruch“ der Bundesrepublik, 22. 9. 1955:

Ich muss unzweideutig feststellen, dass die Bundesregierung auch künftig die Aufnahme diplomatischer Beziehungen mit der „DDR“ durch dritte Staaten, mit denen sie offizielle Beziehungen unterhält, als einen unfreundlichen Akt ansehen würde, da er geeignet wäre, die Spaltung zu vertiefen.

(In: M. Görtemaker, Geschichte der Bundesrepublik Deutschland, 1999, S. 227 f.)

B5 Proteste gegen die Durchsuchung der „Spiegel“-Redaktion, 1962

ARBEITSAUFTRÄGE

1. Erläutere und beurteile mit Q 1 die Position Adenauers zur deutschen Wiedervereinigung.
2. Erörtere mit B 3, was die Rückkehr der Kriegsgefangenen nach so langer Abwesenheit für die Familien bedeutete.
3. Erläutere mit Q 4 den „Alleinvertretungsanspruch“ der Bundesrepublik und nenne mögliche Konsequenzen für das Verhältnis zur DDR und zu anderen Staaten Osteuropas.
4. Fasse die Außenpolitik der Regierung Adenauer gegenüber den Westmächten zusammen (Q 1, B 2, Darstellungstext).
5. Beurteile mit B 5 die politische Bedeutung der „Spiegel-Affäre“. Nenne mögliche Gründe für den Bürgerprotest.

6. „Wirtschaftswunderland“ Bundesrepublik

Seit Mitte der 1950er-Jahre erlebten die Menschen in der Bundesrepublik das so genannte Wirtschaftswunder. Nach Jahren der Entbehrung konnten breite Schichten einen neuen Wohlstand genießen. Wie gestalteten sie ihr Leben?

„Es geht wieder aufwärts!“ – Durch Kriegseinwirkungen und Flucht hatten viele Familien ihren Hausrat ganz oder teilweise verloren. Daher gab es eine große Nachfrage nach allen Gütern des täglichen Bedarfs: Möbel, Kleidung und besonders nach Wohnungen. Im Vergleich zum Wirtschaftswachstum waren die Löhne zunächst noch niedrig, verdoppelten sich aber bis etwa 1960.

Da die Mieten wegen einer **gesetzlichen Mietpreisbindung** während dieser Zeit stabil blieben, hatten die Haushalte nun mehr Geld für **Konsumartikel** zur Verfügung. Viele Menschen sparten, um sich besondere Wünsche erfüllen zu können: eine eigene Wohnung, ein Fernsehgerät oder sogar ein Auto. Wenngleich viele Wünsche vorerst unbezahlbar blieben, so hatten die Menschen nun, nach Jahren des Hungers und der Entbehrungen, wieder ein Ziel vor Augen.

Alltag der Wohlstandsgesellschaft – In den 1950er-Jahren konzentrierten sich viele Menschen auf ihren privaten Bereich. Für politische Fragen hatten sie nur geringes Interesse. Viele Familien genossen nach der Gängelung während des NS-Systems, nach Krieg, Ausbombung und Evakuierung die familiäre Gemeinschaft und waren damit zufrieden. Im Zentrum des Feierabends stand anfangs das **Radio,** bis es vom **Fernseher** verdrängt wurde. Zu den wichtigen Freizeitbeschäftigungen außer Haus gehörten Sport und Kino; sonntags oft der Kirchgang.

Anders viele Jugendliche: Begierig nahmen sie neue Musik- und Modetrends auf. Das war – noch – kein Ausbruch aus der Familienidylle, aber ein erster Versuch der Abgrenzung vom als „altbacken“ empfundenen Lebensstil der Eltern.

T1 Ausstattung west- und ostdeutscher Haushalte mit Konsumgütern, 1955–1970; in %

	1955		1960		1965		1970	
	West	Ost	West	Ost	West	Ost	West	Ost
Fernseher	k.A.	1,2	37	18,5	61	49	85	69,1
Waschmaschine	10	0,5	34	6,2	50	28	75	53,6
Telefon	k.A.	k.A.	14	k.A.	21	k.A.	31	9,7
Auto	3,9	0,2	17	3,2	33	8,2	44	15,6

VW-Käfer: Symbol des Wirtschaftsaufschwungs. Foto Anfang der 1950er-Jahre

Q2 Erna W., geb. 1918, über ihren ersten Familienurlaub:

1953 konnten wir uns einen gebrauchten VW kaufen. Mein Mann verdiente als Handelsvertreter ganz gut. Die Kinder waren jetzt 13 und 11, als wir sagten: Jetzt können wir es wagen! […] Omi sollte auch unbedingt mit. Es war heiß und eng und es dauerte drei Tage von Essen bis zu unserem Campingplatz an der Adria. Dort habe ich übrigens die ersten Bikinis gesehen. Bei englischen Urlauberinnen war das. Die haben uns allerdings z. T. als Nazis beschimpft. Die fanden es sicher überraschend, dass die Deutschen schon wieder in Scharen reisen konnten. Schließlich war der Krieg erst zehn Jahre aus.

(In: H. Mögenburg, Kalter Krieg und Wirtschaftswunder, Frankfurt/M. 1993, S. 144 f. Gekürzt)

B3 Wohnzimmer, Bundesrepublik Ende der 1950er-Jahre

Marktwirtschaft plus Sozialstaat – Das Wohnungsbaugesetz von 1950 legte den Grundstein für den Bau von mehr als 3 Millionen **staatlich geförderter Sozialwohnungen.** Die wurden dringend benötigt, unter anderem für die etwa 7 Millionen Flüchtlinge und Vertriebenen. Auch das **Lastenausgleichsgesetz** von 1952 trug zur Eingliederung der Flüchtlinge und Vertriebenen bei. Dieser Lastenausgleich basierte auf einer 5-prozentigen Abgabe auf alle Vermögen, die bei der Währungsreform 1948 mehr als 5000,– DM betragen hatten. Nutznießer waren die Kriegsgeschädigten und Vertriebenen.

Viele Westdeutsche fürchteten anfangs, dass der große Zustrom der Vertriebenen die soziale Stabilität gefährde. Doch schon bald zeigte sich, dass gerade deren Arbeitskraft wesentlich zum Wirtschaftsaufschwung der Bundesrepublik beitrug. Auch das **Sozialversicherungssystem** wurde verbessert. Besonders wichtig war die **Neuregelung des Rentensystems:** 1957 wurden die Altersrenten dynamisiert, das heißt an die Entwicklung der Löhne angekoppelt.

Q4 CDU-Familienminister Wuermeling zum Muttertag 1959:

Die Doppelbelastung unserer Hausfrauen und Mütter in Familie und Beruf ist keine „fortschrittliche Lösung“, sondern erzwungenes Unheil [...]. Mutterberuf ist Hauptberuf und wichtiger als jeder Erwerbsberuf. Mutterberuf ist Berufung [...]. Sobald die Mutter fehlt oder ihren Platz in Familie und Erziehung nicht mehr voll ausfüllen kann, sind gefährliche Rückwirkungen auf Geist und Gesinnung der nächsten Generation unvermeidlich [...]. Eine Mutter daheim ersetzt vielfach alle Fernsehgeräte, Autos [...] Auslandsreisen, die doch allzu oft mit ihrer den Kindern gestohlenen Zeit bezahlt werden.

(In: Ch. Kleßmann, Zwei Staaten, eine Nation, Bonn 1997, S. 492 f. Gekürzt)

Q5 Teenagerzeit in einer hessischen Kleinstadt, 1950er-Jahre

Ich kann mich noch gut an meinen 13. Geburtstag erinnern, weil ich jetzt endlich [...] ein „Teenager“ geworden war – und das war schick! Schon das Wort war es, das meine Omi zeit ihres Lebens nicht begriff. Sie nannte mich ab vierzehn einen „Backfisch“ [...]. Ich fand das furchtbar altdeutsch [...]. Wir wollten anders sein, so wie die Teenager in den Musikfilmen von Peter Kraus oder in der Zeitschrift „Bravo“: So mit Petticoats, [...] Pferdeschwanz, Lippenstift, Nylonstrümpfen ohne Rückennaht [...]. Schminken mussten Elke und ich uns [noch] lange heimlich auf einer Parkbank [...]

(In: H. Mögenburg, a.a. O., S. 144 f. Gekürzt)

Elvis Presley, Jugendidol der 1960er- Jahre

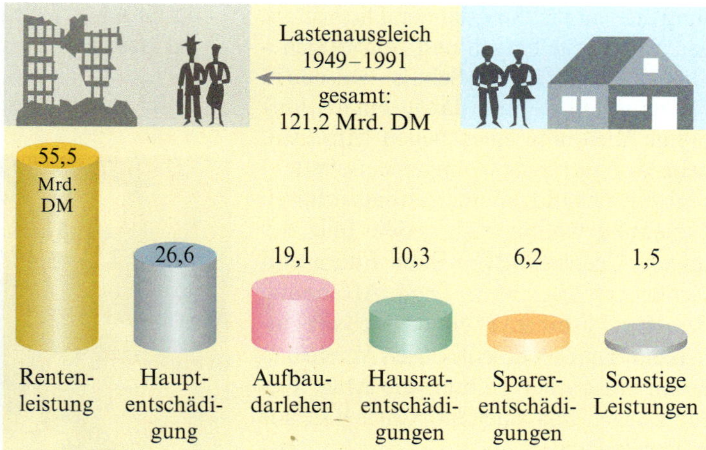

B6 Entschädigungsregel für Vertriebene und Kriegsgeschädigte, 1952

ARBEITSAUFTRÄGE

1. Erkläre mit T 1 und Q 2 die Zufriedenheit der Bevölkerung mit dem „Wirtschaftswunderland“ Bundesrepublik.
2. Beschreibe die Familienszene von B 3. Vergleiche früher und heute.
3. Diskutiert das Familien- und Frauenbild, das Minister Wuermeling in Q 4 formuliert.
4. Beschreibe mit Q 5 die Situation von Jugendlichen in der Bundesrepublik der 1950er-Jahre. Vergleiche sie mit heute.
5. Erkläre und bewerte mit B 6 die Bedeutung des Gesetzes zum Lastenausgleich von 1952.

7. Außerparlamentarische Opposition und „68er-Bewegung“

Eine heftige Kontroverse um Notstandsgesetze sowie die amerikanische Kriegführung in Vietnam hatten 1967/68 in der Bundesrepublik zur Entstehung einer studentischen Protestbewegung beigetragen. Was waren die Ziele der Proteste?

Außerparlamentarische Opposition – Um ihrem Protest gegen tatsächliche oder vermeintliche Missstände Ausdruck zu geben, formierten sich überwiegend Studenten in einer **Außerparlamentarischen Opposition (APO).** Als Vorbild diente die amerikanische Bürgerrechtsbewegung. Die Studenten übten vor allem Kritik an der wachsenden Konsumorientierung der Gesellschaft, an der mangelnden Aufarbeitung der NS-Zeit, dem „Meinungsmonopol“ des Springer-Pressekonzerns, am Rüstungswettlauf sowie an der Ausbeutung der Entwicklungsländer. Die bisherigen Wertvorstellungen und Autoritäten – Staat, Eltern, Kirchen, Schule – wurden in Frage gestellt. Durch lange Haare, auffällige Kleidung, einen neuen Musikstil, neue Wohnformen (Wohngemeinschaften) und mit dem Ideal einer antiautoritären Erziehung wollten sich große Teile der jungen Generation von ihren Eltern und Großeltern abgrenzen. Diese Ablehnung des „Establishments“ ging jedoch oft einher mit einer recht kritiklosen Verehrung kommunistischer Führer wie Mao Tse-tung aus China oder Ho Chi Minh aus Nordvietnam. e/7

„Marsch durch die Institutionen“ – Das Verhältnis zwischen APO und Staat war sehr angespannt. Als im Juni 1967 der Student Benno Ohnesorg in Berlin bei einer Demonstration von einem Polizisten erschossen wurde, kam es bis weit in das Jahr 1968 zu schweren Unruhen.
Die Mehrzahl der so genannten „68er“ wählte später „normale“ Berufe und Lebensformen. Viele versuchten, die Gesellschaft allmählich „von innen“ zu verändern. Langfristig führte die Protestbewegung zu einer bis heute nachwirkenden Modernisierung der Gesellschaft.

Q 1 „Nicht Ursache und Wirkung verwechseln“, B. Z. vom 5. 6. 1967 über den Tod Benno Ohnesorgs:

Radikalinskis haben die Polizei provoziert. Sie haben angegriffen. Sie haben Steine gegen die Beamten geworfen. Und sie haben sich gegenseitig schon Tage vorher gegen die Polizei aufgeputscht. Das Opfer dieses Terrors ist der Student Benno Ohnesorg geworden. Das sollten seine Kommilitonen endlich begreifen. Die Schuldigen, die jetzt mit schwarzen Fahnen durch die Straßen fahren und „Haltet den Dieb!“ rufen. Berlins Bürger wollen Ruhe haben und ihren Pflichten nachgehen. […] [Sie sind] nicht bereit […], sich von einer Handvoll lautstarker Rabauken terrorisieren zu lassen.

(In: B.Z. vom 5. 6. 1967. Gekürzt)

PERSONENLEXIKON

RUDI DUTSCHKE, 1940–1979. Einer der Studentenführer der Außerparlamentarischen Opposition (APO). Dutschke starb an den Spätfolgen eines Attentats, das im April 1968 ein 18-jähriger NPD-Anhänger verübte.

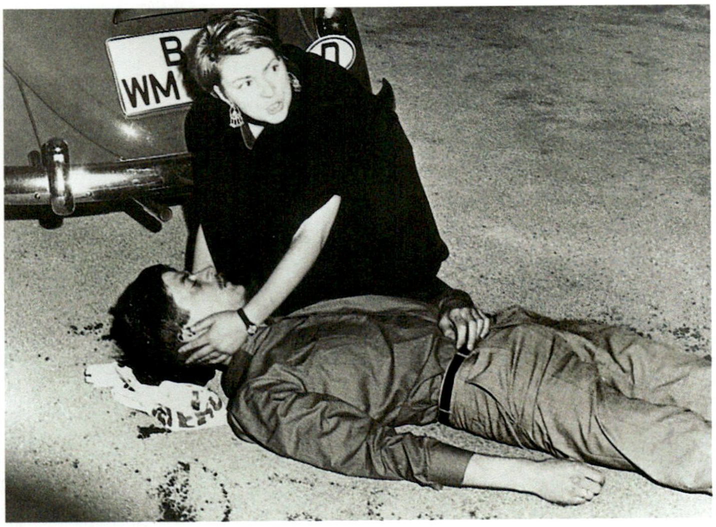

B 2 Der Student Benno Ohnesorg wird bei einer Demonstration in West-Berlin von einem Polizisten erschossen, 2. Juni 1967

ARBEITSAUFTRAG

Gib die Position des B.Z.-Artikels von Q 1 wieder und vergleiche dazu Q 3 von der Methodenseite.

Arbeit mit Zeitungsartikeln

„Ich werde mich so lange frei fühlen, wie mir drei [verschiedene] Zeitungen ein und dasselbe Geschehen auf drei verschiedene Weisen berichten.“ Mit diesem Satz beschrieb der Schriftsteller LUCIANO DE CRESCENZO einmal, was er unter **Meinungs- und Pressefreiheit** versteht: In den Zeitungen müssen kontroverse Darstellungen zum selben Vorgang zu finden sein; der Leser soll die Möglichkeit haben, sich eine eigene Meinung anhand unterschiedlicher Darstellungen und Bewertungen zu bilden.

Dieses Verständnis von Meinungs- und Pressefreiheit erkennt an, dass niemand – auch keine Zeitung – im Besitz „der“ Wahrheit ist oder für sich in Anspruch nehmen kann, stets objektiv und vorurteilsfrei zu berichten. Um die Meinungsvielfalt zu sichern, besitzen Meinungs- und Pressefreiheit im **Grundgesetz** der Bundesrepublik Deutschland (Art. 5 GG) daher einen zentralen Stellenwert.

Zeitungen sind auch **historische Quellen**: Als „Zeitzeugen“ können sie einen alltagsnahen Zugang zu politischen, wirtschaftlichen oder kulturellen Ereignissen einer Zeit vermitteln. Sie müssen jedoch kritisch gelesen und ihre Aussagen in den Kontext der Zeit- und Begleitumstände eingeordnet werden. Für die **Analyse eines Zeitungsartikels** hat der amerikanische Soziologe LASSWELL das Prinzip der **„6 W-Fragen“** formuliert: „Wer sagt was wie zu wem warum mit welcher Wirkung?“ Außerdem muss bei der Analyse einer Zeitung zwischen **Nachrichten** und **Kommentaren** unterschieden werden. Während die Nachricht den Anspruch erhebt, möglichst objektiv über die „Fakten“ zu berichten, gibt der Kommentar erkennbar eine Bewertung, eine Meinung wider.

Die beiden Zeitungsartikel, die in Auszügen auf dieser bzw. auf der gegenüberliegenden Seite abgedruckt sind, beziehen sich auf die Erschießung des Studenten Benno Ohnesorg durch einen Polizisten. Der Vorfall ereignete sich während einer Demonstration gegen den Schah von Persien in West-Berlin am 2. Juni 1967.

Q 3 „Langjähriger Hass hat sich blutig entladen“
Kommentar der Frankfurter Rundschau, 5. 6. 1967:

Die anhaltende Auseinandersetzung zwischen der linken, meist von Studenten getragenen Opposition in West-Berlin und den amtlichen Behörden hat mit der Erschießung eines Studenten ihren Höhepunkt erreicht. Es hat sich erwiesen, dass Demokratie, dass es demokratischen Geist, wie ihn andere westeuropäische Länder kennen, in West-Berlin kaum gibt. Eine so schwerwiegende Behauptung wird nicht leichtfertig aufgestellt; sie beruht auf langen Beobachtungen der Verhältnisse und Entwicklungen in dieser Stadt. Die Polizeiaktionen vom Freitagabend [...] sind der Ausdruck eines Hasses gewesen, in den sich die Massenmedien, die politischen Kräfte und ein Großteil der Bevölkerung gegenseitig hochgesteigert haben, teils absichtsvoll, teils aus mangelnder Einsicht.

(In: Frankfurter Rundschau, 5. 6. 1967)

WORAUF DU ACHTEN MUSST

1. Informiere dich über das politische Profil der beiden Zeitungen und über deren Leserschaft/Zielgruppen. e/8
2. Überprüfe, ob es sich bei den beiden Artikeln Q 1 und Q 3 um eine Nachricht oder um einen Kommentar handelt.
3. Stelle die wichtigsten Aussagen der beiden Autoren zusammen und vergleiche diese mit deinem eigenen Wissen über die Ereignisse des 2. Juni 1967 und die Begleitumstände.
4. Untersuche die Argumentationsweise der Autoren (Ist sie eher sachlich oder eher emotional? Welche sprachlichen Mittel werden eingesetzt? Wie leitet die Überschrift ein?)
5. Versuche dich an einer Analyse der beiden Zeitungsartikel nach dem Prinzip der „6 W-Fragen“.

8. Die sozialistische Umgestaltung der DDR

Auf der 2. Parteikonferenz der SED im Juli 1952 bezeichnete Ulbricht *„den planmäßigen Aufbau des Sozialismus“* in der DDR als Hauptaufgabe der Zukunft. Wie wurde der Sozialismus verwirklicht?

Stalinismus und demokratischer Zentralismus – Wie in den anderen „Volksdemokratien“ Ostmitteleuropas wurde auch in der DDR ein stalinistisches Herrschaftssystem durchgesetzt. Dazu gehörte die Ausbildung einer **Einparteien-Herrschaft** durch die SED sowie deren Machtausübung durch einen zentralistisch organisierten Apparat. Die SED beanspruchte die Führung gegenüber den anderen politischen und gesellschaftlichen Organisationen. Die so genannten Blockparteien CDU, LDPD, DBD und NDPD wurden kontrolliert, widerständige Funktionäre ausgeschlossen, z. T. strafrechtlich verfolgt. Massenorganisationen wie der **Freie Deutsche Gewerkschaftsbund (FDGB)** oder die **Freie Deutsche Jugend (FDJ)** wurden an die SED angebunden. Für die interne Parteiorganisation galt das Lenin'sche Prinzip des **„demokratischen Zentralismus“:** Die Schlüsselpositionen der Parteigremien wurden formal zwar gewählt, faktisch aber von oben besetzt. Innerhalb der Partei wurden „Abweichungen“ nicht geduldet, Gegner des Parteikurses ausgeschlossen.

Entwicklung des Staatsaufbaus – Nach und nach dehnte die SED ihre Herrschaft auf alle Bereiche des Staates aus. Trotz des in der Verfassung festgelegten freien und geheimen Wahlrechts wurde die Volkskammer nach einer **Einheitsliste** gewählt: Die Sitzverteilung war vorab von der SED festgelegt. Die so gewählte Volkskammer musste die von der SED-Führung festgelegten Ziele umsetzen. Im Juli 1952 wurden die fünf Länder aufgelöst und durch **15 Bezirke** ersetzt; die DDR war nun ein sozialistischer Zentralstaat.

Verfassungsänderungen – Im Jahre 1968 wurde eine neue Verfassung angenommen. Die zentrale Planwirtschaft und die Einbindung der DDR in den Ostblock waren darin nun festgeschrieben. Die neue Verfassung garantierte nach wie vor die bürgerlichen Grundrechte wie Meinungs-, Versammlungs- und Organisationsfreiheit. Da die Verfassung aber von einer grundsätzlichen Interessengleich-

Q1 „Die nächsten Aufgaben der SED“, Parteikonferenz 1949:

Die Parteidiskussion hat Klarheit darüber geschaffen, dass wir auf dem Wege zu einer Partei neuen Typus, d. h. einer Kampfpartei des Marxismus-Leninismus sind. [Sie] beruht auf dem Grundsatz des demokratischen Zentralismus [...].

Die Parteibeschlüsse haben ausnahmslos für alle Parteimitglieder Gültigkeit, insbesondere für die in Parlamenten, Regierungen, Verwaltungsorganen und in den Leitungen der Massenorganisationen tätigen Parteimitglieder [...]. Die Duldung von Fraktionen und Gruppierungen innerhalb der Partei ist unvereinbar mit ihrem marxistisch- leninistischen Charakter.

(In: Protokolle der 1. Parteikonferenz der SED, Berlin (Ost) 1949, S. 524. Gekürzt)

D2 Die seit 1950 festgelegte Zusammensetzung der DDR-Volkskammer

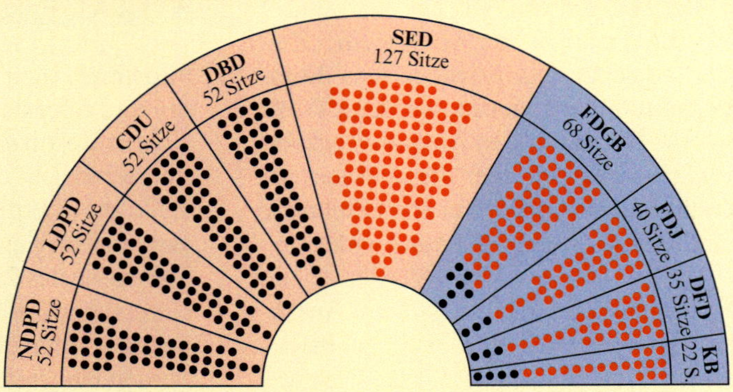

insgesamt 500 Abgeordnete
• Mitglieder der SED (275)
□ Parteien
□ Massenorganisationen

PERSONENLEXIKON

WALTER ULBRICHT, 1893–1973. 1928–1933 Reichstagsabgeordneter der KPD; 1933 ins Ausland emigriert, ab 1938 in der UdSSR; seit 1945 Aufbau der KPD/SED in der SBZ; 1950–1971 Generalsekretär der SED; 1953–1971 Erster Sekretär des ZK der SED; 1960–1971 Vorsitzender des Staatsrats heit zwischen Bürgern und Staat ausging, waren die Grundrechte an die Anerkennung der Grundsätze des Sozialismus und des SED-Regimes gebunden.

WALTER ULBRICHT, der seit 1950 amtierende **Generalsekretär der SED,** besetzte nach dem Tod von Wilhelm Pieck 1960 auch die Position des **Staatsoberhauptes,** übernahm den Vorsitz im neu geschaffenen **Staatsrat** und im **Nationalen Verteidigungsrat.** Er vereinte nun in seiner Person alle entscheidenden Ämter von Staat und Partei.

Q 3 Artikel 1 der DDR-Verfassungen der Jahre 1949, 1968, 1974:

1949: Deutschland ist eine unteilbare demokratische Republik; sie baut sich auf den deutschen Ländern auf. […] Es gibt nur eine deutsche Staatsangehörigkeit.
1968: Die Deutsche Demokratische Republik ist ein sozialistischer Staat deutscher Nation. Sie ist die politische Organisation der Werktätigen, die gemeinsam unter Führung der Arbeiterklasse und ihrer marxistisch-leninistischen Partei den Sozialismus verwirklichen.
1974: Die Deutsche Demokratische Republik ist ein sozialistischer Staat der Arbeiter und Bauern. Sie ist die politische Organisation der Werktätigen […] unter Führung der Arbeiterklasse und ihrer marxistisch-leninistischen Partei.

(In: Informationen zur politischen Bildung, Heft 231, S. 21. Gekürzt)

Q 4 Art. 6 der Verfassung von 1949:

Boykotthetze gegen demokratische Einrichtungen und Organisationen, Mordhetze gegen demokratische Politiker, Bekundung von Glaubens-, Rassen-, Völkerhass, militaristische Propaganda sowie Kriegshetze und alle sonstigen Handlungen […] gegen die Gleichberechtigung sind Verbrechen im Sinne des Strafgesetzbuches.

(In: Geschichte in Quellen, Bd. 7, S. 272. Gekürzt)

B 5 Walter Ulbricht mit Jungen Pionieren, um 1960

D 6 Die Organisation der SED-Parteispitze

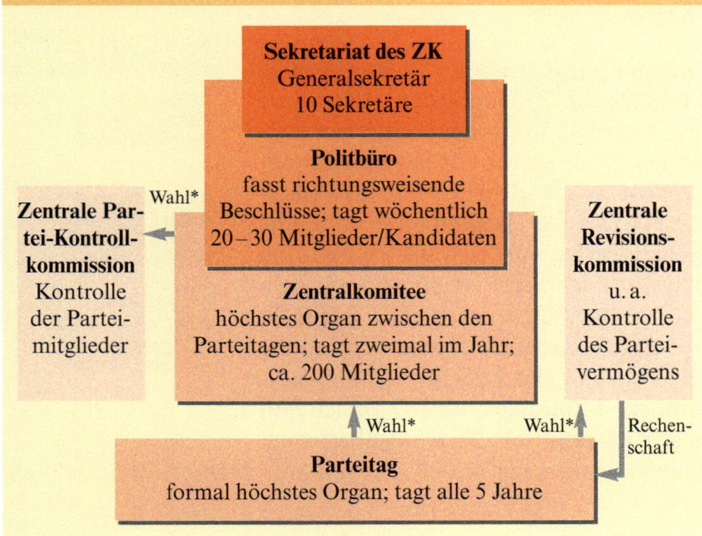

ARBEITSAUFTRÄGE

1. Erkläre mit Q 1, wie die SED sich selbst sah. Beurteile die Bedeutung des „demokratischen Zentralismus“ und das Verbot von Fraktionsbildungen für die Partei.
2. Beurteile die Zusammensetzung der Volkskammer (D2).
3. Analysiere mit Q 3 die Änderungen der DDR-Verfassung. Achte auf das Staatsverständnis und die Stellung der SED.
4. Beurteile die Wirkung der Darstellung Ulbrichts in B 5.
5. Beschreibe die Machtverteilung innerhalb der SED (D 6).

9. Das Ministerium für Staatssicherheit – „Schild und Schwert der Partei“

Nach ihrer Umgestaltung zu einer „Partei neuen Typs“ wandte die SED unterschiedliche Methoden zur Festigung ihrer Macht an. Mit dem „Demokratischen Block“, der seit 1949 „Nationale Front“ hieß und alle politischen Kräfte zusammenschloss, beherrschte die SED die Parteien und auch die Massenorganisationen wie den Freien Deutschen Gewerkschaftsbund (FDGB) und die FDJ. Das wichtigste Instrument der SED zur Machterhaltung ihres Herrschaftssystems war jedoch das **Ministerium für Staatssicherheit (MfS).** Wie war das MfS, das vom Volk „Stasi“ genannt wurde, aufgebaut, welche Methoden wandte es an, um die Menschen in der DDR zu überwachen und die Opposition gegen das Regime auszuschalten?

Gründung und Aufbau – Schon wenige Monate nach Gründung der DDR wurde im Februar 1950 aus der politischen Polizei das Ministerium für Staatssicherheit gebildet. Nach dem Vorbild der russischen „Tscheka“ begann diese politische Geheimpolizei, die sich als „Schild und Schwert der Partei“ verstand, mit dem Aufbau eines flächendeckenden Kontroll- und Spitzelsystems. Bei seiner Gründung 1950 verfügte das MfS über 2700 hauptamtliche Mitarbeiter, als 1971 Erich Honecker die politische Führung übernahm, waren es bereits fast 45 000 „Hauptamtliche“, beim Zusammenbruch der DDR 1989 arbeiteten etwa 91 000 Stasi-Mitarbeiter in Mielkes „Imperium“.

Obwohl das MfS offiziell ein Ministerium war, unterstand es nicht dem Ministerrat, sondern direkt der SED-Führung. Zwischen MfS und SED bestand eine enge personelle Verzahnung durch Doppelfunktionen. Erich Mielke war als Minister für Staatssicherheit (1957 – 1989) zugleich Mitglied des SED-Politbüros. Außerdem überwachte das MfS „die bewaffneten Organe“, wozu das Innen- und das Verteidigungsministerium gehörten. Ein flächendeckender Apparat von bezirklich strukturierten Dienststellen und zentral organisierten Spezialabteilungen standen dafür zur Verfügung.

PERSONENLEXIKON

ERICH MIELKE, 1907 – 2000. SED-Politiker. 1957 – 1989 Minister für Staatssicherheit der DDR

Das Ministerium für Staatssicherheit (MfS)			
15 Bezirksverwaltungen (BV) in jeder Bezirksstadt 209 Kreisdienststellen (KD) in den Kreisstädten bzw. kreisfreien Städten 7 Objektdienststellen (OD) in volkswirtschaftlich wichtigen Betrieben	Mitarbeiter ca. 1500 Agenten im Ausland	Aufklärung und Untersuchung „politischer Straftaten“ Verfolgung von „Straftaten gegen die Staatsgrenze“ Militär- und Spionageabwehr Auslandsspionage	Arbeitsplatzdurchsuchung Telefon-, Brief- und Postkontrolle Wanzeneinbau, Spurensicherung und Geruchsproben Verhaftungen, Verhöre und Erpressungen Grenzüberwachung (Ein- und Ausreise, Transitverkehr)

D 1 Aufbau und Aufgaben des Ministeriums für Staatssicherheit

B 2 „Geruchsspurenträger“ in Weckgläsern, 1985

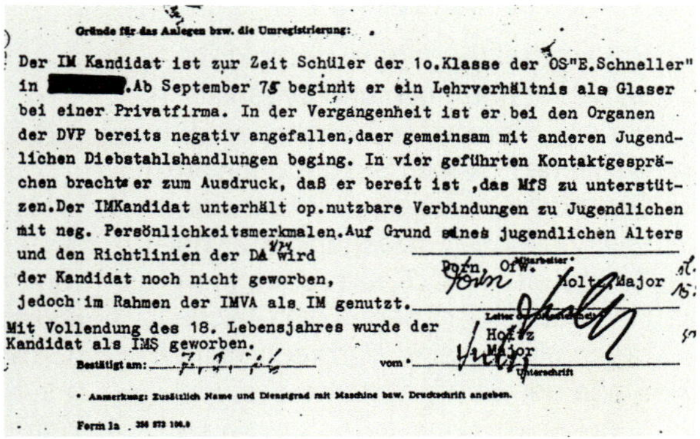

Gründe für das Anlegen bzw. die Umregistrierung:

Der IM Kandidat ist zur Zeit Schüler der 1o.Klasse der OS"E.Schneller" in [redacted].Ab September 75 beginnt er ein Lehrverhältnis als Glaser bei einer Privatfirma. In der Vergangenheit ist er bei den Organen der DVP bereits negativ angefallen,daer gemeinsam mit anderen Jugendlichen Diebstahlshandlungen beging. In vier geführten Kontaktgesprächen brachte er zum Ausdruck, daß er bereit ist ,das MfS zu unterstützen.Der IMKandidat unterhält op.nutzbare Verbindungen zu Jugendlichen mit neg. Persönlichkeitsmerkmalen.Auf Grund seines jugendlichen Alters und den Richtlinien der DA 1/74 wird der Kandidat noch nicht geworben, jedoch im Rahmen der IMVA als IM genutzt.

Mitarbeiter*: Born, Ofw. / Holtz, Major

Leiter der Diensteinheit*: Holtz, Major

Mit Vollendung des 18. Lebensjahres wurde der Kandidat als IMS geworben.

Bestätigt am: 7.7.76 vom*: Unterschrift

* Anmerkung: Zusätzlich Name und Dienstgrad mit Maschine bzw. Druckschrift angeben.

Form 1a . 350 873 100.0

B 3 Ausschnitt aus einer Stasi-Akte, 1976

Methoden der Bespitzelung und Unterdrückung – Das MfS arbeitete mit Methoden, die selbst die durch die DDR-Verfassung garantierten Menschen- und Bürgerrechte verletzten. Mit einem Arsenal von konspirativer Technik kontrollierte es die Post der Bevölkerung, hörte Telefongespräche ab und drang konspirativ in Wohnungen ein, um zum Beispiel Wanzen zum Abhören von Gesprächen zu installieren. Weitere Maßnahmen waren Videoüberwachung, verdecktes Fotografieren und Spurensicherung durch Abnahme von Geruchsproben.
Die Stasi versuchte aber nicht nur durch „Zersetzungsmaßnahmen“, Regimegegner einzuschüchtern, sondern durfte sie auch verhaften und in eigenen Untersuchungshaftanstalten bis zur Verurteilung gefangen halten. Die Stasi unterhielt nicht nur eigene Gefängnisse, sondern plante auch Isolierungslager für Oppositionelle.

Die Inoffiziellen Mitarbeiter (IM) – Die „Hauptwaffe“ der Stasi im „Kampf gegen den Feind“ waren die Inoffiziellen Mitarbeiter (IM). Das MfS schuf sich ein Heer von Informanten. Waren es in den 1950er-Jahren erst bis zu 40 000 geheime Informanten, die Kollegen, Freunde und Verwandte bespitzelten, so waren ab 1968 bis 1989 ständig zwischen 100 000 bis 180 000 „Inoffizielle Mitarbeiter“ im Einsatz. Fast jeder IM musste sich schriftlich zur Zusammenarbeit mit der Stasi – meist unter einem selbst gewählten Decknamen – verpflichten. Die Treffen mit den Stasi-Offizieren fanden in der Regel in konspirativen Wohnungen statt. Während dieser Zusammenkünfte wurden Aufträge erteilt, Berichte entgegengenommen, Geld für Auslagen übergeben, Geburtstagsgeschenke überreicht, manchmal aber auch persönliche Probleme des IM besprochen. Die Bereitschaft zur Zusammenarbeit mit dem MfS hatte unterschiedliche Motive: politische Überzeugung, erhoffte Vergünstigungen, persönlicher Geltungsdrang und Eitelkeit, aber auch die Angst vor Sanktionen. Es gab jedoch auch viele mutige Menschen in der DDR, die eine Zusammenarbeit ablehnten.

Q4 Aus dem Bericht eines in die BRD desertierten Leutnants der Stasi von 1979:

Mitte 1958 wurde im Amtssitz des evangelischen Bischofs Noth in Dresden vom Staatssicherheitsdienst ein Abhörgerät eingebaut. Den Einbau leitete der Chef der Bezirksverwaltung […].
Die Angelegenheit ging folgendermaßen vor sich: Oberleutnant Löffler beantragte den Einbau eines Abhörgerätes mit der Begründung, „in der evangelischen Kirche gibt es nicht genügend Informationen, wir brauchen deshalb andere Quellen, um Auskunft über die Tätigkeit der Kirche zu erhalten“. Man nahm Verbindung auf zu einem im Landeskirchenamt tätigen Heizer, der sich früher einmal selbst für Spitzeldienste angeboten hatte. Dieser Heizer verschaffte den Mitarbeitern der Bezirksverwaltung Zutritt zu den Räumen des Landeskirchenamtes, und zwar in den Nachtstunden. Außerdem lieferte er den Inhalt der Papierkörbe, den er verbrennen sollte, bei Leutnant Jänicke […] ab. Der Heizer erhielt für seine Tätigkeit Geldbeträge in Höhe von 100,– bis 150,– DM.
Er gab der Bezirksverwaltung Gelegenheit, sich Nachschlüssel für alle Räume des Landeskirchenamtes anfertigen zu lassen.

(In: Christoph Kleßmann/Georg Wagner, Das gespaltene Land, München, C. H. Beck, 1993, S. 430. Gekürzt)

Das Ministerium für Staatssicherheit (MfS) als „Schild und Schwert der Partei“. Wandteller zum 20. Jahrestag des MfS, Gera 1970

ARBEITSAUFTRÄGE

1. Erarbeite aus dem Text und den Materialien auf den Seiten 178 und 179 die Entwicklung, Struktur, Organisation und den Aufbau der Staatssicherheit.
2. Erläutere, mit welchen Methoden das MfS die Menschen in der DDR zu überwachen und zu disziplinieren versuchte.
3. Diskutiert, welche Folgen die Stasi-Aktivitäten für die Privatsphäre des Einzelnen und den Umgang der Menschen miteinander haben konnten.

10. Der 17. Juni 1953: Volksaufstand oder „Konterrevolution“?

Am 17. Juni 1953 brach in der DDR spontan ein Aufstand aus. Etwa 1 000 000 Menschen an über 700 Orten beteiligten sich an Streiks, mehr als 400 000 an Demonstrationen. Wie kam es zu diesem Aufstand und welche Forderungen erhob die protestierende Bevölkerung?

Anlass der Unruhe – Unter der Parole „Aufbau des Sozialismus“ hatte die SED seit 1952 die politische und wirtschaftliche Umgestaltung der DDR erzwungen. Die ehrgeizigen Ziele zum Aufbau der Schwerindustrie hatten einen anhaltenden Mangel an Konsumgütern sowie steigende Preise zur Folge. Auch die Zwangsmaßnahmen gegen Bauern und selbstständige Gewerbetreibende, die die Kollektivierung (= Übergang von der privaten zur genossenschaftlichen Bewirtschaftung) ablehnten, trugen zur Verschlechterung der Stimmung bei. Sichtbarster Ausdruck waren die Flüchtlingszahlen: Allein 1952 verließen 182 000 Menschen die DDR.

Nach Stalins Tod im März 1953 forderte die neue Moskauer Führung daher von der Staatsführung der DDR eine realistischere Einschätzung sowie einen **„Neuen Kurs“** in Politik und Wirtschaft. Insbesondere sollte sie größere Rücksicht auf die Bedürfnisse der Bevölkerung nehmen. Die SED-Führung gestand zwar Fehler ein und stellte eine bessere Konsumgüterversorgung in Aussicht; auch Preiserhöhungen wurden zurückgenommen. Aber gegenüber der Forderung der Arbeiter, die im Mai 1953 um 10 % erhöhten **Arbeitsnormen** zu mindern, blieb die SED hart.

Q 1 Telegramm der Streikleitung in Bitterfeld an die DDR-Regierung:

Wir Werktätigen des Kreises Bitterfeld fordern von Ihnen:
1. Rücktritt der so genannten Deutschen Demokratischen Regierung, die sich durch Wahlmanöver an die Macht gebracht hat,
2. Bildung einer provisorischen Regierung aus den fortschrittlichen Werktätigen,
3. Zulassung sämtlicher großer demokratischer Parteien Westdeutschlands,
4. Freie, geheime, direkte Wahlen in vier Monaten,
5. Freilassung aller politischen Gefangenen […],
6. Sofortige Abschaffung der Zonengrenze und Zurückziehung der Vopo [Volkspolizei],
7. Sofortige Normalisierung des sozialen Lebensstandards,
8. Sofortige Auflösung der so genannten Nationalarmee,
9. Keine Repressalien gegen Streikende […]

(In: I. Spittmann, 17. Juni 1953, Köln 1982, S. 15)

Ursachen und Verlauf des Aufstands – Am 16. Juni 1953 traten die Bauarbeiter des Projekts „Sozialistische Wohnkultur“ an der Stalinallee in Berlin in den Ausstand. Vor dem Haus der Ministerien demonstrierten sie gegen die Erhöhung der Arbeitsnormen und damit gegen die Verlängerung ihrer Arbeitszeit. Durch Kuriere und westliche Medien wurde die Nachricht von dem Berliner Streik schnell ver-

B 2 Sowjetische Panzer gegen Demonstranten, Ostberlin, 17. Juni 1953

breitet. Obwohl die überraschte SED-Führung nun die Normerhöhung zurücknahm, weitete sich der Streik innerhalb kurzer Zeit zu einer großen Protestwelle aus: An mehr als 700 Orten der DDR fanden Demonstrationen statt. Neben wirtschaftlichen und sozialpolitischen wurden vor allem **politische Forderungen** gestellt. Am Mittag des 17. Juni griffen sowjetische Truppen mit Panzern ein. In 160 Stadt- und Landkreisen wurde der Ausnahmezustand verhängt, Versammlungen waren verboten, es galt das Kriegsrecht. Nach wenigen Tagen war der Aufstand gewaltsam niedergeschlagen.

Folgen und Bewertung – Bei der Niederschlagung des Aufstands kamen mehr als 50 Menschen ums Leben; 3000 Demonstranten wurden von der Sowjetarmee und etwa 13 000 durch die DDR-Behörden festgenommen. Die SED brandmarkte die Ereignisse als „faschistischen, konterrevolutionären Putsch“.

Um ihre Macht zu sichern, wurde nun der Überwachungsapparat, das **Ministerium für Staatssicherheit,** weiter ausgebaut. Die SED wurde rigoros von Kritikern „gesäubert“: Etwa 70 % der SED-Bezirks- und Kreissekretäre verloren ihre Ämter. ℹ/7

B 3 Plakat zum Volksaufstand, BRD 1953

Q 4 Urteil des Bezirksgerichts Leipzig vom 14. 7. 1953:

Bei allen Angeklagten handelt es sich um Arbeiter, die kein Klassenbewusstsein besitzen und die in den letzten Jahren völlig teilnahmslos und desinteressiert dem demokratischen Neuaufbau gegenüberstanden, jedoch unter dem Einfluss des RIAS [West-Berliner Radiosender] oder anderer staatsfeindlicher Elemente sofort hemmungslos bereit waren, sich in die faschistische Provokation zu stürzen. [...]

(In: I. Spittmann, 17. Juni 1953, Köln 1982, S. 77)

Q 5 Eine westdeutsche Journalistin, 25. 6. 1953:

Jener 17. Juni hat ein Bild enthüllt, das nicht mehr wegzuwischen ist: die [...] Gesichter jener Deutschen, die seit Jahren in Sorge und Knechtschaft leben und die plötzlich [...] freie Wahlen zur Wiedervereinigung forderten [...]. Der 17. Juni hat unwiderlegbar bewiesen, dass die Einheit Deutschlands eine historische Notwendigkeit ist. Wir wissen jetzt, dass der Tag kommen wird, an dem Berlin wieder die deutsche Hauptstadt ist.

(M. Gräfin Dönhoff in: DIE ZEIT, Hamburg, 25. Juni 1953)

Q 6 Gedicht des Ostberliner Schriftstellers Bertolt Brecht: Die Lösung (1953)

Nach dem Aufstand des 17. Juni
Ließ der Sekretär des Schriftstellerverbandes
In der Stalinallee Flugblätter verteilen,
Auf denen zu lesen war, daß das Volk
Das Vertrauen der Regierung verscherzt habe
Und es nur durch verdoppelte Arbeit
Zurückerobern könne. Wäre es da
Nicht einfacher, die Regierung
Löste das Volk auf und wählte ein anderes?

(In: B. Brecht, Gesammelte Werke 10, Frankfurt/M. 1967, S. 1009 f.)

ARBEITSAUFTRÄGE

1. Erläutere mit Q 1 die Forderungen der Demonstranten und beschreibe mit B 3 den Umfang des Aufstandes.
2. Beurteile anhand von B 2 das Vorgehen der Sowjets. Schreibe den Tagebuchbericht eines Augenzeugen (Demonstrant, Volkspolizist oder Besucher aus dem Westen).
3. Erläutere und beurteile mit Q 4, wie die Ereignisse des 17. Juni 1953 durch DDR-Gerichte dargestellt wurden.
4. Diskutiert, ob der Aufstand von 1953 als Vorläufer der friedlichen Revolution von 1989 gelten kann (Q 5, Q 6).

11. Wirtschaftsentwicklung in der DDR: 1950er-/60er-Jahre

Seit 1950 gehörte die DDR dem Wirtschaftsverbund der sozialistischen Länder an: dem Rat für Gegenseitige Wirtschaftshilfe (RGW). Die Übernahme der sowjetischen Wirtschaftsordnung mit zentraler Planung, Lenkung und Kontrolle wurde danach beschleunigt. Wie verlief die Wirtschaftsentwicklung in der DDR?

Wirtschaftlicher Aufbau des Sozialismus – Die Zeit bis Mitte der 1950er-Jahre war geprägt durch den Wiederaufbau und die nun beginnende Umstrukturierung der Volkswirtschaft. Als Hemmnisse wirkten dabei die Demontage nicht kriegszerstörter Betriebe durch die sowjetische Besatzungsmacht sowie die hohen Reparationszahlungen. Ferner mussten Millionen Vertriebene aus den früheren Ostgebieten integriert werden. Da in den Städten nicht genügend Wohnraum zur Verfügung stand, erfolgte die Ansiedlung der Vertriebenen vor allem in ländlichen Regionen. In Mecklenburg-Vorpommern betrug im Jahr 1949 ihr Anteil an der Gesamtbevölkerung 46,5 Prozent, in Brandenburg 27,6 Prozent.

Aufgrund der geforderten Reparationslieferungen erfolgte der Aufbau der Industrie nach Vorgaben der UdSSR vor allem in der **Schwerindustrie**. Die damit einhergehende **Vernachlässigung der Konsumgüterproduktion** war einer der Gründe dafür, dass sich der Lebensstandard der Bevölkerung nur langsam verbesserte.

Die **Bodenreform von 1945** hatte zu einer Umwälzung der Eigentumsverhältnisse in der Landwirtschaft geführt. Die jahrhundertealte Agrarverfassung, die besonders in Mecklenburg und Brandenburg eine Dominanz der Gutsherrschaft bedeutet hatte, war damit beseitigt worden. Doch 1952 setzte im Zuge des weiteren „Aufbaus des Sozialismus" die **Kollektivierung der Landwirtschaft** ein, das heißt der Zusammenschluss vormals privater Bauernhöfe zu Landwirtschaftlichen Produktionsgenossenschaften (LPG). Die Kollek-

T2 Belastungen der Ostzone/DDR und der Westzonen/Bundesrepublik durch **Demontage** und durch **Reparationsleistungen** 1945 bis 1953

Demontage gesamt 1945 bis 1953:	
Westzonen (in Mrd. RM, Preisstand 1944)	2,70 Mrd. RM
(= % des ges. Volksvermögens der Westzonen)	(0,995 %)
Ostzone (in Mrd. RM, Preisstand 1944)	6,10 Mrd. RM
(= % des ges. Volksvermögens der Ostzone)	(5,674 %)
Reparationszahlungen gesamt 1945 bis 1953:	
Westzonen/BRD (in Mrd. RM, Preisstand 1944)	34,20 Mrd. RM
(= % des durchschnittlichen BSP* 1945–1953)	(7,548 %)
Ostzone/DDR (in Mrd. RM, Preisstand 1944)	38,10 Mrd. RM
(= % des durchschnittlichen BSP* 1945–1953)	(24,935 %)

* BSP = Bruttosozialprodukt. Gesamtwert aller produzierten Güter und Dienstleistungen eines Landes pro Jahr. / Mrd. = Milliarden / RM = Reichsmark
(Nach: R. Karlsch, Allein bezahlt? Die Reparationsleistungen der SBZ/DDR 1945–1953, Berlin 1993, S. 231 ff.)

D1 Aufnahme von Vertriebenen in der Sowjetischen Besatzungszone bzw. in der DDR

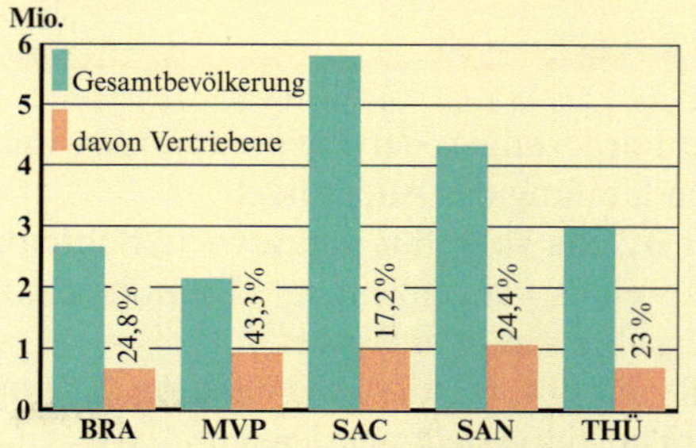

(M. Wille, Zur Integration der Vertriebenen in der SBZ, In: Geschichte, Erziehung, Politik, 3/1992, S. 163)

Q3 Bericht eines nach Westen geflüchteten Landwirts:

Seit Januar 1960 wurde ich laufend aufgefordert, in die LPG (Landwirtschaftliche Produktionsgenossenschaft) […] einzutreten. Die ersten Werbungen verliefen harmlos. Der eigentliche Druck setzte erst am 6. März 1960 ein. […] Oft kamen sie täglich zwei- bis dreimal oder blieben bis nachts zwei Uhr. […] Pauken, Trompeten, Sprechchöre, Flugblätter wurden beim Einsatz verwendet […]. Mein Sohn studierte an der TH Dresden, und sie äußerten sich dahingehend, dass mein Sohn im Falle einer Weigerung von der Hochschule entlassen würde.

(In: Bundesministerium für gesamtdeutsche Fragen, Die Flucht aus der Sowjetzone, Bonn 1961, S. 50. Gekürzt) tivierung sollte zunächst freiwillig sein, wurde aber seit Ende der 1950er-Jahre erzwungen. Doch statt der vom Staat propagierten Steigerung führte die Kollektivierung der Höfe zu sinkenden Produktionsleistungen in der Landwirtschaft.

Verstaatlichung der Betriebe – Bereits seit 1946 war mit der Verstaatlichung großer Industriebetriebe und des Großhandels zu sogenannten **Volkseigenen Betrieben (VEB)** begonnen worden. In den 1950er-Jahren setzte auch die weitgehende **Verstaatlichung** der kleinen Einzelhandels- und Handwerksbetriebe ein. Viele Menschen verloren dabei ihr Eigentum durch zwangsweise Enteignungen.
Seit dem Ende der 1950er-Jahre wurden in der DDR etwa 90 % aller landwirtschaftlichen, industriellen und gewerblichen Produkte sowie Dienstleistungen durch die VEB und LPG erwirtschaftet. Grundlage dafür waren die zentral vorgegebenen **Fünfjahrpläne.** Zwar konnte 1958 die Rationierung von Lebensmitteln aufgehoben werden. Doch Wirtschaftskraft und privater Lebensstandard der DDR blieben trotz hoher Arbeitsleistung der Menschen deutlich hinter der Bundesrepublik zurück.

B4 DDR-Plakat zur Kollektivierung, 1958

Wirtschaftlicher Reformversuch – Auf die Flucht vieler, vor allem junger Menschen in die Bundesrepublik und die zahlreichen Produktions- und Versorgungsengpässe reagierte die DDR-Staatsführung 1963 mit Wirtschaftsreformen. Durch das **„Neue ökonomische System der Planung und Leitung“ (NÖSPL)** sollte das Wirtschafts- und Wohlstandsniveau der Bundesrepublik binnen weniger Jahre überholt werden. Das NÖSPL zielte auf eine Dezentralisierung der wirtschaftlichen Entscheidungen, größere Eigenverantwortung der Betriebe sowie finanzielle Anreize für besondere Leistungen. Doch trotz messbarer Erfolge kehrte die SED-Führung Ende 1965 zum starren System der zentralistischen Planwirtschaft zurück.

Modell eines Trabants

D5 Entwicklung der Wirtschaftsleistung/Kopf (Bruttoinlandsprodukt) in Preisen von 1989; getrennt nach Gebieten der BRD/alte Bundesländer und der DDR/neue Bundesländer ; für die Jahre 1936 – 2000

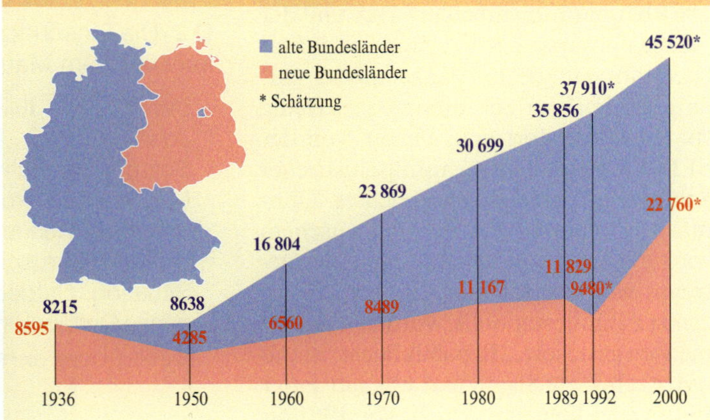

ARBEITSAUFTRÄGE

1. Erläutere mit D 1 und T 2 die schwierigen Ausgangsbedingungen für die Entwicklung der DDR-Wirtschaft nach 1945.
2. Beschreibe mit Q 3 und B 4 die Mittel, mit denen Bauern zum Beitritt in eine LPG „überzeugt“ werden sollten.
3. Vergleicht die Ausstattung der Privathaushalte mit Konsumgütern in der DDR und in der Bundesrepublik (T 1, S. 172) und diskutiert mögliche Gründe für die Unterschiede.
4. Erläutere mit D 5 die unterschiedliche Wirtschaftsentwicklung in der DDR und in der Bundesrepublik 1949 – 1989. Nenne mögliche Ursachen. Diskutiert in der Klasse die These: *„Nicht der Mensch, sondern das System war dafür verantwortlich, dass die Wirtschaftsleistung der DDR hinter der Wirtschaftsleistung der Bundesrepublik zurückblieb.“*

12. Mauerbau und „Zwei-Staaten-Theorie“

1952 hatte die DDR die Grenzen zur Bundesrepublik geschlossen. Nur noch in Berlin gab es die Möglichkeit, ungehindert in den Westen zu gelangen. Hier prallten die gegensätzlichen Wirtschafts- und Gesellschaftssysteme unmittelbar aufeinander. Jährlich verließen mehr als hunderttausend Menschen die DDR durch dieses „Tor in den Westen“ für immer. Wie reagierte die SED-Führung auf diese „Abstimmung mit den Füßen“?

Bau der Berliner Mauer – Die Flucht der meist jungen und qualifizierten Personen hatte verheerende Auswirkungen auf die Wirtschaft der DDR. Mit Genehmigung der sowjetischen Führung entschloss sich die SED deshalb, den letzten Fluchtweg abzuriegeln. In der Nacht zum **13. August 1961** bauten Einheiten der NVA und der „Kampfgruppen der Arbeiterklasse“ Stacheldrahtverhaue und Panzersperren entlang der Berliner Sektorengrenze. Wenig später wurde dort eine Mauer, von der SED-Propaganda als „antifaschistischer Schutzwall“ bezeichnet, errichtet. Ohnmächtig mussten die Berliner zusehen, wie sie von Verwandten und Freunden getrennt wurden. Auch die anderen Grenzen zur Bundesrepublik wurden nun hermetisch gesichert. **„Republikflucht“** stand unter schwerer Strafe und war nur unter Einsatz des Lebens möglich. Von 1961 bis 1989 kamen fast 1000 Menschen bei Fluchtversuchen ums Leben.

Reaktion der Westmächte – Der sowjetische Staatschef Chruschtschow hatte 1958 die Umwandlung Westberlins in eine entmilitarisierte, von der Bundesrepublik staatlich losgelöste Stadt gefordert; im Juni 1961 wiederholte er seine Forderung. US-Präsident Kennedy lehnte dies ab. Zugleich machte er aber die **Grenze des amerikanischen Engagements** deutlich: Ost-Berlin betrachtete er als dem sowjetischen Machtbereich zugehörig. So protestierten die Westmächte zwar gegen die Einmauerung Ost-Berlins, ihre Sicherheitsgarantie galt jedoch nur für West-Berlin.

D1 Flüchtlinge aus der DDR in die Bundesrepublik 1948 bis 1962

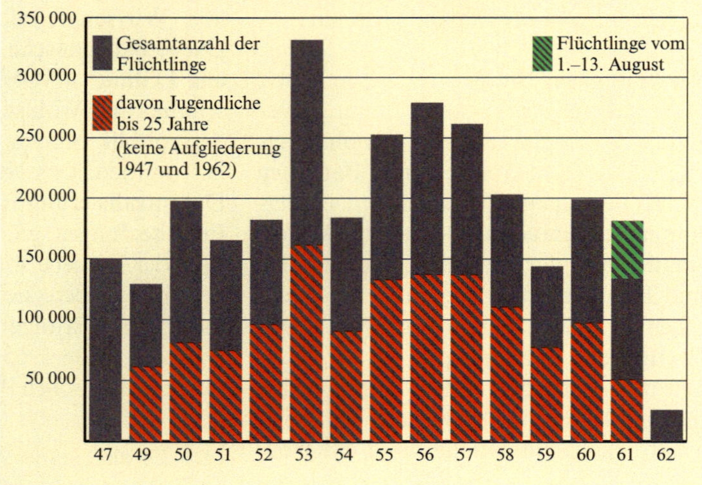

Q2 Die Einschätzung von US-Präsident Kennedy kurz vor dem Mauerbau, 27. Juli 1961:

[Am 26./27. Juli] traf sich Kennedys Abrüstungsberater John McCloy [...] mit Chruschtschow in dessen Urlaubsort Sotschi am Schwarzen Meer [...]. Chruschtschow habe McCloy „in groben Zügen“ über das Bevorstehende informiert. Kennedy gab diese [...] Hinweise an Walt Rostow weiter: „Chruschtschow steht vor einer unerträglichen Situation. Ostdeutschland blutet aus. Als Folge gerät der ganze Ostblock in Gefahr [...]. Vielleicht baut er eine Mauer.“

(In: DIE WOCHE vom 6. Juli 2001. Gekürzt)

B3 Bau der Berliner Mauer, 13. August 1961

Mauerbau und SED-Deutschlandpolitik – Die mit dem Mauerbau vollzogene Absperrung nach Westen und die Einmauerung der eigenen Bevölkerung standen im Widerspruch zur bisherigen Deutschlandpolitik der DDR und dem Anspruch der ersten DDR-Verfassung. Dort war ausdrücklich von der „einen unteilbaren Republik" und von der „einen deutschen Staatsangehörigkeit" die Rede.

Nach dem Mauerbau veröffentlichte die Nationale Front daher 1962 ein „nationales Dokument", das den Sieg des Sozialismus als historische Gesetzmäßigkeit auch in Westdeutschland voraussagte. Erst danach sei die Einheit Deutschlands möglich, bis dahin stünden sich zwei deutsche Staaten gegenüber. 1967 wurde die gemeinsame Staatsbürgerschaft mit der Bundesrepublik gesetzlich außer Kraft gesetzt. In der neuen DDR-Verfassung von 1968 wurde diese **Zwei-Staaten-Theorie** festgeschrieben.

Auch für Bürger der Bundesrepublik war nun die Einreise in die DDR und nach Ost-Berlin sehr erschwert. Seit 1968 wurde wie im Auslandsverkehr Reisepass und Einreisevisum verlangt.

Mittwoch, 16. August 1961 • 10 Pf

Bild Zeitung

Der Osten handelt – was tut der Westen?

...denn Zigarren raucht der Mann!

Der Westen tut NICHTS!

Enttäuscht

Präsident Kennedy schweigt...

Macmillan geht auf die Jagd...

...und Adenauer schimpft auf Willy Brandt

Die Berlin-Krise hat sich zugespitzt. Pankow hat Maßnahmen zur völligen Sperrung der Sektorengrenze eingeleitet. Sowjetische Truppen haben einen Ring um Berlin gezogen.

Die alliierten Stadtkommandanten haben gestern scharf gegen die Abschnürung des Sowjetsektors protestiert. Die Maßnahmen Pankows werden als ein schwerer Bruch der Vier-Mächte-Vereinbarungen über Berlin gebrandmarkt.

Die Unruhe in Ost-Berlin wächst. Immer wieder kommt es zu Zwischenfällen mit den überall patrouillierenden „Volksarmisten" und „Vopos".

Die Drahtverhaue, die an einigen Stellen durch Mauer-Absperrungen ergänzt wurden, können trotzdem nicht jede Fluchtmöglichkeit beseitigen. Die „Volkspolizei" hat Befehl erhalten, auf jeden, der flieht, zu schießen.

Unter der Berliner Bevölkerung wächst die Enttäuschung darüber, daß noch immer keine wirksamen Gegenmaßnahmen getroffen worden sind. Empörung hat ein scharfer Angriff des Bundeskanzlers auf den Regierenden Bürgermeister Willy Brandt hervorgerufen.

Mehr über das Thema Berlin auf der letzten Seite

B4 Titelblatt der westdeutschen Zeitung „Bild" vom 16. 8. 1961

Die westdeutsche Regierung begann 1964 damit, politische Häftlinge aus der DDR freizukaufen; von 1964 bis 1989 über 30 000 Personen für insgesamt 3,5 Milliarden DM.

B5 Am 17. August 1962 wurde der 22-jährige Ost-Berliner Peter Fechter beim Fluchtversuch von DDR-Grenzsoldaten erschossen.

Q6 Albert Norden, Mitglied des Politbüros des ZK der SED, über die „Republikflüchtlinge", 1963:

Ich sage, jeder Schuss aus der Maschinenpistole eines unserer Grenzsicherungsposten zur Abwehr solcher Verbrechen rettet in der Konsequenz Hunderten von Kameraden, rettet Tausenden von Bürgern der DDR das Leben und sichert Millionenwerte an Volksvermögen. Ihr schießt nicht auf Bruder und Schwester, wenn ihr mit der Waffe den Grenzverletzer zum Halten bringt. Wie kann der euer Bruder sein, der die Republik verrät, […] der die Macht des Volkes antastet! Auch der ist nicht unser Bruder, der zum Feinde desertieren will.

(In: Informationen zur politischen Bildung, H. 233, S. 5. Gekürzt)

ARBEITSAUFTRÄGE

1. Prüfe das Ausmaß der Fluchtbewegung (D 1). Beurteile die politischen und wirtschaftlichen Folgen für die DDR.
2. Beschreibe mit B 3 die Durchführung des Mauerbaus.
3. Beurteilt mit Q 2 und B 4 das Verhalten der Westalliierten. Diskutiert, ob es andere Handlungsmöglichkeiten für sie gab. Erörtert die möglichen Folgen.
4. Erläutere mit Q 6, wie der Gebrauch der Schusswaffe gegenüber „Republikflüchtigen" gerechtfertigt wurde. Beurteile mit B 5 die Konsequenzen und nimm Stellung.

13. „Nischen“-Gesellschaft und Opposition in der DDR

Die Bürger der DDR wurden durch das SED-Regime regelmäßig politisch „belehrt“ und sollten für politische und propagandistische Ziele mobilisiert werden. Deutlich wurde dies in politischen Losungen, Aktionsappellen und den verordneten Gewerkschaftsaktivitäten. Wie hat die Bevölkerung darauf reagiert?

Rückzug ins Private – Es war der SED trotz nahezu allgegenwärtiger Präsenz nicht möglich, die Bevölkerung total zu dirigieren. Zum Teil bewusst, vielfach auch unbewusst zogen sich viele Menschen aus dem politisierten Alltag zurück und schufen sich ihre „private Nische“. Der Schrebergarten („Datsche“), ein enger Freundeskreis oder der Sportverein boten meist ein verlässliches Umfeld, in dem Hilfsbereitschaft eine wichtige Rolle spielte. Politische Witze dienten der psychologischen Entlastung und galten als Barometer für die öffentliche Stimmung.

Opposition in der DDR – Die Bildung echter Oppositionsparteien war durch die SED von Anfang an verhindert worden. Offene Kritik an der Politik der SED war für DDR-Bürger stets riskant. Doch als die UdSSR nach dem Tod Stalins 1953 eine Phase der Reformen durchlebte, war dies auch in der DDR spürbar. Bekannte Wissenschaftler wie ROBERT HAVEMANN oder WOLFGANG HARICH, beide überzeugte Kommunisten, traten für einen humanen Sozialismus ein: einen **„Dritten Weg“** zwischen Kapitalismus und Sozialismus sowjetischer Prägung. Doch die SED verhinderte diese Reformansätze und verfolgte die kriti-

B 2 Robert Havemann mit Sarah und Rainer Kirsch, Wolf Biermann, Helga Novak, Kurt Bartsch, Fritz Rudolf Fries, Gert Loschütz, Berlin 1965

PERSONENLEXIKON

ROBERT HAVEMANN, 1910–1982. Chemiker. 1933–1945 im Widerstand gegen den Nationalsozialismus. Anfangs SED-Mitglied, nach Kritik an der Partei folgten Parteiausschluss, Berufsverbot und Hausarrest; Engagement für die Friedens- und Ökologiebewegung

Q 1 Wolf Biermann, Ermutigung (1968)

[...] Du, lass dich nicht verbittern
In dieser bittren Zeit
Die Herrschenden erzittern
– sitzt du erst hinter Gittern –
Doch nicht vor deinem Leid

Du, lass dich nicht erschrecken
In dieser Schreckenszeit
Das wolln sie doch bezwecken
Dass wir die Waffen strecken
Schon vor dem großen Streit [...]

Wir wolln es nicht verschweigen
In dieser Schweigezeit
Das Grün bricht aus den Zweigen
Wir wolln das allen zeigen
Dann wissen sie Bescheid

(In: W. Biermann, Mit Marx- und Engelszungen, Berlin 1968. Gekürzt)

Q 3 Aus dem Zentralorgan der SED „Neues Deutschland“, 17.5.1957:

Manche Bürger fragen, warum es bei uns keine Opposition gibt, und meinen, zu einer richtigen Demokratie gehöre doch auch eine Opposition. [...] Eine Opposition könnte doch nur gegen die Politik unserer Regierung gerichtet sein. Sie müsste sich also gegen die Einführung der 45-Stunden-Woche, gegen den Bau von zusätzlich hunderttausend Wohnungen [...] richten. Sie müsste sich gegen die Einheit der Arbeiterklasse, gegen unseren Arbeiter-und-Bauern-Staat richten. Sie müsste [...] für den NATO-Kriegspakt und die Vorbereitung eines Atomkrieges sein. Solch eine Opposition zu dulden wäre verbrecherisch.

(In: H. Weber, DDR, München 1986, S. 229. Gekürzt)

schen Wortführer. 1962 lockerte das SED-Regime den scharfen Kurs erneut. Ähnlich wie die Politik des NÖSPL eine Liberalisierung der Planwirtschaft vorsah, so sollten auch die Medien und Künstler mehr Freiräume erhalten. Aber schon 1965 wurden die zaghaften gesellschaftlichen Reformversuche zurückgenommen.

Als die Tschechoslowakei im Frühjahr 1968 einen reformkommunistischen Kurs einschlug, gab es bei vielen DDR-Bürgern Sympathien für den **„Prager Frühling“.** Doch im August 1968 beendete der Einmarsch von Truppen des Warschauer Pakts, darunter DDR-Soldaten, die Hoffnung der tschechoslowakischen Reformer. Der in Ost- und Westdeutschland bekannte Liedermacher Wolf Biermann erhielt als Vertreter der literarischen Opposition ein absolutes Auftritts- und Veröffentlichungsverbot. 1976 wurde er aus der DDR ausgebürgert. Zahlreiche Schriftsteller und Kulturschaffende, die dagegen protestiert hatten, gerieten in einen scharfen Konflikt mit der SED.
Auch die evangelische Kirche bestritt den totalen Machtanspruch der SED. Obwohl sie sich nicht als politische Opposition verstand und seit Ende der 1950er-Jahre eine **Gratwanderung zwischen Konfrontation und Kooperation** versuchte, wirkte die evangelische Kirche faktisch als Sammelbecken für regimekritische Bürger. Ihr Widerstand richtete sich vor allem gegen die Abschaffung des Religionsunterrichts und die Benachteiligung der in der „Jungen Gemeinde“ zusammengeschlossenen jugendlichen Christen.

PERSONENLEXIKON

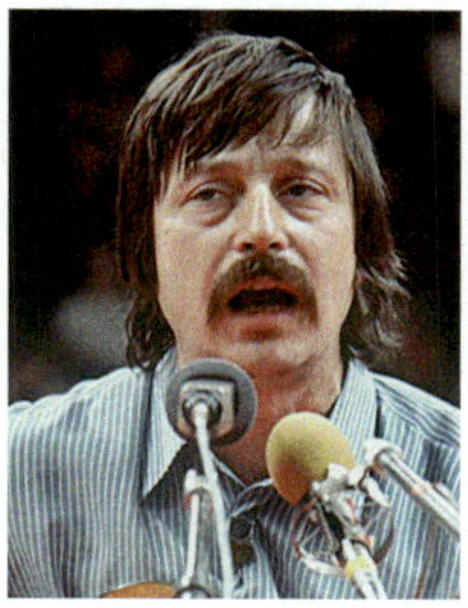

Wolf Biermann, geb. 1936. Liedermacher; 1965 Auftritts- und Publikationsverbot; 1976 Ausbürgerung aus der DDR

B 5 Rückzug ins Private, die „Datsche“. Foto 1980er-Jahre

Q 4 Anpassung und Rückzug in „private Nischen“

Mit dem Bau der Mauer wurde gleichsam die Leibeigenschaft zur Staatsdoktrin erhoben, denn von nun an [gab es kein] Entweichen [...]. Das Gefühl, wehrlos in der Falle zu sitzen, veränderte das Verhältnis zu diesem Staat [...]. Der Bürger dachte sich zwar immer noch seinen Teil, aber er konnte es nicht wagen, dies auch auszusprechen [...]. Für alle, die auch im real existierenden Sozialismus das Leben [...] genießen wollten, die fröhlich sein und Kinder haben wollten – für die wurde Anpassung von nun an zu einer Strategie des Überlebens.
Angst bewirkte [...] Rückzug in die viel beschriebenen Nischen der DDR-Gesellschaft. Sehr selten bewirkte die Angst auch Protest.

(In: J. Gauck, Die Stasi-Akten. Reinbek 1991, S. 45 ff. Gekürzt)

Q 6 Ein politischer Witz aus der DDR, ca. 1955:

Parteitag in Moskau. Chruschtschow fragt Mao Zedong: „Wie viele politische Gegner habt ihr bei euch in China?“ „Ich schätze so um die siebzehn Millionen.“ „Das ist nicht so arg“, sagt Chruschtschow. Dann wendet er sich an Ulbricht: „Und ihr?“ „Mehr werden es bei uns in der DDR auch nicht sein.“

ARBEITSAUFTRÄGE

1. Formuliere mit eigenen Worten, was Wolf Biermann in dem Liedertext (Q 1) kritisiert und wozu er ermutigen will.
2. Informiere dich über eine der in B 2 abgebildeten Personen.
3. Analysiere und beurteile die Argumente der SED, warum es in der DDR keine Opposition geben könne (Q 3).
4. Wie begründet der ostdeutsche Bürgerrechtler J. Gauck die Anpassung und den Rückzug vieler Bürger ins Private (Q 4)?
5. Beschreibe mit B 5 und Q 6 verschiedene Formen, mit denen DDR-Bürger auf die politische Gängelung reagierten.

14. Jugend in der DDR

Kinder und Jugendliche genossen in der DDR große Aufmerksamkeit. Sie sollten für die Ziele der SED gewonnen und aktiv in den Aufbau des Sozialismus einbezogen werden. Erziehung und Bildung in Kindergarten und Schule, die Berufsausbildung und Hochschulen sowie die Freizeitgestaltung sollten dafür ideale Bedingungen schaffen. Wie gestaltete sich das Leben der Jugendlichen in der DDR?

Erziehung durch die FDJ – Die **Freie Deutsche Jugend (FDJ)** galt offiziell als unabhängig, faktisch war sie aber die Nachwuchsorganisation der SED und wurde von dieser straff geführt. Die Mitgliedschaft in der FDJ war freiwillig, aber wer Nachteile in der Schule oder beim Studium vermeiden wollte, der konnte sich kaum entziehen; daher waren etwa 80 Prozent aller Kinder und Jugendlichen Mitglieder. Aufgabe der FDJ war es, einen Beitrag zur **„Entwicklung der sozialistischen Persönlichkeit“** zu leisten und die jungen Menschen für den Sozialismus zu begeistern. Doch die vielfältigen Freizeitangebote – vom Zeltlager über die Jugendfeier bis zum Diskoprogramm und Rockkonzert – machten die FDJ für viele Jugendliche auch attraktiv, selbst wenn sie die Uniformierung und den politischen Drill ablehnten.

Für Kinder ab 6 Jahren gab es die „Jungpioniere“, ab 10 Jahren die „Thälmann-Pioniere“, für Jugendliche zwischen 14 und 25 Jahren die eigentliche FDJ.

Mädchen in FDJ-Bluse (aus dem Film „Sonnenallee“ 1999)

Q 1 Die Entwicklung der „sozialistischen Persönlichkeit“. Auszug aus dem DDR-Jugendgesetz von 1974:

Es ist ehrenvolle Pflicht der Jugend, die revolutionäre Tradition der Arbeiterklasse und die Errungenschaften des Sozialismus zu achten und zu verteidigen, sich für Frieden und Völkerfreundschaft einzusetzen und antiimperialistische Solidarität zu üben. Alle jungen Menschen sollen sich durch sozialistische Arbeitseinstellung und solides Wissen und Können auszeichnen, hohe moralische und kulturelle Werte ihr eigen nennen und aktiv am gesellschaftlichen Leben, an der Leitung von Staat und Gesellschaft teilnehmen.

(In: Gesetzblatt der DDR 1974, S. 48)

Q 2 Bernd Rabehl über seine Erfahrungen als Jugendlicher in der FDJ:

Diese Mobilisierung der Jugendlichen löste durchaus Begeisterung aus. Wir kamen heraus aus dem Alltag der Kleinstädte. Wir lernten das Land und Jugendliche aus anderen Regionen der Republik kennen. Wir waren unter uns, ohne die direkte Aufsicht der Lehrer oder der Partei. Erste Flirts wurden gewagt. […] Trotzdem, das Misstrauen der Partei und der […] FDJ-Sekretäre würgte die Begeisterung immer wieder ab.

(Zit. nach G. Eisenberg/H.-J. Linke [Hg.]: Fuffziger Jahre, Gießen 1980, S. 118. Gekürzt)

B 3 Zeltlager der FDJ

Schule und Ausbildung – Alle Schülerinnen und Schüler besuchten gemeinsam eine 10-jährige Polytechnische Oberschule (Gesamtschule). Dort wurde auch Wert gelegt auf technisch-handwerkliche Kenntnisse **(polytechnische Ausbildung).** Schülerinnen und Schüler mit sehr guten Leistungen und dem Nachweis der „politischen Zuverlässigkeit“ konnten danach die Erweiterte Oberschule besuchen, die in zwei Jahren zum Abitur führte. Für Kinder aus christlichen oder regimekritischen Elternhäusern war der Zugang zur Erweiterten Oberschule erschwert.
Die Vermittlung ideologischer Bildungsinhalte erfolgte vor allem in den Fächern Staatsbürgerkunde (ab Klasse 7) sowie Wehrerziehung (ab Klasse 9). Die „Sozialistische Wehrerziehung“ war seit 1978 fester Bestandteil des Lehrplans. /10

Jugendpolitik der SED – Die Mehrzahl der DDR-Jugendlichen nahm mit 14 Jahren – meist im Klassenverband – an der **Jugendweihe** teil. Sie geht auf ein Fest der Arbeiterbewegung aus dem 19. Jahrhundert zurück. Die SED übernahm diese Tradition, um die christliche Konfirmation zurückzudrängen, und verband die Jugendweihe mit politischen Inhalten und einem Bekenntnis zum Sozialismus. Dennoch erlebten die meisten Jugendlichen ihre Jugendweihe als schönes Fest im Kreis ihrer Freunde und Familie.

B4 SED-Werbeplakat für die Jugendweihe

Seit Anfang der 1970er-Jahre versuchte die SED mit Jugendfestivals und einer insgesamt liberaleren Jugend- und Kulturpolitik den aufbrechenden Generationenkonflikt zu entschärfen. In dieser Zeit entstand eine DDR-Rockszene mit bekannten Bands wie Karat oder Puhdys.

T7 Studierende in BRD und DDR in % der Bevölkerung

	BRD	DDR
1950	1,8	1,7
1960	4,9	5,8
1970	7,9	8,3
1980	16,0	7,8
1990	20,1	7,8

B5 Polytechnischer Unterricht in der DDR

Q6 Rock-Song „versammlung“ aus dem Rock-Stück „Paule-Panke“ der DDR-Gruppe Pankow (1980er-Jahre):

zum feierabend gibt's noch 'n bonbon
'ne versammlung um fünfzehn uhr dreissig
[...] da spricht wieder einer vom kampfauftrag
und verliest so 'n langen bericht
mir schlafen wie immer die füße ein
da ist doch kein ende in sicht
ich sitze am tisch und langweile mich
mathilde sitzt meilenweit weg von mir
und ich komm nicht an sie ran
der redner meint dass die sonne scheint
und dass wir alle stolz sein müssen
mathilde sieht mich nicht einmal an
und ich würde sie gerne küssen [...]

ARBEITSAUFTRÄGE

1. Erörtere mit Q 1 die Bildungs- und Erziehungsziele der SED. Nutze auch B 5.
2. Erläutere mit Q 2 und B 3, warum viele Angebote der FDJ für Kinder und Jugendliche attraktiv waren.
3. Erklärt die Ziele, die die SED mit der Jugendweihe in der DDR verband (Text, B 4). Diskutiert, welche Bedeutung die Jugendweihe heute für Jugendliche haben kann.
4. Erläutere, welche Kritik und welche Bedürfnisse in dem Rocksong (Q 6) zum Ausdruck kommen.

15. Neue Ostpolitik nach Machtwechsel in Bonn

Nach der Bundestagwahl 1969 bildeten SPD und FDP die sozialliberale Koalition. Der SPD-Vorsitzende Willy Brandt wurde neuer Bundeskanzler, der FDP-Vorsitzende Walter Scheel übernahm das Außenministerium. Neben inneren Reformen, vor allem auf dem Bildungssektor, strebte die neue Regierung nach Normalisierung der Beziehungen zu den östlichen Nachbarn. Welche Schritte unternahm die Regierung Brandt/Scheel zur Verständigung und Aussöhnung?

Neue Ostpolitik und Ostverträge – Das oberste Ziel der Ostpolitik der Bundesregierung bestand darin, Vertrauen zu schaffen. Durch vertragliche **Garantien der Grenzen**, wie sie seit 1945 bestanden, und durch eine Politik des **strikten Gewaltverzichts** sollte den verständlichen Sicherheitsbedürfnissen der Länder Osteuropas Rechnung getragen werden.
Im **Moskauer Vertrag** vom 12. 8. 1970 erkannte die Bundesregierung alle Staatsgrenzen in Europa als unantastbar an. Das betraf auch die nach dem Zweiten Weltkrieg entstandene polnische Westgrenze an Oder und Neiße und die innerdeutsche Grenze. Die Sowjetunion weigerte sich jedoch, ein deutsches Recht auf staatliche Einheit in den Vertrag aufzunehmen. Außenminister Scheel formulierte daher den **deutschen Anspruch auf friedliche Wiedervereinigung** in einem gesonderten Begleitbrief zum Vertragstext.

Auch in Polen war die Erinnerung an den Zweiten Weltkrieg und die nationalsozialistischen Verbrechen noch lebendig. Dazu kam die Furcht vor deutschen Ansprüchen auf die ehemaligen deutschen Ostgebiete, die seit 1945 zu Polen gehörten. Im **Warschauer Vertrag** garantierte die Bundesregierung 1970 die territoriale Integrität (= Unverletzlichkeit) Polens.
Im deutsch-tschechoslowakischen **Vertrag von Prag** wurde das Münchener Abkommen von 1938 für unwirksam erklärt.

Garantien für Berlin – Mit dem Abschluss des **Viermächte-Abkommens über Berlin** am 3. 9. 1971 wurde die Freiheit West-Berlins und seiner Zugangswege vertraglich gesichert. Die Sowjetunion garantierte den ungehinderten Zugang zu den Westsektoren durch das Gebiet der DDR und bestätigte die besondere Bindung West-Berlins an die Bundesrepublik. Erstmals seit Jahren durften WestBerliner wieder

PERSONENLEXIKON

WILLY BRANDT, 1913 – 1992. SPD-Politiker, 1957 – 1966 Regierender Bürgermeister von Berlin, 1966 – 1969 Außenminister in der Großen Koalition, 1969 – 1974 deutscher Bundeskanzler. 1974 trat er wegen der Spionage-Affäre eines Mitarbeiters zurück. Brandt erhielt 1971 den Friedensnobelpreis für seine europäische Versöhnungspolitik.

Q 1 Der deutsch-polnische Vertrag

1 Die Bundesrepublik Deutschland und die Volksrepublik Polen stellen übereinstimmend fest, dass die bestehende Grenzlinie [...] die westliche Staatsgrenze der Volksrepublik Polen bildet.
2 Sie bekräftigen die Unverletzlichkeit ihrer bestehenden Grenzen jetzt und in der Zukunft. [...]
3 Sie erklären, dass sie gegeneinander keinerlei Gebietsansprüche haben und solche auch in der Zukunft nicht erheben werden. [...]

(Geschichte in Quellen 5, München 1980, S.563)

B 2 Willy Brandt vor dem Mahnmal des Warschauer Gettos, 1970

Verwandte und Freunde im Ostteil der Stadt besuchen. Ein **Transit-Abkommen** regelte den Straßen- und Schienenverkehr zwischen der Bundesrepublik und West-Berlin durch die DDR.

Misstrauensvotum gegen Brandt – Die Ostpolitik der Bundesregierung Brandt/Scheel hatte international große Anerkennung und bei großen Teilen der deutschen Bevölkerung Zustimmung gefunden. Im Frühjahr 1971 wurde Willy Brandt für seine Aussöhnungspolitik mit dem Friedensnobelpreis ausgezeichnet. Dennoch wurde die Ostpolitik von der CDU/CSU-Opposition scharf kritisiert. Als die knappe Mehrheit der Regierung im Bundestag durch Parteiübertritte abbröckelte, stellten CDU/CSU am 25. April 1972 einen Misstrauensantrag zur Abwahl von Bundeskanzler Willy Brandt. Doch der Misstrauensantrag scheiterte.

Stimmenthaltung – Bei der Abstimmung über die Verträge mit Moskau und Warschau enthielten sich die meisten CDU/CSU-Abgeordneten der Stimme; sie wollten das Viermächte-Abkommen für Berlin nicht gefährden.
Die vorgezogenen Bundestagswahlen im September 1972 wurden mit einer Rekordwahlbeteiligung von 91 Prozent zu einer „Volksabstimmung“ über die Ostverträge. Die SPD/FDP-Regierungskoalition setzte sich deutlich gegenüber CDU und CSU durch.

Q 3 Der frühere Außenminister Gerhard Schröder (CDU) im Deutschen Bundestag, 1972:

Unsere Kritik an den Verträgen beruht daher auf der Befürchtung, dass die Teilung Deutschlands vertieft, die Verwirklichung des Selbstbestimmungsrechts für alle Deutschen erschwert wird; dass das im Deutschland-Vertrag niedergelegte Engagement unserer drei großen westlichen Verbündeten, zu einer freiheitlichen Lösung der deutschen Frage beizutragen, mit Sicherheit durch diese Verträge […] vermindert wird.

(In: K. Borcherding (Hg.), Die Deutsche Frage, Hannover 1982, S.128. Gekürzt)

Q 4 Der spätere Bundeskanzler Helmut Schmidt (SPD) im Deutschen Bundestag, 1972:

In der Bundesrepublik Deutschland hat es lange gedauert, ehe klar wurde, dass die beiden Teile der Nation nur dann wieder zueinander kommen können, wenn auch Europa wieder zusammenwächst. Vielen in unserem Lande fällt es heute noch schwer zu begreifen, dass dies keineswegs von den Deutschen allein bewirkt werden kann, sondern dass ein Zusammenwachsen in Europa nur möglich ist, wenn beide Weltmächte und die ost- und westeuropäischen Staaten und das deutsche Volk in seinen beiden Teilen dies wollen.

(In: K. v. Schubert (Hg.), Sicherheitspolitik der Bundesrepublik Deutschland. 1945–1977, T. 2, Köln 1978, S. 341 ff.)

B 5 Demonstration von Gegnern der Ostverträge, Bonn 1972

ARBEITSAUFTRÄGE

1. Erkläre die geschichtliche Bedeutung von Willy Brandts Kniefall im Warschauer Getto (B 2).
2. Stelle anhand von Q 1 die Kernpunkte des Vertrages mit Polen zusammen. Welche Ängste der Polen sollten mit diesem Vertrag abgebaut werden?
3. Nenne anhand von Q 3 und Q 4 Pro- und Kontra-Argumente zu den Ostverträgen. Formuliere deine persönliche Meinung dazu und begründe sie.
4. Betrachte B 5. Entziffere die Parolen der Demonstranten und nenne mögliche Gründe für den Widerstand gegen die Ostverträge.

16. Deutsch-deutsche Annäherung

Die SED-Führung hatte in den 1960er-Jahren das Ziel der deutschen Einheit aufgegeben. Sie strebte nun die internationale Anerkennung der DDR als souveräner Staat an. Die Regierung Brandt hatte zwar auf den Alleinvertretungsanspruch für ganz Deutschland verzichtet, nicht jedoch auf das langfristige Ziel der deutschen Wiedervereinigung. Ihre Deutschlandpolitik zielte daher auf Erleichterungen beim Zusammenleben und auf die Überwindung der deutschen Teilung im Rahmen einer gesamteuropäischen Friedensordnung. Wie versuchten beide Seiten, ihre Ziele zu erreichen?

Politik der menschlichen Erleichterungen – Die Konstrukteure der neuen bundesdeutschen Ostpolitik, Willy Brandt und Egon Bahr, hatten die Folgen des Mauerbaus in Berlin miterlebt: die Trennung von Familien, die Toten an der Mauer und die Angst vor der Aufgabe West-Berlins durch die Westalliierten. Die Folgen der Teilung zu mildern, zum Beispiel durch Fortschritte im Zusammenleben, durch die Möglichkeit von Besuchen, Telefongesprächen, Familienzusammenführungen und einen Reiseverkehr, das waren zentrale Anliegen ihrer Politik.

Treffen in Erfurt und Kassel – In den Ostverträgen hatte die Bundesregierung die Unverletzlichkeit der Grenzen in Europa anerkannt. Diese Entspannungspolitik mit den osteuropäischen Nachbarn war zugleich eine Voraussetzung für die Aufnahme deutsch-deutscher Verhandlungen. Mit sowjetischer Vermittlung trafen sich 1970 erstmals die beiden deutschen Regierungschefs, Brandt und Stoph, in Erfurt und Kassel. Die DDR-Bevölkerung jubelte Willy Brandt zu. In seine Politik setzte sie große Hoffnungen.

PERSONENLEXIKON

EGON BAHR, geb. 1922. 1960–1966 Chef des Presse- und Informationsamtes des Landes Berlin, 1969–1972 Staatssekretär im Kanzleramt

Q1 Aus der Regierungserklärung Willy Brandts vom 28.10.1969:

20 Jahre nach Gründung der Bundesrepublik Deutschland und der DDR müssen wir ein weiteres Auseinanderleben der deutschen Nation verhindern […]. Die Bundesregierung bietet dem Ministerrat der DDR erneut Verhandlungen […] an, die zu vertraglich vereinbarter Zusammenarbeit führen sollen. Eine völkerrechtliche Anerkennung der DDR durch die Bundesregierung kann nicht in Betracht kommen. Auch wenn zwei Staaten in Deutschland existieren, sind sie doch füreinander nicht Ausland; ihre Beziehungen zueinander können nur von besonderer Art sein.

(In: Dokumente des geteilten Deutschland II, Stuttgart 1968, S.167 ff. Gekürzt)

Q2 Willi Stoph, Rede in Kassel am 21.5.1970:

Es widerspricht den Interessen des europäischen Friedens, wenn ein Staat […] einen Nachbarstaat nicht völkerrechtlich anerkennt und seine souveräne Gleichheit missachtet. Wer so an der Scheidelinie zwischen den großen militärischen Gruppierungen die Grundfragen von Krieg oder Frieden offenhalten will, der beschwört […] die Gefahr ernster Konfliktsituationen herauf […]. Die völkerrechtliche Anerkennung der DDR durch die BRD ist […] ein Erfordernis für Frieden und Sicherheit in Europa.

(Dokumente des geteilten Deutschland II, Stuttgart 1968, S.207 ff. Gekürzt)

B3 West-Berliner besuchten im März 1972 erstmals seit 1966 Ost-Berlin

Im Jahr 1971 löste Erich Honecker Ulbricht als SED-Parteichef ab. Er machte die sofortige Aufnahme diplomatischer Beziehungen zwischen der Bundesrepublik und der DDR nicht länger zur Vorbedingung für die Aufnahme von Verhandlungen.

Bereitschaft zu Kompromissen – Nach schwierigen Verhandlungen fanden die Bundesrepublik und die DDR schließlich zu einem für beide Seiten vertretbaren Kompromiss. Im **Vertrag über die Grundlagen der Beziehungen** vom 21. 12. 1972 erkannte die Bundesrepublik die DDR als gleichberechtigten Staat an, vermied aber die Anerkennung der DDR als Ausland. Folglich wurden zwischen der DDR und der Bundesrepublik keine Botschaften, sondern **„Ständige Vertretungen“** eingerichtet. In der Präambel des Vertrages wurde die unterschiedliche Auffassung zur deutschen Einheit festgestellt. Auch das Problem der Staatsangehörigkeit blieb offen. In zusätzlichen Vereinbarungen wurden Verbesserungen bei der Familienzusammenführung, für Besuchs- und Reiseerleichterungen in dringenden Familienangelegenheiten – auch für DDR-Bürger – sowie bessere Arbeitsmöglichkeiten für Journalisten geregelt.

Die DDR-Führung erreichte mit dem Grundlagenvertrag ein wichtiges Ziel ihrer internationalen Politik: Der Vertrag mit der Bundesrepublik machte den Weg frei für die staatliche Anerkennung durch andere westliche Staaten. So wurden 1973 beide deutschen Staaten in die UNO aufgenommen. Dennoch blieben Differenzen: Während die DDR den Grundlagenvertrag als **völkerrechtliche Anerkennung** wertete und von einer eigenen **DDR-Staatsbürgerschaft** ausging, hielt die Bundesregierung an der Position fest, dass es nur **eine deutsche Nation** und nur eine deutsche Staatsangehörigkeit gebe.

B4 *„Gewiß nicht komfortabel, aber statt des Seils doch immerhin schon ein Brett!“*
Karikatur von Eckart Munz, 11. 11. 1972

D6 Deutsch-deutscher Reiseverkehr 1970 – 1988 (in Millionen)

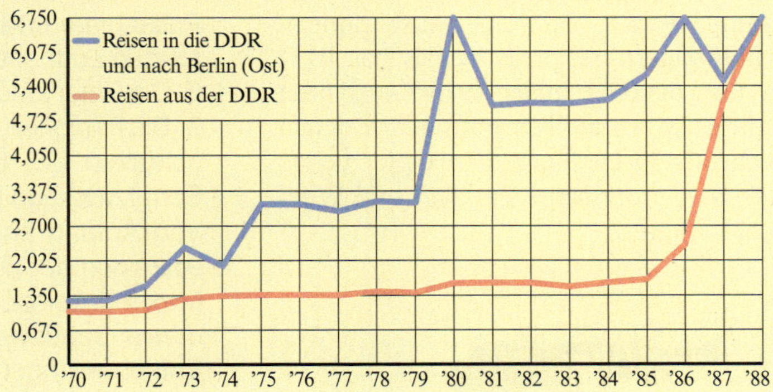

T5 Anerkennung der DDR durch östliche und westliche Staaten

Bis 1971:	von 28 östlichen und blockfreien Staaten; von keinem westlichen Staat
1972:	Schweiz, Schweden, Österreich, Australien, Belgien, Finnland
1973:	Niederlande, Luxemburg, Spanien, Dänemark, Island, Norwegen, Italien, Großbritannien, Frankreich, Griechenland, Liechtenstein
1974:	Türkei, Portugal, USA

ARBEITSAUFTRÄGE

1. Lege mit Q 1 und Q 2 die unterschiedlichen Zielsetzungen dar, mit denen beide Seiten die Verhandlungen aufnahmen.
2. Erörtert am Beispiel des Reiseverkehrs (B 3, D 6), ob bzw. in welchem Umfang die neue Deutschlandpolitik Chancen für eine Überwindung der deutschen Teilung eröffnete.
3. Gib die Position des Karikaturisten von B 4 wieder.
4. Erläutere mit T 5 die Bedeutung des Grundlagenvertrags für die Verbesserung des völkerrechtlichen Status der DDR.
5. Beurteile am Beispiel des Reiseverkehrs (D 6) bundesdeutsche Zielsetzungen und Ergebnisse des Grundlagenvertrags.

17. Krise und Kontinuität – die Bundesrepublik bis 1989

Im weiteren Verlauf der 1970er-Jahre durchlebte die Bundesrepublik mehrere Krisen. Eine Serie brutaler Terroranschläge erschütterte die Republik. Amtsmüde und geschockt durch die Enttarnung seines Referenten Günter Guillaume als DDR-Spion, trat Willy Brandt 1974 als Bundeskanzler zurück. Sein Nachfolger wurde HELMUT SCHMIDT (SPD), neuer Außenminister HANS-DIETRICH GENSCHER (FDP). Ausgelöst durch den drastischen Anstieg der Erdölpreise kam die lange Phase des Wirtschaftswachstums in der Bundesrepublik zum Erliegen. Wie wurden die Krisen bewältigt?

Herausforderung Terrorismus – In Anlehnung an die russische Revolutionsarmee hatte sich eine extremistische Splittergruppe der 68er-Studentenbewegung den Namen **Rote Armee Fraktion** (RAF) gegeben. Ihr Ziel war der Kampf gegen den Staat Bundesrepublik, dem die RAF kapitalistische Ausbeutung und Unterdrückung vorwarf. Nach einer Ausbildung in Militärlagern der palästinensischen PLO verübte die RAF in den 1970/80er-Jahren zahlreiche brutale Terroranschläge, denen mehr als 30 Personen zum Opfer fielen, darunter prominente Politiker und Wirtschaftsführer.

B1 1977 entführte und ermordete die RAF den Präsidenten des Arbeitgeberverbandes Hanns-Martin Schleyer

Der bundesdeutsche Rechtsstaat war besonders herausgefordert, als ein Kommando der RAF den Arbeitgeberpräsidenten HANNS-MARTIN SCHLEYER und – mithilfe palästinensischer Terroristen – ein deutsches Flugzeug mit 87 Insassen entführte. Die Entführer verlangten von der Regierung die Freilassung von elf inhaftierten Terroristen. Als die dem Erpressungsversuch nicht nachgab, ermordeten die Terroristen den entführten Arbeitgeberpräsidenten. Die Passagiere des entführten Flugzeugs konnten durch eine Einheit des Bundesgrenzschutzes unverletzt befreit werden. Einige der inhaftierten Terroristen, darunter Andreas Baader und Gudrun Ensslin, begingen daraufhin Selbstmord.

PERSONENLEXIKON

HELMUT SCHMIDT, geb. 1918. Mitglied der SPD, 1974 – 1982 Kanzler der Bundesrepublik Deutschland

Q2 Helmut Schmidt in einer Regierungserklärung zur Bekämpfung des Terrorismus, 20. 10. 1977:

Die drei Maximen, die unser Handeln bestimmen sollten [...]:
1. Dr. Schleyer lebend zu befreien; [...] ebenso die 82 Passagiere und 5 Besatzungsmitglieder [...] in dem entführten Lufthansa-Flugzeug.
2. Die Täter zu ergreifen und vor Gericht zu stellen.
3. Die Fähigkeit des Staates, seine Bürger vor Gefahren zu schützen [...] und das Vertrauen der Bürger in diese Schutzfunktion [...] zu wahren.

Von Anfang an [war] klar [...], dass die Erfüllung jeder einzelnen der drei Maximen [...] die Erfüllung der übrigen Maximen einschränken oder gar gefährden musste. In dieser unausweichlichen Gewissheit hatten wir unsere Entscheidungen zu treffen.

(In: Archiv der Gegenwart, 20. 10. 1977, S. 21 307. Gekürzt)

D3 Der Arbeitsmarkt in der Bundesrepublik 1950–1989 (in Prozent)

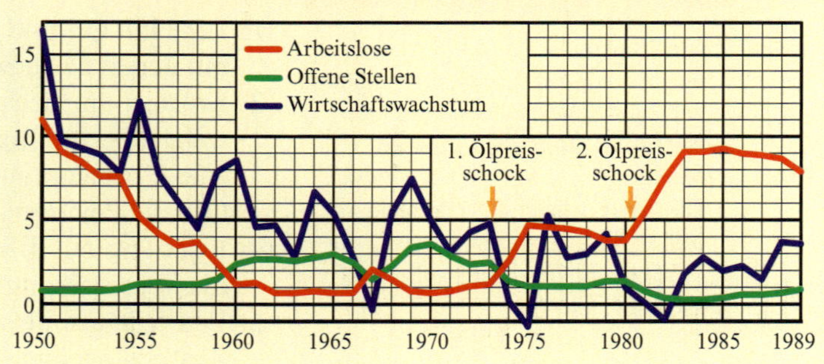

„Ölpreisschock" und Wirtschaftskrise – Der Anstieg des Ölpreises um 172 Prozent in den Jahren 1973/74, eine Krise der US-Wirtschaft sowie Lohnerhöhungen über den Produktivitätszuwachs hinaus hatten in der Bundesrepublik zu einer Wirtschaftskrise geführt. Die Arbeitslosigkeit stieg auf 1,1 Millionen Menschen. Die Regierung nahm zusätzliche Kredite auf und finanzierte ein staatliches Wirtschaftsförderungsprogramm. Obwohl die Wirksamkeit des Förderprogramms umstritten war, kam die Wirtschaft 1976 allmählich wieder in Schwung.

Ende der sozialliberalen Koalition – Ende der 1970er-, Anfang der 1980er-Jahre schienen die Gemeinsamkeiten der SPD/FDP-Koalition aufgebraucht zu sein. Hinzu kam, dass eine zweite Welle von Ölpreiserhöhungen die Wirtschaft erneut ins Stocken gebracht hatte. Vor allem in der Wirtschaftspolitik zeichneten sich nun grundsätzliche Differenzen in der Regierungskoalition ab. Die FDP kritisierte die wachsende Staatsverschuldung und forderte den Abbau von Sozialleistungen sowie Steuererleichterungen zur Ankurbelung der Wirtschaft. Der Streit der Regierungskoalition und die erneut steigende Zahl der Arbeitslosen ließen bei den Bürgern das Ansehen der Regierung und das Vertrauen in sie sinken.

Regierungswechsel in Bonn – Den Streit zwischen SPD und FDP nutzte die Opposition für ein **konstruktives Misstrauensvotum:** Am 1. Oktober 1982 wurde der CDU-Vorsitzende HELMUT KOHL von den Abgeordneten des Bundestages mit den Stimmen von CDU/CSU und FDP zum Bundeskanzler gewählt; damit war die Regierung Schmidt gestürzt. Nicht das Wählervotum, sondern eine Mehrheitsentscheidung im Parlament hatte zu dem Regierungswechsel geführt.
Helmut Kohl rief zu einer „Politik der geistig-moralischen Wende" auf und appellierte an die Eigenverantwortlichkeit in der Gesellschaft. Begünstigt durch eine positive Weltkonjunktur, gelang der Wirtschaftsaufschwung tatsächlich. Aber die Staatsverschuldung konnte nicht dauerhaft gesenkt werden. Auch die hohe Arbeitslosigkeit blieb bestehen und ist ein bis heute andauerndes Strukturproblem.
Bei der Deutschland- und Europapolitik setzte die neue Regierung aus CDU/CSU und FDP die bisherige Politik der sozialliberalen Koalition fort.

Q4 Regierungserklärung Helmut Kohls vom 13. 10. 1982:

Die geistig-politische Krise. Wir stecken nicht nur in einer wirtschaftlichen Krise. [...] Die Frage der Zukunft lautet nicht, wie viel mehr der Staat für seine Bürger tun kann, [sondern] wie sich Freiheit, Dynamik und Selbstverantwortung neu entfalten können. [...] Zu viele haben zu lange auf Kosten anderer gelebt: der Staat auf Kosten der Bürger, Bürger auf Kosten von Mitbürgern und wir alle auf Kosten der nachwachsenden Generationen. Es ist jetzt auch ein Gebot des sozialen Friedens und der sozialen Gerechtigkeit, dass wir der Ehrlichkeit, Leistung und Selbstverantwortung eine neue Chance geben.

(In: Bulletin des Presse- und Informationsamtes der Bundesregierung, 93/14. 10. 1982, S. 854 ff. Gekürzt)

B5 Helmut Kohl empfängt am 7. September 1987 DDR-Staats- und Parteichef Erich Honecker zu einem Arbeitsbesuch in Bonn. Das Musikkorps der Bundeswehr spielte beide Nationalhymnen.

ARBEITSAUFTRÄGE

1. Diskutiert die Konfliktsituation, in der die Bundesregierung 1977 bei der Terrorismusbekämpfung steckte (B 1, Q 2). Hätte sie die Forderungen der Terroristen erfüllen sollen?
2. Analysiere die Zusammenhänge zwischen Ölpreisentwicklung, Wirtschaftsentwicklung und Arbeitslosigkeit (D 3).
4. Analysiere mit Q 4 die politischen Ziele Helmut Kohls.
5. Beurteile mit B 5 die deutsch-deutschen Beziehungen.

18. Die Entwicklung in der DDR 1970 bis 1989

SED-Generalsekretär Walter Ulbricht geriet 1970 in einen Konflikt mit der Sowjetunion und deren Führungsanspruch in der kommunistischen Welt. Am 3. Mai 1971 wurde Ulbricht durch seinen Stellvertreter ERICH HONECKER abgelöst. Welchen politischen Kurs verfolgte der neue SED-Generalsekretär?

Die sozialistische Nation – Honecker erkannte die verbindliche Führungsrolle der UdSSR an. Im Verhältnis zur Bundesrepublik und der internationalen Staatengemeinschaft betonte die DDR ihre staatliche Souveränität. Das Bekenntnis zur einen deutschen Nation wurde 1974 aus der Verfassung gestrichen und durch die **„Zwei-Staaten-Theorie“** ersetzt.

Die Schlussakte von Helsinki – Zusammen mit 35 weiteren europäischen Staaten unterzeichneten die DDR und die Bundesrepublik 1975 in Helsinki die **Schlussakte der Konferenz für Sicherheit und Zusammenarbeit in Europa** (KSZE). In der „Schlussakte“ wurden 10 Prinzipien für die zwischenstaatlichen Beziehungen der europäischen Länder, aber auch für die Einhaltung der Menschen- und Bürgerrechte in den einzelnen Staaten vereinbart. Die Prinzipien der „Schlussakte von Helsinki“ waren für die Bürgerrechtsbewegungen der Ostblockstaaten eine große Ermutigung, politische Unterdrückung und die Verletzung der Menschenrechte anzuklagen. Auch die 1972 im Grundlagenvertrag zwischen der Bundesrepublik und der DDR vereinbarte Gewährung größerer Freizügigkeit, von Reiseerleichterung, von Familienzusammenführung sowie die Verbesserung von Arbeitsmöglichkeiten für Journalisten trugen dazu bei. Die Zahl der **Ausreiseanträge** stieg nach 1975 sprunghaft an.

Neugewichtung von Konsumbedürfnissen – Mit Honecker setzte sich ein neuer wirtschaftspolitischer Kurs durch: Die Wirtschaftspolitik der DDR nahm Abschied von der reinen Industrieförderung; statt dessen rückte die Befriedigung von Konsumentenbedürfnissen stärker in den Vordergrund. Wirtschafts- und Sozialpolitik wurden als Einheit betrachtet. In den folgenden Jahren stiegen die Realeinkom-

PERSONENLEXIKON

ERICH HONECKER, 1912–1994. Seit 1971 Erster Sekretär des ZK der SED und seit 1976 Vorsitzender des DDR-Staatsrats. 1989 wurde er aller Ämter enthoben.

Q1 Prinzipien der Schlussakte der Konferenz für Sicherheit und Zusammenarbeit in Europa (KSZE), 1975:

1. Souveräne Gleichheit, wechselseitige Achtung der Souveränität [...]
2. Keine Androhung oder Anwendung von Gewalt zwischen den Teilnehmerstaaten der Konferenz [...]
3. Unverletzlichkeit der Grenzen [...]
4. Territoriale Integrität der Staaten
5. Friedliche Regelung von Streitfällen [...]
6. Nichteinmischung in die inneren Angelegenheiten [...]
7. Achtung der Menschenrechte und Grundfreiheiten, einschließlich der Gewissens-, Religions- oder Überzeugungsfreiheit [...]
8. Gleichberechtigung und Selbstbestimmungsrecht der Völker [...]
9. Zusammenarbeit zwischen den Staaten [...]
10. Erfüllung völkerrechtlicher Verpflichtungen [...]

(In: Europa-Archiv, 30. Jg.1977, S. D 438 ff.)

T2 1983 erforderliche Arbeitszeit zum Kauf/zur Bezahlung (in Std:Min)

monatliches Nettoeinkommen:	Bundesrepublik 2160 DM	DDR 969 Mark
Herrenschuhe	5:55	27:53
Damenkleid	5:20	40:23
Kühlschrank	40:00	293:23
Farbfernsehgerät	96:13	846:09
Pkw	607:24	3807:42
Eisenbahnwochenkarte	1:47	0:29
Monatsmiete einer 80 m^2-Wohnung	62:15	16:45
Roggenbrot	0:13	0:06
Blumenkohl	0:10	0:21
Schokolade	0:54	0:44

(Bundesministerium für innerdeutsche Beziehungen [Hg.], Zahlenspiegel, Bonn 1986, S. 75 f., 86) men um 30 Prozent. Die schrittweise Einführung der 40-Stunden-Woche und ein verlängerter Erholungsurlaub gehörten zu einem Maßnahmenpaket, das die SED-Führung 1976 beschloss. Auch der Ausbau von Schulen und Kinderhorten und die Familienförderung erhielten einen hohen Stellenwert.

Wohnungsbaupolitik – 1974 beschloss die SED, die „Wohnungsfrage“ bis 1990 zu lösen. In den Außenbezirken der Städte entstanden gigantische Betonburgen, vom DDR-Witz als „Arbeiterschließfächer“ oder „Schnarchsilos“ bezeichnet. Wegen ihres vergleichsweise modernen Wohnstandards wurden diese Plattenbauten jedoch von der Bevölkerung geschätzt. Die Kehrseite dieser staatlich geförderten Wohnungsbaupolitik war der Verfall der Innenstädte. Die geringen Wohnungsmieten zwischen 0,80 bis 1,25 Mark pro Quadratmeter machten den Erhalt und die Sanierung älterer Häuser und Wohnungen fast unmöglich. So verfielen etwa 50 Prozent des vor 1945 erbauten Wohnungsbestandes.

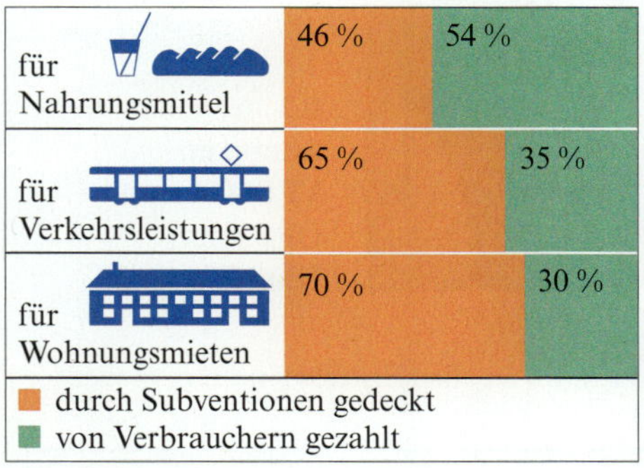

B3 DDR-Subventionswirtschaft

B4 Die Altstadt von Halberstadt

Wirtschaftliche Stagnation – Die Subventionspolitik der SED hatte tief greifende wirtschaftliche Konsequenzen. Schon die weltweite Ölpreiskrise des Jahres 1973 traf die DDR hart, da die Preise für Rohstoffimporte drastisch stiegen. Doch die SED-Führung gab die höheren Kosten nur zum Teil an die Bevölkerung weiter und subventionierte für viele Konsumgüter und Dienstleistungen die Preise. Dafür nahm sie eine ständig wachsende Staatsverschuldung in Kauf. Bis 1989 hatte die Verschuldung eine Höhe von ca. 26,5 Milliarden Dollar erreicht; der wirtschaftliche Kollaps war absehbar. Allerdings kannten nur wenige DDR-Bürger das ganze Ausmaß der Misere.

B5 Käuferschlange vor einem Gemüseladen in Bitterfeld. Foto 1989

ARBEITSAUFTRÄGE

1. Erörtert mit Q 1 die Bedeutung der „Schlussakte von Helsinki“ für das Entstehen der DDR-Bürgerbewegung.
2. Erläutert mit T 2 und B 3 die Schwerpunkte der DDR-Subventionspolitik. Diskutiert mögliche Vorteile und Nachteile für die Bevölkerung sowie für die Gesamtwirtschaft. Zieht auch B 4 und B 5 hinzu.

19. Frauen in beiden Teilen Deutschlands

Die Gleichberechtigung von Frau und Mann war in den Verfassungen der DDR und der Bundesrepublik festgelegt. Doch die gesellschaftliche Wirklichkeit entsprach dem nur zum Teil. Familie und Berufstätigkeit ließen sich für Frauen in Ost und West oft nicht leicht vereinbaren. Welche Wege gingen die beiden deutschen Staaten, um das Problem zu lösen?

DDR: Berufstätigkeit als Grundlage – Als Voraussetzung für die Gleichberechtigung der Frau galt in der DDR ihre Berufstätigkeit. Seit den 1950er-Jahren wurde die Berufstätigkeit lediger und verheirateter Frauen systematisch gefördert; auch deshalb, weil ihre Arbeitskraft für die ökonomische Entwicklung der DDR dringend benötigt wurde. In den 1960er-Jahren wurden auch die Bedingungen der beruflichen Qualifizierung von Frauen verbessert. Um berufstätige Mütter zu entlasten, wurden die **Angebote zur Kinderbetreuung** ausgebaut. Dadurch konnten Frauen in der DDR in der Regel ohne Unterbrechung erwerbstätig sein. Neben bezahltem Schwangerschaftsurlaub gab es die Möglichkeit, ein **bezahltes Babyjahr** zu nehmen. Frauen standen alle beruflichen Bereiche offen. Sie gelangten jedoch in einigen Berufen seltener als Männer in Führungspositionen. „Typische“ Frauenberufe wurden, wie auch in der Bundesrepublik, oft schlechter bezahlt als Männerberufe.

B2 Abteilungsleiterin im VEB Kabelwerk Oberspree, DDR 1985

D3 Anteil erwerbstätiger Frauen an allen Erwerbstätigen in Prozent

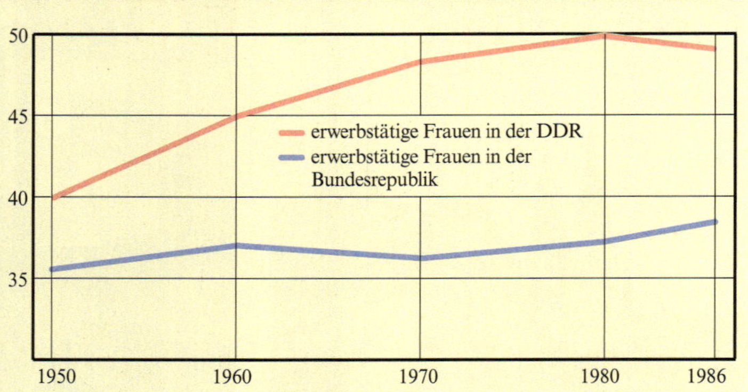

T4 Die Gleichstellung von Frauen in den achtziger Jahren im Vergleich

Frauenanteil in Bildung, Beruf, Politik (in Prozent)	BRD	DDR
Studierende an Hochschulen (1989)	41	59
Promotionen (1988)	26	38
Habilitationen (1988)	9	15
Richterinnen (1989)	18	50
Schuldirektorinnen (1988 bzw. 1982)	20	32
Betriebsrat-/BGL-Vorsitz (1986/1987)	21	50

(In: Informationen zur politischen Bildung, Nr. 270/2001)

Q1 Zuschrift einer Architektin an die DDR-Frauenzeitschrift „Für Dich“

Ich bin nach der Arbeit um 17.00 Uhr zu Hause. Bis 18.00 Uhr dann Einkäufe, Dienstleistungen, Schulsachen angucken. Jeden Abend wasche ich nur Dinge, die die Wäscherei nicht annimmt. Beim Kleinen muss ich jeden Abend die Hausaufgaben kontrollieren. Etwa um 18.00 Uhr gibt es Abendbrot. Bis 19.00 Uhr ist Familientreff. Anschließend waschen sich die Kinder. Andreas (der Ehemann) macht die nötige Hausarbeit. Dann wird gespielt, Würfelspiele oder Vorlesen […] Um 20 Uhr geht Achim ins Bett, eine halbe Stunde später Sebastian. Ab 21.00 Uhr verfügen wir über unsere Zeit […]

(In: Für Dich 20/1988, S. 26f. Gekürzt)

Bundesrepublik: Hausfrau und Mutter als Ideal? – Anfang der 1950er-Jahre kehrten viele Kriegsgefangene zurück und Millionen Flüchtlinge zogen in das Gebiet der Bundesrepublik. Viele berufstätige Frauen wurden nun aus so genannten Männerberufen verdrängt, in denen sie seit dem Zweiten Weltkrieg gearbeitet hatten. Verheirateten Beamtinnen konnte gekündigt werden, wenn auch ihr Ehemann im Öffentlichen Dienst beschäftigt war. Alte Familienstrukturen und Rollenmuster wurden wiederhergestellt. So bekräftigte das Gleichberechtigungsgesetz von 1958 die im Bürgerlichen Gesetzbuch verankerte so genannte **Hausfrauenehe** und ordnete die Erwerbstätigkeit der Frau ihren Pflichten in Ehe und Familie unter. Doch viele Familien konnten es sich gar nicht leisten, auf den Verdienst der Frauen zu verzichten. Das Einkommen arbeitender Frauen lag bei gleicher Qualifikation und Leistung meist niedriger als das von Männern. Auch ihre Ausbildungschancen waren schlechter.

Emanzipation – In den 1970er-Jahren entstand in der Bundesrepublik eine von Parteien unabhängige **Frauenbewegung,** in der Frauen für die Verwirklichung der Gleichberechtigung kämpften. Sie kritisierten die einseitige Arbeitsteilung zwischen Männern und Frauen und lehnten die traditionelle Rolle als „Hausfrau und Mutter" ab. Frauen kämpften auch gegen das **Verbot der Abtreibung,** die gemäß § 218 des Strafgesetzbuchs bis 1974 mit Gefängnis bestraft wurde. Erst 1976 wurde das Leitbild der Hausfrauenehe gesetzlich aufgehoben. In den 1980er-Jahren wurden in Parteien, Verbänden und im Öffentlichen Dienst die so genannten **Quotenregelungen** eingeführt: Bei gleicher Qualifikation sollen Frauen ihren männlichen Mitbewerbern so lange vorgezogen werden, bis die vereinbarte Quote an Frauen erreicht ist.

D5 Kinderbetreuung um 1989

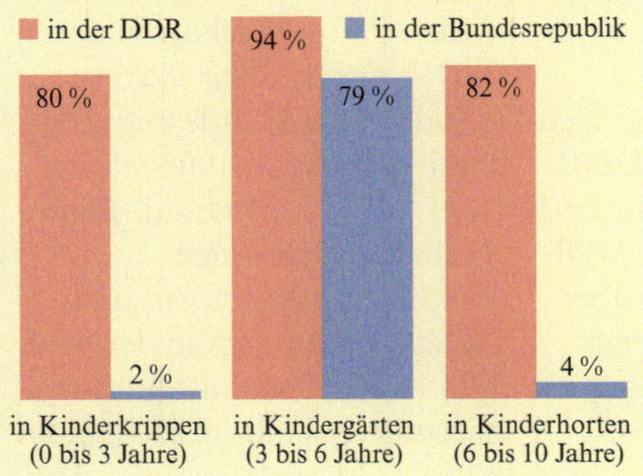

B6 Titelseite der Zeitschrift „stern", BRD, 6. Juni 1971

ARBEITSAUFTRÄGE

1. Beschreibe anhand von Q 1 die Doppelbelastung berufstätiger Frauen.
2. Formuliere eine These, wie das Selbstverständnis der Frauen in der DDR durch die Berufstätigkeit geprägt wurde (B 2).
3. Erläutere mit D 3 und D 5 die unterschiedliche Entwicklung der Berufstätigkeit von Frauen in beiden Ländern.
4. Vergleicht anhand von T 4 den Anteil von Frauen in höheren Positionen in beiden Ländern und diskutiert die Vor- und Nachteile einer Quotenregelung.
5. Erörtert die Bedeutung der Aktion in B 6 für die Frauen in der Bundesrepublik. Informiert euch über die Regelung zum Schwangerschaftsabbruch in der DDR.

	Politik	Kultur	Alltag/Wirtschaft
1985	1987: Staatsbesuch Honeckers in der Bundesrepublik 1982: Regierungswechsel in Bonn: H. Kohl wird Kanzler	1980 ff.: Entstehung einer Friedensbewegung in beiden Teilen Deutschlands	1981 ff.: starker Anstieg der Ausreiseanträge in der DDR 1980er-Jahre: wirtschaftliche Stagnation und Staatsverschuldung in der DDR
1975	1975: KSZE-Schlussakte von Helsinki 1972: Grundlagenvertrag zwischen der DDR und der Bundesrepublik 1971: in der DDR löst E. Honecker W. Ulbricht ab 1970/71: Ostverträge 1969: Regierungswechsel in Bonn, W. Brandt wird Bundeskanzler 1967 ff. Entstehung einer Außerparlamentarischen Opposition (APO), v. a. Studenten	1976: Ausbürgerung des Liedermachers W. Biermann aus der DDR 1967 ff.: Studentenproteste in der Bundesrepublik (APO) 1964: „Deutschlandtreffen der Jugend“ in Ost-Berlin	1975/77: Terroranschläge und Entführungen in der Bundesrepublik durch die RAF 1974/76: wirtschaftliches Reformprogramm in der DDR 1973: Erster Ölpreisschock 1972 ff.: der innerdeutsche Reiseverkehr steigt mit Abschluss des Grundlagenvertrags
1965	1963:L. Erhard wird Nachfolger Adenauers als Kanzler der Bundesrepublik 13. 8. 1961: verschärfte Abgrenzung der DDR zum Westen, Bau der Berliner Mauer	1963 ff.: Entstehung einer Oppositionsbewegung in der DDR 1962: „Spiegelaffäre“/Diskussion über Pressefreiheit in der Bundesrepublik 1955 ff.: Zunahme der Urlaubsreisen von Bundesbürgern; Rückzug ins Private	1955 ff.: Anwerbung von „Gastarbeitern in der BRD 1955 ff.: Arbeitskräftemangel in der DDR durch die Flucht v. a. junger Menschen 1953 ff.: schlechte Konsumgüterversorgung; erhöhte Arbeitsnormen in der DDR 1953 ff.: „Wirtschaftswunder“ in der Bundesrepublik
1955	1955: Beitritt der Bundesrepublik zur NATO, der DDR zum Warschauer Pakt 17. 6. 1953: Volksaufstand in der DDR 1949: Gründung der BRD und der DDR 1948: Berlinblockade und Luftbrücke 1945: Wiedergründung politischer Parteien 1945/46: Nürnberger Kriegsverbrecherprozesse 2. 8. 45: Potsdamer Abkommen	1946 ff.: politische Kontrolle von Presse, Rundfunk, Schule und Universitäten in der SBZ 1945 ff.: Errichtung des öffentlich-rechtlichen Rundfunksystems in den Westzonen; unabhängige Presse 1945 ff.: Entnazifizierung; Neulehreranwerbung in der DDR 1946 ff.: Gründung der Jugendorganisation FDJ in der DDR 1945 ff.: Integration von über 12 Mio. Heimatvertriebenen	1952 ff.: Kollektivierung der Landwirtschaft in der DDR 1950 ff.: Anbindung der DDR-Massenorganisationen an die SED 1949 ff.: Einführung der zentralen Planwirtschaft in der DDR, der sozialen Marktwirtschaft in der Bundesrepublik Juni 1948: Währungsreform Juni 1947 ff.: Marshall-Plan-Hilfe für Westzonen 1945 ff.: Bodenreform und Verstaatlichungen in der SBZ
1945	8.5. 1945: Ende des 2. Weltkriegs in Europa	1945 ff.: Aufbauleistung der „Trümmerfrauen“	1945 ff.: Lebensmittelrationierung, Schwarzmarkthandel

Zusammenfassung – Deutsch-deutsche Geschichte 1945 – 1989

Nach der Kapitulation am 8. Mai 1945 wurde ganz Deutschland von den alliierten Siegermächten besetzt und in vier Zonen geteilt. Die Ziele der Alliierten in Deutschland waren: Demilitarisierung, Entnazifizierung und Demokratisierung. Zunehmende Differenzen zwischen den Westmächten auf der einen und der UdSSR auf der anderen Seite führten zum **Kalten Krieg** und 1949 zur **Gründung zweier deutscher Staaten.**
Die DDR entstand nach sowjetischem Vorbild als **Volksdemokratie mit zentraler Planwirtschaft.** Sie wurde Mitglied des Warschauer-Pakt-Bündnisses.
In der Bundesrepublik Deutschland wurde eine **parlamentarische Demokratie** und die **soziale Marktwirtschaft** eingeführt. Die Bundesrepublik wurde Mitglied des Verteidigungsbündnisses NATO.

In der DDR sicherte sich die SED eine **Einparteienherrschaft,** die sich auf alle Bereiche des Staates ausdehnte. Die Niederschlagung eines Volksaufstands am **17. Juni 1953** sowie der **Bau der Mauer** im Jahr 1961 zeigten deutlich sichtbar das Unrechtsregime der SED. Gegenüber der Bundesrepublik vertrat sie die **„Zwei-Staaten-Theorie“.** Anfang der 1970er-Jahre leitete die SED eine Phase wirtschaftlicher Liberalisierung ein: Die Verbesserung der Konsumgüterversorgung ging aber mit einer wachsenden Staatsverschuldung der DDR einher.
Die Bundesrepublik erlebte nach dem so genannten **Wirtschaftswunder** der 1950/60er-Jahre einige wirtschaftliche und politische Krisen, konnte diese aber durch Reformen und im demokratischen Wettstreit konkurrierender Parteien meistern. Gegenüber der DDR formulierte sie bis Ende der 1960er-Jahre einen **Alleinvertretungsanspruch** für ganz Deutschland.

Bundeskanzler Willy Brandt (SPD) leitete 1969 eine Politik der Versöhnung mit den Staaten Osteuropas sowie der Annäherung zwischen beiden deutschen Staaten ein.

ARBEITSAUFTRÄGE

1. Die deutsche Bundesregierung unter Bundeskanzler Brandt hatte ihre Deutschland- und Ostpolitik unter das Motto „Wandel durch Annäherung“ gestellt. Erläutert und beurteilt diese Zielsetzung.
2. Diskutiert mögliche Gründe dafür, warum die Bürgerbewegung in der DDR erst Ende der 1980er-Jahre zu einer Massenbewegung wurde.

ZUM WEITERLESEN

H. Bosetzky: Capri und Kartoffelpuffer. Argon, Berlin 1997
K. Kordon: Ein Trümmersommer. Beltz & Gelberg, Weinheim 1994
I. Heyne: „... und keiner hat mich gefragt“. Arena, Würzburg 1989
A. Schwarz: Wir werden uns wiederfinden. dtv, München 1981
A. Schwarz: Die Grenze – ich habe sie gespürt! dtv, München 1991

e/1 www.salvator.net/salmat/pw/pw2/spaltung/besatzer.htm
e/2 www.spd.de/servlet/PB/-s/16p3a6urjpmnbh4uuy14ilqvgcn jw82/menu/1009537/index.html
e/3 www.br-online.de/bildung/databrd/gesch2.htm/zusatz.htm
e/4 www.salvator.net/salmat/pw/luft/blockade.html www.dra.de/dok_07.htm
e/5 www.uno.de
e/6 www.dhm.de/ausstellungen/kalter_krieg/a_r02.htm
e/7 www.bundestag.de/info/parlhist/g1960_7.html
e/8 www.fr.-aktuell.de http://bz.berlin1.de
e/9 jump.to/1953
e/10 www.hausarbeiten.de/rd/archiv/paedagogik/paed-bildungddr/paed-bildungddr.shtml

Check-up

Standard-Check: Das solltest du können!

1. Wichtige Arbeitsbegriffe
Hier sind wichtige Arbeitsbegriffe des Kapitels aufgelistet. Übertrage sie in dein Heft und formuliere zu jedem Begriff eine kurze Erläuterung.

Alleinvertretungsanspruch
Entspannungspolitik
Kalter Krieg
Ostverträge — Schwarzmarkt
Volksdemokratie — Währungsreform

2. Analyse und Interpretation einer Kapitelauftakt-Collage
2.1 Stelle fest, welche verschiedenen Elemente die Collage enthält. Erläutere, welche Aspekte der im Kapitel behandelten Geschichte dadurch erfasst werden.
2.2 Interpretiere die Collage als Abbild der deutschen Geschichte vom Ende des Zweiten Weltkriegs bis zum Ende des Kalten Krieges.

B1 Kapitelauftakt-Collage

3. Analyse einer grafischen Modelldarstellung
3.1 Analysiere die Grundkonstellation der sozialen Marktwirtschaft. Welche Akteure (Handlungselemente) kannst du erkennen? Wie sind die Beziehungen der Akteure zueinander in der Grafik dargestellt?
3.2 Überprüfe, ob das Schaubild nach deiner Kenntnis der sozialen Marktwirtschaft die Beziehungen richtig wiedergibt.

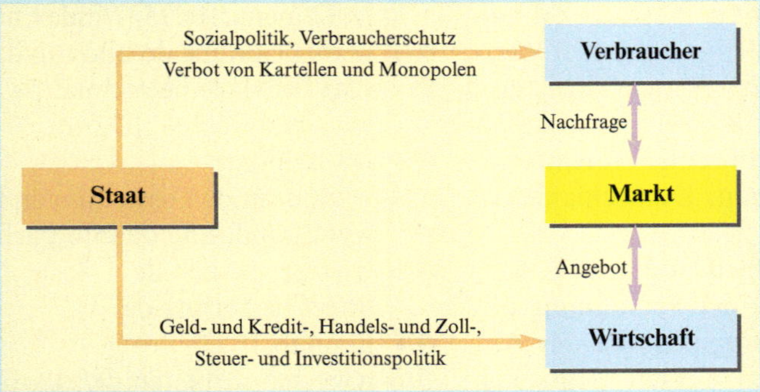

D2 Modell der sozialen Marktwirtschaft

Die Lösungen zu diesen Standard-Checkaufgaben findest du auf Seite 306. Aber: Erst selbst lösen, dann überprüfen. Dein Können kannst du bewerten (☺ 😐 ☹). Deine Leistungsbewertung zeigt dir, was du noch einmal wiederholen solltest.

1. ☺ 😐 ☹
2.1 ☺ 😐 ☹
2.2 ☺ 😐 ☹
3.1 ☺ 😐 ☹
3.2 ☺ 😐 ☹

Das konnte ich
☺ = gut
😐 = mittel
☹ = noch nicht

Die Wiedervereinigung Deutschlands

Der sowjetische Generalsekretär Michail Gorbatschow leitete 1985 unter dem Schlagwort Perestroika einen grundlegenden Umbau des sowjetischen Staates und seiner Gesellschaft ein. Die lange unterdrückten Demokratiebewegungen in den Staaten Osteuropas erhielten neuen Auftrieb. In einem dramatischen und doch unblutigen Kampf gelang es den Deutschen in der DDR, sich von der SED-Herrschaft zu befreien.

ARBEITSAUFTRAG

Analysiere die politischen Veränderungen in Ost-, Mittel- und Südosteuropa in den Jahren 1989/90. Fasse in einer Tabelle zusammen, in welchen Ländern die Veränderungen bereits 1989/90 zu einem Mehrparteiensystem führen.

1. Politische Umwälzungen in Osteuropa

Mit der Reformpolitik Gorbatschows veränderte sich auch die sowjetische Politik gegenüber den osteuropäischen Staaten. Unter dem Mantel der „brüderlichen“ Beziehungen zu den kommunistischen Parteien hatte die UdSSR eine umfassende Kontrolle ausgeübt. Bei größeren Differenzen, wurde durch wirtschaftlichen und politischen Druck der gewünschte Kurs erzwungen. In zwei Fällen, in Ungarn 1956 und in der Tschechoslowakei 1968, kam es zur militärischen Intervention als äußerstem Mittel. Gorbatschow war dazu nicht mehr bereit. Welche Auswirkungen hatte das?

B 1 Vertreter der polnischen Regierung und der Opposition am „Runden Tisch“ in Warschau, Frühjahr 1989

Reformbewegung in Osteuropa – Schon 1980 hatten in Polen Arbeiter der Danziger Lenin-Werft die unabhängige Gewerkschaft „Solidarnosc“ (= Solidarität) gegründet. Unterstützt durch die katholische Kirche, ließ sich die Opposition auch durch das 1981 ausgerufene Kriegsrecht und das Verbot der Solidarnosc ein Jahr später nicht mundtot machen. Angesichts einer wirtschaftlichen Dauerkrise, von Streiks und politischen Protesten sah sich die polnische Regierung zu Verhandlungen gezwungen. Vom 6. Februar bis 5. April 1989 tagten Vertreter der Regierung und der Opposition an einem „Runden Tisch“ in Warschau und vereinbarten Reformen, die den Übergang zu Demokratie und Marktwirtschaft einleiteten.

Durch den überwältigenden Wahlsieg der Opposition bei den Parlamentswahlen im Juni 1989 vollzog sich der Systemwechsel noch schneller als erwartet. Am 24. Juli 1989 wurde der katholische Publizist und Solidarnosc-Berater Tadeusz Mazowiecki zum Ministerpräsident gewählt – der erste nichtkommunistische Regierungschef seit 42 Jahren!

Auch Ungarn und die Tschechoslowakei schlugen den Weg zur Demokratie ein. Die Führung der DDR hingegen lehnte die Reformpolitik Gorbatschows ab und versuchte die Ideen von Glasnost und Perestroika zu unterdrücken.

B 2 Demonstration in Prag vor der Präsidentschaftswahl Dezember 1989, bei der der Schriftsteller Vaclav Havel zum Staatspräsidenten gewählt wurde.

ARBEITSAUFTRÄGE

1. Recherchiert die näheren Umstände der politischen Umwälzungen in Polen, der Tschechoslowakei und Ungarn und haltet dazu kurze Referate.
2. Wie stellt sich die politische Situation in diesen Ländern heute dar?

2. Die Vierzigjahrfeier der DDR – Nicht alle feiern mit!

Die Partei- und Staatsführung wollte den 40. Jahrestag der Gründung der DDR am 7. Oktober 1989 mit großem Aufwand feiern. Doch in welcher Lage befand sich die DDR zum Zeitpunkt des Jubiläums?

Drohender Staatsbankrott – In der DDR waren in den 1980er-Jahren viele Industrieanlagen veraltet und reparaturbedürftig. Da aber das Geld für Investitionen fehlte, sank die Pro-Kopf-Produktion und lag 1985 nur noch bei knapp 36 % des Wertes der Bundesrepublik.
Dennoch blieben die Lebensverhältnisse in der DDR deutlich besser als in anderen sozialistischen Staaten. Die Ausstattung der Haushalte mit langlebigen Konsumgütern und die Wohnverhältnisse waren vergleichsweise gut. Durch **Subventionen** (= Zuschüsse) hielt der Staat die Preise für viele Nahrungsmittel und Dienstleistungen niedrig. Doch die teure Subventions- und Sozialpolitik konnte nur durch eine ständige Neuverschuldung gegenüber dem (westlichen) Ausland bezahlt werden. Ende der 1980er-Jahre drohte der DDR die **Zahlungsunfähigkeit** und der Staatsbankrott. Die Partei- und Staatsführung schreckte aber auch jetzt noch vor notwendigen Einschnitten bei der Subventions- und Sozialpolitik zurück, weil sie eine steigende Unzufriedenheit der Bevölkerung sowie eine Massenflucht in die Bundesrepublik fürchtete.

Ein missglücktes Fest – Am 6. Oktober 1989 traf der sowjetische Parteichef Michail Gorbatschow in Ostberlin ein, um an den Feiern zum 40. Jahrestag der DDR teilzunehmen. Am Flughafen sagte er zu Journalisten: „*Wer zu spät kommt, den bestraft das Leben*“. Gorbatschow drängte die SED-Führung, endlich mit den notwendigen Reformen in der DDR zu beginnen – vergebens: Honecker und die maßgeblichen SED-Politiker lehnten dies ab. Während des Festbanketts am 7. Oktober demonstrierten Tausende vor dem „Palast der Republik“. Die Sicherheitskräfte nahmen 700 Demonstranten fest, viele wurden misshandelt.

Parade zur Vierzigjahrfeier der DDR, 1989

B 2 Karikatur des Münchner Zeichners Horst Haitzinger, 1989

D 1 Lebensstandard in West und Ost, 1987

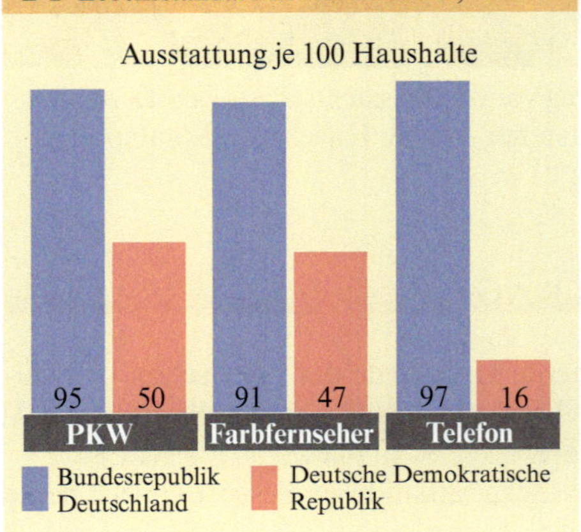

B 3 Chemieindustrie in Bitterfeld, 1980er-Jahre

Entstehung der Demokratiebewegung – Seit den 1970er-Jahren war die Unzufriedenheit über die politischen und materiellen Lebensbedingungen in der DDR gewachsen. Anfangs waren es nur wenige – vor allem Schriftsteller, Künstler und Theologen –, die den Mut hatten, ihre Kritik auch öffentlich zu formulieren. Doch in den 1980er-Jahren stieg deren Zahl: Als Antwort auf das atomare Wettrüsten der Supermächte war auch in der DDR eine vom Staat und von der SED unabhängige **Friedensbewegung** entstanden. Umweltgruppen befassten sich mit dem Problem der zunehmenden Luft- und Wasserverschmutzung. Auch die **Menschenrechtsbewegung** machte vor der DDR nicht halt. Die Regierung hatte sich in Helsinki 1975 mit der Unterzeichnung der Schlussakte der „Konferenz über Sicherheit und Zusammenarbeit in Europa" (KSZE) zur Respektierung der Menschenrechte und der Grundfreiheiten verpflichtet. Auf diese Schlussakte der KSZE beriefen sich Friedens- und Bürgerrechtsbewegung und forderten mehr Demokratie. Unterstützung erhielten sie von den Kirchen, die als einzige Institutionen in der DDR nicht der kommunistischen Weltanschauung verpflichtet waren.
Doch die SED reagierte auf die Proteste mit Verboten, Haftstrafen sowie mit der Ausweisung von Kritikern. Eine Folge war, dass immer mehr Bürger **Ausreiseanträge** stellten oder direkt aus der DDR flüchteten, z. B. während eines Urlaubs unter den Schutz der bundesdeutschen Botschaften in Polen, Ungarn oder in der Tschechoslowakei.

PERSONENLEXIKON

FRIEDRICH SCHORLEMMER, geb. 1944.
Ev. Theologe; Mitbegründer des Demokratischen Aufbruchs (DA); erhielt 1993 den Friedenspreis des deutschen Buchhandels

Q 4 Aufruf des „Neuen Forums" vom 9./10. 9. 1989:

In unserem Lande ist die Kommunikation zwischen Staat und Gesellschaft offensichtlich gestört [...]. [Es] bedarf [...] eines demokratischen Dialogs über die Aufgaben des Rechtsstaates, der Wirtschaft und der Kultur. Über diese Fragen müssen wir in aller Öffentlichkeit, gemeinsam und im ganzen Land nachdenken und [...] sprechen. Wir bilden deshalb [...] eine politische Plattform [...], die es Menschen aus allen Berufen [und] Lebenskreisen [...] möglich macht, sich an der Diskussion [...] wichtiger Gesellschaftsprobleme [...] zu beteiligen.

(In: B. Lindner, Die demokratische Revolution in der DDR 1989/90, Bonn 1998, S. 50. Gekürzt)

B 6 Das bundesdeutsche Botschaftsgelände in Prag, September 1989

D 5 Entwicklung der Anträge auf Ausreise und ihre Gewährung (in Tausend)

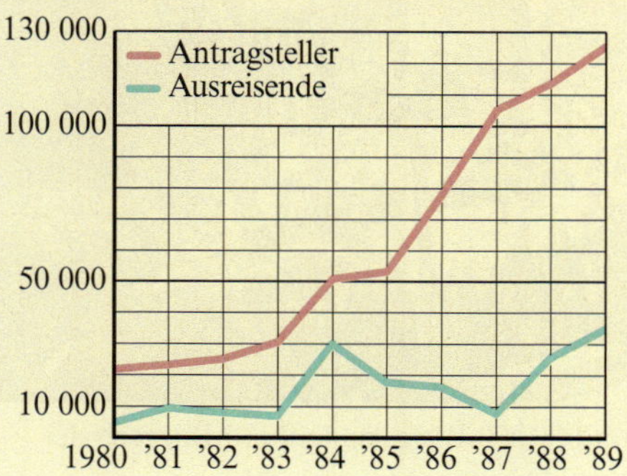

ARBEITSAUFTRÄGE

1. Erläutere mit D 1 und B 3 die wirtschaftliche Situation in der DDR Ende der 1980er-Jahre.
2. Interpretiere die Karikatur B 2; beziehe dabei D 1 ein.
3. Stelle Absichten und Ziele des „Neuen Forums" dar (Q 4); überlege, welche Position die SED-Führung dazu einnahm.
4. Nenne mögliche Gründe für die Entwicklung bei den Ausreiseanträgen (D 5) sowie für die der tatsächlichen Ausreisen.

3. Die friedliche Revolution in der DDR

Am 40. Jahrestag der DDR schien die SED die Lage noch unter Kontrolle zu haben, aber schon zwei Tage später, am 9. Oktober 1989, stand sie vor einer neuen Herausforderung – diesmal in Leipzig. Wie kam es dazu, dass diese Stadt im Herbst 1989 eine besondere Rolle spielte?

Leipzig, 9. Oktober 1989 – Seit Beginn der 1980er-Jahre hatte sich in Leipzig eine Friedens- und Menschenrechtsbewegung entwickelt. Sie wurde von der evangelischen Kirche mit **Friedensgebeten** unterstützt. Seit August 1989 fand jeden Montag im Anschluss an das Friedensgebet in der Nikolaikirche eine Demonstration im Zentrum Leipzigs statt. Daran beteiligten sich spontan und friedlich immer mehr Menschen; am 2. Oktober waren es schon etwa 20 000. Für die geplante **Montagsdemonstration** am 9. Oktober 1989 hatte die Staatsführung große Militär- und Polizeiverbände sowie Betriebskampfgruppen (= paramilitärische Einheiten der volkseigenen Betriebe) aufgeboten, um die Demonstration mit Gewalt niederzuschlagen. Doch die befürchtete blutige Auseinandersetzung konnte verhindert werden. Der Dirigent KURT MASUR und andere prominente Leipziger – darunter auch drei SED-Funktionäre – hatten einen Aufruf zur Gewaltlosigkeit verbreitet. Am Abend des 9. Oktober zogen 70 000 Menschen mit Sprechchören: „Wir sind das Volk!“ und „Keine Gewalt!“ durch die Straßen Leipzigs. Auf Anordnung des Leipziger SED-Chefs hielten sich die Sicherheitskräfte zurück. Die Opposition hatte sich gewaltfrei durchgesetzt.

Honeckers Rücktritt – Die Beispiele in Berlin und Leipzig lösten eine ganze Welle gewaltloser Demonstrationen überall im Land aus. Die Angst der Menschen war gebrochen; die Staatsführung stand einer Demokratiebewegung gegenüber, deren Forderungen sie nicht mehr unterdrücken konnte.

Ein Teil der SED-Führung hoffte, ihre Macht durch einige Reformen und einen

Q 1 Erklärung einer Leipziger Betriebskampfgruppe zu den Demonstrationen in Leipzig (6. 10. 1989):

Wir sind dagegen, dass diese kirchlichen Veranstaltungen [in der Nikolaikirche] missbraucht werden, um staatsfeindliche Provokationen gegen die DDR durchzuführen. […] [Wir] erwarten, dass alles getan wird, um die öffentliche Ordnung und Sicherheit zu gewährleisten, um die in 40 Jahren harter Arbeit geschaffenen Werte und Errungenschaften des Sozialismus in der DDR zu schützen […].

Wir sind bereit und willens, das von uns […] Geschaffene wirksam zu schützen, um diese konterrevolutionären Aktionen endgültig zu unterbinden. Wenn es sein muss, mit der Waffe in der Hand!

(In: Leipziger Volkszeitung vom 6.10.1998. Gekürzt)

PERSONENLEXIKON

EGON KRENZ, geb. 1937. Seit 1974 Leiter der DDR-Jugendorganisation FDJ, seit 1983 Mitglied des Politbüros der SED; 18. 10. – 3. 12. 1989 Honeckers Nachfolger als Generalsekretär der SED sowie 24. 10. – 6. 12. 1989 Vorsitzender des Staatsrats der DDR

B 2 Demonstration von rund 70 000 Bürgerinnen und Bürgern der DDR auf dem Leipziger Ring, Foto 9. Oktober 1989

Geschichte im / Geschichte durch das Fernsehen

Seit den 1950er-Jahren hat sich das Medium Fernsehen weltweit ausgebreitet. Es kann aktuell und unmittelbar sehr viele Menschen über Ereignisse an nahezu jedem Ort der Erde informieren. In demokratischen Gesellschaften, in denen die Inhalte der Sendungen keiner politischen Zensur unterliegen, leistet das Fernsehen einen wichtigen Beitrag zur politischen Information und zu einer **kritischen Öffentlichkeit.** Doch wie bei allen anderen Medien müssen die Inhalte von Fernsehsendungen einer kritischen Analyse unterzogen werden.

Auch Politiker nutzen die Vorteile des Massenmediums Fernsehen, um möglichst viele Bürger(innen) aktuell zu informieren. Das geschieht zum Beispiel durch **Pressekonferenzen,** durch Interviews in **Nachrichtensendungen** oder bei wichtigen Anlässen im Rahmen von **Sondersendungen.** Im Herbst 1989 wurden solche Sondersendungen in der DDR mit Spannung erwartet, denn die politischen Ereignisse überschlugen sich und das Medienklima hatte sich zugunsten einer freieren Meinungsäußerung verändert. Viele DDR-Bürger hofften darauf, im Fernsehen Nachrichten über geforderte Erleichterungen im Reiseverkehr zu erhalten.

Am **9. 11. 1989** hatte das Politbüro des ZK der SED zu einer **Pressekonferenz** geladen, die live übertragen wurde. Als um 18.57 Uhr die Frage nach dem Entwurf eines neuen Reisegesetzes gestellt wurde, verlas das zuständige Politbüromitglied GÜNTHER SCHABOWSKI vor laufenden Kameras einen Beschluss des Ministerrats, dass eine Regelung getroffen werde, die es jedem Bürger der DDR möglich mache, ohne besondere Voraussetzungen über Grenzübergangspunkte der DDR auszureisen. Auf die Frage eines Journalisten, ab wann diese neue Reisefreiheit denn gelte, antwortete der irritierte und unvollständig informierte Schabowski: *„Das tritt nach meiner Kenntnis … ist das sofort, unverzüglich.“*

Dieser Satz vor laufenden Fernsehkameras verbreitete sich in Windeseile in der ganzen DDR. Hunderttausende DDR-Bürger strömten zu den Grenzübergängen, um die von Schabowski zugesagte Reisefreiheit sofort für einen Kurzbesuch im Westen zu nutzen. Noch ehe das überraschte Politbüro der SED die Lage diskutieren und mit Gegenmaßnahmen reagieren konnte, erzwang der Ansturm der Menschen die Öffnung der noch verschlossenen Grenzübergänge.
Die Liveübertragung eines Missverständnisses zwischen SED-Politbüro und Minsterrat hatte die Geschehnisse in der Nacht vom 9. auf den 10. November 1989 entscheidend mit beeinflusst. Das Fernsehen hatte „Geschichte gemacht“.

B1 Günther Schabowski auf der Pressekonferenz am 9. 11. 1989

WORAUF DU ACHTEN MUSST

1. Handelt es sich um eine Nachrichtensendung, um einen Meinungskommentar, um ein politisches Magazin oder um eine Pressekonferenz? Wird die Sendung von einem öffentlich-rechtlichen oder einem privaten Fernsehsender ausgestrahlt?
2. Erkennst du Parteilichkeit oder Wertungen in dem Bericht?
3. Achte bei Interviews mit Politikern darauf, welche Fragen gestellt, welche nicht gestellt werden bzw. welche Fragen beantwortet, welche nicht beantwortet werden.
4. Ist die Berichterstattung umfassend? Vergleiche die Berichterstattung mit anderen Sendungen und Medien zum gleichen Thema.

Wechsel an der Spitze noch retten zu können. Am 18. Oktober zwang das Politbüro der SED Honecker zum Rücktritt und bestimmte als dessen Nachfolger EGON KRENZ zum Parteichef und Staatsoberhaupt der DDR. Krenz versprach zwar sogleich eine „Wende" sowie Reformen. Doch als langjähriger „Kronprinz" Honeckers hatte er dessen Politik mitverantwortet und galt als unglaubwürdig.

Die Opposition organisiert sich – Seit dem Sommer 1989 waren in der DDR Oppositionsgruppen mit politischen Forderungen an die Öffentlichkeit getreten. Sie beriefen sich dabei auf die DDR-Verfassung, die den Bürgern das Recht garantierte, Vereinigungen zu bilden. Am 9. September wurde das **„Neue Forum"** gegründet. Es wandte sich an *„alle Bürger und Bürgerinnen der DDR, die an der Umgestaltung unserer Gesellschaft mitwirken wollen"*. Den Schritt zur Gründung einer neuen, bis dahin in der DDR nicht zugelassenen Partei, vollzog am 7. Oktober die **„Sozialdemokratische Partei in der DDR"** (SDP). Das Machtmonopol der SED begann zu bröckeln. Die Menschen hatten das Vertrauen in die SED und in die von ihr beherrschten Massenorganisationen verloren. Weitere Bürgervereinigungen und Parteien entstanden im Herbst 1989. ⓘ/5

Am 4. November 1989 versammelten sich auf dem Berliner Alexanderplatz mehr als eine halbe Million Menschen. Prominente Künstler hatten die Demonstration angemeldet. Einhellig waren die Forderungen nach grundlegenden Veränderungen in der DDR, freien Wahlen, der Gewährung von Presse-, Meinungs-, und Versammlungsfreiheit sowie nach freiem Reiserecht. Aber noch stand in Berlin die Mauer, noch flohen täglich Tausende aus der DDR. Wie verhielt sich die Regierung angesichts des immer stärker werdenden Rufs nach Reisefreiheit?

Q 3 Proteste in Weißenfels, Oktober 1989:

[Am] 11.10. gab es die erste Friedensandacht in Weißenfels in einer kleinen Kirche. Ich ging und fand mich plötzlich in den Kirchenbänken eingekeilt zwischen schrankgroßen Stasi-Leuten [= Mitarbeiter der geheimen Staatssicherheit] [...]. Etwa 100 Menschen waren in der Kirche, die Hälfte Partei, FDJ, Stasi. Draußen warteten Polizeiwagen. Aber es wurde nicht eingegriffen. Beim nächsten Friedensgebet, das ich am 11.11. besuchte, waren bereits 1500 Menschen in der großen Stadtkirche. Auch meine Tochter mit beiden Kindern waren dabei (Sebastian: 12, Anna: 10). Mitten bei den Gebeten steht Anna bleich aber mutig auf, geht zum Mikrophon und spricht laut: „Ich wünsche mir, dass ich in der Schule immer die Wahrheit sagen darf." Und erhält brausenden Beifall. Danach ziehen wir mit Kerzen durch die Stadt [...] und rufen unentwegt: „Wir sind das Volk!"

(In: B. Lindner, Die demokratische Revolution in der DDR 1989/90, Bonn 1998, S. 94. Gekürzt)

B 4 Gruppierungen der Bürgerrechtsbewegung 1989/90

PERSONENLEXIKON

BÄRBEL BOHLEY, geb. 1945. Freischaffende Malerin; 1982 Gründungsinitiatorin des Netzwerks „Frauen für den Frieden" in der DDR; 1985/86 Mitbegründerin der „Initiative Frieden und Menschenrechte"; 1988 Abschiebung aus der DDR und Rückkehr; 1989 Mitbegründerin des „Neuen Forums"

B 5 Berlinerinnen und Berliner feiern den Fall der Mauer, Foto 10. 11. 1989

Der Fall der Mauer – Anfang November 1989 waren die meisten Altfunktionäre der SED aus ihren Ämtern verdrängt. Das am 8. November neu gewählte Politbüro hatte die immer drängender werdende **Frage der Reisefreiheit** zu lösen. Am Abend des 9. November teilte der für Information zuständige Sekretär GÜNTER SCHABOWSKI nach der Sitzung des ZK der SED auf der allabendlich stattfindenden und live im Fernsehen übertragenen Pressekonferenz mit, dass die Bürger der DDR „ab sofort" Genehmigungen zur Ausreise aus der DDR erhalten könnten. Diese Nachricht verbreitete sich wie ein Lauffeuer in Berlin und im ganzen Land.

Noch am gleichen Abend setzte ein Ansturm auf die Grenzübergänge nach Westberlin ein. Unter dem Druck der zusammenströmenden Menschen öffneten die ersten DDR-Grenzposten um 21.30 Uhr an der Bornholmer Straße die Übergänge. Gegen Mitternacht mussten die Grenzschranken auch in anderen Stadtteilen geöffnet werden. Zu Fuß, mit dem Auto und der Bahn kamen in den nächsten Tagen Hunderttausende aus der DDR nach Westberlin und in die Bundesrepublik. Mit der Grenzöffnung am 9. November 1989 hatte die unter Zugzwang stehende SED-Führung nur die „Flucht nach vorne" antreten wollen. Doch unfreiwillig stand sie nun vor einer ganz neuen Situation: Die Mauer war gefallen, die Trennung der Menschen in Ost- und Westdeutschland war unwiderruflich zu Ende. /6

Q6 Aus der Reportage eines westdeutschen Reporters über die Nacht vom 9. zum 10. November 1989:

[…] Knapp 5000 mögen es sein, die jetzt am Checkpoint versammelt sind. Sektkorken knallen. Bald, heißt es, wird die Grenze geöffnet. Das passiert kurz nach Mitternacht. Die ersten DDRler kommen zu Fuß, viele sind verwirrt, sagen: „Hoffentlich kann ich auch wieder zurück." […] [Sie werden] bejubelt von der wartenden Menge [im Westen] . Sie werden umarmt und mit Sekt übergossen. […] Wir versuchen, zum Brandenburger Tor zu kommen. […] Es ist etwa 3 Uhr. Das Brandenburger Tor ist grell erleuchtet – von den Scheinwerfern der TV-Teams […] Auf der Mauerbrüstung stehen die Leute bereits dicht an dicht. […]

(In: Stern, Nr. 41/1989, S. 37 f. Gekürzt)

Veränderungen sind nicht aufzuhalten – Bereits am 7. November 1989 war der gesamte DDR-Ministerrat zurückgetreten. Die Hoffnungen der SED richteten sich nun auf HANS MODROW, den SED-Bezirksleiter von Dresden. Im öffentlichen Auftreten zurückhaltend, nicht durch Korruption in Verruf geraten und als reformwillig bekannt, wurde er in der Volkskammer am 13. November 1989 fast einstimmig zum Ministerpräsidenten gewählt. Modrow bildete eine Koalitionsregierung mit den Blockparteien CDU, LDPD und DBD. Innenpolitisch befand sich die DDR in einer schwierigen Situation. Die bisherige Alleinherrschaft der SED schien zwar gebrochen, aber noch galt die alte DDR-Verfassung mit ihren undemokratischen Strukturen. Auch die Ausreisewelle war nach der Öffnung der Mauer noch nicht abgebrochen.

Q8 „Für unser Land“. Aufruf einer DDR-Initiativgruppe (u. a. die Schriftsteller St. Heym, Ch. Wolf und der Pfarrer F. Schorlemmer), 26. 11. 1989:

Entweder können wir auf der Eigenständigkeit der DDR bestehen und versuchen, mit allen unseren Kräften in unserem Land eine solidarische Gesellschaft zu entwickeln, in der Frieden und soziale Gerechtigkeit, Freiheit des Einzelnen, Freizügigkeit und die Bewahrung der Umwelt gewährleistet sind, oder wir müssen dulden, dass, veranlasst durch ökonomische Zwänge und einflussreiche Kreise aus Wirtschaft und Politik in der Bundesrepublik ein Ausverkauf unserer materiellen und moralischen Werte beginnt und über kurz oder lang die Deutsche Demokratische Republik durch die Bundesrepublik vereinnahmt wird. Lasst uns den ersten Weg gehen. Noch haben wir die Chance, eine sozialistische Alternative zur Bundesrepublik zu entwickeln.

(In: G. Meier, Die Wende in der DDR, Bonn 1990, S. 53. Gekürzt)

Der „Runde Tisch“ – Die Bürgerbewegungen, die einen **friedlichen Übergang zur Demokratie und zur Marktwirtschaft** erreichen wollten, griffen das polnische Vorbild des „Runden Tisches“ auf. Am 7. 12. 1989 trafen sich die Vertreter der Bürgerbewegungen mit den Vertretern der SED, der „Blockparteien“ und der Massenorganisationen. Der „Runde Tisch“ sollte an allen Entscheidungen der Regierung und der Volkskammer, auch über die Zukunft der DDR, beteiligt werden. So beschloss er bereits bei seiner ersten Sitzung im Dezember 1989, dass am 6. 5. 1990 die ersten freien Wahlen in der DDR stattfinden sollten. Im Januar 1990 wurde dieser Termin auf den 18. März vorverlegt.

PERSONENLEXIKON

CHRISTA WOLF, geb. 1929. Schriftstellerin; 1976 Protest gegen die Ausbürgerung des Liedermachers W. Biermann aus der DDR; 1989/90 Austritt aus der SED

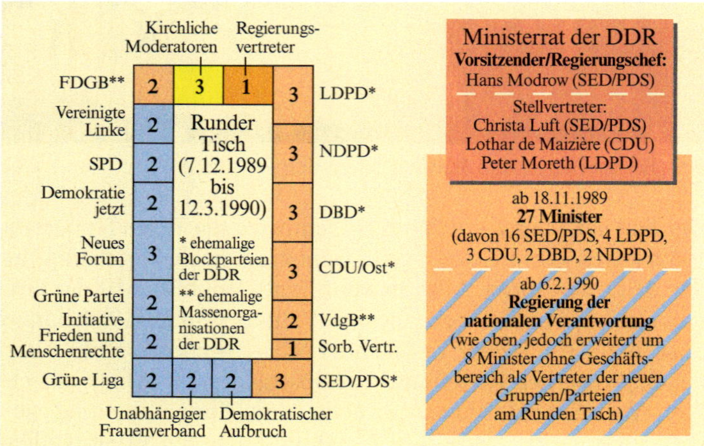

B9 Der „Runde Tisch“ und seine Einbindung in die Regierung, 1989/90

ARBEITSAUFTRÄGE

1. Erläutere und beurteile die Argumente der Verfasser von Q 1 gegenüber der Oppositionsbewegung in Leipzig.
2. Beurteile die Wirkung der Bilder der Leipziger Demonstration vom 9. 10. 1989 auf die Bevölkerung der DDR .
3. Erläutere mit Q 3 die gesellschaftspolitischen Hintergründe für das Auftreten der 10-jährigen Anna am 11. 10. 1989.
4. Ermittele, ob die politischen Gruppen/Parteien von B 4 und B 9 noch existieren bzw. wohin sie sich entwickelt haben.
5. Verfasse mithilfe von B 5 und Q 6 eine Pressenotiz über den Ablauf der Maueröffnung in der Nacht vom 9./10. 11. 1989.
6. Nenne die politischen Ziele und die Befürchtungen der „Initiativgruppe DDR“ aus Q 8. Beurteile, ob das Hauptziele der Initiativgruppe Ende 1989 realisierbar war.
7. Untersuche mit B 9 die Zusammensetzung des „Runden Tisches“. Erläutere dessen Einfluss auf die Regierungspolitik.

4. Der Weg zur deutschen Wiedervereinigung

Im November 1989 änderte sich die Stimmung in der DDR. Hatten die Menschen bisher gerufen: „Wir sind *das* Volk", so hieß es jetzt immer häufiger „Wir sind *ein* Volk" und „Deutschland einig Vaterland". Welche Ursachen hatte dieser Stimmungswechsel und welche Konsequenzen ergaben sich daraus für die weitere Zukunft der DDR?

Die deutsche Frage – Nach dem Fall der Mauer stellte sich auch die Frage einer **Wiedervereinigung** der beiden deutschen Staaten. Die Spaltung nach 1945 war von den meisten Deutschen in Ost und West als aufgezwungen empfunden worden. Hinzu kam, dass die DDR nach 40 Jahren SED-Diktatur wirtschaftlich ruiniert war. Viele Menschen in Ostdeutschland sahen daher in der Vereinigung mit der wirtschaftlich leistungsfähigeren und reicheren Bundesrepublik eine hoffnungsvolle Alternative. Andere wollten zwar das politische und wirtschaftliche System der DDR grundlegend reformieren, aber die DDR als eigenständigen Staat erhalten.
Als im November 1989 das Ausmaß der wirtschaftlichen Zerrüttung sowie der politischen Bespitzelung durch das DDR-Regime den Menschen mehr und mehr bekannt wurde, wuchs auch die Zahl der DDR-Bürger, die eine schnelle Wiedervereinigung mit der Bundesrepublik wollten.
Auch in der Bundesrepublik war anfangs umstritten, wie auf die Frage einer möglichen Wiedervereinigung zu reagieren sei. Das **Zehn-Punkte-Programm** von Bundeskanzler KOHL vom 28.11.1989 sah ein schrittweises Vorgehen vor: Sofortigen humanitären und Wirtschaftshilfen für die DDR sollte langfristig eine bundesstaatliche Ordnung in einem vereinten Deutschland folgen. Ab Jahresbeginn 1990 trat die CDU/FDP-Bundesregierung jedoch für eine schnellere Vereinigung beider deutschen Staaten ein.
Die Haltung der SPD zur Wiedervereinigung war anfangs gespalten. Ein Teil um den langjährigen SPD-Vorsitzenden WILLY BRANDT strebte vorbehaltslos die schnelle Wiedervereinigung an. Andere führende SPD-Politiker zögerten jedoch, weil sie als Folge einer zu schnellen Vereinigung den totalen Zusammenbruch der ostdeutschen Wirtschaft befürchteten.

Die Märzwahlen 1990 in der DDR – Am 18. März 1990 fanden die ersten freien Wahlen in der DDR statt. Auch die SED stellte sich zur Wahl – nun unter dem Namen „Partei des demokratischen Sozialismus" (PDS). Das Wahlergebnis zeigte eine deutliche Mehrheit derjenigen Parteien, die sich für eine baldige Wiedervereinigung Deutschlands aussprachen. Aus diesen Parteien bildete der ostdeutsche CDU-Politiker LOTHAR DE MAIZIÈRE eine Koalitionsregierung.

B 3 Demonstration im November 1989

B 4 Demonstration im Februar 1990

D 1 Die Stimmungslage der Ostdeutschen im November 1989 nach dem Fall der Mauer (Umfrageergebnisse in %)

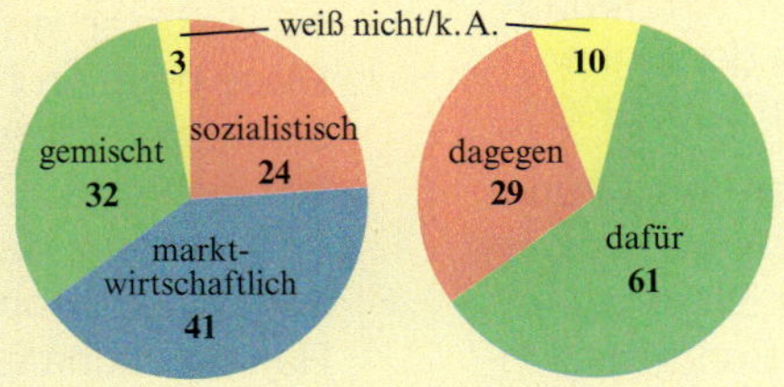

Bevorzugtes Wirtschaftssystem

Für oder gegen die Wiedervereinigung

D 2 Wahlergebnis, Sitzverteilung und Regierungsmehrheit der DDR-Märzwahl 1990

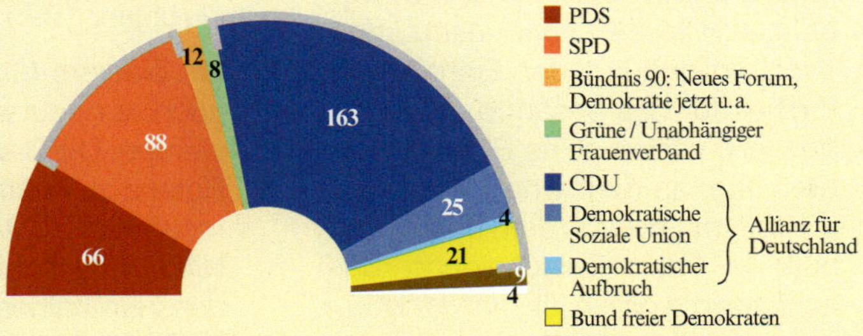

Gesamtzahl der Sitze: 400
Wahlbeteiligung: 93,38 %

Deutsch-deutsche Schritte zur Einheit – Mit dem Wahlergebnis vom März 1990 hatte eine deutliche Mehrheit der DDR-Bürger ihren Willen zur Wiedervereinigung dokumentiert. Dennoch gab es viele offene Fragen: Sollte die Vereinigung nach **Artikel 23 des Bonner Grundgesetzes** erfolgen, also durch den Beitritt der DDR zur Bundesrepublik, oder nach **Artikel 146 des Grundgesetzes** auf der Basis einer neuen, gesamtdeutschen Verfassung? Sollte die Wiedergutmachung widerrechtlicher Enteignungen in der DDR nach dem Grundsatz „Entschädigung statt Rückgabe" erfolgen, oder sollten die früheren Eigentumsrechte Vorrang haben? Sollte die Angleichung der ökonomischen und rechtlichen Bedingungen in beiden Teilen Deutschlands in einem einzigen oder in mehreren, zeitlich gestreckten Schritten erfolgen? Und schließlich: Würden die Siegermächte des Zweiten Weltkriegs einer deutschen Wiedervereinigung überhaupt zustimmen?

Als erster Schritt zur Wiedervereinigung trat am 1. Juli 1990 eine **Wirtschafts- Währungs- und Sozialunion** zwischen beiden deutschen Staaten in Kraft: Die D-Mark wurde gesetzliches Zahlungsmittel in der DDR, die soziale Marktwirtschaft löste die Planwirtschaft ab. In Berlin nahm die **Treuhandanstalt** ihre Arbeit auf. Sie sollte die „Volkseigenen Betriebe" (VEB) der DDR in privatwirtschaftliche Unternehmen überführen.

Die Volkskammer der DDR fasste den Beschluss zur **Neugründung der Länder** Brandenburg, Mecklenburg-Vorpommern, Sachsen, Sachsen-Anhalt und Thüringen. Am 23. August 1990, noch während die Vertreter der bundesdeutschen Regierung und der Regierung DE MAIZIÈRE den **Einigungsvertrag** zwischen beiden deutschen Staaten aushandelten, beschlossen die Abgeordneten der DDR-Volkskammer mit großer Mehrheit den Beitritt der DDR zur Bundesrepublik Deutschland nach Artikel 23 des Grundgesetzes.

PERSONENLEXIKON

LOTHAR DE MAIZIÈRE, geb. 1940. CDU-Politiker; 12.4.–3.10.1990 letzter Ministerpräsident der DDR

Q5 Aus dem „Vertrag zwischen der Bundesrepublik Deutschland und der Deutschen Demokratischen Republik über die Herstellung der Einheit Deutschlands" vom 20/21.9.1990:

Artikel 3: Inkrafttreten des Grundgesetzes: Mit dem Wirksamwerden des Beitritts [der DDR] tritt das Grundgesetz für die Bundesrepublik Deutschland [...] in den Ländern Brandenburg, Mecklenburg-Vorpommern, Sachsen, Sachsen-Anhalt und Thüringen [und im Ostteil Berlins] [...] in Kraft.

Artikel 4, Absatz 6: Der Artikel 146 [des Grundgesetzes] wird wie folgt gefasst: Dieses Grundgesetz, das nach Vollendung der Einheit und Freiheit für das gesamte deutsche Volk gilt, verliert seine Gültigkeit an dem Tag, an dem eine Verfassung in Kraft tritt, die von dem deutschen Volk in freier Entscheidung beschlossen worden ist.

(In: Presse- und Informationsamt der Bundesregierung, Bonn 1990)

Q6 US-Außenminister James Baker am 12.12.1989:

Gemeinsam müssen wir eine neue Architektur für ein neues Zeitalter entwerfen und schrittweise verwirklichen. Diese neue Architektur muss den alten Fundamenten und Strukturen Platz bieten, die – wie die NATO – ihre Gültigkeit behalten. Gleichzeitig muss sie der Tatsache Rechnung tragen, dass diese auch neuen, gemeinsamen Zielen dienen können. Die neue Architektur [...] muss einen Rahmen schaffen [...], in dem die Teilung Europas überwunden und der Atlantik überbrückt werden kann.

(In: M. Görtemaker, M. Hdrlicka, Das Ende des Ost-West-Konflikts? Berlin 1990, S. 153 f. Gekürzt)

Q7 Der sowjetische Deutschlandexperte Valentin Falin im Frühjahr 1990:

Ich plädiere für militärische Neutralität [...]. Dabei sollen auch die deutschen Sicherheitsinteressen berücksichtigt werden. Die Deutschen haben das Recht, eine militärische Potenz zu besitzen, die eine vernünftige Verteidigung ermöglicht [...]. Wer dafür ist, dass ganz Deutschland an die NATO fällt, ist nicht für die deutsche Einheit. Wer dafür ist, dass ein halbes Deutschland [die Bundesrepublik] in der NATO bleibt, der ist halbherzig für die [...] Einheit.

(In:Spiegel Spezial II/ 1990, S. 22. Gekürzt)

Die beiden deutschen Regierungen mussten bei der Wiedervereinigung auf die Siegermächte des Zweiten Weltkriegs und auf Polen Rücksicht nehmen. Welche Gründe gab es dafür?

Die Haltung der Siegermächte – Die UdSSR verlor mit der Wiedervereinigung einen wichtigen Bündnis- und Handelspartner. Seit dem Ende des Zweiten Weltkrieges waren in der DDR zudem Streitkräfte der UdSSR stationiert. Deren Eingreifen war zu befürchten, falls wichtige Interessen der UdSSR verletzt würden. Auch die westlichen Siegermächte Großbritannien und Frankreich hegten anfangs Bedenken. Sie fürchteten, die wirtschaftliche und militärische Macht eines vereinten Deutschlands könnte das Gleichgewicht in Europa und den europäischen Frieden erneut gefährden. Polen, Deutschlands Nachbar im Osten, war beunruhigt, weil die Bundesrepublik die polnische Westgrenze von 1945 (= Oder-Neiße-Grenze) noch nicht als endgültige Ostgrenze Deutschlands anerkannt hatte. Die USA unterstützten die Wiedervereinigung von Anfang an vorbehaltlos.

Verhandlungen mit den Siegermächten – Im Mai 1990 hatten die **„Zwei-plus-Vier-Gespräche“** zwischen den Außenministern der vier Siegermächte und der beiden deutschen Staaten über die Bedingungen der Wiedervereinigung begonnen. Strittig war dabei auch die Frage, ob das wiedervereinte Deutschland dem westlichen Militärbündnis NATO angehören dürfe.
Als Mitte Juli 1990 auch der sowjetische Staatschef Gorbatschow – nach anfänglichem Zögern und trotz Kritik aus dem eigenen Land – der Vereinigung Deutschlands und dessen Mitgliedschaft in der NATO zustimmte, war der Weg frei: Im September 1990 wurden die Verhandlungen mit dem **„Zwei-plus-Vier-Vertrag“** erfolgreich abgeschlossen. Nachdem auf internationaler Ebene die Lösung der „deutschen Frage“ erreicht war, konnte am 3. Oktober 1990 der zwischen den beiden deutschen Staaten ausgehandelte **Einigungsvertrag** in Kraft treten. Die deutsche Teilung war beendet. e/7

B8 Gorbatschow, Kohl und Genscher verhandeln über die Zukunft Deutschlands. Kaukasus, 15. Juli 1990

B9 Der 2+4-Vertrag vom 12.9.1990 zwischen Bundesrepublik Deutschland und DDR sowie Frankreich, Großbritannien, USA und UdSSR

ARBEITSAUFTRÄGE

1. Erläutere anhand von D 1, B 3 und B 4 den Stimmungswandel in der DDR und nenne Gründe für den wachsenden Wunsch nach einer deutschen Wiedervereinigung.
2. Lies Q 5. Informiere dich über die Artikel 23 und 146 des Grundgesetzes (Fassung vor 1990). Erläutere die darin formulierten Alternativen zu einer Wiedervereinigung.
3. Diskutiert die Konsequenzen der Volkskammerwahl vom März 1990 für den deutschen Einigungsprozess (D 2).
4. Gib die Positionen zur Wiedervereinigung von Q 6 und Q 7 wieder. Begründe, warum die Stellung Deutschlands zur NATO für die USA und die UdSSR von Bedeutung war.
5. Nenne die wesentlichen Bestimmungen des „2+4-Vertrags“ (B 9) aus deutscher, sowjetischer und polnischer Sicht.

5. Nur mühsam wächst zusammen …

Am 2. Dezember 1990 fanden die ersten gesamtdeutschen Bundestagswahlen statt. Mit 43,8 % der Stimmen erhielt die CDU/CSU den Auftrag, zusammen mit der FDP (11 %) die neue Bundesregierung zu bilden. Die Regierung stand vor der schweren Aufgabe, die großen wirtschaftlichen Probleme Ostdeutschlands sozialverträglich zu lösen und den „inneren Einigungsprozess" zu fördern. Konnte sie diese Aufgaben bewältigen?

Wirtschaftlicher Niedergang – Zahlreiche ostdeutsche Betriebe waren technisch veraltet. Sie produzierten zu langsam und zu teuer und konnten oft nicht mit den Produkten westdeutscher Unternehmen konkurrieren. Die ostdeutschen Verbraucher bevorzugten zunächst auch westdeutsche Konsumgüter, selbst wenn deren Qualität nicht immer die bessere war. Die Länder Osteuropas, die ein wichtiger Absatzmarkt für ostdeutsche Produkte gewesen waren, spielten aufgrund eigener Wirtschaftsprobleme als Absatzmarkt kaum noch eine Rolle. Der Verkauf der ostdeutschen Betriebe durch die von der Bundesregierung beauftragte Treuhandanstalt erwies sich häufig als Fehlschlag: Da die Verkaufserlöse der oft maroden Volkseigenen Betriebe gering waren, konnte die Treuhand ihre Aufgabe nur zum Teil und mit staatlicher Finanzhilfe erfüllen. Manche westdeutsche Unternehmer schlossen die gekauften Betriebe auch umgehend, weil sie unerwünschte Konkurrenz ausschalten wollten. Die Folgen fehlgeschlagener Privatisierungen sowie der Betriebsschließungen wogen schwer: ganze Industrieregionen verödeten, **Massenarbeitslosigkeit** wurde vielerorts zum Schreckgespenst. Zahlreiche gut ausgebildete Menschen zogen in die westlichen Bundesländer, um dort eine ihrer Qualifikation gemäße Arbeit zu finden. Anderen Arbeitslosen – darunter viele Frauen, Jugendliche, ältere Menschen – blieb oft nur die Hoffnung auf eine staatlich geförderte Arbeitsbeschaffungsmaßnahme.

B1 Demonstration in Sondershausen, 1990

PERSONENLEXIKON

HELMUT KOHL, geb. 1930. 1969–1976 Ministerpräsident von Rheinland-Pfalz; 1973–1998 Parteivorsitzender der CDU, 1982–1998 Bundeskanzler der Bundesrepublik Deutschland

Q2 Rückgabe vor Entschädigung:

Das Ziel: […] die Bundesregierung [gab] den Besitzansprüchen von Alteigentümern, die zu DDR-Zeiten enteignet worden waren, den Vorrang, anstatt sie für ihren Verlust nachträglich zu entschädigen […].
Die Folgen: Der Streit um das Eigentum bremste den Aufschwung: Wegen der Unklarheit der Besitzansprüche und jahrelanger Bearbeitungszeiten [der Rückgabeanträge] waren vielen investitionsbereiten Firmen die Hände gebunden […]. Statt in den Innenstädten entstanden so Kaufhäuser und Einkaufszentren auf der grünen Wiese.

(In: DER SPIEGEL Nr. 40/2000, S. 82. Gekürzt)

D3 Entwicklung der Arbeitslosenquote in % (Werte für 2005 geschätzt)

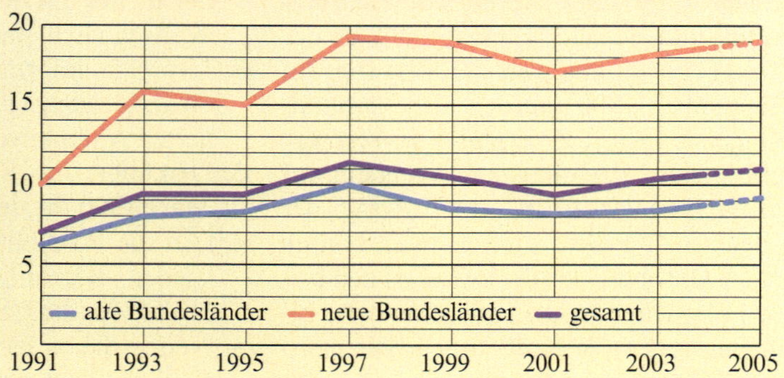

Erfolge in den östlichen Bundesländern – Die Einkommen der Berufstätigen sowie die Renten stiegen nach der Wiedervereinigung deutlich. Im Vergleich zur DDR haben sich die Kaufkraft der Haushalte, das Angebot an Konsumgütern und der **Lebensstandard** verbessert. Milliardeninvestitionen trugen dazu bei, **Straßen und Autobahnen** zu erneuern, **moderne Telekommunikationsmittel** zu schaffen und die Infrastruktur insgesamt zu verbessern. In Städten und Gemeinden gab es Programme zur **Sanierung von Häusern und Wohnungen.** Vielerorts entstanden neue, leistungsfähige Industriebetriebe – und mit diesen neue Arbeitsplätze. ⓘ/8

Enttäuschungen und Vorurteile – Nach der ersten Begeisterung über den Mauerfall und die Einheit Deutschlands vollzog sich bei vielen Deutschen ein Stimmungswechsel. Manches, was die Politiker versprochen und die Menschen in den neuen Bundesländern von der Wiedervereinigung erhofft hatten, war nicht oder nur zum Teil eingetroffen. Enttäuschung machte sich breit. Auch in Westdeutschland kühlte die positive Stimmung ab: Die Finanz- und Steuerbelastung durch die Kosten der Wiedervereinigung seien zu hoch; ein Ende der Unterstützungsleistung an die neuen Bundesländer – seit 1990 über 400 Milliarden Euro – sei nicht abzusehen. So machten sich auf beiden Seiten **Vorurteile** breit. Hielten manche Ostdeutschen die Westdeutschen für überheblich und rücksichtslos, so warfen diese den Ostdeutschen mangelnde Eigeninitiative und Wehleidigkeit vor. Angesichts der wirtschaftlichen und sozialen Probleme, die es infolge des Zusammenbruchs der DDR zu bewältigen gilt, ist vielen das Verständnis für die Chancen, die uns Deutschen durch den Fall der Mauer und die Wiedervereinigung eröffnet wurden, schon fast verloren gegangen.

D 4 Entwicklung der Nettolöhne/-gehälter und der Renten in Euro, 1991–2004

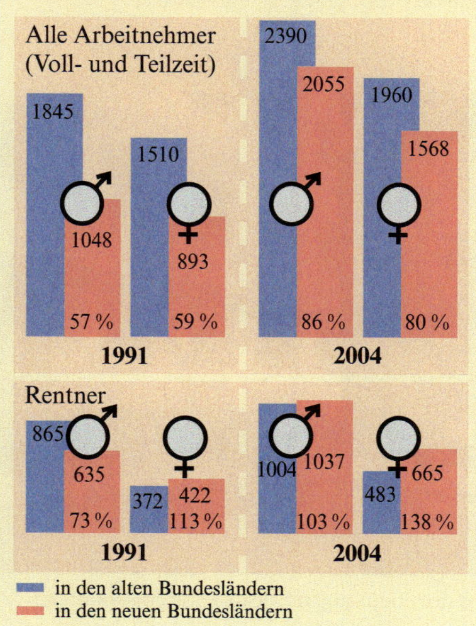

Q 5 Stimmen deutscher Schüler zur Wiedervereinigung:

Ein 15-jähriger Schüler aus Thüringen, 1992
Es ist alles ganz schön, was wir Ostdeutschen jetzt noch alles aus unserem Leben machen können. Ich denke da an Reisefreiheit [...], Hifi-Anlagen, Videorekorder, Autos. Aber die Einheit hat nicht nur Schokoladenseiten [...] Und wenn manche „Wessis“ hierher kommen mit Parolen „Wir werden euch das Arbeiten lehren“ [...], also da platzt einem manchmal die Hutschnur.
Eine 15-jährige Schülerin aus Rheinland-Pfalz, 1992
Seitdem die Mauer geöffnet wurde, geht es uns allen wieder schlechter. Die [Ostdeutschen] bilden sich doch ein, dass wir ihnen alles geben müssten, dass sie ein schönes Leben haben. Wir hatten auch nie das beste Leben. Die werden bei den meisten Dingen [...] bevorzugt. Dann reden die einen auch noch so eingebildet und eitel an. [...] Dann werde ich richtig sauer und wünsche, dass die Mauer noch da wäre.

(In: J. Brune u. a.: "... aber die Mauern bauen die Menschen sich selbst!", Speyer/ Arnstadt 1992, S. 188. Gekürzt)

ARBEITSAUFTRÄGE

1. Erkläre mit Q 2 den Grundsatz „Rückgabe vor Entschädigung“. Welche Probleme sieht der Verfasser damit verbunden?
2. Erläutere mit B 1, Q 2 und D 3 Gründe für die Enttäuschung vieler Ostdeutscher nach 1990.
3. Diskutiert die Aussage, in den östlichen Bundesländern gebe es „Gewinner und Verlierer der Wiedervereinigung“ (D 4).
4. Diskutiert und beurteilt die Aussagen von Q 5.
5. Gab es für die DDR eine Alternative zur Wiedervereinigung? Berücksichtigt die wirtschaftliche Situation der DDR vor 1990 und den Zusammenbruch der osteuropäischen Märkte.

6. Die Hinterlassenschaft der Staatssicherheit der DDR

Eine unheilvolle Hinterlassenschaft der SED-Diktatur resultiert aus der menschenverachtenden Tätigkeit des **Ministeriums für Staatssicherheit (MfS),** der Stasi. In den Archiven des MfS fand man insgesamt 159 Kilometer Stasi-Akten und rd. 15 000 Säcke zerrissenes Schriftgut mit Aufzeichnungen über die Privatsphäre von Bürgern der DDR, aber auch anderer Staaten. Wie hatte die Stasi in der DDR gearbeitet?

Aufbau und Arbeitsweise – Die Stasi hatte etwa 91 000 hauptamtliche Mitarbeiter und 174 000 **inoffizielle Mitarbeiter (IM),** die verdeckt arbeiteten. Bei etwa 16 Millionen DDR-Bürger kam daher ein Stasi-Mitarbeiter auf 60 Einwohner.
Einzelne Abteilungen der Stasi erledigten jeweils spezielle Aufgaben. Die „Hauptabteilung XX“ befasste sich z. B. damit, die oppositionellen Gruppen in der DDR zu bespitzeln. Die IM, die sich in diese Gruppen einschlichen, berichteten ihren „Führungsoffizieren“, was sie erfahren hatten. Die Stasi führte auch Festnahmen durch und hatte eigene Gefängnisse.

Q 1 Aus einer Aktennotiz des Ministeriums für Staatssicherheit über den oppositionellen Schriftsteller Jürgen Fuchs (1950–1999):

F. wurde kontinuierlich, vor allem in den Nachtstunden, in seiner Wohnung angerufen, ohne dass sich der Anrufer meldete. Gleichzeitig wurde der Fernsprechanschluss [...] blockiert. Im Namen von F. wurde eine Vielzahl von Bestellungen von Zeitungen, Zeitschriften, Prospekten, Offerten u. dgl. aufgegeben, darunter auch Bestellungen, die zur Bloßstellung des F. geeignet sind. Mehrfach wurden Taxis und Notdienste (Schlüsselnotdienste, Abflussnotdienst, Abschleppdienst) vorwiegend nachts zur Wohnung des F. bestellt.

(In: Jens Gieseke, unter Mitarbeit von Doris Hubert, Die DDR-Staatssicherheit, Bonn 2000, S. 64. Gekürzt)

Q 2 Das „Lindenhotel“ in Potsdam:

Wie jeder Mensch besitzt jedes Haus eine Biographie. Eine besonders wechselhafte Geschichte hat das Haus in der Potsdamer Lindenstraße 54/55, das als Stasi-Gefängnis unter dem volksmundlichen Namen „Lindenhotel“ traurige Berühmtheit erlangte. Der knapp 2000 m^2 große und zum Teil sechsgeschossige Komplex geht auf ein barockes Stadtpalais zurück, das der Soldatenkönig 1733 bis 1737 als „Großes Holländisches Haus“ errichten ließ. [...] 1820 zog das Stadtgericht mit Gefängnis ein. Die Nazis betrieben hier ihr Erbgesundheitsgericht, 1945 nahmen es das sowjetische Militärtribunal und der Geheimdienst NKWD in Beschlag. 1953 übernahm die Stasi das Haus als Untersuchungshaftanstalt. [...] Im Schnitt saßen im „Lindenhotel“ um 100 Untersuchungshäftlinge ein, in spartanischen Zellen mit 3,5 m^2 pro Kopf. Mit drei- bis viermal soviel Platz und umfangreicher Wohnausstattung waren dagegen die 10 % Strafgefangenen privilegiert, die die Hauswirtschaft des Gefängnisbetriebs erledigten. Als anschauliches Sinnbild des Stasi-Kontrollwahns können die Zellentüren gelten, an deren Außenseiten die „Schließer“ jegliche persönlichen Merkmale bis hin zur psychischen Verfassung der Häftlinge vermerkten.

(Einleitung zur Diplomarbeit von Gudrun Schaare, in: http://baugeschichte.a.tu-berlin.de/bg/lehre/schaare-diplom)

B3 Innenhof mit Mahnmal des ehemaligen Stasi-Gefängnisses in der Potsdamer Lindenstraße

Die Gewinnung von IM durch das MfS – Wer als IM für die Stasi arbeitete, unterschrieb eine Verpflichtungserklärung, in der er die strikte Geheimhaltung seiner IM-Tätigkeit zusagte. Sehr viele der IM haben diese Verpflichtungserklärung freiwillig unterschrieben, sei es aus politischer Überzeugung oder wegen materieller Vorteile. Andere waren in Notlagen erpresst worden und wurden so zu Stasi-Mitarbeitern. Etliche, die von der Stasi angeworben werden sollten, verweigerten die Mitarbeit aus Gewissensgründen.

Q4 Aus einem Bericht des MfS zur Gewinnung eines neuen IM:

Da der berufliche Einsatz verhindert [wurde] […] stand der Kandidat noch im März 1969 ohne feste Arbeit in finanziellen Schwierigkeiten. [Es] wurde beschlossen, den Kandidaten unter Ausnutzung seiner Schwierigkeiten […] und der daraus resultierenden gedrückten Haltung anzusprechen und bei entsprechend positiver Reaktion [für die Stasi-Mitarbeit] zu gewinnen. Im Verlauf dieses Gesprächs wurde [er] zur Zusammenarbeit verpflichtet. […] Unter Wahrung der Konspiration wurde [dann] über den 1. Sekretär der SED-Kreisleitung eine Einstellung des Kandidaten im VEB […] erreicht.

(In: J. Gauck, Die Stasi-Akten, Reinbek 1991, S. 57 f. Gekürzt)

Q5 Verweigerung der IM-Tätigkeit durch einen DDR-Bürger:

Auch nach gründlicher […] Prüfung vor meiner religiösen Überzeugung als Christ muss ich Ihnen bekennen, dass ich eine derartige Handlung nicht mit den Grundsätzen meines Glaubens vereinbaren kann. Ich war nicht in der Lage, ein solches Handeln […] vor dem Neuen Testament rechtfertigen zu können. Matthäus 16, 26: „Was hülfe es dem Menschen, so er die ganze Welt gewönne und nähme doch Schaden an seiner Seele?"

(In: J. Gauck, Die Stasi-Akten, Reinbek 1991, S. 59. Gekürzt)

Umgang mit den Stasi-Akten – Nach der Wiedervereinigung war umstritten, was mit den Akten der Stasi geschehen sollte. Die erste frei gewählte Volkskammer der DDR entschied 1990, „dem Einzelnen Zugang zu den vom Staatssicherheitsdienst zu seiner Person gespeicherten Informationen zu ermöglichen, damit er die Einflussnahme des Staatssicherheitsdienstes auf sein persönliches Schicksal aufklären kann". Eine Behörde wurde eingerichtet, die die Unterlagen verwahren und den Zugang der Betroffenen regeln soll. Im Jahr 2000 wurde MARIANNE BIRTHLER als Nachfolgerin von JOACHIM GAUCK, der diese Behörde von 1990–2000 geleitet hatte, Bundesbeauftragte für die Unterlagen der Stasi. /9

B6 Stasi-Akten in Berlin-Lichtenberg

PERSONENLEXIKON

MARIANNE BIRTHLER, geb. 1948. Jugendreferentin der evang. Kirche in der DDR; Mitbegründerin verschiedener oppositioneller Gruppen der Bürgerrechtsbewegung in den 1980er Jahren; 1990–92 Bildungsministerin von Brandenburg; 2000 bis 2011 Bundesbeauftragte für die Unterlagen der Staatssicherheit der ehemaligen DDR.

ARBEITSAUFTRÄGE

1. Erläutere anhand von Q 1 den Umgang der Stasi mit der Privatsphäre der Betroffenen.
2. Werte Q 2 sowie B 3 aus und beurteile die Haftbedingungen in den Gefängnissen der Stasi.
3. Mach dir mit Q 4 und Q 5 ein Bild von den Anwerbemethoden der Stasi für IM.
4. Diskutiert, ob die Stasi-Akten weiterhin ausgewertet werden sollen oder ob man einen Schlussstrich ziehen soll (B 6).

7. Deutschland nach der Wiedervereinigung

1998 verloren die seit 1982 regierenden Parteien CDU/CSU und FDP die Bundestagswahlen. Helmut Kohl wurde von dem niedersächsischen Ministerpräsidenten GERHARD SCHRÖDER (SPD) abgelöst; SPD und Bündnis 90/Die Grünen bildeten eine **rot-grüne Koalition.** Von dieser Regierung wurden wichtige innere Reformen (z. B. Staatsbürgerrecht und Sozialversicherungssystem) angestoßen. 2005 fanden vorzeitig Bundestagswahlen statt, die zur Bildung einer **Großen Koalition** aus CDU/CSU und SPD führten.

Q1 Bilanz nach 15 Jahren

15 Jahre nach der Wiedervereinigung haben Politiker beim zentralen Festakt ein kritisches Resümee gezogen. Bundestagspräsident Thierse und Landespremier Platzeck erinnerten vor allem an die dramatische Lage auf dem Ost-Arbeitsmarkt. […]
„Der Osten ist kein Jammertal und auch kein Milliardengrab", betonte Thierse mit Blick auf sanierte Städte oder die Modernisierung der Infrastruktur. Allerdings werde die Angleichung der Lebensverhältnisse mehr Zeit brauchen als 1990 erhofft. Nach 15 Jahren Aufbauarbeit sei „die Mitte des Weges erreicht". Er erinnerte an die mit durchschnittlich 18,4 Prozent noch immer fast doppelt so hohe Arbeitslosenquote wie im Westen. Auch Platzeck nannte die Arbeitslosigkeit das größte Problem der neuen Länder. „In den Zwischenbilanzen zum Aufbau Ost kommen stets diejenigen zu kurz, die ohne Arbeitsplatz dastehen". […]
Im Interesse ganz Deutschlands müsse es gelingen, auch in den neuen Bundesländern eine wettbewerbsfähige Wirtschaftsstruktur zu schaffen.

(Nach: „Der Spiegel", Oktober 2005)

Angela Merkel wurde als erste Frau der Bundesrepublik zur Bundeskanzlerin gewählt. An welchen Aufgaben ist die rot-grüne Regierung gescheitert, welche hat die Große Koalition zu lösen?

Innere Reformen – Die von der Regierung unter Gerhard Schröder eingeleiteten Reformen zur Lösung der wirtschaftlichen und sozialen Probleme, vor denen Deutschland angesichts der weltweiten Umbruchprozesse und der eigenen demografischen Entwicklung steht, erreichten nicht die erhoffte Wirkung. Koalitionsinterne Widerstände und die Mehrheit der CDU/CSU-regierten Länder im Bundesrat behinderten grundlegende Reformen.
Alle Maßnahmen zur **Reduzierung der Arbeitslosigkeit** brachten kurzfristig nicht die erhofften Ergebnisse. Trotz einschneidender Sparmaßnahmen ist es der rot-grünen Regierung auch nicht gelungen, die Staatsverschuldung abzubauen. Die ersten Schritte zur **Renten- und Gesundheitsreform** erwiesen sich als nicht ausreichend. Wichtige Initiativen zur Verbesserung des Bildungssystems angesichts der Pisa-Ergebnisse scheiterten an der Zuständigkeit der Bundesländer für diesen Bereich.

PERSONENLEXIKON

ANGELA MERKEL, geb. 1954. Physikerin; 1978–1990 Wissenschaftliche Mitarbeiterin am Zentralinstitut für Physische Chemie in der DDR; 1991 – 1994 Bundesministerin für Frauen und Jugend, 1994–1998 Bundesministerin für Umwelt, seit 2000 Bundesvorsitzende der CDU, 2005– 2009 Bundeskanzlerin der Großen Koalition, seit 2009 Kanzlerin einer CDU-FDP-Koalition

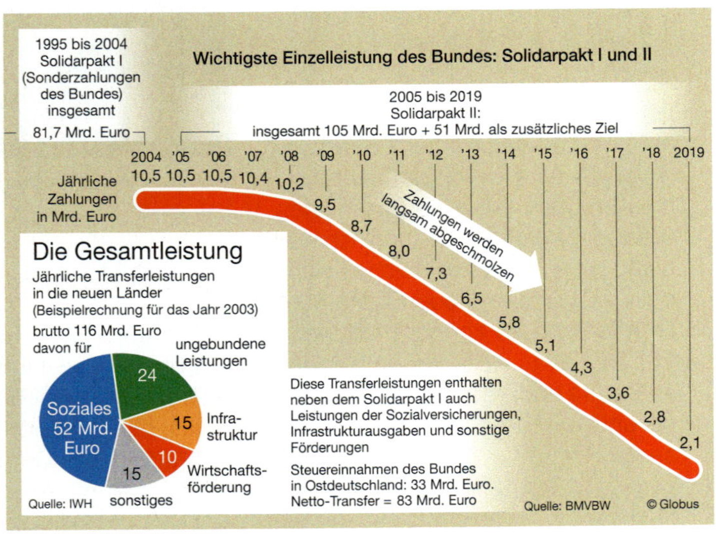

D2 Die Kosten der deutschen Einheit

Mit der Bildung der Großen Koalition stellten sich die Politiker der CDU/CSU und SPD gemeinsam den weiter bestehenden Herausforderungen:

- durch Arbeitsmarkt- und Sozialreformen die **Arbeitslosigkeit zu reduzieren,**
- durch eine grundlegende Gesundheitsreform die **Sozialausgaben zu senken,**
- durch eine Steuerreform und Erhöhung der Mehrwertsteuer die **Staatsverschuldung abzubauen.**

Äußere Verpflichtungen – An die Stelle des Ost-West-Konflikts traten nach 1989/1990 neue friedensbedrohende Konflikte. Zur Friedenssicherung wurde jetzt auch von der Bundesrepublik ein größerer aktiver Beitrag zu friedenssichernden Maßnahmen gefordert. ⓘ/10

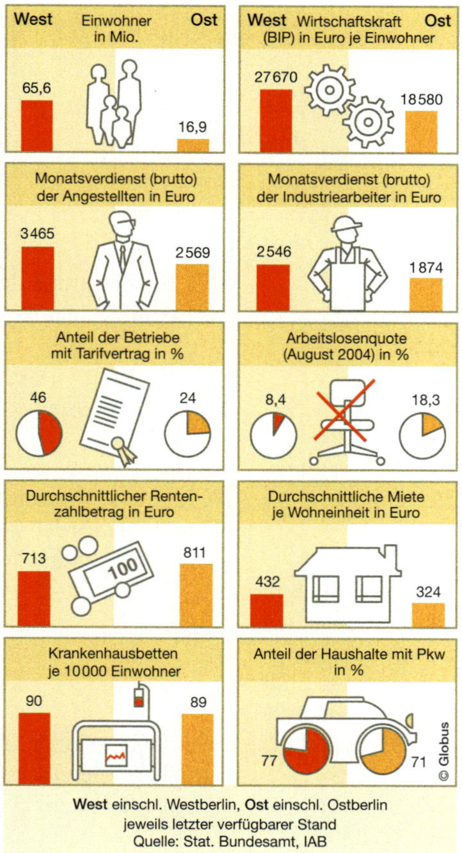

D3 Lebensverhältnisse in Ost- und Westdeutschland 2004.

Am Golf-Krieg 1991 gegen den Irak zur Befreiung Kuwaits und Wiederherstellung seiner staatlichen Souveränität beteiligte sich die Bundesrepublik noch nicht mit einem Militärverband, sondern leistete einen erheblichen finanziellen Kostenbeitrag (8 Milliarden Euro). Zum ersten Bundeswehreinsatz bei einer UN-Friedensmission kam es in Somalia 1992. Aufgrund einer Klage oppositioneller Abgeordneter stellte das Bundesverfassungsgericht in einem Grundsatzurteil vom 12. Juli 1995 fest, dass Bundeswehreinsätze aufgrund internationaler Verpflichtungen verfassungsgemäß sind. Die Entscheidung der Bundesregierung allein reicht allerdings nicht aus, Bundeswehreinsätze aufgrund internationaler Verpflichtungen bedürfen der **Zustimmung der Volksvertretung,** also des Bundestages. Damit war der Weg frei für weitere Bundeswehreinsätze. Seit 1999 sind Bundeswehrsoldaten an der NATO-Mission zur Aufrechterhaltung des Friedens im Kosovo beteiligt. Seit 2001 unterstützten deutsche Truppen den staatlichen Wiederaufbau in Afghanistan und 2006 waren deutsche Soldaten im Kongo, um dort die Durchführung demokratischer Wahlen zu ermöglichen. Vor der Küste Libanons operieren deutsche Kriegsschiffe – die Bundeswehr ist weltweit im Einsatz. Die neuen Aufgabenstellungen, die sich auch aus neuen sicherheitspolitischen Grundsätzen der NATO und der EU ergeben, machten eine **Strukturreform der Bundeswehr** notwendig. Noch von der rot-grünen Koalition wurden die Verkleinerung der Bundeswehr und ihre Umwandlung in „Krisenreaktionsstreitkräfte“ in die Wege geleitet. Die Bundesrepublik ist damit auch militärisch ein „global player“ – aber immer nur im Rahmen internationaler Organisationen.

ARBEITSAUFTRÄGE

1. Prüfe ausgehend von Q1, D2 und D3 die weitere Entwicklung der ostdeutschen Bundesländer und beurteile die aktuellen Lebensverhältnisse im Vergleich zum Westen.
2. Bilanziere die Leistungen der Großen Koalition bezogen auf die im Text genannten Herausforderungen.
3. Recherchiert in Form von Kurzreferaten den aktuellen Stand der wichtigsten Militäreinsätze der Bundeswehr. Führt zu umstrittenen Einsätzen eigene Pro- und Kontra-Diskussionen.

	Politik	Kultur	Alltag/Wirtschaft
2000	2005: Wahl A. Merkels zur Bundeskanzlerin 1999: Die Bundesrepublik beteiligt sich am Militäreinsatz der NATO gegen serbische Truppen		1991 ff.: starke Zunahme der Arbeitslosigkeit in den östlichen Bundesländern
	1998: Wahl G. Schröders (SPD) zum Bundeskanzler	1991 ff.: Zunahme des Rechtsradikalismus 1991 ff. „Ossi“-„Wessi“-Vorurteile nehmen zu	1991 ff.: wirtschaftliche Strukturkrise und massenhafte Firmenzusammenbrüche in den östlichen Bundesländern
	1.1992: Gründung der GUS 12.1991: Zerfall der UdSSR 6.1991: Wahl B. Jelzins zum Präsidenten Russlands	20.12.1991: Einrichtung der „Gauck-Behörde“ zur Verwahrung der Stasi-Akten	3.10.1990: Freudenfeiern in ganz Deutschland über die Wiedervereinigung
1990	12.1990: Wahl L. Walesas zum Staatspräsidenten Polens 3.10.1990: Tag der deutschen Wiedervereinigung 12.9.1990: 2+4-Vertrag: Ende der Rechte der Alliierten und Souveränität für Deutschland 23.8.1990: DDR-Volkskammer beschließt Beitritt zur BRD nach Art. 23 GG	1990: Diskussionen über das zukünftige Gesellschafts- und Wirtschaftssystem in der DDR	1.7.1990: Treuhandanstalt soll volkseigene Betriebe sanieren, privatisieren oder stillegen und die volkseigenen Güter und Wälder übernehmen 1.7.1990 : Wirtschafts-, Währungs- und Sozialunion zwischen DDR und BRD
	20.7.1990 Wiedererrichtung der Länder in der DDR 18.3.1990: erste freie Volkskammerwahl in der DDR März/ Mai 1990: Unabhängigkeitserklärungen der baltischen Staaten 12.1989: V. Havel wird tschechischer Staatspräsident	7.12.1989 – 12.3.1990: „Runder Tisch“ in der DDR 4.11.1989: Demonstration von über 500 000 Bürgern in Berlin 9.10.1989: 70 000 DDR-Bürger demonstrieren in Leipzig 7.10.1989: Vierzigjahrfeier der DDR	9. – 10.1989: Massenflucht von DDR-Bürgern über die österreichisch-ungarische Grenze 7.–9.1989: Besetzung der bundesdeutschen Botschaften in Ost-Berlin, Budapest, Prag und Warschau durch DDR-Bürger 1988: Wachsende Zahl von Ausreiseanträgen in der DDR
	28.11.1989 „Zehn-Punkte-Programm“ von Bundeskanzler Helmut Kohl 9.11.1989: Fall der Mauer in Berlin. Öffnung der Grenze zwischen DDR und BRD 18.10.1989: Sturz Honeckers 9.1989: Öffnung der ungarischen Grenze nach Österreich	Sommer 1989: Massendemonstrationen in der DDR, Gründung von Oppositionsgruppen 1985: „Glasnost“ und „Perestroika“ in der UdSSR 1980ff.: Entstehung einer Friedensbewegung in der DDR	1985 ff.: Öffnung für marktwirtschaftliche Strukturen in der UdSSR 1980er-Jahre: Wirtschaftliche Stagnation in der DDR
1980	3.1985: Amtsantritt Gorbatschows als Generalsekretär der KPdSU 1.8.1975: Schlussakte von Helsinki	1978: Einführung des „Wehrunterrichts“ in DDR-Schulen 1975 ff.: hartes Vorgehen gegen Dissidenten in der UdSSR	Okt.1980: Gründung der freien Gewerkschaft „Solidarnosc“ in Polen

Zusammenfassung – Die Wiedervereinigung Deutschlands

Seit 1985 setzte der neue Generalsekretär der KPdSU, Michail Gorbatschow, in der Sowjetunion politische und wirtschaftliche Reformen durch. Dennoch zerfiel die UdSSR Ende 1991, und in der Folge setzte eine Auflösung des gesamten Ostblocks ein. In der DDR war bereits Anfang der 1980er-Jahre aus Friedens-, Umwelt- und Menschenrechtsgruppen eine **Bürgerrechtsbewegung** entstanden. Ermutigt durch die Reformen in der Sowjetunion forderte sie mehr Demokratie. Die Unzufriedenheit der Bevölkerung drückte sich zudem in einer deutlich ansteigenden **Fluchtwelle** aus.

Die DDR-Staatsführung suchte zunächst, über personelle Veränderungen wie den **Sturz Erich Honeckers** eine „Wende" einzuleiten. Doch die Forderungen der Bevölkerung nach mehr Demokratie und Reisefreiheit hielten an. Durch ein Missverständnis zwischen Politbüro und Staatsrat wurden am 9. November 1989 die Grenzen zur Bundesrepublik und Westberlin geöffnet: In Berlin wurde die Mauer buchstäblich gestürmt. Die Trennung der Menschen in Ost- und Westdeutschland war damit überwunden!

Die friedliche Revolution in der DDR führte am 18. 3. 1990 zu der **ersten freien Volkskammerwahl der DDR.** Dabei erhielten die Parteien die Stimmenmehrheit, die sich für eine rasche **Wiedervereinigung mit der Bundesrepublik** aussprachen. Am 3. Oktober 1990 trat der zwischen beiden Staaten geschlossene Einigungsvertrag in Kraft. Eine Voraussetzung für die staatliche Wiedervereinigung war das **Einverständnis der Siegermächte** des Zweiten Weltkriegs im 2+4-Vertrag.

Mit der Wiedervereinigung verbesserte sich auch der Lebensstandard vieler Menschen in den neuen Bundesländern. Andere fühlen sich jedoch als „Verlierer" der Wende, denn trotz gewaltiger Aufbauleistungen der Wirtschaft ist die hohe Arbeitslosigkeit ein drängendes Problem.

ARBEITSAUFTRÄGE

1. Die Mehrheit der DDR-Bürgerinnen und -Bürger wollte eine schnelle Wiedervereinigung mit der Bundesrepublik. Diskutiert die Vor- und Nachteile.
2. Diskutiert mögliche Maßnahmen, um den Prozess des Zusammenwachsens der Menschen aus Ost- und Westdeutschland zu fördern.

ZUM WEITERLESEN

K. König: Ich fühl mich so fifty-fifty. dtv, Müchen 1991
G. Herbert: Ein Sommer, ein Anfang. Oetinger, Hamburg 1995
G. Preuß: Vertauschte Bilder, Fischer TB, Frankfurt/Main 1995
K. Kordon: Hundert Jahre und ein Sommer. Beltz & Gelberg, Weinheim und Basel 1999

e/1 www.glasnost.de/db/Osteuropa/chronik.html
e/2 www.kssursee.ch/schuelerweb/kalter-krieg/ende/sowjetunion.htm
e/3 www.siebenbuergen-reisen.de/geschi/kron_89.php3
e/4 www.hdg.de/Final/deu/page157.htm
e/5 www.dhm.de/lemo/html/DieDeutscheEinheit/WandelImOsten/neuesForum.html
e/6 www.remote.org/frederik/culture/berlin/
e/7 www.dhm.de/lemo/html/DieDeutscheEinheit/Wiedervereinigung/index.html
e/8 www.kssursee.ch/schuelerweb/kalter-krieg/ende/deutschland.htm
e/9 www.bstu.de/
e/10 www.glasnost.de/Kosovo/

Standard-Check: Das solltest du können!

1. Wichtige Arbeitsbegriffe
Hier sind wichtige Arbeitsbegriffe des Kapitels aufgelistet. Übertrage sie in dein Heft und formuliere zu jedem Begriff eine kurze Erläuterung.

- *Bundeswehreinsätze im Ausland*
- *Große Koalition*
- *Montagsdemonstrationen*
- *Reformpolitik*
- *Rot-grüne-Regierung*
- *„Runder Tisch"*
- *„Zwei-plus-Vier-Vertrag"*

1. ☺ 😐 ☹

2. Analyse eine Schaubildes
2.1 Vergleiche die einzelnen Positionen. Welche Feststellungen lassen sich treffen?
2.2 Versuche Erklärungen für die wichtigsten Unterschiede zu finden.

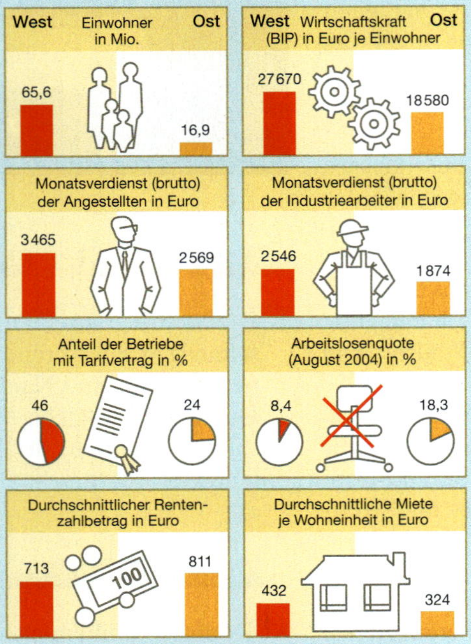

D1 Lebensverhältnisse in Ost- und Westdeutschland 2004.

2.1 ☺ 😐 ☹

2.2 ☺ 😐 ☹

3. Beschreibung einer Karikatur
3.1 Beschreibe die Karikatur.
3.2 Erkläre den Sinn der Karikatur vor dem Hintergrund der Entwicklung im Jahr 1989.

B2 Karikatur des Münchner Zeichners Horst Haitzinger, 1989

3.1 ☺ 😐 ☹

3.2 ☺ 😐 ☹

Die Lösungen zu diesen Standard-Checkaufgaben findest du auf Seite 307. Aber: Erst selbst lösen, dann überprüfen. Dein Können kannst du bewerten (☺ 😐 ☹). Deine Leistungsbewertung zeigt dir, was du noch einmal wiederholen solltest.

Das konnte ich
☺ = gut
😐 = mittel
☹ = noch nicht

Der europäische Einigungsprozess

Die Staaten Europas besitzen eine weit zurückreichende gemeinsame Geschichte. Einflüsse der antiken griechischen und römischen Kultur, die christliche Religion sowie die Ideale der Aufklärung prägen die europäischen Gesellschaften bis heute. Nach dem Zweiten Weltkrieg nahmen die Versuche, Europa zu einigen, konkrete Formen an. Doch wie kann die Zukunft eines geeinten Europas aussehen?

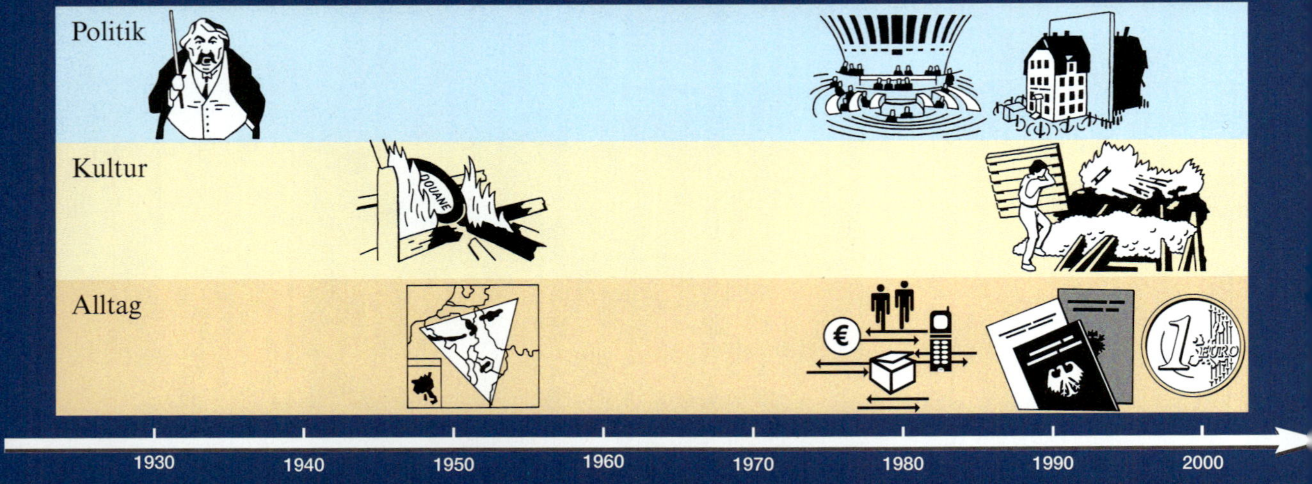

ARBEITSAUFTRAG

Beschreibe die Phasen des Wachstums der Europäischen Union. Erläutere die Reihenfolge, in der die verschiedenen Regionen Europas einbezogen wurden und nenne mögliche Gründe dafür.

1. Wurzeln europäischen Denkens

Vielfalt prägt die Völker und Staaten Europas: Sie sprechen etwa 70 verschiedene Sprachen, haben unterschiedliche Sitten, bekennen sich zu verschiedenen Religionen und leben in 44 eigenständigen Staaten. Dennoch spricht man von einer europäischen Kultur. Was ist Europa und was verbindet die dort lebenden Menschen als Europäer?

Europa – Land der untergehenden Sonne – Das Wort „Europa" bezeichnete in der Antike das „Land der untergehenden Sonne" – im Gegensatz zu Asien, dem „Land der aufgehenden Sonne". Der Name gelangte durch die Phönizier zu den Griechen und wurde vom Dichter Hesiod im 8. Jahrhundert v. Chr. aufgezeichnet. Die Römer bezeichneten die westlich von Italien gelegene Welt als Europa. Im Mittelalter ging der Begriff „Europa" auf den gesamten, vom Christentum geprägten Kulturkreis über.

Q 1 Der Politiker Perikles über die Verfassung Athens, um 430 v. Chr.:

Unsere Verfassung trägt den Namen „Volksregierung" [Demokratie], weil sie nicht zum Vorteil von wenigen, sondern der Mehrzahl eingerichtet ist. Bei Rechtsstreitigkeiten genießen alle das gleiche Recht. Das Ansehen eines Bürgers wird durch seine Leistungen bestimmt und nicht durch seine Herkunft. Auch der Ärmste kann zu öffentlichen Ehren und Würden kommen, wenn er für den Staat etwas leistet. [...] Unsere Bürger kümmern sich um die Staatsangelegenheiten genauso wie um ihre Geschäfte. [...] Unser Volk entscheidet selbst in allen politischen Fragen. Bevor man einen Entschluss fasst, wird die Sache gründlich diskutiert.

(Thukydides, Der Peloponnesische Krieg, II, 37 u. 40, Übersetzung des Autors.)

Europa als Kontinent – Geografisch betrachtet, ist Europa die westliche Halbinsel Asiens. Doch aufgrund seiner von Asien weitgehend verschiedenen Kulturgeschichte gilt es als eigener Kontinent. Die Grenzen Europas werden im Westen und Norden vom Atlantik, im Süden vom Mittelmeer und im Osten vom Ural und vom Kaspischen Meer gebildet.

Frühe europäische Reiche – Im 1.–4. Jahrhundert n. Chr. gehörten die Regionen des südlichen und westlichen Europas zum Römischen Reich. Sie waren der **„Pax**

Mythologische Darstellung: die Entführung der phönizischen Prinzessin Europa durch den Göttervater Zeus (in Gestalt eines Stiers)

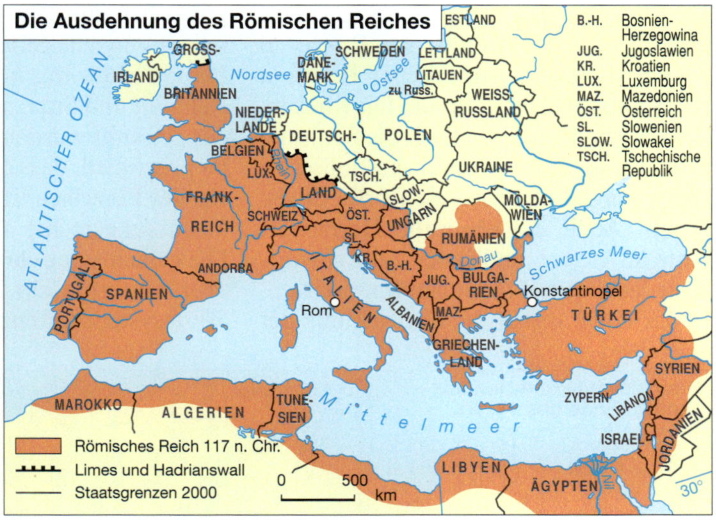

K 2

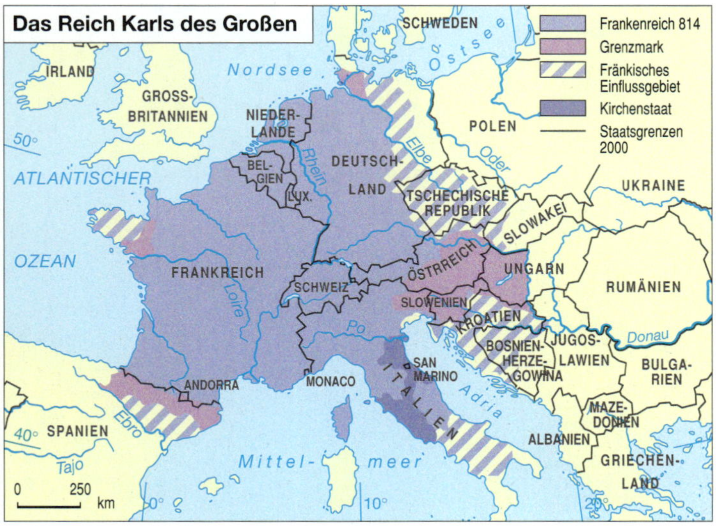

K 3

Romana", der Ordnung des römischen Imperiums, unterworfen. Kaiser Caracalla gewährte 212 n. Chr. jedem freien Bürger des Reiches das römische Bürgerrecht. Erstmals gab es eine Form der „europäischen Staatsbürgerschaft".
Im 8. und 9. Jahrhundert n. Chr. vereinigte Kaiser KARL DER GROSSE Gallien, Germanien und Italien unter seiner Herrschaft. Er und seine Nachfolger betrachteten sich zusammen mit dem Papst in Rom als Herrscher der gesamten (europäischen) Christenheit.

Das christliche Europa – Im 4. Jahrhundert war das aus dem Judentum hervorgegangene Christentum im Römischen Reich zur Staatsreligion geworden. Doch 1054 erklärten die christlichen Kirchen des früheren Weströmischen Reichs in Rom und die des Oströmischen Reichs in Konstantinopel ihren Bruch. Die **Kirchenspaltung** bedeutete zugleich die Spaltung Europas in einen römisch-katholischen Westen und einen griechisch-orthodoxen Osten. Auch die römische Herrschaft hatte im Westen und Osten Europas verschieden starke Prägungen hinterlassen. In der Folge verlief die Entwicklung der Kultur sowie die des mittelalterlichen Rechts- und Wirtschaftssystems in beiden Teilen Europas nicht gleichförmig.

Trennung von Staat und Kirche – Ende des 15. Jahrhunderts kritisierten zahlreiche Christen und Reformatoren West- und Mitteleuropas die Missstände in der katholischen Papstkirche Roms. Im Norden Europas, in Teilen Deutschlands und in der Schweiz setzte sich der Protestantismus als neue Glaubensrichtung durch. Besonders in Deutschland war der Streit um die Auslegung des christlichen Glaubens zugleich Anlass für den machtpolitischen Kampf zwischen einzelnen Territorialfürsten und dem katholischen Kaiser. Im 30-jährigen Krieg (1618–1648) bekämpften sich katholische und protestantische Staaten daher grausam. Diese Erfahrung hatte zur Folge, dass Religion und Staat allmählich voneinander getrennt wurden: Heute gilt in Europa prinzipiell, dass die **Religion Privatsache des Einzelnen** ist, sofern sie nicht die Verfassungsrechte anderer einschränkt. Die gemeinsame **christliche Ethik** bildete aber weiterhin ein Fundament für das Wertesystem der europäischen Völker.

K 4

Handelswege und Handelszentren Ende des 13. Jh.

PERSONENLEXIKON

KARL DER GROSSE, 742–814.
768–814 fränkischer König, seit 800 auch weströmischer Kaiser; er herrschte über ein riesiges Reich in der Mitte Europas

CHARLES MONTESQUIEU, 1689–1755.
Französischer Politiker und Philosoph. Mit seiner Lehre von der Gewaltenteilung hatte er großen Einfluss auf die Herausbildung des modernen Verfassungsstaates. Um den Machtmissbrauch des Staates zu verhindern, wies er die drei Hauptaufgaben des Staates – Gesetzgebung, ausführende Gewalt und Rechtsprechung – drei voneinander unabhängigen Verfassungsorganen zu: Parlament, Regierung, Gerichten.

Demokratie als Herrschaftsprinzip – Schon die Menschen in den griechischen Stadtstaaten der Antike hatten die Gleichheit der Bürger vor dem Gesetz und ihre Beteiligung an den Entscheidungen des Staates zu Grundpfeilern ihrer politischen Ordnung gemacht. Hier wie auch in der Tradition des römischen Rechtssystems liegen frühe Wurzeln des europäischen Rechtsstaates.

Das Europa der Aufklärung – Im 18. Jahrhundert wurde ganz Europa von den Ideen der Aufklärung bewegt. Das Prinzip der **Gewaltenteilung** und die Sicherung unveräußerlicher **Menschenrechte** wurden zu zentralen Forderungen an den modernen europäischen Rechtsstaat. Wichtige Etappen zur Verankerung des Gedankengutes der **Aufklärung** waren die Gründung der „Vereinigten Staaten von Amerika" (1776) und die Französische Revolution (1789–1795). Beide Ereignisse strahlten mit nachhaltiger Wirkung auf den ganzen europäischen Kontinent aus.

Handel verbindet – Seit dem 12. Jh. entwickelte sich die Zahl der Stadtgründungen in Europa geradezu sprunghaft. Von den Städten ging ein reger wirtschaftlicher und kultureller Austausch aus – über die Grenzen der Staaten und Sprachen hinweg. Große Handelshäuser wie die MEDICI oder die FUGGER hatten Niederlassungen in zahlreichen Ländern und Städten Europas. Unter Führung Lübecks schlossen sich nordeuropäische Städte zum **Handelsbund der Hanse** zusammen. Er beherrschte lange Zeit den gesamten Nord- und Ostseeraum. Mit den Waren gelangte auch deutsches Stadtrecht bis nach Osteuropa; z. B. galt das Magdeburger Stadtrecht in Kiew. Auch der Austausch von Informationen und wissenschaftlichen Entdeckungen gehörte zum Geschäft der Kaufleute. e/1

Ein frühes gesamteuropäisches Zahlungsmittel: der Goldflorin, 1252 in Florenz geprägt

Q 6 Erklärung der Menschen- und Bürgerrechte, 1789:

Art. 1: Die Menschen sind und bleiben von Geburt an frei und gleich an Rechten.
Art. 2: Das Ziel jeder politischen Vereinigung ist die Erhaltung der natürlichen und unveräußerlichen Menschenrechte […] Freiheit, Eigentum, Sicherheit und Widerstand gegen Unterdrückung.
Art. 4: Die Freiheit besteht darin, alles tun zu können, was dem anderen nicht schadet. […] [Die] Grenzen können nur gesetzlich festgelegt werden.
Art. 6: Das Gesetz soll für alle gleich sein, mag es beschützen, mag es bestrafen. […]
Art. 10: Niemand darf wegen seiner Meinung, selbst religiöser Art, bedrängt werden.
Art. 11: Die freie Mitteilung der Meinungen ist eines der kostbarsten Menschenrechte.

(In: Grab, W. [Hg.]: Die Französische Revolution, München 1973, S. 37 f. gekürzt)

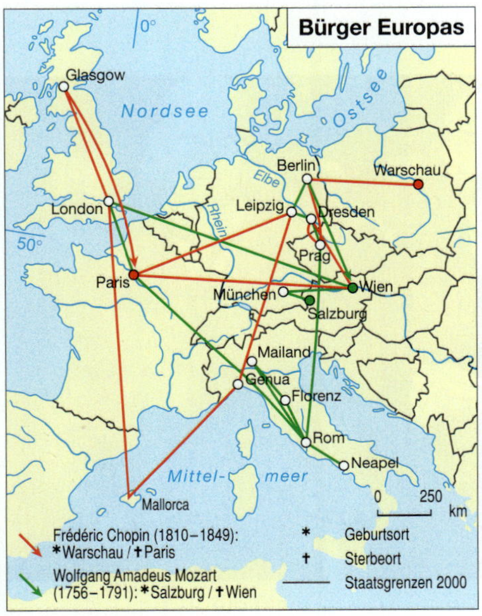

K 5

ARBEITSAUFTRÄGE

1. Vergleiche die Verfassung des antiken Athens (Q 1) mit den Prinzipien einer modernen Demokratie.
2. Ermittle mit K 2, welche Teile Europas zum Römischen Reich gehörten. Überlege, wo das römische Erbe heute noch sichtbar oder wirksam ist.
3. Ermittle mit K 3, welche heutigen Länder Europas zum Frankenreich gehörten. Nenne kulturelle Einflüsse, die sie von anderen Teilen Europas unterschieden.
4. Interpretiere das Bild Karls des Großen. Welche Aussagen sollen Bildnis und Insignien vermitteln?
5. Erörtere mit K 4 die wirtschaftliche Verflechtung Europas Ende des 13. Jahrhunderts.
6. Diskutiert die Bedeutung der Menschen- und Bürgerrechte (Q 6) für eine freiheitliche, demokratische Gesellschaft.
7. Interpretiere die Reisebiografien Mozarts und Chopins (K 5) unter dem Gesichtspunkt des Kulturaustausches.

2. Europapläne nach den beiden Weltkriegen

Im 20. Jahrhundert wurden weite Teile Europas in zwei Weltkriegen in Schutt und Asche gelegt; mehr als 50 Millionen Menschen verloren in diesen beiden Kriegen ihr Leben. Das Ausmaß des Leids und der Zerstörung war immer wieder Anlass, eine stabile Friedensordnung für Europa anzustreben. Wie sahen diese Pläne aus und was ist daraus geworden?

Vorbilder in der Geschichte – Der Gedanke einer europäischen Friedensordnung reicht bis ins 17. Jahrhundert zurück. Nach dem Dreißigjährigen Krieg (1618–1648) fand in Münster und Osnabrück der erste europäische Friedenskongress statt. Der Philosoph IMMANUEL KANT (1724–1804) entwickelte in seiner Schrift „Vom ewigen Frieden“ die Idee eines föderativen Staatenverbandes, der zukünftige Kriege in Europa verhindern sollte.

Selbstbestimmungsrecht und Völkerbund – Im Januar 1918, kurz vor Kriegsende, hatte US-Präsident WOODROW WILSON seine Vorstellungen von einer internationalen Friedensordnung sowie von einer Gemeinschaftsorganisation aller Staaten formuliert. Seine Pläne für eine dauerhafte Friedensordnung basierten auf den Prinzipien der Freiheit und des Selbstbestimmungsrechts aller Völker, der Unverletzlichkeit der Grenzen aller Staaten sowie freien Handelsbeziehungen zwischen den Völkern. Auf Wilsons Initiative hin nahm am 16. 1. 1920 in Genf der **Völkerbund** seine Arbeit auf. Seine Handlungsfähigkeit war jedoch von Anfang an ein-

PERSONENLEXIKON

WOODROW WILSON, 1856–1924. 1913–1921 Präsident der USA; Initiator des Völkerbundes

Q1 Aus der Satzung des Genfer Völkerbundes:

Art. 12. Alle Bundesmitglieder kommen überein, eine zwischen ihnen entstehende Streitfrage [...] entweder der Schiedsgerichtsbarkeit oder der Prüfung durch den Rat [des Völkerbunds] zu unterbreiten [...]
Art. 16. Schreitet ein Bundesmitglied [gegen ein anderes] zum Krieg, so wird es [...] so angesehen, als hätte es eine Kriegshandlung gegen alle anderen Bundesmitglieder begangen. Diese verpflichten sich, unverzüglich alle Handels- und Finanzbeziehungen zu ihm abzubrechen. [...] In diesem Falle ist der Rat verpflichtet, [...] vorzuschlagen, mit welchen Streitkräften jedes Bundesmitglied zu der bewaffneten Macht beizutragen hat, die den Bundesverpflichtungen Achtung zu verschaffen bestimmt ist.

(In: Geschichte in Quellen, Bd. 5, München 1980, S. 131 f. Gekürzt)

Q2 Rede des französischen Außenministers Briand vor der Völkerbundversammlung in Genf, 5. 9. 1929:

Ich denke, dass unter den Völkern, deren Länder geografisch zusammengehören wie die der europäischen Völker, eine Art von einem „föderativen Band“ bestehen sollte. Diese Völker müssen in jedem Augenblick die Möglichkeit haben, in Kontakt miteinander zu treten, über ihre gemeinsamen Interessen zu diskutieren, gemeinsame Entschlüsse zu fassen, kurz, sie müssen untereinander ein Band der Solidarität knüpfen, das es ihnen erlaubt, widrigen Verhältnissen im gewünschten Augenblick zu begegnen, wenn sie eintreten sollten [...].

(In: Geschichte in Quellen, Bd. 5, München 1980, S. 225 f.)

B3 Aristide Briand und Gustav Stresemann, Foto 1926

geschränkt: Ausgerechnet der US-Senat hatte gegen die Empfehlung Wilsons einen Beitritt abgelehnt, weil die Amerikaner sich nicht länger in die europäischen Konflikte einmischen wollten. Die Sowjetunion schloss sich erst 1934 dem Völkerbund an; Deutschland und seine Kriegsverbündeten blieben anfangs ausgeschlossen. In einigen Konfliktfällen konnte der Völkerbund schlichten und vermitteln. Den Zweiten Weltkrieg hat er jedoch nicht verhindern können. Denn die internationale Staatengemeinschaft fand lange keine gemeinsame Linie gegen die aggressive Außen- und Kriegspolitik des nationalsozialistischen Deutschlands. /2

Die Vision eines geeinten Europas – Der französische Außenminister ARISTIDE BRIAND und sein deutscher Amtskollege GUSTAV STRESEMANN leiteten 1925 mit den Locarno-Verträgen die deutsch-französische Verständigung ein, ohne die ein dauerhafter Friede in Europa undenkbar war. 1929 forderte Briand in einer Rede vor dem Völkerbund die Schaffung einer **„Europäischen Föderativen Union"** für die Völker Europas, bei der die europäischen Staaten und Regierungen jedoch (vorerst) ihre volle Souveränität behalten sollten. Stresemann stimmte diesem Plan zu und betonte besonders die Notwendigkeit einer Zusammenarbeit auf wirtschaftlichem Gebiet. Doch Briands Plan scheiterte an der Furcht der nationalen Regierungen, dass ihre Machtbefugnisse beschnitten würden.

B4 „Der Magister Europas". Aus dem Wochenblatt „Kladderadatsch", 15.6.1930

Blockbildung statt europäische Einigung – Bereits während des Zweiten Weltkriegs hatten der damalige US-Präsident FRANKLIN D. ROOSEVELT und der britische Premier WINSTON CHURCHILL den Plan gefasst, an die Stelle des früheren Völkerbunds eine neue Weltorganisation zur Sicherung des Friedens zu setzen. Dieser Plan mündete 1945 in der Gründung der **Vereinten Nationen** (UNO). Doch Churchills 1946 formulierter Plan von den „Vereinigten Staaten von Europa" blieb in den Jahren des einsetzenden Kalten Kriegs nur eine Vision. Statt dessen standen sich in Europa mit den Verteidigungsbündnissen der westlichen NATO-Länder und der östlichen Warschauer-Pakt-Staaten schon bald zwei verfeindete Blöcke gegenüber.

PERSONENLEXIKON

ARISTIDE BRIAND, 1862–1932. Französischer Außenminister. Zusammen mit Gustav Stresemann erhielt er 1926 den Friedensnobelpreis für die gemeinsamen Bemühungen um eine europäische Aussöhnungs- und Friedenspolitik.

Q5 Aus einer Rede des früheren britischen Premierministers Winston Churchill vom 19.9.1946 in Zürich:

Wenn den europäischen Ländern die Vereinigung gelingt, werden ihre 300 bis 400 Millionen Bewohner aufgrund ihres gemeinsamen Erbes grenzenlosen Wohlstand, Ruhm und Glück erleben. [...] Bemühen wir uns um die Errichtung der – wie soll ich es Ihnen sagen – Vereinigten Staaten von Europa. Der erste Schritt ist die Bildung eines „Europarats". Für das Gelingen dieser [...] Aufgabe müssen sich Frankreich und Deutschland, Großbritannien, das mächtige Amerika und, wie ich aufrichtig hoffe, auch die Sowjetunion [...] miteinander versöhnen.

(In: Europäisches Geschichtsbuch, Neufass. Stuttgart 1998, S. 363. Gekürzt.)

ARBEITSAUFTRÄGE

1. Erläutere mit Q 1 das Ziel des Völkerbunds, aber auch die Probleme, die ein kollektives Sicherheitssystem hat.
2. Diskutiere die Europa-Pläne Briands (Q 2, B 3, B 4). Wie beurteilst du die damaligen Möglichkeiten zur Realisierung?
3. Vergleiche Churchills Europavision (Q 5) mit der Briands (Q 2). Nenne Gründe dafür, warum Churchills Vision der „Vereinigten Staaten von Europa" vorerst scheiterte.

3. Die Einigung Westeuropas durch einen gemeinsamen Markt

Nach dem Zweiten Weltkrieg hatte Europa seine Stellung als führendes Zentrum der Wirtschaft und der internationalen Politik verloren. Die Supermächte USA und UdSSR dominierten die Weltpolitik – auch in Europa. Die Teilung des Kontinents in zwei verfeindete Blocksysteme schien eine gesamteuropäische Einigung in weite Ferne zu rücken. So nahm die europäische Zusammenarbeit vorerst nur in Westeuropa konkretere Formen an.

Wiederaufbau – Wegen des Widerstands der Sowjetunion konnten die Staaten Mittel- und Osteuropas sowie die sowjetisch besetzte Zone Deutschlands die Finanz- und Wiederaufbauhilfe der amerikanischen Regierung (Marshall-Plan) nicht in Anspruch nehmen.
Die Staaten West- und Südeuropas und die drei von den Westmächten besetzten Zonen Deutschlands wurden durch das Wiederaufbauprogramm nicht nur wirtschaftlich, sondern auch politisch enger aneinandergebunden.

Q 1 Der Schuman-Plan zur Gründung der Montanunion, 9.5.1950:

Europa lässt sich nicht mit einem Schlag herstellen. [...] Die Vereinigung der europäischen Nationen erfordert, dass der jahrhundertealte Gegensatz zwischen Frankreich, England und Deutschland ausgelöscht wird. Die französische Regierung schlägt vor, die Gesamtheit der französisch-deutschen Kohle- und Stahlproduktion unter eine gemeinsame Oberste Behörde zu stellen, in einer Organisation, die den anderen europäischen Ländern zum Beitritt offen steht. Die Zusammenlegung der Kohle- und Stahlproduktion wird [...] die Schaffung gemeinsamer Grundlagen für die wirtschaftliche Entwicklung sichern – und damit die erste Etappe der europäischen Föderation. [...]

(In: Geschichte in Quellen, Bd. 7, München 1980, S. 373 f. Bearbeitet)

B 2 Verbrennung eines Grenzpfahls an der deutsch-französischen Grenze um 1950

PERSONENLEXIKON

ROBERT SCHUMAN, 1886–1963. Französischer Politiker und Minister in verschiedenen Ressorts, u. a. von 1947–1948 Ministerpräsident. Schuman entwickelte den Plan einer „Europäischen Gemeinschaft für Kohle und Stahl" (Montanunion) und trat für die Bildung einer Europäischen Verteidigungsgemeinschaft (EVG) ein.

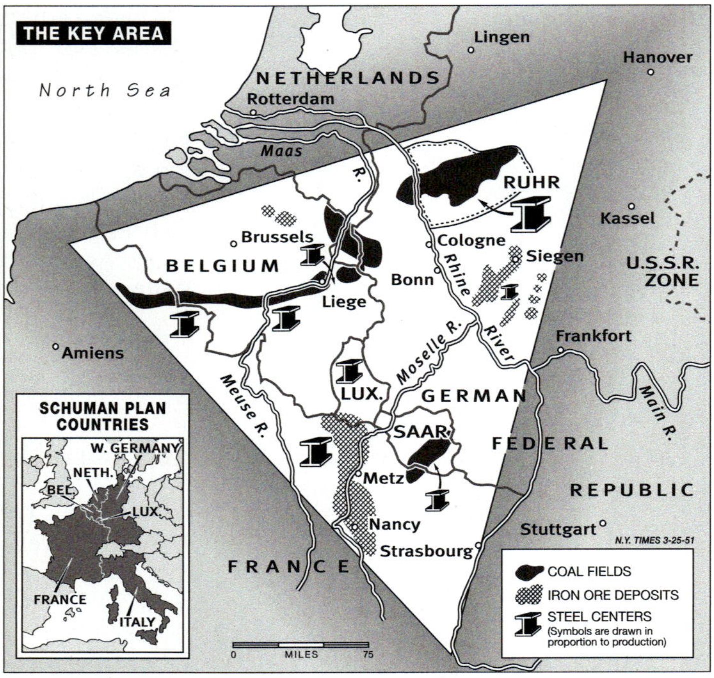

B 3 Die New York Times 1951 zur Gründung der Montanunion

Von der Montanunion zur Europäischen Union – Der französische Außenminister Robert Schuman war zu der Auffassung gelangt, die Einigung Europas könne nur in kleinen Schritten gelingen. Als ersten Schritt schlug er die Schaffung eines gemeinsamen Marktes für Kohle und Stahl vor. 1951 unterzeichneten Frankreich, die Bundesrepublik Deutschland, Belgien, Italien, Luxemburg und die Niederlande den Vertrag über die Gründung der **„Europäischen Gemeinschaft für Kohle und Stahl“**, die so genannte Montanunion. ❸/3

Schon bald beschlossen die sechs Außenminister der Montanunion, ihre Kooperation auf andere Bereiche auszudehnen. 1957 wurde in Rom die **„Europäische Wirtschaftsgemeinschaft“** (EWG) gegründet, ein anfangs auf die sechs europäischen Gründungsstaaten begrenztes einheitliches Wirtschaftsgebiet ohne Zollschranken. Die steigende Produktivität, der Anstieg des Außen- und Binnenhandels in den EWG-Staaten sowie die wachsende Kaufkraft der Bürger zeigten die Vorteile eines größeren europäischen Wirtschaftsraums. Der Erfolg übte auf andere europäische Staaten eine Sogwirkung aus: 1985 waren aus sechs 12, 1995 bereits 15 Mitgliedsstaaten geworden. Aus der Wirtschaftsgemeinschaft ging 1967 die **„Europäische Gemeinschaft“** (EG) hervor, die weit mehr als nur gemeinsame Wirtschaftsinteressen verband.

Freier Personenverkehr	**Freier Warenverkehr**
• Wegfall von Grenzkontrollen • Niederlassungsfreiheit für EG-Bürger	• Wegfall von Grenzkontrollen • gegenseitige Anerkennung von Normen und Vorschriften
Freier Dienstleistungsverkehr	**Freier Kapitalverkehr**
• Öffnung von Finanz-, Telekommunikations- und Transportmärkten	• größere Freizügigkeit für Geldbewegungen • gemeinsame Währung

B4 Die Freiheiten des Binnenmarktes

Mit den Verträgen von Maastricht (Niederlande) aus dem Jahr 1992 beschlossen die Regierungschefs der damaligen Mitgliedsstaaten der EG die Gründung der **„Europäischen Union“ (EU).** In den Verträgen legten sie Richtlinien für eine gemeinsame Wirtschafts-, Währungs-, Außen- und Sicherheitspolitik fest. Damit wurden erstmals klassische Kompetenzen aus dem Politikbereich von der Ebene der Einzelstaaten auf die EU verlagert. Die Verträge von Maastricht begründeten zwar keinen europäischen Zentralstaat, ebneten aber den Weg in diese Richtung. ❹/4

Europa-Fahne; die Zahl der Sterne (zwölf) steht, anders als in der amerikanischen Flagge, nicht für die Zahl der Mitgliedsstaaten, sondern gilt als Symbol der Vollkommenheit.

K5

ARBEITSAUFTRÄGE

1. Erläutere die Ziele, die Schuman mit der Gründung der Montanunion verfolgte (Q1).
2. Erörtere mögliche Motive für die Demonstration der deutschen und französischen Studenten in B 2.
3. Interpretiere B 3. Was will der amerikanische Karikaturist mit seiner Zeichnung „Key Area“ ausdrücken?
4. Erörtere mit B 4 die Vorteile eines gemeinsamen Binnenmarkts für die EU-Bürger.
5. Diskutiert mögliche Probleme des Binnenmarkts (K 5).

4. Die Ost-Erweiterung der EU – Chancen und Probleme

Nach dem Zusammenbruch des Ostblocks 1989/90 waren parlamentarische Demokratien nach westlichem Vorbild sowie der gemeinsame Wirtschaftsraum eines Vereinten Europas für viele mittel- und osteuropäische Staaten attraktive Perspektiven. Laut Vertrag von Maastricht soll die EU prinzipiell allen europäischen Staaten offen stehen, wenn sie gewisse politische und ökonomische Kriterien erfüllen. Im Frühjahr 2004 wurden neben Malta und Zypern acht Staaten Mittel- und Osteuropas aufgenommen. Anfang 2007 folgten noch Bulgarien und Rumänien. Ist die EU dieser Integrationsaufgabe gewachsen?

Chancen und Probleme der Erweiterung – Die historische Chance der EU-Erweiterung besteht darin, eine **Zone von Demokratie, freiem Handel und Sicherheit** zu schaffen, die weit in den Osten Europas reicht. Vor dem Hintergrund zweier Weltkriege sowie den Erfahrungen mit Diktatur und Unterdrückung in Europa war und ist dies ein vordringliches Ziel.
Allerdings wuchs mit der Aufnahme der zehn neuen Mitgliedsländer im Jahr 2004 die Wirtschaftskraft der EU nur um ca. 6%, ihre Bevölkerung stieg dagegen um ca. 20 % und ihre Fläche um 30 %. Das durchschnittliche **Bruttoinlandsprodukt** der Neumitglieder lag 2004 bei ca. 40 % des früheren EU-Durchschnitts. Die Zahl

Vom Denar zum Euro: Wandel unserer Münzen ❷/5

B1 „Das Europäische Haus“. Karikatur von Luis Murschetz, 1991

Q3 Der polnische Ministerpräsident Mazowiecki am 30.1.1990:

Europa durchlebt eine ungewöhnliche Zeit: Die Hälfte des Kontinents, die fast 50 Jahre von ihrer ursprünglichen Lebensquelle getrennt war, wünscht dahin zurückzukehren. Die Polen sind eine Nation, die sich ihrer Zugehörigkeit zu Europa und ihrer europäischen Identität bewusst ist. In Europa sehen wir [...] die Werte – Vaterland, Freiheit, Menschenrechte – und fahren fort, uns entschieden mit diesem Europa zu identifizieren. [...] Die Mauer zwischen dem freien und dem unterdrückten Europa wurde beseitigt. Jetzt bleibt die Lücke zwischen dem armen und dem reichen Europa zu schließen. Wenn Europa ein „gemeinsames Haus“ werden soll, dann dürfen auch solche Unterschiede nicht lange bestehen.

(In: Gasteyger, C.: Europa zwischen Spaltung und Einigung 1945 bis 1990, Bonn 1990, S. 414f. Gekürzt)

B2 Demonstration französischer Bauern gegen die Kürzung von Agrarsubventionen, Bahnhof Barbentane nahe Marseille, 1992

Q4 Der frühere Bundespräsident von Weizsäcker zur EU, 1992:

Der Gipfel von Maastricht ist ein Meilenstein – aller Kritik zum Trotz. Er weist uns den Weg nach Europa, auf den wir angewiesen sind. Jetzt fehlen nur noch die entscheidenden Stufen zur europäischen Einheit: die Wirtschafts- und Währungsunion und die politische Union. So wächst eine europäische Gemeinschaft heran, die wir als Deutsche inmitten Europas dringlich benötigen, nicht nur aus wirtschaftlichen Gründen, sondern langfristig noch viel mehr aus geografischen und historischen Gründen, um unserer Politik und Sicherheit willen.

(Bulletin der Bundesregierung, Bonn 15.4.1992)

der Mitgliedsländer und -regionen, die aus den Struktur- und Agrarfonds der EU gefördert werden will, ist also deutlich gestiegen. Besonders in den Ländern und Regionen der „alten" EU, die bisher von EU-Subventionen besonders profitierten, reagierten Teile der Bevölkerung daher mit Skepsis und Ängsten auf die Erweiterung.

Die Finanzierung der EU, ihre bisherige Agrarpolitik sowie das Subventionssystem sind in der Tat dringend reformbedürftig. Einerseits wollen die neuen Mitglieder nicht auf Dauer das „Armenhaus" Europas bleiben. Andererseits wächst bei den reichen EU-Ländern der Widerstand gegen eine weitere Erhöhung ihrer Beiträge. Schließlich würde die bisherige Form der EU-Agrarsubventionen wegen der Aufnahme neuer, stark agrarwirtschaftlich geprägter Länder zu einer gewaltigen Überproduktion von Agrarprodukten führen. Kritiker der EU-Finanzpolitik sind schon heute der Auffassung, dass zuviel Geld für die Agrarförderung und zu wenig in die Förderung von Zukunftstechnologien investiert wird.

Ängste und Erwartungen der Bürger – Vielen Bürgern bereitet auch die neue Größe der EU und die Geschwindigkeit des Wachstums Sorgen. Ihnen erscheint die EU als riesiger bürokratischer Apparat, dessen Entscheidungen sie kaum beeinflussen können. Ihre eigenen Anliegen sehen sie in dem Interessengemenge von 27 Mitgliedsstaaten nicht richtig vertreten. Ein weiterer Grund für die Skepsis vieler Menschen ist deren Angst um ihren Arbeitsplatz; entweder weil die Erweiterung eine **Zuwanderung** qualifizierter Arbeitskräfte nach sich ziehe oder weil **preiswerte Importe** aus EU-Ländern mit niedrigerem Lohnniveau heimische **Arbeitsplätze gefährden** könnten. Bereits 1992 bzw. 1994 führten Volksbefragungen in Dänemark und Norwegen zur Ablehnung des Vertrags von Maastricht. Im Frühjahr 2005 hat die Mehrheit der Bevölkerung Frankreichs und der Niederlande sogar die EU-Verfassung abgelehnt.
Dem halten die Befürworter der EU-Erweiterung entgegen, dass gerade die **Exportnation Deutschland** von den neuen Märkten Wachstumsimpulse für die heimische Wirtschaft erhalte. Die europäischen Volkswirtschaften müssten angesichts weltweiter **Globalisierung** auch deshalb zusammenwachsen, um international konkurrenzfähig zu bleiben. /6
Die bisher positiven Erfahrungen mit der 2002 eingeführten neuen Gemeinschaftswährung **Euro** lassen darauf hoffen, dass viele Ängste der EU-Skeptiker unbegründet und dann auch bald überwunden sind.

Q 5 Chancen für junge Menschen und Arbeitnehmer

Mit der Einführung des Binnenmarkts entstand in Europa der größte Arbeitsmarkt der Welt. Der spanische Buchhalter, der in Dänemark arbeitet, der deutsche Ingenieur, der in den Niederlanden aufsteigt, der belgische Handwerker, den es nach Irland zieht – all dies ist vorstellbar [...] [Man] sollte mindestens zwei Fremdsprachen gut bis sehr gut beherrschen. [...] Zunehmend Bedeutung gewinnt die Freizügigkeit für Jugendliche, die ihre Lehre, ihr Studium oder ihren Berufsstart in einem anderen EG-Land absolvieren möchten.

(In: Brückner, M. u. a.: Der Europa-Ploetz, Freiburg, Würzburg 1993, S. 281. Gek.)

B 6 „Østerbro stimmt mit Nein", „Gegen den Verkauf von Dänemark": Demonstration in Kopenhagen 1992 zum EG-Beitritt Dänemarks

ARBEITSAUFTRÄGE

1. Erläutere und beurteile mit Q 3 und Q 4 die Argumente, die für eine (Ost-)Erweiterung der EU genannt werden.
2. Diskutiert mit B 1, B 2, B 6 und dem Darstellungstext Probleme und Ängste, die mit der Erweiterung verbunden sind.
3. Formuliere deine persönliche Meinung: Siehst du für dich mehr Chancen oder mehr Risiken in der EU-Erweiterung?

5. Die Struktur der Europäischen Union

Der Vertrag von Maastricht (1990) sieht vor, die Europäische Union zu einer **politischen Union** mit gemeinsamer Sicherheits-, Außen- und Wirtschaftspolitik weiterzuentwickeln. Die EU erhält damit Funktionen, die bisher den Nationalstaaten zustehen. Dazu gehört auch eine erweiterte Gesetzes- und Entscheidungskompetenz, die für alle Bürgerinnen und Bürger in der EU unmittelbar geltendes Recht wird. Dazu ist eine Europäische Verfassung notwendig – sowie ein Konsens über die künftigen Spiel- und Machtregeln zwischen den Institutionen der EU und ihren Mitgliedsstaaten. Wie soll die EU zukünftig regiert werden?

Die EU soll eine Verfassung erhalten – Im Jahr 2004 hatten sich die Regierungschefs der 25 Mitgliedsstaaten nach langer, teilweise kontroverser Diskussion auf den Entwurf einer **Europäischen Verfassung** verständigt. Umstritten war anfangs, wie das Gewicht der einzelnen Mitgliedsstaaten in den **Organen der EU** und der Regierung ausbalanciert werden soll. Denn diese Organe sollen einerseits die Mitgliedsstaaten und ihre Regierungen an der Gestaltung der gemeinsamen EU-Politik beteiligen sowie deren Interessen entsprechend der jeweiligen Bevölkerungsgröße berücksichtigen. Andererseits sollen sie aber unabhängig vom Druck einzelstaatlicher Interessen sein und demokratisch gewählt werden. /7
Nachdem eine Mehrheit der Bevölkerung Frankreichs und der Niederlande den neuen Verfassungsentwurf im Frühjahr 2005 bei einer Volksbefragung abgelehnt hat, ist das weitere **Schicksal des Verfassungsentwurfs ungewiss.** Die darin gemachten Vorschläge für den zukünftigen Aufbau der EU und seiner Organe werden aber voraussichtlich Bestand haben.

Blick in den Sitzungssaal des Europäischen Parlaments in Straßburg, 2000

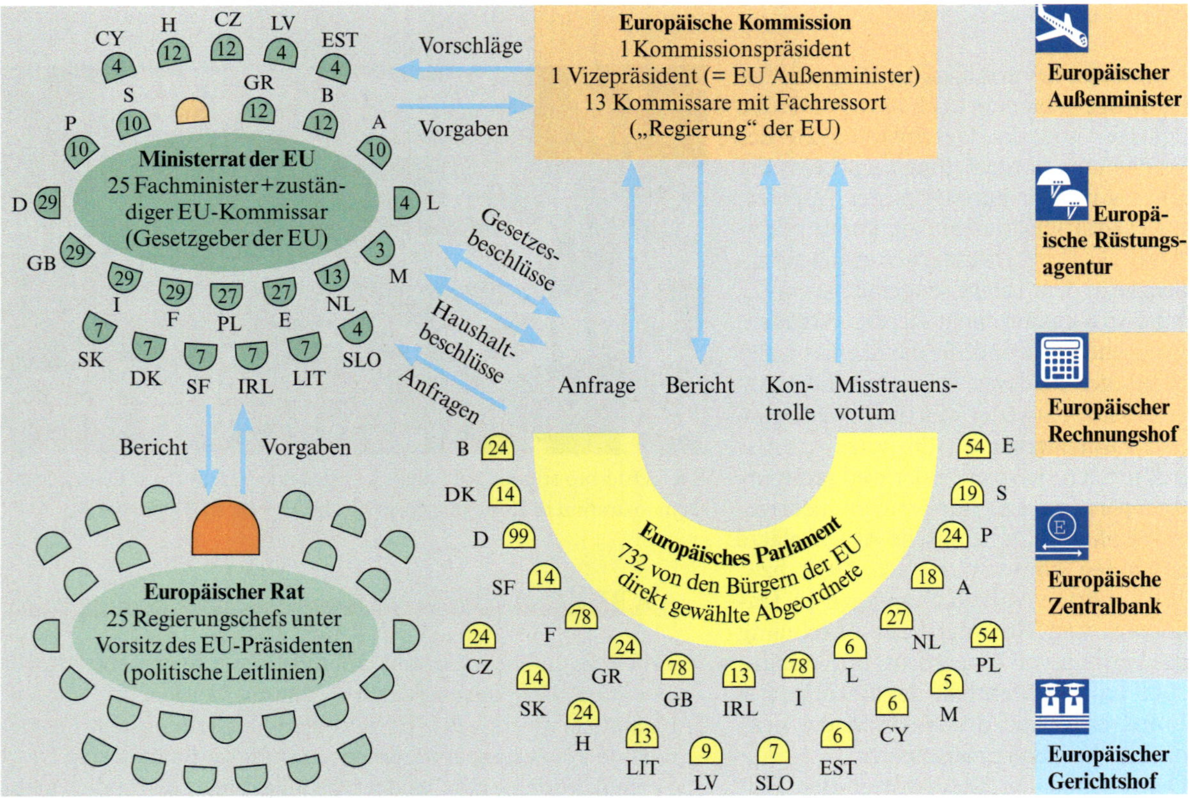

B1 Entwurf der EU-Verfassung von 2003: Aufbau und Zusammenwirken der zentralen Organe der Europäischen Union

Die EU-Kommission – Die eigentliche Regierung der Union soll die **Europäische Kommission** bilden. Ihr gehört der **Kommissionspräsident** an, der auf Vorschlag der europäischen Regierungschefs vom EU-Parlament für 5 Jahre gewählt wird. Er hat die Richtlinienkompetenz. Aus einer Vorschlagsliste der 27 Mitgliedsstaaten wählt er seine Regierungsmitglieder für die Fachressorts aus: die **EU-Kommissare.** Der vorliegende Verfassungsentwurf sieht 15 Kommissionsmitglieder mit Stimmrecht vor: neben dem Präsidenten und einem Vizepräsidenten 13 Kommissare. Zehn weitere Kommissionsmitglieder sind nur informell eingebunden – also ohne Stimmrecht. Demnach wären nicht mehr alle Mitgliedsstaaten der EU mit einem eigenen EU-Kommissar vertreten. Die Kommission erarbeitet nur Vorschläge für neue Maßnahmen und Gesetze (Initiativorgan); beschlossen werden sie vom EU-Parlament und vom EU-Ministerrat. Die Kommission kontrolliert ferner die Ausführung von Beschlüssen und überwacht die Einhaltung der Verträge.

EU-Ministerrat – Alle wichtigen Entscheidungen werden vom **EU-Ministerrat** getroffen. Er beschließt Gesetze und erlässt Verordnungen. Der Ministerrat besteht aus den **Fachministern der 27 Mitgliedsländer** und dem jeweils zuständigen EU-Kommissar. Der Ministerrat trifft Beschlüsse von grundsätzlicher Bedeutung einstimmig, z. B. in Fragen der Sicherheits- und Außenpolitik oder bei der Aufnahme neuer Mitglieder. In anderen Fällen gilt die **qualifizierte Mehrheit:** Dazu bedarf es einer Mehrheit der Stimmen aller Mitgliedsstaaten, die zugleich mindestens 60 % der EU-Bevölkerung repräsentieren müssen – eine Regelung, die von kleinen EU-Staaten kritisiert wird.

Der Europäische Rat – Das höchste Entscheidungsgremium der EU ist der **Europäische Rat** der Staats- und Regierungschefs. Er trifft sich halbjährlich, gibt der Union Impulse und bestimmt die politischen Leitlinien. Der Europäische Rat (EU-Rat) hat einen ständigen **EU-Präsidenten,** der von den Staats- und Regierungschefs für zweieinhalb Jahre gewählt wird. Erstmals bekommt die EU auch einen **Außenminister;** er wird vom Europäischen Rat gewählt und ist zugleich der Vizepräsident der EU-Kommission.

Das EU-Parlament – Die Mitglieder des EU-Parlaments werden von den Bürgern ihres Heimatlandes für 5 Jahre direkt gewählt. Es besteht aus maximal **785 Abgeordneten,** gewichtet nach der Bevölkerungsgröße der Mitgliedsstaaten. Sie beschließen mit dem EU-Ministerrat über neue Gesetze und über den Haushalt der EU-Kommission (Ausnahme: der Agrarhaushalt), haben aber kein eigenes Initiativrecht für neue Gesetze. Das Parlament kontrolliert den Ministerrat und die EU-Kommission. Ferner kann es den EU-Präsidenten oder einzelne Kommissare mit Zweidrittelmehrheit abwählen.

T 2 Die Mitglieder der EU, ihre Bevölkerungsgröße und die Zahl ihrer Vertreter in wichtigen Organen der EU (Stand: 2006)

	Die EU-Mitglieder	Einw. (in Mio.)	Sitze im EU-Parlament	Stimmen im Ministerrat
D	Deutschland	82,4	99	29
F	Frankreich	61,3	78	29
GB	Großbritannien	60,6	78	29
I	Italien	58,8	78	29
E	Spanien	44,1	54	27
PL	Polen	38,1	54	27
RO	Rumänien	21,6	35	14
NL	Niederlande	16,3	27	13
GR	Griechenland	11,1	24	12
P	Portugal	10,6	24	12
B	Belgien	10,5	24	12
CZ	Tschechien	10,3	24	12
HU	Ungarn	10,1	24	12
S	Schweden	9,1	19	10
A	Österreich	8,3	18	10
BG	Bulgarien	7,7	18	10
SK	Slowakei	5,4	14	7
DK	Dänemark	5,4	14	7
FIN	Finnland	5,3	14	7
IRL	Irland	4,3	13	7
LT	Litauen	3,4	13	7
LV	Lettland	2,3	9	4
SLO	Slowenien	2,0	7	4
EST	Estland	1,3	6	4
CY	Zypern	0,8	6	4
L	Luxemburg	0,5	6	4
M	Malta	0,4	5	3
	27 Mitglieder	**492,0**	**785**	**345**

Quelle: Die ZEIT, 2007

Ein europäischer Zentralstaat als Ziel? – Die wichtigen Entscheidungen in der Europäischen Union werden weder jetzt noch in naher Zukunft im EU-Parlament oder in der EU-Kommission getroffen. Diese Entscheidungen treffen weiterhin die Minister und Regierungschefs der 25 EU-Staaten. Doch je größer die EU wird, um so schwieriger ist es für die nationalen Regierungen, gemeinsame Kompromisse zu finden. Noch ist daher nicht erkennbar, wie Europa zukünftig in wichtigen Fragen der Außen-, Sicherheits- und Wirtschaftspolitik mit einer Stimme sprechen soll.
Wenn die politische Integration Europas fortgesetzt wird, steht eines Tages auch die Frage auf der Tagesordnung, ob die historischen europäischen Nationalstaaten weiter Bestand haben oder in einem einzigen europäischen Bundesstaat aufgehen werden. Bisher existieren dazu sehr unterschiedliche Vorstellungen. Insbesondere nach der Ablehnung der Europäischen Verfassung durch die Bevölkerungsmehrheit in Frankreich und den Niederlanden steht der endgültige „Bauplan des Europäischen Hauses“ also keineswegs schon fest.

In den 27 Staaten der EU lebten im Jahr 2011 fast eine halbe Milliarde Menschen, rund 210 Millionen mehr als in den USA. Die Europa-Skeptiker bezweifeln, dass ein so großes Territorium durch eine einzige gesamteuropäische Regierung verwaltet werden kann. Angesichts globaler Herausforderungen der Wirtschaft, des Welthandels, der Klima- und Umweltpolitik sowie weltweiter Krisen scheint es aber unerlässlich, dass Europa seine Kräfte bündelt – um seinen Einfluss in der Welt auch in Zukunft zu behalten.

Q 3 Zukunftsszenarien für Europa:

Europa nach dem Jahr 2000 kann grenzenlos sein zwischen Warschau und Lissabon, zwischen Dublin und Budapest. [...] Es kann grenzenlose Möglichkeiten bieten für Reisen und Studium, für Ausbildung und Beruf. [...] Es kann das Modell sein für gedeihliches Miteinander der Regionen und Staaten, der Völker und Sprachen, der Traditionen und Religionen – ein friedliches Miteinander, das zwei Voraussetzungen hat: Demokratie und Freiheit.
Es kann aber auch ganz anders aussehen, das Europa nach 2000: Wieder zerstritten und zersplittert, uneins im Wollen, unfähig zur Bewältigung seiner Probleme und erst recht zur Hilfe bei Problemen anderswo in der Welt, ein Herd dauernder Unruhe, ein Kontinent ohne Zukunft.

(In: Grupp, C.: Europa 2000 – Der Weg zur Europäischen Union, Köln 1993, S. 3. Gekürzt)

Q 4 Wohin geht die EU? Suche nach einer Therapie

Was tun nach dem zweifachen Debakel in den EU-Gründungsländern Frankreich und den Niederlanden? [...] Die drei Präsidenten von EU-Kommission, Ministerrat und Europaparlament [fordern], eine Antwort auf die Ängste der Menschen zu finden: Angst vor dem Wettbewerb [im Europa der 25], vor dem Verlust des Arbeitsplatzes, vor sozialem Abstieg und dem Verlust der eigenen Identität. [...] Entscheidend für die Zukunft der EU sind: Die Vereinfachung und Verbesserung der Entscheidungsverfahren; entscheidend [ist] auch, dass die EU in Zukunft außenpolitisch tatsächlich mit einer Stimme spricht: Mit der Stimme eines EU-Außenministers; entscheidend wird vor allem sein, ob die EU ihre drängenden Finanz- und Strukturprobleme lösen kann.

(Thomas Gack, in: „DER TAGESSPIEGEL“ vom 3. Juni 2005, S. 4)

ARBEITSAUFTRÄGE

1 Nenne mit B 1 die wichtigen Organe der Europäischen Union sowie deren Aufgaben und Kompetenzen (vgl. Text).
2. Diskutiert mit T 2 das Pro und Kontra einer Stimmenverteilung im EU-Parlament und im EU-Rat, die nicht exakt den Bevölkerungsanteilen der Mitgliedsländer entspricht.
3. Diskutiert Vor- und Nachteile des Prinzips der „qualifizierten Mehrheit“ im Ministerrat aus der Sicht eines kleinen und eines großen EU-Mitglieds (vgl. T 2 und Darstellungstext).
4. Überlege mit Q 3, ob der europäische Binnenmarkt dir persönlich interessante Chancen bieten könnte.
5. Nenne die Aufgaben und Probleme der EU, die nach Auffassung des Verfasser von Q 4 dringend gelöst werden müssen.

	Politik	Kultur	Alltag/Wirtschaft
2005	2007: EU-Beitritt Bulgariens und Rumäniens 2005: Ablehnung der geplanten EU-Verfassung in Frankreich und denNiederlanden 2004: Aufnahme von 10 weiteren EU-Mitgliedern 1992: Vertrag von Maastricht über die Europäische Union; 1990: EG-Beitritt der neuen deutschen Bundesländer	2005: Volksabstimmungen in Frankreich und den Niederlanden, Ablehnung der EU-Verfassung 1994: Volksabstimmung in Norwegen: Ablehnung des EU-Beitritts 1993: Wegfall der Personenkontrollen an den Binnengrenzen der EU 1985: Perestroika in der Sowjetunion	2002: Einführung des Euro als Bargeld 1999: Beginn der europäischen Währungsunion und Einführung des Euro im bargeldlosen Zahlungsverkehr 1987: Beschluss über die Schaffung eines Binnenmarktes bis zum Jahr 1992
1950	1979: Erste Direktwahl des Europäischen Parlaments 1967: Gründung der Europäischen Gemeinschaft (EG) 1957: Römische Verträge: Gründung der Europäischen Wirtschaftsgemeinschaft (EWG) und der Europäischen Atomgemeinschaft (EURATOM) durch Frankreich, die Bundesrepublik Deutschland, Italien und die Benelux-Länder (Europa der Sechs) 1949: Gründung der NATO 1946: Plan Churchills über die Gründung der „Vereinigten Staaten von Europa“	1972: Ablehnung des EG-Beitritts durch Dänemark und Norwegen in Volksabstimmungen 1950: Demonstration deutscher und französischer Studenten für ein vereintes Europa	1951: Gründung der Europäischen Gemeinschaft für Kohle und Stahl (EGKS/ Montanunion) durch Frankreich, die Bundesrepublik Deutschland, Italien und die Benelux-Länder 1947: Marshall-Plan zum Wiederaufbau Europas. Von den osteuropäischen Staaten auf Druck der UdSSR abgelehnt
1900	5.9.1929: Aufruf Briands zur Gründung einer „Europäischen Föderativen Union“		
1000	1789–95: Französische Revolution 1618–48: 30-jähriger Krieg 771–814 n. Chr.: Frankenreich unter Karl dem Großen	1789: Erklärung der Menschen- und Bürgerrechte 1517: Reformation 1054: Spaltung der christlichen Kirchen des Ost- und Weströmischen Reiches	12.–15. Jh.: Blütephase des Ostseehandels der Hanse und des Levantehandels (= Orienthandels) der Städte Venedig und Genua
0	117 n. Chr.: Größte Ausdehnung des Römischen Reichs	391 n. Chr.: Das Christentum wird Staatsreligion im Römischen Reich	
500 v. Chr.	462 v. Chr. ff.: Vollendung der Demokratie in Athen		

Zusammenfassung – Der europäische Einigungsprozess

Europa bildet geografisch und historisch einen eigenen Kontinent. Die Überlieferung der **antiken griechischen und römischen Kultur** sowie die vorherrschende **christliche Religion** sind frühe Wurzeln der europäischen Kultur. Mit der Ausdehnung des antiken Römischen Reiches auf weite Gebiete West-/Mitteleuropas und mit dem Frankenreich entstanden die **ersten europäischen Großreiche.** Auch sie prägten mit ihren Rechtssystemen die Kultur Europas. Die **Trennung von Kirche/Religion und Staat/Gesetzgebung,** die Anerkennung unveräußerlicher **Menschen- und Bürgerrechte** sowie das **Prinzip der Gewaltenteilung** waren unverzichtbare Stationen der europäischen Nationen auf dem Weg zu modernen, freiheitlichen Rechtsstaaten.

Die Erfahrungen des Ersten Weltkriegs führten zu einem Aufschwung der Europa-Idee. Ein europäischer Staatenbund wurde als Grundlage für die Sicherung des Friedens in Europa angesehen. Die Idee des Franzosen Briand, eine „Europäische Föderative Union" zu gründen, scheiterte unter anderem am Autonomiedenken der europäischen Staaten. Nach dem Zweiten Weltkrieg griffen die Regierungen Westeuropas diesen Gedanken erneut auf. Am Anfang stand die grenzüberschreitende Zusammenarbeit bei konkreten Wirtschaftsprojekten. Doch schon bald dehnten die sechs Gründungsstaaten der **Europäischen Wirtschaftsgemeinschaft** (EWG) ihre erfolgreiche Kooperation auf weitere Gebiete aus.

Mit den **Verträgen von Maastricht** beschlossen zwölf europäische Regierungen 1992 die Gründung der **Europäischen Union** (EU). Seit 2007 gehören ihr 27 Staaten an; weitere haben die Mitgliedschaft beantragt. In den Verträgen wurden Richtlinien für eine gemeinsame Wirtschafts-, Währungs-, Außen- und Sicherheitspolitik festgelegt. Doch wie die politische Integration sich weiterentwickeln wird, das bleibt offen.

ARBEITSAUFTRAG

Diskutiert mögliche Vor- und Nachteile der verschiedenen politischen Strukturen Europas: lockerer Staatenbund oder Bundesstaat mit einer Zentralregierung. Welche Form des Zusammenschlusses würdest du bevorzugen? Begründe deine Meinung.

ZUM WEITERLESEN

H. Brosche: Ich lebe in Europa. Ravensburger Buchverlag, Ravensburg 1998

J. le Goff erzählt die Geschichte Europas. Campus Verlag, Frankfurt a. M. 1997

F. Stephan-Kühn: Was in Höhlen begann. Die Geschichte Europas in Geschichten. Arena-Verlag, Würzburg 1992

e/1 www.bernhardkeller.de/Projekte/_Die_deutsche_Hanse_/_die_deutsche_hanse_.html

e/2 www.dhm.de/lemo/html/weimar/aussenpolitik/voelkerbund/

e/3 www.dhm.de/lemo/html/dokumente/JahreDesAufbausInOstUndWest_vertragEgks/index.html

e/4 www.auswaertiges-amt.de/www/de/eu_politik/index_html
www.weltpolitik.net/sachgebiete/eu/

e/5 www.learn-line.nrw.de/angebote/euro/

e/6 www.europa.eu.int/scadplus/leg/de/lvb/e40001.htm

e/7 www.bundesregierung.de/Themen A-Z/Europaeische-Union-,9860/Aktuelles-EU
www.mdr.de/eu/wandel/1098081.html

Internationale Problemfelder

Bomben palästinensischer Selbstmordattentäter explodieren in Israel. Am Erdölgolf werden Kriege um das „schwarze Gold“ geführt. Terroranschläge zerstörten das World-Trade-Center in New York sowie andere Gebäude. Viele frühere Kolonialländer leiden unter Armut, Diktaturen und Kriegen. Weltweit wächst die Gefahr globaler Umweltkatastrophen […] Konflikte und Probleme, von denen die Medien beinahe täglich berichten.

ARBEITSAUFTRAG

Ermittle, welche Regionen der Erde am stärksten von Problemen betroffen sind. Nenne mögliche Ursachen.

Teil I: Entwicklungsländer zwischen Befreiung und Abhängigkeit

1. Dekolonisation und Entstehung neuer Staaten

Viele ehemalige Kolonien der europäischen Mächte zählen heute zu den ärmsten Regionen der Erde. Ist diese wirtschaftliche Unterentwicklung eine Hinterlassenschaft der Kolonialmächte oder hat sie andere Gründe?

Kolonien werden selbstständig – Viele Kolonien erlangten ihre Unabhängigkeit erst ab 1945. In den Kolonien hatten sich nationale **Unabhängigkeitsbewegungen** gebildet. Deren Führer waren oft an europäischen Universitäten ausgebildet und hatten die Ideale von Freiheit und Demokratie kennengelernt. Sie beriefen sich auf das Selbstbestimmungsrecht der Völker und die Statuten der UNO. Viele Unabhängigkeitsbewegungen verfolgten ihre Ziele friedlich. So fand der gewaltfreie Widerstand MAHATMA GANDHIS gegen die britische Kolonialherrschaft in Indien weltweit Beachtung und Respekt. In anderen Ländern wie Indochina, Algerien, Angola kam es zu blutigen Befreiungskriegen. Die Ablösung der Kolonie vom Mutterland heißt **Dekolonisation.** e/4

Probleme der nachkolonialen Zeit – Die Kolonialmächte hatten oft willkürlich und ohne Rücksicht auf die Siedlungsgebiete der einheimischen Völker Grenzen festgelegt. Diese blieben meist auch nach der Unabhängigkeit der früheren Kolonien bestehen – und mit den Grenzen auch ethnisch begründete Konflikte zwischen verschiedenen Volksgruppen. Oft garantierten nur die Armeen den Zusammenhalt der neuen Staaten. Eine eigene politische und kulturelle Tradition hatten die Kolonialmächte unterdrückt. Für Parlamentarismus, Rechtsstaat und Demokratie fehlten die historischen Wurzeln und oft auch die gesellschaftlichen Voraussetzungen. So konnten häufig **autoritäre Regime** (Militärdiktaturen, Einparteiensysteme) die Macht an sich reißen. Die Wirtschaft der neuen Staaten blieb auf die ehemaligen Kolonialmächte ausgerichtet. In Monokulturen produzierten sie Rohstoffe und Exportgüter für die Industrieländer. Güter für den eigenen Bedarf mussten sie dagegen oft teuer importieren. Diese neue Abhängigkeit nennt man **Neokolonialismus.**

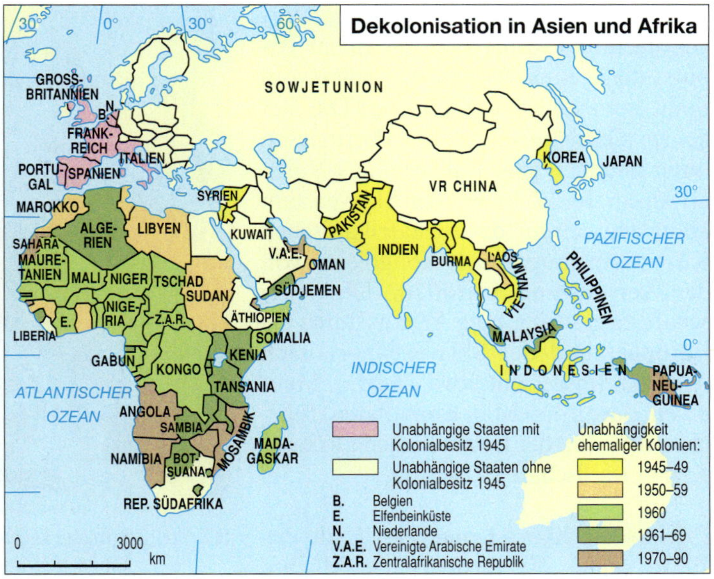

K1

Dem Wert eines Lastkraftwagens entsprachen:	1985 (Jahresdurchschnitt)	1998 (Jahresdurchschnitt)
Lastkraftwagen (6-10t)	6t Kaffee	12t Kaffee
	41t Bananen	64 t Bananen

(= 6t Rohkaffee (salvadorianisch, Hochlandgewächs)
) = 5t Bananen (mittelamerikanisch)

B2 Verfall der Rohstoffpreise

ARBEITSAUFTRÄGE

1. Recherchiere, welche Länder über die Kolonien herrschten, und beschreibe die Etappen der Dekolonisation (K1).
2. Erläutere den Begriff „Neokolonialismus". Welche Folgen hat die neokoloniale Abhängigkeit für Entwicklungsländer (B2)?

2. Beispiel: Der Kongo unter Kolonialherrschaft

In Zentralafrika liegt die Demokratische Republik Kongo. Bis 1960 war das Land belgische Kolonie. Heute zählt es zu den zehn ärmsten Ländern der Erde. Welches Schicksal erlebte dieses Gebiet bis zur Unabhängigkeit?

Afrikanische Königreiche – Als 1482 portugiesische Seeleute auf der Suche nach Gold am Kongo eintrafen, existierte dort ein mächtiges Königreich mit einem Tributsystem, einer Armee und einer vom Staat kontrollierten Währung. Das begehrte Gold tauschten die Portugiesen unter anderem gegen Sklaven aus Nordafrika ein. Im 17. Jh. wurden Sklaven zum Haupthandelsgut der westafrikanischen Küste; nun waren auch Kongolesen von der Versklavung betroffen. Die wirtschaftliche Ausbeutung Afrikas durch die Europäer und der Sklavenexport nach Amerika (insgesamt etwa 15 Mio. Menschen, davon 4–5 Mio. Kongolesen) führte zum Verfall der traditionellen afrikanischen Gesellschaftsstrukturen.

Privatbesitz König Leopolds – Ende des 19. Jh. teilten die europäischen Mächte Afrika gegen den Widerstand der Afrikaner untereinander auf. Der belgische König Leopold II. erhielt auf der **Berliner Kongokonferenz** 1884/1885 das Kongogebiet als Privatbesitz. In seinem Auftrag beuteten private Gesellschaften das Land brutal aus. Um Exportprodukte anzubauen oder Bodenschätze abzubauen, wurde den Einheimischen mit betrügerischen

B2 Holländische Gesandte beim König des Kongoreiches, 17. Jh.

Q1 Ein britischer Konsul berichtet 1899 aus dem Kongo:

Die Vorgehensweise [des Eintreibers von Kautschuk] war es, in Kanus ein Dorf aufzusuchen, dessen Bewohner bei seinem Anblick Reißaus nahmen; die Soldaten gingen an Land und fingen an zu plündern. Sie nahmen alles aus den Häusern mit, Hühner, Getreide etc.; danach griffen sie die Eingeborenen an und bemächtigten sich ihrer Frauen; diese wurden als Geiseln festgehalten, bis der Häuptling [...] die geforderten Kilogramm Kautschuk [= Rohstoff für Gummiprodukte] herbeibrachte.

(J. Iliffe, Geschichte Afrikas, München 2000, S. 273)

Das Naturpotenzial des Kongo 2000

K3

Verträgen oder Gewalt das Land weggenommen. Widerstand gegen die **Zwangsarbeit** im Bergbau und auf Plantagen wurde grausam bestraft. Angesichts weltweiter Proteste gegen die **„Kongogräuel"** übertrug Leopold II. 1908 „seine" Kolonie dem belgischen Staat.

Belgische Kolonialherrschaft – Seit 1908 wurde das Land von belgischen und multinationalen Unternehmen ausgebeutet. Die einheimischen Arbeiter mussten gegen geringe Löhne auf Plantagen und in Bergwerken arbeiten. Andererseits zahlten die Unternehmen nur geringe Steuern an die Kolonialverwaltung. So flossen jährliche **Gewinne in Milliardenhöhe** dem belgischen Mutterland zu. Christliche Missionsschulen bildeten die einheimische Bevölkerung zu Facharbeitern und Verwaltungsbeamten aus. Höhere Schulen oder Universitäten wurden dagegen nicht eingerichtet. Die Afrikaner waren von politischer und wirtschaftlicher Mitbestimmung ausgeschlossen.

Der Kongo und Europa im Größenvergleich

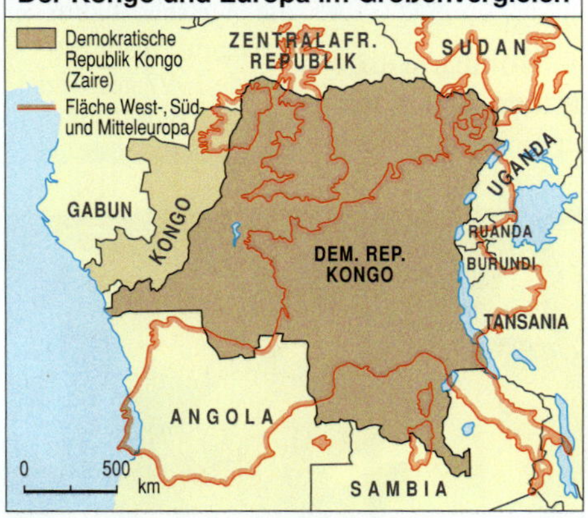

K4

Katastrophale Entkolonisierung – Mit blutigen Aufständen erzwangen die Kongolesen 1960 ihre Unabhängigkeit. Aus den ersten Parlamentswahlen ging der Sozialist PATRICE LUMUMBA als Ministerpräsident hervor. Die Europäer verließen meist fluchtartig das Land, sodass die Verwaltung der Republik Kongo lahm gelegt war und ein Chaos ausbrach. Die rohstoffreiche Provinz Katanga erklärte sich unabhängig. Belgien, die USA, die UdSSR sowie afrikanische Nachbarstaaten versuchten, Einfluss auf den Kongo zu erlangen. Ein dreijähriger Krieg begann, der erst durch das Eingreifen von UNO-Truppen beendet werden konnte. Lumumba wurde ermordet; mit Unterstützung der USA gelangte 1965 General Mobutu als Diktator an die Macht.

PERSONENLEXIKON

PATRICE LUMUMBA, 1925–1961(ermordet). 1960 erster Ministerpräsident der Republik Kongo; trat außenpolitisch für eine „positive Neutralität" gegenüber den Großmächten ein.

Q6 Gedicht des Schriftstellers Michel Kayoya (Burundi):

In Berlin [1884/85] hatte man unseren Kontinent aufgeteilt. / Man kam, uns zu erziehen. / Man kam, uns zu zivilisieren. / Dieser Vertrag von Berlin hat mich lange gekränkt. / Das Schlimmste aber war, dass man mich dieses Datum lehrte. / Eine ganze Stunde lang nannte man uns / die Namen der Vertragspartner von Berlin. / Ihre außergewöhnlichen Fähigkeiten, / Den Mut der Forscher, / Den selbstlosen Humanismus, / Aber niemand, / Absolut niemand wies hin auf die Beleidigung, / Auf die Schmach, die uns Afrikaner überall begleitete. / Mein Volk wurde zur Maschine, / Es wurde aus der Ferne gesteuert, es war fast tot. / Erstorben war das Bewusstsein seiner Persönlichkeit. / Mein Volk war kolonisiert.

(In: Michel Kayoya, Das Selbstbewusstsein des Kolonisierten, in: Lesebuch Dritte Welt, Wuppertal 1982, S. 316f. Gekürzt)

T5 Abbau von Bodenschätzen im Kongo. Anteil an der Weltförderung in Prozent

	1958	1984
Kobalt	63,0	37,7
Diamanten	75,0	34,6
Kupfer	8,3	6,0
Zinn	4,3	?
Tantal	–	3,8

(Zahlen in: J. Ki-Zerbo, Die Geschichte Afrikas, Frankfurt a.M. 1988, S. 582; W. Michler, Weißbuch Afrika, 2. überarb. u. erw. Aufl. Bonn 1991, S. 130)

ARBEITSAUFTRÄGE

1. Schildere die dargestellte Situation in B 1. Wie traten die holländischen Gesandten und der König des Reiches auf?
2. Erörtere mit Q 2 die Methoden der Kolonialherren um 1900 bei der Kautschukgewinnung im Kongo.
3. Untersuche das Naturpotenzial des Kongo und bestimme die Rolle des Landes in der Weltwirtschaft (K 3, T 5).
4. Erörtere mit K 4, welche Probleme sich für die neue Republik Kongo allein aus der Größe des Landes ergaben.
5. Diskutiert mit Q 6, was Kolonialisierung im Selbstverständnis der betroffenen Länder/Menschen bis heute bedeutet.

3. Die Republik Kongo als unabhängiger Staat

General MOBUTU SESE SEKO herrschte 32 Jahre über die unabhängige Demokratische Republik Kongo. In dieser Zeit verarmte das Land völlig und der Staat zerfiel. Wo lagen die Ursachen dafür?

Absolutistische Diktatur – Mobutu stellte die Zentralgewalt mit brutalen Methoden wieder her. Er hob die Verfassung auf, gründete eine **Einheitspartei** und unterdrückte mit Terror alle politischen Gegner. 1971 benannte er das Land in „Zaïre“ um (bis 1997). Von den westlichen Industrieländern wurde Mobutu wegen seiner **prowestlichen Haltung** während des Kalten Krieges unterstützt, obwohl er die in ausländischem Besitz befindlichen Plantagen und Bergwerke verstaatlichte. Der Rohstoffreichtum des Landes wurde jedoch unter seinem Regime nicht zur wirtschaftlichen Entwicklung und zur Verbesserung der Lebensbedingungen genutzt. Während Mobutu selbst mit einem Privatvermögen von 5 Milliarden Dollar zu den reichsten Männern der Welt zählte, gehört die Republik Kongo heute mit einer **astronomischen Staatsverschuldung** zu den zehn ärmsten Ländern der Erde.

Staatszerfall durch Vetternwirtschaft – Mobutu besetzte wichtige Positionen in der Regierung, in Militär, Geheimdienst und Polizei nur mit Personen aus dem **engsten Familienkreis.** Die Loyalität seiner Staatsangestellten erkaufte er sich mit Geschenken, zum Beispiel übertrug er ihnen enteignete Ländereien und Betriebe. Diese neuen Besitzer waren vor allem an hohen Profiten interessiert; um die Instandhaltung und Modernisierung der Betriebe kümmerten sie sich nicht. Viele Betriebe brachen daher nach einigen Jahren zusammen, im Jahr 1990 sogar die gesamte Kupferproduktion des Landes. Arbeitsplätze wurden nicht geschaffen; die Verwaltung war von **Korruption** durchsetzt. Die Infrastruktur des Landes verfiel so stark, dass das marode Straßennetz die Lebensmittelversorgung der Städte gefährdete. In den 1990er-Jahren wurde Zaïre/Kongo zum Zentrum von Waffenschmuggel, Drogenhandel und Geldwäsche.

Krieg und Bürgerkrieg – Mobutu wurde 1997 in blutigen Aufständen und unter aktiver Beteiligung der afrikanischen

PERSONENLEXIKON

JOSEPH D. MOBUTU (nannte sich später MOBUTU SESE SEKO), 1930–1997. Oberbefehlshaber der kongolesischen Armee seit 1961, machte sich 1965 nach einem Staatsstreich zum Staatspräsidenten und errichtete eine Diktatur. Er brachte durch Vetternwirtschaft, Korruption und persönliche Bereicherung die Wirtschaft zum Erliegen. Mobutu wurde 1997 gestürzt und starb im Exil.

B1 Ruandische Flüchtlinge am Kongo, 1997

B2 Einsatz von UN-Blauhelmsoldaten in Bunia, 2003.

Nachbarstaaten aus dem Amt getrieben. Sein Nachfolger Laurent Kabila führte die autoritäre Politik Mobutus fort, setzte wiederum die Verfassung außer Kraft und erneuerte das Parteienverbot. Die **Intervention der Nachbarstaaten,** die zum Sturz Mobutus beitrug, war vor allem von eigennützigen Motiven geprägt: Seit 1998 kämpfen im Kongo die Armeen von fünf afrikanischen Staaten (Ruanda, Uganda, Simbabwe, Angola, Namibia) sowie unzählige Rebellengruppen um die Macht und den Einfluss auf die reichen Rohstoffreserven. Dabei verloren bisher etwa 2,5 Millionen Menschen ihr Leben.

Die Wahl als Chance – Nach der Ermordung Laurent Kabilas im Jahr 2001 versuchte sein Sohn Joseph das zerrüttete Land zu stabilisieren. 2003 beteiligten sich die Rebellen im Rahmen eines Friedensabkommens an einer Übergangsregierung, die freie, **demokratische Wahlen** vorbereiten sollte. Zur Unterstützung kamen Friedenstruppen der UN in den Kongo.
Im Oktober 2006 bestätigte dann die Mehrheit der Wahlberechtigten Joseph Kabila in seinem Amt als Präsident. Die Wahl war von insgesamt 17 600 UN-Soldaten und 2000 Soldaten der EUFOR, darunter auch 780 deutsche Bundeswehr-Soldaten, überwacht worden. Doch trotz der erfolgreichen Wahlen flammt die Gewalt im Osten des Landes immer wieder auf. Allein im Februar 2007 zählten Hilfsorganisationen 50 000 Vertriebene. Die Hälfte von ihnen stammt aus der Gegend nördlich von Goma. Dort bekämpfen sich die kongolesische Armee und lokale Milizen.

B3 Slums am Rande einer Metropole

Q4 Die Situation vor der Wahl 2006:

[Die Menschen im Kongo] wollen ein starkes Parlament, das die Regierung bei Machtmissbrauch und Korruption zur Verantwortung ziehen kann, unterstützt von einer unabhängigen Justiz, einer freien Presse und einer vitalen Zivilgemeinschaft. Es ist die Vision eines kongolesischen Staates, in dem Armutsbekämpfung, gerechte Verteilung der natürlichen Ressourcen und das gleiche Recht aller auf den Zugang zu Bildung, Gesundheit, Gerechtigkeit [...] wahr werden.
Über vier Millionen Menschen sind in diesem Konflikt bereits getötet worden. Pro Monat sterben 38 000 Menschen im Ostkongo durch Kriegshandlungen und schwere Menschenrechtsverbrechen, an Krankheiten, Unterernährung oder auf der Flucht. [...] Die Auswirkungen der gegenwärtigen humanitären Katastrophe betreffen das gesamte Land. Rund 1,6 Millionen Menschen wurden vertrieben [...], etwa 1,7 Millionen Heimkehrern fehlt jede Existenzgrundlage.

Die neue Regierung wird vor großen Herausforderungen stehen. Das Land ist nach neun Konfliktjahren von Waffen überschwemmt. Kriegsherren aller Konfliktparteien ließen sich [...] in der Übergangsperiode bestechen und verhalten sich bislang ruhig. Doch die Sorge um den Frieden nach den Wahlen wächst. Von den neuen Machtverhältnissen enttäuschte Warlords können ihre ehemaligen Kämpfer [...] wieder zu den Waffen rufen.

(A. Riethmöller-Klein in: ai journal 4/2006)

ARBEITSAUFTRÄGE

1. Beschreibe mit B 1 Auswirkungen des Bürgerkriegs auf die betroffene Bevölkerung.
2. Beschreibt mit Q4 und B3 die Lage im Kongo in eigenen Worten. Welche Aufgaben muss die Regierung aus eurer Sicht besonders dringend lösen?
3. Recherchiere im Internet Informationen über den Kongo und die aktuelle Lage in den Bürgerkriegsgebieten.

4. Indiens Weg in die Unabhängigkeit

Seit seiner Unabhängigkeit 1947 besitzt Indien eine funktionierende parlamentarische Demokratie. Landwirtschaft und Industrie wurden ausgebaut. Dennoch leben viele Inder bis heute in Armut. Wie erklärt sich dieser Gegensatz?

Britische Kolonialherrschaft – Seit dem 18. Jahrhundert beherrschten die Briten Indien; anfangs über die private Ostindiengesellschaft, ab 1858 als Kolonialmacht. Die einheimischen Sitten, Religionen und die Sozialstruktur Indiens ließen die Briten weitgehend unangetastet. Zugleich erhielt Indien das britische Bildungssystem, ein gutes Straßen- und Eisenbahnnetz, eine funktionierende Verwaltung und Gerichtsbarkeit. Andererseits entzog Großbritannien dem Land riesige Rohstoffmengen sowie landwirtschaftliche Produkte. Das Land wurde auch als Absatzmarkt europäischer Güter benutzt. Das einheimische Gewerbe (z. B. die hoch entwickelte Tuchindustrie) sowie der Handel wurden ruiniert; neue Gewerbe- und Industriezweige konnten nicht entstehen. Die Ausrichtung der Landwirtschaft auf Exportgüter (z. B. Tee, Jute) verringerte die Anbauflächen für Lebensmittel. Hungerkatastrophen mit Millionen Opfern waren die Folge.

Widerstand durch „zivilen Ungehorsam" – Zur Befreiung Indiens von der britischen Kolonialherrschaft entwickelte der junge Rechtsanwalt MAHATMA GANDHI sein Konzept des gewaltfreien Widerstands: **Keine Zusammenarbeit** mit den britischen Kolonialbehörden (Niederlegung von Ämtern, Boykott britischer Waren, Boykott von Wahlen, Schulen und Gerichten), **„bürgerlicher Ungehorsam"** gegen als ungerecht erkannte Gesetze, **absolute Gewaltfreiheit** und freiwilliges Erdulden von Strafen. Dem politischen und moralischen Druck des gewaltfreien Widerstands konnte die britische Kolonialherrschaft nicht standhalten: 1947 entließ Großbritannien die Kolonie in die staatliche Unabhängigkeit. ❷/6

PERSONENLEXIKON

MAHATMA GANDHI („Große Seele"), 1869–1948. Studierte in London, entwickelte die Methode des passiven Widerstands und wurde zum Führer der Indischen Nationalbewegung. Gandhi wurde 1948 von einem fanatischen Hindu wegen seiner liberalen Haltung gegenüber den Moslems ermordet.

Q1 Aus einem Artikel Gandhis in der Zeitung „Navajiran" (10.4.1930):

Was sind die Bedingungen, mag man fragen, die jeder erfüllen kann, um Sawaraj [politische Unabhängigkeit] zu erlangen? Hier sind sie:

1. Jeder kann gegenüber der [britischen] Salzsteuer bürgerlichen Ungehorsam leisten. Dazu ist keine Schulung notwendig.
2. Jeder kann mit seinem Takli [Spindel] spinnen. Wenn Millionen anfangen, Baumwolle zu karden [zum Spinnen vorbereiten] und das Takli in Bewegung zu setzen, können wir so viel Khadi [grobe Baumwollkleidung] produzieren, wie wir brauchen. Lasst uns alle ausländischen Stoffe boykottieren und ausschließlich Khadi tragen.

(In: Geschichte lernen 56 /1997, S. 34)

Die Teilung und Unabhängigkeit Britisch-Indiens

K2

Indien als unabhängiger Staat – Der britische Plan zur Unabhängigkeit Indiens sah eine Teilung in zwei unabhängige Staaten vor: Seit 1947 existieren der parlamentarisch regierte Hindu-Staat Indien und die Islamische Republik Pakistan. Massenumsiedlungen, Religionskonflikte und der Streit um Kaschmir belasten die Beziehungen beider Staaten bis heute. /7

Die „Grüne Revolution" – Der einseitige Ausbau der Schwerindustrie nach 1947 und ein explosionsartiges Bevölkerungswachstum führten im Agrarland Indien zur Verelendung großer Teile der Landbevölkerung und zur Verslumung der Städte. Zur Sicherung der Ernährung wurde 1968 die „Grüne Revolution" ausgerufen: Neue, ertragreichere Getreidesorten, der Einsatz von Kunstdünger und Pestiziden führten zunächst zu einer deutlichen Steigerung der Erträge. Doch langfristig wurden dadurch die Böden der Anbauflächen geschädigt. Das Hauptproblem war aber, dass viele Kleinbauern die neuen Produktionsmethoden nicht finanzieren konnten und ihr Land verloren. Die Kluft zwischen Arm und Reich wurde so noch größer.

Gesellschaft zwischen Tradition und Moderne – Das Festhalten an traditionellen Lebens- und Denkformen erschwert eine Modernisierung. Auf dem Land spielt das religiös begründete **Kastenwesen** (= Trennung der Menschen in gesellschaftliche Gruppen mit unterschiedlichen Rechten, in die man hineingeboren wird) weiterhin eine große Rolle. Die Diskriminierung der „Unberührbaren" ist zwar in der Verfassung von 1950 abgeschafft, kennzeichnet aber weiterhin deren Alltag. Das gilt auch für die traditionell untergeordnete **Stellung der indischen Frauen.**

PERSONENLEXIKON

P. JAWAHARLAL NEHRU, 1889–1964. Seit der Unabhängigkeit Indiens Ministerpräsident und Außenminister (1947–1964). Nehru verfolgte in der Zeit des Kalten Krieges eine Neutralitätspolitik; er organisierte die Wirtschaft nach dem Prinzip des „indischen Sozialismus".

Q3 Erfahrungen, die B. R. Ambedkar, später Justizminister Indiens, als „Unberührbarer" machen musste:

[Ambedkar] war zusammen mit seinem älteren Bruder auf einem Ochsenkarren unterwegs. [...] Als der Fahrer des Gespanns erfuhr, dass die gut gekleideten Jungen Dalits [Unberührbare] waren, drehte er sofort um und stieß sie vom Wagen. Als Ambedkar ihn inständig bat, er möge ihn doch gegen Bezahlung eines Aufpreises mitnehmen, wurde der höherkastige Hindu weich und setzte die Fahrt fort. [...] Aus Angst, verunreinigt zu werden, lief der Fahrer hinter dem Wagen her und überließ dem Bruder Ambedkars die Zügel. Nach einer Weile hatten die Jungen großen Durst. Als sie aber bei den Anwohnern um Wasser ersuchten, war es ihnen verwehrt, sich Wasser aus dem Brunnen zu holen. Statt dessen verwies man sie auf abgestandenes Wasser in einem dreckigen Tümpel.

(In: G. Schwägerl, Unberührbar, Unkel/ Bad Honnef 1995, S. 84 f. Gekürzt)

B 4 Berufstätige Inderin in einem Software Center in Bangalore, 1997

ARBEITSAUFTRÄGE

1. Erläutere mit Q 1 die Mittel Gandhis, um die britische Kolonialherrschaft zu stürzen. Beurteile seine Methode des „gewaltfreien Widerstands".
2. Erläutere den Unabhängigkeits- und Teilungsplan der Briten für Indien mithilfe von K 2. Nenne mögliche Gründe für die bis heute bestehenden Spannungen zwischen Indien und Pakistan.
3. Erklärt und diskutiert mit Q 3 und B 4 die Aussage, dass Indien ein Land zwischen Tradition und Moderne ist.

5. „Entwicklungsländer" und Entwicklungshilfe

Viele ehemalige Kolonien sind bis heute wirtschaftlich unterentwickelt; sie werden daher als „Entwicklungsländer" bezeichnet. Welche Merkmale weisen sie auf?

Problematische Begriffe – Die früher verbreitete Bezeichnung **„Dritte Welt"** wurde zur Kennzeichnung der Ländergruppe geprägt, die von der so genannten „Ersten Welt" (westliche Industrieländer) und der „Zweiten Welt" (Industrieländer mit Planwirtschaft) unterschieden wird. Da diese drei Begriffe als Rangfolge missverstanden wurden, verzichtet man heute auf den Begriff „Dritte Welt". Der Begriff **„Entwicklungsländer"** wird weiter verwendet, ist aber nicht unumstritten. Denn er setzt ein europäisches Verständnis von Entwicklung voraus, das angesichts der ökologischen Gefährdung der Erde, der kulturellen Eigenheiten sowie der wirtschaftlichen Möglichkeiten vieler Entwicklungsländer inzwischen als fragwürdig gilt. Seit den 1980er-Jahren wird daher ein Konzept der **nachhaltigen Entwicklung** für die „Entwicklungsländer" gefordert. Oberstes Prinzip soll dabei die „Hilfe zur Selbsthilfe" sein. i/8

Q1 Rede von Julius Nyerere, Staatschef von Tansania, 1976:

Wir sind aus Erfahrung zu der Erkenntnis gelangt, dass das ganze *Konzept der Hilfe* falsch ist. [...] Sie erniedrigt die armen Länder zu Bettlern. [...] Was die Armen jetzt fordern – im eigenen wie in Ihrem Interesse – ist eine faire Chance für ihre eigene Entwicklung. [...] Wir wollen einen echten und automatischen Ressourcentransfer [Weitergabe von Produktionsmitteln] von den Reichen zu den Armen statt umgekehrt. Wir wollen angemessene Vertretung in internationalen Gremien [...] wir wollen eine echte Verpflichtung zur Entwicklung der Welt als einer Einheit, bei bewusster Begünstigung der Armen und Benachteiligten.

(In: J. R. Klicker [Hg.], Afrika, Wuppertal 1980, S.173 f. Gekürzt)

D2 Bevölkerungs- und Einkommensverteilung zwischen Industrie- und Entwicklungsländern

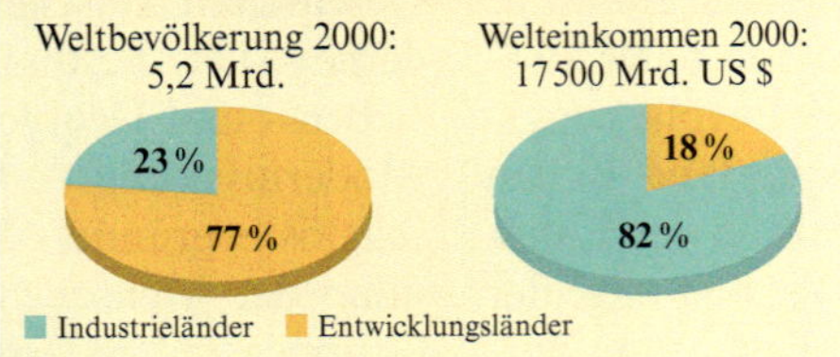

K 3

Q4 Ashish Kothari, ein indischer Ökologe, schrieb 1994:

Wenn sowohl die Umwelt als auch die Lebensgrundlage der Menschen bewahrt werden soll, muss Indien noch lange ein Agrarland bleiben. [...] Zwei Drittel der Bevölkerung leben von der Landwirtschaft. [...] Wir müssen dem traditionellen Konzept entgegentreten, dass man umso entwickelter sei, je mehr Industrie man hat. Selbst wenn man wollte, gäbe es keine Möglichkeit, dass die Dritte Welt einen solchen Industrialisierungsgrad wie der Westen erlangt. Die USA verbrauchen etwa 40 Prozent der Weltressourcen, wenn [allein] Indien dazu aufschließen wollte, bräuchten wir 120 Prozent.

(In: F. Braßel, Gandhis Erben. Indien in der Krise, Bonn 1994, S. 209. Gekürzt)

Wirtschaftliche Abhängigkeit – Die Wirtschaft vieler Entwicklungsländer ist auch heute noch weitgehend auf die Märkte der Industrieländer ausgerichtet. In landwirtschaftlichen Monokulturen oder einseitig ausgerichteten Industrien werden einige wenige Exportprodukte hergestellt, oft unter der Kontrolle **multinationaler Konzerne.** Diese Länder sind extrem abhängig von der Nachfrage und Preisentwicklung am Weltmarkt. Die Produktion für den einheimischen Bedarf, insbesondere von Nahrungsmitteln, ist dagegen oft unzureichend; die Löhne der einheimischen Arbeiter sind meist sehr niedrig. Die Abhängigkeit der Entwicklungsländer von den Industrieländern folgt einem Gefälle von Nord nach Süd. Man spricht daher auch vom **„Nord-Süd-Konflikt“.**

Entwicklungshilfe – Die Industrieländer leisten Entwicklungshilfe in Form von Kapitalhilfe, technischer Hilfe, personeller Hilfe, Nahrungsmittelhilfe und humanitärer Hilfe. Gemäß internationaler Vereinbarungen sollen 0,7 Prozent des Bruttosozialprodukts jährlich für Entwicklungshilfe aufgewendet werden. In Deutschland sind es zur Zeit nur 0,3 Prozent, etwa 5,5 Milliarden Euro jährlich.

Q5 Rede des ehemaligen Bundespräsidenten Walter Scheel 1978:

Die Entscheidung, eine Fabrik in ein Entwicklungsland mit ganz anderer Kultur zu stellen, ist […] nicht nur eine wirtschaftliche, sondern in sehr hohem Maße eine kulturpolitische Entscheidung. Mit der Fabrik exportieren wir eben nicht nur bestimmte Apparate, Gebäude und Fachkräfte, sondern auch eine bestimmte Art zu denken, zu arbeiten, zu fühlen, kurz – zu leben. Die Errichtung einer solchen Fabrik verändert das Leben der Menschen. […] Das kann für diese Menschen durchaus von Vorteil sein, es kann aber auch katastrophale Folgen haben.

(In: J. R. Klicker [Hg.], Afrika, a.a.O. S. 188. Gek.)

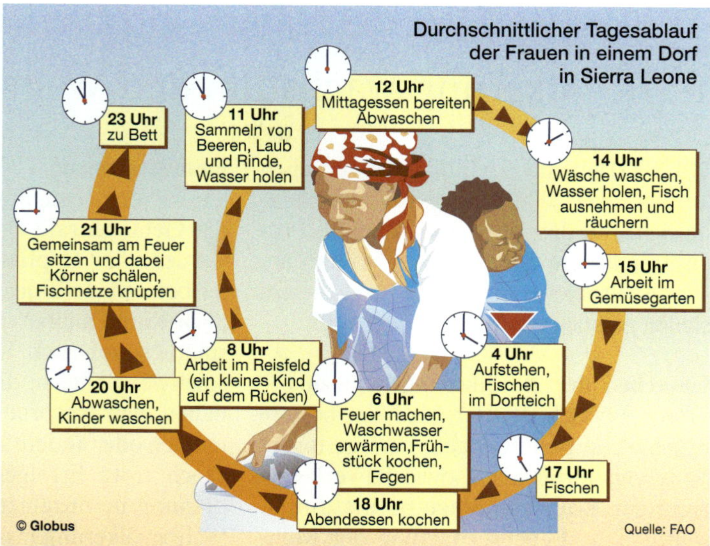

B6 Der lange Tag einer Bäuerin in Afrika

B7 Wer bekommt wie viel vom Verkaufserlös einer Banane?

ARBEITSAUFTRÄGE

1. Beschreibe mit D 2 und K 3 die Verteilung von Reichtum und Armut in Europa, Asien und Afrika. Erörtert in der Klasse mögliche Ursachen, vgl. auch K 1 von Seite 243.
2. Diskutiert mögliche politische Konsequenzen des „Nord-Süd-Gefälles“ für die armen und die reichen Länder.
3. Diskutiert mit Q 1 und Q 5 die Standpunkte von Nyerere und Scheel zum traditionellen Entwicklungskonzept.
4. Der Inder Kothari setzt sich in Q 4 kritisch mit dem Konzept der industriellen Entwicklung nach westlichem Vorbild auseinander. Diskutiert und beurteilt seine Meinung.
5. Erörtert mit B 6 die Lebenssituation von Frauen in Afrika.
6. Erläutere mit B 7, wer am Geschäft mit den Bananen profitiert. Durch welche Mechanismen werden Entwicklungsländer hier benachteiligt und wie ließe sich das ändern?

Teil II: Globale Menschheitsprobleme

1. Bevölkerungswachstum und Welternährung

Um 1900 lebten 1,5 Milliarden Menschen auf der Erde, 2000 waren es schon 6,1 Milliarden. Für das Jahr 2050 lauten die Prognosen auf mindestens 9,5 Milliarden. Welche Probleme ergeben sich aus diesem steilen Anstieg der Weltbevölkerung?

Ursachen der Bevölkerungsexplosion – Durch Fortschritte der Medizin, bessere hygienische Bedingungen, eine geringere Säuglingssterblichkeit sowie die Verbesserung der Ernährungslage ist die durchschnittliche **Lebenserwartung** der Menschen weltweit von ca. 40 Jahren um 1900 auf 66 Jahre im Jahr 2000 gestiegen. Die Zahl der Geburten **(Geburtenrate)** blieb dagegen in weiten Teilen der Welt gleich oder ist sogar höher als um 1900. ❷/9

Bevölkerungswachstum und Armut – Aus Europa wissen wir, dass erst eine nachhaltige Verbesserung der Lebensumstände – höhere Einkommen, bessere Schulbildung, Altersfürsorge – die durchschnittliche Geburtenrate pro Familie sinken lässt. Es ist daher nur scheinbar ein Widerspruch, wenn der stärkste Bevölkerungsanstieg in den ärmsten Entwicklungsländern stattfindet, vor allem in Afrika.

Familienplanung – Viele Entwicklungsländer versuchen, durch Familienplanung die Geburtenrate zu verringern: Frauen werden über empfängnisverhütende Mittel beraten. In einigen Ländern wird die **„Ein-Kind-Familie"** propagiert, auch mit staatlichem Druck. In China verlieren beispielsweise Eltern, die mehr als ein Kind haben, den Anspruch auf günstige Wohnungen oder andere staatliche Leistungen. Doch trotz Erfolgen bei der Familienplanung in einzelnen Ländern steigt die Weltbevölkerung insgesamt weiter an.

Hilfe gegen den Hungertod

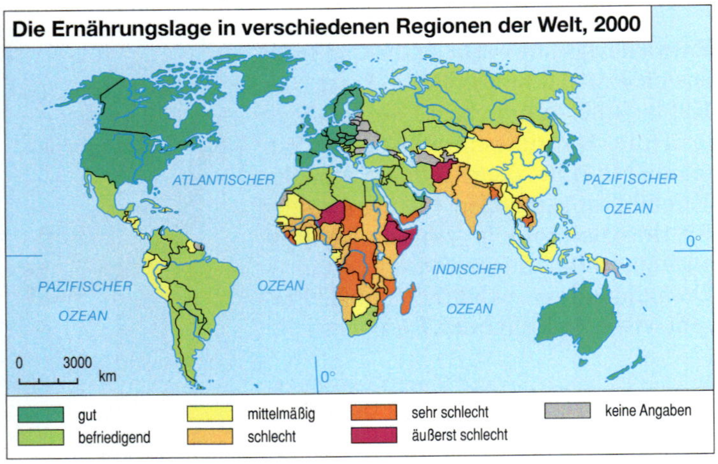

K 2

D 1 Wachstum der Weltbevölkerung

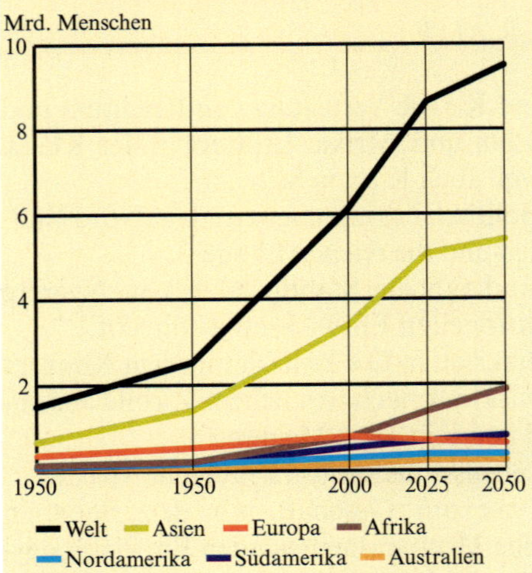

Q 3 Den Teufelskreis durchbrechen:

Afrika hat in naher Zukunft wenig Aussichten, den Teufelskreis von Armut und Kinderreichtum zu durchbrechen: Mehr Kinder schaffen soziale Sicherheit im Alter. Aber mehr Kinder machen auch jeden kollektiven [gemeinschaftlichen] Fortschritt zunichte. […] Zur Erklärung des ungebremsten Bevölkerungswachstums gilt immer noch die Faustformel: Die Armen sind so arm, weil sie zu viele Kinder haben; sie haben zu viele Kinder, weil sie so arm sind. Familienplanung kann nur Erfolg haben, wenn Alterssicherung nicht mehr ruinösen Kinderreichtum voraussetzt. Die Einzelglieder in der Kette notwendiger Entwicklungsschritte sind untrennbar miteinander verbunden: Ausbildung, Wirtschaftswachstum, Sicherheit, Geburtenrückgang.

(In: Der Spiegel, Nr. 21 vom 21. 5. 1990, S. 162. Gekürzt)

Nahrung für alle? – Im Jahr 2001 litten 815 Millionen Menschen weltweit an chronischem Hunger. In einzelnen Entwicklungsländern waren es über 50 % der Bevölkerung. Hunger ist zugleich eine Folge und eine Ursache von Armut: Denn hungrige Menschen können schlechter lernen, sie arbeiten weniger produktiv und sind oft chronisch krank.

Fast drei Viertel der hungernden Menschen leben in Regionen, wo Reis, Hirse oder Weizen wachsen könnten. Es fehlt jedoch an Saatgut, Dünger, Know-how, Ackergerät sowie an den erforderlichen Bewässerungsanlagen. Die Regierungen vieler Entwicklungsländer vernachlässigen bisher auch den Agrarsektor und investieren statt dessen in unsinnige Prestigeprojekte. Eine Verbesserung der Nahrungsmittelproduktion konnten dagegen Indien und China verzeichnen. Durch den Einsatz moderner Agrartechnologien seit den 1960er-Jahren sind dort die Erträge deutlich gestiegen („Grüne Revolution").

Verantwortung der Industrieländer – Die Bekämpfung des Hungers scheitert zum Teil am fehlenden politischen Willen der betroffenen Entwicklungsländer. Doch auch die Industrieländer sind mitverantwortlich, denn sie schützen ihre eigenen Wirtschaften durch Zölle: Rohstoffe dürfen zwar zollfrei aus Entwicklungsländern eingeführt werden, doch auf verarbeitete Produkte werden hohe Zölle erhoben. Die wertschöpfende Verarbeitung geschieht daher in den nördlichen Industriestaaten. Im Süden sinken dadurch die Chancen für den Aufbau von Gewerbe und Industrie; die Armut steigt weiter an.

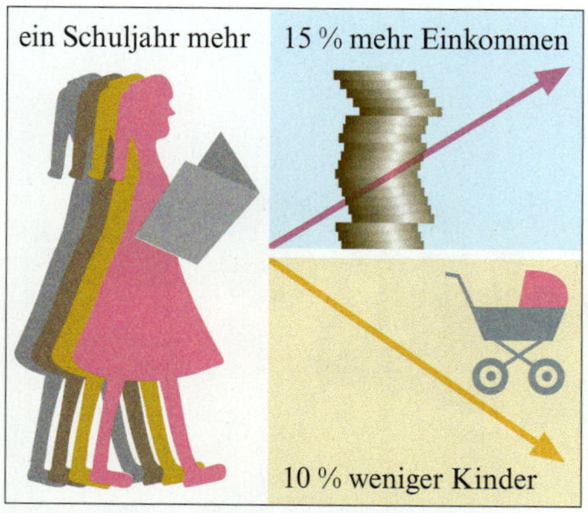

B4 Mädchen in Entwicklungsländern brauchen mehr Bildungschancen

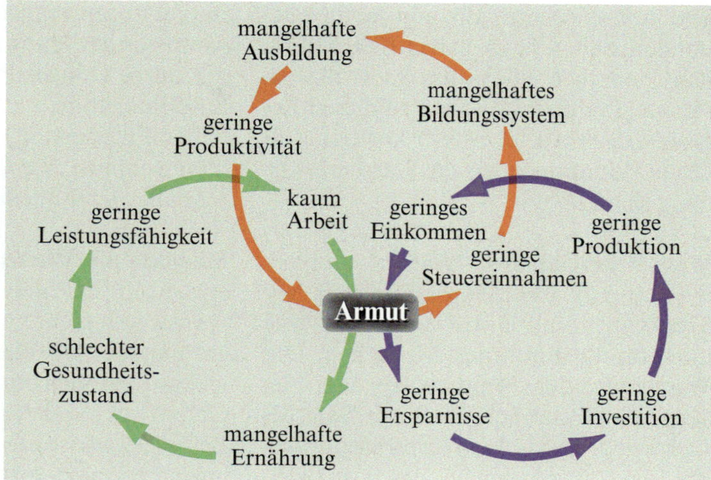

B5 Teufelskreise der Armut

Q6 Der Staatspräsident von Burkina Faso (Afrika), Thomas Sankara, zur Nahrungsmittelhilfe, 1986:

Die Nahrungsmittelhilfe [der Industrieländer] stellt in Wirklichkeit eine Behinderung unserer eigenen Entwicklungsanstrengungen dar. […] Unsere Landwirtschaftsexperten [schreiben] Briefe an internationale Organisationen […], in denen sie diese um Nahrungshilfe anbetteln. […] Wir aber fordern, dass die Nahrungshilfe nach und nach durch Produktionshilfe ersetzt wird, durch eine Hilfe, die uns die Produktionsmittel gewährt, wie etwa Maschinen und Dünger. […] Heute sieht niemand sich gezwungen, nach wirklichen Lösungen zu suchen […]

(In: epd-Entwicklungspolitik 8/April 1986, S. g. h. Gekürzt)

ARBEITSAUFTRÄGE

1. Interpretiere D1 und nenne mögliche Gründe für die unterschiedliche Bevölkerungsentwicklung (vgl. auch Q3).
2. Analysiere mit K2 die Ernährungssituation in verschiedenen Regionen der Erde. Leite mithilfe deiner Kenntnisse über die Agrarentwicklung Indiens (vgl. S. 249) mögliche Maßnahmen für die Landwirtschaft Afrikas ab.
3. Beurteile die in Q6 formulierte Kritik an der Nahrungsmittelhilfe der Industrieländer für die Entwicklungsländer.
4. Erkläre den Teufelskreis von Armut und Bevölkerungswachstum (Q3, B5). Formuliere einen Maßnahmenkatalog, wie der Teufelskreis durchbrochen werden kann. Nutze dazu auch B4.

2. Wasser und Klima: kostbar und schutzbedürftig!

Nur etwa 2,5 Prozent des Wassers auf der Erde sind Süßwasser; davon sind 70 Prozent in Gletschern, Eis und Schnee gebunden. Schon heute haben 1300 Millionen Menschen kein sauberes Trinkwasser; viele verdursten sogar. In diesen Regionen der Erde ist Wasser kostbarer als Gold. Wie können wir die Wasserversorgung sichern?

Wasser in Gefahr – Wasserknappheit wird durch natürliche Faktoren wie Trockenheit und Dürre verursacht, aber auch direkt durch den Menschen. Das Wachstum der Weltbevölkerung, der steigende Verbrauch durch die Stadtbevölkerung, die Industrieproduktion sowie die Intensivierung der Landwirtschaft haben den **Wasserverbrauch** stark steigen lassen.

Aber nicht nur der Verbrauch, sondern auch die **Verschmutzung** des Wassers hat extrem zugenommen: durch ungeklärte Abwässer der Haushalte und der Industrie, durch Dünger, Pestizide sowie durch Luftschadstoffe.

In den Entwicklungsländern ist die Wasserverschmutzung Ursache für 80 Prozent aller Krankheiten.

Konflikte um Wasser – Es gibt weltweit etwa 214 Flüsse und Seen, deren Wasservorräte sich mehrere Anliegerstaaten teilen müssen. Da Wasser schon heute in vielen Regionen knapp ist, besteht die Gefahr von gewaltsamen Konflikten. Beispielsweise spielen im Westjordanland auch die Wasservorräte eine große Rolle im israelisch-palästinensisch-arabischen Konflikt. e/10

D4 Die Wasserversorgung der Weltbevölkerung

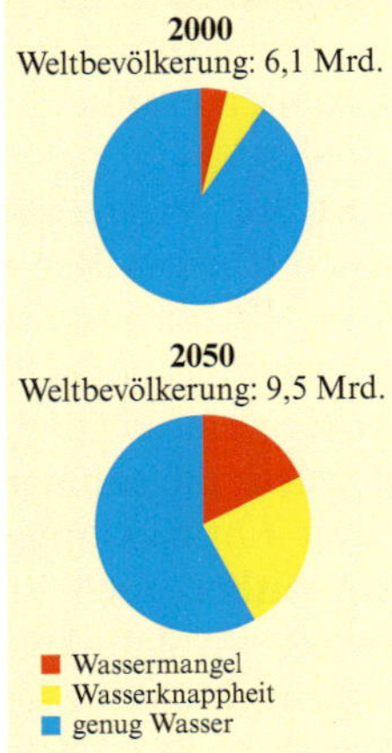

Q1 Das türkische Staudammprojekt an Euphrat und Tigris:

Seit Jahrzehnten bauen die Türken im Einzugsgebiet von Euphrat und Tigris an einem riesigen System von Staudämmen und Kraftwerken. [...] Mit den aufgestauten Wassermassen sollen die Felder im [...] Südosten des Landes bewässert werden, während die Kraftwerke billigen Strom für neue Industriebetriebe liefern sollen. [...] Doch die südlichen Anrainerstaaten sind vom Fortgang der Arbeiten wenig begeistert. Die Türkei erhält dadurch nämlich die Möglichkeit, die Wasserzufuhr nach Syrien und Irak zu kontrollieren: eine ungeheuer wichtige Trumpfkarte. Beide Länder erheben Ansprüche an das Wasser, über das die Türken nicht alleine verfügen dürften. Die Türkei ist zwar bereit, den Nachbarn Wasser zukommen zu lassen, will die Menge aber weit niedriger [als gefordert] ansetzen.

(In: Tagesspiegel, 4.12.2001, S. 6. Gekürzt)

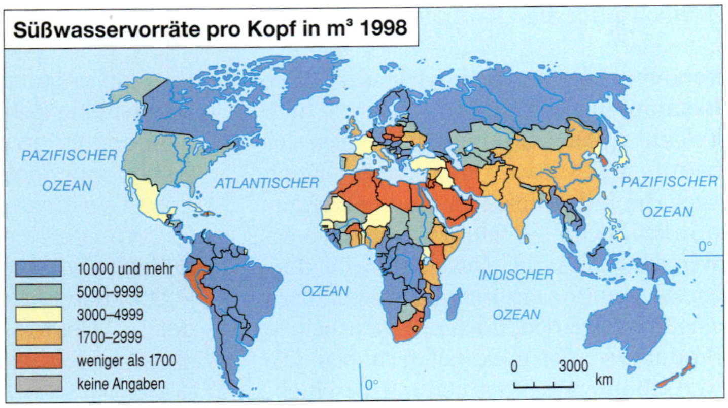

K2

B3 Schulkinder beim Wasserholen, Simbabwe, Ende der 1990er-Jahre

Energieverbrauch – Die wachsende Weltbevölkerung und ein höherer Lebensstandard haben eine drastische Steigerung des Energieverbrauchs zur Folge, besonders in den Industriestaaten. Welche Konsequenzen hat das für die Umwelt?

Umwelt und Klima – Seit der industriellen Revolution im 19. Jahrhundert ist der Energieverbrauch der Menschheit enorm angestiegen. Europa und die USA stellten im Jahr 2000 etwa 17 Prozent der Weltbevölkerung, verbrauchten aber rund 60 Prozent der bereitgestellten Energie. Diese Energie wird bis heute vor allem aus der Verbrennung von nichtregenerierbaren Rohstoffen wie Erdöl, Kohle und Erdgas gewonnen. Bei der Verbrennung dieser Energieträger durch die Haushalte, Industrie, Kraftwerke und den Kraftverkehr entstehen Schadstoffe (= **Emissionen**), die zum Teil ungefiltert in die Luft gelangen. Beim Menschen können diese Schadstoffe Allergien, **Atemwegserkrankungen** und Krebs auslösen. In der Umwelt sind sie für das **Waldsterben** mit verantwortlich. Die langfristig gefährlichste Folge der Schadstoff-Emission ist jedoch die **Aufheizung der Erdatmosphäre.** Bestimmte Emissionsgase sammeln sich wie eine Dunstglocke in der Atmosphäre. Zwar lassen sie die Sonnenstrahlen bis zur Erde eindringen, verhindern aber die Abstrahlung der entstehenden Wärme. Man spricht vom sogenannten **Treibhauseffekt.** Nach Meinung zahlreicher Wissenschaftler hat dies bis zum Jahr 2050 eine globale Temperaturerhöhung um 3 °C zur Folge – mit gefährlichen Auswirkungen für das Klima und die Menschen. ⓘ/11

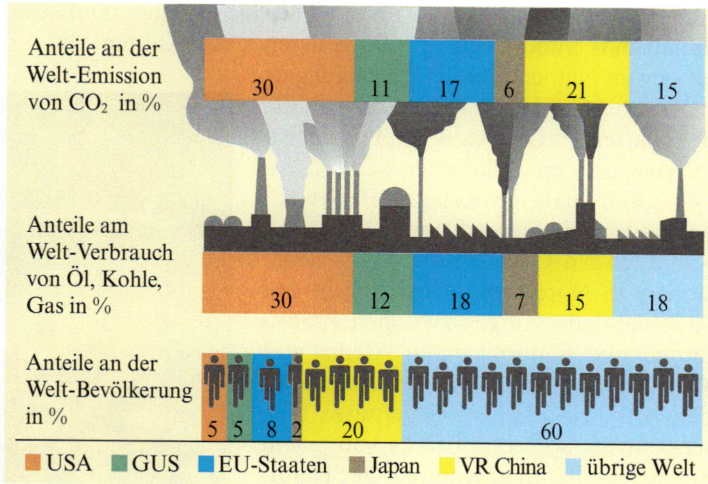

B 6 CO_2-Emission und Energieverbrauch weltweit (Stand 2003)

Q 7 Fortschritte beim Klimaschutz?

Es sieht nicht gut aus für den weltweiten Klimaschutz. Vor allem dann nicht, wenn die USA jetzt endgültig ausscheren. Damit das 1997 nach zähem Ringen verabschiedete Kyoto-Protokoll [so benannt nach dem japanischen Tagungsort] zur Reduzierung der Treibhausgas-Emissionen in Kraft treten kann, müssen 55 Staaten das Abkommen unterzeichnen. […] Nun will der Klimaverschmutzer Nummer 1 von den in Kyoto vereinbarten Zielen abrücken, wie US-Präsident George W. Bush […] bekräftigte. […] Europa hat [bei der Entwicklung energiesparender Technologien] gegenüber den USA einen klaren Innovationsvorsprung.

(Th. Padova, „Mit Reserven", In: Der Tagesspiegel, 31.03.2001, S. 2. Gekürzt)

D5 Die Entwicklung der Durchschnittstemperatur auf der Nordhalbkugel der Erde

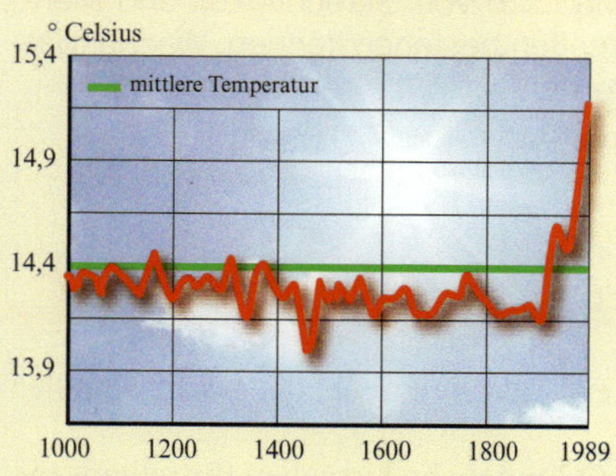

(nach: Geophysical Research Letters, 1999)

ARBEITSAUFTRÄGE

1. Erörtert mit K 2 und D 4 die aktuelle und zukünftige Situation der Wasserversorgung weltweit und in Problemregionen.
2. Erläutere mit Q 1 und B 3 mögliche Folgen von Wassermangel (vgl. auch K 2, Seite 252).
3. Analysiert D 5 und B 6 und erörtert mögliche Ursachen sowie Folgen einer weltweiten Klimaveränderung.
4. Vergleicht die Emissionen und den Energieverbrauch von Industrie- und Entwicklungsländern. Formuliert mit Blick auf die Bevölkerungsentwicklung (D 1, S. 252) eine Prognose des Emissionsausstoßes für das Jahr 2050.
5. Beurteile mit Q 7, wie konsequent die Industrieländer einer drohenden Klimakatastrophe bisher begegnen.

3. Religiöser Fundamentalismus als Quelle der Gewalt

Die brennenden Türme des World-Trade-Centers wurden zum Symbol für **religiösen Fanatismus** und einen verblendeten „Krieg im Namen Gottes“. Doch religiös motivierte Gewalt ist keine Erscheinung der Neuzeit und nicht auf den **Fundamentalismus** extremer Islamisten beschränkt. Der Dreißigjährige Krieg (1618–1648), der weite Teile Deutschlands verwüstete, war auch ein Glaubenskrieg. Bis heute sterben in Nordirland Menschen in den Auseinandersetzungen zwischen Protestanten und Katholiken; in Afrika und Asien toben grausame Bürgerkriege unter dem Anschein religiöser Gegensätze. Wissenschaftler sprechen bereits von einem neuen Zeitalter des „Kampfes der Kulturen“ und Religionen. Doch meist verbergen sich hinter den religiösen Konflikten konkrete politische Macht- und Wirtschaftsinteressen.

B 2 Arabisch-muslimische Selbstmordattentäter zerstören am 11. September 2001 das New Yorker World-Trade-Center und töten dabei mehr als 3000 Menschen

Q 1 Krieg im Namen Gottes?

Papst Urban II., 1095:

Das Vaterland des Herrn [= Palästina], das Mutterland der Religion, hat ein gottloses Volk in seiner Gewalt. […] Der Tempel des Herrn ist nun Sitz des Teufels geworden. […] Wendet die Waffen gegen die Feinde des christlichen Namens und Glaubens. […] Wenn einer dort in wahrer Buße fällt, [wird] ihm Vergebung seiner Sünden und [das] ewige Leben zuteil werden.

(Geschichte in Quellen 2, München 1989, S. 366f.)

Osama bin Laden, arabischer Terroristenführer, 1996:

Heute haben eure Brüder und Söhne […] ihren Djihad [heiligen Krieg] für die Sache Allahs und gegen die Armeen der amerikanisch-zionistischen Kreuzfahrer [USA, Israel] begonnen. […] Unsere Jugendlichen glauben daran, was von Allah und seinem Propheten […] über [gefallene] Mudjahedin und Märtyrer gesagt wurde […], er wird sie in den Garten, das Paradies, einlassen.

(In: Die Woche, 14.09.2001, S. 10. Gekürzt)

Q 3 Der evangelische Bischof von Berlin-Brandenburg, W. Huber zu den Ursachen des (religiösen) Terrorismus:

Die These, weltweite wirtschaftliche Ungerechtigkeit entlade sich mit innerer Folgerichtigkeit in Terroraktionen […], ist nicht mehr als eine sehr spezielle Form von Geschichtsfatalismus. Noch fataler ist der Umkehrschluss. Denn […] [die Gewalt] schlägt keineswegs nur dort Wurzeln, wo Menschen unter dem Druck wirtschaftlicher Ungerechtigkeit einen Hass aufgestaut haben. […] Trotzdem haben zwei Aufgaben je ihre eigene Dringlichkeit. Es geht zum einen darum, gewaltsamen Terror zu verhindern […]. Es geht zum anderen darum, weltwirtschaftliche Verhältnisse zu fördern, die vor dem Maßstab von Gerechtigkeit und Menschenwürde einigermaßen bestehen können. Wer nur das eine oder das andere sieht, ist auf einem Auge blind.

(In: Der Tagesspiegel, 9.3.2002, S. 23. Gekürzt)

ARBEITSAUFTRÄGE

1. Vergleiche und beurteile die Argumente der beiden Quellenauszüge von Q 1.
2. Erörtert mit Q 1 und Q 3 mögliche Ursachen für religiös motivierte Gewalt und terroristische Anschläge (B 2).

	Politik	Kultur	Alltag/Wirtschaft
2000	2001:Terroranschläge radikaler Islamisten in den USA 2001: Beginn einer neuen Intifada in Israel; Friedensplan von US-Präsident Clinton 1997: Sturz Mobutus (Kongo) 1993: Israelisch-palästinensisches Abkommen von Oslo	2001: Die Weltöffentlichkeit verfolgt die Terroranschläge in den USA via Fernsehen 2000: Mehr als 6 Mrd. Menschen leben auf der Erde	2008: Weltfinanzkrise 2005 ff: Weltweiter Anstieg der Energiepreise 2001: Eskalation der Gewalt im Nahostkonflikt 1997: Abkommen zur Reduzierung der CO_2-Emissionen (Klimakonvention)
1990	1990: Überfall des Iraks unter Saddam Hussein auf Kuwait 1988: Staatsproklamation Palästinas	1991: Der Golf-Krieg wird zum Medienereignis; Diskussionen um Zensur	1993: Gaza und Jericho unter palästinensischer Autonomie 1990er-Jahre: Hyperinflation im Kongo 1987: Beginn der palästinensischen Intifada gegen Israel Intensivierung der israelischen Siedlungspolitik
1980	1980 – 1988: Iranisch-irakischer Krieg 1979: Sturz des Schah-Regimes im Iran; Bildung der Islamischen Republik Iran unter dem Ajatollah Khomeini	1980 ff. Propagierung der Ein-Kind-Familie in China 1979 ff. Zunahme des religiösen Fundamentalismus, besonders in islamischen Staaten 1979 ff: Re-Islamisierung und Einführung der Scharia im Iran	1979 ff.: Beschneidung der Rechte von Frauen im Iran (Tschador-Zwang u. a.) Verstaatlichung ausländischer Unternehmen im Kongo
1970			
1960	1967: Israelisch-arabischer Sechstagekrieg 1965: Beginn der Militärdiktatur Mobutus (Kongo) 1964: Gründung der PLO 1960: „Afrika-Jahr“, Unabhängigkeit der meisten afrikanischen Kolonien	1965 ff.: Korruption und Vetternwirtschaft in Zaïre/Kongo 1960 ff.: Besinnung auf afrikanische Werte im Zuge der afrikanischen Unabhängigkeitsbewegungen 1960 ff.: Modernisierung des Iran nach westlichem Muster durch Schah Reza Pahlevi	1968: Beginn der israelischen Siedlungspolitik in besetzten Gebieten 1968 ff: „Grüne Revolution“ in Indien
1950	1948: Israelisch-arabischer Krieg 1947: UN-Teilungsplan für Palästina	1920 – 1947: Gewaltfreier Widerstand Gandhis gegen die britische Kolonialmacht in Indien	1950er-Jahre: Bildung von Befreiungsbewegungen in Afrika 1948: Entstehung der palästinensischen Flüchtlingslager
1945	1945: Erste Phase der Dekolonisation 1923: Atatürk wird Präsident der Türkischen Republik 1908: Der Kongo wird belgische Kolonie	1923: Europäisierung und Einführung eines Mehrparteiensystems (1945) in der Türkei 1900: es leben etwa 1,5 Mrd. Menschen auf der Erde	1930er-Jahre: Verbot des islamischen Eherechts, der arabischen Schrift und der traditionellen Kleidung in der Türkei
1880	1884/85: Berliner Kongokonferenz	Wiederaufleben des Antisemitismus in Europa, Gründung der zionistischen Bewegung	1881 ff.: 1. Alija: Beginn der jüdischen Einwanderung nach Palästina

Zusammenfassung – Internationale Problemfelder

Im 20. Jahrhundert sind eine Reihe internationaler Problemfelder sichtbar geworden, die ein gefährliches Konfliktpotenzial bergen und deren Lösung sich bisher nicht abzeichnet.

Der palästinensisch-israelisch-arabische Konflikt **(Nahostkonflikt)** entstand im Streit zwischen Juden und palästinensischen Arabern um die Siedlungs- und Herrschaftsrechte im Gebiet Palästinas. Beide Seiten erheben historische Ansprüche auf dieses Land. Seit 1948 führten sie mehrere Kriege gegeneinander. Der 1993 unter Vermittlung der USA begonnene **Friedensprozess** gerät immer wieder ins Stocken.

Mit der Europäisierung der Türkei seit 1923 und der Modernisierung des Iran seit 1960 schien sich die westliche Kultur auch im arabischen Raum durchzusetzen. Die **islamische Revolution** im Iran 1979 brachte jedoch eine fortschreitende Re-Islamisierung der ganzen Region. Seither fürchtet die westliche Welt um ihren Einfluss in der Golfregion und ihren Zugang zu den Ölreserven.

Die **Kolonialherrschaft** zerstörte oft die politischen, wirtschaftlichen und kulturellen Traditionen der betroffenen Völker. Viele ehemalige Kolonien sind bis heute „Entwicklungsländer". Sie leiden unter autoritären Herrschaftssystemen, Staatszerfall, Armut, wirtschaftlicher Abhängigkeit von den Industriestaaten (Neokolonialismus), Umweltproblemen und (Bürger-)kriegen. Die Industriestaaten leisten zwar **Entwicklungshilfe,** unterstützen aber ein Weltwirtschaftssystem, das die „Entwicklungsländer" benachteiligt.

Das Überleben der Menschheit wird davon abhängen, ob sie lernt, Konflikte friedlich zu regeln und globale Probleme verantwortungsvoll zu lösen, z. B. Umweltverschmutzung, Erderwärmung, Energieknappheit, Bevölkerungswachstum, Hunger, wirtschaftliche Unterentwicklung.

ARBEITSAUFTRÄGE

1. Plant ein Rollenspiel mit drei Gruppen zum israelisch-palästinensischen Konflikt. Je eine Gruppe stellt die israelische bzw. die palästinensische Position dar, macht aber auch Vorschläge zur Lösung des Konflikts aus der Sicht ihrer Partei. Die dritte Gruppe entwickelt Lösungsvorschläge aus der Sicht einer überparteilichen Schiedsgruppe (z. B. der UNO).
2. Überlegt, was die Industrieländer zur Lösung der globalen Menschheitsprobleme beitragen können. Diskutiert, welche Möglichkeiten ihr selbst in eurem persönlichen Umfeld habt, um zur Lösung solcher Probleme beizutragen.

ZUM WEITERLESEN

J. Joubert: Das darf nicht das Ende sein. Sauerländer, Aarau 1991
E.-M. Kremer: Die Träume des Ali M. Tourismus zwischen Europa und Afrika. Rex-Verlag, Luzern 1992
G. Ron-Feder: Die Tage nach dem Anschlag. Beltz & Gelberg, Weinheim 2002
N. Wheatley: Eingekreist. Cols Geschichte. Beltz & Gelberg, Weinheim 1991
@/1 www.lgd.de/projekt/judentum/index.htm
@/2 www.derriere.de/Israel/Nahostkonflikt_1.htm
@/3 www.hls.sha.bw.schule.de/konflikt/irak/irak.htm
@/4 www.isme.ch/Geschichte-HTML-Version/1945ab/Unterr1945ZE000126.PDF
@/5 www.rrz.uni-hamburg.de/Konflikt-Afrika/KK-DA-KongoA-Main-Anfang.html
@/6 www.ess.fds.bw.schule.de/projekte/Webmag/mahatma.htm
@/7 http://krisen-und-konflikte.de/kaschmir/gesch.htm#Top
@/8 www.drittewelt.de
@/9 www.dsw-hannover.de
@/10 www.geoscience-online.de
@/11 www.seilnacht.tuttlingen.com/Lexikon/Treibh.htm

Kriege und Konfliktregelungen im Wandel

Vor dem letzten Irakkrieg appellierte Papst JOHANNES PAUL II. an die Konfliktparteien: *„Krieg ist niemals ein unabwendbares Schicksal. Krieg bedeutet immer eine Niederlage für die Menschheit!“* Leider fand der Irakkrieg dennoch statt. Bis heute diskutieren die Menschen, ob die USA und ihre Verbündeten 2003 einen legitimen **Präventivkrieg** oder einen völkerrechtswidrigen **Angriffskrieg** gegen den Irak führten. Es gibt demnach verschiedene Arten des Krieges. Keiner ereignet sich schicksalhaft, denn zumindest auf einer Seite der Kriegsparteien haben handelnde Menschen die Entscheidung zum Krieg bewusst getroffen – oder schuldhaft herbeigeführt. Dennoch sollte man die verschiedenen Kriegsarten sowie die Motive und Handlungsmöglichkeiten aller Beteiligten kennen und beurteilen.

T 2 Krieg hat viele verschiedene Namen und Gesichter:

- Angriffskrieg
- Verteidigungskrieg
- Bürgerkrieg
- Stellvertreterkrieg
- Kalter Krieg
- Vernichtungskrieg
- Präventivkrieg
- Religionskrieg
- … andere Kriege

T 1 Stimmen zum Thema Krieg. Eine kleine Auswahl aus verschiedenen Jahrhunderten:

Der Krieg ist der Vater aller Dinge. *(Heraklit, griech. Philosoph, 550–480 v. Chr.)*

Der Offensivkrieg ist der Krieg eines Tyrannen, wer sich jedoch verteidigt, der ist im Recht. *(Voltaire, französischer Philosoph, 1694–1778)*

Der Krieg ist eine bloße Fortsetzung der Politik mit anderen Mitteln. *(Carl von Clausewitz, preußischer General, 1780–1831)*

Wer auf den Krieg vorbereitet ist, kann den Frieden am besten wahren. *(George Washington, erster Präsident der USA, 1732–1799)*

Nicht durch Reden und Majoritätsbeschlüsse werden die großen Fragen der Zeit entschieden, sondern durch Eisen und Blut *(Otto von Bismarck, erster deutscher Reichskanzler, 1815–1898)*

Die Menschheit muss dem Krieg ein Ende setzen oder der Krieg setzt der Menschheit ein Ende. *(John F. Kennedy, ehemaliger Präsident der USA, 1917–1963)*

Nicht der Krieg, der Frieden ist der Vater aller Dinge. *(Willy Brandt, früherer deutscher Bundeskanzler, 1913–1992)*

Auf folgenden Seiten des Buches findet ihr weitere Materialien:

UNO:	152–153
Kalter Krieg:	154–160
Wettrüsten:	319
Terrorismus:	194, 271
Krieg in Palästina:	264–267
Kriege um Erdöl:	268–270
Bürgerkrieg im Kongo:	246–247

1. Vernichtungskriege im 20. Jahrhundert

„Der jetzige Krieg“, notierte der französische Botschafter in Petersburg am 20. Juli 1914, *„ist ein Krieg auf Leben und Tod, in welchem jeder Kämpfende seine nationale Existenz aufs Spiel setzt.“* Vorausschauende Zeitzeugen wussten oder ahnten damals, dass der **Erste Weltkrieg** eine neue Dimension der Kriegsführung eröffnete und die Landkarte Europas grundlegend verändern würde. Was unterschied diesen Krieg von früheren?

Anlass und Ursachen des Kriegs – Die Ermordung des österreichischen Thronfolgers am 28. Juni 1914 durch serbische Nationalisten wurde als Anlass für den

B 1 Kriegsfreiwillige in Berlin. Foto 1914

K 3

Q 2 Der Soldat Stefan Schimmer * schreibt seiner Frau von der Front:

3.11.1914: Wenn wir nur nicht ins Gefecht müssten.

15.11.1914: Wenn wir bloß Stellung hier halten müssten, wäre es nicht so schlimm. Aber wenn wir angreifen müssen, gehen ganze Kompanien drauf.

6.12.1914: Bin gar nicht viel hungrig. Kann nichts essen vor lauter Gram und Sorgen. Ich halte es keine 4 Monate mehr aus. Du weißt ja gar nicht, wie es mir ist. Ich bin ganz kaputt.

9.12.1914: Kann dir nicht viel Neues schreiben, bloß dass es bei uns immer schlechter wird. Fast Tag und Nacht geht die Schießerei fort. Bei Tag auch noch Artillerie.

* Am 22. Juni 1915 ist Stefan Schimmer gefallen.

(In: P. Knoch [Hg.], Kriegsalltag, Stuttgart 1989, S. 114 f.)

Q 4 Die Kriegsziele Deutschlands. Septemberprogramm der Regierung Bethmann-Hollweg, 9. September 1914:

Sicherung des Deutschen Reiches nach West und Ost auf erdenkliche Zeit. […]

1. Frankreich: […] In jedem Fall abzutreten, weil für die Erzgewinnung unserer Industrie nötig, [ist] das Erzbecken von Briey. Ferner in Raten zahlbare Kriegsentschädigung; sie muss so hoch sein, dass Frankreich nicht imstande ist, in den nächsten 15 bis 20 Jahren erhebliche Mittel für Rüstung aufzuwenden […].
2. Belgien: Angliederung von Lüttich und Verviers. […] Jedenfalls muss Belgien, wenn es auch als Staat äußerlich bestehen bleibt, zu einem Vasallenstaat herabsinken […].
3. Luxemburg: Wird deutscher Bundesstaat […].
4. Es ist zu erreichen: Die Gründung eines mitteleuropäischen Wirtschaftsverbandes durch gemeinsame Zollabmachung […]. Dieser Verband unter deutscher Führung muss die wirtschaftliche Vorherrschaft Deutschlands über Mitteleuropa stabilisieren.

(In: F. Fischer, Der Griff nach der Weltmacht, Düsseldorf 1961, S. 93 f. Bearbeitet)

Krieg genutzt. Die wirklichen Ursachen waren jedoch das seit Jahrzehnten forcierte **Konkurrenz- und Machtstreben** der Staaten Europas. Im Sommer 1914 gipfelte es in dem bewusst kalkulierten Risiko des „großen militärischen Schlags". Auch die Bevölkerung war im Sommer 1914 von einer **Kriegsbegeisterung** erfüllt, die heute unvorstellbar ist: Mit „Hurra!" meldeten sich Hunderttausende junger Männer in den Krieg führenden Ländern als Freiwillige an die Fronten.

Deutschland wollte eine **Hegemonialstellung in Europa** militärisch erzwingen. Der Verbündete **Österreich-Ungarn** strebte die langfristige Absicherung seiner Herrschaft im Balkan und die Annexion Serbiens, Montenegros und Rumäniens an.
Auch die Kriegsgegner verfolgten territoriale und wirtschaftliche Ziele. Aber vor allem wollten sie die Machtstellung des Deutschen Reiches langfristig eindämmen, da es in ihren Augen seit Jahrzehnten den Frieden in Europa gefährdete. Am 1. August 1914 erklärte Deutschland Russland den Krieg; wenige Tage später befand sich ganz Europa im Krieg, ab April 1917 auch die USA.

Neue Dimensionen des Kriegs – Nicht nur die Kriegs*ziele* unterschieden den Ersten Weltkrieg von früheren Kriegen. Neu war auch die Art der Kriegs*führung*:
- Die **Anzahl der mobilisierten Soldaten** (anfangs 10, später über 70 Millionen) überstieg alle bisherigen Dimensionen.
- Die Zerstörungskraft neuer **Waffentechniken** (Maschinengewehre, Tanks, Flugzeuge, U-Boote, Giftgas), die Menge und die Aggressivität, mit denen diese Waffen eingesetzt wurden, eskalierten in einer grauenhaften **Vernichtungsschlacht.** Die Wirkung dieser Kriegsmaschinerie wurde nur durch den Einsatz von Atombomben im Zweiten Weltkrieg übertroffen.
- Neu war auch die systematische Einbeziehung des Zivilbereichs in die Kriegsführung. An der **„Heimatfront"** war ein großer Teil der Zivilbevölkerung in die Produktion von Waffen oder sonstiger kriegswichtiger Güter einbezogen.

Q5 Der 20-jährige französische Soldat René Jacob* schreibt 1915 in einem Brief an seine Eltern:

Auf einmal erschien vor uns das Schlachtfeld mit all seinem Grauen. Leichname […] am Rand der Landstraße. Schwärzliche, grünliche zerfallene Leichname in den Senken. […] Ein schrecklicher Geruch, ein Beinhausgeruch, steigt aus der Verwesung hervor. Der in Böen wehende Wind vermochte nicht, den Geruch des Todes zu vertreiben.

* René Jacob fiel im Februar 1916 vor Verdun.
(In: Feldpostbriefe – Lettres de poilus 1914–1918, Berlin 1998)

B6 Gemälde des Kriegsteilnehmers Otto Dix: Der Krieg (1929–1932)

B7 Hiroshima vier Wochen nach Abwurf der Atombombe, 1945

Kriegsende und Friedensbedingungen – Wegen seiner Kriegsziele, vor allem aber durch die Art der Kriegsführung trug der Erste Weltkrieg von Anfang an den Charakter eines **totalen Kriegs.** Von den Beteiligten wurde er als existenzieller Überlebenskampf erlebt. Als der militärische Zusammenbruch der Mittelmächte im Herbst 1918 bevorstand, endete der Weltkrieg daher nicht wie frühere Kriege mit Verhandlungen und einem Friedensvertrag. Die Ententemächte bestanden vielmehr auf der **bedingungslosen Kapitulation** der Besiegten. Den Friedensvertrag, den die Siegermächte im Mai 1919 in **Versailles** vorlegten, empfanden viele Deutsche als „Diktat“ und Schmach.

„Rassen-“ und Vernichtungskrieg – Auch für den Zweiten Weltkrieg gilt:
- Das Deutsche Reich strebte erneut die territoriale und machtpolitische **Hegemonie** in Europa mit Waffengewalt an.
- Es war von Anfang ein **totaler Krieg,** der mit allen verfügbaren Massenvernichtungswaffen geführt wurde.

Es gibt aber einen wichtigen Unterschied zum Ersten Weltkrieg: Den erklärten Willen zum **systematischen Massenmord**

B8 Frauen in einer Waffenfabrik. Foto 1916

B10 Das völlig zerstörte Stadtzentrum von Magdeburg. Foto 1946

T9 Aus den Bestimmungen des Friedensvertrags von Versailles für Deutschland

- Gebietsabtretungen (Elsass-Lothringen an Frankreich, Eupen und Malmedy an Belgien, Westpreußen und Oberschlesien an Polen, das Memelgebiet an Litauen)
- Verlust aller Kolonien
- Die Unabhängigkeit Österreichs von Deutschland wird auf Dauer anerkannt
- Reduzierung der deutschen Armee (max. 115 000 Soldaten); Verbot schwerer Waffen
- Wiedergutmachung durch Geld- und Sachleistungen in noch festzulegender Höhe. (Zwischen 1923–1932 zahlte Deutschland insges. 13 Mrd. Reichsmark Reparationen, durchschnittl. 2,6 % des Volkseinkommens)
- Stationierung alliierter Truppen links des Rheins für 15 Jahre als „Faustpfand“.

Q11 Der Historiker H. Heiber schrieb 1971 über den Versailler Vertrag und seine Auswirkungen in Deutschland:

Deutschland hat […] die Folgen des verlorenen Krieges einschließlich der Amputation […] wertvoller Agrarüberschussgebiete wie auch Industriereviere nach den ersten Wirren *wirtschaftlich* überraschend gut überstanden. *Psychologisch* freilich war dies weniger der Fall. Vergessen war die Selbstverständlichkeit der Kriegsjahre, dass dereinst die besiegten Feinde Deutschlands Kriegskosten würden zahlen müssen. Nun aber sollte Deutschland die Kriegskosten […] zahlen. So jedenfalls schien es dem Manne auf der Straße […]. Die „Versklavung von Generationen“ [bot] der Rechten einen wirksamen Hebel gegen den Staat, obgleich Deutschland im Endeffekt […] nicht allzu viel Reparationen gezahlt hat.

(In: H. Heiber, Die Republik von Weimar, München 1971, S. 59 f. Gekürzt)

B 13 Exekution russischer Zivilisten durch ein Erschießungskommando der deutschen Wehrmacht. Foto 1942

an Volksgruppen und Religionsgemeinschaften, den millionenfachen Mord an Zivilisten in den besetzten Gebieten sowie die Absicht der Versklavung ganzer Völker; Verbrechen, die den tiefsten Fall zivilisatorischer Werte bedeuten. ⓔ/4

Q 12 A. Hitler: „Mein Kampf", 1925

[Die nationalsozialistische Weltanschauung] glaubt keineswegs an eine Gleichheit der Rassen […] und fühlt sich durch diese Erkenntnis verpflichtet, […] den Sieg des Besseren, Stärkeren zu fördern, die Unterordnung des Schlechteren und Schwächeren zu verlangen. […] Menschliche Kultur und Zivilisation sind auf diesem Erdteil unzertrennlich gebunden an das Vorhandensein des Ariers […]. Den gewaltigsten Gegensatz zum Arier bildet der Jude […]. Er ist und bleibt der ewige Parasit […], wo er auftritt, stirbt das Wirtsvolk […] ab.

Wir […] müssen unverrückbar an unserem außenpolitischen Ziele festhalten, nämlich dem deutschen Volk den ihm gebührenden Grund und Boden […] zu sichern […]. So [wie unseren Vorfahren] wird auch uns in Zukunft den Boden und damit das Leben für unser Volk keine göttliche Gnade zuweisen, sondern nur die Gewalt eines siegreichen Schwertes […]. Wenn wir aber heute […] von neuem von Grund und Boden reden, können wir in erster Linie nur an Russland denken.

(In: Geschichte in Quellen, Bd. 5, München 1989, S. 286 ff. Gekürzt)

T 14 Kriegstote im Ersten und Zweiten Weltkrieg, in Hunderttausend

Land	1. Weltkrieg	2. Weltkrieg
Deutschland	1 940	5 250
Österreich-Ungarn	1 200	–
Russland/UdSSR	2 100	20 600
Polen	–	6 000
USA	150	260
Großbritannien	1 200	390
Frankreich	1 140	810
Jugoslawien	–	1 690
Japan	–	1 800
andere Staaten	2 270	18 200
zusammen	**10 000**	**55 000**

(nach: Der farbige Ploetz, Freiburg 1973, S. 424, 485)

ARBEITSAUFTRÄGE

1. K 3 stellt die Kriegsteilnehmer und ihre Bündnissituation zu Beginn des Ersten Weltkriegs dar. Recherchiert, ob sich diese Konstellation im Krieg änderte; ggf. mit welchen Folgen.
2. Erläutere mit B 1, Q 2, Q 5 und B 6 wie und warum sich die anfängliche Kriegsbegeisterung in Europa änderte.
3. Diskutiert die These, die Technisierung des Kriegs und die Entwicklung neuer Waffen hätten den Charakter von Kriegen grundsätzlich verändert. (Q 2, Q 5, B 6, B 7, B 10, T 14, Text „Neue Dimensionen …").
4. Analysiere und beurteile mit Q 4 die deutschen Kriegsziele im Ersten Weltkrieg. Vergleiche dazu T 9 und Q 11. Wie beurteilst du die Friedensbestimmungen von Versailles?
5. Welche Ziele formuliert Hitler in Q 12? Bewerte dazu die Bildaussage von B 13.

2. Der israelisch-palästinensische Konflikt

Seit dem 1. Jh. v. Chr. beherrschte Rom alle nahöstlichen Küstenländer; auch das jüdische Königreich. Nach mehreren Aufständen gegen die römischen Besatzer wurden um 135 n. Chr. fast alle Juden aus Israel vertrieben. Rom machte das Land zur Provinz „Palästina". Dort lebten in den folgenden Jahrhunderten vor allem die verbliebenen nichtjüdischen Volksstämme. Seit Mitte des 19. Jh. setzte wieder ein Zustrom jüdischer Siedler ein. Was waren die Gründe und wie reagierten die in Palästina lebenden muslimischen Araber?

(K)Eine Heimat für die Juden? – Als weitgehend gleichberechtigte, wirtschaftlich oft erfolgreiche Bürger hatten die in Westeuropa lebenden Juden über Generationen den Patriotismus ihrer dortigen Mitbürger geteilt. Anfang des 19. Jh. waren die meisten Juden in ihren Heimatländern integriert; viele hatten die jüdische Religion aufgegeben. Dennoch entbrannte Ende des 19. Jh. in Europa ein neuer **Antisemitismus** (= Hass auf Juden).
Angesichts dieser bitteren Erfahrung schlug der Journalist THEODOR HERZL 1896 vor, in der alten Heimat Israel beim heiligen Jerusalem (Zion) einen neuen jüdischen Nationalstaat zu gründen. Herzls Anhänger nannten sich daher **Zionisten.** Sie kauften von den in Palästina lebenden Arabern Ödland und kultivierten es.

Im Ersten Weltkrieg eroberte Großbritannien das damals türkisch beherrschte Palästina. Es versprach sowohl den Arabern Unabhängigkeit als auch den Juden eine „nationale Heimstätte". Doch als der Völkerbund 1922 Großbritannien mit einem **Mandat** (= Vollmacht) über Palästina beauftragte, sahen sich die palästinensischen Araber getäuscht. Ihre Wut entlud sich nicht nur gegen die Briten, sondern auch gegen die als Bedrohung empfundene wachsende Zahl jüdischer Siedlungen. Nach einem Aufstand gegen die Briten versuchte die Londoner Regierung daher ab 1939 die Einwanderung von Juden nach Palästina einzuschränken – nach 1945 auch die von Überlebenden des Holocaust. Die israelischen Juden führten deshalb einen offenen Kampf gegen die britische Mandatsmacht. Als Großbritannien 1947 sein Palästinamandat den Vereinten Nationen (UNO) übergab, beschloss die UNO gegen arabischen Einspruch, Palästina zwischen Juden und Arabern zu teilen. /1

Am 14. 5. 1948 erklärten 800 000 Juden den von ihnen kontrollierten Teil Palästinas zum neuen Staat Israel. Wenige Stunden nach der Proklamation durch Ministerpräsident DAVIN BEN GURION wurde Israel von den USA und der Sowjetunion diplomatisch anerkannt. Welche Folgen hatte diese Staatsgründung?

T 1 Jüdische Einwanderung und Siedlung in Palästina (Jahre, Größenordnung, Herkunft und Art der Siedlung)

1840	Religiöse Gemeinschaften in 4 Städten (ca. 10 000 Mitglieder); Lebensgrundlage: Spenden aus Europa
1881–1904	1. Alija (= Einwanderung nach Palästina), ca. 30 000 Religiöse, vorwiegend aus Russland, landwirtschaftliche Siedlungen
1904–1914	2. Alija, ca. 40 000 vorwiegend Nichtreligiöse, meist aus Russland und Polen, landwirtschaftliche Siedlungen
1919–1923	3. Alija, ca. 35 000 polnische und SU-Bürger, Gründung von Kibbuzim, Städten, der hebräischen Universität Jerusalem
1924–1931	4. Alija, ca. 80 000 polnische und SU-Bürger, Siedlung in Tel Aviv, Haifa, Jerusalem
1932–1938	5. Alija, ca. 200 000 vor den Nationalsozialisten fliehende Mitteleuropäer: Akademiker, gehobenes Bürgertum
1939–1945	80 000 Flüchtlinge aus Deutschland und Ostmitteleuropa

Q 2 Theodor Herzl über einen jüdischen Staat (1896):

Ich halte die Judenfrage weder für eine soziale noch für eine religiöse. […] Sie ist eine nationale, die im Rate der Kulturvölker zu lösen sein wird. Wir haben überall ehrlich versucht, in der uns umgebenden Volksgemeinschaft unterzugehen und nur den Glauben zu bewahren. Vergebens sind wir treue Patrioten […] [Dennoch] werden wir als Fremdlinge angeschrien. […] Wir sind ein Volk. […] Wir haben die Kraft, einen Musterstaat zu bilden. Man gebe uns die Souveränität eines genügenden Stückes Erdoberfläche, alles andere werden wir selbst besorgen.

(Th. Herzl, Eine Lösung der Judenfrage, in: Bundeszentrale für politische Bildung: Der israelisch-arabische Konflikt, Bonn 1985, S. 16 f. Gekürzt)

(K)Ein Staat für die Palästinenser? – Die arabischen Staaten reagierten auf die israelische Staatsgründung 1948 mit Krieg. Israel hielt dem Angriff stand. Doch als Folge des Kriegs strandeten 700 000 aus Israel geflohene oder vertriebene Araber in **Flüchtlingslagern** der umliegenden arabischen Länder. Sie und ihre Nachkommen leben bis heute in materieller Not und ohne Heimat. Ihr Schicksal ist ein schwelender Konflikt der ganzen Region. Die in Israel verbliebenen Araber wurden formal zu gleichberechtigten Bürgern. Doch im täglichen Leben sieht sich diese Minderheit (20 %) diskriminiert.

Kampf der PLO gegen Israel – Seit 1948 führen palästinensische Guerillagruppen einen erbitterten Krieg gegen Israel; insbesondere die 1964 gegründete **PLO** (Palästinensische Befreiungsorganisation). Von Jordanien und dem Libanon aus attackierten palästinensische Kommandos Israel und pro-israelische Einrichtungen weltweit. Mit blutigen Terroranschlägen wie dem Überfall auf Israels Olympiamannschaft 1972 in München wollte die PLO Israel zermürben und die Weltöffentlichkeit auf das Schicksal der Palästinenser aufmerksam machen.
1974 änderte die PLO ihre Strategie. Sie akzeptierte Israel als Verhandlungspartner und wurde nun international als Vertretung der von Israel besetzten Gebiete anerkannt. Die einheitliche Front der arabischen Staaten gegen Israel zerbröckelte. Ägypten entschloss sich auf amerikanische Vermittlung hin zum Frieden mit Israel. Im Vertrag von Camp David, dem Wochenendsitz des amerikani-

Q3 Aus der Unabhängigkeitserklärung Israels (1948):

In Erez [dem Land] Israel stand die Wiege des jüdischen Volkes. Mit Gewalt vertrieben, bewahrte es ihm in der Fremde die Treue. In den letzten Generationen kehrten viele [Juden] zurück, brachten die Wüste zu neuer Blüte, schufen eine ständig zunehmende Bevölkerung, eigene Wirtschaft und Kultur, die allen Bewohnern Segen und Fortschritt bringt und nach staatlicher Unabhängigkeit strebt. [...] Wir, die Vertreter der jüdischen Bevölkerung Palästinas und der zionistischen Bewegung, proklamieren kraft unseres historischen Rechts und aufgrund des Beschlusses der UN die Errichtung eines jüdischen Staates in Erez Israel.

(In: Ullmann, A. [Hg.], Israels Weg zum Staat, München 1964, S. 307 ff. Gekürzt)

PERSONENLEXIKON

DAVID BEN GURION, 1886–1973. War 1948–1953 und erneut 1955–1963 Ministerpräsident und Verteidigungsminister Israels.

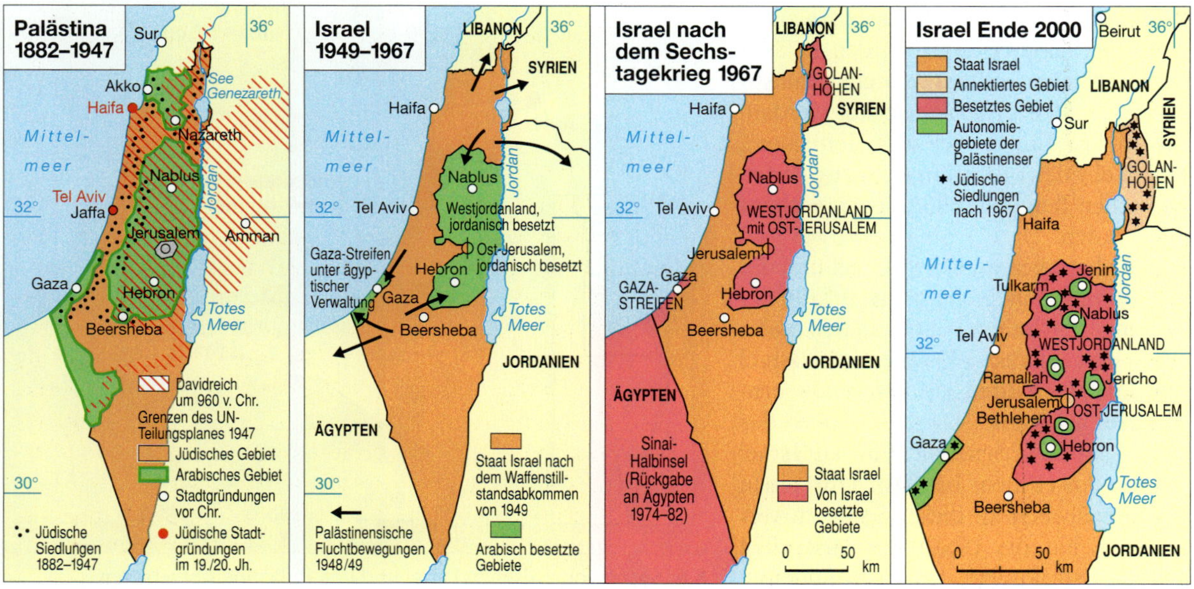

K4–K7

schen Präsidenten, wurde „**Land gegen Frieden**" getauscht. Israel gab die seit 1967 besetzte Sinai-Halbinsel an Ägypten zurück, dafür erkannte im Gegenzug Ägypten die staatliche Existenz Israels an, was die arabischen Staaten immer strikt abgelehnt hatten. Der Separatfrieden mit Israel führte vorübergehend zur Isolierung Ägyptens in der arabischen Welt.
Die in Gaza und dem Westjordanland lebenden Palästinenser erhoben sich 1987 zur **Intifada** (= Widerstand). Gegen die Steine werfenden, meist jugendlichen Palästinenser reagierte Israels Armee mit hilfloser Härte und verlor weltweit Sympathien. Amerikanischer Druck und die Furcht der PLO, ihren Einfluss an die radikale Palästinenserorganisation **Hamas** zu verlieren, brachten die „Erzfeinde" 1993 zu Verhandlungen in Oslo zusammen.

Auf dem Weg zum Frieden? – Das **Abkommen von Oslo** leitete einen Friedensprozess ein. Beide Seiten sicherten sich das Recht auf Existenz in einem Teil des früheren Palästina zu. Die Grundformel lautete: Land (für die Palästinenser) gegen Frieden (Sicherheit) für Israel. Eine **palästinensische Autonomiebehörde** unter PLO-Chef ARAFAT übernahm Gaza und Jericho. Israel versprach die schrittweise Erweiterung des Autonomiegebiets, die PLO das Ende von Terroranschlägen.
Die öffentliche Ordnung in den Palästinensergebieten sollte durch eine palästinensische Polizei gewährleistet werden. Schwierige Fragen wie z. B. Jerusalem, Heimkehr der Flüchtlinge, Abzug der israelischen Truppen sollten später verhandelt werden.
Das Abkommen zwischen Israel und der PLO wirkte sich auch positiv auf die Beziehungen zwischen Israel und den arabischen Staaten aus. 1994 beendeten Israel und Jordanien ihren seit 1948 andauernden Kriegszustand. Ungeklärt blieb das Verhältnis zu Syrien. Seit 1967 hält Israel die Golan-Höhen besetzt. Um einen Kriegsausbruch an dieser Stelle zu verhindern, hat die UNO dort seit 1974 Truppen stationiert. 1995 verhandelten Syrien und Israel erfolglos über den Rückzug der Israeli von den Golan-Höhen. Die Hoffnungen, die viele Israeli und Palästinenser auf die Verträge von Oslo setzten, erfüllten sich in den Jahren nach 1995 nicht. Entsprechend den Bestimmungen der Verträge gaben die Israeli zwar besetzte Gebiete an die Palästinenser zurück und unterstützten den Aufbau einer autonomen Verwaltung, auf der anderen Seite setzten sie aber den Bau von israelischen Siedlungen im Gebiet der Palästinenser fort.

Die zweite Intifada – Aus Enttäuschung über die ausbleibenden Fortschritte brach im Jahr 2000 in den besetzten Gebieten erneut eine Intifada gegen Israel aus. Unter Ministerpräsident ARIEL SCHARON versuchte Israel, den Aufstand mit brutalen Mitteln militärisch niederzuhalten.
Als dies scheiterte, setzte er auf eine Politik der strikten Abgrenzung zwischen den beiden Völkern. Dabei benutzte er eine

PERSONENLEXIKON

ITZHAK RABIN, 1922–1995. Israelischer Militärbefehlshaber 1948/49 und 1967, 1974–1977 und 1992–1995 israelischer Ministerpräsident. Mit Arafat und Peres erhielt er 1994 den Friedensnobelpreis. 1995 wurde er von einem fanatischen Juden ermordet.

K 8 Sperrzaun zwischen Israel und den Palästinensergebieten

Doppeltaktik. Die israelischen Siedlungen im Gaza-Streifen wurden geräumt (teilweise unter Anwendung von Gewalt durch die israelische Armee). Im Westjordanland entstanden dafür teilweise noch neue Siedlungen.
Die Errichtung einer **Sperrmauer** um das autonome Gebiet sollte das Einsickern von Terroristen nach Israel verhindern. Auf das Verhältnis zu den Palästinensern hatte sie eine verheerende psychologische Wirkung und schadete Israel auch international erheblich.
Initiativen der EU, der USA und Russlands zur Wiederbelebung des Friedensprozesses brachten trotz intensiver Bemühungen keinen Durchbruch.
Nach der Entführung israelischer Soldaten durch die libanesische **Hisbollah** begann Israel eine militärische Offensive gegen den Libanon und zerstörte mit massivem Luftangriffen große Teile seiner Infrastruktur. Die Hisbollah leistete erbitterten Widerstand und beschoss weiter Ziele in Nordisrael. Der Libanonfeldzug erwies sich als militärisches und politisches Fiasko für Israel. An der Kontrolle des Waffenstillstands ist auch die deutsche Marine vor der libanesischen Küste beteiligt.

Politische Zuspitzung – Im Januar 2006 gewann die radikale Hamas die Wahlen für die Autonomieverwaltung in Palästina aufgrund der Unzufriedenheit der Bevölkerung mit der korrupten PLO-Regierung. Nach blutigen Auseinandersetzungen bildeten PLO und Hamas Anfang 2007 eine gemeinsame Regierung. Im Sommer 2007 war die Zusammenarbeit beendet, als die Hamas im Gazastreifen die Macht allein übernahm. Die PLO im Westjordanland erhielt daraufhin Hilfszusagen Israels, der USA und der EU, um den gemäßigten Flügel der Palästinenser zu stärken. Auf jeden Fall hat der Konflikt im Jahr 2007 eine dramatische Zuspitzung erfahren. ⓔ/2

PERSONENLEXIKON

JASSIR ARAFAT, 1929–2004. Ursprünglich palästinensischer Guerillaführer, engagierte sich seit 1985 zunehmend für einen Ausgleich mit Israel.

B10 Übergang zwischen Jerusalem und dem Westjordanland mit der acht Meter hohen Sperrmauer. Foto, 2006

Q9 Aus der Staatsproklamation Palästinas, 1988:

Das palästinensisch-arabische Volk stammt aus Palästina [...] [Es] war immer in Palästina verwurzelt. In Palästina und im Exil gab es seine Überzeugung, dass es ein Recht auf Rückkehr und Unabhängigkeit hat, nie auf. [...] Gestützt auf das historische Recht, ausgehend von Beschlüssen [der UNO], in Ausübung der Rechte auf Selbstbestimmung, politische Unabhängigkeit und Souveränität über sein Land, proklamierte der Palästinensische Nationalrat die Gründung des Staates Palästina. [...]

(In: M. Raheb, Ich bin Christ und Palästinenser, Gütersloh 1995, S. 53 ff. Gekürzt)

ARBEITSAUFTRÄGE

1. Analysiere Q2. Welches Problem beschäftigt Theodor Herzl, welches sieht er nicht?
2. Informiere dich über die Hintergründe der Einwanderung osteuropäischer Juden nach Israel (T1).
3. Vergleiche die Entstehungssituation und die Argumente von Q3 und Q9. Erkläre die inhaltlichen Parallelen.
4. Beurteile mit K4–K7 die Folgen der Kriege aus Sicht der Palästinenser/Araber und der Israeli.
5. Stelle mithilfe des Textes, K8 und B10 Gründe für das Scheitern des Friedensprozesses von Oslo zusammen.
6. Berichte über die aktuelle Entwicklung des israelisch-palästinensischen Konflikts.

3. Irakkriege

Während des iranisch-irakischen Krieges (1980–1988) hatten die Sowjetunion und die USA den irakischen Diktator SADDAM HUSSEIN mit Waffen unterstützt. Denn sie befürchteten, die iranische Revolution könnte auf die islamischen Sowjetrepubliken bzw. auf die prowestlichen Golfstaaten übergreifen und die Öllieferungen in die Industriestaaten gefährden. Doch schon 1991 sowie 2003 führten einzelne Westmächte unter Führung der USA selber Kriege gegen den Irak. Wie kam es dazu und mit welcher Rechtfertigung wurden diese Kriege geführt?

Der erste Krieg gegen den Irak – 1990 hatte SADDAM HUSSEINS Armee das prowestliche Kuwait überfallen, um dessen Ölquellen unter irakische Kontrolle zu bringen. Doch die UNO und die Westmächte griffen zugunsten Kuwaits ein. Anfang 1991 besetzten Truppen der Westmächte und arabischer Staaten unter Führung der USA auf der Grundlage eines UN-Mandats Teile des Iraks und befreiten Kuwait. Deutschland beteiligte sich nicht mit Truppen an der Militäraktion, leistete aber mit über acht Milliarden Euro einen beträchtlichen finanziellen Beitrag. In den Folgejahren sollten internationale Waffeninspektoren im Auftrag der UNO die Abrüstung Iraks kontrollieren, insbesondere die Vernichtung der irakischen Raketen und der biologischen und chemischen Kampfstoffe. Doch die UN-Inspektoren wurden 1998 des Landes verwiesen. /3

Der zweite Krieg gegen den Irak – Nach dem Terrorangriff der AL-QAIDA vom 11. September 2001 auf das World Trade Center in New York wuchs weltweit die Angst vor weiteren **fundamentalistischen Terrorakten.** Insbesondere in den USA und in England hegte man zudem den

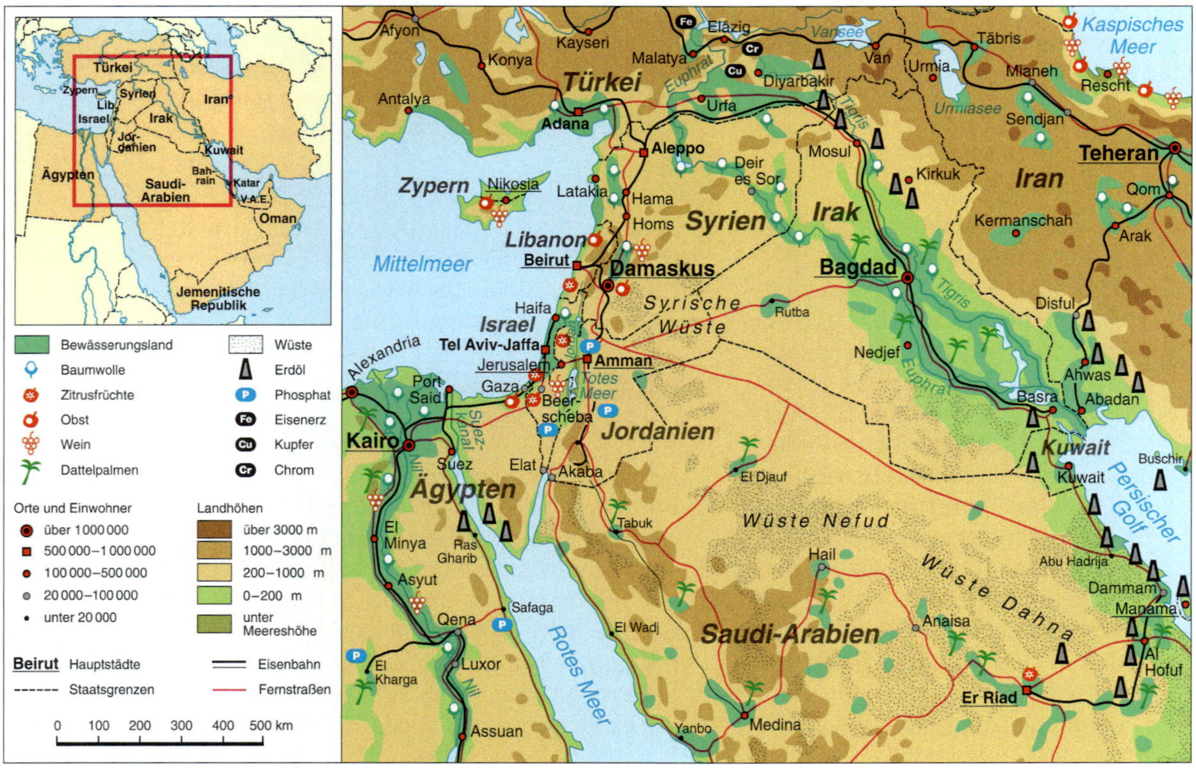

K1 Der Nahe Osten

Verdacht, dass Saddam Hussein die Terrororganisation Al-Qaida insgeheim unterstützte und im eigenen Land neue **Massenvernichtungswaffen** produzierte. Diese Befürchtungen waren nicht unbegründet, denn der Diktator hatte bereits früher Giftgas gegen die iranische Armee und die kurdische Bevölkerung im eigenen Land eingesetzt sowie Raketen auf israelische Städte abgefeuert. Auf Intitiative der USA verabschiedete der UN-Sicherheitsrat im November 2002 die **UN-Resolution** 1441, die den Irak zur *„sofortigen und vollständigen Abrüstung"* aufforderte und *„ernsthafte Konsequenzen"* androhte. Doch als die Waffeninspektoren der UN im Irak keine Anhaltspunkte für neue Massenvernichtungswaffen fanden, sprachen sich die Mehrheit des UN-Sicherheitsrats und die UN-Vollversammlung gegen eine Militärintervention im Irak aus. An der Seite Frankreichs widersetzte sich auch Deutschland dem starken Druck der USA, was die deutsch-amerikanischen Beziehungen spürbar beeinträchtigte. Dennoch sind die USA, Großbritannien und andere Staaten, oft gegen die Mehrheitsmeinung der eigenen Bevölkerung, im Frühjahr 2003 im Irak einmarschiert. Dabei beriefen sie sich auf die UN-Resolution 1441 sowie auf die akute Gefahr, die von Saddam Hussein ausgehe. Der Diktator wurde gestürzt. Eine Befriedung des Landes konnte jedoch bisher nicht erreicht werden; weder von den Truppen der beteiligten Westmächte noch durch die neue irakische Regierung.

Q2 Der polnische Publizist Adam Michnik, 28. 5. 2003:

Der Irakkrieg war ein Kampf gegen einen totalitären Despoten. Ich wüsste nicht, wie ich dem meine Unterstützung hätte versagen können. Was das Völkerrecht betrifft: Wir haben uns wirklich sehr bemüht, den Sicherheitsrat auf unsere Seite zu ziehen. Die Franzosen haben das blockiert. [...] Die französische Politik bedeutete de facto die Verlängerung der Herrschaft Saddam Husseins. Ich sehe diese Angelegenheit aus der Perspektive eines politischen Gefangenen in Bagdad, Basra oder Kirkuk. Und da wäre es mir wirklich egal, ob ich aus diesem Gefängnis mit oder ohne Genehmigung des Sicherheitsrates befreit werde.

(Polen hat keine Angst vor Europa. Die Zeit-Gespräch ..., In: Die Zeit Nr. 23 vom 28. 5. 2003)

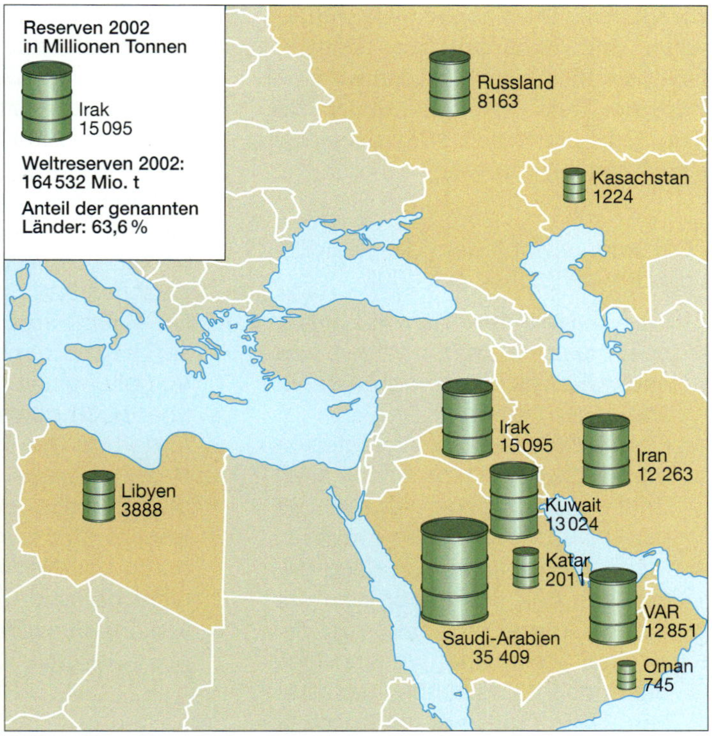

K3 Übersicht der Erdölreserven im Nahen Osten

B4 Iraks Truppen setzten 1991 kuwaitische Ölfelder in Brand, Foto

Bushs Irak-Politik gescheitert? – Nach den Vorstellungen der USA sollte der Irak ein demokratischer Vorzeigestaat im Nahen Osten werden. Durch die enge Bindung an die USA hätten diese dann entscheidenden Einfluss auf das nach Saudiarabien zweitgrößte Öl-Ressourcenland der Region erhalten. Stattdessen wird der Irak täglich von Terroranschlägen gegen Zivilisten, Polizei und Militär erschüttert. Die ethnischen und religiösen Interessenkonflikte drohen den Staat zu spalten. Trotz steigenden militärischen und ökonomischen Aufwands bleibt die Bilanz der USA katastrophal. Wird der Irak Amerikas zweites Vietnam? Oder findet die US-Politik noch einen akzeptablen Ausweg?

Q5 Interview mit dem US-Soziologen Amitai Etzioni, Juli 2003

Was hielten Sie von dem Irak-Krieg, oder muss man schon fragen, was halten Sie von einer möglichen Aktion gegen den Irak?
Es gab 60 amerikanische Intellektuelle, die in einem öffentlichen Brief den Krieg gegen Afghanistan rechtfertigten. Und zehn von ihnen rechtfertigten auch den Krieg gegen den Irak. Ich gehörte zu der ersten Gruppe, aber nicht zu der zweiten. Ich meine, wir sind eine Supermacht und können nicht sagen: Mein Gott, wir wollen nicht kämpfen, weil die Sache zu heiß ist. Der Krieg gegen den Terrorismus war richtig, fast alle Länder standen hinter uns, während es im Irak genau umgekehrt war, nahezu niemand unterstützte uns. Die Frage nach Massenvernichtungswaffen hatte in unseren Debatten eine große Bedeutung; für uns stellten sie eine ernste Gefahr dar. Aber jetzt zeigt sich, dass das alles nicht stimmt, und damit stellt sich die große Frage nach unserer Glaubhaftigkeit. [...]

(In: Frankfurter Rundschau vom 26.7.2003, S.11)

Q6 Deutsche Friedensforscher im September 2002:

Aus der Stellungnahme des Vorstandes der Arbeitsgemeinschaft für Friedens- und Konfliktforschung (1968 gegründete wissenschaftliche Vereinigung von Friedensforschern) zum Jahrestag des 11.9.2001:
Die in der Völkerrechtslehre vorherrschende Meinung schließt die Rechtsfigur präventiver Selbstverteidigung aus. Zu groß ist die Gefahr des Missbrauchs, zu offenkundig das Risiko, das Gewaltverbot auszuhöhlen. Von einem Recht auf Selbstverteidigung kann folglich nur dort sinnvoll die Rede sein, wo es auf die Abwehr bereits stattfindender oder unmittelbar drohender Angriffe beschränkt wird. Es darf laut Artikel 51 auch nur so lange in Anspruch genommen werden, bis der UN-Sicherheitsrat die zur Wahrung des Weltfriedens und der internationalen Sicherheit erforderlichen Maßnahmen getroffen hat. [...]
Mit einem Krieg gegen den Irak [...] würde diese Grenze immer weiter hinter sich gelassen: Vergeltung und militärische Generalprävention, aber auch gewaltsame Interventionen zur Beförderung der Menschenrechte, Counterproliferationskriege [Vorbeugungskriege] gegen mutmaßliche Besitzer von Massenvernichtungswaffen und Weltordnungskriege sind durch das Recht auf Selbstverteidigung eben nicht gedeckt. Sie sind und bleiben eindeutig völkerrechtswidrige Akte.

(Zit. nach Frankfurter Rundschau vom 9.9.2002, S.12)

ARBEITSAUFTRÄGE

1. Erörtert mit B 1 die Folgen des ersten Golfkriegs für Kuwait. Diskutiert, ob die Intervention der Westmächte 1990/91 berechtigt war. Begründet eure Meinung.
2. Diskutiert, ob die USA und ihre Verbündeten 2003 zu einem präventiven Militärschlag gegen den Irak berechtigt waren. Analysiert dazu die Pro- und Kontra-Stimmen in Q 2, Q 5 und Q 6.
3. Entwickle anhand von K 1 und K 3 eine erste Einschätzung zur strategischen Bedeutung Iraks im weltweiten Ringen um den Zugang zu den Erdölressourcen. Zur Vertiefung eignet sich ein Referat.
4. Diskutiert unter Berücksichtigung der aktuellen Entwicklung, welche Lehren sich aus dem zweiten Irakkrieg ziehen lassen. Fasst eure Ergebnisse in Thesen zusammen.

4. Terrorismus – eine neue Form des Krieges

B1 Die Ruine des World Trade Centers in New York nach dem Anschlag vom 11.9.2001

Terrorismus – Weltfeind Nr. 1 – Die Anschläge vom 11. September 2001 in New York und Washington verurteilte der UN-Sicherheitsrat einen Tag später in einer Resolution als **Bedrohung des Weltfriedens.** Die NATO erklärte den Bündnisfall. Man war sich darin einig, dass es um eine Kriegshandlung ging. Als Drahtzieher des Anschlags wurden Osama Bin Laden und sein Terrornetzwerk Al-Quaida ermittelt, dessen Hauptstützpunkt in Afghanistan lag. Als sich die Taliban-Regierung Afghanistans weigerte, Bin Laden auszuliefern, wurde sie in einer von den USA angeführten militärischen Aktion gestürzt und eine Übergangsregierung eingesetzt. Osama Bin Laden konnte allerdings entkommen.

Seit den Anschlägen vom 11.9.2001 gilt der internationale Terrorismus als Hauptgefahr für die internationale Sicherheit. Bombenanschläge wie der in Madrid im Februar 2005 unterstrichen die Bedrohung auch für europäische Staaten. Der Kampf gegen den Terror und der **Ausbau der Sicherheitsmaßnahmen** rückten weltweit ins Zentrum staatlicher Politik. Bürgerliche Freiheitsrechte wurden dabei zum Teil massiv eingeschränkt – was nicht ohne kritische Reaktionen blieb.

Mit „Kampf gegen den Terrorismus" rechtfertigte US-Präsident Bush den Krieg gegen den Irak ohne UNO-Mandat, ebenso verteidigte Russlands Regierungschef Putin das Vorgehen seiner Truppen in Tschetschenien. Doch diese Methode, den Kampf gegen Terrorismus als Legitimation für andere politische Ziele zu missbrauchen, führt dem terroristischen Netzwerk gerade neue Kräfte zu.

Q2 US-Präsident Bush zu Irakkrieg und Terrorismus:

Im Irak helfen wir dem seit langem leidenden Volk, eine ehrbare und demokratische Gesellschaft im Herzen des Nahen Ostens aufzubauen. Gemeinsam wandeln wir einen Ort der Folterkammern und Massengräber um in eine Nation der Gesetze und freien Institutionen. [...] Der Nahe Osten wird entweder ein Ort von Fortschritt und Frieden werden, oder er wird ein Exporteur von Gewalt und Terror [...]. Der Triumph von Demokratie und Toleranz im Irak, in Afghanistan und darüber hinaus wäre ein schwerer Rückschlag für den internationalen Terrorismus.

(In: G. W. Bush, Rede des amerikanischen Präsidenten, 7.9.2003)

Q3 Der Politologe Herfried Münkler:

Seit den Anschlägen vom 11. September 2001 wird darüber debattiert, ob es sich beim Terrorismus um ein Verbrechen handele, das mit innerstaatlichen und strafrechtlichen Mitteln bekämpft und geahndet werden könne, oder ob wir mit einer neuen Form der Kriegführung konfrontiert seien [...]. Die Anschläge vom 11. September haben den Rahmen dessen gesprengt, was ein mit polizeilichen Mitteln zu bekämpfendes Verbrechen ist. [...] Die Anschläge von Madrid und London dagegen beruhten auf einer Form von Gewalt, die mit polizeilichen Mitteln zu bekämpfen und bei günstigen Umständen auch zu verhindern ist.

(H. Münkler, Kriege in unserer Zeit, in: Praxis Politik 1/2007, S. 8)

ARBEITSAUFTRÄGE

1. Nenne Gründe dafür, warum die Anschläge vom 9.11.2001 als eine Kriegshandlung betrachtet werden.
2. Beurteile die Argumentation von Präsident Bush im Licht der Entwicklung im Irak.
3. Erläutere die Unterscheidung von H. Münkler in Q3 in Bezug auf den Terrorismus und überlege die politischen Konsequenzen.

5. Lassen sich Kriege verhindern?

Wer mit dieser Frage im Kopf einen Blick in die Geschichte wirft, muss zu einer negativen Antwort kommen. Bis heute gab es wohl keinen Tag, an dem auf der Welt Frieden herrschte.
Dabei haben die Schrecken der beiden Weltkriege des letzten Jahrhunderts jeweils zur Gründung von internationalem Organisationen geführt, deren vorrangige Aufgabe die Erhaltung und Sicherung des Weltfriedens sein sollte. Der Völkerbund (siehe S. 13 f.) hat sich dabei als untauglich erwiesen.
Wie fällt die Bilanz der UNO aus?

Frieden durch ein Gleichgewicht des Schreckens? – Kein Tag ist vergangen, ohne dass auf der Welt Krieg geführt wurde, sei es zwischen Staaten oder zwischen sozialen Konfliktparteien. Dennoch: Von dem Schrecken eines neuen Weltkriegs ist die Menschheit verschont geblieben. Allerdings war das kein Verdienst der UNO. Im globalen Konflikt zwischen der USA und der Sowjetunion mit ihren jeweiligen Verbündeten wurde der Ausbruch eines Krieges durch gegenseitige Abschreckung verhindert.
Diese Abschreckung gründet auf der historisch beispiellosen Vernichtungskapazität der Kernwaffen. Im Zweiten Weltkrieg wähnten sich die Aggressoren Deutschland und Japan militärisch so überlegen, dass ihre Führer von einem Erfolg im Krieg überzeugt waren. Im atomaren Zeitalter besaß jede Supermacht die Möglichkeit des vernichtenden Gegenschlags: Kein Krieg durfte die atomare Schwelle überschreiten. Dieses „Patt“ der Supermächte verhinderte einen neuen Weltkrieg – bei gleichzeitiger Blockade der Weltfriedensorganisation. Millionen Menschen haben immer wieder ihren Protest gegen die Kernwaffen zum Ausdruck gebracht. Sie wollten nicht dauerhaft in einem brüchigen Frieden am Rande der globalen Vernichtung leben. Nach ersten Fortschritten in der Abrüstung und dem Ende des Kalten Krieges richteten sich die Hoffnungen erneut auf die UNO.

B 1 „Friede auf Erden“, Karikatur in der Stuttgarter Zeitung, 24.12.2001

Weltpolizist UNO? – In den letzten 20 Jahren wurden mehr als doppelt so viele UN-Einsätze beschlossen als in den Jahren zuvor. Im Golf-Krieg 1991 wurde der Irak für seinen Überfall auf Kuwait „bestraft“. Doch die UNO kann nicht aus eigener Macht tätig werden. Im Kosovo schlüpfte die NATO in ihre Rolle. Aber wer darf sich das Recht zur „humanitären Intervention“ nehmen?
Der von den USA 2003 gegen den Irak geführte Krieg hat diese Problematik aller Welt noch einmal vor Augen geführt. Immer wieder wird betont, dass man durch Kriege noch keinen Frieden gewinnt. Solange es wirtschaftliche Not und politische Unterdrückung gibt, kann kein Frieden herrschen. Die politischen Schlussfolgerungen daraus zu ziehen, bleibt eine permanente Herausforderung. Durch unser eigenes militärisches Engagement in verschiedenen Krisengebieten ist das noch deutlicher geworden.

ARBEITSAUFTRÄGE

1. Interpretiere die Karikatur B 1.
2. Untersucht an Beispielen das internationale Engagement der Bundesrepublik. Prüft und beurteilt die jeweilige Zielsetzung und die eingesetzten Mittel. Informiert euch über die vorgeschlagenen Alternativen.
3. Fasse in einem Essay deine Überlegungen zum Thema dieser Seite zusammen.

Technik, Medien und moderne Naturwissenschaften

Ein ganz normaler Morgen – Der Radiowecker holt Julia aus dem Schlaf. Sie nimmt eine heiße Dusche und wirft die Kaffeemaschine an. Ein Blick auf das Handy sagt ihr, dass Wolfgang noch in der Nacht eine SMS geschickt hat. Schon ist es Zeit für den Bus zur Uni. Einige Schaufenster sind bereits hell erleuchtet. Frederike steigt zu und erzählt, dass sie im Sommer auf die Seychellen fliegen wird – zum Tauchen. ... Die Geschichte ließe sich fortsetzen. Sie könnte aber auch völlig anders lauten – wenn sie einen „ganz normalen“ Morgen um 1800 beschriebe.

In den letzten 200 Jahren haben sich das Leben und die Arbeit der Menschen tief greifender und schneller verändert als in der gesamten vorhergehenden Menschheitsgeschichte. Es sind Veränderungen, die unseren gesamten Alltag durchdringen und das Leben in der Regel leichter, interessanter und komfortabler gemacht haben. Innerhalb von Stunden können wir um den halben Erdball reisen; in Sekundenschnelle kommunizieren wir über tausende Kilometer hinweg. Das alles sind Möglichkeiten, die vor 200 Jahren noch undenkbar schienen und die aufs Engste mit der Technikgeschichte verbunden sind. Doch weder heute noch in der Vergangenheit sind alle technischen Neuerungen vorbehaltlos begrüßt worden. Der technische Fortschritt hat auch seinen Preis – für die Menschen und für seine Umwelt.

B1 Von der Postkutsche zur elektronischen Datenübertragung

1. Technik und Energie

Bis zur Industrialisierung im 19. Jahrhundert bauten die Menschen ihre Häuser und Gerätschaften vorwiegend aus Holz. Holz und Holzkohle waren auch die wichtigsten Brennstoffe. Der Antrieb von Arbeitsmaschinen, zum Beispiel von Pflug oder Mahlsteinen, erfolgte noch wie seit Jahrtausenden durch Arbeitstiere oder mit Wind- bzw. Wasserkraft. Was waren die Auslöser für jenen technischen Fortschritt, den wir heute als „Industrielle Revolution" bezeichnen?

Zauberformel „Energieumwandlung" – Mit der im frühen 18. Jh. von Thomas Newcomen erfundenen und von James Watt in den 1760er-Jahren energetisch verbesserten **Dampfmaschine** war ein völlig neuer Antrieb für Maschinen gefunden worden. Die bei der Verbrennung – anfangs noch Holz, bald Kohle – freigesetzte thermische Energie konnte mithilfe der Dampfmaschine in große Mengen mechanischer Energie umgewandelt werden. Energie, die je nach Bedarf „erzeugt" und für den Antrieb verschiedenster Maschinen genutzt werden konnte. Mit der Erfindung der Dampfmaschine und der Nutzung von **Steinkohle** als Energiequelle war auch das Standortproblem vieler Fabriken gelöst – sie mussten nicht länger an Flussläufen gebaut werden. Allerdings übertraf selbst in England, dem Mutterland der Industriellen Revolution, die durch Dampfmaschinen bereitgestellte Leistung die der Wasserräder erst um 1815; in Deutschland sogar erst um 1880.

D5 Schätzung des Verbrauchs von Primärenergieträgern, in %. Deutschland um1800

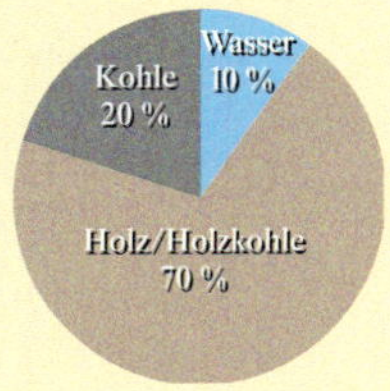

Q3 Der Historiker David S. Landes über die Rolle der Technik für die Industrialisierung:

Der Ausdruck „Industrielle Revolution" bezeichnet den Komplex technologischer Neuerungen, die […] den Übergang vom Handwerk zum Fabriksystem bewirken […]. Das Kernstück der Industriellen Revolution war eine miteinander verzahnte Folge technologischer Umwandlungen. Die […] Fortschritte fanden auf drei Gebieten statt. Erstens traten mechanische Anlagen an die Stelle der menschlichen Fertigkeiten; zweitens ersetzte die unbeseelte Kraft – insbesondere der Dampf – die menschliche und tierische Kraft und drittens wurden, speziell im Bereich der metallurgischen und chemischen Industrie, die Verfahren der Erzeugung und Verarbeitung der Rohstoffe wesentlich verbessert.

(David S. Landes, Der entfesselte Prometheus. Technologischer Wandel und industrielle Entwicklung in Westeuropa von 1750 bis zu Gegenwart, München 1983, S. 15, Gekürzt)

B1 Bauer in Ägypten, um 1425 v. Chr.

B2 Bauer in Deutschland, um 1928

B4 Bauer mit moderner Feldmaschine, um 2000. Foto

Öl und elektrischer Strom – Erste ergiebige Ölquellen wurden um 1860 in den USA erbohrt. Die zunehmende Bedeutung des Öls als Primärenergieträger ist eng mit der Erfindung der Verbrennungskraftmaschinen verbunden, vor allem mit dem 1876 erfundenen Ottomotor und dem 1892 patentierten Dieselmotor. Ab den 1960er-Jahren löste das Öl die Steinkohle als wichtigsten Primärenergieträger in Westeuropa ab.

1882 nahm das erste öffentliche **Elektrizitätswerk** in New York seinen Betrieb auf. Seitdem wurden immer größere Mengen Kohle, Öl oder Uran in elektrische Energie umgewandelt. Zuerst wurden Straßen, Plätze und öffentliche Gebäude elektrisch beleuchtet. Ein zweiter wichtiger Anwendungsbereich waren Elektromotoren zum Antrieb von Maschinen oder Straßenbahnen. In den privaten Haushalten sorgten elektrischer Strom und elektrische Haushaltsgeräte seit den 1920er-Jahren für stetig wachsenden Komfort. Ab den 1950er-Jahren kamen die Geräte der Unterhaltungselektronik und Bürokommunikation dazu.

Q 6 Der Historiker A. Lüdke über die Elektrifizierung der Gesellschaft Anfang des 20. Jahrhunderts

Im direkten wie im übertragenen Sinne „elektrifizierte" sich die Gesellschaft [...]. Die Resonanz auf die neue Energie und ihre Nutzungsformen war ungeheuer. Im Unterschied zum zischend heißen Dampf, zur stinkend rußigen Kohle bzw. Feuer, dem öligen, ebenfalls stinkendem Petroleum oder dem riechbaren Gas [...] war der elektrische Strom nicht mehr greifbar [...]. Der Gesamtverbrauch im Deutschen Reich stieg in den sechs Jahren von 1898/99 bis 1904/05 von 28,2 auf 111,5 Millionen kWh.

(A. Lüdge, Lebenswelten und Alltagswissen, in: Ch. Berg [Hg.], Handbuch der deutschen Bildungsgeschichte 4, München 1991, S. 68 f. Gekürzt)

Licht und Schattenseiten – Die Nutzung von Kohle, Gas, Öl und Kernenergie als Primärenergieträger hat unsere Lebensqualität erheblich verbessert. Andererseits werden die Schattenseiten des steigenden Energiekonsums immer deutlicher: Der Schadstoffausstoß führt zu teilweise dramatischen **Schäden der Umwelt** – bis hin zur Gefährdung des Weltklimas; das hohe Risiko der Kernenergie wird von vielen Menschen als unkalkulierbar abgelehnt.

B 7 Werbeplakat der Berliner Elektricitätswerke, 1896

B 8 Moderne Kücheneinrichtung um 2000, Foto

ARBEITSAUFTRÄGE

1. Nenne die in Q 3 aufgeführten Faktoren, die Voraussetzung für die Industrielle Revolution waren. Gibt es weitere Faktoren?
2. Erläutere mit B 1 – B 4, D 5 und Q 3 die Bedeutung neuer, nicht menschlicher oder tierischer Energieträger für die Entwicklung der Industrie und der Landwirtschaft.
3. Liste Tätigkeiten auf, bei denen du elektrischen Strom nutzt. Welche davon sind ohne elektrischen Strom gar nicht möglich?

2. Technik und Mobilität

In der Zeit vor der Industrialisierung legten die meisten Menschen auch größere Entfernungen zu Fuß zurück. Nur die Wohlhabenden konnten sich Pferde und Kutschen leisten. Doch auch mit der Pferdekutsche dauerte eine Reise von Frankfurt am Main bis Rom mehrere Wochen. Welche Veränderungen brachten neue, technische Verkehrsmittel?

Vom Individual- zum Kollektivverkehr – Die seit etwa 1830 gebaute **Dampfeisenbahn** revolutionierte die Mobilität und wurde zum ersten Massenverkehrsmittel. Gegenüber den Postkutschen erhöhten sie die durchschnittliche Reisegeschwindigkeit um das Zehnfache auf gut 30 km/h. Auf den gleichen Verbindungen wie in der Postkutschenzeit verkehrten jetzt 10- bis 30-mal so viele Menschen. Innerhalb weniger Jahrzehnte wurde Deutschland mit einem weit verzweigten Streckennetz überzogen; 1880 betrug es bereits 34 000 Kilometer. Das **Dampfschiff** benötigte das gesamte 19. Jahrhundert, um das Segelschiff zu verdrängen. Auf der Nordatlantikroute zwischen Europa und Amerika brauchte ein Segler etwa 6 Wochen, der Dampfer schaffte die Strecke in 10 Tagen. Davon profitierten besonders die Auswanderer, die jährlich zu Hunderttausenden in der Neuen Welt ihr Glück suchten.

Vom Kollektiv- zum Individualverkehr – Im 20. Jahrhundert machten neue Individualverkehrsmittel den kollektiven Verkehrsmitteln wie der Eisen- und Straßenbahn mehr und mehr Konkurrenz. Das erste massenhaft verbreitete Individualverkehrsmittel war das Fahrrad. In der heutigen Form seit den 1880er-Jahren gebaut, gelangte es schon in der Zwischenkriegszeit in den Besitz der meisten

T 5 Mengenverhältnis der Pkws zur Einwohnerzahl in Deutschland, in % (1950–1990 nur BRD)

1930	unter 1,0 %
1950	2,5 %
1960	9,0 %
1970	24,9 %
1980	38,3 %
1990	47,2 %
2000	50,0 %

Q 1 Verkehrstechnik und Ernährungsverhalten:

In den Jahrzehnten zwischen 1880 und 1914 fand im Deutschen Reich der „Durchbruch zum modernen Massenkonsum" statt, was vor allem am stark ansteigenden Verbrauch von Luxusgütern wie Kaffee und Zucker, aber auch [von] teuren Nahrungsmitteln wie Fleischprodukte und Eier ablesbar ist […]. Namentlich drei Faktoren hatten wesentlichen Anteil an dieser revolutionären Veränderung […]:
1. Die *Produktivitätssteigerung*, u. a. verbunden mit [einer] Mechanisierung der Produktion.
2. Der Ausbau der Infrastruktur und vor allem die Ausweitung der *Transportwege* für den Güterverkehr.
3. Die Entstehung neuer *Konservierungstechniken* […]

(P. Lesniczak, Ländliche Kost und städtische Küche, in: Landeszentrale für politische Bildung Baden-Württemberg [Hg], Nahrungskultur, Stuttgart 2002. Gekürzt)

B 2 Postkutsche, Dampfschiff, ICE und Verkehrsflugzeug – in einem Gemälde von Paul Friedrich Meyerheim aus dem Jahr 1875? Was wurde durch Fotomontage ergänzt, was verändert?

Haushalte. Darüber hinaus gab es in Deutschland bis 1957 mehr Motorräder als **Autos.** Vor dem Ersten Weltkrieg war das Auto in erster Linie ein Sportgerät für Rennfahrten. In der Zwischenkriegszeit fuhren Firmen mit Automobilen ihre Waren aus; Landärzte, Handwerker und Vertreter besuchten ihre Kunden damit. Zum selbstverständlichen Verkehrsmittel wurde das Auto in Europa erst ab den 1960er-Jahren.

Der Traum vom Fliegen – Am 17. Dezember 1903 unternahmen die Brüder Wright den ersten sicher dokumentierten Motorflug. Damit war der jahrtausendealte Menschheitstraum vom Fliegen Wirklichkeit geworden. In den 1950er-Jahren wurden erstmals Düsenmaschinen in den zivilen Luftverkehr eingeführt. Doch der Massen- und Ferntourismus per Charter in die Mittelmeerländer und noch weiter entfernte Zielgebiete wurde erst durch den Einsatz von Großraumflugzeuge seit den 1970er-Jahren möglich.

Licht- und Schattenseiten – Die verkehrstechnischen Innovationen, die mit der Erfindung der Eisenbahn begannen, haben unsere Mobilität dramatisch erhöht. 1910 legte ein Deutscher im Jahr durchschnittlich 700 km zurück, den größten Teil davon mit öffentlichen Verkehrsmitteln. Im Jahr 2000 unternahm ein Bundesbürger durchschnittlich Fahrten von etwa 13 000 km Länge, davon 9 800 mit dem Auto. Diese Mobilität hat vielfältige berufliche und private Vorteile: Abends fahren wir ins Kino oder Theater; am Wochenende zu Freunden oder ins Grüne; der Urlaub ist nahezu selbstverständlich mit einer Reise verbunden – oft mit dem Flugzeug. Doch diese Vorzüge haben ihren Preis: Autos und Flugzeuge tragen durch ihren Schadstoffausstoß in hohem Maße zur Umweltverschmutzung und den Waldschäden bei. Der Massentourismus gefährdet bisher intakte Naturräume und verändert die Kultur und Tradition der Menschen in den Zielländern. Für das Geld der reichen Touristen verkaufen manche ihren Stolz und ihre Seele.

B 6 Plakat des Grafikers Klaus Staeck, 1984

Q 3 Das Auto als Konsumgut

Die neueste Industrialisierungswelle ist durch die Produktion langlebiger Konsumgüter des gehobenen Bedarfs gekennzeichnet. [...] Das repräsentativste Gut [...] ist der Personenkraftwagen [...]. Er kommt in geradezu idealer Weise den Bedürfnissen des modernen Menschen entgegen. Er ermöglicht seinem Besitzer, sich von den schienen- und fahrplangebundenen Massenverkehrsmitteln zu lösen. Er macht ihn damit sehr beweglich und erweitert seinen Lebenskreis. [Er] individualisiert und erleichtert den Verkehr zugleich, was ihn zum meistbegehrten Konsumgut macht [...]. Sein Besitz ist zur Voraussetzung für einen angemessenen Lebensstil in unserer Zeit geworden.

(IG Metall, zitiert nach H. Edelmann, Vom Luxusgut zum Gebrauchsgegenstand, Frankfurt/M. 1989, S. 226. Gekürzt)

T 4 Zielregion der Haupturlaubsreisen der Deutschen in %, 1954–2000

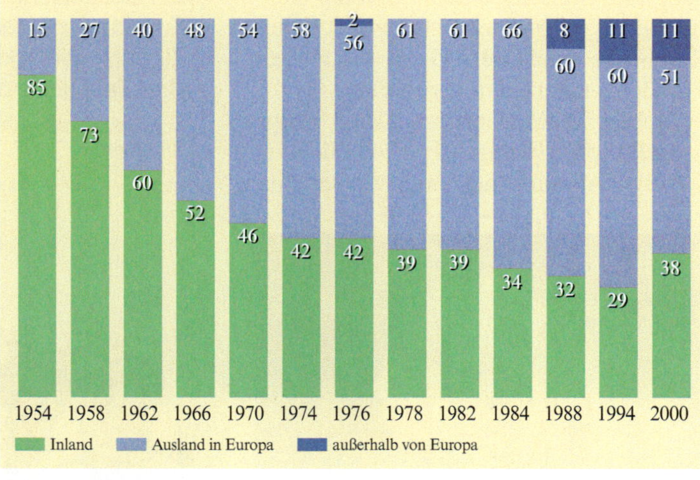

ARBEITSAUFTRÄGE

1. Beurteile die Aussagen in Q 3 über die Bedeutung des Autos.
2. Verfasse mit Q 1, B 2, Q 3 und T 5 einen Bericht, wie sich unser Leben durch die moderne Verkehrstechnik verändert hat.
3. Diskutiert mit Q 3, T 4 und T 5 mögliche Vor- und Nachteile des modernen Individualverkehrs und des Massentourismus.

3. Chancen und Risiken des technischen Fortschritts

Welche Grenzen des Handelns setzt uns die Verpflichtung für unsere Mitmenschen und die uns anvertraute Natur? Diese Frage bewegt uns Menschen seit Tausenden von Jahren. Durch den wissenschaftlich-technischen Fortschritt im 20./21. Jahrhundert, vor allem in der Atomphysik, der Chemie und der Gentechnik, ist sie dringender denn je zuvor.

Maß oder Missbrauch – Zahlreiche bahnbrechende Entdeckungen und völlig neue Techniken haben in den vergangenen 200 Jahren tiefe Spuren der Veränderung durch den Alltag der Menschen gezogen. Die Erkenntnisse der modernen Atomphysik haben den Menschen seit den 1940er-Jahren erstmals in die Lage versetzt, die Umweltbedingungen für ein lebenswertes Dasein auf der Erde zu zerstören. Mithilfe der modernen Gentechnik wird er in nicht zu ferner Zukunft sich selbst und den Bauplan der Natur nach seinen Vorstellungen gentechnisch verändern können.
Trotz aller Verbesserungen und Erleichterungen, die uns der wissenschaftlich-technische Fortschritt gebracht hat, ist daher die Frage nach den Grenzen unseres Handelns mehr denn je geboten:

- Neben vielen Vorzügen haben einige technische Errungenschaften auch negative Auswirkungen auf Mensch und Natur. Diese „Schattenseiten", z. B. die Auswirkungen von Chemikalien und Schadstoffen auf die Umwelt oder das Klima, werden oft erst später erkannt.
- Es gibt nahezu keine technische Neuerung, die nicht auch als Waffe oder zur missbräuchlichen Manipulation anderer Menschen benutzt wurde bzw. werden könnte.

T4 Entwicklung der Säuglingssterblichkeit in Deutschland:

1800	18,0 %
1850	21,5 %
1900	20,0 %
1950	0,3 %
2000	0,05 %

Q 2 Aus dem Gedicht „Prometheus" von Johann Wolfgang von Goethe, 1774

Ich dich [Göttervater Zeus] ehren? Wofür?
Hast du die Schmerzen gelindert
Je des Beladenen?
Hast du die Tränen gestillet
Je des Geängstigten?
Hat nicht mich zum Manne geschmiedet
Die allmächtige Zeit
Und das ewige Schicksal,
Meine Herren und deine?
[...]
Hier sitze ich, forme Menschen
Nach meinem Bilde,
Ein Geschlecht, das mir gleich sei,
Zu leiden, zu weinen,
Zu genießen und zu freuen sich,
Und dein nicht zu achten, Wie ich!

(In: Goethes Werke in 12 Bänden, Bd. 1, S. 59 f., Berlin, Weimar 1974. Gekürzt)

B1 Explosion einer Atombombe, Foto 1971

B3 „Gassed", Gemälde von John Singer Sargent, 1918 (Ausschnitt)
Im Ersten Weltkrieg setzte das Militär chemisch produzierte Giftgase ein, die zu Erblindung, Lungenschäden und Tod führten.

Q 5 Gentechnik – Eingriff in den Bauplan der Natur?

Wenigstens die Kinder sollten verschont bleiben. Das beschloss die 30-jährige US-Amerikanerin, als sie erfuhr, sie selbst werde bald Opfer von V717L sein. Als Genetikerin wusste sie sehr genau, was sie da unternahm: Ihr Vater starb mit 42 ohne Gedächtnis. [...] Bei ihrem Bruder begann das große Vergessen schon mit 35.

V717L ist nur ein winziger Defekt [...] im Erbgut, und doch sind die Folgen grausam: Nahezu sicher erkrankt der Träger des Genfehlers vor dem 40. Geburtstag an einem aggressiven Alzheimer-Leiden.

Um ihren Kindern dieses Schicksal zu ersparen, vertraute die Frau auf einen wenig bekannten Gentest [... und auf] eine Variante der umstrittenen Präimplantationsdiagnostik PID. [...] Insgesamt 13 künstlich besamte Eizellen der Patientin wurden durchleuchtet; sieben wurden verworfen, bevor ihr Leben richtig begonnen hatte. Die anderen sechs zeigten keine Alzheimer-Veranlagung. Vier wurden der Mutter übertragen; eine gesunde Tochter brachte sie zu Welt.

(Ulrich Bahnsen, in: DIE ZEIT vom 21.03.2002)

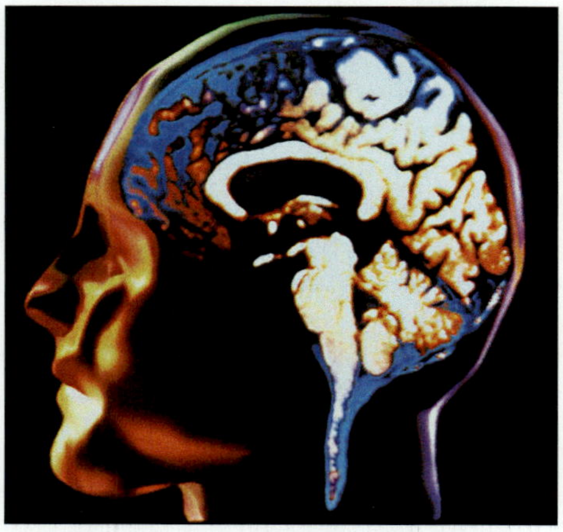

B 6 Mit computergestützten radiologischen Techniken können innere Organe auf mögliche Erkrankungen hin untersucht werden.

Q 7 Aus einer Rede von Bundespräsident Johannes Rau auf dem Kongress „Ethik und Behinderung", 08.12.2003

Ich kann gut verstehen, dass viele Menschen von den Möglichkeiten [...] der Gentechnik fasziniert sind. [Dabei] geht es aber in erster Linie nicht um wissenschaftliche oder technische Fragen. Wir müssen vielmehr entscheiden, welche technische Möglichkeit sich mit unseren Werten vereinbaren lässt und welche nicht. Wie schwierig und wie notwendig das ist, zeigt die [...] Diskussion um die Präimplantationsdiagnostik [PID] und um die Embryonenforschung. Mit der PID kann bei einer künstlichen Befruchtung ein Embryo auf genetische Schäden untersucht werden. [...] Nichts rechtfertigt eine Praxis, die das Tor weit öffnet für biologische Selektion, für eine Zeugung auf Probe. Denken wir allein daran, was eine solche Praxis für die Einstellung gegenüber Menschen mit Behinderungen bedeutet. Wenn es erlaubt wäre, Embryonen gentechnisch zu prüfen und die auszusondern,die genetische Defekte haben, dann wäre es [...] nur noch ein Schritt zu der Frage: Warum haben Sie ein behindertes Kind zur Welt gebracht. Das hätte doch nicht sein müssen."

(Zitiert nach: Bulletin der Bundesregierung Nr. 111-2 vom 8. 12. 2003. Gekürzt)

Q 8 Was ist Präimplantationsdiagnostik (PID)?

Mit der Präimplantationsdiagnostik (PID) können Defekte im Erbgut eines Embryos aufgespürt werden. Das ist nur im Rahmen einer künstlichen Befruchtung im Labor möglich. Wenige Tage nach der Befruchtung wird dem acht- bis zwölfzelligen Keim eine Zelle für einen Gentest entnommen. Der Keim entwickelt sich danach normal weiter – vorausgesetzt, er wird in den Uterus einer Frau eingesetzt. Ergibt der Gentest nämlich einen ungünstigen Befund, lässt man den Embryo absterben. Das Verfahren der PID ist in Deutschland verboten, weil nach unserer Rechtsprechung das Leben eines Menschen mit der Verschmelzung von Ei- und Samenzelle beginnt. In vielen EU-Ländern und in den USA ist die PID erlaubt.

(Autorentext)

ARBEITSAUFTRÄGE

1. B 1 und B 3 zeigen Beispiele für den Missbrauch von Technik; lege eine Tabelle an mit eigenen Beispielen für Vorteile sowie für mögliche Gefahren einzelner technischer Errungenschaften.
2. Erläutere mit T 4 und B 6 Fortschritte in der Medizintechnik.
3. Diskutiert mit Q 2, Q 5 – Q 8, ob es Grenzen für die Nutzung von Medizin- und Gentechnik gibt. Wenn ja, welche?
4. Intepretiere mit Q 2 das Gedicht Goethes aus dem Jahr 1774.

4. Grenzen des technischen Fortschritts?

Die Menschen des Mittelalters sahen sich selbst in eine [von Gott] vorgegebene natürliche Ordnung hineingeboren. Mit Beginn der Neuzeit im 15. Jahrhundert änderte sich diese Weltsicht allmählich. Auch die Natur wurde als Verfügungsmasse für die eigenen, scheinbar unbegrenzten Möglichkeiten betrachtet. Bis tief ins 20. Jahrhundert hinein dominierte nun ein nahezu grenzenloser Optimismus, dass dem wissenschaftlich-technischen Fortschritt keine Grenzen gesetzt seien. Doch diese Zuversicht ist – trotz oder gerade wegen des rasanten technischen Fortschritts – ins Wanken geraten. Brauchen wir neue Grenzen für unser Handeln?

Q1 Grenzenlose Möglichkeiten?

Gott sprach zu ihm [dem Menschen]: „[…] Den übrigen Wesen ist ihre Natur durch die von uns vorgeschriebenen Gesetze bestimmt und wird dadurch in Schranken gehalten. Du bist durch keinerlei unüberwindliche Schranken gehemmt, sondern du sollst nach deinem eigenen freien Willen, in dessen Hand ich dein Geschick gelegt habe, sogar jene Natur dir selbst vorherbestimmen. Ich habe dich in die Mitte der Welt gesetzt, damit du von dort bequem um dich schaust, was es alles in dieser Welt gibt. Wir haben dich weder als einen Himmlischen noch als einen Irdischen, weder als einen Sterblichen noch als einen Unsterblichen geschaffen, damit du […] dir selbst die Form bestimmst, in der du zu leben wünschst.

(G. Pico della Mirandola: Rede über die Würde des Menschen, 1486; zitiert nach N. Mout, Die Kultur des Humanismus, 1998, S. 30 f. Gekürzt)

B2 Ausdruck von Lebensfreude bei Delfinen

Q3 Grenzen des wirtschaftlichen Wachstums?

Die Nutzung vieler natürlicher Ressourcen und die Freisetzung [von] Schadstoffen haben bereits die Grenzen des physikalisch auf längere Zeit Möglichen überschritten. Wenn der Einsatz dieser Materialien und die Energieflüsse nicht entscheidend gesenkt werden, kommt es in den nächsten Jahrzehnten zu einem nicht mehr zu kontrollierbaren Rückgang der Nahrungsmittelerzeugung, der Energieverfügbarkeit und der Industrieproduktion.

(D. Meadows u.a., Die neuen Grenzen des Wachstums, Reinbeck 1993, S. 13.)

Q4 Ethische Grenzen des technisch Möglichen?

Neue wissenschaftliche Erkenntnisse und technische Möglichkeiten stellen uns vor grundsätzliche Fragen: Wie gehen wir mit der Natur um? Wie gehen wir mit der Gattung Mensch um? […] Nichts darf über die Würde des einzelnen Menschen gestellt werden, sein Recht auf Freiheit, auf Selbstbestimmung […]. Eine Ethik, die auf diesen Grundsätzen beruht, gibt es nicht umsonst. Es hat einen Preis, wenn wir nach ethischen Grundsätzen handeln. […] Wenn wir begründete Zweifel haben, ob wir etwas technisch Mögliches tun dürfen oder nicht, dann muss es so lange verboten sein, bis alle Zweifel ausgeräumt sind. […] Wenn wir so tun, als seien unsere Möglichkeiten grenzenlos […] dann verlieren wir das menschliche Maß. […] Die Zukunft ist offen. […] Wir können sie gestalten – mit dem was wir tun und mit dem, was wir *nicht* tun.

(Johannes Rau, Für einen Fortschritt nach menschlichem Maß, 18.Mai 2001, zitiert nach: www.bundespraesident.de/dokumente/Rede/ix_41073.htm. Gekürzt).

ARBEITSAUFTRÄGE

1. Erläutere mit Q1 das Selbstverständnis des Menschen und seine Sicht auf die Natur zu Beginn der Neuzeit.
2. Diskutiert mit B2, Q3–Q4, welche Grenzen der Mensch bei der Anwendung technischer Erkenntnisse einhalten sollte.

Migration früher und heute

Nach Angaben der UN-Flüchtlingshilfsorganisation UNHCR waren im Jahr 2000 weltweit etwa 20 Millionen Menschen auf der Flucht vor Krieg, Hunger, politischer oder religiöser Verfolgung und schweren Menschenrechtsverletzungen. Die Mehrzahl von ihnen musste ihr Geburtsland verlassen, andere waren innerhalb ihres Heimatlandes vertrieben worden. Noch viel mehr Menschen, etwa 100 Millionen, lebten im Jahr 2000 deshalb nicht mehr in ihren Geburtsländern, weil sie es freiwillig aus beruflichen Gründen verlassen hatten – sei es zeitweise oder auf Dauer. Sie alle werden unter dem Begriff **Migranten** (von lat.: migrare = wandern) zusammengefasst, obwohl die Gründe, warum sie ihre Heimat verlassen haben, oft sehr verschieden sind. ❶/1

Migration ganzer Volksgruppen oder einzelner Personen hat es im Laufe der Geschichte immer wieder und in vielen Teilen der Erde gegeben. Auch Deutschland war in der Vergangenheit – und ist bis heute – nicht nur Zielland, sondern auch Fortzugsland von Millionen Migranten.

T1 Flucht und Vertreibung im Jahr 2000

Im Jahr 2000 in …	Flüchtlinge, Asylsuchende und Binnenvertriebene
Afrika	5 325 040
Asien	6 691 150
Europa	6 399 050
Lateinamerika	83 810
Nordamerika	1 255 200
Ozeanien	64 500
Total	**19 818 750**

Begriffserläuterung

Migranten:
- Flüchtlinge (aufgrund von Krieg oder politischer Verfolgung)
- Armutsflüchtlinge
- Arbeitsmigranten
- Aus-/Einwanderer
- Aus-/Umsiedler

D2 Ein- und Auswanderung in Deutschland 1830 – 2000

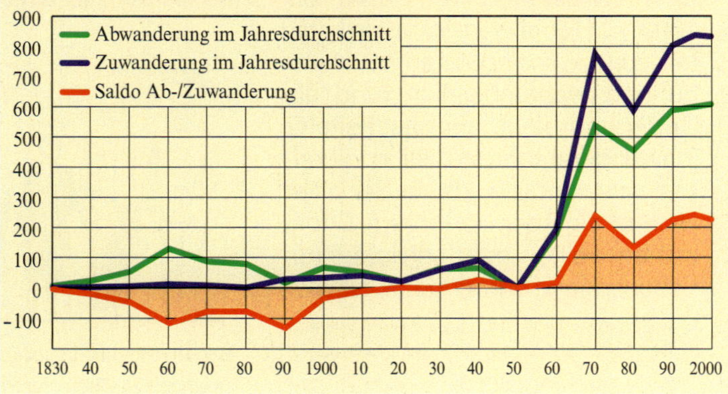

1. Deutschland im 19. Jahrhundert – ein Auswanderungsland

Zwischen 1830 und 1920 wanderten mehr als 35 Millionen Europäer in die USA aus, darunter allein 5,5 Millionen Deutsche. Was waren die Gründe für diese Massenauswanderung aus Deutschland?

„Kein schöner Land?“ – In Deutschland und vielen anderen Ländern Europas war seit Beginn des 19. Jahrhunderts die Bevölkerungszahl stark gestiegen. Doch die landwirtschaftliche Produktion konnte mit diesem sprunghaften Wachstum nicht mithalten. Besonders in Zeiten von Missernten kam es daher zu schweren Hungerkatastrophen. Auch die in Deutschland erst Mitte des 19. Jahrhunderts einsetzende Industrialisierung konnte nicht alle Menschen in Arbeit und Brot bringen. Neben diesen sozialen Auswanderungsgründen spielten politische und religiöse eine Rolle: Die „Demagogenverfolgung“ nach den Karlsbader Beschlüssen von 1819 sowie die Verfolgung der Revolutionäre von 1848/49 zwang viele Deutsche zur Flucht; Religionsfreiheit existierte nur in wenigen deutschen Fürstentümern.

Q 3 Hoffen auf ein besseres Leben:

Der Massenexodus [Auszug] aus dem Deutschland des 19. Jahrhunderts […] hatte vor allem sozialökonomische Gründe: […] zu wenig Arbeit, zu viele Menschen. Auswanderung war weithin Export der sozialen Frage. Von den Hungerjahren 1816/17 bis zum Ausbruch des Ersten Weltkriegs 1914 [wanderten] 5,5 Millionen Deutsche in die Vereinigten Staaten aus, gefolgt von weiteren knapp 2 Millionen seither. Hochflut herrschte in den fünf Jahrzehnten von 1846 bis 1893. […] Nicht wenige davon kehrten zurück, im späteren 19. Jahrhundert wahrscheinlich rund ein Drittel; die einen als gescheiterte Einwanderer, andere als erfolgreiche Auswanderer, die in der alten Heimat sichtbar von ihrem Erfolg zehren wollten oder schlicht ihren Lebensabend verbringen wollten.

(K.J. Bade, Zu wenig Arbeit, zu viele Menschen, in: Das Parlament Nr. 48, 1998, S. 1. Gekürzt)

„Entwurzelung“, Zeichnung von Vangelis Pavlidis, 1982

B 4 Aufbruch in die Fremde, Gemälde 1872

B 5 Willkommensgruß im Land der Freiheit, Zeichnung 1907

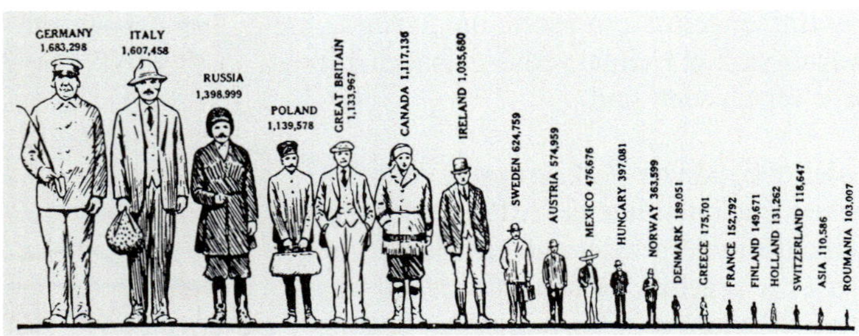

B 6 Im Ausland geborene Einwohner der USA im Jahr 1920, Ausschnitt einer zeitgenössische Skizze aus den USA

Land der unbegrenzten Möglichkeiten? – Um 1880 war die Kolonisierung Nordamerikas abgeschlossen. Später eintreffende Einwanderer konnten kaum noch Land für eine eigene Farm erwerben. Sie mussten ihren „American Dream“ als Handwerker, Land- oder Fabrikarbeiter in den schnell wachsenden Industriezentren, beim Eisenbahn- oder Straßenbau beginnen. Junge Frauen arbeiteten meist als Mägde, Wäscherinnen oder in Fabriken. Der „Aufstieg vom Tellerwäscher zum Millionär“ blieb ein Traum; die Einwanderergeneration lebte ganz überwiegend in ärmlichen Verhältnissen.

Integration braucht Zeit – Die meisten Einwanderer hatten in ihren Heimatländern in kleinen Dörfern gelebt. Jetzt kamen sie mittellos und ohne englische Sprachkenntnisse in die großen Städte Amerikas. Die kulturellen Unterschiede zwischen dörflicher Gemeinschaft und dem bunten Nationalitätengemisch der Großstadt waren riesig. Kein Wunder, dass es die Einwanderer zunächst dorthin zog, wo schon ihre Landsleute wohnten. So entstanden anfangs ethnisch homogene Wohngebiete, in denen noch jahrzehntelang die eigene Muttersprache vorherrschte. Im „Viertel“ spielte sich das Leben nach den gewohnten Traditionen und Bräuchen ab – bis hin zum Essen und zur Kleidung. Der Bewusstseinswandel vom „deutschen Einwanderer“ über den „Deutsch-Amerikaner“ bis zum „Amerikaner deutscher Abstammung“ dauerte meist zwei bis drei Generationen. Der „Schlüssel“ zur gelungenen Integration von Millionen Einwanderern in die amerikanische Gesellschaft waren vor allem die Kinder der Einwanderer: Sie wollten für ihren beruflichen Erfolg die Sprache ihres neuen Heimatlandes lernen und wurden dabei von den Behörden sowie den eigenen Familien sehr gefördert.

Q7 Wer ist ein US-Amerikaner?
Aus der Verfassung der USA:

Alle Personen, die in den Vereinigten Staaten geboren oder eingebürgert und ihrer Hoheitsgewalt unterworfen sind, sind Bürger der Vereinigten Staaten und des Einzelstaates, in dem sie wohnen [...]

(Verfassung der USA, 14. Zusatzartikel von 1868)

Q8 „Little Germany“ in New York:

Zu einem bevorzugten Ziel war [...] New York geworden, wo es schon früh ganze Straßenzüge, ja Stadtviertel mit überwiegend deutscher Bevölkerung gab. [...] So entstand im Herzen Manhattens [...] ein Wohnquartier, in dem der Anteil der deutschen Bevölkerung bei über 30 Prozent lag. Hier [...] war man fürs Erste einmal in selbstgebauten Hütten oder heruntergewirtschafteten Mietskasernen untergekommen. Viele der Einwanderer verschafften sich ihren bescheidenen Lebensunterhalt mit dem Sammeln von Lumpen, sodass ein [...] eingesetzter Untersuchungsausschuss den Distrikt als „German Ragpickers Paradies“ [Paradies der Lumpensammler] bezeichnete. [...]

(In: H. Krohn, Und warum habt ihr denn Deutschland verlassen? 300 Jahre Auswanderung nach Amerika, Bergisch-Gladbach 1992, S. 307. Gekürzt)

B9 Deutsche Einwanderer, Karikatur in „Harper“s Weekly“, 1872

B10 „Die Quote für 1620 ist voll“, amerikanische Karikatur, 20. Jh.

ARBEITSAUFTRÄGE

1. Analysiere und erläutere D 2 von Seite 281.
2. Erläutere mit Q 3 Gründe für die Auswanderung und formuliere mit B 4 eine Vermutung über das Reisegepäck.
3. Beschreibe mit B 5 die Hoffnungen der Auswanderer.
4. Erkläre, wer gemäß der US-Verfassung die amerikanische Staatsangehörigkeit besitzt (Q 7). Recherchiere zum Vergleich die Regelung für die Bundesrepublik. e/2
5. Vergleiche die Lebensumstände deutscher Auswanderer in den USA um 1900 mit der Situation nicht deutschstämmiger Bürger und Migranten in der Bundesrepublik (Q 8, B 9, B 10).

2. Flucht und Vertreibung in Europa – zwei Beispiele

In der zweiten Hälfte des 20. Jahrhunderts sind vor allem Afrika und Südostasien blutige Schauplätze für Vertreibungen und Massenfluchten geworden. Doch auch Europa war – und ist – bis in die jüngste Vergangenheit von Kriegen sowie von religiöser und politischer Verfolgung gekennzeichnet.

Verfolgung der Hugenotten in Frankreich – Wie in Deutschland und anderen europäischen Ländern gab es in Frankreich im 16. Jahrhundert eine Reformationsbewegung der christlichen Glaubenslehre. Seitdem existierte im mehrheitlich katholischen Frankreich auch eine reformierte Kirche. Deren Anhänger, vor allem Handwerker und Kaufleute, nannten sich **Hugenotten.** Nach blutigen Religionskämpfen hatten die Hugenotten im Jahre 1598 weitgehende Glaubensfreiheit zugestanden bekommen (Edikt von Nantes). Aber 1685 wurde dieses Edikt vom französischen König Ludwig XIV. aufgehoben. Daraufhin flohen etwa 500 000 Hugenotten aus Frankreich, viele von ihnen nach Brandenburg.

Q1 Aufhebung des Toleranz-Edikts durch Ludwig XIV., 18. Okt. 1685:

1. Wir tun zu wissen, […] dass alle Kirchen der […] vorgeblich reformierten Religion unverzüglich zerstört werden.
2. Wir verbieten Unseren besagten Untertanen von der vorgeblich reformierten Religion, sich noch ferner zu versammeln, um [ihren] Gottesdienst […] zu halten.
6. Wir verbieten die besonderen Schulen der reformierten Religion […]
7. In Betreff der Kinder, die denen von der besagten Religion geboren werden, wollen Wir, dass sie fortan durch die Seelsorger der Pfarreien getauft werden […]

(In: Geschichte in Quellen, Bd. 3, München 1982, Seite 454 f. Gekürzt)

Der brandenburgische Kurfürst Friedrich Wilhelm I. hatte ihnen **Glaubensfreiheit,** die Aufnahme in seinen Landen sowie Steuervorteile versprochen. Er wollte die mehrheitlich gut qualifizierten Handwerker, Manufakturbesitzer und Kaufleute nach Brandenburg holen, um so die wirtschaftliche Entwicklung des Landes zu fördern. Viele Namen oder anscheinend „typisch deutsche“ Bezeichnungen sind daher aus dem Französischen abgeleitet, zum Beispiel die Berliner Bulette vom französischen boulette (= Fleischkügelchen).

B2 Flucht französischer Hugenotten nach der Aufhebung des Edikts von Nantes, 1685. Holzstich nach G. Durand

T3 Herkunftsorte/-regionen sowie Zielorte der allein im Jahr 1700 nach Brandenburg eingewanderten Hugenotten (Auswahl)

Zielort / Geburtsort/-region	Spandau	Stendal	Prenzlau	Magdeburg	Königsberg	Halle	Frankfurt/O.	Brandenburg	Berlin
Languedoc	598	20	10	168	4	481	48	23	6
Metz	1130	8	–	95	11	36	32	13	24
Dauphiné	295	13	10	80	30	277	13	5	2
Champagne	590	4	–	98	42	33	40	4	–
Guyenne	242	6	–	54	70	73	2	6	4
Sedan	328	5	1	14		1	11	–	3
Picardie	90		–	18	13	13	48	–	–
Normandie	120	14	–	1	21	16	6	–	–
Paris	140	6	–	21	11	9	5	2	–

Das Schicksal des früheren Jugoslawiens – In der ehemaligen Bundesvolksrepublik Jugoslawien leben zahlreiche Völker (Ethnien) mit unterschiedlichen kulturellen Traditionen und Religionen zusammen: Es war ein Vielvölkerstaat, der 1945/46 in den Grenzen des früheren Königreichs der Serben, Kroaten und Slowenen neu gegründet worden war. Nach dem Tod des Staatsgründers Josip Broz Tito im Jahr 1980 begann der allmähliche Zerfall des Staates. Alte Nationalitätenkonflikte und Rivalitäten zwischen politischen Machtgruppen brachen wieder auf. Die kulturellen Unterschiede sowie ein großes wirtschaftliches und soziales Gefälle zwischen den einzelnen Republiken verschärften die Lage. Zwischen 1991–1999 eskalierten die Konflikte in blutigen Kriegen, Massenvertreibungen, schwersten Menschenrechtsverletzungen und Massenmorden an der Bevölkerung. Während der Kämpfe flüchteten über 3,5 Millionen Menschen, etwa 1 Million davon nach Deutschland.

T4 Zerfall des Vielvölkerstaates Jugoslawien

1991:	Slowenien und Kroatien erklären ihre staatliche Unabhängigkeit von Jugoslawien; 28. 6. 1991 Krieg der serbisch dominierten jugoslawischen Bundesarmee gegen Slowenien und Kroatien; 26. 10. 1991 Rückzug der Bundesarmee aus Slowenien; Januar 1992 Rückzug der Bundesarmee aus Kroatien
1992:	Im März 1992 erklärt die Republik Bosnien-Herzegowina ihre Unabhängigkeit von Jugoslawien; serbische Truppen besetzen im April 1992 70 % von Bosnien-Herzegowina; Stationierung von UNO-Friedenstruppen in den Kriegsgebieten; Kriegsverbrechen und Massaker der Serben an der Zivilbevölkerung
1995:	Am 21. 11. 1995 wird unter Vermittlung der USA in Dayton ein Friedensabkommen für Bosnien-Herzegowina unterzeichnet
1998:	Gewaltsame Niederschlagung der Autonomiebestrebungen von Kosovo-Albanern durch serbische Truppen
1999:	Nach ergebnislosen Verhandlungen zwingen NATO-Luftangriffe gegen Serbien das serbische Militär zum Rückzug aus dem Kosovo
1998 ff:	Autonomiebestrebungen von Montenegro, Makedonien, Kosovo

T5 Volksgruppen, Sprachen und Religionen im früheren Jugoslawien

Volksgruppen	Sprache	Religion
Slowenen	slowenisch	röm.-katholisch
Kroaten	serbo-kroatisch	röm.-katholisch
Serben	serbo-kroatisch	serbisch-orthodox
bosnische Muslime:	serbo-kroatisch	muslimische Religion
Montenegriner	serbo-kroatisch	serbisch-orthodox
Kosovo-Albaner	albanisch	serb.-orth./muslimisch
Mazedonier	mazedonisch	mazedonisch-orthodox

Die Volksgruppen in Jugoslawien um 1980 **K6**

ARBEITSAUFTRÄGE

1. Erläutere mit Q 1 und B 2 Ursachen und Folgen der Hugenottenverfolgung in Frankreich nach 1685. Kennst du weitere Beispiele für religiös begründete Verfolgungen in Europa oder anderswo?
2. Nenne mögliche Gründe für die Aufnahme zahlreicher geflohener Hugenotten durch den brandenburgischen Kurfüsten.
3. Erläutere mit T 5 und K 6 mögliche Gründe für die gewaltsamen Konflikte und Kriegsgräuel zwischen den benachbarten Volksgruppen im früheren Jugoslawien.
4. Erarbeitet in der Klasse gemeinsam eine Plakatwand zum Thema „Krieg, Vertreibung, Mord im früheren Jugoslawien“. Arbeitet in mehreren Projektgruppen. ❷/3

3. Deutschland im 20. Jahrhundert – ein Einwanderungsland

Ein Aufnahmeland für Kriegsflüchtlinge, Asylbewerber oder für deutschstämmige Spätaussiedler ist Deutschland erst seit den 1980er-Jahren in größerem Umfang geworden. Die Zuwanderung von Arbeitskräften prägt Deutschland jedoch schon seit etwa 100 Jahren. Die meisten wurden angeworben und in der Wirtschaft Deutschlands dringend gebraucht.

Anwerbung von Arbeitsmigranten – Ende des 19. Jahrhunderts, als sich in Deutschland die Industrialisierung beschleunigte, entstanden in Schlesien, Sachsen und im Ruhrgebiet bedeutende Industriezentren. Der **Arbeitskräftebedarf** zog viele sogenannte Wanderarbeiter an; sie kamen zum Teil aus den deutschen Ostprovinzen, vor allem aber aus Polen, Galizien und Italien. Insgesamt betrug ihr Anteil an der Gesamtbevölkerung ca. 1 Prozent. Innerhalb weniger Jahrzehnte war die Mehrzahl von ihnen in der neuen Heimat integriert.
Der nächste große Zustrom ausländischer Arbeitskräfte setzte zwischen 1955 und 1973 ein: Im Zeichen des bundesdeutschen **„Wirtschaftswunders"** waren etwa 14 Millionen benötigter Arbeitskräfte aus den Mittelmeerländern angeworben worden. Mit dem Ölpreisschock von 1973 und der einsetzenden Wirtschaftsrezession erfolgte dann ein Anwerbestopp der so genannten Gastarbeiter. Etwa 11 Millionen von ih-

Q 2 Polnische Zuwanderer im Ruhrgebiet um 1900:

[...] viele preußisch-polnische Zuwanderer verstanden ihren Aufenthalt im Westen zunächst als Zwischenstadium, um danach mit dem hier verdienten Geld in ihre Heimatgebiete zurückzukehren und dort ein besseres Leben zu führen [...]; je länger sie jedoch im Ruhrgebiet blieben, desto stärker lockerte sich die Bindung an zu Hause und der Rückkehrwunsch verblasste allmählich – aus Wanderarbeitern wurden Einwanderer. [...] Mit längerer Anwesenheitsdauer [...] lehnten sich die ruhrpolnischen Bergleute stärker an die Haltung der deutschen Kollegen an.

(In: U. Herbert, Geschichte der Ausländerpolitik in Deutschland – Saisonarbeiter, Zwangsarbeiter, Gastarbeiter, Flüchtlinge, München 2001, S. 73 f. Gekürzt)

B 3 Türkische Bergarbeiter in Deutschland, 2000

T 1 Die Migrationswellen (Zuzüge und Fortzüge) in Deutschland im 20. Jahrhundert; Zahlen in Mio. Personen

Zeitphase	offizieller Status	Herkunftsländer	Zuzüge	Fortzüge	Saldo	Arbeitsmarkt in Deutschland
1890–1914	„Wanderarbeiter"	Polen, Italien	1,2	–	1,2	Arbeitskräftemangel, Industrialisierung
1950–1960	Flüchtlinge aus den ehem. Ostgebieten	u. a. Polen, Tschechoslowakei, Rumänien	1,6	–	1,6	bis 1958 Arbeitslosigkeit (4 Prozent –Vollbeschäftigung)
1955–1973	„Gastarbeiter"	Mittelmeerländer	14,0	11,0	3,0	„Wirtschaftswunder", Arbeitskräftemangel
1985–2000	Spätaussiedler	Ost-/Südeuropa	2,7	0,3	2,4	Arbeitslosigkeit (4–9 Prozent)
1985–2000	Asylbewerber und Bürgerkriegsflüchtl.	weltweit	3,5	1,2	2,3	Arbeitslosigkeit (4–9 Prozent)
1985–2000	sonst. ausländische Arbeitsmigranten ehem. Ostgebieten	weltweit	3,5	1,4	2,1	Arbeitslosigkeit (4–9 Prozent)

nen kehrten in ihre Herkunftsländer zurück, um dort eine neue berufliche Existenz aufzubauen oder den Lebensabend zu verbringen. Für andere, vor allem türkische Bürger, wurde das „Gastland“ zur **neuen Heimat.** Ihre Kinder leben in der 2. oder 3. Generation hier; viele besitzen die deutsche Staatsangehörigkeit.
Doch die **Integration** der in Deutschland gebliebenen Einwanderer und ihrer hier geborenen Kinder ist bisher kaum gelungen. Das liegt an einer unzulänglichen Integrationspolitik der Regierung, an den Vorurteilen der einheimischen Bevölkerung und an der zu geringen Integrationsbereitschaft vieler ausländischer Bürger. Folgen davon sind das ängstliche Einfordern einer „deutschen Leitkultur“ oder gar Ausländerfeindlichkeit auf Seiten vieler Deutscher sowie kulturelle Abgrenzung und fehlende Deutschkenntnisse bei vielen ausländischen Mitbürgern.

Q 4 Zur Situation türkischer Bürger in der Bundesrepublik:

Vor vierzig Jahren […] schlossen Deutschland und die Türkei ein Abkommen über den Transfer von Arbeitskräften aus der Türkei nach Deutschland. […] Viele Gastarbeiter von damals sind heute Rentner in Deutschland, ihre Enkel sind hier geboren. Integration ist ein Begriff in aller Munde. Dennoch ist die Einbürgerungsquote nach wie vor gering. […] Unter vielen Kindern der Einwanderer, die hier geboren sind, [herrscht] Bildungsnotstand. Fast ein Drittel der türkischen Jugendlichen in Deutschland bricht die Schulausbildung ab. […] Der Misserfolg und die Perspektivlosigkeit führen dazu, dass sich die jungen Türken als Außenseiter fühlen […]. [Andere] Einwanderungsländer stellen sich auf Einwanderer ein. In Deutschland hatte man sich jahrelang darauf eingestellt, dass die Ausländer wieder zurückkehren […] [und] sie das auch spüren lassen.

(Zafer Senocak, in: Der Tagesspiegel, 3.11.2001)

Flüchtlinge und Asylbewerber – Die Zahl der in der Bundesrepublik lebenden Ausländer ist seit den 1980er-Jahren sprunghaft auf etwa 7,4 Millionen angestiegen, das sind 9 Prozent der Gesamtbevölkerung; ohne die 2,7 Millionen deutschstämmigen Spätaussiedler aus Ost- und Südosteuropa. In Europa haben nur Luxemburg mit 20 Prozent und die Schweiz mit 13 Prozent einen höheren Ausländeranteil.

Eine Ursache für den sprunghaften Anstieg der Zahl der in Deutschland lebenden Ausländer ist die große Anzahl der politisch Verfolgten und der **Bürgerkriegsflüchtlinge,** zum Beispiel aus Afghanistan oder dem früheren Jugoslawien. Auf der Grundlage von **Artikel 16 des Grundgesetzes** erhielten sie entweder **politisches Asyl** oder eine befristete Aufenthalts- und Arbeitserlaubnis in der Bundesrepublik. Auch viele Deutsche, die während der Nazi-Zeit politisch verfolgt wurden, überlebten damals nur dank des Asylrechts in anderen Ländern. Andererseits stieg seit Mitte der 1980er-Jahre die Zahl der Asylbewerber, die sich die Bundesrepublik aus wirtschaftlichen Gründen als Aufnahmeland ausgewählt haben. Um den **Missbrauch des Asylrechts** zu verhindern, schränkte der deutsche Bundestag 1993 den Artikel 16 Grundgesetz ein: Asylrecht genießt demnach nur noch, *„wer nicht aus einem sicheren Drittland einreist“*.

B5 Verteilung der Ausländer nach Bundesländern, Stand 1999

„Es gibt kein größeres Leid auf Erden als den Verlust der Heimat.“
Euripides, 431 v. Chr.

„Verwurzelung ist vielleicht das wichtigste und meist verkannte Bedürfnis der menschlichen Seele.“
Simone Weil, 1944 im Londoner Exil

T 6 Ausländische Bürger in Deutschland im Jahr 2000, Auswahl (in Tsd.)

Türkei	1999
Jugoslawien (Serbien, Montenegro)	662
Italien	619
Griechenland	365
Polen	301
Kroatien	216
Österreich	187
Bosnien	156
Portugal	134
Spanien	129
Russland	116
Großbritannien	115
USA	114
Andere Länder	2300
gesamt	ca. 7400

Zu viele oder zu wenig Zuwanderer? – Im Durchschnitt der vergangenen 10 Jahre betrug in Deutschland die **Netto-Zuwanderung 200 000 Personen** (Zuzug minus Wegzug). Bei vielen Bürgern wächst jedoch die Angst vor einer „kulturellen Überfremdung“. Andere befürchten, die hohe Arbeitslosigkeit sei eine Folge der Zuwanderung von Ausländern. Bevölkerungswissenschaftler klagen wiederum, dass zu wenig Kinder geboren werden und die deutsche Bevölkerung „aussterbe“.

Alle diese Befürchtungen sollten ernst genommen werden, auch wenn sie zum Teil unbegründet sind. Doch wenn die Prognose der Bevölkerungswissenschaftler stimmt, dann sind in 15–20 Jahren gravierende Probleme auf dem Arbeitsmarkt und bei der Rentenversicherung unausweichlich: Die Zahl der Erwerbspersonen wird zu gering sein, um den Wohlstand der Gesellschaft und die Altersversorgung der Rentner(innen) zu sichern.
Andererseits können die Probleme einer verfehlten Familien- und Arbeitsmarktpolitik nicht allein durch die Zuwanderung ausländischer Arbeitskräfte gelöst werden. Denn gegen die Ängste großer Teile der deutschen Bevölkerung ist eine sozial verträgliche Integration der Zuwanderer nicht möglich. Die von der Bundesregierung berufene **Expertenkommission „Zuwanderung“** hat daher 2001 ein abgestimmtes Maßnahmenbündel zur Lösung der Probleme vorgeschlagen:
- Die deutsche Wirtschaft ist auf Zuwanderung von Ausländern angewiesen.
- Die Höhe der Zuwanderung sollte durch ein **Zuwanderungsgesetz** sozial verträglich gestaltet werden.
- Es sollten möglichst gut ausgebildete Zuwanderer gewonnen werden.
- Die **Integration** der Zugewanderten muss wesentlich verbessert werden, unter anderem durch Sprachkurse.
- Die Gesetzgebung und die Arbeitswelt müssen deutlich **familienfreundlicher** werden, damit wieder mehr Kinder in Deutschland geboren werden.
- Die **Erwerbsquote von Frauen** muss steigen; Frauen sollten beruflich stärker gefördert werden.

D 7 Prognose der Bevölkerungsentwicklung in Deutschland 2000–2050 (mit und ohne weiteren Zuzug von Ausländern)

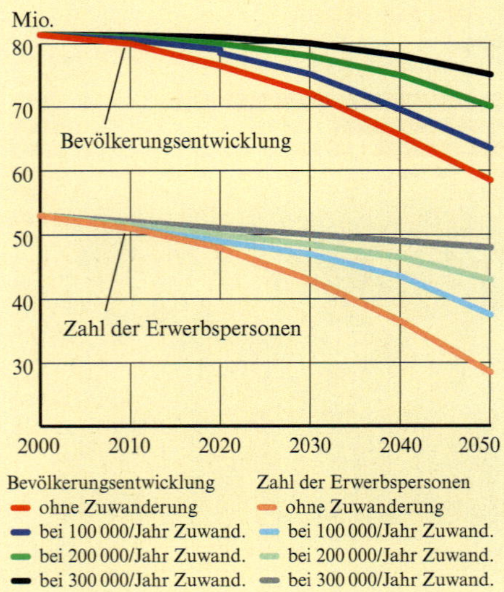

PERSONENLEXIKON

RITA SÜSSMUTH, geb. 1937. CDU-Politikerin; 1988–1998 Präsidentin des Deutschen Bundestags; leitete die von der Bundesregierung 2000 eingesetzte unabhängige Kommission „Zuwanderung“

B 8 Mit der „Greencard“-Initiative der Bundesregierung sollen ausländische Experten angeworben werden. Foto 2000

Internet-Adressen:
@/1 www.unhcr.de/
@/2 www.auslaender-statistik.de/
@/3 www.glasnost.de/kosovo

ARBEITSAUFTRÄGE

1. Erläutere mit T 1 die verschiedenen Formen der Migration und ihre Ursachen.
2. Vergleiche die in Q 2 dargestellte Haltung polnischer Zuwanderer mit der deutscher Aussiedler in Amerika (s. S. 282 f.).
3. Fasse die Position des Autors von Q 4 zusammen und formuliere eine eigene Meinung.
4. Vergleicht die regionale Verteilung der in Deutschland lebenden Ausländer (B 5). Diskutiert über Ausländerfeindlichkeit oder Gewalt gegen Ausländer in eurem Bundesland.
5. Analysiere D 7 und formuliere mögliche Konsequenzen für die deutsche Zuwanderungs- und Familienpolitik.

Berlin – von der Industrialisierung bis zur Gegenwart

Berlin war seit 1701 Hauptstadt des Königreichs Preußen.
Berlin blieb Hauptstadt nach der Gründung des Norddeutschen Bundes 1867. Dessen wichtigstes Organ, der Bundestag, versammelte sich in Berlin, schließlich war Preußen die dominierende Macht. Im Deutschen Kaiserreich 1871 gab es viele fürstliche Residenzstädte, aber Hauptstadt Deutschlands wurde Berlin. In Berlin entschied sich das Schicksal des Kaisertums. Die Revolution siegte, das Deutsche Reich wurde eine Demokratie. Berlin erlebte bittere politische Kämpfe zwischen unversöhnlichen Gegnern.
Auch die Nazis hielten an Berlin als Hauptstadt fest und hinterließen es als Trümmerwüste. Statt Megastadt, lebte Berlin jahrzehntelang geteilt, zum einen Teil Hauptstadt, zum anderen Teil Insel und Schaufenster – im Wartestand.
Berlin ist aus dem Wartestand in eine neue Hauptstadtrolle zurückgekehrt. Die Geschichte könnte helfen, sich daran zu gewöhnen.

„Berlin hat etwas Entwurzeltes. Doch wo und wann sollte Berlin auch seine Wurzeln ausgebildet haben? Der Erste Weltkrieg zerschlug jede Verbindung des Nachkriegsberlin mit dem Potsdam Friedrichs des Großen. Die Zeit zwischen den Kriegen war gekennzeichnet von politischer Instabilität. Das Dritte Reich hinterließ Berlin als Trümmerlandschaft. Der Kalte Krieg verwandelte es in ein glitzerndes Schaufenster, das vor den Augen des verarmten kommunistischen Ostens mit westlichen Konsumgütern protzte. Hinzu kommt noch, dass die Nazis die jüdische Kultur auslöschten und mit ihr das vitale Erbe kultureller Entwicklung in Theater, Film, Musik, Literatur und Kunst während der Weimarer Republik. Und doch, trotz dieser Erblast – heute bestimmt eine in ständigem Wandel begriffene Situation, nicht vergangene Tradition, die Beziehungen zwischen Ost und West. Und ein wiedervereinigtes Deutschland braucht ein so bewegliches Zentrum auf der Weltbühne. Die Berliner sind jeder Situation gewachsen."

(Stephen Spender, zitiert nach: H. C. Adam: Berlin. Porträt einer Stadt, Köln 2007, S. 640)

Q1

1. Kaiserreich – Weimarer Republik – Nationalsozialismus

Hauptstadt der Moderne – Der Boom nach dem deutsch-französischen Krieg 1870/71 bescherte Berlin eine sprunghafte wirtschaftliche Entwicklung. Mit knapp 800 000 Einwohnern im Jahr 1871 war Berlin bereits die drittgrößte Stadt Europas, doch nun wuchs die Bevölkerungszahl noch einmal rasant an: 1876 wurde die Millionengrenze überschritten, 1905 bereits die Zweimillionengrenze. Berlin wurde nationaler und internationaler **Verkehrsknotenpunkt.** Ab 1881 wurde der innerstädtische Verkehr elektrifiziert. Überhaupt war Berlin das Zentrum der Elektroindustrie, des Motors der sich beschleunigenden Industrialisierung. Im Handel setzten die ersten **Kaufhäuser** neue Maßstäbe. Berlins Wissenschaftsstätten brachten eine Reihe von Nobelpreisträgern hervor, besonders auf den naturwissenschaftlichen Gebieten.
Auf kulturellem Gebiet erwarb sich Berlin den Ruf eines **Zentrums der Malerei.** In der Gruppe „Die Brücke" versammelten sich expressionistische Maler wie Karl Schmidt-Rottluff, Ernst Ludwig Kirchner, Wassili Kandinsky oder Emil Nolde. Käthe Kollwitz und Heinrich Zille wurden durch ihre sozialkritischen Arbeiten und Milieustudien berühmt. Nach dem Ersten Weltkrieg nahm die kulturelle Bedeutung Berlins eher noch zu (siehe auch S. 43 ff.).
Bis 1920 bildete sich um das alte Berlin eine neue Stadtlandschaft. Sieben umliegende Städte wurden eingemeindet, dazu auch viele Landgemeinden. In „Groß-Berlin" lebten nun etwa 3,8 Millionen Menschen.

B 1 Einweihung der Siegessäule auf dem Königsplatz am 2. September 1873

Berlin – Hauptstadt der politischen Gegensätze – Die industrielle Entwicklung Berlins fand ihren Niederschlag in einer zahlenmäßig starken Arbeiterschaft, die traditionell „rot" wählte. Vor dem Ersten Weltkrieg waren das Stimmen für die SPD, nach dem 1. Weltkrieg erzielte auch die KPD in Berlin gute Wahlergebnisse. Umgekehrt lag die NSDAP in Berlin unter dem Reichsdurchschnitt. Bei den letzten freien Reichstagswahlen im November 1932 schaffte sie „nur" 26 Prozent gegenüber 33 Prozent im Reich. Als Sitz der Regierung und des Reichtags stand Berlin immer im Brennpunkt der großen Ereignisse. Hier musste der Kaiser abdanken, hier wurden die „Republiken" ausgerufen, Liebknecht und Luxemburg er-

B 2 Montage in der Generatorenhalle der Turbinenfabrik der AEG, um 1900

B3 Innenansicht des Kaufhauses Wertheim, 1906

B4 Potsdamer Platz um 1930.

Der Uhrturm in der Mitte des verkehrsreichen Platzes ist zugleich die erste Verkehrsampel.

mordet, in Berlin putschte Kapp gegen die Regierung. Für Öffentlichkeit sorgten die neuen Massenmedien, die sich in Berlin konzentrierten. Das Wachstum der Stadt ging weiter: Zum Zeitpunkt der Weltwirtschaftskrise war Berlin nach London, New York und Chicago die viertgrößte Industriestadt der Welt.

Berlin unter nationalsozialistischer Herrschaft – Ob der Fackelzug zum Machtantritt Hitlers, die Bücherverbrennungen oder die Olympiade – Berlin stellte die Bühne für nationalsozialistische **Herrschaftsinszenierung.** Die **Prinz-Albrecht-Straße** wurde zum Synonym für den nationalsozialistischen Terrorapparat, denn hier liefen die Fäden der verschiedenen Organisationen (z. B. Gestapo und SS) zusammen, ab September 1939 integriert im Reichssicherheits-Hauptamt.
An der Ecke Voßstraße/Wilhelmstraße entstand die **neue Reichskanzlei** – Beispiel für die monumentale NS-Herrschaftsarchitektur. Nach dem „Endsieg" sollte am Reichstag eine „Große Halle" für 150 000 – 180 000 Menschen als Mittelpunkt des Nazi-Weltreichs entstehen. „Germania" sollte diese Stadt heißen, die das historisch gewachsene Berlin zerstört hätte. Mit ersten Abrissarbeiten hatte man schon begonnen.
Von Berlin-Grunewald fuhren ab Oktober 1941 die Transportzüge in die Vernichtungslager im Osten. Am Wannsee wurde am 20. Juni 1942 die Organisation der „Endlösung der europäischen Judenfrage" besprochen. 1933 lebten in Berlin 175 000 Juden, rund ein Drittel der jüdischen Bevölkerung Deutschlands. Am Ende überlebten in Berlin weniger als 6000 Juden. Zum Gedenken an die Vernichtung der europäischen Juden wurde 2005 das **Holocaust-Denkmal** eingeweiht.
In Berlin hatten die Männer des 20. Juli ihre Zentrale im Oberkommando des Heeres im Bendler-Block (Bezirk Tiergarten). Dort befindet sich heute die **„Gedenkstätte Deutscher Widerstand".**

B5 Die neue Reichskanzlei in der Wilhelmstraße im Bau, 1938

ARBEITSAUFTRÄGE

1. Informiert euch über das Angebot der verschiedenen Museen zum Thema. Wählt Interessenschwerpunkte aus und entscheidet über Exkursionen, Gruppen- und Einzelreferate.

2. Geteilt – und wiedervereinigt

Berlin als Abbild der deutschen Teilung – Die Rote Armee nahm die Stadt ein – eine Trümmerwüste. In den dicht besiedelten Innenstadtbezirken waren mehr als 50 Prozent des Wohnraums zerstört. Am Ende des Krieges im Mai 1945 lebten in Berlin noch 2,8 Millionen Menschen gegenüber 4,3 Millionen vor Kriegsbeginn 1939.

Die Alliierten, die USA, Großbritannien und die Sowjetunion, hatten bereits im September 1944 in London die **Aufteilung Berlins in drei Besatzungssektoren** beschlossen, die durch eine interalliierte Regierungsbehörde (Kommandatura) gemeinsam verwaltet werden sollten. Frankreich kam im Juli 1945 als vierte Besatzungsmacht mit einem eigenen Sektor hinzu (siehe K2, S. 148). Jede Besatzungsmacht stationierte in ihrem Sektor eigene Truppen. Berlin wurde damit ein Abbild der Regelung für Deutschland insgesamt.

Trotz der **gemeinsamen Oberverwaltung** begann dennoch rasch die Auseinanderentwicklung der Sektoren. Im April 1946 vereinigten sich im sowjetischen Sektor KPD und SPD unter massivem sowjetischem Druck zur **SED,** in den westlichen Sektoren lehnten die Sozialdemokraten in einer Urabstimmung mit 82,3 Prozent die Vereinigung ab. Bei den **Wahlen zum Berliner Stadtparlament** am 20. Oktober 1946 erreichte die SED 19,8 Prozent, die SPD hingegen 48,7 Prozent.

Die zunehmenden Spannungen zwischen den Westalliierten und der Sowjetunion führten anlässlich der **Währungsreform** 1948 zur Blockade Berlins durch die Sowjetunion (siehe S. 148). Das Ende der Blockade im Mai 1949 bedeutete zugleich die Teilung der Stadt. Der Ost-Sektor schied aus der gemeinsamen Verwaltung aus. Das Gesamtberliner Parlament und der Magistrat, die im Bezirk Mitte in Ost-Berlin ihren Sitz hatten, waren gezwungen, sich im Westen einen neuen Platz zu suchen und fanden schließlich im Rathaus Schöneberg ihre neue „Heimat".

Mit der staatlichen Teilung Deutschlands verlor Berlin endgültig seinen Hauptstadtstatus. Doch beide deutsche Staaten erhoben Anspruch auf das ganze Berlin: Im Westen galt Berlin als Land der Bundesrepublik, im Osten als Hauptstadt der DDR. Die vier Siegermächte förderten zwar die Integration ihrer Sektoren in die Bundesrepublik bzw. die DDR, behielten aber ihre besonderen Vertretungsrechte in Bezug auf ganz Berlin bei.

In Westberlin wurde am 1. Oktober 1950 eine neue Verfassung wirksam. Danach wurde der alte Bürgermeister Ernst Reuter (SPD) 1951 wiedergewählt und war jetzt Regierender Oberbürgermeister.

Schrittweise vollzog sich der Einschluss West-Berlins. Zunächst wurde im Jahr 1952 an der äußeren Stadtgrenze Westberlins zur DDR (ebenso wie entlang der innerdeutschen Grenze) ein **bewachter Sperrgürtel** errichtet. Damit einhergehend wurde den Westberlinern der Aufenthalt in der DDR verboten. Nur Besuche in Ostberlin waren noch jederzeit möglich. Denoch war die Zuversicht groß, dass Berlin in nicht allzu ferner Zukunft wiedervereinigt sein würde.

Fluchtbewegung nach dem 17. Juni-Aufstand – Der Aufstand vom 17. Juni 1953 griff von Ost-Berlin aus auf die ganze DDR über (siehe S. 178 f.). Nach der Niederschlagung durch sowjetische Trup-

B1 17. Juni 1953: Im britischen Sektor stehende Westberliner beobachten die Sowjetpanzer, die am Leipziger Platz aufgefahren sind, um den Aufstand der Ostberliner Arbeiter niederzuschlagen.

pen verließen rund 300 000 Menschen die DDR. Über 90 Prozent wählten den Weg über West-Berlin. Noch war die Sektorengrenze nach beiden Seiten offen. Berlin fungierte als Schleuse in den Westen. Mehr als 80 Prozent der Fluchtwilligen wählten diesen Weg und wurden nach einem Zwischenstopp im **Notaufnahmelager Marienfelde** in den Westen ausgeflogen. Das Überqueren der Sektorengrenze in Berlin war relativ unproblematisch. Schließlich war West-Berlin auch für normale „Ostbesucher" ein Publikumsmagnet geblieben. Täglich überquerten 50 000 Menschen in beiden Richtungen die Grenze zwischen Ost und West. Wer die DDR verlassen wollte, konnte sich einfach in Ost-Berlin in die S-Bahn setzen und in West-Berlin aussteigen. Der **Flüchtlingsstrom** entwickelte sich für die DDR bald zum **Existenzproblem.**

Während der Westen den Status West-Berlins verteidigte und die Stadt umfassend unterstützte, kam es immer wieder zu politischen Krisen. Ein Beispiel ist das sowjetische Ultimatum von 1958. Westberlin sollte danach zur „freien Stadt" werden – ohne alliierte Truppen! Andernfalls sollte die DDR über alle Zugänge nach West-Berlin frei verfügen, d. h. sie ggf. auch jederzeit blockieren können. Doch es blieb bei der Drohung.

Im Schatten der Mauer – Allein in den ersten 8 Monaten des Jahres 1961 wählten über 120 000 Menschen den Fluchtweg über Berlin. Angesichts der sich zuspitzenden Lage formulierte der neue US-Präsident John F. Kennedy im Juli 1961 drei „essentials", d. h. unaufgebbare Grundsätze zur amerikanischen Haltung in Bezug auf Berlin (siehe Q 3).

Kennedys „essentials" markierten sozusagen die **Interventionsgrenze der USA** und ihrer Verbündeten. Andererseits wurde daraus auch ersichtlich, dass bis zu dieser Marke ein gewisser Spielraum für die Gegenseite bestand.

Als die DDR schließlich am 13. August 1961 mit dem **Bau der Mauer** begann, begnügten sich die Westmächte mit einer Verurteilung, verzichteten aber auf weitergehende Reaktionen (siehe S. 184 f.).

B 2 Die Berliner Mauer mit Brandenburger Tor und Reichstag

Q 3 US-Präsident Kennedys Grundsätze zur Berlin-Politik, 25. 7. 1961

1. Das Recht der Alliierten auf Anwesenheit
2. Das Recht auf Zugang
3. Das Recht der West-Berliner, über ihre Zukunft selbst zu bestimmen und ihre Lebensweise frei zu wählen

(Informationen zur politischen Bildung, Hauptstadt Berlin, Nr. 240/1993, S. 14)

Q 4 Aus der Rede Kennedys beim Berlin-Besuch, 26. Juni 1963

Vor zweitausend Jahren war der stolzestes Satz, den ein Mensch sagten konnte, der: Ich bin ein Bürger Roms! Heute ist der stolzeste Satz, den jemand in der freien Welt sagen kann: „Ich bin ein Berliner!" Wenn es in der Welt Menschen geben sollte, die nicht verstehen oder die nicht zu verstehen vorgeben, worum es heute in der Auseinandersetzung zwischen der freien Welt und dem Kommunismus geht, dann können wir ihnen nur sagen, sie sollten nach Berlin kommen. Es gibt Leute, die sagen, dem Kommunismus gehöre die Zukunft. Sie sollen nach Berlin kommen! Und es gibt wieder andere in Europa und in anderen Teilen der Welt, die behaupten, man könne mit den Kommunisten zusammenarbeiten. Auch sie sollen nach Berlin kommen! Und es gibt auch einige wenige, die sagen, es treffe zwar zu, dass der Kommunismus ein böses und ein schlechtes System sei; aber er gestatte es ihnen, wirtschaftlichen Fortschritt zu erreichen. Aber lasst auch sie nach Berlin kommen!

Ein Leben in der Freiheit ist nicht leicht, und die Demokratie ist nicht vollkommen. Aber wir hatten es nie nötig, eine Mauer aufzubauen, um unsere Leute bei uns zu halten und sie daran zu hindern, woanders hinzugehen.

(Informationen zur politischen Bildung, Hauptstadt Berlin Nr. 240, S. 16)

B5 Berlin als Regierungssitz: Das Bundeskanzleramt

B6 Moderne Infrastruktur: Der Berliner Hauptbahnhof

Die DDR baute die Sperrmauer in den folgenden Jahren zur immer perfekteren Grenzbefestigung aus. Fluchtversuche wurden zum tödlichen Risiko. Nach Polizeiangaben gelang es 5043 Personen, die Sperranlagen zu überwinden, 80 Personen wurden getötet, 118 verletzt, 3221 Festnahmen beobachtet.
International symbolisierte die Mauer den **politischen Bankrott der SED-Herrschaft** – auch wenn diese „im Schatten der Mauer" sich noch einmal stabilisierte. Für die Menschen in Berlin bedeutete der Bau der Mauer eine Katastrophe: Plötzlich waren alle direkten Kontakte unmöglich gemacht worden. Auch politische Demonstrationen wie der Besuch Kennedys, der begeistert empfangen wurde, änderten am deprimierenden Alltag nichts. Eine vorübergehende Erleichterung brachte die **Passierscheinregelung** von 1963, wodurch begrenzt Verwandtenbesuche möglich wurden. Die DDR kämpfte um ihre internationale staatliche Anerkennung, die ihr durch den **Alleinvertretungsanspruch** der Bundesrepublik verweigert wurde. (Hallstein-Doktrin, siehe S. 171). Da die Bundesrepublik kein politisches Entgegenkommen zeigte, wurde die Passierscheinregelung von der DDR 1966 beendet. Erst die neue Ostpolitik der sozialliberalen Koalition (siehe S. 190 bis 193) sorgte für menschliche Erleichterungen auch in Berlin. Doch es dauerte weitere 20 Jahre bis die Mauer fiel (siehe S. 211) und der Prozess der Wiedervereinigung in Gang kam (siehe S. 213 ff.).

Berlin – Hauptstadt des wiedervereinigten Deutschlands – Nach den ersten freien Kommunalwahlen in Ost-Berlin im Mai 1990 arbeiteten die Stadtregierungen in Ost und West eng zusammen. Am 2. Dezember 1991 fand die Wahl zum gemeinsamen Abgeordnetenhaus statt. CDU und SPD bildeten unter Eberhard Diepgen (CDU) eine Große Koalition.
In Bonn fiel nach längerer Diskussion mit 338 zu 320 Stimmen die knappe Entscheidung für Berlin als Regierungssitz. Parlament, Regierung und der größte Teil der Ministerien zogen im Sommer 1999 um. Damit verbunden war ein umfangreiches Bauprogramm, darunter die Neugestaltung des Reichstagsgebäudes und der Neubau des Bundeskanzleramtes. Berlin veränderte sein Gesicht (siehe Potsdamer Platz, S. 289) und wurde für viele Dienstleistungsunternehmen ein attraktiver Standort. Nach dem neuen Hauptbahnhof ist nun der Großflughafen Berlin-Brandenburg in Schönefeld als nächstes Großprojekt an der Reihe.

ARBEITSAUFTRÄGE

1. Erläutere mit B1 die besondere Situation der geteilten Stadt. Was mag jeweils in den Köpfen der Menschen dort auf beiden Seiten der Sektorengrenze vor sich gegangen sein?
2. Analysiere Q4. Welche Rolle kommt dort Berlin zu? Erkundige dich bei Zeitgenossen nach der Wirkung der Rede.
3. Interviewt eure Eltern, wie sie die Entwicklung Berlins nach der Wiedervereinigung einschätzen. Diskutiert die Ergebnisse und erstellt eine Bilanz.

Erziehung und Bildung – vom 19. Jahrhundert bis heute

Bildungsreformen in verschiedenen deutschen Staaten erzielten im 19. Jahrhundert Fortschritte im Schulwesen. Die **Schulpflicht** wurde eingeführt und auch fast flächendeckend durchgesetzt. Bis 1864 war der Schulbesuch auf 85 Prozent der schulpflichtigen Kinder gestiegen und erreichte in den 1880er-Jahren annähernd 100 Prozent. Damit verbunden war die völlige **Alphabetisierung** der Bevölkerung. Um 1890 war der Anteil der Analphabeten unter ein Prozent gesunken.

Über den gesamten Zeitraum – in vielen Bereichen bis weit ins 20. Jahrhundert hinein – bestand im Schulwesen ein starkes **Stadt-Land-Gefälle.** Unser Blick wird leicht beeindruckt von den Fortschritten. Doch auf dem Dorf kam im 19. Jahrhundert der schulische Fortschritt nur mühsam voran. Die Dorfgemeinden, die neben den Eltern die Kosten der Schule aufbringen mussten, gaben nur wenig Geld für die Bildung aus. Mehr als 100 Schüler in einem einzigen Schulraum waren keine Seltenheit.

Die Dorfschullehrer waren in der Regel bitterarm und sozial gering geschätzt, wie ein in vielen Fassungen verbreitetes Lied (Q1) verdeutlicht. Es wirft ein Schlaglicht auf die Anfänge der elementaren Volksbildung …

Q1 Aus dem Lied vom armen Dorfschulmeisterlein:

In einem Dorf im […], da wohnt in einem Häuslein klein das arme Dorfschulmeisterlein.

[…]

2. Des Sonntags ist er Organist, des Montags fährt er seinen Mist, des Dienstags hütet er die Schwein, das arme Dorfschulmeisterlein.
3. Des Mittwochs fährt er in die Stadt und kauft, was er zu kaufen hat, ‘nen halben Hering kauft er ein, das arme Dorfschulmeisterlein.
4. Des Donnerstags geht er in die Schul und legt die Buben über’n Stuhl.

[…]

9. Und wenn er dann gestorben ist, begräbt man ihn auf seinem Mist. Der Hahn setzt ihm den Leichenstein, dem armen Dorfschulmeisterlein.

(Zit. Nach: H. Schiffler, R. Winkeler, Tausend Jahre Schule, Stuttgart 1985, S. 153)

Volksschulen – Brutstätten der Revolution? – Nach den gescheiterten Revolutionen 1848/49 bemühten sich die Fürsten, den alten Obrigkeitsstaat wiederherzustellen. Demokratische Rechte wurden aufgehoben oder eingeschränkt, Zeitungen schärfer zensiert. Auch die Schule geriet als Quelle für die Förderung freiheitlicher Gedanken ins Visier. Insbesondere der Stand der Volksschullehrer wurde als Sündenbock für das Aufkommen revolutionärer Umtriebe verantwortlich gemacht.
Dabei hatte die Radikalisierung nicht einmal ein Prozent der Lehrer erfasst. In Preußen wurden gegen fünfhundert von dreißigtausend Volksschullehrern Disziplinarverfahren eingeleitet, in Sachsen waren es fünfzig von dreitausend. Fast alle deutschen Staaten engten den Lernstoff so ein, dass die Schüler nach Möglichkeit gar nicht mit kritischen Gedanken in Berührung kommen konnten. Dem entsprach die besondere Bedeutung, die man dem Religionsunterricht beilegte. In Preußen wurde den Lehrern 1851 sogar die Teilnahme an öffentlichen Versammlungen verboten.

Schule im Kaiserreich – Auch nach der Reichsgründung von 1871 blieb die Bindung der Bürger an den Staat im Sinne des **„treuen Untertanen"** ein vorrangiges Ziel staatlicher Schulpolitik. Von staatlicher Seite aus sollte die Schule als ein wirksames Instrument dienen, um den „gefährlichen Bestrebungen der Sozialdemokratie" entgegenzuwirken, was vor allem städtische Regionen mit einem hohen Arbeiteranteil betraf. Doch zeigte sich hier, dass alle Anstrengungen zur „Untertanen"-Erziehung nur zu bescheidenen Erfolgen führten. Wie sonst lässt sich erklären, dass die SPD bei den Reichstagswahlen 1912 einen überwältigenden Wahlsieg feierte?
Andererseits wurde im Zuge der dynamischen Industrialisierung ein weiterer Fortschritt in der allgemeinen schulischen Ausbildung unabdingbar. Das Schulwesen wurde auf allen Ebenen ausgebaut. „Lehrer" wurde aufgrund steigender Nachfrage zum Mangelberuf. Die Lehrergehälter wurden aufgebessert. Der **Frauenanteil bei den Elementarschullehrern** stieg an. Doch immer noch gab es die „Zölibatsvorschrift", d. h. eine Lehrerin durfte nicht verheiratet sein. Bei Heirat drohte die sofortige Entlassung aus dem Schuldienst.
Im Bereich der Höheren Schulen bekam das Gymnasium Konkurrenz durch Schulformen, an denen nicht die alten Sprachen im Mittelpunkt standen, sondern die modernen Fremdsprachen Englisch und Französisch sowie mehr Unterricht in Mathematik und in den Naturwissenschaften. Realgymnasien und Oberrealschulen erreichten die volle Gleichberechtigung beim Zugang zur Universität jedoch erst Anfang des Jahr-

B1 Die Turnstunde, Gemälde von Albert Anker, 1879/80

Q2 König Friedrich Wilhelm IV. auf einer Konferenz aller preußischen Schulseminardirektoren, Februar 1849:

All' das Elend, das im verflossenen Jahre über Preußen hereingebrochen, ist Ihre, einzig Ihre Schuld, die Schuld der Afterbildung (verächtlich machender Ausdruck für missratene Bildung), der irreligiösen Menschenweisheit, die Sie als echte Weisheit verbreiten, mit der Sie den Glauben und die Treue in dem Gemüthe Meiner Untertanen ausgerottet und deren Herzen von mir abgewandt haben.
Diese pfauenhaft aufgestutzte Scheinbildung habe Ich schon als Kronprinz aus innerster Seele gehasst und als Regent Alles aufgeboten, um sie zu unterdrücken.

(B. Michael, H.-H. Schepp, Politik und Schule von der französischen Revolution bis zur Gegenwart, Bd. 1, Frankfurt/Main 1973, S. 313)

Q3 Der Historiker Hans-Ulrich Wehler über die politischen Erziehungsziele in der Kaiserzeit:

Die Erziehung zu Gehorsam, Demut, Opferbereitschaft, Bescheidenheit, Respekt vor dem Militär, Liebe zum angestammten Herrscherhaus, Bereitschaft zum Dienst für den monarchischen Staat – sie charakterisierten den „Tugendspiegel“, dessen Elemente die Schulkinder verinnerlichen sollten. Deshalb standen glorreiche Siege und Schlachten, „ruhmwürdige Vaterlandshelden und Staatsmänner“, Monarchen mit ihren Leistungen im Mittelpunkt.

(H. U. Wehler, Deutsche Gesellschaftsgeschichte, Bd. 3: 1849–1914, München 1995, S. 1196)

hunderts. Dann allerdings verlor das klassische (humanistische) Gymnasium bis 1911 fast ein Drittel seiner Schülerschaft an die moderneren Schultypen.
Auch wenn die Schülerzahl der Höheren Schulen anwuchs, machte am Ende nur eine kleine Minderheit von 5 bis 8 Prozent das Abitur, etwas mehr als ein Prozent aller Achtzehnjährigen. Die meisten „Oberschüler“ verließen die Schule nach dem 11. Schuljahr. Mit diesem Abschluss konnte man als Freiwilliger den eigenen Wehrdienst auf ein Jahr (statt drei Pflichtjahren) reduzieren.
Zu den bedeutenden Reformen zählte die **Zulassung von Mädchen zum Abitur** in Preußen im Jahr 1908. Die Lehrerschaft der Höheren Schulen war in Vereinen organisiert, die sich 1903 zu einer einheitlichen Organisation (seit 1921 „Philologenverband“) zusammenschlossen. Mit ihrer Verbandsarbeit erstritten sie eine sehr gute Bezahlung und die gesellschaftliche Gleichstellung mit dem Richterstand. Viele von ihnen traten in den nationalen Verbänden und Parteien für den Imperialismus, den Schlachtflottenbau und die Germanisierungspolitik ein.

Schulentwicklung in der Weimarer Republik – Nach der Novemberrevolution 1918 und der Begründung der Weimarer Republik wurden dort Schulen von staatlicher Seite neue Aufgaben gestellt. Nicht mehr unbedingte Treue zum Obrigkeitsstaat, sondern die **Verankerung der republikanischen Demokratie** stand auf der Tagesordnung. Die Linksparteien drängten auf eine gerechtere Verteilung von Lebenschancen durch entsprechende Reformen im Schulsystem. Die bis dahin von den Kirchen wahrgenommene Schulaufsicht durch die Geistlichen wurde abgeschafft. An ihre Stelle trat der beamtete Schulrat des Staates.
Nach dem Willen der Weimarer Nationalversammlung sollte die paritätische Schule für beide Konfessionen zur Regelschule werden, Konfessionsschulen nur auf ausgesprochenen Wunsch der Eltern bestehen bleiben. Das katholische Zentrum blockierte allerdings das entsprechende Einzelgesetz und torpedierte damit den Verfassungsauftrag. Die Konfessionsschulen blieben deshalb während der Weimarer Republik in der Mehrzahl, auch wenn ihr Anteil zurückging.
Grundlegend für die weitere Schulentwicklung – über die Weimarer Republik hinaus – wurde die Entscheidung für ein **dreistufiges Schulsystem:** Grundschule, Mittlere und Höhere Schule. Die Einführung der „für alle gemeinsamen Grundschule“ durch das Reichsschulgesetz der Nationalversammlung von 1920 war ein revolutionärer Akt. Damit wurde die bunte Vielfalt privater Vorschulen beseitigt, durch die Kinder besser gestellter Familien beim Zugang zum Gymnasium bevorzugt waren. Die Grundschule wurde praktisch zum alleinigen Ausgangspunkt für die weitere Schulkarriere: Am Ende der Weimarer Republik kamen 95 % aller Anfänger am Gymnasium aus der gemeinsamen Grundschule.
Nach vier Grundschuljahren fiel die Entscheidung über den Wechsel zu einer weiterführenden Schule: entweder in die sechsjährige Mittelschule (der heutigen Realschule entsprechend) oder in die neunjährige Höhere Schule (heutiges Gymnasium). Wer nicht wechselte, blieb acht Jahre auf der Volksschule und besuchte dann vier Jahre lang eine Berufsschule. An dieses Schulsystem wurde nach dem Zweiten Weltkrieg in der Bundesrepublik wieder angeknüpft.
Die Ausbildung der Grundschullehrer wurde verbessert, in einigen Ländern sogar Pädagogische Hochschulen einge-

richtet. Ebenfalls verbessert wurde am Anfang der Weimarer Republik die **Lehrerbezahlung.** Nach dem Rückschlag der Inflation wurden die Gehälter erneut aufgebessert. Doch die Grundschullehrer erhielten seit 1927/1928 61 Prozent eines Gymnasiallehrergehalts. Verglichen mit früheren Zeiten war das ein großer Fortschritt. Die **Sparmaßnahmen Brünings** nach 1930 trafen in hohem Maße sämtliche Lehrergehälter. **Einkommensverluste** von 25 bis 40 Prozent trieben viele Lehrer in den sich schnell vergrößernden „Nationalsozialistischen Lehrerbund". Bei den Lehrern der „Höheren Schulen", von denen viele Monarchisten geblieben waren, zeichnete sich diese Tendenz eher noch stärker ab.

Aufgaben der Schule im Nationalsozialismus – Das oberste Ziel der nationalsozialistischen Erziehung in der Schule war, die Schüler zu staatstreuen Personen zu erziehen. Von klein auf sollten die Kinder lernen, sich selbst der **„Volksgemeinschaft"** nach dem Motto „Du bist nichts – Dein Volk ist alles" unterzuordnen und dem „Führer" bedingungslose Treue zu leisten. Gleichzeitig wurde ihnen **Nationalstolz** und ein **rassistisches Überlegenheitsgefühl** eingeimpft.
Neben dem obersten Ziel der nationalsozialistischen Erziehung war es aber auch Aufgabe der Schule, „die jugendlichen Körper zu stählen": Körperliche Tüchtigkeit und die Entwicklung einer kämpferischen und opferbereiten Gesinnung spielten eine wichtige Rolle. Die wissenschaftliche Ausbildung vor allem in Fremdsprachen trat demgegenüber in den Hintergrund.
Ab 1936 verstärkte das Regime seine Bemühungen, den Unterricht an der NS-Ideologie auszurichten. Der Rassegedanke stand von nun an im Mittelpunkt des Unterrichts: Alle Fächer sollten ihren Beitrag dazu leisten, den Schülern die Überlegenheit der „arischen" Rasse zu vermitteln.Die jüdischen Schüler wurden nach der Reichspogromnacht 1938 von den öffentlichen Schulen ausgeschlossen. Was änderte sich bei den Unterrichtsinhalten?

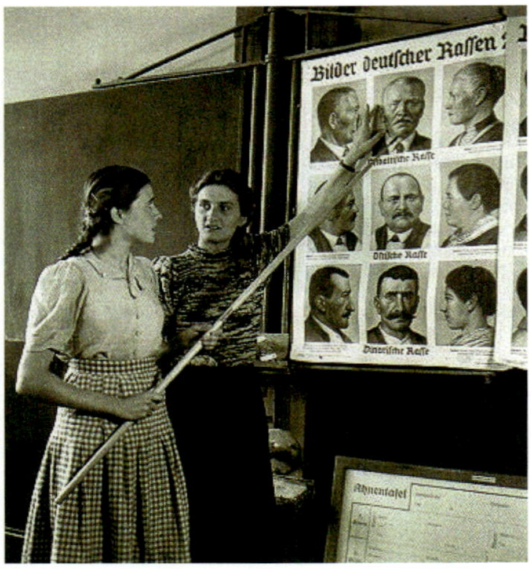

B4 Rassekundliche Schautafeln zur Vermittlung der nationalsozialistischen Rassenideologie

Q5 Adolf Hitler über die Erziehung der Jugend, 1936

Meine Pädagogik ist hart. Das Schwache muss weggehämmert werden. [...] Eine gewalttätige, herrische, unerschrockene, grausame Jugend will ich. Jugend muss das alles sein. Schmerzen muss sie ertragen. Es darf nichts Schwaches und Zärtliches an ihr sein. Das freie, herrliche Raubtier muss erst wieder aus ihren Augen blitzen. Stark und schön will ich meine Jugend. Ich werde sie in allen Leibeserziehungen ausbilden lassen. Ich will eine athletische Jugend. Das ist das Erste und Wichtigste. [...] Ich will keine intellektuelle Erziehung. Mit Wissen verderbe ich mir die Jugend. [...] Aber Beherrschung müssen sie lernen. Sie sollen mir in den schwierigsten Problemen die Todesfurcht besiegen lernen. Das ist die Stufe der heroischen Jugend. Aus ihr wächst die Stufe des Freien, des Menschen, der Maß und Mitte der Welt ist, des schaffenden Menschen, des Gottmenschen.

(Nach: http://www.ifdn.tu-bs.de/didaktikbio/projekte/nationalsozialismus/K5-Schule/Erziehung-im-Nationalsozialismus.htm)

Q6 Marcel Reich-Ranicki über den Rassekunde-Unterricht

Unsere Schädel hat man vermessen, allerdings auch die einiger nichtjüdischer Schüler. Es geschah im Rassekunde-Unterricht. Das im „Dritten Reich" eingeführte Fach wurde von den Biologielehrern übernommen, bei uns von einem vernünftigen Mann. [...] Es zeigte sich, dass den typisch nordischen Schädel, den in rassischer Hinsicht besten, nur ein einziger Schüler hatte. Es war ein Jude. Der Lehrer schien verlegen, aber nicht unglücklich. Er fragte ihn, ob er unter seinen Vorfahren vielleicht doch Arier habe. Die Antwort lautete: „Nur russische Juden."

(Nach: Marcel Reich-Ranicki (Hg.): Meine Schulzeit im „Dritten Reich", 1988)

Der **Geschichtsunterricht** betonte die deutsche Geschichte und die der „nordischen Rasse“, um völkisches Bewusstsein und Nationalstolz zu fördern. Im **Deutschunterricht** wurde einseitig „arische“ Dichtung behandelt, die heroisch die „vaterländische Größe“ verherrlichte. Eine besondere Bedeutung erhielt das Fach **Biologie:** „Vererbungslehre“ und „Rassenkunde“ sollten die NS-Ideologie „wissenschaftlich“ untermauern. Biologie galt daher in allen Jahrgangsstufen als Kernfach und wurde im Abitur zum verbindlichen Prüfungsfach.
Ein weiteres wichtiges Fach war **Sport:** Seit 1933 wurde er dreistündig, ab 1938 sogar fünfstündig unterrichtet. Ziel der „körperlicher Ertüchtigung“ war, die Jungen zu wehrfähigen Männern und die Mädchen zu gesunden, gebärfähigen Frauen heranzubilden.
Um die Mädchen auf eine Rolle als Hausfrau und Mutter vorzubereiten, wurde der gemeinsame Unterricht von Jungen und Mädchen (Koedukation) in der Oberschule abgeschafft. Die Mädchen erhielten nun Unterricht in Handarbeit, Hauswirtschaft und Pflege. Neben der **Politisierung des Unterrichts** prägten NS-Symbole wie Hakenkreuze, Fahnen und „Führerbilder“ und Rituale wie Hitlergruß und Fahnenappell den Schulalltag. Selbst Schulfeiern, die häufig zum 1. Mai, Muttertag, Heldengedenktag, Erntedank oder dem Geburtstag des „Führers“ veranstaltet wurden, dienten dazu, die Schüler im Sinne der NS-Ideologie zu formen. Gleichzeitig war die Verpflichtung zur **Teilnahme an nationalsozialistischen Ritualen** eine gute Möglichkeit, Lehrer oder Schüler mit abweichender Gesinnung zu entdecken.

Das Schulsystem der DDR – Die DDR baute nach dem Zweiten Weltkrieg ein zentralstaatliches Bildungswesen auf. Den Kern des Schulsystems bildete die 10-jährige **Polytechnische Oberschule (POS),** in der alle Schüler ihre schulische Grundbildung erhielten. Ab dem 4. Schuljahr erfolgte eine Fachdifferenzierung, ab dem 7. Schuljahr eine fremdsprachliche Differenzierung. Durch Schwerpunktbildungen in Spezialklassen für Mathematik und Naturwissenschaften, Fremdsprachen, Sport, Musik und Kunst wollte man begabte Schüler besonders fördern.

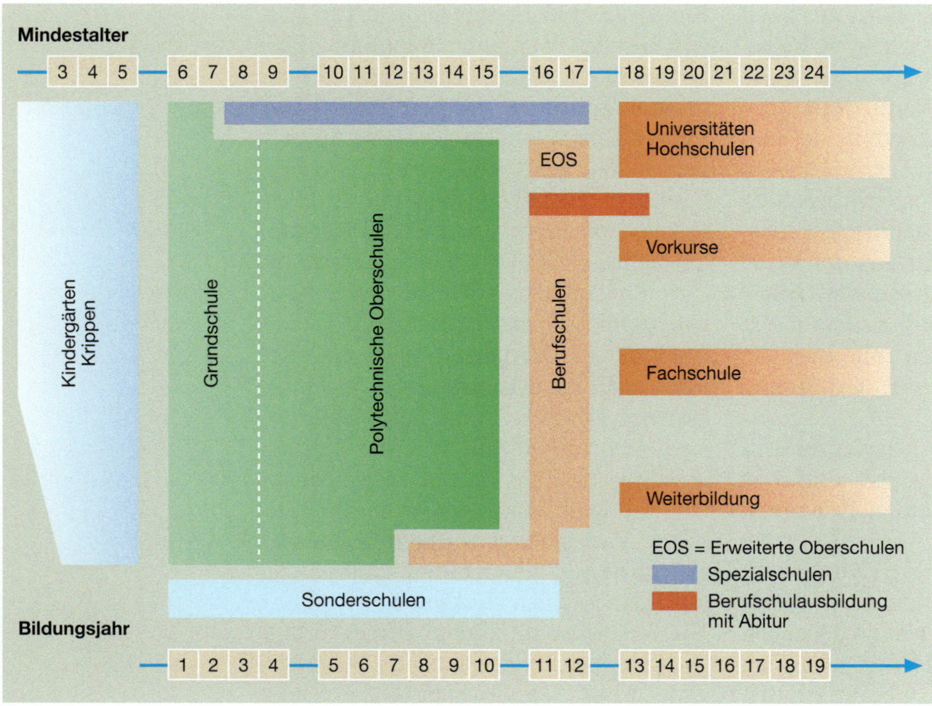

B 7 Schema des Schulsystems der DDR

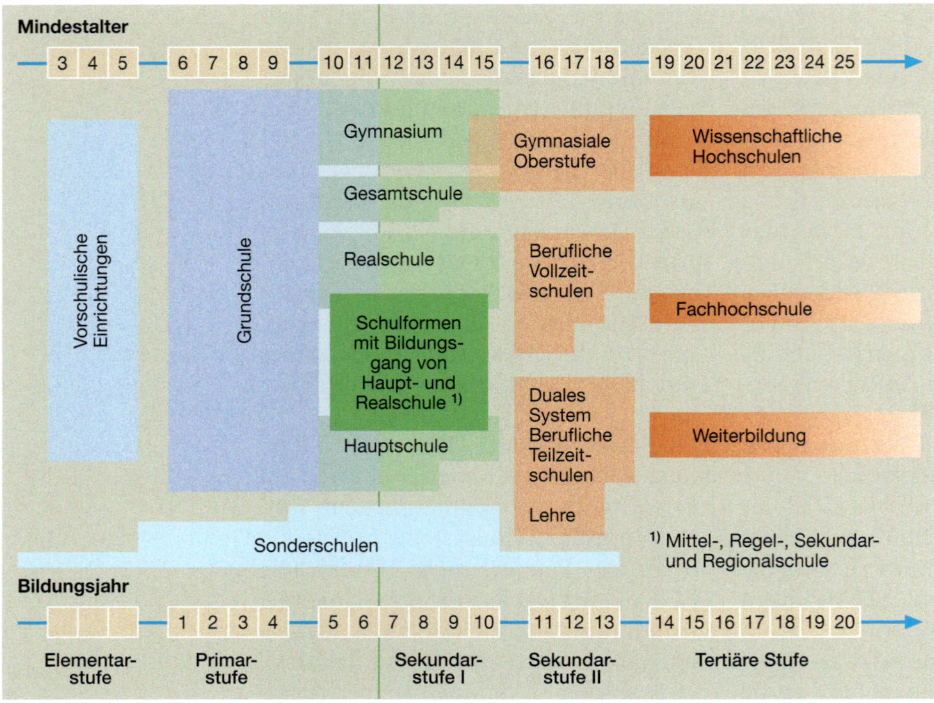

B8 Schema des Schulsystems der Bundesrepublik Deutschland

An die POS schloss sich die **Erweiterte Oberschule (EOS)** an, die nach 12 Jahren zur allgemeinen Hochschulreife (Abitur) führte. Wer nicht die EOS besuchte, absolvierte eine Facharbeiterausbildung. Durch Weiterbildung war es dann sogar möglich, auch von dieser Basis aus noch die Hochschulreife zu erlangen. Insgesamt erreichte die DDR auf diese Weise eine wesentlich höhere Abiturientenquote als dies in der Bundesrepublik der Fall war.

Der Zugang zu den Hochschulen hing aber nicht nur von den schulischen Leistungen ab, sondern auch von der **Beurteilung des politisch-gesellschaftlichen Verhaltens.** Auf diese Weise sicherten sich Partei und Staat die Kontrolle über die ideologisch „einwandfreie" Gesinnung ihrer Akademiker.

Nach der Vereinigung wurde das zentralstaatliche System aufgelöst und das Schulsystem nach föderalen Prinzipien umgestaltet.

Mecklenburg-Vorpommern führte das in der Bundesrepublik übliche dreigliedrige Schulsystem ein, in den anderen neuen Bundesländern errichtete man neben den Gymnasien entweder Gesamtschulen oder unter verschiedenen Bezeichnungen zusammengefasste Haupt- und Realschulzweige.

Die Schulentwicklung in der Bundesrepublik Deutschland – Zunächst wurde in der Bundesrepublik an das dreigliedrige System an der Weimarer Republik angeknüpft. Hauptschule – Realschule – Gymnasium. Aufgrund der **Kulturhoheit der Länder** gab es landesspezifische Ausprägungen. Nur zehn Prozent eines Jahrgangs besuchten das Gymnasium, nur die Hälfte davon machte Abitur. Der Mädchenanteil lag bei einem Drittel, also weniger als zwei Prozent der Mädchen eines Jahrgangs schlossen mit dem Abitur ab.

Ende der 1950er-Jahre begann eine **Reform- und Expansionsphase** des Bildungssystems. Die Nachfrage der Wirtschaft nach mehr qualifizierten Arbeitskräften verband sich mit pädagogischen Reformbemühungen und gesellschaftspolitischen Zielsetzungen (mehr **Chancengleichheit** für alle Kinder, unabhängig von ihrer sozialen Herkunft).

Die Vollzeitschulpflicht wurde verlängert. Zwischen verschiedenen Bildungsgängen und Schulformen förderte man die Durchlässigkeit. Grund- und Hauptschulen wurden organisatorisch getrennt. Die gymnasiale Oberstufe der Gymnasien wurde reformiert. Die Einrichtung von Grund- und Leistungskursen ermöglichten eine individuelle Schwerpunktsetzung nach Neigungen und Fähigkeiten der Schülerinnen und Schüler.

Der Pisa-Schock – In Deutschland war man von der Qualität des eigenen Schulwesens überzeugt. Das änderte sich schlagartig mit der Pisa-Studie von 2001. Im internationalen Vergleich erzielte Deutschland ein katastrophales Ergebnis. Im heftigen Streit zwischen unterschiedlichen schul- und gesellschaftspolitischen Traditionen und Zielen entstand ein Bündel verschiedener Maßnahmen zur **Steigerung des Schulniveaus.** Bereits im Vorschulbereich soll mehr gelernt werden als früher. Die Bemühungen um die Integration von Schülern ausländischer Herkunft werden verstärkt. Die Anforderungen an Lehrer werden erhöht, Qualitätskontrollen der Schulen eingeführt bzw. verstärkt. Die Länder förderten den Aufbau neuer Ganztagsschulen. Entsprechende pädagogische Programme werden entwickelt. Die Schulzeit an Gymnasien wird fast durchweg um ein Jahr verkürzt und beträgt dann acht Jahre . Die meisten Länder haben inzwischen das Zentralabitur eingeführt. Das führt aber oft zu einer Verdichtung des Lernstoffes, was entsprechende Kritik hervorgerufen hat.

Q10 Pisa-Ergebnisse, 2001

Fast zehn Prozent der Befragten mangelt es an jeglichem Textverständnis. Diese Schüler scheitern schon an der Aufgabe, einfache Informationen in einem Text aufzuspüren. Mehr Leseversager als in Deutschland gibt es nur noch in Lettland, Luxemburg, Mexiko und Brasilien.

• Weitere 13 Prozent schaffen es nur gerade eben, elementarste Inhalte von Texten zu begreifen. Gänzlich überfordert sind sie, wenn sie das Gelesene bewerten oder einen simplen Bezug zum Alltagswissen herstellen sollen. „Der Anteil der schwachen und extrem schwachen Leser ist mit fast 23 Prozent für Industriestaaten ungewöhnlich hoch“, urteilt Jürgen Baumert vom Berliner Max-Planck-Institut für Bildungsforschung. […]

• Typische schwache Leser sind laut Pisa männliche Jugendliche aus Migrantenhaushalten oder aus sozial benachteiligten Familien. Mädchen schneiden beim Leseverständnis wesentlich besser ab als Jungen.

[…] In keinem anderen Land ist der Abstand zwischen sehr guten und sehr schlechten Lesern so groß wie in Deutschland.

(Der Spiegel, Nr. 50, 10. 12. 2001, S. 61)

B9 Titelbild des „Spiegels“ Nr. 50/2001

ARBEITSAUFTRÄGE

1. Berichte anhand von Q1 über die Verhältnisse eines Dorfschullehrers. Was lässt sich aus der Quelle hinsichtlich des Unterrichts schließen?
2. Erkläre, worin für Friedrich Wilhelm IV. die „Schuld“ der Lehrer besteht (Q2). Welche Art von schulischer Bildung schwebt ihm vor? Ziehe dazu auch Q3 heran. Überlege, warum die „Untertanenproduktion“ nicht wie gewünscht funktionierte.
3. Nenne die wichtigsten Errungenschaften der Weimarer Republik gegenüber dem Schulwesen der Kaiserzeit.
4. Beschreibe, welche Jugend sich Adolf Hitler wünschte, (Q5).
5. Beziehe anhand von B4 und Q6 Stellung zur Rassenlehre als „Wissenschaft“.
6. Erläutere die wichtigsten Unterschiede zwischen der Schule in der DDR und in der Bundesrepublik (B7, B8).
7. Diskutiert über B9 in Verbindung mit Q10. Erkundigt euch nach den Konsequenzen aus Pisa an eurer Schule. Welche Erfahrungen wurden bisher damit gemacht? Wo sollte nach eurer Meinung angesetzt werden?

Lösungen zu den Aufgaben der „Check-up“-Seite 20

Die Folgen des Ersten Weltkriegs

Aufgabe 1:
Wichtige Arbeitsbegriffe und deren Erläuterung

Versailler Vertrag: Friedensvertrag mit Deutschland nach dem Ersten Weltkrieg, der dem Deutschen Reich ohne Beteiligung an den vorhergehenden Verhandlungen aufgezwungen wurde. Der Vertrag sah u. a. Gebietsabtretungen, Reparationsleistungen und eine militärische Schwächung Deutschlands vor. In Deutschland wurde der Vertrag als Schmach empfunden. Seine Revision wurde zum parteienübergreifenden außenpolitischen Ziel.

Reparationen (lat. reparare = wiederherstellen): Wiedergutmachungen, die ein Land für von ihm verursachte Kriegsschäden an den/die siegreichen Kriegsparteien zahlen muss. Sie können in Form von Geldzahlungen oder Sachleistungen erbracht werden.

Dochstoßlegende: Nach dem Ersten Weltkrieg vertrat der ehemalige Feldmarschall Paul von Hindenburg vor einem parlamentarischen Untersuchungsausschuss die Auffassung, die Heimat habe die Soldaten an der Front im Stich gelassen. Gemeint waren damit insbesondere die Novemberrevolutionäre von 1918, die das Ende der Monarchie in Deutschland herbeigeführt hatten, und damit angeblich die deutsche Kriegsniederlage verschuldet hätten. Die militärische Führung Deutschlands mit Paul von Hindenburg und Erich Ludendorff an der Spitze wollte damit von der militärischen Niederlage ablenken. Die Behauptung vom „Dolchstoß“ benutzten national-konservative Kreise und die Nationalsozialisten, um die Weimarer Republik zu verunglimpfen.

Wilsons „14 Punkte“: In einer Rede an den Kongress unterbreitete der amerikanische Präsident Thomas Woodrow Wilson am 8. Januar 1918, also im letzten Kriegsjahr, sein 14-Punkte-Programm, das die Grundsätze für eine Friedensordnung in der Welt enthielt (öffentliche Friedensverträge, Freiheit der Schifffahrt, Handelsfreiheit, Souveränität, insbesondere für die osteuropäischen Länder und die Türkei, Wahrung der Interessen der Kolonialvölker).

Selbstbestimmungsrecht: Selbstbestimmungsrecht: das Recht von Völkern und Nationen, ihre staatliche Organisation frei und ohne fremde Einmischung zu bestimmen. Selbstbestimmung schließt Selbstregierung ein. Obwohl nach dem Ersten Weltkrieg zum Grundsatz für eine Friedensregelung erhoben und gegenüber den Kolonien während des Zweiten Weltkrieges erneut bekräftigt, ist das Selbstbestimmungsrecht bis heute kein anerkannter Bestandteil des Völkerrechts.

Völkerbund: Erste internationale Organisation zur Sicherung des Weltfriedens. Der Völkerbund wurde 1920 gegründet und bestand bis 1946. Seine Nachfolgeorganisation sind die Vereinten Nationen (United Nations Organization = UNO).

Aufgabe 2:
Interpretation eines historischen Fotos

Aufgabe 2.1:
Die Fotografie zeigt eine Protestversammlung der SPD in Berlin im Mai 1919, die sich gegen die als Demütigung empfundenen Bestimmungen des Versailler Vertrages richtete. Die Veranstaltung fand nach Übergabe und Veröffentlichung der Inhalte des Vertrages Ende April 1919 und der Abstimmung im Reichstag (der den Vertrag annahm) bzw. der Unterzeichnung im Juni 1919 statt. Die Siegessäule und die übergroße Figur von Paul von Hindenburg sind von symbolischer Bedeutung für die Veranstaltung: die Menschen versammeln sich nach der Niederlage vor national-patriotischen Symbolen, d. h. einer Siegessäule (sie erinnert an die Einigungskriege Deutschlands im 19. Jahrhundert) und dem „Kriegshelden“ Hindenburg (der von 1916 bis Kriegsende Chef der 3. Obersten Heeresleitung war und 1925 zum Reichspräsidenten gewählt wurde). Säule und Statue betonen aber auch die neue staatstragende Rolle der SPD, die nach der Revolution die Regierungsverantwortung übernommen hatte.

Aufgabe 2.2:
Alle Parteien und politischen Kräfte in Deutschland, von der linksextremistischen Kommunistischen Partei bis zum rechtsextremen Spektrum, lehnten den Versailler Vertrag ab, allerdings zum Teil aus unterschiedlichen Gründen. In der Zeit der Weimarer Republik rückte die Forderung nach einer „Revision“ von Versailles ins Zentrum deutscher Außenpolitik. Darüber hinaus wurde der Vertrag von den Gegnern der jungen Republik dazu genutzt, um mit dem Schlagwort vom „Schanddiktat“ generell gegen Demokratie und Republik zu opponieren. Dazu gehörten nicht zuletzt die Nationalsozialisten, die auch nach 1933 politisch und propagandistisch auf den Vertrag Bezug nahmen.

Aufgabe 3:
Interpretation einer Statistik

Aufgabe 3.1:
Die Frauenerwerbstätigkeit stieg zwischen der Vorkriegszeit und Mitte der 1920er-Jahre um rund ein Sechstel an, von rd. 30 auf rd. 35 Prozent. Bis Ende der 1930er-Jahre, also bis zum Ausbruch des Zweiten Weltkriegs, verharrte diese Quote dann auf einem Niveau von um 35 Prozent.

Aufgabe 3.2:
Die Prüfung sollte zwischen der Frauenerwerbsentwicklung im langen Trend des ersten Drittels des 20. Jahrhunderts, wie er in T 2 abgebildet ist, und der Entwicklung in den unmittelbaren vier Kriegsjahren 1914 bis 1918, die hier statistisch nicht abgebildet ist, unterscheiden. Im kurzen Zeitabschnitt des Krieges mussten viele Frauen in den Industriebetrieben und staatlichen Versorgungseinrichtungen die Lücken schließen, die durch das Fehlen der Männer entstanden waren. Die Frauerwerbsquote erhöhte sich dadurch in manchen Branchen kräftig. Langfristig hatte der Weltkrieg jedoch nur einen geringen Einfluss auf die Erwerbstätigenquote der Frauen: Sie stieg zwischen 1907 und 1925 zwar an, aber nur von „knapp“ einem Dritttel auf „gut“ ein Drittel. Die Zahlen für die Männer deuten an, dass sich die Erwerbstätigkeit nach dem Ersten Weltkrieg insgesamt ausgedehnt hatte.

Lösungen zu den Aufgaben der „Check-up"-Seite 56

Die Weimarer Republik

Aufgabe 1:
Wichtige Begriffe des Kapitels und deren Erläuterung

„Bauhaus": Das „Bauhaus" war eine Organisation von Architekten, Kunsthandwerkern und Designern, die 1919 von Walter Gropius in Weimar gegründet wurde. 1925 erfolgte die Umsiedlung nach Dessau. Den Bauhaus-Mitgliedern ging es um einen Wohnungsbau, der für viele Menschen erschwingliche Wohnungen bereitstellte und sich an ihren Bedürfnissen orientierte. Auch die Innenausstattung war entsprechend ausgerichtet.

Inflation: Der Erste Weltkrieg hatte der Weimarer Republik einen riesigen Schuldenberg hinterlassen. Dazu kamen die Reparationszahlungen nach dem Versailler Vertrag. Die Regierung wollte Steuererhöhungen vermeiden und brachte immer mehr Banknoten in Umlauf. Das Geld verlor an Wert. Im Ruhrkampf, der erneut mit hohen finanziellen Belastungen verbunden war, stieg die Inflation sprunghaft an. Vom rasenden Wertverlust des Geldes profitierten die Besitzer von Sachwerten. Finanzanlagen dagegen wurden nahezu wertlos, darunter auch die Kriegsanleihen. Viele Menschen verloren ihre gesamten Ersparnisse.

Reparationen: Deutschland musste mit seiner Unterschrift unter den Versailler Vertrag seine Schuld am Ausbruch des Weltkriegs anerkennen. Damit verbunden war die Verpflichtung zur finanziellen Wiedergutmachung in Form von Reparationszahlungen, deren Höhe zunächst offenblieb. 1921 wurden die Reparationen auf 132 Mrd. Goldmark festgelegt, davon kamen 26 Prozent der deutschen Ausfuhr. Nach dem Katastrophenjahr 1923 begann man auf Seiten der Siegermächte einzusehen, dass man die deutsche Wirtschaft nicht überfordern durfte. Im „Dawes-Plan" von 1926 wurden die Zahlungen an der tatsächlichen Leistungsfähigkeit der deutschen Wirtschaft orientiert, 1932 schließlich ganz fallen gelassen.

Friedensvertrag von Versailles: Deutschland durfte an den Friedensverhandlungen in Versailles nach dem Ersten Weltkrieg nicht teilnehmen. Ihm wurden die umfangreichen Bestimmungen nur zur Unterschrift vorgelegt. Dieses Diktat rief breiten Protest in Deutschland hervor, doch die Regierung sah keine andere Wahl, als zu unterschreiben. Der Vertrag verlangte die Anerkennung der Kriegsschuld, Reparationszahlungen, die Abtretung großer Gebiete und die Einschränkung der militärischen Kapazitäten. Die Revision von Versailles wurde zum überragenden außenpolitischen Ziel in Deutschland und von Hitler demagogisch ausgenutzt.

„Schwarzer Freitag": Am Freitag, dem 25. Oktober 1929, fielen an der New Yorker Börse die Kurse ins Bodenlose. Spekulationen hatten die Börsenkurse vorher steil nach oben getrieben, während wirtschaftlich sich schon Anzeichen einer Überproduktionskrise bemerkbar machten. Die ausbrechende Wirtschaftskrise erfasste nicht nur die gesamten USA. Die europäische Wirtschaft war vor allem von amerikanischen Krediten in starkem Maße abhängig. Als das US-Geld abgezogen wurde, brach hier ebenfalls eine umfassende Wirtschaftskrise aus.

Räterepublik: Das Rätesystem ist ein Modell der direkten Demokratie. Arbeiter, Bauern und Soldaten wählen ihre Vertreter in die jeweiligen Räte der untersten Ebene. Darüber stehen regionale Rätevertretungen bis zum Rätekongress auf Reichsebene.

Ein Kerngedanke des Rätesystems besteht in der Bindung des Mandats an die Wähler, d. h., der gewählte Vertreter ist unmittelbar seinen Wählern verantwortlich und kann von diesen jederzeit abgewählt werden. Auf diese Weise soll sichergestellt werden, dass das Volk eine wirksame Kontrolle über seine Vertreter ausüben kann. Das Rätesystem geht von einer umfassenden dynamischen Teilnahme des Volkes an der Politik aus. Im Rätesystem ist die Gewaltenteilung aufgehoben.

Weimarer Verfassung: Die Weimarer Verfassung wurde von der demokratisch gewählten Nationalversammlung in Weimar erarbeitet und am 31. Juli 1919 verabschiedet. Zentrales Prinzip war die Volkssouveränität: Staatsoberhaupt und Parlament wurden vom Volk gewählt. Das Staatsoberhaupt erhielt weitreichende Kompetenzen, vor allem die Möglichkeit, durch Notverordnungen ohne parlamentarische Grundlage Gesetze erlassen zu können. Dadurch sollten Sicherheit und Ordnung garantiert werden. Eine bedeutende Neuerung war die Einführung des Frauenwahlrechts. Gewählt wurde nach dem Verhältniswahlrecht ohne eine Sperrklausel. Kleine Parteien schafften es dadurch leichter ins Parlament, die Bildung regierungsfähiger Mehrheiten wurde jedoch erschwert.

Aufgabe 2:
Analyse und Interpretation der Fehler in der Weimarer Verfassung

Aufgabe 2.1:
Wenn die Regierung ein Gesetz in den Reichstag einbringt (1) und dieser die Gesetzesvorlage ablehnt (2), kann der Reichspräsident das Gesetz über eine Notverordnung (Art. 48) trotzdem erlassen (3). Der Reichstag kann zwar die Aufhebung der Notverordnung verlangen (4), doch der Reichspräsident kann daraufhin nach Art. 25 den Reichstag auflösen (5) und eine Präsidialregierung einsetzen (6). Bis zur Neuwahl kann die eingesetzte Regierung mithilfe präsidialer Notverordnungen ohne parlamentarische Kontrolle agieren (7).

Aufgabe 2.2:
Die Bestimmungen der Weimarer Verfassung werden formal eingehalten. Die Kombination von Artikel 48 und Artikel 25 ermöglicht aber einen sich dauernd wiederholenden Kreislauf, in dem die vom Volk gewählte Vertretung ihren Willen gegen die Regierung und den Reichspräsidenten nicht durchsetzen kann. Das widerspricht dem Gedanken der Volkssouveränität (Art. 1). Allerdings wird die Schlüsselfigur dieses Modells, der Reichspräsident, selbst auch vom Volk gewählt. Doch seine Machtstellung ist für sieben Jahre festgelegt.

Aufgabe 2.3:
Der Sozialdemokrat Ebert war Republikaner und seine Partei war bis 1924 in allen Regierungen vertreten. Trotz der schweren politischen Krisen gab es eine Grundübereinstimmung in der Regierungskoalition. Ebert machte als integrierende Kraft seinen Einfluss geltend.

Aufgabe 3:
Interpretation einer historischen Karikatur

Aufgaben 3.1 und 3.2:
Die Karikatur zeigt Angehörige verschiedener gesellschaftlicher Gruppen, die in ihrem Denken mit der Republik nicht übereinstimmten oder sie sogar eindeutig ablehnten, dies aber nach außen hin nicht zeigten. Im Zweifelsfall waren sie nicht bereit, sich für den Erhalt der Republik entsprechend einzusetzen. Durch das Hochhalten der Buchstaben wird der Eindruck einer Theaterszene vermittelt. Die Träger der Buchstaben spielen also etwas vor.

Lösungen zu den Aufgaben der „Check-up"-Seite 110

Der Nationalsozialismus

Aufgabe 1:
Wichtige Begriffe des Kapitels und deren Erläuterung

Ermächtigungsgesetz: Hitler war als Chef einer Koalitionsregierung zum Reichskanzler ernannt worden. Noch hatten die Nationalsozialisten die Macht nicht vollständig übernommen. Auch die Neuwahlen zum Reichstag am 5. März 1933 brachten der NSDAP noch nicht die erhoffte Mehrheit. Deshalb ließ Hitler den Reichstag über das „Ermächtigungsgesetz" abstimmen. Unter starkem Druck wagte nur die SPD dagegen zu stimmen. Durch das „Ermächtigungsgesetz" war die Reichsregierung in der Lage, von sich aus ohne Beteiligung des Parlaments oder des Reichspräsidenten Gesetze zu erlassen. Das Parlament hatte sich damit selbst entmachtet und Hitler hatte freie Bahn.

Konzentrationslager: Die ersten Konzentrationslager wurden nach dem Reichstagsbrand im März 1933 in aller Eile errichtet, um die verhafteten Angehörigen der politischen Opposition dort gefangen zu halten. Folter, Terror und Mord waren an der Tagesordnung. Die meisten KZ-Insassen wurden bis 1934 wieder entlassen, mussten sich aber jeder politischen Betätigung enthalten. Viele kleine Lager wurden aufgelöst, einige andere aber ausgebaut. Neben den politischen Gegnern wurden auch Angehörige von Minderheiten, Juden, Sinti und Roma, Homosexuelle, aber auch Kriminelle dort gefangen gehalten. Dazu kamen im Zweiten Weltkrieg Kriegsgefangene. Für die massenhafte Ermordung der Juden wurden spezielle Vernichtungslager errichtet.

Rassenlehre: Die nationalsozialistische Rassenlehre hat keine wissenschaftliche Grundlage, sondern konstruiert willkürlich Rassenunterschiede. Danach stehen die „Arier" an der Spitze, den Gegenpol bilden die „parasitären" Juden. Während andere Nicht-Arier noch als Arbeitssklaven nützlich sein können, werden die Juden als „Schädlinge" betrachtet. Hitlers Rassendenken rechtfertigt damit für das eigene Volk die Herrschaft über die anderen Völker und den Massenmord an den Juden.

Widerstand: Passiver Widerstand konnte schon darin bestehen, sich nicht vollkommen dem Druck des Systems anzupassen, z. B. den Hitlergruß nach Möglichkeit zu vermeiden oder weiter mit jüdischen Nachbarn zu verkehren.
Aktiver Widerstand umfasste alle Formen des Kampfes gegen die Unterdrückung des NS-Regimes. Neben den Widerstandsgruppen aus der Arbeiterbewegung gab es auch Widerstand in anderen gesellschaftlichen Bereichen. Viele Emigranten unterstützen aus dem Ausland den Kampf gegen die Nationalsozialisten. Auch innerhalb des Militärs und in bürgerlich-konservativen Kreisen formierten sich im Zweiten Weltkrieg Widerstandsgruppen gegen Hitler. Das Attentat vom 20. Juli 1944 schlug aber fehl, die meisten „Verschwörer" wurden hingerichtet.

Lebensraumpolitik: Die Gewinnung von „Lebensraum" war eine zentrale Kategorie der nationalsozialistischen Weltanschauung. Der Begriff steht im engen Zusammenhang mit der Rassenideologie. Danach hatte die „stärkere Rasse" das Recht, sich auf Kosten der „schwächeren" auszubreiten. Die Gewinnung von „Lebensraum" durch Krieg sollte nach Hitler vor allem im Osten, insbesondere in der Sowjetunion stattfinden.

„Endlösung": Der Begriff gehörte zur nationalsozialistischen Tarnsprache, ist aber bemerkenswert deutlich. „Endlösung" im Sinne der „Wannsee-Konferenz" von 1942 bedeutet die systematischen Vernichtung aller europäischen Juden durch Massenerschießung und Ermordung in eigens dafür errichteten Vernichtungslagern.

Aufgabe 2:
Analyse und Kritik einer Propagandapostkarte

Aufgabe 2.1:
Von links nach rechts handelt es sich um Friedrich II. (den Großen), preußischer König 1740–1786; Fürst Otto von Bismarck, Ministerpräsident Preußens, 1871– 1890 Kanzler des Deutschen Reiches; Generalfeldmarschall Paul von Hindenburg, im Ersten Weltkrieg ab 1916 Chef der Obersten Heeresleitung (OHL), und Adolf Hitler, „Führer" der Nazidiktatur 1933–1945.

Aufgabe 2.2:
Die Postkarte stellt Hitler in eine Linie mit deutschen Geschichtshelden – jedenfalls in nationalkonservativer Perspektive. Friedrich der Große hatte Preußen zur europäischen Macht aufsteigen lassen, Bismarck hatte Deutschland von Preußen aus geeint („geformt"), Hindenburg galt als erfolgreicher Verteidiger des Reiches im Ersten Weltkrieg und Adolf Hitler hatte nach seiner Darstellung das Reich vor Kommunisten und Juden gerettet und hinter seiner Person geeint. Alle abgebildeten Personen zeigen sich militärisch. Die vier „großen" Deutschen sind Machtpolitiker, für die Krieg ein normales Instrument der Politik war.

Aufgabe 2.3:
Friedrichs Eroberungen dienten der preußischen Machtausdehnung, Bismarcks Reichseinigung schuf einen Militärstaat, Hindenburg war ein Verfechter imperialistischer Kriegsziele, dessen Wunschdenken und Fehleinschätzungen den Krieg und damit die Leiden der Soldaten und des Volkes sinnlos verlängerten, und Hitler war dabei, auf diese Tradition gestützt, einen neuen Krieg vorzubereiten.

Aufgabe 3:
Analyse einer Karikatur

Aufgabe 3.1:
Die Karikatur zeigt eine militärische Formation in Paradehaltung, über die ein Kanonenrohr hinausragt. Die Mündung der Kanone ist gleichzeitig der Mund Adolf Hitlers. Vor der Kanone ist noch der Pulverdampf zu sehen, doch davor fliegt eine Taube mit dem Ölzweig im Schnabel – das Symbol des Friedens.

Aufgabe 3.2:
Die Karikatur bezieht sich unmittelbar auf die Rede Hitlers im Reichstag am 17. Mai 1933 (siehe Q2, S. 78). Hitler hatte erklärt, die nationalen Rechte der anderen Völker respektieren und mit ihnen „in Frieden und Freundschaft" leben zu wollen. Wie wir wissen (siehe Q4, S. 78) sollten damit die anderen Staaten und die internationale Öffentlichkeit über seine wahren Absichten getäuscht werden. Der Karikaturist zeigt das wahre Gesicht Hitlers hinter den Friedensbeteuerungen.

Lösungen zu den Aufgaben der „Check-up“-Seite 136

Russland und die Sowjetunion im 20. Jahrhundert

Aufgabe 1:
Wichtige Begriffe des Kapitels und deren Erläuterung

Bolschewiki: Im Jahr 1898 wurde die Russische Sozialdemokratische Arbeiterpartei gegründet. Innerhalb der Partei gab es von Anfang an Auseinandersetzungen über den richtigen Weg zu einer sozialistischen Gesellschaft in Russland. Deshalb kam es bereits 1903 zur Spaltung der Partei in zwei Flügel: die Bolschewiki und die Menschewiki. Die Bolschewiki unter ihrem Führer Lenin setzten sich für eine radikalere Politik ein. Nach der Februarrevolution 1917, die zu einer Koalitionsregierung verschiedener demokratischer Parteien führte, an der sich die Menschewiki beteiligten, setzten sich die Bolschewiki für die Weiterführung hin zu einer sozialistischen Revolution ein – und hatten damit im Oktober 1917 auch Erfolg.

Diktatur des Proletariats: Nach Auffassung Lenins konnte der Erfolg der Oktoberrevolution nur durch die Errichtung einer proletarischen Diktatur, das heißt der Herrschaft der Arbeiterklasse über die Ausbeuterklassen, die Unternehmer und Großgrundbesitzer, gesichert werden. Unter den russischen Verhältnissen sollten sich dabei die Industriearbeiter mit der armen Bauernschaft verbünden. Die Diktatur des Proletariats fand ihren Ausdruck in der vom Allrussischen Rätekongress gewählten Regierung. Die Ämter in der Regierung wurden im Laufe der Zeit vollständig mit Parteimitgliedern der Bolschewiki besetzt, die den Entscheidungen der Parteispitze Folge zu leisten hatten. Die bolschewistische Partei bestimmte also die Politik der Regierung. Die Diktatur des Proletariats wird deshalb auch als „Diktatur der kommunistischen Partei“ bezeichnet.

Hitler-Stalin-Pakt: Stalin hatte angesichts eines befürchteten deutschen Angriffs auf die Sowjetunion auf eine gemeinsame Politik mit den Westmächten gegen Hitler gehofft. Nach der Preisgabe der Tschechoslowakei durch Frankreich und Großbritannien sah er diese Hoffnung enttäuscht. Er schloss deshalb einen Nichtangriffspakt mit Hitler, um Zeit zu gewinnen. In einem geheimen Zusatzprotokoll wurde die Aufteilung Polens unter beide Staaten vereinbart.

Rote Armee: Die Bezeichnung „Rote Armee“ entstand im Bürgerkrieg nach der Oktoberrevolution. Rot ist die traditionelle Farbe der Arbeiterbewegung. Die Gegner der Oktoberrevolution wurden als „Weiße“ bezeichnet. Die Bezeichnung „Rote Armee“ blieb seitdem für das sowjetische Heer bestehen.

Glasnost: Zusammen mit dem Begriff „Perestroika“ (Umbau) steht Glasnost als Schlagwort für die neue Politik Gorbatschows. Glasnost, „Offenheit“, bezeichnet eine Politik der Transparenz, die ihre Ziele und Beweggründe der Öffentlichkeit deutlich macht. Politik soll durchschaubar sein, Kritik durch die Bürger möglich machen und diese Kritik ernst nehmen. Insofern bedeutete Glasnost ein Element der Demokratisierung im Gefüge der Parteidiktatur.

Kolchose: Zum Programm der bolschewistischen Revolutionäre gehörte die Vergesellschaftung von Grund und Boden. Die Verteilung des Bauernlandes aus Adels- und Kirchenbesitz unter den Bauern war nur ein erster Schritt gewesen. Der nächste Schritt bestand in der Überführung des Landes in Kolchosen, d. h. in eine genossenschaftliche Organisation. Die Bauern sollten als gemeinschaftliche Eigentümer der Kolchosen rationeller wirtschaften. Für private Nutzung blieb ihnen nur ein kleines Stück Land.

Reichsduma: Die Duma war das Parlament des russischen Reiches. Nach der vom Zaren 1906 erlassenen Verfassung hatte der Zar die oberste Staatsgewalt inne. Die Gesetze bedurften der Zustimmung der Volksvertretung, der Duma. Allerdings war zusätzlich auch die Zustimmung des Zaren notwendig, der die Duma jederzeit auflösen konnte.

Tscheka: Die Tscheka war die Geheimpolizei der bolschewistischen Regierung und wurde bereits im Dezember 1917 gegründet. Sie diente der Unterdrückung politischer Gegner und erhielt immer größere Vollmachten. Bei den „großen Säuberungen“ erwies sie sich als wirksamstes Instrument zur Verfolgung innerparteilicher Gegner Stalins.

Aufgabe 2:
Analyse und Interpretation eines Staatsaufbaus

Aufgaben 2.1 und 2.2:
Das Schaubild zeigt den Aufbau der Partei und des Staates. Von der Seite der Partei führen drei Pfeile zur Seite des Staates. Die Partei bestimmt über den Staat, Pfeile in umgekehrter Richtung gibt es nicht. Das Politbüro erteilt der Regierung Direktiven. Hier konzentriert sich die Macht. Das Parlament, der Allrussische Rätekongress, erhält seine Direktiven vom Zentralkomitee und arbeitet auf dieser Grundlage Gesetze aus. Die Gesetze werden dann vom Politbüro kontrolliert. Das Politbüro kann aber selbst Gesetzesvorlagen formulieren. Die beschlossenen Gesetze gehen vom Parlament zur Regierung, die diese Gesetze dann ausführt. Die Partei beherrscht also die gesamte staatliche Politik. Innerhalb der Partei werden die einzelnen Ebenen von unten nach oben gewählt. Politbüro und Zentralkomitee können aber von oben nach unten Direktiven erteilen.

Aufgabe 2.3:
Die Bevölkerung kann nur die ihr von der Partei vorgesetzten Kandidaten der Einheitsliste wählen. Damit hat sie keinerlei Einfluss auf die Staatsorgane. Wer politisch Einfluss nehmen will, kann das nur über die kommunistische Partei.

Aufgabe 3:
Interpretation eines Quellentextes.

Aufgabe 3.1:
Rosa Luxemburg (1871 – 1919) wurde als Tochter einer jüdischen Kaufmannsfamilie in Polen geboren und schloss sich früh der Arbeiterbewegung an. Zusammen mit Karl Liebknecht gründete sie 1917 den Spartakusbund. Aus dem Spartakusbund ging am 1. Januar 1919 die Kommunistische Partei Deutschlands (KPD) hervor. Rosa Luxemburg wurde am 15. 1. 1919 von politischen Gegnern ermordet. Der Text wurde 1918 geschrieben, während Rosa Luxemburg in Breslau inhaftiert war, also nach der Auflösung der konstituierenden Versammlung durch die Bolschewiki.

Aufgabe 3.2:
Rosa Luxemburg spricht vom Idealismus der Parteiführer, die aber nur vor einer "Elite der Arbeiterschaft" öffentlich auftreten. Gemeint sind wohl Parteimitglieder. Sie hat eine andere Vorstellung von der „Diktatur des Proletariats“, die aber in dem Textauszug nicht entfaltet wird. Rosa Luxemburg geht es um Öffentlichkeit, um die Mobilisierung der breiten Massen, die die Revolution tragen müssen.

Lösungen zu den Aufgaben der „Check-up“-Seite 202

Deutsch-deutsche Geschichte 1945–1989

Aufgabe 1:
Wichtige Begriffe des Kapitels und deren Erläuterung

Alleinvertretungsanspruch: Die Bundesrepublik Deutschland vertrat seit 1949 den Standpunkt, dass nur sie allein das Recht habe, Deutschland zu vertreten, da die Regierung der DDR nicht aus freien Wahlen hervorgegangen sei. Diplomatische Beziehungen zu Staaten, die die DDR anerkannten, wurden seitens der Bundesrepublik abgebrochen. Auf diese Weise gelang es, die DDR jahrelang international zu isolieren.

Entspannungspolitik: In den 1970er-Jahren gab es eine Periode der Entspannung der politischen Beziehungen zwischen den Supermächten. Die immensen Kosten und das fortbestehende Patt durch die gegenseitige atomare Abschreckung ließen die Fortsetzung des Rüstungswettlaufes fragwürdig erscheinen. Die zwischen der Sowjetunion und den USA getroffenen Vereinbarungen zur Rüstungsbegrenzung bedeuteten allerdings keine Abrüstung, sondern nur die Festlegung von Obergrenzen bei bestimmten Waffen im Hinblick auf die weitere Aufrüstung.

Kalter Krieg: Bezeichnung für die Geschichtsepoche zwischen dem Zweiten Weltkrieg und der Auflösung der Sowjetunion bzw. des Warschauer Paktes. Diese Geschichtsepoche war bestimmt vom Konflikt zwischen den beiden Supermächten und ihren jeweiligen militärischen Bündnissen, der auf grundlegend gegensätzlichen gesellschaftlichen Systemen beruhte.
Das strategische Patt aufgrund der gegenseitigen Vernichtungsmöglichkeit durch Kernwaffen zwang beide Seiten dazu, eine direkte militärische Konfrontation zu vermeiden.

Ostverträge: Bezeichnung für den Gesamtkomplex zwischenstaatlicher Verträge zur Neuregelung der Beziehungen der Bundesrepublik Deutschland mit der Sowjetunion, der DDR, Polen und der Tschechoslowakei (1970–1972). Kernpunkt der Ostverträge war die Anerkennung der nach dem Zweiten Weltkrieg entstandenen Staatsgrenzen in Europa, insbesondere der Oder-Neiße-Grenze zwischen Deutschland und Polen und der Grenze zwischen beiden deutschen Staaten.

Schwarzmarkt: Die Reichsmark hatte nach dem Ende des Zweiten Weltkriegs ihren Wert verloren. Die Produktion und Verteilung vieler lebenswichtiger Waren stand unter der Kontrolle der Besatzungsmächte. Daneben entwickelte sich ein „schwarzer“ (illegaler) Tauschmarkt, auf dem alles Mögliche gehandelt werden konnte. An die Stelle des Geldes trat die „Zigarettenwährung“.

Volksdemokratie: Bezeichnung für die nach dem Zweiten Weltkrieg im sowjetisch kontrollierten Osteuropa entstandenen Staaten. Charakteristikum der Volksdemokratien war das Fehlen einer Parteienkonkurrenz bei den Wahlen. Zur Wahl standen Einheitslisten, durch die die Verteilung der Mandate schon vorher festgelegt war.
Die Wahl selbst war im Wesentlichen nur eine Bestätigung der Einheitsliste, die von der kommunistischen Partei des jeweiligen Landes beherrscht wurde.

Währungsreform: In beiden deutschen Staaten wurde 1948 eine neue Währung eingeführt, da die alte Reichsmark wertlos geworden war. In den Westzonen erhielt jeder Bürger ein Kopfgeld von 60 DM. Die neue D-Mark erwies sich als stabile Währung, die Geldmenge war durch ein entsprechendes Warenangebot gedeckt.

Aufgabe 2:
Analyse und Interpretation einer Kapitalauftakt-Collage

Aufgabe 2.1:
Im Hintergrund der Collage sind Menschen zu sehen, die Trümmerschutt beseitigen. Das Bildelement steht für die „Stunde Null“, unmittelbar nach dem Ende des Zweiten Weltkriegs. Im Mittelteil der Collage verläuft eine Grenzmauer als Symbol der staatlichen Teilung Deutschlands. Einkopiert wurden Bilder vom Volkswagen und vom Trabant, stellvertretend für Wirtschaftsleistung und Konsummöglichkeiten in der Bundesrepublik und in der DDR. In der Mitte rechts erkennt man den westdeutschen Fußballstar Franz Beckenbauer und die DDR-Olympiasiegerin im Schwimmen, Kristin Otto.
Schließlich sieht man im Vordergrund Bundeskanzler Helmut Schmidt und den DDR-Staatsratsvorsitzenden und SED-Parteichef Erich Honecker im Gespräch.

Aufgabe 2.2:
Aus den Trümmern der Nachkriegszeit entwickelte sich aufgrund der Konstellation des Kalten Krieges ein staatlich gespaltenes Deutschland. Das unterschiedliche Tempo des wirtschaftlichen Fortschritts drückt sich in den beiden Automarken aus. Der „Käfer“ wurde für eine immer größere Zahl von Bundesbürgern recht bald erschwinglich. Selbst der Trabant („Trabi“, „Rennpappe“) ließ für viele Ostdeutsche lange auf sich warten. Auf sportlichem Gebiet, zeigte sich das staatliche Auslese- und Fördersystem dem Westen überlegen. Wir wissen heute, dass dem olympischen Medaillensegen für die DDR ein systematisches Staatsdoping zugrunde lag.
Der Prozess einer gewissen Normalisierung der deutsch-deutschen Beziehungen ab den 1970er-Jahren brachte menschliche Erleichterungen. Den Ausgang der Geschichte der deutschen Teilung lässt die Collage offen (siehe das folgende Kapitel).

Aufgabe 3:
Analyse einer grafischen Modelldarstellung.

Aufgabe 3.1:
Im Modell der sozialen Marktwirtschaft tritt die soziale Komponente zur „reinen“ Marktwirtschaft hinzu. Letztere erkennt man, wenn man den rechten Teil des Schemas isoliert betrachtet. Hier steht der Markt im Zentrum: als Treffpunkt von Angebot und Nachfrage, die von den Verbrauchern und der produzierenden Wirtschaft ausgehen und sich auf dem Markt austauschen, aber dann auch auf die Akteure zurückwirken. Deshalb gehen Pfeile jeweils in beide Richtungen.
In der „sozialen“ Marktwirtschaft kommen die Instrumente staatlicher Wirtschafts- und Sozialpolitik ins Spiel. Sie begrenzen das freie Spiel der Kräfte auf dem Markt, um die Vertiefung sozialer Gegensätze zu vermeiden.

Aufgabe 3.2:
Schematische Darstellungen weisen aufgrund der Vereinfachung manchmal Schwächen auf. Hier könnte man z. B. an der Formulierung und Zuordnung des „Verbots von Kartellen und Monopolen“ Anstoß nehmen. Richtig ist auf jeden Fall, dass das Wettbewerbsrecht ein Instrument des Verbraucherschutzes ist, insofern die Konkurrenz auf dem Markt am Leben erhalten wird. Der Staat wirkt aber mit dem Wettbewerbsrecht nicht direkt auf die Verbraucher ein, sondern auf die Wirtschaft (im Interesse des Verbrauchers).

Lösungen zu den Aufgaben der „Check-up"-Seite 224

Die Wiedervereinigung Deutschlands

Aufgabe 1: Wichtige Begriffe des Kapitels und deren Erläuterung

Bundeswehreinsätze im Ausland: Nach der Wiedervereinigung Deutschlands sah sich die Bundesrepublik international in die Pflicht genommen, auch militärisch ihren Beitrag zu Friedensmissionen zu leisten. Beim Somalia-Einsatz der UN (1992–1994) leistete die Bundeswehr erstmals humanitäre und technische Hilfe, was 1994 zu einer verfassungsrechtlichen Klärung führte. Nach dem Urteil des Bundesverfassungsgerichts sind Bundeswehreinsätze aufgrund internationaler Verpflichtungen (UNO, NATO, EU) grundsätzlich verfassungsgemäß. Allerdings bedarf es dazu eines Beschlusses des Parlaments.

Große Koalition: Bezeichnung für Regierungskoalitionen mit großen parlamentarischen Mehrheiten. In Deutschland wird diese Bezeichnung für die Koalition der beiden größten Parteien, CDU und SPD, verwendet. Die letzte Große Koalition (insgesamt die zweite in der Geschichte der Bundesrepublik) kam nach den Bundestagswahlen 2005 zustande, die für andere denkbare Regierungsbündnisse keine regierungsfähige Mehrheit im Parlament erbrachte.

Montagsdemonstrationen: Im Sommer 1989 kam es zu ersten Umzügen nach Friedensgebeten in Kirchen. Die größten Montagsdemonstrationen entwickelten sich in Leipzig im Anschluss an das Friedensgebet in der Nicolai-Kirche. Die Teilnehmerzahl der Montagsdemonstrationen wuchs von Woche zu Woche, die Demonstrationen nahmen immer mehr politischen Charakter an, die Parolen und Losungen wurden radikaler.

Reformpolitik: Nach dem „Reformstau" am Ende der Regierung Kohl erwartete man von der neuen rot-grünen Regierung eine dynamische Reformpolitik. Diesen Erwartungen wurde die Schröder/Fischer-Regierung allerdings nur in Ansätzen gerecht (z. B. Steuerreform 2000, Einstieg in die Rentenreform). Erst in der zweiten Legislaturperiode der rot-grünen Koalition wurde mit der Agenda 2010 der Umbau der Sozialsysteme voll auf die politische Tagesordnung gesetzt und grundlegende Reformen in der Arbeitsmarktpolitik in Angriff genommen.
In der Großen Koalition wurde die Reformpolitik von Rot-Grün fortgesetzt, z. B. mit der Erhöhung des Renteneintrittsalters und der Gesundheitsreform.

Rot-grüne Regierung: Bezeichnung der Koalitionsregierung von SPD und Bündnis 90/DIE GRÜNEN (1998–2005). Bundeskanzler war Gerhard Schröder, sein Stellvertreter Außenminister Joschka Fischer (Bündnis 90/DIE GRÜNEN).

„Runder Tisch" – Verhandlungsform mit Symbolwert: Das polnische Modell der Verhandlungen am „Runden Tisch" wurde zum Vorbild für die DDR. Am „Runden Tisch" trafen sich dort die Vertreter der Bürgerbewegungen mit den Vertretern der SED, der Blockparteien und der Massenorganisationen zu Beratungen über die Zukunft der DDR.

Zwei-plus-Vier-Vertrag: Bezeichnung für die vertraglichen Regelungen zwischen den beiden deutschen Staaten und den vier Siegermächten des Zweiten Weltkriegs im Blick auf die Vereinigung der beiden deutschen Staaten von 20./21. 9. 1990. Damit war die Grundlage geschaffen, um die Vereinigung der beiden deutschen Staaten am 3. Oktober zu vollziehen.

Aufgabe 2: Analyse eines Schaubildes

Aufgabe 2.1 und 2.2:
Die Wirtschaftsleistung pro Einwohner liegt in den ostdeutschen Bundesländern nur bei 67 Prozent des Wertes für den Westen. Da in D1 die Wirtschaftsleistung auf die gesamten Einwohner bezogen wird, kann aus diesen Zahlen kein Rückschluss auf die Arbeitsproduktivität gezogen werden.
Bei den Ursachen für die niedrige Pro-Kopf-Wirtschaftskraft spielt die höhere Arbeitslosenquote eine Rolle. Außerdem ist die hohe Zahl an Arbeitsmigranten zu beachten, die in den Westen gegangen sind. Der Anteil der Erwerbstätigen bezogen auf die Einwohnerzahl fällt dadurch noch niedriger als nur allein durch die hohe Arbeitslosenquote aus.
Im Osten verdienten im Jahr 2004 Angestellte und Arbeiter jeweils etwa 74 Prozent des Betrages, den ihre Kollegen im Westen erhielten, d. h. rund 25 Prozent weniger. Die Tarifbindung der Betriebe ist im Osten geringer als im Westen. Das ist ein deutlicher Hinweis darauf, dass Löhne und Gehälter weniger geschützt sind. Angesichts der hohen Arbeitslosenquote im Osten ist die Konkurrenz auf dem Arbeitsmarkt noch größer als im Westen, was es Unternehmern leichter macht, niedrigere Arbeitsentgelte durchzusetzen.
Ins Auge stechen sicher die durchschnittlich höheren Renten im Osten. Das ist einmal bedingt durch die relativ günstigen Regelungen für Rentner bei der Wiedervereinigung. Zum anderen wirkt sich auch der hohe Erwerbstätigkeitsgrad bei den Frauen auf die Werte bei den Renten aus.
Die niedrigeren Mieten im Osten entsprechen in etwa den Einkommensverhältnissen. Die durchschnittliche Ostmiete liegt bei 75 Prozent der Miete im Westen. Für Erwerbstätige ist der Anteil der Miete am Einkommen in Ost und West etwa gleich hoch.
Angesichts der riesigen regionalen Unterschiede muss jedoch die Aussagekraft solcher Durchschnittswerte wie in D1 mit großer Zurückhaltung betrachtet werden.

3. Beschreibung einer Karikatur

Aufgabe 3.1:
Die Karikatur zeigt den mächtigsten Politiker der DDR, Erich Honecker, in einem recht primitiven Karren, mit dem Emblem der DDR und der Aufschrift „Sozialismus". Dem Karren sind die Zugtiere abhanden gekommen, er befindet sich auf rasender Fahrt in den Abgrund. Honecker ist sich über seine gefährliche Lage offenbar nicht im Klaren, sondern verbreitet unerschütterlich seine Parole über den Fortschritt des Sozialismus. Ochs und Esel lassen ihn vorbeirasen und denken nicht daran, ihn aufzuhalten.

Aufgabe 3.2:
Der rasende Niedergang des DDR-Sozialismus ist nicht mehr aufzuhalten. Doch die Mächtigen erkennen den Ernst ihrer Lage nicht, sondern erklären alle für dumm, die nicht (mehr) an den Fortschritt des Sozialismus glauben wollen und auf grundlegenden Reformen beharren.
Der Karikaturist hat die absurde Fehleinschätzung der Lage meisterhaft in der Karikatur dargestellt: Die marode DDR mit ihrer die katastrophale Lage vollkommen verkennenden Führungsclique ist rettungslos verloren.

Sach- und Personenregister

Begriffslexikon

Alliierte (von franz., alliés = Verbündete): Bezeichnung für Staaten, die ein Bündnis (Allianz) schließen, z. B. zur gemeinsamen Kriegführung; im Ersten und im Zweiten Weltkrieg Sammelbegriff für die gegen das Deutsche Reich und seine Verbündeten kämpfenden Staaten.

Alliierter Kontrollrat: Nach Ende des Zweiten Weltkriegs 1945 von den alliierten Mächten Großbritannien, Sowjetunion, USA und Frankreich eingesetztes gemeinsames Regierungsorgan für Deutschland mit Sitz in Berlin. Aufgrund von Interessengegensätzen trat der Kontrollrat nach 1948 nicht mehr zusammen.

Antisemitismus: Feindschaft gegenüber Juden, die in der Antike und im Mittelalter religiös und wirtschaftlich begründet wurde. Im 19. Jh. entwickelte sich ein rassisch begründeter Antisemitismus, bei dem gesellschaftliche Missstände den Juden als „Rasse“ angelastet wurden. Das nationalsozialistische Regime setzte seit 1933 den rassischen Antisemitismus systematisch bis zum Völkermord um.

Arbeiter- und Soldatenräte: Während der Novemberrevolution in Deutschland 1918/19 in Betrieben und Militäreinheiten gegründete politische Vertretungen der Arbeiter und Soldaten. Im sozialistischen Modell der Rätedemokratie liegt die – zugleich gesetzgeberische und ausübende – Staatsgewalt in den Händen der Räte. In der Weimarer Nationalversammlung setzten sich die Vertreter der Rätedemokratie gegen die Befürworter der parlamentarischen Demokratie nicht durch. (→ Sowjets)

Blockfreie Staaten: 1961 gegründeter Zusammenschluss von Staaten, die keinem der beiden großen Machtblöcke angehörten und für Abrüstung und das friedliche Zusammenleben aller Staaten eintraten. Heute zählen dazu rund 115 Staaten, überwiegend aus Afrika, Asien und Lateinamerika. Häufig artikulieren sich hier gemeinsame Interessen der Entwicklungsländer gegenüber den Industrieländern.

Blockparteien: Sammelbezeichnung für die in der DDR neben der SED existierenden Parteien CDU, LDPD, NDPD und DBD. Alle diese im „Demokratischen Block“ zusammengefassten Parteien wurden finanziell und ideologisch von der SED kontrolliert und mussten deren Führungsanspruch anerkennen. Politischer Wettbewerb und die Möglichkeit einer parlamentarischen Opposition in der DDR waren dadurch ausgeschlossen.

Bolschewismus, Bolschewiki (russ., Mehrheitler): Bezeichnung für die radikalen Anhänger Lenins, die sich 1903 bei der Entscheidung über die zukünftige Taktik der Sozialrevolutionäre gegenüber den gemäßigten, sozialdemokratisch orientierten Menschewiki (russ., Minderheitler) durchsetzen konnten. Nach Lenins Theorie erhebt die streng von oben nach unten organisierte bolschewistische Partei den Anspruch auf politische Führung, um die Massen zum Sozialismus zu erziehen. Deshalb muss sie alle gesellschaftlichen Gruppen beherrschen. In der Sowjetunion setzte Stalin die Umgestaltung der Gesellschaft nach bolschewistischen Prinzipien mit Zwang und Terror durch.

Bruttosozialprodukt: Gesamtwert aller Waren und Dienstleistungen, die die Menschen eines Landes im Zeitraum eines Jahres produzieren.

Bürgerrechtsbewegung: Sammelbezeichnung für regierungskritische Gruppen, die für Demokratie und Menschenrechte in ihren Ländern eintreten. Die Bürgerrechtsbewegungen der früheren Staaten des Ostblocks kritisierten zugleich den Führungsanspruch der kommunistischen Partei.

Darwinismus, Sozialdarwinismus: Vom Naturforscher Charles Darwin entwickelte Theorie, der zufolge in der Natur immer diejenigen Tier- und Pflanzenarten überleben, die sich am besten an die Umweltbedingungen anpassen können. Der Brite Houston Chamberlain griff die Evolutionslehre auf und behauptete, dass unter den menschlichen „Rassen“ die stärkeren auf Kosten der schwächeren überleben (Sozialdarwinismus). Seit der Zeit des Imperialismus wurden Argumente von der vermeintlichen Überlegenheit der „höherwertigen weißen Rasse“ genutzt, um den Erwerb und die Ausbeutung von Kolonien zu rechtfertigen. Unter der nationalsozialistischen Ideologie gipfelte der Rassismus in einem als „Rassenkrieg“ geführten Eroberungsfeldzug gegen Polen und die Sowjetunion sowie im Massenmord an der jüdischen Bevölkerung Europas.

Dawes-Plan: Konzept des US-Bankiers Charles Dawes zur Neuregelung der Reparationen (August 1924). Nach diesem Plan orientierte sich die Höhe der Reparationszahlungen an der Leistungsfähigkeit der deutschen Wirtschaft. Der Dawes-Plan half bei der wirtschaftlichen Stabilisierung der Weimarer Republik.

Demokratie: (griech. demokratein = Herrschaft des Volkes): Demokratie ist eine Regierungsform, in der der Wille des Volkes ausschlaggebend ist. Die direkte Demokratie beruht auf der unmittelbaren Teilhabe der Bürger an den politischen Entscheidungen.
Die moderne Form der Demokratie entwickelte sich in den europäischen Nationalstaaten als mittelbare oder repräsentative Demokratie, d. h., die Herrschaft wird nicht direkt vom Volk ausgeübt, sondern durch vom Volk gewählte Repräsentanten, die Abgeordneten.
Kennzeichen der modernen freiheitlichen Demokratie sind: Garantie der Menschenrechte, allgemeines, gleiches, geheimes und freies Wahlrecht, Gewaltenteilung, Parlamente, Mehrparteiensystem, Minderheitenschutz.

Diktatur (von lat., dictare = befehlen): Die uneingeschränkte, auf Gewalt begründete Herrschaft einer Einzelperson, einer Gruppe oder Partei, die die gesamte politische Macht im Staat für sich beansprucht. Sämtliche Lebensbereiche werden überwacht, jede Opposition unterdrückt. Beispiele für Diktaturen sind der Nationalsozialismus in Deutschland und der Stalinismus in der Sowjetunion.

Dissidenten (von lat. dissidere = nicht übereinstimmen, getrennt sein): Bezeichnung für Oppositionelle, die die Politik des herrschenden Regierungssystems trotz Repressionen (Berufsverbote, Verhaftungen, Ausbürgerungen) öffentlich kritisierten.

„Endlösung“: Nationalsozialistischer Tarnbegriff für die organisierte Vernichtung aller europäischen Juden nach der „Wannsee-Konferenz“ von 1942, auf der hohe nationalsozialistische Funktionsträger die Koordinierung der Maßnahmen besprachen.

Entnazifizierung: Von den alliierten Siegermächten im besetzten Deutschland durchgeführte Überprüfung von Personen mit dem Ziel, Verantwortliche für Verbrechen des NS-Regimes politisch und strafrechtlich zur Verantwortung zu ziehen und sie aus Ämtern in Staat und Gesellschaft zu entfernen.

Entwicklungsländer: Auch als „Dritte Welt“ bezeichnete Staaten mit meist folgenden Merkmalen der Unterentwicklung: Armut, unzureichende Ernährung, hohe Arbeitslosigkeit, hohes Bevölkerungswachstum, Mängel im Gesundheits- und Bildungssystem sowie im Infrastrukturbereich, hohe Auslandsverschuldung und politische Instabilität. Als Entwicklungsländer gelten heute etwa 170 Staaten mit 3/4 der Weltbevölkerung.

„Ermächtigungsgesetz“: Bezeichnung für das am 5. März 1933 verabschiedete Gesetz, nach dem die Regierung Gesetze ohne Beteiligung des Reichstags oder des Reichspräsidenten erlassen konnte.

Europäische Union (EU): Zusammenschluss von derzeit 27 europäischen Staaten, die durch Übertragung von Kompetenzen an gemeinsame Regierungsorgane (Hauptsitz: Brüssel) eine enge wirtschaftliche und politische Zusammenarbeit anstreben.
Bisher wichtigste Ergebnisse dieser europäischen Einigung sind die Einführung des Europäischen Binnenmarktes und die gemeinsame Währung „Euro“.

Europäischer Binnenmarkt: Wirtschafts- und Währungsunion der EU-Mitgliedsländer, die den freien Verkehr von Personen, Waren, Dienstleistungen und Kapital ermöglicht. Dazu gehören der Wegfall der Grenzkontrollen zwischen den EU-Staaten sowie das Recht, sich als EU-Bürger in jedem Land der Union niederzulassen.

„Euthanasie“: Nationalsozialistische Tarnbezeichnung (wörtlich: schöner Tod) für die massenhafte Ermordung unheilbar kranker und behinderter Menschen.

Faschismus (von ital., fasces = Rutenbündel als Symbol der Richtergewalt): Ursprünglich Bezeichnung für das autoritäre Herrschaftssystem Mussolinis in Italien. Davon ausgehend Sammelbegriff für die rechtsgerichteten und nationalistischen Bewegungen, die nach dem Ersten Weltkrieg in Europa den Kommunismus bekämpften und die parlamentarische Demokratie zugunsten der Diktatur eines autoritären „Führers“ ablehnten. Der deutsche Nationalsozialismus verband die Elemente einer faschistischen Ideologie mit der rassisch begründeten Ausgrenzung und Verfolgung von Minderheiten, insbesondere der Juden.

Frauenbewegung: Mitte des 19. Jh. entstandene und Ende der 1960er-Jahre sich neu formierende Bewegung zur Beseitigung der gesellschaftlichen und politischen Benachteiligung von Frauen. Ihre Forderungen zielen u. a. auf gleiche Bezahlung, gleiche Karrierechancen und einen höheren Anteil von Frauen in Führungspositionen.

Friedensbewegung: Politische Bewegung Anfang der 1980er-Jahre. Sie protestierte gegen die Stationierung atomarer Mittelstreckenraketen in Europa und trat für Abrüstung ein. Ein Teil ihrer Anhänger in der Bundesrepublik wurde zum Kern der Partei der Grünen; in der DDR war sie Teil der Bürgerrechtsbewegung.

Führer: Offizieller Titel Adolf Hitlers, als das Amt des Reichspräsidenten nach dem Tod Hindenburgs 1935 mit dem des Reichskanzlers vereinigt wurde. Seitdem wurde der Führerkult immer mehr ausgebaut.

Geheimdienst: Staatliche Organisation zur verdeckten Beschaffung von geheimen Informationen im In- und Ausland und zur Abwehr fremder Spionagetätigkeit. In Diktaturen wird der Geheimdienst bzw. die Geheimpolizei häufig auch zur Unterdrückung und Verfolgung politischer Gegner eingesetzt, so z. B. in der UdSSR unter Stalin.

Globalisierung (von lat. globus = [Erd-] Kugel): Internationale Zusammenarbeit und Verflechtung großer Wirtschaftskonzerne und Finanzmärkte sowie die damit verbundenen Auswirkungen auf das Leben der Menschen. Der Begriff umfasst auch grenzübergreifende politische und technische Entwicklungen.

Grundgesetz: Verfassung der Bundesrepublik Deutschland, die am 23. Mai 1949 in Kraft trat. Mit der Bezeichnung sollte zum Ausdruck gebracht werden, dass es sich um eine provisorische Verfassung handelte, da die Frage der deutschen Einheit und die der Wiederherstellung der vollen staatlichen Souveränität Deutschlands vorerst offenbleiben mussten. Nach der deutschen Wiedervereinigung im Oktober 1990 wurde der Name für die gesamtdeutsche Verfassung beibehalten.

Hitler-Stalin-Pakt: Nichtangriffsvertrag zwischen Deutschland und der Sowjetunion im März 1939. In einem geheimen Zusatzprotokoll wurde die Aufteilung Polens festgelegt.

Inflation (von lat., inflare = aufblähen): Durch eine hohe umlaufende Geldmenge ausgelöste Entwertung der Währung, die zum Anstieg der Preise und zum Verlust der Kaufkraft des Geldes führt. In den Anfangsjahren der Weimarer Republik trugen die Folgen des Ersten Weltkriegs (Kriegskosten, Reparationszahlungen) zu einem sehr schnellen, fast völligen Wertverlust des Geldes bei, der viele einfache Leute und den Mittelstand ruinierte.

Islamischer Fundamentalismus (von lat. fundamentum = Grundlage): In den 1970er-Jahren entstandene religiös-politische Bewegung in zahlreichen islamischen Ländern. Deren Anhänger wollen den Koran sowie andere Glaubensgrundsätze der islamischen Religion zur alleinigen Grundlage des öffentlichen und privaten Lebens in den muslimischen Staaten machen. Kultur und Wertesystem der westlichen Welt werden abgelehnt und sollen – gegebenenfalls mit Gewalt und Terror – zurückgedrängt werden. Diese Vorstellungen werden nur von einer Minderheit der Muslime geteilt.

Kalter Krieg: Die nach 1945 beginnende machtpolitische, militärische, ideologische und wirtschaftliche Konkurrenz zwischen den beiden Supermächten USA und UdSSR und den von ihnen geführten Bündnissystemen. Der Kalte Krieg hatte ein atomares Wettrüsten und eine Vielzahl von Konfrontationen (z. B. Berlin-Blockade 1948, Koreakrieg

1950 – 1953, Kubakrise 1962) zur Folge. Er endete 1989 mit dem politischen und gesellschaftlichen Umbruch in der Sowjetunion.

Kollektivierung: Überführung privater bäuerlicher Ländereien in genossenschaftliches oder staatliches Eigentum zur kollektiven Bewirtschaftung. In der Sowjetunion wurde 1929/30 die Zwangskollektivierung aller landwirtschaftlichen Betriebe beschlossen.

Kolonien, Kolonisation (von lat., colonia = Pflanzstadt): Siedlungen oder Handelsstützpunkte außerhalb des eigenen Staatsgebietes; mit der Errichtung spanischer und portugiesischer Kolonien in Mittel- und Südamerika durch Kolumbus, Pizarro und Cortés begann um 1500 das Kolonialzeitalter. Vom 16. bis zum 19. Jahrhundert bauten europäische Großmächte wie Spanien, Portugal, die Niederlande, Frankreich und Großbritannien große Kolonialreiche auf. Sie beherrschten ihre Kolonien wirtschaftlich und politisch. Gegen Ende des 19. Jahrhunderts, im Zeitalter des Imperialismus, wurde die Welt von den Großmächten regelrecht aufgeteilt. Folgen der Kolonisierung waren die Übernahme von Teilen der Kultur des „Mutterlandes“ (Sprache, Religion) sowie die wirtschaftliche Abhängigkeit der Kolonien. Die ehemaligen Kolonien sind seit 1945 selbstständige Staaten geworden.

Kommunismus (von lat., communis = gemeinsam, allgemein): Politische und soziale Bewegung, die eine revolutionäre Veränderung der Gesellschaft anstrebt. Wichtige Ziele sind die Errichtung einer klassenlosen Gesellschaft und die Überführung von Produktionsmitteln in Gemeineigentum. Die führende Rolle bei der Durchsetzung des Kommunismus kommt der kommunistischen Partei sowie den Arbeitern und Bauern zu („Diktatur des Proletariats“). Die Grundlagen der kommunistischen Theorie wurden im Wesentlichen von K. Marx, F. Engels und W. I. Lenin formuliert.

Konstruktives Misstrauensvotum: Die in Art. 67 des Grundgesetzes vorgesehene Möglichkeit eines Regierungswechsels ohne Neuwahlen. Das Parlament kann den Bundeskanzler der Bundesrepublik abwählen, wenn es zugleich mit absoluter Stimmenmehrheit einen Nachfolger wählt.

Konzentrationslager (KZ): Bezeichnung für die zwischen 1933 und 1945 im nationalsozialistischen Herrschaftsbereich errichteten Häftlingslager, in denen politische Gegner der Nationalsozialisten, Kriegsgefangene und rassisch Verfolgte wie Juden, Sinti und Roma unter unmenschlichen Bedingungen (Zwangsarbeit, unzureichende Ernährung, Misshandlungen, medizinische Experimente) inhaftiert und getötet wurden. Seit 1942 wurden in den eroberten Ostgebieten Vernichtungslager (u. a. Auschwitz, Chelmno, Majdanek) errichtet, in denen ca. 6 Millionen europäischer Juden ermordet wurden.

Kriegswirtschaft: Form der staatlichen Zwangswirtschaft, in der die gesamte Güterproduktion auf die Anforderungen der Kriegführung umgeleitet werden, dafür erforderliche Rohstoffe werden beschlagnahmt und der Rüstung zugeführt. Auch den Bauern und dem Lebensmittelhandel werden Produktionsvorschriften und Preisbeschränkungen auferlegt. Die knappen Lebensmittel werden rationiert (= eingeteilt) und müssen über Lebensmittelkarten bezogen werden. Da die Rationen der Lebensmittelkarten meist nicht zur Deckung des täglichen Kalorienbedarfs ausreichen, entsteht in Kriegs- oder Zwangswirtschaften stets ein so genannter Schwarzmarkt.

KSZE/OSZE: Die Konferenz für Sicherheit und Zusammenarbeit in Europa (KSZE) wurde 1973 in Helsinki als Forum europäischer Staaten gegründet. Ihr Ziel war die Entspannung und die Verbesserung der Ost-West-Beziehungen. In der Schlussakte verpflichteten sich die 35 Teilnehmerstaaten 1975 u. a. zur Wahrung der Menschenrechte. Nach dem Ende des Kalten Krieges wurde die KSZE zur Organisation für Sicherheit und Zusammenarbeit in Europa (OSZE) weiterentwickelt.

Locarno-Vertrag: In Locarno in der Schweiz bestätigten sich Deutschland, Frankreich und Belgien 1925 gegenseitig die Unverletzlichkeit ihrer Grenzen. Konflikte sollten durch ein internationales Schiedsverfahren gelöst werden. Deutschland überwand damit seine internationale Isolierung.

Migration (von lat. migrare = wandern): Wanderungsbewegungen einzelner Menschen oder Gruppen über Staatsgrenzen und Kontinente hinweg. Gründe für Migration sind: schlechte Lebensbedingungen im Heimatland, Krieg, Verfolgung und Naturkatastrophen.

Nationalstaat: In der frühen Neuzeit entstand in England und Frankreich ein einheitlicher Nationalstaat: Der König herrschte mithilfe einer zentralen Verwaltung, eines zentralen Gerichtswesens und einer Versammlung der Stände einheitlich über den gesamten Staat. Dadurch bildete sich eine Gemeinschaft von Untertanen gleicher Sprache und Kultur: die Nation. In Deutschland wurde erst 1871 ein Nationalstaat gegründet, später als bei den meisten Nachbarstaaten.
Problematisch konnte das Zusammenleben verschiedener Nationen in einem „Vielvölkerstaat“ werden, z. B. in Österreich-Ungarn. Nach dem Ersten Weltkrieg erhielt jede Nation das Selbstbestimmungsrecht.

Notverordnungen: Nach Artikel 48 der Weimarer Verfassung konnte der Reichspräsident auf Wunsch des Kanzlers Gesetze per Notverordnung ohne Mitwirkung des Parlaments erlassen. Das Parlament konnte die Notverordnungen zwar zurückweisen, doch dann konnte der Reichspräsident das Parlament auflösen. Ab 1930 regierten die Kanzler des Deutschen Reiches auf diese Weise ohne parlamentarische Mehrheit, allein gestützt auf das Vertrauen des Reichspräsidenten („Präsidialkabinette“).

Nürnberger Gesetze: Höhepunkt der nationalsozialistischen Rassengesetzgebung im Jahr 1935. Der Entzug zentraler Bürgerrechte machte die jüdische Bevölkerung zu minderen Staatsangehörigen.
Verboten wurden u. a. Eheschließungen und sexuelle Kontakte zwischen „Deutschen“ und „Juden“. Die Nürnberger Gesetze führten über die rechtliche zur gesellschaftlichen Ausgrenzung und bereiteten den Völkermord an den Juden vor.

Ostpolitik/Ostverträge: Bezeichnung für die neue Politik der SPD/FDP-Bundesregierung gegenüber der DDR und den Ländern des Ostblocks nach 1969. Im „Grundlagenvertrag“ akzeptierte sie die staatliche Selbstständigkeit der DDR, vermied aber deren völkerrechtliche Anerkennung als Ausland und hielt am Ziel der deutschen Wiedervereinigung fest. Mit Polen und der Tschechoslowakei wurden diplomatische Beziehungen aufgenommen; die Oder-Neiße-Linie wurde als Ostgrenze Deutschlands anerkannt.

Parlament: Seit 1215 nannten sich die Vertreter der Stände in England „Parlament" (lat., Besprechung). Sie waren seit der „Glorreichen Revolution" von 1668/ 69 die Vertreter der Nation. In modernen Demokratien bestehen die Parlamente aus den gewählten Vertretern des Volkes. Sie haben die Aufgaben, die Gesetze zu beschließen und die Arbeit der gewählten Regierung zu kontrollieren.
Parlamente bestehen manchmal aus zwei „Kammern" wie dem Ober- und dem Unterhaus (England) oder dem Senat und dem Repräsentantenhaus (USA). In Frankreich gibt es seit der Französischen Revolution die „Nationalversammlung" als Parlament. Im Deutschen Kaiserreich gab es ab 1871 den Reichstag als Parlament. Bis in das 20. Jahrhundert hinein waren seine Rechte sehr eingeschränkt.

Parlamentarische Demokratie: Regierungsform, die auf der Gewaltenteilung in gesetzgebende Gewalt (Parlament), ausübende Gewalt (Regierung) und Recht sprechende Gewalt (Gerichte) beruht; die vom Volk in allgemeinen, freien, gleichen und geheimen Wahlen gewählten Abgeordneten im Parlament beschließen die Gesetze und kontrollieren die Regierung. In Deutschland wurde die parlamentarische Demokratie zuerst mit der Weimarer Verfassung von 1919 eingeführt.

Parlamentarischer Rat: Versammlung von 65 Abgeordneten der 11 Länderparlamente der drei westlichen Besatzungszonen Deutschlands. Sie wurde 1948 von den Westalliierten mit der Ausarbeitung und Formulierung des Grundgesetzes beauftragt. Am 8. Mai 1949 beschloss der Parlamentarische Rat das Grundgesetz mit 53 Ja-Stimmen bei 12 Nein-Stimmen.

Parteien: Gemeint sind politische Parteien; sie entstanden als Zusammenschluss der Abgeordneten in den Landtagen und Parlamenten. Abgeordnete mit gleichen oder ähnlichen politischen Zielen schlossen sich in einer Partei zusammen. In Deutschland bildeten sich frühe Formen der Parteien, die Fraktionen, erstmals 1848 im Parlament der Paulskirche. Sie unterschieden sich nach ihrer Auffassung von der angestrebten Staatsform als Liberale, Demokraten und Konservative. Aus Gruppen von Parlamentariern wurden allmählich Organisationen mit vielen Mitgliedern. Heute stellen die Parteien bei Wahlen nicht nur Kandidaten, sondern auch Programme zur Abstimmung. In Deutschland sind z. Zt. die CDU/ CSU, SPD, FDP, Bündnis 90/Die Grünen und Die Linke/PDS als Parteien in den Parlamenten vertreten.

Personenkult: Verherrlichung von Politikern, um eine persönliche Herrschaft zu begründen. Typische Beispiele für Personenkult sind die Propagandamaßnahmen um Stalin und Hitler.

Planwirtschaft: Wirtschaftsordnung, in der die Produktion von Waren und Dienstleistungen, deren Preise sowie die Höhe der Löhne zentral und nach langfristigen Plänen vom Staat festgelegt werden. Im Unterschied zur Marktwirtschaft wird dabei der freie Wettbewerb von Angebot und Nachfrage als Regulierungsfaktor ausgeschaltet. Mit dem Instrument der Planwirtschaft versuchen (kommunistische) Staaten die wirtschaftliche Produktion mit dem gesellschaftlichen Bedarf in Einklang zu bringen. Meist führt dies aber zu Engpässen bei der Versorgung.

Pogrom (russ., Verwüstung): Planmäßige und gewaltsame Ausschreitungen, v. a. gegen Juden. Zu schweren antijüdischen Pogromen kam es nach 1881 in Russland, der Ukraine, in Polen und Rumänien. Der Begriff bezeichnet auch die staatlich organisierte Judenverfolgung während des Nationalsozialismus. Einen Höhepunkt stellte das reichsweite Pogrom in der Nacht vom 9. auf den 10.11.1938 dar, das von den Nationalsozialisten verharmlosend „Reichskristallnacht" genannt wurde.

Rapallo-Vertrag: Vertrag zwischen Deutschland und der Sowjetunion, der 1922 im italienischen Seebad Rapallo geschlossen wurde. Die damals international isolierten Staaten vereinbarten wirtschaftliche und militärische Zusammenarbeit.

Rassismus: Weltanschauung, die die Menschen nach wissenschaftlich nicht haltbaren „Rassenmerkmalen" einteilt und den Rassen feste, angeborene Eigenschaften zuweist. Danach gibt es Herrenrassen und Sklavenrassen, wodurch die Herrschaft der einen über die anderen gerechtfertigt wird. Die Juden wurden in dieser Einteilung als „Parasiten" oder „Schmarotzer" angesehen, was am Ende zur Rechtfertigung der angestrebten totalen physischen Vernichtung benutzt wurde.

Rat der Volksbeauftragten: Bezeichnung für die provisorische deutsche Regierung nach der Novemberrevolution 1918, gebildet aus je drei Mitgliedern der SPD und der USPD.

Rat für gegenseitige Wirtschaftshilfe (RGW): 1949 gegründete Organisation für wirtschaftliche Zusammenarbeit der Staaten des Ostblocks. Die Mitgliedsländer mussten ihre nationalen Plandaten mit der Sowjetunion abstimmen und ihre Wirtschaftsbeziehungen zum Westen einschränken. Der RGW löste sich nach dem Zusammenbruch der UdSSR 1991 auf.

Rätesystem: Ein Modell der direkten Demokratie. Das Volk wählt unmittelbar seine Vertreter in Räte der unteren Ebene. Der Rat der unteren Ebene wählt Vertreter in den nächsthöheren Rat usw. Räte sind unmittelbar ihren Wählern verantwortlich und können jederzeit abgewählt werden. Formen des Rätesystems wurden nach der Oktoberrevolution 1917 in Russland und nach der Novemberrevolution 1918 in Deutschland praktiziert.

Rechtsstaat: Staatswesen, in dem alle staatliche Gewalt an Recht und Gesetz gebunden ist und der Bürger vor der Willkür des Staates geschützt ist. Die wichtigsten Merkmale sind die Existenz einer Verfassung, die Gewaltenteilung zwischen gesetzgebender Gewalt, ausübender Gewalt und Rechtsprechung, die Unabhängigkeit der Gerichte, die Geltung der Grund- und Menschenrechte sowie die Möglichkeit jedes Einzelnen, seine Rechte vor unabhängigen Gerichten einzuklagen (Rechtsschutzgarantie).

Reichstag: Im Heiligen Römischen Reich deutscher Nation war der Reichstag seit dem 15. Jahrhundert die Vertretung der Fürsten und Städte. Er hatte die Aufgabe, den Kaiser zu beraten und über Gesetze, die der Kaiser erließ, abzustimmen. Im Deutschen Kaiserreich (gegründet 1871) wurde das Parlament „Reichstag" genannt. Es wurde nach allgemeinem, gleichem und geheimem Wahlrecht (nur für Männer) gewählt. Der Reichstag besaß nur sehr eingeschränkte Rechte. Seine Aufgabe war es, die Gesetzesvorschläge der Regierung und den Etatentwurf (Haushalt) zu beschließen oder abzulehnen.

Republik: Der Begriff ist abgeleitet von lat. res publica = die öffentliche, die gemeinsame Sache. In unserem Sprachgebrauch gilt Republik als Staatsform, die – außer mit der Monarchie oder der Despotie – mit unterschiedlichen Regierungsformen (Demokratie, Aristokratie) verträglich ist.

Ruhrkampf: Bezeichnung für den Widerstand gegen die französische Besetzung des Ruhrgebiets im Januar 1923. Die französische Besetzung sollte die Lieferung der Reparationsleistungen sicherstellen.
An vielen Orten kam es zu schweren Zusammenstößen zwischen der Bevölkerung und französischen Besatzungstruppen. Aufgrund der explodierenden Inflation in Deutschland wurde der Ruhrkampf von der Reichsregierung im September 1923 aufgegeben.

SA (Sturm-Abteilung): Militärisch organisierte Kampf- und Schutztruppe der Nationalsozialisten, die zur Bekämpfung und Terrorisierung ihrer politischen Gegner eingesetzt wurde. Nach der Machtübernahme 1933 wurde sie zunächst offizielle Hilfspolizei, verlor aber 1934 zugunsten von SS und Wehrmacht an Bedeutung.

Schwarzmarkt: Bezeichnung für den illegalen Handel mit knappen und rationierten Lebensmitteln und Gütern. Trotz Verbots werden meist fast alle knappen Waren auf dem Schwarzmarkt zu sehr hohen Preisen oder im Tauschhandel gegen Wertsachen gehandelt. In der Bundesrepublik existierte ein Schwarzmarkt nach Kriegsende bis zur Währungsreform 1948.

Shoa (hebr., Auslöschung, totale Zerstörung): Wie der Begriff „Holocaust" Bezeichnung für die systematische Verfolgung und Ermordung von 6 Millionen Juden während der nationalsozialistischen Diktatur.

Sowjets: Bezeichnung für die Arbeiter- und Soldatenräte, die sich 1917 in Russland während der Februarrevolution bildeten und unter Führung der Bolschewiki zu einer wichtigen politischen Kraft der Revolution wurden. In der nach ihnen benannten Sowjetunion wurden die Sowjets zu Institutionen der staatlichen Verwaltung. Die Spitze des Rätesystems bildete der Oberste Sowjet, der alle 4 Jahre gewählt wurde.

Soziale Marktwirtschaft: Wirtschafts- und Sozialordnung der Bundesrepublik Deutschland. Der freie Wettbewerb von Angebot und Nachfrage für Waren, Dienstleistungen und deren Preisgestaltung sowie die Rahmenbedingungen für das Verhältnis von Arbeitgebern und Arbeitnehmern werden durch den Staat indirekt mitgestaltet. Ohne das Funktionieren eines freien, sich selbst regulierenden Wirtschaftsprozesses zu gefährden, sollen der Schutz von wirtschaftlich und sozial schwächeren Bevölkerungsgruppen sowie ein verbindliches Maß an sozialer Gerechtigkeit garantiert werden.

Sozialismus (von lat., socius = Genosse): Im 19. Jh. entstandene politische Bewegung, die eng mit der Arbeiterbewegung und den Gewerkschaften verbunden ist; Ziel des Sozialismus ist es, die als ungerecht empfundenen Herrschafts- und Besitzverhältnisse zu verändern und ein höheres Maß an Freiheit und Gleichheit für alle Bevölkerungsschichten zu erreichen; Mitte des 19. Jahrhunderts kam es zu einer Spaltung des Sozialismus in Sozialisten und Kommunisten. Während die Kommunisten eine rasche, revolutionäre Veränderung der Gesellschaft forderten, setzen die Sozialisten (seit 1890: Sozialdemokraten) auf allmähliche, schrittweise Reformen der Gesellschaft.

Sozialstaat: Bezeichnung für moderne Industrieländer, in denen der Staat regulierend in die Abläufe der freien Marktwirtschaft eingreift, um den Bürgern angemessene Arbeitsbedingungen und im Fall von Krankheit, Unfall, Alter, Invalidität oder Arbeitslosigkeit ein Einkommen zu sichern. Diesem Zweck dienen gesetzliche Arbeitsschutzvorschriften und ein Sozialversicherungssystem. Weitere sozialpolitische Maßnahmen sind staatliche Aufwendungen für die Familienförderung, das Gesundheits- und Bildungswesen, den Wohnungsbau.

SS (Schutz-Staffel): Ursprünglich Truppe innerhalb der NSDAP für die persönliche Sicherheit Adolf Hitlers. Entwickelte sich unter Führung von Heinrich Himmler zu einer nationalsozialistischen „Eliteeinheit". Nachdem Himmler 1936 Chef der Polizei und der Geheimen Staatspolizei (Gestapo) geworden war, übernahm sie auch polizeiliche und geheimdienstliche Aufgaben. Die SS war maßgeblich für die Organisation der Konzentrationslager und die Durchführung des Massenmordes an den Juden verantwortlich, Angehörige der „Waffen-SS" bildeten das Wachpersonal der KZ. Besondere Kampfverbände der „Waffen-SS" übernahmen im Zweiten Weltkrieg neben der Wehrmacht militärische Aufgaben und waren verantwortlich für zahlreiche Kriegsverbrechen.

Staatsrat (der DDR): Von 1960 bis 1989 oberstes Verfassungsorgan und kollektives Staatsoberhaupt der DDR mit Sitz in Berlin (Ost). Seine Zuständigkeiten umfassten unter anderem die völkerrechtliche Vertretung, die Aufsicht über das Oberste Gericht sowie Grundsatzbeschlüsse zur Außen- und Verteidigungspolitik.

Staatsverschuldung: Gesamtsumme der Schulden eines Staates. Eine hohe Staatsverschuldung entsteht, wenn die Regierung mehr Geld ausgibt, als sie u. a. durch Steuern einnimmt und dafür bei Banken Kredite aufnehmen muss. Bei hoher Staatsverschuldung verschlingen die Zinsen für Kredite einen großen Teil der staatlichen Einnahmen. Die Staatsverschuldung kann bis zum Staatsbankrott führen. Die Mitgliedsländer der EU haben sich zu einen ausgeglichenen Staatshaushalt verpflichtet.

Stalinismus: Bezeichnung des einerseits durch Terror und Gewalt, andererseits durch einen starken Personenkult geprägten Herrschaftssystems Stalins von 1929 bis 1953. Mit dem Ziel des Aufbaus des Sozialismus wurden Industrialisierung und Kollektivierung der Landwirtschaft mit Zwang vorangetrieben. Politische Gegner und so genannte „Klassenfeinde" wurden mit Schauprozessen, „Säuberungen" und Deportationen in Straflager ausgeschaltet.

Stasi: Kurzbezeichnung für das 1950 gegründete Ministerium für Staatssicherheit (MfS) der DDR. Die Stasi entwickelte sich zu einem riesigen Apparat mit 80 000 fest angestellten und über 100 000 inoffiziellen Mitarbeitern (IM). Sie bespitzelte und kontrollierte das Alltagsleben der Bevölkerung in der DDR. Im Ausland betrieb das Ministerium geheimdienstliche Spionage. Nach der Auflösung der Stasi 1990 wurde eine Bundesbehörde gegründet, die die von der Stasi gesammelten Informations- und Datenbestände sichert, verwaltet und für zeitgeschichtliche Forschung zugänglich macht.

Terrorismus (von lat. terror = Schrecken): Gewaltsame Aktionen von Einzeltätern oder radikalen Gruppen aus politischen, religiösen, nationalistischen oder wirtschaftlichen Motiven. Terroristische Bewegungen können auf ein Land oder eine Region begrenzt bleiben (z. B. die RAF in Deutschland in den 1970er-Jahren). Andere Terrororganisationen agieren weltweit wie z. B. die Palästinensische Befreiungsorganisation (PLO) in den 1970/ 80er-Jahren oder die islamistische Al-Qaida-Organisation in jüngster Zeit.

Verfassung: Die Verfassung (lat.: constitutio) des modernen Staates ist ein durch die Volksvertretung eines Staates beschlossenes Gesetz, das die Verteilung der Staatsgewalt auf verschiedene Personen und Institutionen regelt. Die ersten beiden Verfassungen in diesem Sinne waren die Verfassung der USA vom 4. März 1789 und die Verfassung Frankreichs vom September 1791.

Vernichtungskrieg: Bezeichnung für den Krieg gegen Polen und die Sowjetunion, in dem alle Regeln des Völkerrechts, hinsichtlich der Kriegführung und des Schutzes der Zivilbevölkerung missachtet wurden.

Versailler Vertrag: Friedensvertrag mit Deutschland nach dem Ersten Weltkrieg, der dem Deutschen Reich ohne Beteiligung an den vorhergehenden Verhandlungen aufgezwungen wurde. Der Vertrag sah u. a. Gebietsabtretungen, Reparationsleistungen und eine militärische Schwächung Deutschlands vor. In Deutschland wurde der Vertrag als Schmach empfunden. Seine Revision wurde zum parteienübergreifenden außenpolitischen Ziel.

Verstaatlichung: Enteignung von privaten Firmen, Betrieben oder Land und Überführung in Staatseigentum. In einer (sozialen) Marktwirtschaft ist die Verstaatlichung von Privatbesitz nur bei hohem öffentlichem Interesse und gegen Entschädigungszahlungen möglich. In den kommunistisch regierten Ländern des Ostblocks bildet die umfassende, meist entschädigungslose Verstaatlichung von Industrie und Landwirtschaft die Grundlage für so genannte „Volkseigene Betriebe" (VEB) oder Landwirtschaftliche Produktionsgenossenschaften (LPG).

Völkerbund: Erste internationale Organisation zur Sicherung des Weltfriedens. Der Völkerbund wurde 1920 gegründet und bestand bis 1946. Seine Nachfolgeorganisation sind die Vereinten Nationen (United Nations Organization = UNO).

(Volks-)Souveränität: Als „Souveränität" bezeichnete man im Absolutismus die uneingeschränkte Macht des Königs. Alle Bauern, Bürger und Fürsten sollten gleichermaßen seine Untertanen sein. Der König hatte auch die Macht, Gesetze zu verordnen. Seit der amerikanischen und französischen Revolution wurde das Volk als Träger der Souveränität verstanden. Der Staat erhielt durch eine Versammlung von Vertretern der ganzen Nation, das Parlament, eine Verfassung. In allgemeinen und gleichen Wahlen wurden die Abgeordneten der Parlamente stets neu bestimmt. Als Vertreter des Volkes beschlossen sie alle Gesetze. Träger der staatlichen Gewalt war erstmals das Volk. Während des ganzen 19. Jahrhunderts war im übrigen Europa strittig, ob der König oder das Volk der Träger der Souveränität sei. In Deutschland wurde die Volkssouveränität erst 1918 durchgesetzt.

Volksdemokratie: Kommunistische Staatsform in den nach dem Zweiten Weltkrieg im Machtbereich der UdSSR gelegenen Staaten. Da eine echte parlamentarische Opposition ausgeschaltet war und das freie Wahlrecht durch Einheitslisten eingeschränkt, handelte es sich tatsächlich um eine demokratisch bemäntelte Einparteiendiktatur. Die freie Meinungsäußerung und die Unabhängigkeit der Gerichte sind eingeschränkt.

Volkspartei: Bezeichnung der großen Parteien (SPD; CDU/CSU) in der Bundesrepublik Deutschland. Der Begriff kennzeichnet den Anspruch, die Interessen breitester Bevölkerungsschichten zu vertreten, unabhängig von deren sozialer Herkunft, ökonomischen Verhältnissen und religiöser Orientierung. Neben den beiden großen Volksparteien existieren in der Bundesrepublik kleinere Parteien (FDP, Grüne, Die Linke/ PDS).

Wahlrecht: Das Recht der Bürger und Bürgerinnen, die Vertreter des Volks im Parlament durch Wahl zu bestimmen; während der Französischen Revolution wurde dieses Wahlrecht für Bürger durchgesetzt, aber es galt erst ab einem bestimmten Einkommen. Dieses vermögensabhängige Wahlrecht wird „Zensuswahlrecht" genannt (von lat., census = Abgabe).
In den Staaten des Deutschen Bundes wurden die „Landtage" ähnlich gewählt: Die männliche Bevölkerung wurde in Gruppen mit gleich großem Steueraufkommen geteilt. Da jede Gruppe über gleich viele Stimmen verfügte, hatten wenige reiche Bürger genauso viele Stimmen wie die Masse der Bauern, Handwerker und Arbeiter. Diese verschiedenen Gruppen nannte man „Klassen", das Wahlrecht „Dreiklassenwahlrecht".
Die Nationalversammlung der Paulskirche wollte 1849 in Deutschland ein Wahlrecht einführen, bei dem alle Bürger unabhängig von ihrem Einkommen das gleiche Stimmrecht haben: das allgemeine und gleiche Wahlrecht. Doch erst das Parlament des Deutschen Reichs, der Reichstag, wurde ab 1871 in allgemeiner und gleicher Wahl bestimmt. Wahlberechtigt waren aber nur Männer. Frauen erhielten in Deutschland erst 1918 das Wahlrecht, in der Weimarer Republik.

Währungsreform: Einführung der Deutschen Mark (DM) als Währung in den westlichen Besatzungszonen Deutschlands (und Westberlin) sowie Einführung der Ostmark (Mark der DDR) in der SBZ im Juni 1948.

Währungsunion: Einführung einer gemeinsamen Währung durch zwei oder mehrere souveräne Staaten. Durch eine Währungsunion wurde am 1. Juli 1990 die vorher nur in der Bundesrepublik gültige D-Mark auch in der DDR offizielles Zahlungsmittel. Auch zwischen den Mitgliedsländern der Europäischen Union (EU) besteht eine Währungsunion; seit 2002 mit einer gemeinsamen Bargeldwährung.

Warschauer Pakt: 1955 unter Führung der UdSSR gegründetes Militärbündnis der sozialistischen Staaten Osteuropas; Gegenstück zur westlichen NATO. Im Rahmen des Bündnisses wurde ein gemeinsames Oberkommando in Moskau eingerichtet; die UdSSR stationierte Truppen in den Mitgliedsstaaten. Nach dem Zusammenbruch des Kommunismus löste sich der Warschauer Pakt 1991 auf.

Weltwirtschaftskrise: Weltweite Krise der Wirtschaft in den Jahren 1929 bis 1932, die mit dem Kursverfall der Aktien an der New Yorker Börse und dem dadurch ausgelösten Zusammenbruch des internationalen Kreditsystems begann und zu hoher Arbeitslosigkeit führte. In den USA wurde die Krise mit den Maßnahmen des „New Deal“ bekämpft, die v. a. in staatlichen Investitionen bestanden. In Deutschland versuchte man dagegen durch eine staatliche Sparpolitik gegen die Krise anzugehen. Hier bewirkte die soziale Not bei der Bevölkerung eine verstärkte Unterstützung für die radikalen Gegner der Weimarer Republik, Nationalsozialisten und Kommunisten.

Wettrüsten: Bezeichnung für den im Kalten Krieg zwischen den USA und der UdSSR ausgetragenen Rüstungswettlauf. Ein „Gleichgewicht des Schreckens“ sollte den Ausbruch direkter bewaffneter Konflikte verhindern. Seit Mitte der 1980er-Jahre wurde die Zahl der Atomwaffen durch Abrüstungsvereinbarungen reduziert. Kalter Krieg und Wettrüsten endeten 1989/90 mit dem Zusammenbruch der Sowjetunion.

Zionismus: In der zweiten Hälfte des 19. Jh. entstandene Bewegung, die die Rückkehr der Juden nach Palästina und die Bildung des 1948 gegründeten jüdischen Staates anstrebte.

Bildnachweis

Umschlag: Gerhard Medoch unter Verwendung von: Christo&Jeanne-Claude, Verhüllter Reichstag, Berlin 1971-1995. Hier: 24. Juni 1995. Wolfgang Volz/laif (Ausschnitt); Umschlagklappe vorne o.: bpk; Umschlagklappe vorne u.: Jürgen Henkelmann, Berlin; Umschlagklappe hinten l. und r.: DHM, Berlin;
9 o. bpk;
11 o. bpk;
12 bpk;
15 bpk;
16 aus: D. Thiemann, Geschichte betrifft uns, 1/2003;
17/B3 akg-images, B4 dpa;
19/B1 Ullstein;
20/B1 aus: Unser Jahrhundert im Bild, Gütersloh 1964, S. 259;
21 (Hintergrund) akg-images, u. r. CINETEXT;
23 bpk;
25 bpk;
27 akg-images;
28/B1 DHM, Berlin, B2 bpk, o. bpk/Willy Römer, B3 DHM, Berlin;
31 o. bpk, r. u. akg-images, B5 bpk/ © VG Bild-Kunst, Bonn 2014;
32/B1, B2 akg-images;
34/B1 DHM, Berlin; r. o. bpk;
35 bpk;
37 ullstein bild;
38 bpk;
39/B3, B4 akg-images;
40 bpk;
41 bpk;
42 Stiftung Archiv der Akademie der Künste, Berlin/© Estate of George Grosz, Princeton, N.J./VG Bild-Kunst, Bonn 2014;
43/B1 bpk, B2 ullstein bild, r. o., r. u. ullstein bild;
44 o. ullstein bild, B4 CINETEXT, B5 akg-images/© VG Bild-Kunst, Bonn 2014;
45 o. ullstein bild – Croner, Harry, T6, T7, B8 ullstein bild;
46 akg-images;
49 bpk;
50 o. bpk, u. akg-images;
52 o. bpk, u. akgimages;
53 ullstein bild – W. Frentz;
55 bpk;
56 bpk/© VG Bild-Kunst, Bonn 2014;
57 (Hintergrund) bpk, u. r. bpk;
59 ullstein bild;
60/B4 ullstein bild – Archiv Gerstenberg;
61 SV-Bilderdienst/Scherl;
62/B1 SVBilderdienst;
63 bpk;
64/B2 bpk;
65 ullstein bild – Archiv Gerstenberg;
66 akg-images;
67 Bundesarchiv Koblenz;
68 r. o. ullstein bild – Stary, B1 Erich Schmidt Verlag, Zahlenbilder;
71 DHM, Berlin;
72/B2 bpk, r. o., B3 akg-images/© VG Bild-Kunst, Bonn 2014;
73/B6 Stadtmuseum Berlin/© VG Bild-Kunst, Bonn 2014, B7 akg-images;
74/B2 DHM, Berlin, r. o. ullstein bild – dpa, r. u. ullstein bild – Borgas;
75 Gedenkstätte Deutscher Widerstand, Berlin;
76 r. o. Keystone, B8 akg-images/ © VG Bild-Kunst, Bonn 2014;
77 r. o. ullstein bild – TopFoto;
78 Stiftung Akademie der Künste, Berlin, John Heartfield-Archiv/© The Heartfield Community of Heirs/VG Bild-Kunst, Bonn 2014;
79 akg-images/© Succession Picasso/VG Bild-Kunst, Bonn 2014;
80/B8, B9 akg-images;
81 r. o. bpk, B1 ullstein bild;
82 SV-Bilderdienst;
83 r. o. bpk, B2 SV-Bilderdienst;
85/B7 bpk, B8 akg-images;
86/B2 bpk;
88/B1, B2 bpk;
89 CINETEXT;
90 o. akg-images, M. bpk/Alfred Kühlewindt, u. akg-images;
91 KNA-Bild;
92 bpk/Herbert Hensky;
93 r. o. akg-images, B2 bpk;
94 r. o. ullstein bild, B4 akg-images;
95/B1 ullstein bild – Archiv Gerstenberg, r. o. bpk/Josef Schorer;
96 akg-images;
97 bpk/Vinzenz Engel;
98 bpk;
99 r. o. bpk, B4 bpk;
100 bpk;
102 r. o. ullstein bild, B4 akgimages;
103 r. o. bpk, B2 ullstein bild;
104 r. o. Viewimages, B2 akg-images;
105/B5 ullstein bild, B6 akg-images;
106 Hanel/CCC,www.c5.net;
107/B3 picture-alliance/dpa-Fotoreport, B4 ullstein bild – dpa;
109 KNA-Bild;
110/B2 akg-images;
111 o., u. akg-images;
113 r. o. ullstein bild, B3 Foto: RIA „Nowosti“;
114 r. o. ullstein bild;
115 akg-images;
116/B3 akg-images;
117 akg-images;
118 r. o., B3 bpk;
120 r. o. bpk;
121 bpk;
122 akg-images;
123/B1, B2 SV-Bilderdienst;
124 ullstein bild;
125/B5 akgimages, B6 Sammlung Hor-

wath, Linz;
126 ullstein bild;
127 r. o. ullstein bild – Nowosti, B2 ullstein bild;
128 ullstein bild;
129 r. o. ullstein bild, B3 akg-images;
130 r. o. ullstein bild – Nowosti, B2 ullstein bild – Reuters;
131/B4 ullstein bild;
137/M.l. VW-Museum,Wolfsburg, M. August-Horch-Museum, Zwickau, M.r. dpa (2), u. dpa;
139 bpk;
141akg-images;
142/B1, B3 ullstein bild;
143/B5 bpk, B7 SV-Bilderdienst;
144/B2 akg-images;
145 DHM, Berlin;
147/B5 SV-Bilderdienst;
148/B3 ullstein bild;
149/B1 Cambridge University/Churchill College, r. o. bpk, r. u. akg-images;
151 r. o. bpk;
152/B1 ullstein bild;
154 Pax Christi;
155/B6 SV- Bilderdienst;
156 r. o., B3 ullstein bild;
157 r. o. ullstein bild;
159/B1 dpa, B2 akg-images;
160/B1 Haitzinger/CCC,www.c5.net, B2 dpa;
161/B3 SV-Bilderdienst;
162 r. o. ullstein bild;
163 akg-images;
164/B1 DHM, Berlin, B2/B3 Vattenfall/BEWAG Berliner Wärme AG;
165 r. o. ullstein bild;
167/B3 Stadtmuseum München/Foto:Wolfgang Pulfer, B4 DHM, Berlin;
168/B3, B4 DHM, Berlin;
170 r. o. DHM, Berlin, B2 Keystone, B3 Bundesbildstelle, Berlin;
171 ullstein bild – dpa;
172 r. o. akg-images, B3 Mauritius;
173 r. o. akg-images;
174 r.o., B2 ullstein bild;
176 r. o. ullstein bild;
177 Bundesarchiv Koblenz;
178 r. o. Ullstein, r. u. DHM, Berlin,
179/B2 Forschungs- und Gedenkstätte Normannenstraße, Berlin;
180 ullstein bild;
181 Haus der Geschichte, Bonn;
183 r. o. August-Horch-Museum, Zwickau, B4 DHM, Berlin;
184 ullstein bild – AP;
185/B4 Bild-Zeitung, Axel-Springer-Verlag, Hamburg, B5 ullstein bild – Behra;
186 r.o. ullstein bild, B2 Haus der Geschichte, Bonn;
187 r. o. dpa, B5 Bundesarchiv Koblenz;
188 r. o. dpa, B3 Bundesarchiv Koblenz;
189/B4 DHM, Berlin, B5 ullstein – ADN-ZB;
190 r. o. ullstein bild – dpa, B2 SV-Bilderdienst/Sven Simon;
191 ullstein bild;
192 r.o., B3 ullstein bild;
193 Eckart Munz;
194/B1 dpa, r. o. ullstein bild;
195 Dieter Bauer, Berlin;
196 ullstein bild;
197/B4 Pressedienst Paul Glaser, B5 Zenit/Paul Langrock;
198 PicturePress;
199 Gruner + Jahr, Stern, Hamburg;
201 Dieter Bauer, Berlin;
202/B1 M. l. VW-Museum,Wolfsburg, M. August-Horch-Museum, Zwickau, M.r. (2) dpa, u. dpa;
203 o., u. l. Pressedienst Paul Glaser, M. l. ullstein bild/Gerd Schnürer, r. u. dpa;
205/B1 picture-alliance/dpa/© dpa-Bildarchiv, B2 CTK, Prag;
206 r. o. ullstein bild – dpa, B2 Haitzinger/CCC, www.c5.net, B3 Zenit/Paul Langrock/laif;
207 r. o. ullstein bild – Fabig, B6 dpa;
208 r.o. ullstein/ CARO/Jandke, B2 Keystone;
209/B1 dpa;
210r. o. ullstein bild, B4 Haus der Demokratie, Berlin;
211 ullstein bild;
212 Teutopress;
213/B4 ullstein bild – dpa;
214 ullstein bild;
215/B8 dpa/Funkbild;
216 r.o., B1 ullstein bild;
218/B3 ullstein-bild Foto: Schraub;
219/B6 epd/bild, Frankfurt am Main;
223 ullstein bild;
224/B2 Haitzinger/CCC,www.c5.net;
225 M. Pressedienst Paul Glaser, l. u. bpk, r. u. Clichè Bibliothèque nationale de France, Paris;
227 bpk;
228 r. (2) bpk;
229 bpk;
230 r. o. bpk, B3 Keystone;
231 r. o. bpk, B4 Institut für Zeitungsforschung, Dortmund;
232 r. o. bpk, B2 dpa, B3 Institut für Zeitungsforschung;
234/B1 Murschetz/ CCC, www.c5.net, B2 dpa/epa/AFP;
236 r. o. und 240 Pressedienst Paul Glaser;
241 o. dpa, l. u. argus, u. r. ullstein bild – Thomas Hartmann;
244 akg-images;
245 dpa;
246/B1, r. o. dpa;
247, 248 dpa;
249 r. o. akg-images, B4 dpa;
252 AP;
254 argus, Hamburg;
256 dpa;
260 bpk;
261/B6 akg-images/© VG Bild-Kunst, Bonn 2014, B7 bpk;
262/B10 Archiv Garloff, Magdeburg;
263 bpk;
266 dpa;
267/B10 dpa;
271 dpa;
272 Mester/CCC,www.c5.net;
273 o. dpa, M. Landesmuseum für Technik und Arbeit, Mannheim, B1 o. l. akg-images;
274/B1 bpk, B2 akgimages, B4 picture-alliance/OKAPIA KG/Naroska;
275/B7 Vattenfall/BEWAG AG, Berlin,Werksarchiv, B8 Nolte-Küchen, Löhne;
276/B2 bpk, o. l., r. Verlagsarchiv;
277 Edition Staeck, Heidelberg/ © VG Bild-Kunst, Bonn 2014;
278/B1 dpa, B3 Imperial War Museum, London;
279 Mauritius/NRI;
280 Mauritius/Nakamura;
281 l. Deutsches Auswanderermuseum, Bremerhaven, M. Pressedienst Paul Glaser, r. dpa;
282/B4 Privatsammlung,Worpswede, B5 Deutsches Auswanderermuseum, Bremerhaven, B6 aus: Aufbruch in die Fremde, Edition Temmen, Bremen;
283/B10 Courtesy of the National Park Service;
284 akg-images;
286 dpa;
288 dpa;
289 r. o. Christian Schleuning, Berlin;
290/B1 akg-images, B2 FU Berlin, Kulturhistorisches Institut;
291/B3 bpk, B5 akg-images;
292 Benno Wundshammer;
293 dpa;
294/B6 DB AG/Henkelmann;
295 l. Sammlung Bauern-Schuster, Hartkirchen, r. H.Weber, Köln;
296 akg-images;
298 DHM, Berlin;
301 Spiegel-Verlag, Hamburg;

Nicht in allen Fällen war es uns möglich, die Rechteinhaber der Abbildungen ausfindig zu machen. Für eventuell entstandene Fehler oder Auslassungen bitten wir um Verständnis. Berechtigte Ansprüche werden selbstverständlich im Rahmen der üblichen Vereinbarungen abgegolten.